JEAN GENET/WERKE IN EINZELBÄNDEN
Band VI
Ein verliebter Gefangener

JEAN GENET
WERKE IN EINZELBÄNDEN

Band VI

EIN VERLIEBTER GEFANGENER

Un captif amoureux

MERLIN

Deutsch von Ulrich Zieger
mit einem Nachwort von Marcel Marin
und einer editorischen Notiz
von Friedrich Flemming

Ich entnahm diese Karte dem Band

Ich interessiere mich für

- ☐ einen Gesamtprospekt
- ☐ Lyrik (auch junger Autoren)
- ☐ Prosa (auch junger Autoren)
- ☐ Theaterliteratur
- ☐ Briefbände und Biographien
- ☐ Geschichte und Politik
- ☐ Magie und Okkultismus
- ☐ Bibliophile Werke, Kunst
- ☐ Originalgrafik

Name

Beruf

Anschrift

Telefon

An den

MERLIN VERLAG
Gifkendorf 38

21397 Vastorf

Den MERLIN VERLAG gibt es seit 1957. Namenspatron ist der keltische Magier Merlin, Vater der Tafelrunde des Königs Artus, – Inbegriff elitären ethischen Engagements. So ein Vorbild verpflichtet.
In vier Jahrzehnten sind viele hundert Bücher unter dem Signet des legendären Zauberers erschienen. Nicht alle sind noch lieferbar, aber auf alle trifft zu, was die Redaktion der „Welt der Literatur“ schon 1965 feststellte:

> *„Eines sollte der Bücherfreund wissen, wenn er in der Buchhandlung stöbert: Ein Buch des Merlin-Verlages bietet in jedem Fall Literatur.“*

Die Buchhandlungen, in denen zu stöbern sich lohnt, werden immer seltener; um so nötiger wird es, den anspruchsvollen Leser vom Verlag aus zu informieren. Bitte kreuzen Sie auf der Rückseite an, für welches Gebiet Sie sich interessieren, und schicken Sie die Karte zurück!

Alle Bilder des Sprechens in Sicherheit bringen und sich ihrer bedienen, weil sie in der Wüste sind, in die man gehen muß, sie zu suchen.

Jean Genet

(Handschriftliche Notiz auf den Druckfahnen des Buches.)

ERINNERUNGEN I

Das Blatt Papier, das zuerst weiß war, ist jetzt von oben bis unten mit winzigen schwarzen Zeichen übersät, die Buchstaben, die Wörter, die Kommas, die Ausrufungszeichen, und es ist ihnen zu verdanken, wenn man sagt, diese Seite sei lesbar. Dennoch bleibt eine gewisse Unruhe im Geist, in dieser Übelkeit, sehr nah am Ekel, im Schwanken, die mich zögern läßt zu schreiben ... die Realität, ist das diese Ansammlung schwarzer Zeichen? das Weiß hier ist ein Trick, der das Durchscheinende des Pergaments ersetzt, das zerkratzte Ocker des Schreibuntergrundes aus Lehm, das Ockerrelief, so als hätten die Transparenz und das Weiß eine stärkere Wirklichkeit als die Zeichen, die beides verunzieren. Die palästinensische Revolution, wurde sie in das Nichts geschrieben, ein Kunstgriff über dem Nichts, und das weiße Blatt, jedes winzige Aufscheinen weißen Papiers, das sich zwischen zwei Wörter drängt, ist es realer als die schwarzen Zeichen? Zwischen den Zeilen, auch zwischen den Wörtern zu lesen ist eine unbewegliche Kunst, ist die Arbeit des Spechts. Wenn sich die Realität der vergangenen Zeit nun an einem Ort bei – und nicht mit ihnen – den Palästinensern erhielt, und ich sage es schlecht, sich zwischen jedem Wort, das vorgibt, diese Realität wiederzugeben, anschmiegte, bis es sich mit sich selber vermählte, eingekerbt oder eher genau zwischen die Wörter gesetzt, in diesen weißen Raum des Blattes Papier, aber nicht in die Wörter selbst, die geschrieben wurden, diese Realität verschwinden zu lassen. Gut, ich versuche es anders zu sagen: Der bemessene Raum zwischen den Wörtern ist angefüllter mit Realität, als notwendig Zeit bliebe, sie zu ergründen. Aber vielleicht ist er von jener selten durchdrungenen und realen Zeit, wie der zwischen jedem Buchstaben der hebräischen Sprache zusammengepreßte; und so wie ich beobachtet habe, daß die Schwarzen die Schrifttypen auf dem weißen Blatt Amerika sind, ein womöglich vorschnell gefundenes Bild, liegt die Realität doch auf jeden Fall in dem, was ich nie genau wissen würde, dort, wo sich das Schauspiel der Liebe zwischen zwei Amerikanern verschiedener Hautfarbe vollzieht. Die palästinensische Revolution würde mir also entgleiten? Vollständig. Ich glaube das verstanden zu haben, als Leila mir riet, nach Zisjordanien zu gehen. Ich lehnte ab, weil die besetzten Gebiete nichts als ein Schauspiel waren, Sekunde für Sekunde erduldet von Okkupierten und Besatzern. Ihre Realität war das keimende Ineinandergreifen von Haß und Liebe, im Alltag, vergleichbar der Durchsichtigkeit, ein Schweigen, von Wörtern und Sätzen zerhackt.

Eher in Palästina als anderswo schienen mir die Frauen eine Eigenschaft mehr als die Männer zu besitzen. Ebenso tapfer, beherzt, ebenso aufmerksam anderen gegenüber, war jeder Mann doch von eigener Sitte begrenzt. Die Frauen hingegen, übrigens ohne Zugang zu den Stützpunkten, aber verantwortlich für die Feldarbeit, fügten allem eine Dimension hinzu, die stillschweigend ein gewaltiges Gelächter zu beinhalten schien. Zu der von ihnen gespielten Komödie, einen Geistlichen zu beschützen, hätte es den Männern an Ernsthaftigkeit gefehlt. Das Gynäzeum wurde vielleicht eher von Frauen als von Männern erfunden. Nach unserem leichten Mittagessen war es ungefähr halb eins. Die Sonne stand senkrecht über Jerash, die Männer hielten ihre Siesta. Nabila und ich waren die einzigen, die wach geblieben waren und den Schatten flohen, wir beschlossen in das nahe gelegene Camp von Baqa zu gehen.

Zu dieser Zeit war Nabila noch Amerikanerin, sie ließ sich später scheiden, um bei den Palästinensern zu bleiben. Sie war dreißig und von der Schönheit einer Westernheldin: Jeans, die Jacke aus dem selben blauen Stoff, die schwarzen Haare hingen ihr offen bis zur Taille herab, waren über der Stirn aber in Fransen geschnitten, sie war also, um diese Zeit auf den Wegen des Lagers, der Skandal in Person. Traditionell gekleidete Palästinenserinnen sprachen sie an und waren sicherlich erstaunt, diese jungenhafte Frau wie eine Araberin mit palästinensischem Akzent antworten zu hören. Wenn drei Frauen miteinander plaudern, gesellen sich nach zwei oder drei Höflichkeitsfloskeln fünf weitere dazu, dann sieben oder acht. Ich blieb neben Nabila, aber vergessen oder vielmehr unbeachtet. Fünf Minuten später mußten wir die Einladung zum Tee bei einer Palästinenserin annehmen – Vorwand, die Plauderei im Schatten eines kühlen Zimmers fortzusetzen. Sie breiteten eine Decke für uns beide aus, taten einige Kissen dazu, dabei blieben alle stehen, Tee oder Kaffee zuzubereiten. Niemand kümmerte sich um mich, außer Nabila, die mir, sich meiner Nähe entsinnend, ein kleines Glas reichte. Der gesamte Wortwechsel fand auf Arabisch statt. Meine einzigen Ansprechpartner waren die vier Wände und die kalkgeweißte Decke. Irgendetwas sagte mir, daß meine Lage nicht mit dem übereinstimmte, was ich über den Orient gewußt hatte: ich war ein Mann, allein inmitten einer Gruppe arabischer Frauen. Alles schien jenen Orient anzukündigen, den ich umgekehrt erleben sollte, denn bis auf drei waren alle Frauen verheiratet, und jede von ihnen mit nur einem Mann. Meine Situation eines vor ihnen auf Kissen ruhenden Paschas war zweifelhaft. Ich unterbrach den Strom der zwischen ihnen und Nabila ausgetauschten Worte und bat sie zu übersetzen:

»Ihr seid alle verheiratet, wo sind eure Männer?«
»Im Gebirge.«
»Sie machen Krieg!«
»Meiner arbeitet im Lager!«
»Meiner auch.«
»Wenn sie wüßten, daß hier ein Mann ist, allein mit euch, ausgestreckt auf ihren Kissen und Decken, was würden sie sagen?«
Alle schüttelten sich vor Lachen, und eine sagte mir: »Aber sie werden es wissen. Sie werden es von uns selbst erfahren, und wir werden schön lachen, wenn es ihnen peinlich ist. Wir werden uns köstlich amüsieren über unsere Krieger. Vielleicht werden sie vor lauter Verdruß so tun, als wollten sie nur mit den Gören spielen.«
Die Frauen taten aber nicht nur das, will sagen nichts unter vielem Gerede: jede kümmerte sich um ein oder zwei Knaben, die sie zur Welt gebracht hatte, deren Windeln sie wechselte, denen sie die Brust oder die Flasche gab, auf daß sie groß würden, Helden würden und mit zwanzig Jahren nicht im, aber für das Heilige Land sterben würden.
Das war es, was sie mir sagten.
Wir befanden uns in Baqa–Camp, Ende 1970.

Der Ruhm der Helden verdankt sich kaum der Größe der Eroberungen, ganz hingegen dem Erfolg der Huldigungen; der *Ilias* mehr als dem Krieg des Agamemnon; den chaldäischen Stelen mehr als Ninives Armeen; der Säule des Trajan; dem *Rolandslied*; den Wandmalereien der Armada; der Vendôme–Säule, alle Darstellungen des Krieges wurden nach den Schlachten ausgeführt, dank des Erbeuteten, der Ausdruckskraft der Künstler, der Unachtsamkeit für Aufstände und Regen.
Bleiben allein die mehr oder weniger genauen, aber stets

erregenden Zeugnisse, kommenden Jahrhunderten von den Eroberern hinterlassen.

Ohne Vorwarnung standen wir in Alarmbereitschaft. Europa schreckte auf und ich wundere mich noch immer. Drei Jahre früher, ich zitiere: »*Filmemacher aus Tel Aviv verstreuen an ihren Stränden Latschen, Helme, Gewehre, Bajonette, Spuren von menschlichen Zehen im Sand, das Debakel zu simulieren, das in einem Studio in Los Angeles inszeniert wurde.*« Die bildliche Darstellung von Schlachten, Siegen oder Niederlagen war nicht neu, jedes Lager verfügte über Listen und Trümpfe, über Künstler, die sich den Armeen bei jedem Vorstoß nach Ägypten anschlossen, Zeichner und Maler gestalteten nach dem Ereignis, was der Sieger übriggelassen hatte. 1967 plante, inszenierte, exekutierte Israel, wie man mir sagte, die ägyptische Niederlage und zeigte sie am siebten Tag in den Fernsehanstalten der Welt, welche sie umgehend, in Gewißheit ihres Sieges über die Araber, ausstrahlten. Auf einmal starb Nasser, und der Glanz seiner Beisetzung ließ seinen Tod vergessen. Die Wiege oder der Spielball, wenn man so will der Sarg, schwankte, tanzte, flog beinahe über den sichtbar erzürnten, aber vielleicht von dem ganzen Spiel auch belustigten Köpfen. Hussein, Boumedienne, Kossygin, Chaban-Delmas, Haile Selassie der Löwe von Juda, andere Staats- und Regierungschefs wurden von fünfzehn Kilo schweren Fäusten, Fleisch und Knochen, von Kiste für Kiste an den vereinigten Laderampen von Kairo, an den Fließbändern der LKW-Montage breiter gewordenen Schultern aufgehoben und, graziös wie ein Seidenstrumpf zwischen Daumen und Zeigefinger, aufs Sofa gesetzt. Die Kerle Ägyptens behielten den Sarg für sich.
Das Spiel begann gut, der Ball verschwand im Gemenge,

um in der anderen Ecke des Bildschirms wieder aufzutauchen. Mehrere Rugby-Spieler begannen sich darum zu streiten. Welcher wütende Fußtritt würde ihn in die Unsterblichkeit kicken? Die Träger liefen immer schneller, ihr Gebaren Irrer zwang den Koran volltrunken hinterherzutaumeln. Füße, Schenkel, Kehlen, der Sarg, alles wurde mitgerissen. Ausgebuffter als die All Blacks umdrängten die Träger den Sarg. Die Menge hatte ihn verschluckt. Die ganze Welt verfolgte diese Partie auf dem Bildschirm und erriet, wie er von Bein zu Bein glitt, von Faust zu Schulter, zwischen Schenkeln und Haaren hindurch, bis die Menge, die Träger, Koransänger, Sarg und Rugby-Spieler vom ägyptischen Boden verschwunden waren, die Geschwindigkeit allein zurückblieb, immer schneller werdend, bis in die Grube. Die Salutschüsse der Kanonen verhallten unter den Schaufelschlägen der Erde des Verschwindens. Auf dem Grab tanzten, trotz Bewachung, zwei- oder dreitausend leicht gewordene Füße bis zum nächsten Morgen. Sie bewegten sich mit Höchstgeschwindigkeit, sicherlich derjenigen des Einen Gottes. Ich konnte nicht anders, als an einen Weltcup orientalischer Beerdigungen zu denken, bei dem diese hier gepunktet hätte.
Kurze Zeit später, im September 1970, riskierte Hussein von Jordanien, durch die Fedajin in die Enge getrieben zu werden, Amerika kam ihm zu Hilfe. Weder die Moral noch das Herz Nassers hatten sich gehalten, das ebenso sentimentale wie mannhafte Rugby-Spiel, das uns im Fernsehen begeistert hatte, wurde zu einer Feier der Austilgung des Debakels von 1967, jenes zu verschleiern, das sich für 1970 ankündigte. Versteckt sich derjenige, der stirbt? Die Kraft dieses Bildschirmspektakels hatte die Arglosigkeit von Küssen, die auf den Mund, das Haar, die Goldkettchen, Ohrringe, die Lider eines Torschützen gedrückt wer-

den. Applaudieren der Jubel des aufgerichteten Stadions und die Bravorufe dem Tor oder dem Abtausch von Küssen? Ist unter zehn schwitzenden Bengeln der eine verschwunden? Versteckt er sich? Der Körper des Rais war erloschen. Derjenige, der die Sonne eines Volkes war, verbindet sich mit der Zeder des Sarges, und allem wird die Zeit ihren Stempel aufdrücken. Das Zeitalter der Nationen spießt das arabische Volk auf. Die Vaterländer werden nervös ... Es bedarf neuer Kriege. Nasser wird wieder nützlich sein, verklärt durch Comics.

Noch bevor ich eintraf, wußte ich, daß die Tatsache meiner Anwesenheit am Ufer des Jordan auf den palästinensischen Stützpunkten niemals klar ausgesprochen würde: ich hatte diesen Aufstand in der selben Art empfangen, wie ein musikalisches Ohr die richtige Note erkennt. Oft schlief ich außerhalb des Zeltes unter den Bäumen und betrachtete dicht über den Ästen die Milchstraße. Die bewaffneten Posten verursachten keinerlei Geräusch, wenn sie sich durch die Nacht bewegten, durch Gras und Blätter. Ihre Umrisse wollten mit den Baumstämmen verschmelzen. Sie lauschten, sie, die Wachen.
Die Milchstraße nahm ihren Ausgang in den Lichtern Galiläas, machte, mich überspannend, einen Bogen, überwölbte auch das gesamte Jordantal und löste sich über der saudischen Wüste auf. Ausgestreckt unter einer Decke genoß ich dieses Spektakel womöglich weit stärker als die Palästinenser, für die der Himmel einen Gemeinplatz darstellte. Wenn ich mir, so gut ich konnte, denn sie hatten welche, ihre Träumereien vorstellte, wußte ich mich durch mein in Langeweile verbrachtes Leben von ihnen getrennt. Die Wörter Wiege und Unschuld waren zu keusch miteinander verwoben, weder das eine noch das andere zu

verderben, wagten die Palästinenser vielleicht nicht, die Köpfe zu heben: sie konnten in dieser Nacht nicht sehen, daß die Schönheit des Himmels ihre Geburt – daß sie ihre Wiege in den beweglichen Lichtern Israels hatte. In einer Tragödie Shakespeares richten die Bogenschützen ihre Pfeile gen Himmel, und ich wäre nicht überrascht gewesen, wenn die Fedajin, selbstsicher über ihren gespreizten Beinen, aber verärgert über so viel Schönheit, die sich in Form eines Bogens über das Land Israel zog, angelegt und Kugeln auf die Milchstraße gefeuert hätten, China und die sozialistischen Länder lieferten ihnen genug Munition, das halbe Firmament herunterzuballern. Indessen, Kugeln gegen Sterne abfeuern, die aus ihrer eigenen Wiege aufstiegen, aus Palästina?

»Ein einziger Umzug, der meine. Dem ich am Karfreitag voranschritt, in weißem Meßgewand und schwarzem Überwurf. Ich finde kaum die Zeit, mit Ihnen zu sprechen«, sagte schon rot vor Wut der Geistliche.
»Ich sah zwei Umzüge. Das Banner der Jungfrau ...«
»Nein, was Sie zweiten Umzug und Jungfrau nennen, hat es nicht gegeben. Die Strolche, die im Gleichschritt liefen, die Trompete blasend? Wellen von Meeresfischern, die besser ihrer Wege gezogen wären. Sie mögen Skandale.«
So hatten zwei Umzüge sich vor meinen Augen gekreuzt, dem ersten lief dieser libanesische Geistliche voraus, der andere angeführt vom weiß-blauen Banner der Heiligen und, dem verärgerten Priester zufolge, zusammengesetzt aus Männern, Ganoven und Matrosen, die im Gleichschritt liefen, in den Hafen, und zwar schnell. Ich erfuhr das später von einem Benediktiner, es hatte zwei Umzüge gegeben. Der erste bewegte sich trotz der Musik langsam, in zur Schau gestellter Traurigkeit. Ein Orchester und Chöre von

Männern und Frauen führten ein *Requiem* auf, dennoch fröhlich, und dieser beinahe weinende Umzug wurde regelrecht durchschnitten von einem anderen, der sich aus jungen, ziemlich heiteren Männern zusammensetzte, die im Sturmschritt in die Hörner bliesen. An seiner Spitze hielt ein kräftiger Kerl ein Banner mit dem Bild der Jungfrau hoch. Ich erkannte sie an ihren zwei gefalteten Händen, an den Wolken, ein wenig weiß gesäumt vor blauem Himmel, den goldenen Sternen, die sie ganz so einfaßten, wie man sie auf den Bildern von Murillo sieht, die Zehen auf einem Halbmond, der schneidend schien. Die Sterne, das Blau des Himmels, der Gleichschritt, die Hörner, die heitere Atmosphäre, die Gummistiefel, die Blusen der Matrosen, all diese Männer, dieser ganze Umzug hätte es mir klarmachen müssen, ebenso wie, dem Geistlichen zufolge, die Sterne zuerst und der Mond: so genau sie eine Bahn um die Dame beschrieben, entsprach die Anzahl der Sterne doch exakt der des Kleinen Bären; das Blau des Himmels dem des Meeres; die gesäumten Wolken, die kaum gekräuselten Wellen; der Halbmond dem Islam; die Hörner, erschallend im Klang eines Festes, da sie in die richtige Richtung liefen, nicht zögernd, einen Umzug entzwei zu schneiden; unter den gummigestiefelten Burschen mußte man Fischer erkennen, und die Frau – auf dem Bild, im übrigen ohne den Nimbus, der sonst über die Köpfe der Jungfrau Maria gestülpt ist, dem Polarstern. Das bildete den Anfang des Vortrages, den der Benediktiner mir hielt. Er sagte mir auch folgendes, daß das Bild der Dame weder jungfräulich noch christlich war, sondern von den vorislamischen Völkern des Meeres stammte. Seine Herkunft war heidnisch, die Seefahrer widmeten ihm seit Jahrtausenden einen Kult; es wies ihnen in den glanzlosesten Nächten unabänderlich den Norden; dank seiner erreichte noch die schlecht getakeltste Barke zuverlässig das Trokkene, doch der Pater konnte mir nicht sagen, warum dieser Umzug so freudig verlief, am Tage des Todes des Sohnes, eine sechzehnjährige Mutter zurücklassend, ähnlich dem Bild der auf das Banner gezeichneten Dame. Ohne daß er lange darüber hatte nachdenken wollen, sagte ich zu mir selber, also ohne ein Wort, daß der Jubel der Hörner an diesem Freitag womöglich nur der Sieg des Heidentums über die Religion des Sohnes gewesen ist.

In jener Nacht von Ajloun sah ich den Polarstern zu meiner Rechten, an seinem Platz im Kleinen Bären, und wie die Milchstraße sich in der Wüste Arabiens ausbreitete, mußte mich ein siderischer Taumel ergreifen, mich in einem muslimischen Land zu wissen, wo die Frau, glaubte ich noch, Ferne ist, in meinem Halbschlaf einen Umzug scheinbar lediger Männer evozierend, die sich, hier noch eine Entführung mehr, des *Bildes* einer sehr schönen Dame bemächtigt hatten, und diese Frau repräsentierte den Polarstern, auf ewig im Äther fixiert, in den unberechenbaren Fernen, wie jede Frau* einer anderen Konstellation angehörend; die Fischer waren mehr Masturbateure als Ehemänner, und dieses Beiwort Polar gehörte dem Stern und der Frau. Fast reglos unter meinen Decken, die Nase zum Himmel, geführt vom Licht, fühlte ich mich von einem Wirbel erfaßt, in dem die Sanftheit muskulöser Arme mich niederwarf und mich beruhigte. Ich hörte in der Nacht, keine zwei Schritt entfernt, das Wasser des Jordan fließen. Ich fror.

* Diejenigen Palästinenser, die oft nach China eingeladen worden waren, warteten mir gegenüber, ohne daß ich etwas zu erwidern wußte, mit den Gedanken Maos auf: einer der meistzizierten bezog sich auf die Frauen, die von ihm »Die Hälfte der Sterne« genannt wurden.

Obwohl ich, mehr aus Spiel denn aus Überzeugung, die Einladung angenommen hatte, ein paar Tage mit den Palästinensern zu verbringen, blieb ich fast zwei Jahre und jede Nacht, lang hingestreckt, fast schon tot, wartend, daß die Nembutal-Kapsel mich einschläferte, hielt ich die Augen offen, den Verstand klar, weder erstaunt noch erschrocken, aber sicherlich amüsiert darüber, hier zu sein, wo, auf der einen wie auf der anderen Seite des Flusses, die Frauen und die Männer auf der Lauer lagen, seit langem, also warum nicht ich?

So arm er also gewesen ist, war ich ein Mann, der das Privileg hatte, in der Hauptstadt eines Reiches geboren zu sein, groß genug, den Erdball zu umgürten, und gleichzeitig hat man die Palästinenser von ihrem Boden gerissen, aus ihren Häusern, ihren Betten. Aber seitdem hatten sie Weg zurückgelegt!

»Stars, wir waren Stars. In Japan, in Norwegen, in Düsseldorf, in den Vereinigten Staaten, in Holland, wundere dich nicht, wenn ich sie an den Fingern abzähle, in England, in Belgien, in Korea, in Schweden, in Ländern, deren Namen wir nicht wissen wollen, deren geographische Lage; man kam uns zu filmen, zu fotografieren, fürs Fernsehen aufzunehmen, zu interviewen. ›Kamera ab‹, ›Auf dem Schlachtfeld‹, ›Traveling‹, ›Off-Stimme‹, nach und nach verschwanden die Fedajin ›aus dem Bild‹, lernten, daß man mit ›Off-Stimme‹ spricht. Ein Journalist, der drei Meter weit von Khaleb Abu Khaleb herumgeführt wurde, nannte sich dank dieser Gunst den Freund Palästinas; wir lernten die Namen unverdächtiger Städte, wir begannen uns nie gesehener Apparate zu bedienen, aber niemand auf den Stützpunkten, noch in den Lagern sah einen Film, ein Foto, einen Fernseher, noch eine ausländische Zeitung, die von uns sprach, wir lebten, wir machten wirklich erstaunliche Sachen, während man von so weit herkam, uns zu sehen, aber wo lag dieses Weither? Und die Journalisten blieben fast zwei Stunden bei uns: sie mußten den Rückflug in Amman erreichen, sechs Stunden später an der Trauerfeier für den Lord Mayor teilzunehmen. Die meisten von ihnen glaubten, daß Abou Amar und Yassir Arafat die Namen zweier verschiedener, womöglich untereinander verfeindeter Personen waren. Selbst diejenigen, die die Wahrheit kannten, täuschten sich, wenn sie alles mit drei oder vier multiplizierten (die Anzahl der Namen und Kampfnamen, die jeder trug), die Zahlenangaben der PLO oder der Al Fatah, die uns drei oder viermal zahlreicher vermuteten. Wir wurden umschwärmt, solange unser Kampf in den vom Westen erlaubten Grenzen für die arabische Welt blieb. Heute keine Frage mehr, nach München zu gehen, nach Amsterdam, Bangkok, Oslo – wir haben uns bis nach Oslo vorgeschoben, wo es so viel Schnee gibt, daß man ihn, so wie er fällt, nur aufnehmen muß, um Schneebälle daraus zu formen, die man sich in die Fresse werfen kann. In unserem Sand und auf unseren Hügeln waren wir Fabelwesen. Nachts in den Abgrund des Jordan zu steigen, Minen zu legen, morgens zurückzukehren, war das aus der Hölle heraufkommen oder herunter vom Himmel? Wenn eine Europäerin oder ein Europäer uns sähe ...«

Diese Erzählung stammte von einem dolmetschenden Kämpfer, aber der Fedajin, der sie mir gab, machte den Eindruck, sie oft dahergesagt zu haben, die Wörter waren an ihrem Platz, so in die Sätze gerückt, daß ich sie bereits vor seiner Übersetzung verstanden hatte. Sah der Fedajin das in meinem Blick? Er wandte sich direkter an mich:

»Alle Kämpfer meines Alters glichen einander. Genau wie ich. Die Augen der Europäer glänzten – heute weiß ich warum und wie sie glänzten: vor Sehnsucht, weil sie auf unsere Körper einwirkten, ehe wir es bemerkten. Selbst wenn wir den Rücken drehten, durchstachen eure Blicke uns den Nacken. Spontan nahmen wir Haltung an – heldenhaft, also verführerisch. Beine, Schenkel, Oberkörper, Hals, alles wurde anziehend – nicht weil wir jemand ausgesprochen verführen wollten, aber weil eure Blicke uns provoziert hatten und wir darauf antworten wollten, so wie ihr es ersehntet, da ihr Stars aus uns gemacht hattet. Im übrigen auch Monster. Ihr nanntet uns: Terroristen! Wir waren terroristische Stars. Welcher Journalist hätte nicht einen bedeutenden Scheck für Carlos unterschrieben, einen, zwei, drei, zehn Whisky mit ihm zu trinken, sich zu besaufen, sich von ihm geduzt zu wissen. Wenn nicht Carlos, Abu-el-Az?«

»Wer ist das?«

1971 wurde der Premierminister Husseins, Wasfi Tall getötet – ich glaube in Kairo von einem Palästinenser abgestochen, der seine Hände in dessen Blut tauchte und davon trank. Er nennt sich Abu-el-Az. Er sitzt im Libanon im Gefängnis, Häftling der Kataeb. Der Fedajin, der mir das erzählte, war sein Vertrauter. Ich verschweige seinen Namen. Über das »Ich trank sein Blut«, berichtet mit einem Abscheu, wie er europäischen Journalismus durchspukte, dachte ich zuerst als eine rhetorische Konstruktion, die sagte »Ich habe ihn getötet«. Seinem Kameraden zufolge hat er das Blut von Wasfi Tall tatsächlich geleckt.

»Israel behandelt sämtliche Verantwortlichen und die Kämpfer der PLO als Terroristen. Nichts weist auf die Bewunderung hin, die man euch entgegenbringen müßte.«

»In dieser Eigenschaft, neben denen, neben den Amerikanern, neben den Europäern sind wir eindeutig Zwerge. Wenn die gesamte Erde das Reich des Schreckens ist, wissen wir, wem wir es verdanken, ihr verbreitet den Terror, indem ihr unsichtbar bleibt. Die Terroristen von heute und die, von denen ich rede, bieten bewußt ihren Körper dar, das ist der Unterschied.«

Nach den Abkommen von 1970, als die Sicherheitskräfte in den Straßen von Amman aus Patrouillen der Fedajin und der Beduinen bestanden, häufig gemischt, las und erkannte die spöttische Lässigkeit der Fedajin Embleme und Symbole jedes Landes, entzifferte rasch die Pässe, welche die Beduinen mit zuviel Vorsicht aufschlugen, sie mit ihren spitzen Fingern des Wüstenadels wendeten. Ohne ein Lächeln gaben sie Aufenthaltsgenehmigungen zurück, Passierscheine, Geleitbriefe, Führerscheine, Zulassungen, alles verkehrt herum. Ihre Kopflosigkeit war offensichtlich. 1970 gedemütigt, töteten sie die Palästinenser im Juni 1971 mit Vergnügen. Der Grund des Gemetzels lag nicht darin, jedoch die Freude am Töten.
Heute gleicht Amman fast vollständig dem Viertel, das man noch immer Jebel Amman nennt, noch immer das vornehmste der Hauptstadt. Die Mauern der Villen waren an der Vorderseite aus abgerundeten Steinen gebaut, manchmal von der Größe, die man »Diamantspitze« nennt. 1970 bildete diese Ecke des Luxus, mit ihrem Gewicht, ihrer Dichte einen Gegensatz zu den Vorhängen und selbst zum Blech der Camps. Daß die Vorhänge tausend Farben hatten, zusammengehalten von Stoffetzen, damit einen Riß zu stopfen, so etwas gefiel dem Auge, besonders dem westlichen.
Sie anschauend, weit genug entfernt, und an trüben Tagen, vermutete man die Lager angefüllt von Glück, jedes farbige Stück Stoff wirklich ausgesucht, abgestimmt auf die Farbe der übrigen, und diese Harmonie konnte nur ein

glückliches Volk bergen, da es verstanden hatte, aus seinem Lager eine Augenweide zu machen.
Wird man sich, diese Seite mitten im Jahr 1984 lesend, als sie geschrieben wurde, fragen, ob der volkstümliche Ausdruck »sie haben Junge gekriegt«, nicht auf die palästinensischen Lager zutrifft? Wie vielleicht vor 4000 Jahren oder mehr scheinen sie wieder aufzutauchen, auf der Oberfläche des Planeten, an zahlreichen Orten: Afghanistan, Marokko, Algerien, Äthiopien, Eritrea, Mauretanien ..., ganze Völker fallen ins Nomadisieren, nicht aus freier Wahl, aufgrund von Hummeln im Hintern, was wir von den Bullaugen der Flugzeuge aus sehen oder beim Blättern in den Luxuszeitschriften, in denen das Hochglanzpapier den Feldlagern einen Anschein von großem Frieden gibt, der bis ins Flugzeug widerhallt, obgleich sie doch das Geröll der »seßhaften« Nationen sind. Nicht wissend, wie sie »ihre Abwässer« entsorgen, haben sie sie in ein Tal gekippt, an den Abhang eines Hügels, und eher zwischen den Tropen und dem Äquator.
Aus Himmeln, in ausgeglichenem Luftdruck, sehen wir wohl, daß die befestigten Städte und Nationen, auf dieselbe Weise an den Boden gefesselt wie Gulliver, falls sie ihre Nomaden: Seeräuber, Steuermänner, Magellans, Gamas, Battutas, Entdecker, Zenturios, Feldmesser benutzen, sie verächtlich benutzten. Und dann wurde es immer schöner, immer heißer, in Nähe der Banken, zum Schutz der Goldvorräte in den Kellern, als das Geld »zirkuliert«, Dank der Wechsel.
Wir mußten uns mit viel Phantasie gegen diese Eleganz verteidigen, die uns glauben machen konnte, das Glück sei da, auch wenn man die Fotos der Lager in der Sonne auf dem Hochglanzpapier der Luxusmagazine mit Mißtrauen betrachten muß. Ein Windstoß brachte alles zum Fliegen,

Vorhänge, Zelte, Zink, Blech, und ich sah das Unglück bei Tage.

Die Machart der von den Seefahrern gebrauchten Wörter war vermutlich sehr einfach, in welcher Sprache aber redete man, wenn man sich verirrt hatte, noch nicht Poeten im Sinne gehender und sich auf ruhigem Boden entspannender Landbewohner, mit aller Zeit, sich die unendlichen Meere vorzustellen, die Abgründe und Strudel, sondern Seeleute, fahrend in der Hoffnung auf eine unerwartete Rückkehr in die bekannte Welt, in die Nähe eines Kamins, ohne himmlische und mütterliche Vermittlung; welche Worte also verließen den Mund, um einen Strand zu bezeichnen oder ein Stück Holz, Kajüte, Achterdeck, einen Fetzen des dreieckigen Bramsegels. Erstaunlich daran ist, daß nicht ein Wahn sie erfunden hat, aber daß diese Wörter noch lebendig in unserer Sprache sind, anstatt in dem großen Schiffbruch gesunken zu sein. Erfunden in Irrfahrt und Einsamkeit, das heißt in Angst, tragen sie ein Stampfen in unseren Wortschatz, das uns immer noch kentern läßt.
Wenn man von Klagenfurt nach München fährt, nimmt man einen kleinen Zug, der durch die Hügel von einer Höhe zur nächsten schaukelt, der Österreicher, der Fahrkartenschaffner, bewegt sich mit jenem Schritt durch den Gang, den die Matrosen bei schwerer See auf Deck hatten. In den Bergen Tirols ist das die einzige maritime Erinnerung, alles, was von einer Kontinental- und Seemacht bleibt, über deren Ländereien und Meeren nie die Sonne unterging, nur das lächerliche, schaluppenhafte Benehmen in den Gängen der Züge, wie Maximilian und Charlotte es auf dem Weg nach Mexiko an den Tag legten. »Die unermeßlichen Tiefen« ist so ein Ausdruck, ebenso emphatisch wie

die meisten Begriffe der Navigation, uralt, aber unvergessen. Wenn die Seemänner sich in tiefste Einsamkeit verirrten, den Nebel, das Wasser, das unaufhörliche Stampfen, vielleicht in der Hoffnung sich darin zu verlieren, verirrten sie sich auch in ihren verbalen Entdeckungen: Riffe, Weltenden, Sturzfluten, Völkerschaften, Affenbrotbäume, Niagaras, Hundshaie ... mit Hilfe eines ihren mit einem Holzschuhmacher wiederverheirateten Witwen kaum bekannten Vokabulars werden sie von Reisen erzählen, denen niemand ohne Ängste, noch Wonnen nachforschen kann. Die »Wasser der unermeßlichen Tiefen« gleichen vielleicht an Dichte den schwärzesten Finsternissen, kein Auge vermag die tausend und abertausend Mauern zu durchdringen, derart, daß die nutzlos gewordenen Farben unmöglich werden. Amman ist eine Hauptstadt, die ich, um mich dieser Bezeichnung zu bedienen, so beschreiben möchte, weil den sieben Anhöhen, welche die Stadt bilden, neun Täler entsprechen, Risse, die Banken und Moscheen nicht ausfüllen, und während man aus den vornehmen Vierteln kommt, will sagen den erhabensten und reichsten, steigt man in die unermeßlichen Tiefen hinab, man wundert sich, ohne Skaphander dorthin zu gelangen und nimmt dabei folgendes an sich wahr: die Beine sind reger, die Kniescheiben gleiten schneller, das Herz schlägt ruhiger, doch die Schreie der Passanten und der Autolärm – mitunter der des Beschusses – scheinen aufeinanderzustoßen wie zwei rivalisierende Mannschaften einer neuen Sportart, für eine momentane, auf die Schreie abgezirkelte Führung, dann wieder auf den Lärm, und das ruft ein Durcheinander hervor, aus dem sich nichts Klares herauslöst, bleibt nur ein Stimmengewirr, seltsamerweise taubes Geräusch genannt, während genaugenommen Sie taub werden; soviel zum Ohr. Was das Auge anbelangt, es ruht auf

den gleichmäßig grauen Schaufenstern, welche die Straßen der »unermeßlichen Tiefen« säumen. Ohne jeden Zweifel war der Staub noch arabisch und die Ware japanisch, doch eine gleiche Schicht Staub, dem Auge ebenso sanft wie die Haare im Inneren der Ohren eines Esels, lag auf den aus Tokyo geschickten Geräten, es war noch eine Art von Nacht, aber nicht umfänglich, vielmehr erhellt von dem grauen Staub, über den man sagen kann, er machte aus Amman eine Stadt großer Tiefe. Die auf die neuesten Modelle japanischer Elektronik herabschwebende Sanftheit, dem *angesagtesten* Archipel der Welt, wie sie deuten? Ausstoß einer lächerlichen, aber sperrigen Rafinesse? Zuschüttung ohne Vorwarnung? Sinnbild der endgültigen Zukunft, in der alles werden wird? Sanftheit, die den unerbittlichsten Apparat feinfühlig machen will?
Aber die Astronomie, wäre sie diese Wissenschaft, beinahe so seicht wie die Theologie, hätten die Seeleute in der Furcht der unermeßlichen Tiefen und der Riffe nicht den Himmel und seine Sternbilder angerufen?

Aus Amman, Stadt des Königreichs David, nabatäisch, römisch, arabisch, aus der Tiefe der Zeitalter kommend, stieg ein angeschwemmter Gestank auf.

Die uns an der Schulter vor sich herschiebende Vorsehung war nicht länger akzeptiert, es blieb, den Zufall wiederanzuerkennen. Durch ihn entdeckte ich die beiden Kanäle, die gewisse junge Leute aus dem Maghreb nach Ägypten schleusten, entschieden für die Fatah zu sterben, die einzige Organisation, deren Name 1968 allen Arabern bekannt war. Bourguiba zog die Diplomatie dem Krieg vor, also hatte er auf seinem Territorium die Netzwerke der Freiwilligen verboten, die es dennoch durchquerten.

Schloß er die Augen, übertrieb er bei anwachsender Senilität den Mittagsschlaf?

Gewisse Worte, mehr als andere ebenso unbekannte, verlangen nach Auslegung. Selbst wenn man sie nur ein einziges Mal hörte, prägt ihr Klang sich ein, und das Wort Feddajin ist eines von ihnen. Zwischen Sousse und Sfax machte ich im Zug die Bekanntschaft von sechs jungen Leuten, die lachten und dabei Sardinen und Käse aßen. Sie waren fröhlich, weil die Musterungskommission sie für untauglich befunden hatte, und nach dem, was sie sagten, verstand ich, daß sie Schwachsinnigkeit, Geistesgestörtheit und Masturbation simuliert hatten, welche taub macht. Sie waren etwa zwanzig Jahre alt. Ich verabschiedete mich in Sfax von ihnen. Ich betrat den Bahnsteig. Einige Stunden später traf ich sie am Rand eines Springbrunnens wieder, weiter Konserven essend, aber anstatt auf meinen Gruß zu antworten, auf mein Lächeln, waren sie verlegen, einige senkten den Kopf, die Löcher in ihrem Greyerzer besser zu untersuchen, während die übrigen, die mich wiedererkannt hatten, sehr leise ein lebhaftes Gespräch begannen, ich kapierte – falls man es mir nicht erzählt hat – daß sie den Zug über die Gleise verlassen hatten, um nicht durch den Bahnhofsvorsteher von Sfax erwischt zu werden. Am nächsten Tag brachte ein Lastwagen sie nach Médenine, wo sie in einem kleinen Hotel abstiegen. Nachts gingen sie über die libysche Grenze.

Dies hatte sich zu Anfang des Sommers 1968 ereignet. Ich fuhr oft nach Sfax. Ein Hotelkellner fragte mich, ob mir Tunesien gefiele – immer ist es so, daß nach einem Blickwechsel die Liebesbeziehungen beginnen. Ich sagte nein. »Kommen Sie heute abend mit mir.«

Wir trafen uns in der Nähe einer Buchhandlung. »Ich werde Ihnen vorlesen, und Sie übersetzen was ich lese.«
Der Buchhändler reichte uns einige, wie er glaubte, unter Bücherstößen gut versteckte Bändchen mit arabischen Gedichten. Er öffnete eine Tür und ließ uns in ein kleines Zimmer eintreten. Der junge Mann las die ersten Gedichte, gewidmet der Fatah und den Fedajin. Mir fielen zuerst die kunstvollen Initialen am Anfang jeder Strophe auf, rechts.
»Warum sind sie versteckt?«
»Die Polizei will nicht, daß sie verbreitet werden. Du weißt, daß amerikanische und vietnamesische Ingenieure den Süden Tunesiens erschließen. Bourguiba fürchtet Konflikte mit Amerika und mit Israel. Unsere Regierung hat Saigon anerkannt. Komm morgen mit uns. Wir sind zu dritt und wir fahren vierzig Kilometer raus. Mit dem Auto.«
»Was tun?«
»Du wirst sehen. Du wirst hören.«
Die Gedichte, ihre Übersetzung jedenfalls, erweckten in mir kein anderes Gefühl als die Schönheit der Kalligraphien. Sie sprachen von Kämpfen, von Unheil, doch ich verstand die Metaphern nicht: Tauben, Braut, Honig. Am nächsten Tag gegen fünf Uhr abends nahmen mich die jungen Leute mit in die Wüste. Sie hielten das Auto an der Gabelung zweier Pisten. Um sechs hörten wir Radio. Es war auf Arabisch, eine Rede von Bourguiba. Von Zeit zu Zeit wurden die jungen Leute unruhig, flachsten herum. Am Ende der Rede machten wir uns wieder auf den Weg nach Sfax.
»Wozu dieser Ortswechsel?«
»Seit zwei Jahren macht es uns Spaß, Bourguiba in der Wüste salbadern zu hören.«
Schließlich, mit größerem Ernst, zeigten sie mir zwei Pi-

sten, die sich im Sand trafen: die eine verlief durch den Süden, mit Kamelkarawanen, die andere durch den Norden nach Tunesien. Beide führten von Mauretanien über Marokko, Algerien nach Tripolis, Kairo und in die palästinensischen Lager. Jene, die den nördlichen Schleichweg genommen hatten, waren getrampt oder »schwarzgefahren«, die Kontrolleure machten selten Ärger, das wußte ich von einem der Schaffner selbst. Die anderen, die über den Süden kamen, folgten den Karawanen der Beduinen, unter die sie sich mischten. König Idriss' Grenze stand ihnen offen. Von Tripolis, nach einigen Wochen militärischer Ausbildung, mit dem Zug nach Kairo, von Kairo nach Damaskus oder Amman, ich weiß nicht mehr wie.

Über diesen kleinen illegalen Umweg – ich habe nicht gesagt, daß eine Flut von Kämpfern, die aus vier oder fünf Ländern des Maghreb kamen, zusammenströmte, sie in den Palästinenserlagern zu unterstützen –, lernte ich zumindest, die Aufrufe, die Echos, die unmittelbare Resonanz des palästinensischen Widerstandes bei den arabischen Völkern zu verstehen. Sicher galt es, den Fedajin, trotz Amerika, gegen die zionistische Besatzung zu helfen, doch neben diesem Anspruch machte ich einen anderen aus: jedes dieser Völker wollte alte Abhängigkeiten loswerden: Algerien, Tunesien, Marokko hatten, indem sie ihr Fell schüttelten, die darin sich versteckenden Franzosen abstürzen lassen; Kuba seine Amerikaner, in Süd-Vietnam hielten sie sich nur an einem seidenen Faden, und das kaum noch bezaubernde Mekka hatte nicht einmal mehr Pilger.

Zu jener Zeit hatte der Minister Ben Salah in den tunesischen Diskurs folgende Ziffern eingebracht – 49 und 51 – das heißt einundfünfzig Prozent für die Regierung, neunundvierzig dem Rest zum Profit überlassen, 51 repräsentierten demnach die Männer, 49 die Frauen. Vielleicht aus einer Laune heraus hatte Ben Salah den Händlern die Aktivitäten beschnitten, was ausgedünnte Basare zur Folge hatte: wie die Bäumchen von Le Nôtre, und die Teppichhändler, ihrer Gesten beraubt, abgemagert, blickten zu Boden, scheinbar dort nach dessen geopferten Zweigen suchend. Das himmelblaue Auge Bourguibas schaute nur auf Washington. In jedem Dorf, von der Küste, von Norden nach Süden, drehten tunesische Töpfer unablässig diese Millionen jahrtausendealter Amphoren, immer noch von Schwammtauchern auf dem Grunde des Meeres gefunden, seit der karthagischen Zeit von Schlamm geschützt, immer noch Öl bergend, jeden Morgen wiedererschaffen, noch ein wenig warm vom Brennofen, den man eben hat ausglühen lassen. Das war der Punkt, an dem ich begriff, daß ich Tunesien schwinden sah: der Tag war ganz aus Lehm, der gedreht und norwegischen Mädchen in Form von Terrakotta-Amphoren verkauft wurde. Es würde enden, sagte ich mir, indem es sich auflöst, dieses Tunesien.

Ein paar Wochen später, gegen Mitte Mai 68, fand ich dieselben Gedichtbändchen auf Arabisch zum Ruhm der Fatah im Hof der Sorbonne in Paris wieder, allerdings ohne Initialen, der Stand befand sich, glaube ich, direkt neben Mao; im August kappte die Sowjetunion den Prager Frühling.

Die jungen Tunesier, die ich im Süden des Landes sah, waren um die 18 bis 20 Jahre alt: das ist das Alter der Brunst, der Verführung an und für sich, der Verführung zur Brunst, der Verspottung aller drohenden, nie gelebten elterlichen Moralvorstellungen. Die Jugend war um so zügelloser, sogar unverschämter, als Nasser ihren Aufstand ermutigte, und überdies bereitete man sich aufs Sterben vor. Die tunesische Jugend war genauso, und Sie haben bereits verstanden, daß ich sagte, der eine Teil war so, wie ich ihn beschrieb, der andere bereitete sich darauf vor, ein Volk von Kaffeekellnern zu werden, Restaurantkellnern, Direktionsboten, Empfangschefs. Etagenkellner war die letzte Stufe zum Himmel: die schönen, fast nackten Etagenkellner, manchmal verheiratet, verließen Tunesien erster Klasse in Begleitung eines Schweizer Bankiers, seltener einer Bankerin, und 1968 verstrich. Unmerklich zuerst erhärtete sich in Amman der Kampf der Palästinenser gegen König Hussein.

Einige Worte jucken mich, die ich über die Amphoren sagen wollte. Ich habe sie entstehen sehen. Der Ton lag auf der Scheibe, die der Töpfer mit seinem Fuß zum Drehen brachte – was mich an eine Bäuerin denken ließ, die eine Singer-Nähmaschine antreibt –, und als die Amphore fast fertig war, riß er sie von der Scheibe und warf sie in eine Kiste, wo sie in sich zusammenfiel, und ein Gehilfe die noch frischen Tonstücke zu einer kompakten Masse knetete, die mit einem für die Scheibe vorbereiteten Klumpen Ton vermischt wurde, wenn der Töpfer im letzten Moment einen unkorrigierbaren Fehler gemacht hatte. Einer seiner Finger, wahrscheinlich der Daumen oder ein anderer Finger, entweder aus Müdigkeit oder aus einem anderen Grund, drückte sich zu sehr ein, zerbrach die Wandung oder beging einen vergleichbaren Mißgriff. Man mußte alles von Neuem beginnen, die Amphore hielt ihren dreitausend Jahren nicht stand. So altern sie bis heute nie wieder, die japanischen Töpfer spielen mit dem Zufall. Egal ob er von der Zusammensetzung des Tons, von der Scheibe, dem Brennofen, der Glasur herrührt, sie lauern auf die Unebenheit, um sie manchmal zu übertreiben, auf jeden Fall, um mittels ihrer auf ein neues Abenteuer zuzusteuern, das einer kanonischen Form, einer Färbung, akademisch womöglich, aber verletzt durch die Schramme eines Fingernagels, einen zu schwachen oder zu starken Brand; sie hängen sich an diesen Fehler, sie stürzen sich auf ihn, gegen ihn, aus Liebe zu ihm, bis er gewollt ist, Ausdruck ihrer selbst. Wenn es ihnen gelingt, sind sie erfüllt: das Ergebnis ist modern. Das tunesische Ergebnis niemals, aber wenige Schweizer Bankiers haben eine Schwäche für japanische Töpfer. Aus Gründen, die ich bereits nannte – die aktive Jugend bricht auf, mit den Palästinensern zu kämpfen – muß man, glaube ich, seinen Abscheu gegen tausendjährige Amphoren hinzuzählen.

Die jungen Tunesier, von denen ich spreche, sahen sich in ihrem Land um und fanden leicht Beute: Fellachen, die aus dem Süden gekommen waren, aus einem vom Regen vernachlässigten Kaff, wegen ihrer umständlichen Ausdrucksweise, oder leicht zu schlagende französische Touristen; ihr kohlschwarzes Auge diente dazu ebenso wie ihr loses Mundwerk. Die Schnelligkeit des Geplappers schien stark von Amphetaminen herzurühren, wenn diese fermentierte Jugend einfach die Zeit totschlug, während die französischen Moderatoren des Fernsehens ihre einzigen Lehrer waren: »*soziales Gefüge sowie Beseitigung der wachsenden Kriminalität, der Erfolg hängt auf allen Ebenen allein von uns ab die Erlangung der höchsten Ausbeute erzwingt Produkte in Spitzenqualität selbst wenn der Schritt zu neuen Fachgebieten hyperentwickelte Geräte der neuesten Generation erforderlich machen sollte*«, aber außerhalb Tunesiens krähte kein Hahn danach, weder arabisch, noch französisch. Das war es, was Handlungen, und zwar solche, die

sich gewaschen hatten, notwendig machte, wenn die Siesta um zwei Uhr nachmittags anfängt. Bourguiba schlief, ausgestreckt auf dem Rücken.
Dabei war es ihm doch angenehm gewesen, von jenen Palästinensern zu träumen, und kein Mensch, außer in Israel, wußte bereits, daß sämtliche arabischen Länder Asiens sie verjagen würden, niemand wußte es, und schon sehnte jeder den Schlag herbei, bereitete ihn heimtükkisch vor. Schon ein einziger Palästinenser bedeutete Unruhe. Die Ankunft in Tunis 1982 bedeutete viel für dieses lauwarme Volk, ein bißchen türkisch, ein bißchen pazifisch, ein bißchen bretonisch, die Tunesier. Mehr als tausend Palästinenser, darunter, in ihrer ausgehöhlten Mitte, Arafat selbst.

Hier ist die Stelle, nicht früher, nicht später, an der ich sagen muß, was Fatah bedeutete. Aber schon die Erfinder der verschiedenen Bezeichnungen für die palästinensischen Bewegungen bedienten sich der arabischen Sprache entweder wie Kinder oder wie Philologen. Auch das Wort Fatah will ich versuchen zu interpretieren, jedoch in der Gewißheit, niemals seinen Reichtum zu vermitteln.
F.T.H., drei Konsonanten, bilden nach dieser Ordnung eine dreibuchstabige Wurzel, die Riß, Spalt, Eintritt und sogar den nahen Eintritt eines – allerdings von Gott gewollten – Sieges bedeuten. Fatah, das ist ebenso das Schloß, welches das Wort Schlüssel wachruft, der auf Arabisch *Meftah* heißt, in welchem sich die drei Hauptbuchstaben wiederfinden, mit vorausgehendem *Me*. Diese dreibuchstabige Wurzel gebietet darüber hinaus *Fatiha* (jene die öffnet), so heißt die erste Sure, *jene die* den Koran *eröffnet*.

Sie beginnt mit Bismillah ... Alle Welt hat inzwischen begriffen, daß Fatah oder besser F.T.H. die drei Initialen der Wörter Falestine Tharir (Befreiung) Haka (Bewegung) sind. Aber um F.T.H. zu ergeben, wird diese Reihenfolge verkehrt.
Große Gören müssen ihren Spaß gehabt haben.

Ich fange noch einmal an
FA (für Falestine = Palästina)
TH (für Tharir = Befreiung)
HA (für Haka = Bewegung)
was, in richtiger Abfolge: Hathfa ergäbe. Dieses Wort, wenn es eines ist, bedeutet nichts.
In den drei Worten: Fatah, Meftah, Fatiha entdecke ich diese drei – wenn auch heimlichen – Bedeutungen:
Fatah, das Spalt, Riß, Öffnung, also Erwartung, gottgewollte, eines Sieges meint, ein fast passives Warten;
Meftah, der Schlüssel, wenn sich der Schlüssel, kaum sichtbar, durch den Spalt oder das Schloß schiebt;
Fatiha, drittes aus dieser Wurzel geborenes Wort, wieder Öffnung, allerdings auf den Koran bezogen. Erster Abschnitt des Korans, in dem sich, wie ich vermute, die religiöse Tragweite offenbart. Hinter diesen drei Worten, welche dieser Wurzel, die Fatah ergibt, entstammen, lauern folglich die drei Ideen: des Kampfes (des Sieges), der sexuellen Gewalt (der Schlüssel oder Meftah im Schloß) und die dank Gottes gewonnene Schlacht.
Diese langen Ausführungen sollte der Leser wie zum Zeitvertreib nehmen, aber die Entschiedenheit und das Gefüge des Wortes Fatah haben mich so sehr beschäftigt, daß ich darin nach den drei Bedeutungen suchte, von denen ich sprach, obgleich ich sie hineingelegt habe. Man findet das Wort Fatah noch weitere drei Mal im Koran wieder.

Dieses Bild des Fedajin wird immer unauslöschlicher. Er wendet sich auf halbem Wege um; ich sehe sein Gesicht nicht mehr, nur seinen Rücken und seinen Schatten. Also genau dann, wenn ich ihn weder sprechen noch ihn werde hören können, werde ich das Bedürfnis haben, davon zu reden. Es scheint, daß die Auslöschung nicht einfach im Verschwinden besteht, eher in der Notwendigkeit, sie mit etwas anderem auszufüllen, vielleicht mit dem Gegenteil dessen, was ausgelöscht wird. So als ob an jener Stelle ein Loch geblieben war, in dem der Fedajin verschwand, und eine Zeichnung, eine Fotografie, ein Porträt wollten ihn wieder heraufbeschwören, in jeglichem Sinne des Wortes. Diese Dinge rufen den Fedajin aus weiter Ferne zurück – in jeglichem Sinne des Ausdrucks. Wollte er verschwinden, damit das Porträt aufscheinen konnte?
Gegen Mitternacht malte Giacometti am besten. Den Tag über hatte er mit einer intensiven Regungslosigkeit geschaut – und ich will nicht sagen, daß die Linien des Gesehenen bereits in ihm waren, das ist etwas anderes – jeden Tag blickte Alberto wie zum letzten Mal, nahm er das letzte Bild der Welt in sich auf. Ich habe die Palästinenser 1970 kennengelernt, ein paar gereizte Verantwortliche haben fast schon gefordert, daß dieses Buch fertiggestellt werde. Ich fürchtete, daß sein Ende nicht mit dem Ende des Widerstandes übereinstimmte. Nicht daß mein Buch zeigen sollte, was er war. Ob meine Entscheidung, meine gemeinsamen Jahre mit dem Widerstand zu veröffentlichen, mir anzuzeigen begann, daß er sich entfernte? Ein unbenennbares Gefühl warnte mich: der Aufstand verschwimmt, er erschöpft sich, wird sich auf halbem Wege abwenden und entschwinden. Man wird Heldenlieder auf ihn dichten. So habe ich den Widerstand gesehen, als verschwinde er schon morgen.

Wer sie im Fernsehen sah, oder ihr Bild in den Zeitungen, dem schienen die Palästinenser sich rund um den Globus zu bewegen, und zwar so schnell, als seien sie zur gleichen Zeit hier und woanders, aber sie selbst wußten sich umzingelt von all den schon durchquerten Ländern; und befinden wir uns, sie und wir, inmitten des Irrtums oder vielmehr am Rande einer uralten Illusion, in der Morgendämmerung einer neuen Wahrheit, die beide bereits zusammengestoßen waren, als der ptolemäische Trugschluß und die ohne Zweifel vorübergehende kopernikanische Wahrheit in Widerstreit gerieten. Die Palästinenser glaubten sich verfolgt vom Zionismus, vom Imperialismus, vom Amerikanismus. In den ruhigsten Augenblicken, meist gegen Abend, geschützt von den Steinmauern unserer Wohnung, inmitten des Hochhauses des palästinensischen Roten Halbmondes in Amman, diktierte Alfredo mir einige Adressen, und ein Schrei oder eher ein Geheul zerriß die Dunkelheit. Die ungefähr fünfzigjährige Dame hatte soeben aufgeschrien. In sehr jungen Jahren nach Nebraska ausgewandert war diese Palästinenserin dort reich geworden. Von ihr sollte ich das Gesicht, ihren amerikanischen Akzent* und ihre immer schwarze Kleidung im Gedächtnis behalten, gleich ob es sich dabei um ein Oberteil und einen engen oder weiten Rock handelte, ob sie aus langen Pumphosen bestand oder einem gefütterten oder mit schwarzem Pelz gesäumten Mantel, ob aus leichtem oder schwerem Stoff geschneidert, alles war vollständig schwarz; die Schuhe, die Strümpfe, Halsketten aus Pechkohle, das Haar und das sie haltende Tuch: schwarz. Ihr Gesicht war streng, ihre Rede kurz und trocken, mit kehligem Klang. Von ihrer Geschichte hat uns der Präsident des palästinen-

* Derart jung ausgewandert sprach sie nur amerikanisches Englisch. So etwas kommt nur bei den Palästinensern von Nebraska vor.

sischen Roten Halbmondes, der ihr ein Zimmer zur Verfügung gestellt und die Benutzung des Aufenthaltsraumes eingeräumt hatte, nur folgendes erzählt: bei sich zu Hause, in Nebraska, saß sie vor ihrem Fernseher, als sie die Bilder der von den Beduinen König Husseins massakrierten Palästinenser sah; sie schaltete das Gerät aus, sie drosselte den Stromzähler, sie nahm ihre Tasche, ihren Paß und ihr Scheckheft, sie verschloß ihre Tür mit zahlreichen Riegeln, fuhr zu ihrer Bank, reservierte ihr Ticket nach Amman im Reisebüro, und vom Flughafen in Amman kam sie per Taxi, sich dem Roten Halbmond zur Verfügung zu stellen, dem sie lästig fiel, denn abgesehen vom Unterzeichnen der Schecks, was sie bis zum Selbstruin betrieb, wußte diese ungeheuer reiche Palästineserin nur eines mit sich anzufangen: sich, ohne jede Bequemlichkeit, vor den Fernseher zu setzen und amerikanische Filme anzuschauen. Wir sprachen wenig mit ihr. Sie konnte Amerikanisch und ein wenig Arabisch, aber ihr Schrei, wie wir wenig später begriffen, gab uns Auskunft über die Bestürzung der Palästinenser, wenn sie urplötzlich entdeckten, daß alle Nationen sie verfolgten. Achtlos nach einem Sender suchend, der ihr die Zeit vertreiben würde, drückte sie alle Tasten, eine nach der anderen, sie landete bei Dialogen in arabischer Sprache. Sie war gerettet vor der Langeweile bei Einbruch der Dunkelheit, vor unserem Schweigen, dem Alfredos und meinem, vor dem dumpfen und fernen Lärm von Amman, als eine Person unvermittelt einen ganzen Satz im Slang von Brooklyn sprach, während, und das war der Grund für den Schrei, eine zweite Person der ersten mit einem Satz auf Hebräisch antwortete: das Fernsehen in Amman hatte soeben eine Sendung aus Tel Aviv empfangen. Die Hand der Palästinenserin unterbrach sofort, wenn auch zitternd vor Wut, den hebräischen Satz. Die Stille kehrte zurück. Selbst wenn sie ohne Unterbrechung nach Oslo und dann nach Lissabon reisen würden, wußten die Palästinenser, daß man in dieser verhaßten Sprache ihren Fortgang verhandelte.

Die Zimmer waren groß in den Villen von Jebel Amman; vier Salons, der *Louis-quinze*, der im *Style directoire*, der Orientalische, der Moderne und mitunter der in *Art-déco* gehaltene; das Kinderzimmer mit Perkal ausgekleidet, das der Miss (Kindermädchen) mit Cretonne. Die Hausangestellten, Gärtner, Kammerdiener, Hilfskräfte aller Art, fuhren zum Übernachten in die Vororte Ammans, ins Lager von Wahadat, oder, zwanzig Kilometer weiter, ins Lager von Baqa. Die Busse für Dienstboten brachten sie abends dorthin, stehend und bereits halb eingeschlafen, und sammelten sie am nächsten Morgen wieder ein, aufrecht, immer noch halb schlafend. Ein Nachtwächter blieb, der Herrschaft beim Erwachen die Brötchen und den Tee zu bereiten. Innerhalb dieser Welt von Flüchtlingen waren Herren und Diener folglich gleichgestellt. Das Wort Flüchtling, später wurde daraus ein Titel, verschwieg nicht, daß es den Inhabern der Villen aus behauenem Stein, groß genug allen Winden zu trotzen, als ein Grad von Besitz entsprach, als Titel, der, noch ohne allzu große Strenge, die Camps aus zusammengeflickten Stoffen bedrohte.
»Ich bin deinesgleichen, bin Flüchtling, ich bin dir überlegen, mein Haus ist aus behauenem Stein. Bereite mir weder Schmerzen noch Kummer, ich bin ein Flüchtling, und wie du bin ich Muslim.«
Gefangen im Wechsel aus Kommen und Gehen – einer von ihnen nannte es mir gegenüber das Hin und das Her – aus dem Lager in die Villa, schienen die Dienstboten ihre Unwürdigkeit nicht ohne Stolz zu tragen. Das Jahr 1970 be-

unruhigte jeden. Reiche Palästinenser boten ihren Dienern, urplötzlich, Zimmer an. Andere begnügten sich, aus Vorsicht, mit der Lebensmittelversorgung durch ihre Dienststellen. Praktisch von heute auf morgen, seit September, war die Demokratie in Mode gekommen. Anfangs heimlich, bald schon ganz unverblümt, machten die jungen Mädchen ihre Betten selbst, es ging soweit, daß sie die Aschenbecher im Wohnzimmer leerten. Besonders da das männliche Personal zum Gewehr gegriffen hatte, um für die Kämpfe um Amman gewappnet zu sein. Sie wurden zu Helden, oder, was noch besser war, zu Toten, da sie ja als Märtyrer starben. Aus mancherlei Gründen sollten diese Tage nur diesen Namen behalten: Schwarzer September.
Mehrere deutsche Familien wollten verletzte Fedajin aufnehmen, behandelt in den fliegenden Lazaretten wie in jenem von Doktor Dieter, über den ich, damit man es weiß, nur sagen möchte, daß er 1971, im Lager von Gaza, eine Schule für Krankenschwestern gründete. Er brachte mich eines Nachmittags dorthin, im Anschluß an seine Verwundeten- oder Krankenbesuche. Ich trat mit ihm in das einzige Zimmer eines Hauses im Lager ein. Wir wurden vom politisch Verantwortlichen begrüßt, den Eltern – dem Vater und der Mutter – von jedem jungen Mädchen, das sich entschlossen hatte, die Grundlagen der Krankenpflege zu erlernen.
Wir tranken selbstverständlich Tee. Vor einer schwarzen, an der Wand befestigten Tafel begann Dieter seinen Unterricht, indem er aus groben Strichen eine männliche Figur zeichnete, mitsamt ihrer Geschlechtsmerkmale. Nicht bloß, daß niemand lachte oder kicherte, die Stille war heilig. Der Dolmetscher war Libanese. Mit farbiger Kreide stellte Dieter den Blutkreislauf dar. Er zeichnete Venen und Arterien, die einen in Blau, in Rot die anderen. Er zeigte das

Herz an, die Lungen, die lebenswichtigen Organe, die Art und Weise, wie man Notverbände anlegt. Über das Herz, den Schädel, die Lungen, die Aorta, die Arterien, die Schenkel näherte er sich dem männlichen Geschlechtsteil:
»Die Kugel, der Granatsplitter können hier eindringen.«
Er zeichnete also die Kugel nahe dem Geschlecht. Er bemäntelte nichts mit seiner Hand, seiner Stimme, nichts mit seinen Worten. Diese Offenheit, das weiß ich, wurde von dem Verantwortlichen und den Familien geschätzt. Dieters Sorge galt dem Mangel an Ärzten und Pflegern – auch an Krankenschwestern – in den Lagern.
»Nach zwanzig Unterrichtsstunden wissen sie das Wesentlichste, aber ich gebe ihnen kein Diplom: so verlangen es die politischen und militärischen Verantwortlichen. Sie werden den Fedajin folgen und die Verwundeten pflegen. Sie werden nicht nach Amman gehen, um Aspirin zu verteilen oder den Milliardärsdamen von Jebel Amman Fußbäder zu bereiten.«
Im Rheinland gibt es viele Palästinenser. Sie arbeiten in den Fabriken, sie sprechen ein gutes Deutsch, in dem die Verben ordnungsgemäß ans Ende des Satzes gerückt werden müssen. Die jungen, von deutschen Müttern geborenen Palästinenser lernen Arabisch, die Geschichte Palästinas und nennen alle Fleischer Düsseldorfs in ihren Ochsenblutschürzen Hussein.

Gleich bei meiner Ankunft auf den Stützpunkten von Ajloun war mir der Unteroffizier aufgefallen, Palästinenser, aber schwarz, dem die Fedajin in wenn nicht verächtlichem, so doch zumindest spöttischem Ton antworteten oder Fragen stellten. War es die Farbe seiner Haut? Ein Fedajin, der Französisch sprach, verneinte ausdrücklich, lächelte aber dabei. Der Monat des Ramadan war gekommen, die Soldaten unterteilten sich in strenge, mehr oder weniger Gläubige, Teilnahmslose, und die letzteren aßen. Wissend, daß ich Christ war, breitete der Unteroffizier eines Abends ein Tuch auf dem Gras aus, servierte eine Suppenschale und einen Topf Gemüse und forderte mich auf zu essen, er selbst würde stehen bleiben, mit Rücksicht auf den Koran. Ich mußte sehr schnell entscheiden: ablehnen bedeutete, einem Schwarzen etwas abzulehnen, akzeptieren hieß, die Gunst zu sehr zur Schau stellen; ein wenig zu essen erschien mir als der elegante Kompromiß. Im Übrigen genügten mir einige Stücke in die Suppe getunkten Brotes. Zwei Soldaten standen direkt hinter mir. Als ich glaubte, höflich satt zu sein, erhob ich mich, und der Unteroffizier bedeutete den zwei Soldaten, aufzuessen, was ich angefangen hatte. An der Hitze meiner Wangen erkannte ich, daß ich rot geworden war. Einem Unteroffizier zu sagen, daß die Fedajin mit mir zusammen essen, aber nicht im Nachhinein und schon gar nicht meine Reste, sicher, aber einem Schwarzen? Vor allem der Begebenheit nicht zuviel Wichtigkeit beimessen. Ich schwieg also. Mich neben die Fedajin setzen und sie um ein Stück Brot bitten? Die Fedajin hatten alles bemerkt, der schwarze Unteroffizier, wie mir schien, überhaupt nichts.

Wenn sie sich erinnern, sehen die Palästinenser sich dann mit den Gesichtszügen, den Gesten, den Gegebenheiten des Körpers, den Gliedern und den Ausrüstungen, die sie vor fünfzehn Jahren trugen? Sehen sie sich beispielsweise von hinten oder im Profil? Taucht das Bild, welches sie von sich haben, von hinten oder von vorn auf, nur viel jünger, inmitten des ins Gedächtnis zurückgerufenen Ereignisses? Welcher von ihnen erinnert sich unter den Bäumen von Ajloun wohl der Szene, an der ich teilnahm, wenige Tage

nach den Kämpfen um Amman? Die Fedajin hatten einen kleinen Baldachin aus Laub errrichtet, mit einem Tisch in seiner Mitte, das heißt drei schlecht befestigte horizontale Bretter auf vier in den Boden gerammten Füßen – vier roh behauene Äste – und auf die gleiche Art vier unverrückbare Bänke, eine an jeder Seite des Tisches. Der Monat Ramadan hatte uns die erwartete Überraschung eines nach Westen geöffneten Halbmondes beschert. Wir hatten gerade zu Abend gegessen und saßen in einer Runde, nahe der Hütte im Moos, gesättigt, um das warme, aber leere Wasserbecken herum, als die Suren des Koran vernehmbar wurden. Demnach war es gegen acht Uhr abends.
»Dieser Mann ist ein Ungeheuer«, wandte sich Mahjoub, der mir an diesem Abend der Hungrigste von uns allen zu sein schien, an mich. »Seit Nero ist er der erste Staatschef, der Feuer in seiner Hauptstadt legt.«
Unter Zuhilfenahme eines Restes an nationalem Stolz, der mir geblieben war, vermochte ich ihm zu antworten:
»Verzeihung, Doktor Mahjoub, wir waren es, die noch vor Hussein kamen, es Nero gleich zu tun. Indem vor hundert Jahren Adolphe Thiers die preußischen Offiziere bat, von Versailles aus Paris und seine Einwohnerschaft zu bombardieren, hat er euren König noch übertroffen, und er war genauso winzig.«
Der Abendstern war aufgegangen, Mahjoub, ein wenig überrollt, zog sich zum Schlafen in seinen Unterschlupf zurück. Zehn oder zwölf Kämpfer, zwischen fünfzehn und dreiundzwanzig Jahre alt, hatten sich bereits unter dem fast überfüllten Blätterschutz eingefunden, wo man mir Platz machte. Ein Fedajin blieb als Wache vor der Tür. Zwei Männer, jedenfalls zwei Kämpfer, noch halbe Kinder, die sich aufgrund einiger Flaumhaare unter der Nase schon recht hartgesotten gaben, traten ein. Wie man landläufig

sagt: sie maßen einander mit Blicken, jeder versuchte, den anderen einzuschüchtern. Vor dem Tisch stehend entschieden sie sich dafür, einander gegenüber zu sitzen und ließen sich mit einer Schroffheit und Lässigkeit, ihre Hosenbeine hochziehend, um die nicht existierende Bügelfalte vor jedem Ausbeulen zu schützen, nieder. Ich saß, schweigend und aufmerksam, auf der dritten Bank, derjenigen, die man mir zugewiesen hatte. Dicht neben mir zog ein Soldat aus der linken Hosentasche seines Tarnanzuges, in einer sehr menschlichen und gleichzeitig nur ausgesprochen feierlichen Anlässen vorbehaltenen Geste, ein kleines Päckchen mit fünfzig Karten hervor, die er von einem Mitspieler abheben ließ. Gleich einem Fächer breitete er die Karten vor den zwei Spielern auf dem Tisch aus. Einer von ihnen übernahm die Führung des Spiels, sammelte die Karten ein und schob sie zu zwei gleich hohen Stapeln zusammen, mischte, nachdem er diese untersucht hatte, die Karten wie es die Regel verlangt, teilte sie zwischen seinem Mitspieler und sich aus, der eine wie der andere mit gleichem Ernst, fast bleich vor Mißtrauen, die Münder zusammengepreßt, mit knirschenden Zähnen und in einer Stille, die mir noch gegenwärtig ist. Die Vorgesetzten hatten Kartenspiele auf den Stützpunkten verboten – »bürgerliche Spiele von und für die Bourgeoisie« – hatte mir Mahjoub gesagt. Die Partie begann. Das Spiel und der Einsatz weckten den Geiz in den Blicken der Spieler; der Einsatz wurde vom einen, dann vom anderen kassiert, mit gleichem Glück. Um die zwei Helden herum, hinter ihren Rücken, beobachtete jedes Augenpaar die Stelle, an der die Karten, kaum daß sie aufgefächert waren, blitzschnell wieder zusammengeschoben wurden, an der das Spiel ablesbar wurde. Entgegen aller Regel schnitten die Zuschauer hinter den Spielern Grimassen, denen keinerlei

Beachtung zu schenken der jeweils gegenüber sitzende Mitspieler vorgab. Ich glaube, man spielte ein Kartenspiel ähnlich dem, welches man Trick-Poker nennt. Ich war hingerissen von der Undurchdringlichkeit zweier Blicke in die jeweils eigenen Karten, ein jeder verbarg seine Erregung und innere Unruhe; hingerissen auch von der Geschwindigkeit des Zögerns, eine, zwei oder drei Karten auszutauschen; ebenso hingerissen von der Behendigkeit der schmalen Finger, derart zarter Glieder, daß sie hätten zerbrechen können, wenn der gewinnende Spieler die Karten umdrehte, sie auf seiner Seite zu versammeln. Einer der beiden ließ eine Karte fallen, die er mit solch einer Lässigkeit vom Boden aufhob, daß ich an Bilder eines Films in Zeitlupe dachte, die Gleichgültigkeit, selbst Geringschätzung in seinem Blick, als er sich den Wert der Karte besah, ließ mich glauben, er habe ein As aufgehoben.

»Er hat zweifelsohne getrickst«, dachte man, indem er eine nachgeahmte, Falschspielern geläufige Bewegung benutzt hatte. Das bißchen Arabisch, das ich kannte, bestand vor allem aus Schimpfwörtern und Beleidigungen. Jene Worte:

»*Charmouta*«,

»*Hattai*«

gemurmelt zwischen den Zähnen der Spieler, in ihrem glänzenden Speichel, waren schnell wiedererkannt.

Die beiden Spieler erhoben sich, gaben sich quer über den Tisch die Hand, ohne sich anzulächeln, ohne ein Wort zu wechseln. Nur die Casinos in Europa oder im Libanon ließen ähnlich trostlose Zeremonien vermuten. Ebenso die Beendigung eines Tennis-Matchs, allerdings in Australien. Selbst einem gut gekleideten Gauner, der die Karten der Länge nach knickt, unterläuft mitunter ein Lächeln.

Eine jede, konkav oder konvex, je nach ihrer Lage auf dem Tisch, kann das Boot sein, mit dem der Betrüger sich vom Ufer davonmacht, oder die eine Hälfte des Tieres mit den zwei Rücken, oder die am Strand überwältigte Frau, deren Bauch sich öffnet. Wenn er es bemerkt, ein einziges Lächeln in diesem Spiel gilt den gezinkten Karten, bringt der Croupier ein neues Kartenspiel, mit der absoluten Geistesabwesenheit desjenigen in Gesichtsausdruck und Blick, der in der Öffentlichkeit seinen Hosenstall wieder zuknöpft.

Obon lautet der Name, den die Japaner einem anderen Spiel geben. Es ist das Fest der Toten, die für dreimal vierundzwanzig Stunden unter die Lebenden zurückkehren. Aus seinem Grab aufgestiegen, ist der Tote allein durch die vorsätzlich ungeschickten Gesten der Lebenden anwesend, Ungeschick, in dem ich folgendes erkenne: »Wir sind lebendig, wir lachen über unsere Toten, sie können daran keinen Anstoß nehmen, sie bleiben Skelette auf dem Grund eines Loches«, und es ist nur ihre Abwesenheit, welche die Kinder, diese Zerstörer der Zeremonien, heraufholen und in ihrer Wohnung aufstellen. »Wir, wir bleiben auf dem Friedhof, wir stören niemanden. Unsere Gegenwart, es sind eure Ungeschicklichkeiten, die sie sichtbar machen.« Man setzt die unsichtbaren Toten auf die schönsten Kissen, man bietet ihnen vorzügliche Gerichte an, Zigaretten mit Goldspitze wie für Liane de Pougy, als sie dreiundzwanzig wurde. Die Kinder humpelten absichtlich. Man vermutet, daß die Kinder in dem Obon vorangehenden Monat zu humpeln üben, den abwesenden Leichnam besser in die Gosse gleiten zu lassen, wo die Wettrennen begannen, die unvermittelt abbrachen: Schienbeine, Schädel, Schenkelknochen, Fingerglieder fielen hinab, und alle Lebenden lachten. Eine spöttische und zärtliche Geste hatte genügt, den Toten ein wenig Leben kosten zu lassen. Das Kartenspiel, das nur durch die skandalös realistischen Gesten der Fedajin existiert hatte – sie hatten gespielt zu spielen, ohne Karten, weder Asse noch Buben, weder Stäbe noch Schwerter, weder Dame noch König; das Kartenspiel erinnerte mich daran, daß alle Aktivitäten der Palästinenser dem Fest von Obon ähnelten, wo nur derjenige fehlte, der diese Feierlichkeit erforderte – steckte sie im Lächeln –, welcher nicht erscheinen darf.

Das Wissen um den Schrei schien in der arabischen Welt verbreitet zu sein, fast genauso wie die Kunst, im Stehen zu gebären, bei der sich die Frau mit gespreizten Beinen an ein von der Decke hängendes Seil klammert.
»Jean, hast du die Frau gehört? Sie ist gewiß Araberin. Das ist genau der Schrei meiner Großmutter, als sie meinem Vater sein Erbe wegnahm.«
»Worin bestand es, das Erbe?«
»Aus einem Achtel Olivenbaum.«
»Das heißt?«
»Dreieinhalb Kilo Oliven.«
Wenige Worte genügten Mohamed, seine Armut zu schildern, die Abhängigkeit von seinem Vater, der Schrei der alten arabischen Frau, ein vielleicht spontaner Schrei, aber in seiner Höhe von Kindheit an gelernt. Den Wächter R'Guiba lehrt niemand den Warnruf, er lernt ihn in seiner Jugend, denn seine Stimme ist durchdringend; er findet ihn selbst, wenn er auf der Lauer liegt, wenn er den Stimmbruch hinter sich hat, und sobald eine Gefahr droht. Sehr häufig entschlüpfte den Syrern, trotz ihrer Klugheit, derselbe Schrei wie den fintenreichen Palästinensern, sobald ein Schwert auftauchte, oder eine Folge von Schwertern;

alle diese Figuren waren, außer den sieben Schwertern, ein böses Vorzeichen: ein einzelnes Schwert, Maßlosigkeit; zwei Schwerter, Nachsicht; drei Schwerter, Entfernung; vier Schwerter, Abwesenheit oder Einsamkeit; fünf Schwerter, Niederlage; sechs Schwerter, Drängen; sieben Schwerter – die berühmten sieben Schwerter*, Hoffnung, einzige mit Küssen empfangene Figur; acht Schwerter, Vorhaltungen; neun Schwerter, Masturbation; zehn Schwerter, Jammer, Tränen, Wehklagen, und der Schrei, eher bedrückend als drohend, der dem Schrei der Freude, die von der Ankunft der Stäbe, Sinnbilder des Glücks, kündete, in nichts glich.

Im Lager von Baqa rächten sich die Gedemütigten. Die Japaner, Italiener, Franzosen, Deutschen, Norweger waren die ersten Kameramänner, Fotografen, Tontechniker. Die Luft von Baqa, die leicht war, wurde schwer. Jene, die niemand aufforderte zu posieren, die Star sein würden, wenn sie einen Star fotografierten – so gesehen jeden in Tarnanzug und mit Kalaschnikow – hielten ihre Opfer fest. In ihrer fast natürlichen Nervosität von Bewohnern eines rastlosen Archipels drohten die Japaner auf Englisch, ohne Bilder nach Tokyo zurückzukehren und somit Japan in Unwissenheit über die palästinensische Revolution zu lassen, ohne zu ahnen, daß zehn Kilometer von ihnen entfernt die berüchtigten Terroristen aus Lodz ihr Training absolvierten, in den Seitentaschen ihrer Militärhosen Karten von Israel und Pläne des Flughafens; die Franzosen ließen einen Fedajin eine bestimmte Pose zwölfmal wiederholen. Doktor Alfredo unterbrach mit drei barschen Worten dieses Schauspiel. Um zu zeigen, daß sie die

* Marie der Sieben Schwerter, Schwiegertochter von Doña Musique (Der seidene Schuh, Paul Claudel).

Froschperspektive beherrschten, forderten die Italiener die Kämpfer auf, anzulegen, nachdem diese die Kugeln herausgenommen hatten, sie warfen sich in einer schnellen Bewegung zu Boden und fotografierten die Fedajin auf diese Weise; ein Anflug von Rache verbreitete sein fröhliches Chaos. Der Fotograf wird selten fotografiert, der Fedajin oft, aber wenn er eine Pose einnimmt, stirbt er eher vor Langeweile denn aus Überdruß. Manche Künstler glauben, in der Aura um den fotografierten Menschen diese Einsamkeit der Großen wahrzunehmen, die nichts weiter ist, als Erschöpfung und aufgelöste Gesichtszüge, das Getänzel des Fotografen erduldend. Bedurfte es wirklich eines Schweizers, den Schönsten unter den Fedajin auf einen umgekehrten Zuber steigen zu lassen, nur um dessen Silhouette vor dem Hintergrund eines Sonnenuntergangs einzufangen?

Das, was man gerade noch Ordnung nennt, physische und geistige Erschöpfung, stellt sich von selbst ein, wenn herrscht, was sich etymologisch Mittelmäßigkeit nennt.

Der Verrat beruht zu gleichen Teilen auf Neugier wie auf Schwindel.

Aber ist es wahr, daß das Schreiben eine Lüge ist? Erlaubte es, was gewesen ist zu verschleiern, indem die Zeugenschaft nur ein Trompe-l'œil war? Ohne genau das Gegenteil dessen zu sagen, was war, gibt die Niederschrift doch nur die sichtbare, annehmbare und sozusagen stumme Seite preis, da sie nicht über die Mittel verfügt, etwas in Wahrheit aufzuzeigen, weswegen sie es verdoppelt. Die verschiedenen Szenen, in denen Hamzas Mutter auftauchte, sind auf eine Art *flach*, sie schwitzen vor Liebe, Freund-

schaft, Mitleid; wie aber kann man in gleichem Zuge die widersprüchlichen Wirkungen auf die unterschiedlichen Zeugen dieser Szenen mitteilen? Damit verhält es sich genauso, wie mit allen Seiten dieses Buches, das nur eine einzige Stimme haben wird. Oder ist, wie alle Stimmen, auch meine verfälscht, und selbst wenn man die Betrügereien durchschaut, ist kein Leser gewarnt vor ihrer Natur. Die einzigen einigermaßen wahren Dinge, die mich dieses Buch schreiben ließen: die Nüsse, die ich in den Hecken von Ajloun pflückte. Aber dieser Satz würde das Buch auslöschen, so wie jeder Satz den ihm vorausgehenden, und auf der Seite nichts als einen Irrtum hinterlassen; was häufig vorkam, und ich wußte es nie angemessen zu beschreiben, und feinsinnig höre ich auf, es zu verstehen. Hicham wurde von niemandem beachtet, weder von Jung noch von Alt. Nicht weil er nichts war, aber da er nichts tat, gab niemand acht auf ihn. Als er an einem Tag Schmerzen im Knie hatte, meldete er sich zur medizinischen Untersuchung für den darauffolgenden Tag an, er ging hin und erhielt die Nummer vierzehn, die fünfzehn hatte ein verantwortlicher Fedajin, ein Kommandant. Nach dreizehn Patienten las Doktor Dieter seinen Namen und rief ihn bei Namen und Nummer auf. Hicham horchte auf, verstand aber kaum, so sehr verwirrte es ihn, von einem Arzt aufgerufen zu werden, daß es sich um ihn handelte. Er tippte den verantwortlichen Fedajin, der nach ihm kam, mit dem Finger an, die Fünfzehn.
»Nein. Du zuerst, dein Knie tut dir weh«, sagte Dieter.
Der Verantwortliche machte ein Zeichen und drängte Hicham, vor ihm hineinzugehen. Was Hicham tat. Und man hat mir erzählt, daß Hicham sich seit diesem Tag, an dem ein deutscher Arzt darauf bestanden hatte, daß er einem Verantwortlichen vorgezogen werde, durchsetzt. Nicht daß

er sich eine größere Wichtigkeit beimißt, aber seit dem kurzzeitigen Zurücktreten eines Verantwortlichen reckt Hicham die Brust. Kurze Zeit später gab er wieder auf, die Verantwortlichen hatten vergessen, seinen Gruß zu erwidern. Keinerlei Hochmut wurde sichtbar in Baqa-Camp.

Außerhalb der Laubhütte, unter den Bäumen, gleichgültig dem Spielchen gegenüber, wartete ein Dutzend Fedajin darauf, rasiert zu werden. Ich fand sie müde, aber auch ein wenig entspannt. Die langwierige Zeremonie der Bartpflege hatte begonnen. Zuerst einmal mußte jeder der Männer seinen Arm voll dürrer Zweige herbeischaffen. Mit ein paar Blättern wurde ein Feuer entfacht und Wasser in einer entleerten Konservendose zum Kochen gebracht. Sicher hätte die Art ihrer Kameradschaft es erlaubt, daß jeder sich selbst rasierte, wenn man davon ausging, daß der Trupp über einen einzigen Spiegel verfügte, aber der Spiegel lag gut in der hohlen Hand, und es war eine Erholung, zusätzlich zur Abendruhe, seinen Bart und sein Gesicht den Händen eines einzigen Fedajin, der Barbier genannt, zu überlassen. Das Streicheln einer Hand, gleichgültig oder freundschaftlich, jedoch einer anderen als der eigenen auf den Wangen und dem Kinn, um nach stehengebliebenen Haaren zu suchen, bildete den Anfang einer Welle, die bis in die Zehen der müden Füße ausströmte, nachdem sie alle Organe des sitzenden Körpers ruhiggestellt hatte. Man wurde der Reihe nach rasiert. Die Sitzungen fanden im allgemeinen zwischen acht und zehn Uhr abends statt, und dreimal pro Woche.

Aber warum das Kartenspiel?
»Ich lasse die Kämpfer tun, was sie wollen.«
In der Nacht gingen Mahjoub und ich unter den Bäumen

spazieren. »Wollen, das hoffe ich.«
»Ich verbiete nur das Kartenspiel.«
»Aber warum die Karten?«
»Das palästinensische Volk hat die Revolution gewollt. Wenn es erfährt, daß die Stützpunkte am Jordan Spielhöllen sind, wird es daraus schließen, daß die Bordelle nicht auf sich warten lassen.«
Indem ich, so gut ich konnte, Spiele verteidigte, die mich selbst nicht lockten, bedauerte ich nur, daß Mahjoub selbständig und allein entschieden hatte, eine willkommene Ablenkung zu verbieten.
»Oft kommt es zu Krawallen, wenn gespielt wird.«
Schach als Beispiel eines unerbittlichen Kampfes zwischen der UdSSR und den Westmächten anzuführen, war leicht. Mahjoub verabschiedete sich kurz angebunden von mir. Er ging schlafen. Die Fedajin bekamen Wind davon. Das Schauspiel, für mich aufgeführt, zeigte ihre Enttäuschung, da ein auf Andeutungen beschränktes Spiel, während doch Könige, Damen, Buben, kurz alle die Macht symbolisierenden Figuren durch die Hände gleiten sollten, das Gefühl gab zu fälschen, sich praktisch der Schizophrenie anzunähern. Karten spielen ohne Karten, jede Nacht: eine trockene Masturbation.

Von hier an muß ich den Leser warnen, da zwar meine Erinnerungen genau sind, was die Fakten, Ereignisse, Daten angeht, die Gespräche aber neu zusammengefügt wurden. Vor weniger als einem Jahrhundert war es noch üblich, Rede und Gegenrede »auszuführen«, ich gestehe, dem Stil dieser Epoche nachgegeben zu haben. Die Dialoge, welche Sie lesen, sind in der Tat eine Rekonstruktion, ich hoffe sie getreu, weiß allerdings, daß sie niemals die Unbefangenheit eines echten Wortwechsels haben werden, ein mehr oder minder geschickter Viollet-le-Duc hat hier vorbeigeschaut. Glauben Sie dennoch nicht, daß es mir an Achtung für die Fedajin mangelt. Ich habe mein Bestes getan, die Färbungen, den Klang der Stimmen und die Wörter der Sätze wiederzufinden: Mahjoub und ich führten wohl dieses Gespräch, ebenso zuverlässig wie das Kartenspiel ohne jede Karte in der Hand, während das Spiel doch tatsächlich war, durch die Genauigkeit der Hände, der Finger, der einzelnen Glieder.

Kommt es von der Gnade meines Alters oder durch den Mangel an Fähigkeit, daß ich mich, sobald ich ein Ereignis wachrufe, darin nicht als denjenigen sehe, der ich bin, sondern so wie ich war? Und außerhalb meiner selbst, als ob ich einen Fremden anschaute, besser untersuchte, mit derselben Neugier, mit der man jene in sich betrachtet, die zur damaligen Zeit gestorben sind, in diesem Alter oder in dem, das sie zur Zeit des erinnerten Ereignisses hatten. Ist es das Privileg meines Alters oder das Unglück eines ganzen Lebens, mich von hinten zu sehen, immer wenn ich, in jedem dieser Augenblicke, mit dem Rücken zur Wand stand?

Ich glaube heute einige Handlungen oder Gesten zu verstehen, die mich am Ufer des Jordan verwunderten, im Angesicht Israels, Handlungen oder reine Gesten – im wahrsten Sinne des Wortes, so viele unzugängliche kleine Inseln, deren Gestalt mich betrübte, jetzt Archipel eines leuchtenden Zusammenhangs. Ich war achtzehn Jahre alt in Damaskus.

Das arabische Kartenspiel ist ziemlich verschieden von dem, das die Franzosen und die Engländer pflegen. Das arabische von heute wirkt eher spanisch, Hinterlassenschaft des Islam, überkommen zwischen den Fingern von Kindern, die Ronda spielen. Mahjoub in Jordanien, der

einarmige General Gouraud in Damaskus verboten das Kartenspiel aus Gründen, die sie unterschiedlich wähnten. Gouraud werden die geheimen, also antifranzösischen Versammlungen beunruhigt haben. Nachts, in den kleinen Moscheen von Damaskus, die von einem Kerzenstummel oder einem mit etwas Öl getränkten Docht erhellt wurden, spielten die Syrer Karten. Ich sah also, neben sie hingekauert, den kleinen französischen Soldaten. Meine Anwesenheit mußte sie beschwichtigen. Als eine Patrouille von Pionieren, die sich in den Gassen verirrt hatte, sie vom Licht angelockt überraschte, konnte ich erklären, daß wir aus frommen Gründen hier seien, um für Frankreich zu beten. Um sicher zu gehen, daß ich sie nicht vergessen würde, zeigten mir die Syrer nach dem Spiel die Ruinen, die Gouraud zweifellos beabsichtigt hatte, der große Chef, der auch ihre Beseitigung verboten hatte, damit jeder Einwohner von Damaskus auf ewig vor Angst zittere. In der Frühe, zum Gebet bei Sonnenaufgang, kehrten die Spieler nach Hause zurück, sich dabei an den kleinen oder an den Zeigefingern haltend. Und so sehe ich wieder die Schwerter und die sieben Schwerter.
In dem sehr begrenzten Teil der Fatah, den ich kannte, zählte ich acht Khaleb Abou Khaleb. Die Üppigkeit so vieler Kriegsnamen war beeindruckend. Die Decknamen hatten ursprünglich zum Ziel, den Krieger zu tarnen, jetzt schmückten sie ihn. Die Wahl der Kampfnamen hätte erlaubt, seine Phantasien zu erraten, worauf bezog sich der Spitzname von Chevara – Zusammenziehung von Che Guevara –, von Castro, Lumumba, Hadj Mohamed. Jeder Name war eine Maske aus einem sehr feinen, manchmal durchsichtigen Stoff, unter dem sich ein anderer Name – eine andere Maske – aus einem anderen Stoff oder demselben, jedoch von anderer Farbe, verbarg, hinter welchem

man den Widerschein eines weiteren Namens ausmachen konnte. Khaleb versteckte kaum einen Miloudi, der, ohne ihn allzu sehr zu verdecken, auf einen Abou Bakr gestülpt wurde und Abou Bakr auf Kader. Diese Übereinanderlegungen von Namen entsprachen den Übereinanderlegungen der Personen, die selten ein einfaches Wesen verbargen, weitaus öfter ein kompliziertes und überdrüssiges. In diesem Fall war der Name vielleicht der einer Tat, die hier eingestanden werden konnte, dort aber schuldig sprach. Ich nehme den Schein mit der gleichen Höflichkeit an wie das Reale, unterstützt durch mein Unwissen, und wenn es vorkam, daß ich den eigentlichen Namen erfuhr, entdeckte ich in mir eine gewisse Irritation. Allein zu diesen beiden Wörtern: Realität und Erscheinung, gäbe es soviel zu sagen! Die Namen, nicht selten erfunden, aus der verzerrten Erinnerung amerikanischen Filmen nachgeahmt, versuchten zu verwischen, was von der nicht einzugestehenden Tat bleiben könnte, ich habe geglaubt, das Echo oder Gegenstück dazu in den leeren Redensarten oder in den Schreien, parodierenderweise endgültig, zu entdecken, welche man den Rollenklischees zuschreibt, die die Vorstellungswelten rebellischer Völker durchgeistern. Von wem ist das?

»Ich würde mich mit dem Teufel verbünden, bloß um Krieg gegen euch zu führen.«

»Wer mit dem Teufel zu Abend ißt, bedarf eines langen Löffels.«

»Die Freiheit erbittet man nicht, man entreißt sie.«

»Wir werden zwei, drei, vier, fünf, zehn Vietnams machen.«

»Wir haben eine Schlacht verloren, nicht den Krieg.«

»Ich verwechsle nicht das amerikanische Volk, das ich liebe und bewundere, mit der reaktionären Regierung dieses Volkes.«

Diese Sprichwörter berufen sich auf eine gut versteckte Vaterschaft. Das vierte sei von Guevara; die Väter des dritten nennen sich Abd el-Kader, Abd el-Krim; die des zweiten seien Churchill, Stalin, Roosevelt. Der Vater des ersten, behauptet man, Lumumba, aber durch Arafat legitimiert, was Khaleb erlaubt, mir zu sagen:

»Israel ist für uns der Teufel mit dem wir uns verbünden müssen um Israel zu besiegen.«

Mir schien, der Satz wurde in einer einzigen Bewegung gesprochen: ohne Interpunktion, also ohne anderweitig Atem zu holen, als am Ende in dem Ausbruch von Gelächter, der ihn vollendete. Man nehme ihn, wie er sich gibt und wie man mag.

Ein ziemlich herkömmliches Bild in der trivialen Art der Werbung der Pariser Metro drängte sich mir auf. Hier ist es:

»Von Feuer zu Feuer antworteten die Rufe, die Kriegsnamen, die Gesänge einander. Wer zu dieser Zeit zwanzig Jahre alt war, sah den Planeten von Funkenflug verzehrt, zumindest beleckt, wie der Buchstabe R aus dem Wort Revolution ohne Verbrennungen von ewig sich erneuernden Flammen verschlungen wurde.«

Was ich vor allem sah, war, daß »jedes Volk«, um seinen Aufstand nachdrücklich zu rechtfertigen, in den Tiefen der Zeit nach seiner Einzigartigkeit suchte; hinter jeder Revolte offenbarten sich genealogische Abgründe, deren Kraft nicht in den potentiell noch vorhandenen Ästen lag, sondern in den Wurzeln, dergestalt, daß die Erhebungen, die irgendwie überall auf der Welt losbrachen, eine Art maßlosen Totenkult zu feiern schienen. Man grub Wörter, Sätze, ganze Sprachen aus. In Beirut, da ich ihm scherzend zu antworten verstand, sagte mir ein Libanese lächelnd und fast zärtlich:

»Sie sind hier ein echter Phönizier geworden.«

»Phönizier, warum? Wollen Sie nicht, daß ich arabisch bin?«
»Arabisch, nein, nie wieder. Wir sind es seit der Invasion der Syrer im Libanon (im Jahr 1976) nicht mehr. Die Syrer sind Araber. Die Libanesen Christen, ›Phönizier‹.«
Die jüngste Generation bestand aus Maulwurfmenschen. Nach zweitausend Jahren an der Oberfläche des Globus, nach Reisen zu Pferd, zu Fuß, übers Meer, durch unterirdische Gänge an einen Ort zurückzukehren, wo hier und dort Maulwurfshügel auftauchen, die Reste eines Tempels zu suchen und wiederzufinden – was für ein Beispiel! Die Ungeschicklichkeit, nicht allein der Suche nach, sondern der Identifikation eines Volkes mit einem anderen, samt Wurzeln und Zweigen, erschien mir – neben der Ungewißheit des Ergebnisses natürlich – von einer pariserischen, großartigen Vulgarität.
Denn es stellt in der Tat eine Faulheit dar, anzunehmen, der Adel würde sich aus adeliger Abstammung herleiten. Die Palästinenser, als ich sie kennenlernte, entgingen diesem Elend. Die Gefahr lag darin, daß sie in Israel ein Über-Ich erblickten.

Zu der Schlacht der Syrer um die Besetzung des palästinensischen Lagers von Tal-el-Zaatar kam es im Jahre 1972 nicht. Sie fand 1976 statt, aber außerhalb des Lagers, die Palästinenser haben mir die Truppenunterkünfte der Falangisten gezeigt. Die Überschriften der einzelnen Teile dieses Buches tragen das Wort »Erinnerungen«, ich muß den Leser durch ein Hin und Her in der Zeit und selbstverständlich im Raum führen. Der Raum wird der Planet sein, die Zeit am ehesten die zwischen 1970 und 1984 vergangene.

Die Miliz von Pierre Gemayel, in Anlehnung an Hitlers SA, und etwa zur selben Zeit gegründet, nannte sich Falange: auf Arabisch Kataeb. Schwarze Hemden, braune Hemden, blaue Hemden – die berühmte »Legion Azul«, die vor Kälte im sagenumwobenen Schnee von Weißrußland starb –, grüne Hemden, graue Hemden, Eisenhemden ... »Die Falten der sinnenden Fahne« wurde für mich zu »Die Schöße der ...« Die Falangisten, große Kerle, marschierten 1970 im Gleichschritt, und als gute Krieger stimmten sie Gesänge zu Ehren der Unbefleckten Empfängnis an. Sie betörten mich. Hinter ihrer Dummheit erahnte ich ihre Grausamkeit. Diese Soldaten, zögernd zwischen Ganove und Mönch, vorgestrecktes Kinn, Militärmarsch, Lied (ein zärtlicher Musiker hatte den Takt verändert, um eine Feierlichkeit, jedem unerbittlichen Vorwärts in die Unsterblichkeit angemessen, zu erreichen). Ihren gekräuselten Lippen, ein wenig negroid, entstiegen die Gesänge auf dümmlich feinfühlendste Art. Sie hätten die Jungfrau, den Himmel, das Fürchten lehren müssen, vor einer hastigen und massiven Entladung so vieler, halberwachsener Toter. Sie war entweder tragisch, wie die ins Auge fallende Mannbarkeit dieser jungen Kerle, die Milde einer unsichtbaren Göttin preisend, oder das aufgeweckt launische Fräulein, das unter der Anrufung von Kränzen aus weißen Rosen wackelte. Diese schweren Jungs in rhythmischem Schritt kamen mir unwirklich vor, und bereits am Firmament, wohin sie in der Tat demnächst aufbrachen.
»Sie liefen auf eine kriegerische Art.« Der Krieg wird nicht geführt, indem man auf kriegerische Art läuft, es ist sogar wahrscheinlich, daß allein die Krieger niemals in die Lage kommen, im Gleichschritt zu marschieren. Mein Satz versuchte, den sehr schwerfälligen, etwas theatralischen Gang – im Stil der Oper von Beirut – der Kataeb zu erhö-

hen, eine Fortbewegungsart, die ein Kommandant vorschrieb, der dieses altmodischen Theaters bedurfte, denn obgleich er selbst niemals marschierte, so dachte er doch im Zweivierteltakt, also im Gleichschritt.
Die beiden Söhne des Zeitungsverkäufers antworteten mir schüchtern. Sie waren Falangisten, und wenn sie mit mir sprachen, so geschah es, indem sie das Goldmedaillon mit dem Abbild der Jungfrau von Lourdes berührten, mehr noch, indem sie es umklammerten – der Malinese, kennengelernt am Ufer des Niger, berührte auf dieselbe Weise sein *Gris-gris* (ein paar magische Worte in Arabisch, auf sehr feinem Papier, vielleicht einem *Riz-Lacroix*, gesteckt in sein Etui aus roter Wolle).
»Warum berührst du es?«
»Es erinnert mich daran, an mein muslimisches Morgengebet zu denken.«
Das Kreuz und das Abbild der Jungfrau, vor allem wenn sie graviert – und noch mehr wenn sie als Relief ausgeführt sind – aber in Gold –, berühren die Falangisten das Kreuz, die Jungfrau, das Gold oder das Geschlecht der Welt, um ihre Kraft zu behalten? – niemand tötet, wenn er tötet, aus freien Stücken, sondern auf Befehl des Gottes, der seine Mutter, seinen Sohn und das Gold beschützt, Geschenk eines der Heiligen Drei Könige, Gott der Armeen, der uns mit aller Macht zu Hilfe eilt, um den Anderen, der ihn bedroht, zu bekämpfen: Allah. 1972 küßte ein Kataeb vor meinen Augen eine junge Libanesin. Zwischen ihren gebräunten Brüsten, und diese Bräune wies auf Brüste, die sich entblößten, um sich in der Sonne zu baden, leuchtete der kleine goldene Galgen, durchbrochen von Diamanten und Rubinen, doch an der Stelle von Christus war eine schwarze, eiförmige Perle eingeschraubt. Der Mund des jungen Mannes schien den Schmuck zu verschlingen und

seine Zunge die Haut der Brüste zu streicheln. Das junge Mädchen lachte. Der Reihe nach neigten die drei Falangisten den Kopf vor diesem Abendmahl. Ganz ungeniert sagte das junge Mädchen zu ihnen:
»Jesus schütze euch, und seine Mutter schenke uns den Sieg.«
Als sie diesen Segen gesprochen hatte, ging sie davon, keusch.

Francisco Franco regierte. Vor meiner Ankunft in der Abtei von Montserrat durchquerte ich Gestein, Felswände und reifen Weizen. Von den Säulen der Kapelle fielen Kirchenbanner aus grober, kirschroter Seide, bestickt mit Gold oder irgendetwas anderem, das, dank des Flirrens, in unseren Tagen Gold suggeriert, das Rot ist tatsächlich die liturgische Farbe der Kirche zu Pfingsten, und die Messe war konzelebriert. Nachdem ich, mit einer gewissen Rührung, man wird den Sinn dieser Rührung später, vor der Begegnung mit Hamza und seiner Mutter verstehen, die Schwarze Madonna mit ihrem zur Schau gestellten Kind gesehen hatte – so wie die schwarze Jungfrau ihren schwarzen Bengel schaukelt, zeigt ein Lump, wäre der schwarz, seinen Phallus, – setzte ich mich an irgendeine Stelle auf einer Bank. Die Kirche war mit trauernden Männern und Frauen gefüllt. Der Großteil der Gläubigen war sehr jung. Nachfolger Cisneros, trugen der Abt und seine beiden Akolythen den Umhang aus kirschroter Seide. Sehr junge Kinderstimmen, Stimmen aus zerbrechlichem Kristall, sangen eine Messe von Palestrina, während derer ich mich nicht freimachen konnte von diesem Namen, mit dessen ersten sechs Buchstaben der Name Palästina* begann. Es

* Anm. d. Übers.: frz. *Palestine*.

folgte der berühmte Friedenskuß: nach dem Erheben der Hostie schenkte der Abt jedem der Akolythen zwei Küsse auf die Wangen, die sie an sämtliche der im Chorgestühl sitzenden Mönche weitergaben. Zwei Kinder aus dem Chor öffneten das Gitter, und der Ehrwürdige stieg zu den Gläubigen herab. Er küßte etliche unter uns – ich war einer von denen, die sich küssen ließen, aber ich habe die Gnade durchaus nicht an meinen Nachbarn weitergegeben, so daß die Kette der Brüderlichkeit durch mich unterbrochen wurde. Die Geistlichkeit trat aus dem Chor und näherte sich über das Mittelschiff den Portalen in der Tiefe. Die Gläubigen, Männer und Frauen ungeordnet, folgten, und ich war bei ihnen. In diesem Augenblick ereignete sich, nur für mich, ein Wunder: die Türen öffneten sich wie von selbst, jeder Flügel schien von außen aufgestoßen zu werden, alles in allem das Gegenteil dessen, was sich am Palmsonntag zutrug, wenn die Geistlichkeit, aus einer Tür der Sakristei tretend, dreimal an die großen Türen schlägt – Erinnerung an die Ankunft des Messias in Jerusalem –, und darum bat, in das Mittelschiff eintreten zu dürfen. Jetzt, zu Pfingsten, öffneten sie sich von außen nach innen, während sie den Abt mit seinem Krummstab und die gesamte Geistlichkeit in der erleuchteten Kapelle dahinter erwarteten, welcher heraustreten wollte. Das Land begann gleich vor dem Giebel. Unter Siegesgesang zog die Prozession durch Weizenfelder, durch Roggenfelder weit hinaus bis zu den Felsen, welche die ersten Sarazenen Spaniens um 730 nicht zu erklettern gewagt hatten. Seit längerem sangen alle das *Veni Creator*. Auf diese Weise, und nur für mich allein, mutmaßte ich, daß das *Veni Creator*, gesungen zu Pfingsten, ebenso zu Hochzeitsmessen angestimmt wurde. Der Boden wurde von den Mönchen und den Akolythen mit geweihtem Wasser besprengt. In dem Glauben, ihn so zu versöhnen, segnete ihn der Abt mit nur einer Hand, aber mit erhobenem Zeige- und Mittelfinger. Er sang aus Leibeskräften. Ich hielt ihn für wahnsinnig. Die Menge war verrückt geworden, nahe der Raserei. Ein kleiner Regen, nur ein paar Tropfen, hätte uns erleichtert. Unter der Sonne lag die katalanische Landschaft, gekrümmt wie alles, was sich in Spanien rührt. Gott, der Himmel und Erde erschuf, muß sich herrlich amüsiert haben, als er diese roten und phallusartigen Felsen formte, die vielleicht, entgegen der Legende, mit ihrem Auftauchen von den Arabern gekrönt worden waren, und die der Abt ebenso segnete wie den Weizen. Die Sonne brannte. Es war Mittag. Plötzlich, dieser Natur den Rücken zukehrend, auf die und der zu Ehren, lateinisch und gregorianisch, ein Brautlied angewachsen war und sich erhoben hatte, kehrten wir, geführt von unserem Schäfer, in die Kirche zurück, und die Heimkehr in diesen Schatten war, weit eher als die Rückkehr in den Tempel, das Hereinbrechen der Nacht im Wald über uns, wenn hohe Wipfel, Unterholz und Lichtungen uns unter der Klarheit des Mondes erwarten. Wenn junge Männer, junge Mädchen um Mitternacht einen Kreis bilden, inmitten des Waldes, im Mondenschein, geschieht das um zu beten oder große Anstrengungen in einem Fluch zu vereinen, wenn der gesamte Islam den Mondzyklen unterworfen ist? Ist es christlich, die Füße der Vermählten ins Innere eines Halbmondes zu setzen? Womit meine Bewegung vergleichen. Ein anderer als der Ewige war da. Welchen Abscheu auf diese hier anwenden: »Der Mont Blanc schob sich über mich?« »Der Clown Grock sprang in die Bahn und zog aus seiner Hose eine Kindervioline?« »Die Hand des Polizisten schlug mir auf die Schulter. Und die Hand sagte zärtlich zu mir: ›Es ist aus.‹ «

Das Wort Heidentum klingt wie eine Herausforderung, gegen alle Gesellschaft gerichtet. Das Wort Atheist steht dem christlichen Moralismus zu nahe, christlich, aber von einem Christus her, der auf den einzigen Dorn seiner ebenso königlichen wie göttlichen Krone reduziert wurde; das Heidentum schmilzt den Heiden in die Aberjahrhunderte ein, denen wir den Spitznamen »graue Vorzeit« geben, jene Zeit, in der es Gott noch nicht gab. Eine Art Trunkenheit und Großzügigkeit gestattet dem Heiden, jedes Ding genauso ehrfürchtig anzupacken wie jedes andere auch, ohne sich selbst dabei zu erniedrigen. Anpacken. Vielleicht anschauen. Sicher verleihe ich dem Heidentum mehr, als es verdient, und in den vorausgegangenen Zeilen scheine ich es mit dem Animismus zu verwechseln. Mich dieser Zeremonie entsinnend, sagte ich aus welcher Höhle ich gestiegen bin, in welcher Höhle ich mich manchmal wiederfinde, für ein vorübergehendes Gefühl.

In der *Revue d'Études palestiniennes* wollte ich zeigen, was von Chatila und Sabra übriggeblieben war, nachdem die Falangisten drei Nächte lang dort gewesen waren. Eine Frau war von ihnen gekreuzigt worden, während sie noch lebte. Ich sah ihren Leib, die ausgespreizten Arme, überall von Fliegen bedeckt, vor allem aber an den zehn Enden beider Hände: die zehn Klümpchen getrockneten Blutes schwärzten; man hatte ihr die Fingerglieder* abgeschnitten, daher, wie ich mich fragte, vielleicht ihr Name? In diesem Augenblick und vor Ort, in Chatila, am 19. September 1982, erschien es mir, als sei diese Tat das Ergebnis einer Spielerei. Um Finger mit einer Heckenschere abzuschneiden – ich denke an einen Gärtner, der eine Eibe ausästelt –

* Anm. d. Übers.: Phalanx, Phalangen: (gr.-lat.) sowohl »geschlossene Front« als auch »Finger- oder Zehenglieder«.

waren diese Spaßvögel von Falangisten nichts weiter als heitere Gärtner, die aus einem Englischen Garten einen *parc à la française* machten. Dieser erste flüchtige Eindruck, aus dem ich eine gewisse Beruhigung zog, ließ mich mental eine andere Szene erleben. Man beschneidet weder Äste noch Finger ohne Grund. Wenn sie die Gewehrsalven hörten, bei geschlossenen Fenstern, aber zerbrochenen Scheiben, wenn sie die Feuersbrunst über dem Lager im Widerschein der Leuchtraketen sahen, fühlten sich die Frauen in der Mausefalle. Die Kästchen für die Ringe lagen ausgeleert auf den Tischen. So wie man sich behende etwas Passendes sucht, für ein unerwartetes Fest, steckte jede Frau sich ihre Ringe auf alle zehn Finger beider Hände – einschließlich des Daumens – vielleicht bis zu fünf oder sechs Ringe pro Finger. Versuchten sie, derart bedeckt mit Gold, zu entfliehen? Die eine von ihnen, im Glauben das Mitgefühl eines betrunkenen Soldaten zu erkaufen, zog einen billigen Ring mitsamt dem wertlosen Saphir von ihrem Zeigefinger. Schon betrunken, jedoch betrunkener durch den Anblick des Frauenschmucks und um schneller voranzukommen, schnitt ihr der Falangist mit seinem Messer (oder der in Nähe des Hauses gefundenen Heckenschere) die Finger bis aufs erste Glied herunter, um daraufhin Glieder und Fingerkuppen in seine Hosentaschen zu stecken.

Pierre Gemayel wurde in Berlin von Adolf Hitler empfangen. Was er sah – diese jungen blonden und muskulösen Männer in braunen Hemden – bestärkte ihn in einem: er würde seine Miliz aus einer Fußballmannschaft formieren.

Christ, aber Libanese, spottete man unter den Christen über ihn, für die Stärke ausschließlich im Finanzwesen lag. Der Spott der Maroniten trieb Pierre und seinen Sohn Béchir geradewegs dazu, sich mit den Isrealis zu verbünden, und die Falangisten, Grausamkeit anzuwenden, Abbild der Stärke, hier aber wirkungsvoller als die Kraft selbst. Weder Pierre noch sein Sohn hätten regieren können, wenn nicht eine Schutzmacht ihnen den Rücken gestärkt hätte: das war Israel, genau wie die Grausamkeit Israels ihren Paten hatte: die USA.
Folglich habe ich diejenigen Falangisten besser gekannt, die das goldene Kreuz in der Vertiefung der Brüste küßten, die sich mit dem Mund an das Medaillon der Jungfrau klammerten, das an einem Goldkettchen hing, deren schmollende Lippen auf der Hand des Patriarchen verweilten, der seinerseits mit Hingabe den Schaft seines goldenen Bischofsstabes masturbierte.

Ich hatte meine Pupillen und meine Augen sehr weit erhoben, um der »Leibhaftigen Anwesenheit« in der Monstranz mit festem Blick zu begegnen, in der sich prunkvoll, demütig, aber beherzt »das Brot« zeigte. Nichts als individuelle Untergänge, die Kirche ...
Die Schlachtpferde, in mohammedanischer Rüstung, galoppierten. Flohen sie? Wir waren nach dem Abt in der Kapelle. Die Schwarze Madonna und ihr negrider Jesus hatten ihren Platz wiedereingenommen, aber wäre es auch zu der Überschwenglichkeit gekommen, die mich an jenem Tag zu Pfingsten erfaßte, wenn ich nicht in Barcelona einen, und er blieb während sämtlicher Feierlichkeiten bei mir, zwanzigjährigen Marokkaner in mein Taxi hätte einsteigen lassen? Dieser anfängliche Kuß, vergeben vom Abt im Chor der Kapelle, der sich vermehrte wie die Brote,

die der Nazarener am Ufer des Sees austeilte, der Anfangskuß vom Wert einer, in ihre Blütenblätter sich vereinzelnden Dolde, jedes im Wert des anfänglichen Kusses selbst, erinnerte mich an die Küsse, die der Anführer des falschen Stammes, in abnehmender Reihenfolge, seinen sechzehn Honoratioren gab.
»Jedem nach seiner Gebühr.« Und der edelste unter den sechzehn war womöglich derjenige, der nur einen einzigen Kuß erhielt. Da ich von alledem keine Ahnung hatte, kannte ich auch nicht die Bedeutung der Zunahme: ein einziger Kuß war vielleicht Zeichen höchster Ehrerbietung, ausgehend von der gewöhnlichsten, bezeichnet mit sechzehn, bis hinauf zum Erhabenen?

In der Nacht, kurz vor Dämmerung, nachdem sie schon einen langen Fußmarsch hinter sich hatten, denn sie wechselten die Stützpunkte, es war im Januar 1971, das heißt vier Monate nach dem Schwarzen September, sangen drei Gruppen von Fedajin und antworteten einander auf diese Weise von Höhe zu Höhe. Zwischen jedem Gesang vernahm ich die morgendliche Stille, deren Intensität sich aus allen noch nicht losbrechenden Geräuschen des Tages zusammensetzt. Ich befand mich in der Gruppe, die dem Jordan am nächsten war. Hingekauert zur Rast trank ich Tee, laut schlürfend, da er heiß und es hier üblich war, die Freude der Zunge und des Gaumens vernehmen zu lassen, ich aß Oliven und ungesäuertes Brot. Die Fedajin plauderten arabisch miteinander und lachten, ohne Rücksicht darauf, daß nicht weit von hier Johannes der Täufer Jesus getauft hatte.
Die drei füreinander unsichtbaren Gipfel antworteten sich der Reihe nach – zu dieser Zeit oder wenig später komponierte Boulez *Repons* – , die Sonne war noch nicht aufge-

gangen, aber sie färbte den noch schwarzen Himmel im Osten mit Blau. Sogar die hellen Stimmen der vierzehnjährigen Löwenjungen übten sich in Rauheit, aus ästhetischer Sorge und um stärker polyphone Färbung zu erzielen, da normalerweise alles ins Unisono verfiel, ebenso jedoch, um ihre Reife überhaupt unter Beweis zu stellen, ihren kriegerischen Rang, ihr Können, ihren Heldenmut, vielleicht ihre Liebe zu den Helden, denen sie unauffällig zu verstehen gaben, ihnen in nichts nachzustehen. Jeweils eine Gruppe verstummte, abzuwarten, daß die beiden anderen, unsichtbar, immer unisono antworteten, aber jede von den dreien in unterschiedlicher Tonart. Einstimmig, bis auf die Passagen, die den Trillern vorbehalten waren, bei denen ein kindlicher Kämpfer zwei oder zweieinhalb Töne höher sang, und die er allein bestimmte, während die übrigen Sänger innehielten, so wie man zurücktritt, einem Älteren den Weg freizumachen. Der Wettstreit der Stimmen unterstrich die Unversöhnlichkeit zwischen dem irdischen Königreich des Staates Israel und der Erde ohne Land, ohne andere Unterstützung als die Stimmübungen der Soldaten von Palästina.

»Diese Kinder waren also jene Kämpfer, Soldaten, Fedajin, die Terroristen, die in alle Gegenden der Welt ziehen, heimlich in der Nacht, am Morgen, am hellichten Tag Bomben zu legen?«

Zwischen den Strophen, von einem Hügel zum nächsten, glaubte ich, sei die Stille vollkommen. Aber die zweite und die vierte ließen die Stimme eines Baches durchdringen, sehr nah oder entfernt, ich wußte es nie; seine Stimme, das heißt das Wasser, bahnte sich, wie ich aufgrund seines Gemurmels vermutete, klar und selbstbezogen zwischen diesen zwei Hügeln und diesen zwei Chören einen Weg, wenn auch sehr unauffällig. Nur zwischen der fünften und

der sechsten Strophe geschah es, daß er die Stimme erhob, das Tal erfüllte. So als ob er sich, der Sinn des Wortes reicht von Rinnsal bis zu Zungenbändchen, heiser schrie und sich aufblies, bis er majestätisch wurde, brutal, und schließlich sogar wütend, die kindlichen und dunklen Stimmen zu verjagen. Es schien mir unangemessen, daß dieser Diktator die Liebenden zum Verstummen brachte, aber wahrscheinlich vernahmen sie niemals den Wildbach noch jemals das Bächlein.
Die Nacht war noch nicht vollständig schwarz: ich unterschied darin Formen von Bäumen, von Taschen, von Gewehren. Als mein Auge sich an eine tiefschwarze Masse gewöhnt hatte und ich besser sah, erkannte ich an der Stelle eines Fleckes eine sehr lange und sehr schwarze Allee, und am Ende dieser Allee eine Art Kreuzung, von der andere, noch schwärzere Alleen abzweigten. Der verliebte Ruf kam weder aus den Stimmen noch den Dingen, vielleicht nicht einmal aus mir selbst, sondern aus dem Zusammenspiel einer Natur in der Nacht, ebenso wie eine Landschaft, bei Tage, sich oft selbst den Befehl gibt zu lieben.
Angestimmt und variiert von dem Kind – so wie der Rest des Gesanges improvisiert war – klangen die Stimmübungen ohne Konsonanten im allgemeinen sehr schrill, es kam mir vor, als würden sich drei Königinnen der Nacht, mit schwachem Bart, im Tarnanzug, jede verloren und verirrt, im Morgengrauen und im Vibrato wiederfinden, und das mit der Nachdrücklichkeit, der Unbesonnenheit, der Gleichgültigkeit von Opernköniginnen, ihrer Waffen vergessen, ihrer Kleidung, ihres Status' von Soldaten, so daß ein Feuerstoß aus Jordanien sie, durch einen präziseren und genauso ausbalancierten Schuß wie ihr Gesang, für immer zum Verstummen bringen konnte. Vielleicht glaubten sie, diese Königinnen, daß die Tarnanzüge sie unhör-

bar singen ließen, oder in einer Sprache und einer Musik, die Infraschallwellen aussendeten?
Versunken in Erinnerungen konnte die Legende von Antar, dem vorislamischen Helden, jeden Moment wieder auferstehen. Ich rufe folgendes ins Gedächtnis: in den Steigbügeln stehend, vierundzwanzigjährig, sang der Reiter Antar von der geliebten und toten Frau, der Anmut des Hauses. Ein Blinder spannte seinen Bogen, und einzig geführt von der Stimme, tötete er ihn mit einem Pfeil in die Leistengegend. Die Stimme Antars hatte die leblosen Augen ersetzt, dem Pfeil seine Richtung zu geben.
Die Stimmen, an diesem Morgen zumindest, waren genauso klar wie die Klänge der Oboe, der Flöte, des Flageoletts, von so wahrem Klang, daß sie erlaubten, mit der Nase den Geruch des Holzes aufzunehmen aus dem die Instrumente gebaut sind, darin die Richtung der Fasern dieses Holzes wiederzuerkennen, von ebenso wahrem Klang wie jener der Instrumente in der *Geschichte vom Soldaten*, den ich noch in Strawinskys eigener, gebrochener und dem Ohr so kostbaren Stimme gekannt hatte. Ich glaube mich zu erinnern, daß das, was die Unebenheit der arabischen, kehlig genannten Konsonanten ausmachte, entweder Zusammenziehung, Auslassung oder im Gegenteil Ausdehnung, sie zu Stimmen aus Samt werden ließ.
Große Helligkeit im Osten: dem Aufgang der Sonne vorauseilend wurde es Tag über den Hügeln. Ich befand mich am Fuße der alten Olivenbäume, die ich gut kannte.
Wir drehten eine weitere Runde um einen Hügel, stets den gleichen, während ich geglaubt hatte, verschiedenen näherzurücken. Es handelte sich um eine elende Kriegslist, den Gegner glauben zu lassen, die Palästinenser seien überall und immer. Auf diese Weise nutzten die Palästinenser, während fast zehn Jahren, ungeachtet der hochempfind-

lichen Instrumente Israels, völlig unergiebige, doch unterhaltsame, oft poetische und gefährliche Einfälle.
Auf meine Frage:
»Welches Lied singt ihr?« antwortete mir Khaleb:
»Jeder erfindet seine Antwort. Ein erstes Thema wurde von der ersten Gruppe vorgegeben, zweite wird die sein, die am schnellsten antwortet, die dritte schickt der ersten eine Antwort-Frage zurück und so weiter.«
»Wovon spricht es hauptsächlich?«
»Na ... gewiß von der Liebe. Und ein bißchen von der Revolution.«
Ich machte eine andere Entdeckung: die Stimmen, die Modulationen, der Viertelton waren mir vertraut. Zum ersten Mal in meinem Leben drang ein arabischer Gesang in Freiheit aus den Mündern, den Brüsten, er wurde von einem lebendigen Atem getragen, den die Maschinen – Schallplatten, Kassetten, Radios – von der ersten Note an töteten.
Am Morgen, ohne die Angst vor dem Tod, der überall lauerte (ich spreche vom Tod der Sänger, der Krieger-Künstler, deren Leiber riskierten, in der Mittagssonne zu verwesen), hatte ich einem großen Moment musikalischer Improvisation beigewohnt, auf den Pfaden des Gebirges, inmitten der Gefahr.

Überspringen wir die allgemein bekannte Tatsache, daß das Gedächtnis unzuverlässig ist. Ohne Boshaftigkeit verändert es die Ereignisse, vergißt Daten, setzt seine Chronologie durch, es vernachlässigt oder variiert die Gegenwart, die schreibt oder vorträgt. Es verherrlicht, was irgendwie war: es ist für jedermann interessanter, Zeuge eines seltenen, nie erzählten Ereignisses gewesen zu sein. Wer einen einzigartigen Fall erlebte, nimmt an dieser Besonderheit der Ausnahme teil. Auch möchte jeder Memoirenschreiber seiner anfänglichen Wahl treu bleiben. So weit gegangen zu sein, nur um zu bemerken, daß hinter der Linie des Horizonts die Banalität dieselbe ist wie hier! Der Memoirenschreiber will aussprechen, was noch niemand in dieser Plattheit gesehen hat. Weil wir anmaßend sind, wir verfügen also über die Anmaßung, glauben zu machen, daß unsere Reise von gestern aufwog, was wir diese Nacht schreiben. Die Völker spontaner Rhapsoden sind selten. Schon weil jedes Volk, jede Familie ihren Barden hat, möchte der Memoirenschreiber, ohne es wirklich einzugestehen, sein eigener Barde sein, und in ihm selbst spielt sich das ausgangslose, niemals vollendete Drama ab: hätte Homer die *Ilias* geschrieben oder vorgetragen ohne den wütenden Achilles, oder, von der Wut des Achilles, was wüßten wir ohne Homer? Hätte ein mittelmäßiger Dichter Achilles besungen, was wäre von diesem glorreichen, eher kurzen denn langen, aber ruhigen Leben geblieben, welches Zeus vorschlug? Die englischen Aristokraten und die Mechaniker können Vivaldi pfeifen und alle Gesänge der Sperlinge und sämtlicher Vögel Englands. Die Palästinenser erfanden Gesänge, die wie vergessen waren, entdeckten sie in sich, wo sie verborgen lagen, bevor sie erklangen, und vielleicht ist jede Musik, auch die neueste, anstelle einer Entdeckung eher ein Wiederauftauchen, da sie schon einmal da war, im Gedächtnis verschüttet, wo sie sich ausruhte – vor allem die Melodie – noch unhörbar, aber wie in eine Furche des Körpers getrieben, und der neue Komponist ließ mich nur den Gesang vernehmen, der schon immer in mir eingeschlossen war, freilich lautlos.

Einige Tage nach jenem Morgen sah ich Khaleb wieder. Ich hatte geglaubt, seine Stimme aus einem der Chöre der

drei Hügel herauszuhören. Welche Themen hatten sie gewählt? Er sagte mir lächelnd: »Da ich vorhabe, mich in einem Monat zu verheiraten, haben sich die zwei, meinem gegenüber gelegenen Hügel über meine Braut lustig gemacht. Sie beschrieben sie als häßlich, ungebildet, dumm, bucklig, ich mußte sie verteidigen, und wenn die Revolution vollbracht ist, stecke ich sie alle ins Gefängnis.«
Er schnallte seinen Karabiner von der Schulter und stellte ihn zu der Pyramide anderer Gewehre, den Schaft auf dem Rasen. Unter dem Schnurrbart ließ er seine Zähne durchschimmern.
Es war im Februar 1984, als ich dies schrieb, das heißt vierzehn Jahre nach den Liedern. Nichts wurde jemals auf den Routen, den Wegen, den Stützpunkten oder anderswo notiert. Der Vorfall wird berichtet, weil ich sein Zeuge war und er so stark auf mich wirkte, daß ich lange davon gezeichnet sein werde: ich glaube mein Leben aus solchen und stärkeren Ereignissen gewebt.
»Warum nicht heute?«
»Du weißt genau, daß wir kein Gefängnis haben.«
»Ein spazierendes Gefängnis.«
»Denk daran, uns einen Plan zu unterbreiten.«
»Und dann?«
»Und dann, haben sie mir geantwortet, und die Sonne war aufgegangen, das Morgengebet gesungen, sie sagten mir: und du, alles was du im Verborgenen mit König Hussein und Golda getrieben hast ...«
»Also?«
»Ich habe die Gefängnisstrafen verdoppelt.«
»Und weiter?«
»Sie sagten mir, daß sie singenderweise ihren Hügel beschrieben hätten, den sie Die Verlobte (*Laroussi*) nannten.«

Er blieb schweigsam, ein Lächeln andeutend, und fragte mich voller Schüchternheit:
»Das war ein schönes Lied, nein?«
»Beim Betrachten seiner Hand, seiner kräftigen Handfläche, seines harten Daumens glaubte ich, die Festigkeit seines Gesanges und die seiner Seele zu verstehen.«
»Es gab vielleicht Wörter, die dir entgangen sind? Für eine Weile habe ich gesungen, indem ich alle europäischen Städte, in denen wir Anschläge durchgeführt haben, aufgezählt habe, und ich habe sie beschrieben. Hast du gehört, daß ich München auf Deutsch und in verschiedenen Tonarten besungen habe?«
»Hast du die Stadt beschrieben?«
»Ja, Straße für Straße.«
»Kennst du München?«
»Nachdem ich so lange gesungen habe, aber ja, gründlich.«
Er offenbarte mir weiterhin, immer noch lächelnd, seine Ansicht von der Kunst des Gesanges und fügte, mit Ernst, hinzu:
»Der Bach hat uns sehr gestört.«
»Warum?«
»Von dem Augenblick an, wo er das Wort ergriffen hatte, wollte er es für sich ganz allein behalten.«
Er hatte folglich diese Stimme bemerkt, die ich zuerst unauffällig vermutet hatte, sogar heimlich, von keinem anderen Ohr wahrgenommen als dem meinen.
Was aber, wenn diese flüchtigen Eindrücke von anderen als meinen eigenen Organen entschlüsselt werden, was ich allein zu wissen glaubte, jedem zugänglich ist, und ich folglich keinerlei geheimes Leben besitze?

Eines Abends – es war vor allem der Abend, an dem die

Fedajin sich von einem langen Arbeitstag ausruhten: Versorgung mit Nachschub, Überwachung des Stützpunktes, seiner Mitte und seiner Antennen um das Zentrum herum, der verschiedenen Plattformen für die Waffen mittleren Kalibers, Überprüfung der Radio- und Telefonverbindungen, alles, was die Sicherheit der Palästinenser betraf, ohne Daueralarm auszulösen angesichts der immer gefährlichen jordanischen Dörfer – eines Abends fragte mich Khaleb Abou Khaleb, wie die Black Panthers kämpften. Mein Bericht war stockend aufgrund der Dürftigkeit meines arabischen Wortschatzes. Der Kampf der Guerilla in den Städten überraschte ihn.
»Warum machen sie all das, haben sie denn keine Berge in Amerika?«

Vielleicht weil es ihr an spürbarer Tiefe mangelte, verbreitete sich die Bewegung der Panther unter den Schwarzen und den jungen Weißen, die von dem Mumm der Aktivisten und der Verantwortlichen und von einer neuen Emblematik entschiedenen Protests begeistert waren. Die Emblematik: Afro-Look, Scheitel à la Malcolm X, Händedruck gehörte ebenso zu anderen, mehr auf Afrika orientierten Bewegungen der Schwarzen – ein imaginäres Afrika, in dem der Islam mit dem Animismus verschmolz –, die Panther wiesen diese Symbole nicht zurück, aber sie ergänzten: »All Power to the People«, der schwarze Panther auf blauem Grund, die Lederjacke, die Baskenmütze, vor allem die sichtbaren Waffen, sehr offen sichtbar. Zu behaupten, die Partei hatte keine Ideologie, weil die »Zehn Punkte« entweder unpräzise oder widersprüchlich waren und ihr Marxismus-Leninismus zusammenphantasiert, heißt nichts Besonderes zu sagen, wenn man einräumt, daß eine Revolution vor allem die Befreiung des

Menschen zum Ziel hat – hier des amerikanischen Schwarzen – und nicht die korrekte Auslegung und Praxis einer Ideologie, die sich beinahe als Transzendenz erweist. Während der Marxismus-Leninismus laut Aussage atheistisch ist, scheinen die revolutionären Bewegungen der Panther und der Palästinenser es nicht zu sein: doch ist ihr mehr oder minder heimliches Ziel vielleicht, Gott langsam abzunutzen, ihn niederzumachen, blutleer, vergessen, durchsichtig bis zur endgültigen Auslöschung. Das könnte eine Taktik sein, zweifellos langwierig, aber wirkungsvoll. Nun, die ganze Anstrengung der Panther hat die Befreiung der Schwarzen zur Absicht. Schwärmerischen Vorstellungen folgend, setzten sie das »Black is Beautiful« durch, das selbst den schwarzen Polizisten imponierte, sogar den Onkel Toms. Beschleunigt möglicherweise von der Macht, überschritt die Bewegung das von der Macht vorgesehene Ziel.

Sie wurde zerbrechlich, von der Zerbrechlichkeit der Mode, aber hart, da sie Bullen niederschoß und selbst niedergeschossen wurde.

Zerbrechlich auch durch die schillernden Randgruppen, die ich erwähnt habe, durch die Art der Finanzierung der Bewegung, durch die Menge der Fernsehbilder, die zwangsläufig flüchtig waren, durch die sowohl brutale als auch zärtliche Rhetorik, die nicht durch eine ernsthafte innere Reflexion gestützt wurde, durch eine unbeständige Theatralität – die Theatralität überhaupt –, durch die Qualität schnell verlöschender Symbole.

Vertiefen wir das: durch die schillernden Ränder. Zweifelsohne errichteten sie eine Art Sperre zwischen den Weißen und den Panthern, doch außer daß diese Abgrenzung wertlos war, gab es eine gegenseitige Durchdringung zwischen ihnen und den Panthern.

Die Art der Finanzierung: unter der arrivierten Bohème, reich, schwarz wie weiß, entstand eine schnelle Begeisterung. Die Schecks flossen zahlreich, Jazzformationen, Theatergruppen schütteten die Einnahmen mehrerer Aufführungen aus. Die Panther wurden versucht, die unerläßlichen Ausgaben für die Anwälte, die Prozesse aufzuwenden. Sie waren ebenfalls versucht, sie zu verschwenden, und sie gaben dem nach.

Die Fernsehbilder: bewegliche Bilder, jedoch zweidimensional, die eher Einbildungen, sprich Träumereien erweckten, als harte Fakten.

Die Rhetorik der Panther: sie bewegte die Jungen, Weiße und Schwarze, die sie nachahmten. Aber die Begriffe »Folken«, »A man«, »All Power to the People« wurden schnell zu einer Angewohnheit, die jedes Nachdenken kaschierte. Die Theatralität, so wie das Fernsehen, wirft in die Einbildung zurück, wenn auch mit den Mitteln des Rituals.

Die Emblematik war zu schnell entziffert, um zu widerstehen. Sofort akzeptiert, wurde sie wieder verworfen, weil zu schnell verstanden. Trotz dessen, und weil ihr Einfluß schwach war, wurde sie zuerst schnell von den jungen Schwarzen angenommen, die das Marihuana durch haarige Provokationen ersetzten, von den jungen Weißen, befreit von einer viktorianisch gebliebenen Sprache, die schallend lachen mußten, wenn Johnson zuerst, später Nixon sich öffentlich in den Arsch gefickt sahen, und die die Panther – sie versuchsweise imitierend – unterstützten, weil sie als Bewegung »in« waren. Diesmal wurden die Schwarzen nicht länger als unterdrückt wahrgenommen, als Menschen, deren Rechte man verteidigen muß, sondern wie plötzliche, unvorhersehbare, erbitterte Angreifer, und schließlich bis zum Tod ihrer Sache verschrieben, die mit der Verteidigung der schwarzen Bevölkerung verschmolz.

Eine solche Ausweitung war vielleicht möglich aufgrund des Vietnamkrieges und des Widerstandes des Vietkong gegen die Yankees. Indem man den Führern der Panther auf den Meetings gegen den Vietnamkrieg das Wort erteilte – oder es ihnen nicht verwehrte –, gab man ihnen in gewisser Weise auch das *Recht*, sich in die Angelegenheiten des Landes einzumischen. Daraufhin, und das darf nicht bagatellisiert werden, wurden manche Schwarze, ehemalige Soldaten aus Indochina, zurückgekehrt mit ihrer Wut, ihrer Gewalt, ihrer Kenntnis von Schußwaffen in die Reihen der Partei aufgenommen.
Ohne Zweifel bestand die deutlichste Wirkung der Panther darin, die Existenz der Schwarzen ins volle Licht zu setzen. Ich mußte mir Rechenschaft ablegen: 1968, auf dem demokratischen Kongreß in Chicago, waren die Schwarzen noch, wenn nicht verschüchtert, so doch mindestens vorsichtig. Sie fürchteten die Sonne und die Zuneigung. Politisch betrachtet spielten sie keine Rolle. 1970 trugen sie alle den Kopf erhoben, die Haare gesträubt.
Der eigentliche und insgesamt tiefgreifende Auftrag der Panther war fast erfüllt. Wenn die weiße Regierung gewollt hatte, sie durch eine Inflation zu töten, indem sie ihnen den inneren Druck entzog, hatte sie sich gründlich getäuscht: die Zeit der Inflation war von den Panthern genutzt worden, die Aktivitäten zu multiplizieren, oder deren Andeutungen, die zu Bildern geworden waren, und zwar zu Bildern, die viel stärker als diese schwach waren, das heißt auf der Stelle angenommen von sämtlichen Schwarzen zuzüglich der jungen Weißen: ein heftiger Wind fuhr durch das Ghetto, der die Schande, die Unsichtbarkeit, die Erniedrigung vierer Jahrhunderte mit sich brachte, und als dieser Wind nachließ, merkte man, daß er

nur der Schatten eines Atems gewesen war, und zwar eines fast zärtlichen, freundschaftlichen Hauchs.

Jedes beliebige Wort kann die Entstehung, mehr noch die Erscheinung irgendeines Bildes ankündigen, aber das hier fixierte zeigte sich mit einer Übermacht, die andere dem Zerspringen überließe, vollends, mit entsprechender Überzeugung, so daß meine Entscheidung zu schreiben sich präzisierte und nur dieses im Gedächtnis behielt: die Polarnacht. Am Abend des 21. Dezembers 1967 von Hamburg abfliegend, brachte uns das Flugzeug der Lufthansa zuerst nach Kopenhagen. Die Störung der Navigationsinstrumente zwang uns, nach Frankfurt zurückzukehren. Am Morgen des 22. starteten wir erneut. Außer drei Amerikanern, fünf Deutschen und mir waren die Passagiere schweigsame Japaner. Bis nach Anchorage ereignete sich nichts, das ich bemerken müßte, doch kurz vor der Landung richtete eine Stewardeß ein paar nette Worte auf Englisch und auf Deutsch an uns, plötzlich sagte sie laut: »Sayonara«. Wahrscheinlich das helle Timbre der Stimme, die seit geraumer Zeit von mir wahrgenommene Fremdheit dieses Klanges, die Klarheit der kaum von den Konsonanten getragenen Vokale, kurzum dieses Wort in der Nacht, das Flugzeug war noch auf einer westlichen Länge, die zu verlassen es sich anschickte, dieses Wort verursachte mir jenen Eindruck von überraschender Frische, den man ein Vorgefühl nennt.
Das Flugzeug startete erneut. Oder nicht? Die Motoren liefen, doch konnte ich die Erschütterung des Abhebens, schwach oder unter Schub, nicht ermessen, und die Nacht war so dicht, daß ich nicht wußte, ob wir noch stillstanden. Alles schwieg, schlief vielleicht oder befühlte sich den Puls. Aus dem Bullauge sah ich nichts, außer einem roten,

an der Spitze der Tragfläche befestigten Positionslicht. Eine Stewardeß sagte mir, daß wir den Pol umrundet hätten und über der östlichen Hälfte des Erdballs »absteigen« würden. Die Reisemüdigkeit, die veränderte Flugbahn, die Nacht, die nicht eher als in Japan zu enden verhieß, die Vorstellung, bereits über dem Osten der Erde zu sein, sowie die, nach der in jeder Sekunde ein Unfall möglich war, da jede weitere Sekunde erwies, daß er noch nicht stattgefunden hatte, der Widerhall des Wortes »Sayonara« in meinem Inneren, hinderten mich daran, einzuschlafen. Ausgehend von diesem Wort spitzten sich meine Sinne für die Art, auf die sich in den Fetzen meines Körpers, auf die Gefahr hin, mich nackt und weiß zurückzulassen, die schwarze und sicherlich dichte judäo-christliche Moral erheben würde. Meine Passivität erstaunte mich. Die Operation galt mir, ich war ihr Zeuge, ich empfand mich als den richtigen, doch nahm ich nicht daran teil. Ich mußte sogar vorsichtig sein: diese Operation würde vollständig gelingen, falls ich nicht intervenierte. Die spürbare Erleichterung darüber war ein wenig trügerisch. Möglicherweise untersuchte mich jemand anderer. Da ich mich so lange gegen diese Moral zur Wehr gesetzt hatte, war mein Kampf grotesk geworden. Und vergeblich. Ein Wort auf Japanisch, das Wörtchen Japanisch, unterstützt von der schmiegsamen Stimme eines jungen Mädchens, hatte den Vorgang eingeleitet. Ebenfalls erstaunlich kam mir vor, daß ich in meinen zurückliegenden Kämpfen, im Erfinden oder im Erlernen des Japanischen, unfähig geblieben bin, mir dieses einfache, fast erheiternde Wort zu erschließen, dessen gewöhnlicher Sinn sich mir noch immer entzog. Überrascht von der Macht der Reinigung, von der medizinischen Wirkung eines einfachen Wortes, gelesen in seiner Durchsichtigkeit, war ich außerordentlich beunruhigt.

Wenig später schien es mir, als wäre »Sayonara« – der Klang des Buchstabens »r« existiert im Japanischen nicht, das Wort wurde wie folgt ausgesprochen: »Sayonala« – für meinen unglücklichen Körper – unglücklich, weil er gegenüber dieser judäo-christlichen Moral einen niederen Rang einnahm – die erste Berührung mit jener Watte gewesen, die anfing, mich vollständig zu entschminken, mich, wie ich schon sagte, weiß und nackt zurückzulassen. Diese Erlösung, die ich mir langwierig, langsam, erschöpfend, was gründlich betrachtet soviel heißt, wie mit dem Skalpell geführt, vorgestellt hatte, begann mit einer Art Spiel – ein Wort, wenig bekannt, aus Durchtriebenheit hinter zwei englisch-deutsche Wörter gesetzt, und dieses Wort, Willkommensgruß, der sich an alle Passagiere richtete, war der gehauchte Anfang einer Reinigung, die zwar nur auf meine eigene Oberfläche einwirkte, mich jedoch von dieser eher klebrigen als ätzenden Moral entband. Anstelle eines chirurgischen, immer ein wenig feierlichen Eingriffes, mußte ich an eine beizende Seife denken, mittels derer sie sich von mir löste. Nichts war innerlich. Ich erhob mich dennoch, im hinteren Teil des Flugzeuges kakken zu gehen, in der Hoffnung, mich eines dreitausend Jahre langen Bandwurms zu entledigen. Die Erleichterung kam beinahe unvermittelt: alles würde gut werden, die Befreiung begann mit einer Verhöhnung des Anstands. Mittels einer aufgehobenen Ästhetik zersetzte sich eine schwerfällige Moral. Ich schenkte dem Zen keine Beachtung, und ich weiß nicht, warum ich diesen Satz schreibe. Das Flugzeug hielt sich in der Nacht, aber ich zweifelte nicht daran, daß ich, in Tokyo angekommen, nackt sein würde, lächelnd, unvermittelt, fähig mit einem Schlag den ersten, den zweiten Zöllner zu köpfen oder darauf zu pfeifen. Das kleine japanische Mädchen, dessen Tod ich gefürchtet und erhofft hatte, wurde von den Zöllnern nicht einmal eines Blickes gewürdigt. Es kam mir vor, als sei die Zerbrechlichkeit seiner Knochen, die Tatsache, daß seine Gesichtszüge bereits eingedrückt waren, eine Herausforderung, die nach Vernichtung schrie. Im übrigen stimmte die Schwere der Stiefel der deutschen Besatzung mit der Muskulatur der Schenkel und Hintern, dem Ausmaß des Oberkörpers überein, den Sehnen des Halses, der Härte des Blicks.

»Soviel Zerbrechlichkeit ist ein Angriff, der Unterdrükkung hervorruft.«

Ich sagte mir das womöglich in einer anderen Form, und es läßt sich erahnen, daß ich von den Bildern nackter oder fast nackter, ausgemergelter Juden in den Lagern verfolgt wurde, auf denen ihre Schwachheit eine Provokation darstellte.

»So hinfällig und so zerstört auszusehen gleicht einer Bitte um Vernichtung. Wenn man es zertritt, was wüßte man darüber? Wir sind schon mehr als hundert Millionen lebende Japaner.«

Sie lebte und sie sprach Japanisch.

Jede Entscheidung wird blindlings getroffen. Selbst wenn ein persönlicher Richtspruch das gefällte Urteil der Richter ausbluten und kraftlos werden, ihre Schöffen verwesen, die Öffentlichkeit verblüfft und den Kriminellen frei ließe, hätten Freiheit und Gericht die Raserei zum Ursprung. Ein Urteil zu fällen, mit der gleichen Sorgfalt wie ein Irrsinniger ein Gedicht verfaßt, was für eine Sache! Wo einen Menschen finden, der sich, sein Brot zu verdienen, entschied, nicht zu richten? Welche Leute werden die Korridore des Rechts verlassen, um sich zu verlaufen, beim Abfassen eines Urteils zu verkümmern, durch welches sie begreifen könnten, daß die allzu minutiöse Vorbereitung eines Verbrechens eine Inszenierung ist, die sich um ihren Erfolg bringt? Getarnt durch Anonymität trägt der Richter nichts als den Titel seines Amtes. Bei Aufruf seines Namens durch den Richter erhebt sich der Kriminelle. Augenblicklich verbunden aufgrund einer biologischen Eigenart, die dem Bevollmächtigten ebenso widerwärtig ist, wie sie ihn ergänzt, kommt der Verbrecher nicht ohne ihn aus. Wer ist der Schatten und wer ist die Sonne? Man weiß, daß es große Verbrecher gab.

Alles wird sich vor dem Hintergrund der Nacht ereignen: im Moment des Sterbens, trotz des geringen Gewichts dieser Worte, ihrer geringen Substanz, der Unwichtigkeit des Vorfalls, will der Verurteilte noch selbst den Sinn dessen bestimmen, was sein Leben ausmachte – verstrichen vor Nachthintergrund, den er verdichten, nicht erhellen wollte.

Stony-Brook ist eine Universität ungefähr sechzig Kilometer außerhalb von New York. Die Universitätsgebäude, die Villen der Professoren sowie die der Studenten liegen mitten im Wald. Die Panther und ich mußten dort Vorträge halten, den einen für die Studenten, den anderen für die Professoren. Anlaß: über Bobby Seale zu sprechen, von seiner Inhaftierung, den tatsächlichen Risiken einer Todesstrafe; darüber hinaus von der Nixon'schen Absicht, die Black Panthers Party zu vernichten; über das schwarze Problem im allgemeinen zu reden; die Wochenzeitung der Partei zu verkaufen; zwei Schecks in Empfang zu nehmen, der eine kam von den Professoren – 500 Dollar –, der andere von den Studenten – 1000 Dollar; eine Sammlung zu veranstalten; zu versuchen, Sympathisanten unter den wenigen schwarzen Studenten zu gewinnen ... Beim Einsteigen in den Wagen – wir waren im Hauptsitz der Partei

der Bronx – sagte ich zu David Hilliard: »Kommst du mit uns?«
Er lächelte flüchtig, sagte nein und gab einen Kommentar, der mir rätselhaft schien:
»Es gibt noch zu viele Bäume.«
Ich fuhr mit Zaïd und Nappier los. Während der Autofahrt hörte dieser Satz »Es gibt noch zu viele Bäume« nicht auf, mir durch den Sinn zu gehen. Also ist noch heute für einen knapp dreißigjährigen Schwarzen ein Baum nicht dasselbe, was er für einen Weißen ist, ein Rausch von Blättern, von Vögeln, von Nestern, von eingeritzten Herzen und verschnörkelten Namen: es war ein Galgen. Der Anblick eines Baumes, auf einen nicht sehr alten Schrecken verweisend, ließ den Mund austrocknen und machte die Stimmbänder beinahe überflüssig: rittlings auf dem Querast hielt ein Weißer das Seil mit der schon geknüpften Schlinge, es war vor allem das, was der Neger, den man lynchen würde, sah, und was uns heute von den Schwarzen trennt, ist weniger die Farbe der Haut oder die Art der Haare, als diese seelische Struktur, von Angst gehetzt, wie wir sie niemals kennen werden, außer wenn ein Schwarzer, auf gleichermaßen humorvolle wie diskrete Weise einen Satz formuliert, der uns rätselhaft erscheint. Er ist es, im übrigen bewahren die Schwarzen untereinander einen Wirrwarr an fixen Ideen. Aus ihren Nöten haben sie einen Reichtum gemacht.
Die Professoren von Stony-Brook waren ausgesprochen entspannt. Wir wurden mit großer Herzlichkeit empfangen. Sie verstanden kaum, daß ich nicht versuchte, mich durch den Gebrauch einer weniger gewaltsamen Rhetorik von den Panthern abzugrenzen. Ich mußte die Funktionäre beschwichtigen, ihnen erklären ... man füllte die beiden Schecks auf meinen Namen aus, und man übergab sie

den Panthern. Diese Eleganz berührte mich. Eine blonde Dame, Professorin, sagte mir:
»Wir müssen gegen die Übergriffe der Panther protestieren, denn bei dem Gang, den die Dinge nehmen, fürchten wir, nach ihnen, nun für unsere Söhne.«

Nach einiger Überlegung muß ich folgendes schreiben: seit ihrer Gründung im Oktober 66 hörte die Black Panthers Party nicht auf, sich durch den fast ununterbrochenen Ausstoß von Bildern, von Anfang an bis Ende des Jahres 1970, selbst zu überbieten. Noch im April 70 war die Stärke der Panther derart ungebrochen, daß die Professoren in den Universitäten über keinerlei Argumente verfügten zu diskutieren, so sehr ging die Revolte der Schwarzen von offen zutage liegenden Fakten aus, denen unmöglich zu entgegnen war, die weißen Akademiker und Nicht-Akademiker blieben auf Exorzismen beschränkt. Einige ließen die Polizei einschreiten. Aber die Bewegung der Panther, ebenso pathetisch wie fröhlich, war niemals eine Volksbewegung. Sie rief zur vollkommenen Hingabe auf, zum Gebrauch von Waffen, zu Neologismen, zu Formen von Beleidigung, wie sie den Weißen sprachlos hinterlassen. Diese Gewalt konnte sie nur haben, indem sie sie aus dem Elend der Ghettos speiste. Ihre große innere Freiheit war möglich aufgrund des Krieges, den die Polizei, die Behörden, die weiße Bevölkerung und ein Teil der schwarzen Bourgeoisie gegen sie führten. Indem sie zu spitz war, mußte diese Bewegung sich rasch abnutzen. Knisternd, sprühend und schließlich nicht nur, indem sie es sichtbar machte, sondern das Schwarze Problem erstrahlen ließ.
Diejenigen amerikanischen Intellektuellen, die verstanden, daß die Argumente der Panther keine Auszüge aus dem Allgemeingut der amerikanischen Demokratie wa-

ren, demnach ebenso zusammengeklaubt wirkten wie die Panther selbst ungebildet und engstirnig, waren selten. In dem Stadium, in dem sie sich befanden, lag die Gewalt dessen, was man als ihren Sprachgebrauch oder die Panther-Rhetorik bezeichnete, nicht in der Geschlossenheit des Diskurses, sondern in der Macht der Zustimmung – oder der Ablehnung –, in der Wut des Tonfalls und der Erregung. Diese Taten hervorbringende Wut verhinderte den Schwulst oder die Übertriebenheit. Wer den heftigen politischen Auseinandersetzungen der Weißen, sagen wir des Demokratischen Kongresses von Chicago im August 1968, beiwohnte, der möge vergleichen: der poetische Einfall ist nicht die Stärke der Weißen.

Man sieht jetzt, daß die Partei der Panther nicht nur die Buntheit von Stoffen und Haarfarben der jungen Schwarzen hervorgerufen oder ermutigt hat: unter dieser ihnen für unverschämt geltenden Herausforderung erfuhren die Weißen, daß es einen Willen zu leben bis hin zur Opferung des Lebens gab. Die jungen überspannten Schwarzen von San Francisco, von Harlem oder von Berkeley verbargen und zeigten an, daß eine Waffe gegen die Weißen gerichtet wurde. Dank der Panther wurden die Schwarzen, die man immer noch die Onkel Toms nannte, jene, die einen Posten in der Verwaltung hatten, die Beamte waren, die Bürgermeister großer Städte mit schwarzer Mehrheit, welche nur zum Vorzeigen gewählt oder ernannt worden waren, jene Schwarzen wurden plötzlich »gesehen«, »angeschaut«, sie wurden »gehört« von den Weißen. Nicht weil sie den Panthern gehorchten oder weil die Panther ihr Instrument waren, sondern weil die Panther gefürchtet wurden. Das wurde manchmal zum Unglück für das Ghetto: die von den Weißen geduldeten schwarzen »Honoratioren« waren versucht, ihre Macht auszuweiten und die Schwarzen zu brechen, nicht aus Sorge um Gerechtigkeit, sondern aus Machtwillen. Nur diese konnten die amerikanische Ordnung und das amerikanische Recht fortschreiben. Aber von 1966 bis 1971 erschienen die Panther als junge Barbaren, die Gesetze und Künste bedrohten und eine marxistisch-leninistische Religion für sich in Anspruch nahmen, die Marx und Lenin so nahekommt wie Dubuffet Cranach. Man mußte schlafen, nicht wahr? Gegen Ende der Nacht, nach den Diskussionen, den Streitereien, den Whiskeys und dem Marihuana muß man schlafen. Es gab viele Magengeschwüre unter den Panthern.

Der junge Schwarze, der im Gefängnis war, weil er geraucht, gestohlen, vergewaltigt, einen Weißen zusammengeschlagen hatte, Sie stellen ihn sich als Sohn eines höflichen schwarzen Mannes vor, der die Gesetze achtet, die der Religion und die des Staates, aber in Wirklichkeit ist dieser junge Schwarze, und er selbst weiß es genau, derjenige, der vor dreihundert Jahren einen Weißen getötet hat, derjenige, der unzählige Male auf der Flucht war, wegen Diebstählen, Plünderungen, gehetzt von Hundemeuten, derjenige, der eine Weiße verführte und vergewaltigte und den man ohne Gerichtsurteil hängte, er ist einer der Führer eines Aufstandes von 1804, er hat Ketten an den Füßen, die in der Gefängniswand verankert sind, er ist derjenige, der sich beugt und der es ablehnt sich zu beugen. Die weiße Verwaltung hat ihm einen Pater gestellt, den er nicht kennt, schwarz wie er selbst, aber vielleicht dazu bestimmt, den Riß zwischen dem Ur-Neger, der sich fortpflanzte, und ihm selbst zu vollenden. Methode, die den Weißen zufriedenstellt und gleichzeitig schwächt: sie stellt ihn zufrieden, weil die Verwaltung Individuen schlagen oder töten kann, ohne sich selbst dieses Tötens anklagen zu müssen; sie schwächt den Weißen nachhaltig, da die Verantwortung für die »Verbrechen« des Schwarzen auf den Einzelnen beschränkt bleibt, nicht auf die schwarze Gemeinschaft, und seine individuelle Verurteilung ihn in das System der amerikanischen Demokratie einführt, um es auf diese Art zu pervertieren. Die Weißen sind demnach sehr unglücklich: soll man den Neger verurteilen oder einen Schwarzen? Dank der Black Panthers gab es durchaus lobenswerte Schwarze, eingegliederte, doch hatten diese Panther durch ihre Aktivitäten hinreichend bewiesen, daß ein Neger ein Neger bleibt.

Aber glücklicherweise eine Spur von Knoblauch ...

Löwenjunge nannte man in den Palästinenserlagern die Kinder zwischen sieben und fünfzehn Jahren, die für den Beruf des Soldaten ausgebildet wurden. Die Kritik dieser Einrichtung scheint leicht. Psychologisch betrachtet hatte sie ihren Nutzen, allerdings bescheiden. Die Abhärtung von Körper und Geist kann durch schwierige, immer komplexer werdende Sportarten erreicht werden, den Anspruch, die Kälte zu bezwingen, die Hitze, den Hunger, die Angst, den Schrecken, die Überraschung, unbeherrschte Gesten. Die Bedingungen eines harten Trainings stimmen niemals mit der Situation von Soldaten überein, vor der Aufgabe, den Schlichen der Soldaten gegenüber, selbst zum Töten bereite Kinder, zu trotzen. Wohl wissend, daß sie die Kleinen ausbilden, strömt durch ihre Befehle, die die Anführer der Löwenjungen erteilen, so streng sie auch sind, eine fast mütterliche Milde.
»Ab dem Alter von zehn Jahren kann jeder Palästinenser schießen,« sagte mir Leila triumphierend. Sie glaubt noch

immer, daß Schießen aus Anlegen und auf den Abzug drücken besteht. Gut zu schießen bedeutet auf den Feind zielen und ihn zu töten, diese Kinder benutzen Waffen eines schnell veralteten Typs, und die Fedajin genauso. Wohin schießen? Auf wen? Unter welchen Bedingungen vor allem? Auf diesem den Kindern vorbehaltenen mikroskopischen Terrain, mehr Spielplatz als Schlachtfeld, herrschte weit eher eine Atmosphäre der schützenden Wiege, niemals jedoch die unerträgliche Grausamkeit, wo der Schrecken dem entspringt, *was man nie und nimmer wissen würde* über den Feind. Der Guerillaunterricht war Grundschule. Ich habe die Löwenjungen unzählige Male üben, sich zwischen dem immer gleichen Stacheldraht hindurchwinden sehen, ohne daß sich ein einziges neuartiges Problem stellte, ohne daß sie also eine überraschende und gefährliche Situation zu meistern gehabt hätten, ausgedacht von israelischen Gehirnwindungen, diese Kinder schienen mir dieselbe Aufgabe zu erfüllen wie die Potemkinschen Stützpunkte. Den Journalisten der ganzen Welt, ihren organisierten Besuchen, wollten die Lager der Löwenjungen beweisen, daß Generationen mit dem Gewehr in der Hand geboren wurden, Zielvorrichtung im Auge, Rückeroberung der Gebiete im Herzen. Außer jenen aus kommunistischen Ländern wollte kein Journalist düpiert erscheinen.

In seine Deklarationen schrieb Israel (auf den Landkarten säumt das Weiß im Norden das Blau des Mittelmeeres, im Osten der Libanon, im Süden steht das Königreich Jordanien für das, was noch im Jahre 1948 Palästina genannt wurde. Es würde vermutlich ausradieren, was die Gemeinschaft der Nationen heute Israel nennt) diesen Haß ein, der niemals verblassen würde. Allein die Fotografien der Löwenjungen in ihren Lagern genügten, die wenn nicht mißliche Lage des Staates, so doch zumindest die ununterbrochene Gefahr aufzuzeigen, dennoch hatten die Vorkehrungen und Aktionen Israels nichts diesen Lagern der Soldatenkinder Vergleichbares, deren dreieckige Fahne jeden Morgen feierlich gehißt wurde. Ich habe mehreren Fahnenappellen beigewohnt: die Flagge war kindlichen Maßen entsprechend klein; wenn Schulkinder ein winziges Papierfähnchen schwenken, schreitet eine Königin vorüber, wundert sich niemand; dem kleinen Lächeln der Herrscherin entspricht das der kleinen Kinder: in den Camps der Löwenjungen war das Symbol des Vaterlands blutleer und ich würde sagen, erst mit zunehmendem Alter wuchsen die Symbole. Wenn plötzlicher Rauch das gesamte Ausbildungslager einhüllte, äußerten die Kinder weder Angst noch Überraschung, es war eine vorgesehene Übung, aber welche Wirkung, wenn am hellichten Tag, aufgezwungen von Israel, die Nacht die Sonne zerstörte! Was heißt »aber glücklicherweise eine Spur von Knoblauch ...«? Zu großer Fadheit kann mit einer Spur Knoblauch begegnet werden, und oft fügten die älteren Löwenjungen, tückischer als die gewöhnlichen Ausbilder, den Kommandos für die Kinder ein sadistisches Vergnügen hinzu, und dieser, vielleicht hundsgemeine, Beitrag war belebend.

Die Reinlichkeit ist den Palästinensern eigen, man wird, wenn man zu den Toten geht, erst nach einer gründlich scheuernden Waschung zu ihnen eingelassen. Es geschah auch diesmal durch Khaleb, daß ich auf dem Laufenden blieb; zwei Kämpfer von zwanzig Jahren, aus der Gruppe derer, die mit ihm auf den Hügeln gesungen hatten, wuschen sich mit Sorgfalt, dort, im Freien, nicht weit von uns entfernt. Die anderen Fedajin schienen sie nicht zu sehen – vor allem nicht zu ihnen hinüberzuschauen. Eine scheuernde Waschung, damit will ich die fast manische Genauigkeit der Körperpflege kennzeichnen, die ebenso wie die Tätigkeit selbst eine heilige zu sein schien, das heißt in vollem Sinne: vorrangiger Dienst. Mit dem Handtuch zuerst, anschließend mit den Händen, rubbelten sie ihre Haut, fuhren sich auf diese Weise mehrmals zwischen den Zehen hindurch, so daß nicht der geringste Schmutz sichtbar blieb. Dann die verschiedenen Partien des Geschlechts, den Oberkörper, die Achselhöhlen. Die beiden Soldaten halfen sich gegenseitig, der eine übergoß den anderen mit sauberem Wasser, nachdem dieser sich eingeseift hatte. In geringem Abstand zu den übrigen Soldaten, von denen sie nur wenige Meter entfernt waren, entsprang ihre Einsamkeit allein aus diesem Treiben, welches sie für immer von den anderen Soldaten entfernte. Auf einmal wuchsen sie zur Größe von Gebirgen an, und sie entfernten sich von allen, so als ob sie Ameisen geworden waren. Ich sprach von Scheuern, das Wort scheint mir zutreffend: jeder reinigte seinen Körper wie eine Hausfrau Kochtöpfe scheuert, die mit Ata poliert werden müssen und nach dem Abspülen glänzen, und dies schien mir etwas anderes zu sein als die herkömmliche mohammedanische Waschung. Folgsam, mein Verhalten dem der Fedajin angleichend, überließ ich die beiden Männer ihrer Einsamkeit, die nicht geteilt werden konnte, und ihrer Arbeit, die nichts weiter war als jene. Übrigens begann einer von ihnen zu trällern, der andere stimmte ein. Der erste griff aus seiner Nähe ein kleines Necessaire, öffnete den Reißverschluß, nahm eine spitze Näherinnenschere heraus, und kürzte sich, alles singend, wie üblich improvisierend, mit viel Sorgfalt die Zehennägel, vor allem die Nagelecken, deren Schärfe die Strümpfe zerreißen kann, anschließend die

Fingernägel, die er danach singend wusch, wusch sich das Gesicht und das von Schamhaar befreite Geschlecht, suchte dabei und fand sehr schnell zu Worten, die sich an Palästina richteten. Ich weiß nicht, weshalb sie in dieser Nacht nicht nach Israel hinunterzogen. Die leichenwäscherische Toilette salbte sie nicht. Sie wurden wieder zu Fedajin unter anderen. Alles wird wieder von vorn anfangen, wenn sie erneut dazu bestimmt sein werden.
In einem Ausbruch von Lachen, einem Lachen aus voller Kehle, wodurch ins Auge fiel, daß sie dieselbe Halskette aus Venedig trug, die Lannia Solha geziert hatte, berichtete mir Nabila vom Ende einer achtzigjährigen Palästinenserin. Diese hatte sich den dünnen Bauch mit einem Korsett aus vier Reihen Splittergranaten umgürtet. Frauen ihres Alters oder jünger, die sich mit ihren Genitalien, ihrer Magerkeit, ihrer Grauheit auskannten, halfen ihr sicher dabei, schließlich näherte sie sich, unter wirklichen Tränen, einer Abteilung der Amal-Milizen, die sich lachend davon erholte, Palästinenser in rauhen Mengen abgeknallt zu haben. Die Alte weinte lange, die Tränen mit Klagen vermischend. Der Trupp aus Amal-Leuten näherte sich ihr in der wohlmeinenden Absicht, sie zu trösten. Sie weinte unablässig, murmelte dabei aber Flüche auf Arabisch, welche die Schiiten nicht verstanden: sie mußten sich beinahe an sie schmiegen. Wenn ich durch die Zeitungen erfahre, daß sich eine sechzehnjährige Jungfrau inmitten einer Gruppe israelischer Soldaten in die Luft gesprengt hat, bin ich nicht übermäßig erstaunt. Es sind eher die freudigen Bestattungsvorkehrungen, die mich neugierig machen. Welche Schnur muß die Alte oder die Junge ziehen, um die Granaten zu entsichern? Oder wie das Korsett anlegen, dem Körper der Jungfrau seine weibliche und dementsprechend aufreizende Geschmeidigkeit

zu belassen, um nicht das Mißtrauen der für ihre Klugheit bekannten Soldaten zu erregen.

Einen Walkman auf den Ohren hörte ich in einem Hotelzimmer, aber stellen Sie sich eine wahrhaftige Begräbniszeremonie in der Kirche vor, unter einem mit Blumengebinden geschmückten Sarg, mit Kränzen und acht großen Kerzen, einem echten Toten in seinem bereits geschlossenen Sarg, und wie, mit Orchester und Chor, das *Requiem* auf mich einstürzte. Durch die Musik wird ein Leben, und nicht der Tod, wachgerufen, und zwar das der anwesenden oder abwesenden Leiche, für die doch die Messe gesungen wird. Ich hatte Kopfhörer. Der römischen Liturgie und den lateinischen Sätzen folgend, denen ich unbeholfen lauschte, erbat Mozart die ewige Ruhe oder vielmehr ein anderes Leben, doch hatte keine Zeremonie stattgefunden, vor mir keine Kirchentür, weder Friedhof, noch Priester, kein Kniefall, kein Weihrauchfaß, ab dem Kyrie vernahm ich eine heidnische Entrückung. Die Troglodyten kamen aus ihren Höhlen und tanzten, um die Tote zu empfangen, nicht unter der Sonne oder dem Mond, sondern in einem milchigen Nebel, weniger vor seinem Leuchten, als vielmehr in ihm. Die Höhlen ähnelten leidlich den Löchern eines riesigen aufgeschnittenen Greyerzer Käses, und diese Eiszeitbewohner, fern Ihrer menschlichen Maße, lachende, ausgelassene Larven, wimmelten, tanzten, eine neue Tote zu empfangen, was bedeutet – gleich welchen Alters sie auch war – die *junge Tote*, damit sie sich ohne Hilfe ans Überleben gewöhnte, damit sie den Tod oder neues ewiges Leben wie eine fröhliche Gabe empfing, glücklich und stolz, sich aus dem Diesseits losgerissen zu haben; die »Tage des Zorns«, die »Posaunen, wundertönend«, die »Könige schrecklicher Gewalten« – dies war keine Messe, sondern die gesungene Erzählung einer Oper, die weniger als eine Stunde dauerte, *die Zeit eines Todeskampfes*, durchlebt und bestanden im Schrecken, die Welt zu verlieren und in welcher anderen sich wiederzufinden? In welcher Gestalt? Die Reise durch die Unterwelt, das Entsetzliche des Grabes, der steinernen Platte, vor allem aber die Heiterkeit, die Ausgelassenheit, die unter der Angst fließt, die Geschwindigkeit, die sich todeskämpferisch gibt, diese Welt zu verlassen, sich beeilend, uns in den undankbaren Höflichkeiten des Alltags zurückzulassen, um aufzusteigen, nicht hinabzusteigen, sondern aufwärts, lachend zum Licht, und wer weiß, warum nicht niesend, da hätten wir, woran ich teilgenommen habe, vom *Dies irae* bis zum berühmten achten Takt des *Lacrimosa*, den ich nie von den Takten unterschied, die auf ihn folgen, geben wir die Ausgelassenheit zu, ich könnte sagen die *Freiheit*, alles zu wagen. Wenn der Halbwüchsige, nach langen Tagen der Befürchtung und der Fassungslosigkeit, entscheidet, das Geschlecht zu wechseln, entsprechend dem ziemlich fürchterlichen Wort transsexuell, erfaßt ihn, nun da seine Wahl getroffen ist, eine Freude bei dem Gedanken an ein neues Geschlecht, die beiden Brüste, die er tatsächlich mit seinen zu kleinen und zu feuchten Händen streicheln wird, die Enthaarung, vor allem aber, in dem Maße, wie das alte Geschlecht verwelkt, in der Hoffnung, daß es abfalle, endgültig unbrauchbar, eine Freude, nahe dem Schwachsinn vielleicht, wenn er von sich selbst sprechend nicht mehr »er« sondern »sie« sagen würde, demnach verstünde, daß auch die Grammatik zweigeteilt ist und daß sie, sich um sich selbst drehend, nur mit einer Hälfte auf ihn zutrifft, der weiblichen, während man ihm die andere mittels der Sprache aufgezwungen hatte. Der Übergang von der einen auf die unbehaarte Seite muß wunderbar und grauenhaft sein. »Deine Freude überschwemmt mich ...« »Leb wohl, teure Hälfte, ich sterbe an mir selbst ...« Den verabscheuten männlichen, nichtsdestoweniger vertrauten Gang abzulegen, die Welt dem Karmeliterkloster und dem Lepraheim zu überlassen, das Universum der Hose gegen das des Büstenhalters einzutauschen, ist die Entsprechung des erwarteten, doch bezweifelten Todes, und ist es nicht dem Selbstmord vergleichbar, damit die Chöre dazu das *Tuba mirum* intonieren? Der Transsexuelle ist also ein Ungeheuer und ein Held, auch ein Engel, weil ich keinen einzigen Mann weiß, der sich nur ein einziges Mal dieses künstlichen Geschlechts bedienen würde, außer der ganze Körper und seine neue Bestimmung wären nichts als ein riesiges weibliches Genital, nachdem das welke männliche abgefallen war; schlimmer noch: fallen gelassen. Der Schrecken begann mit dem Widerstand der Füße, die sich weigerten kleiner zu werden: Frauenschuhe der Größe 43-44, mit spitzem Absatz, sind selten, aber die Freude würde alles zudecken, sie und die Vergnügtheit. Das *Requiem* spricht das überzeugend aus: Freude und Furcht. Auf diese Weise warfen sich die Palästinenser, die Schiiten, die Narren Gottes lachend gegen die Ahnen der Höhlen, und die goldenen Pumps der Größe 43-44 sahen sich unter tausend Lachausbrüchen vorwärtsspringen, die in dem unerbittlichen Rückzug der Posaunen mitschwangen. Dank des Hochgefühls im Tod oder besser in dem Neuen, das diesem Leben entgegengesetzt war, trotz aller Trauer, lagen die Sitten darnieder. Übermut des Transsexuellen, Übermut des *Requiems*, Übermut des Kamikaze ... Übermut des Helden.

Entgegen der unschönen Angewohnheit, Ihre westlichen Hände zu trocknen, indem Sie sie unter die Öffnung eines Heißlufttrockners halten, wobei Ihr Vergnügen weniger im

Trocknen der Hände, als darin besteht, das saubere Handtuch nicht naß zu machen, haben Sie, vor allem als Kinder, das Glück gekannt, im Regen zu bleiben, unter den Güssen, mit Vorliebe im Sommer, wenn das herabfallende, Sie benetzende Wasser warm ist. Wenn ich meinen angefeuchteten Finger drehte, wußte ich nie, woher der Wind kam, auch niemals die Richtung des fallenden Regens, es sei denn, er fiel besonders schräg, so wie die letzten Strahlen der untergehenden Sonne, und als ich begriff, daß ich beim ersten Beschuß auf die Kugeln zulief, habe ich gelacht wie ein erstauntes Kind. Wie ein Idiot habe ich, im Schutz einer Mauer, ein plötzlich in mir aufkommendes Glücksgefühl genossen, in der Gewißheit, behütet zu sein, obgleich der sichere Tod zwei Meter hinter der Mauer war: ich war auf dem Fest. Die Angst existierte nicht. Der Tod, ebenso wie der Regen aus Eisen und Blei neben uns, hatte genauen Anteil an unserem Leben. Auf den Gesichtern der Fedajin habe ich beinahe nur glückseliges Lächeln ausgemacht, oder die vielleicht überhebliche Ruhe. Abou Ghassam, der Fedajin, der mich heftig am Ärmel gefaßt und in die Sicherheit eines toten Winkels gerissen hatte, schien irritiert und erleichtert.
»Beschuß ohne Vorwarnung und dann noch diesen Europäer beschützen«, mußte er wohl denken, da man ihn aufgrund seines Französisch zum Verantwortlichen für mich bestimmt hatte. Mir fiel auf, daß keiner der Soldaten, bewaffnet und mit Munition überladen – Patronengurte überkreuz auf dem Oberkörper – versuchte, in die Hochhäuser einzudringen, eine geschützte Stellung zu entdecken, von der aus man zurückschlagen und eventuell die Einwohner der Häuser hätten verteidigen können. Alle – außer mir – waren blutjung und wenig abgehärtet, das Wort stimmt hier. Eine gewisse Niedergeschlagenheit – anderswo, und

von anderen, Hoffnungslosigkeit genannt – bedrückte mich. Das berühmte Wort am Ende »Es ist alles gegessen«, drückt wahrscheinlich besser aus, was ich durchlebte. Man kämpfte selbst in der Nähe von Jerash nicht mehr. Die Säulen der Tempel, die die Römer stehengelassen hatten, genügten. Kugeln durchlöcherten die Vorderseite des Hauses, aber da wir uns hinter einer zu ihr senkrechten Mauer befanden, bestand für niemand Gefahr. Der Tod nebenan wurde in Schach gehalten. Zwei Meter weiter vorn wäre ich getötet worden, und dort, stärker als anderswo überall, habe ich den Ruf am Rande des horizontalen Abgrunds kennengelernt, mächtiger, fähiger mich in die Ewigkeit aufzunehmen, als ein Schlund, der meinen Namen hinausschrie. Wie an den anderen Tagen wurde endlos geschossen. Die jungen Fedajin lachten. Außer Abou Ghassam konnte niemand Französisch, doch ihre Augen verrieten mir alles. Hätte Hamlet dieses Glück eines selbstmörderischen Taumels gekannt, wenn er weder Publikum noch Erwiderung gehabt hätte?

Aber warum diese Stimme des Baches, die Nacht, war sie so mächtig geworden, mich zu narren? Haben die Chöre und die Hügel sich dem Wasser genähert, ohne daß man es erahnte? Ich vermute viel eher, daß die Stimme der Sänger müde geworden war, oder daß sie von sich aus auf jene des Stromes hörten, weil diese sie bezauberte, oder auch im Gegenteil, von ihnen als störendes Geräusch erachtet wurde.

Um Ihnen mehr aus der Erinnerung mitteilen zu können, drängen sich zwei Bilder auf. Zuerst jenes der weißen Wolken. Alles, dessen Zeuge ich in Jordanien und im Libanon wurde, bleibt eingehüllt von dichten Wolken, die noch im-

mer auf mich niederstürzen. Ich glaube, sie zu vertreiben, sobald ich mich mit geschlossenen Augen auf die Suche nach einer Vision begebe, doch weiß ich nicht nach welcher. Sie müßte mir in ihrer Unmittelbarkeit erscheinen, so wie ich sie als einer der Beteiligten oder ihr Augenzeuge empfing; beispielsweise das Bild der vier auf Holz schlagenden Hände, die auf den Brettern eines Sarges immer fröhlichere Rhythmen erfinden, und der Nebel teilt sich. Überstürzt oder mit der Langsamkeit eines sich hebenden Theatervorhangs erscheint in der Klarheit meiner ersten Wahrnehmung, was die vier Hände, rhythmischer Erfindung fähig, umgab. Ich erkenne also, Haar für Haar, die zwei schwarzen Schnurrbärte, die weißen Zähne, das Lächeln, das abbricht, nur um deutlicher zurückzukehren.
Das zweite Bild ist das einer riesigen Verpackungskiste. Ich öffne sie und finde darin nichts als Späne und Kleie, meine Hände suchen im Sägemehl, ich bin fast verzweifelt bei dem Gedanken, daß ich nichts weiter finden werde, zugleich wohl wissend, daß diese Sägespäne den Zweck haben, kostbare Dinge zu schützen. Meine Hand trifft auf ein hartes Stück, meine Finger erkennen den Kopf des Fauns wieder, das heißt sie halten den Henkel der silbernen Teekanne, den die Späne und die Kleie schützen und zugleich verbergen: ich mußte fast unendlich lange in dieser Verpackung suchen, bevor ich auf die Teekanne ohne jede Beule stieß. Mit der Teekanne meine ich eines dieser palästinensischen Ereignisse, das ich verloren glaubte, im Sägemehl und in den Wolken, aber das mir in seiner morgendlichen Frische erhalten geblieben war, so als ob jemand – mein Verleger vielleicht – es eingewickelt und aufbewahrt hatte, damit ich es Ihnen so beschreiben kann, wie es gewesen ist. Aus diesem Grunde kann ich schreiben: die dicken Wolken sind nahrhaft.

Jedenfalls bedeutet, mich auf diese Weise meines Erstaunens zu erinnern folgendes: »Wenn ihre Fähigkeiten bemerken, wovon ich annehme, der Einzige zu sein, dem es auffällt, muß ich verbergen, was ich erfahre, weil es mir oft genug passiert, durch sie schockiert zu werden. Verbergen ist demnach nicht mehr Höflichkeit, aber Zurückhaltung.« Trotz der Freimütigkeit in Gesichtern und Gesten, trotz der Durchsichtigkeit der Aktionen wußte ich bald, daß ich ebenso sehr erstaunte, womöglich mehr, als ich selber verwundert war. Wenn so viele Dinge da sind, um gesehen zu werden, nur gesehen, darf kein Wort sie beschreiben. Eine Andeutung der Hand auf einem Aststück, ein Auge, welches sie nicht sah, aber mich sah, würde verstehen. Jeder wußte, daß ich mich beobachtet wußte.
»Heucheln sie die Freundschaft, die Kameradschaft? Bin ich sichtbar oder durchsichtig? Sichtbar weil durchsichtig?
»Mit Sicherheit durchsichtig, weil zu sichtbar, ein Stein, ein Moos, aber keiner der ihren. Ich glaubte, vieles verbergen zu müssen, sie haben den Blick des Jägers: argwöhnisch und verständnisvoll.«
»Kein Mensch, wenn er nicht Palästinenser ist, tut viel für Palästina: er ist frei, sich davon loszumachen und an einen friedlichen Ort zu gehen, zum Beispiel in die Côte-d'Or, nach Dijon. Der Fedajin muß siegen, sterben oder verraten.« Erste Wahrheit, die es gilt, im Geiste wachzuhalten. Ein einziger Jude, Illan Halévy, ein ehemaliger Israeli, war unter den Führern der PLO. Die PLO, die Palästinenser fürchteten nichts von ihm, da er dem Zionismus endgültig abgeschworen hatte.
Der Palästinenser fällt und stirbt; wenn er überlebt, bringt man ihn ins Gefängnis, für viele Stunden der Folter. Danach schluckt ihn die Wüste und behält ihn in den Lagern, nicht weit von Zarkat. Man wird weithin wissen, daß dies

dem Fedajin als die »flauen Zeiten« gilt. Eine Mannschaft von deutschen Ärzten – sie gehen überall dahin, wo man foltert – vielleicht von einem inländischen Geschäftsabkommen geleitet: die Lager mit Folterinstrumenten versorgen, den Ärzten Medikamente und die letzten Wunder der physischen Rehabilitation verkaufen, schließlich erreichen, daß die widerspenstigen Gefolterten über die Grenze gelangen und geschützt sind. Sie werden darauf an ein Hospital überstellt, Düsseldorf, Köln, Hamburg, wo man sie pflegt. Wenn sie herauskommen, lernen sie Deutsch, den Schnee kennen, den Winterwind, sie suchen Arbeit, und manchmal heiraten sie eine einzige Frau.
Man hat mir gesagt, dieses Schicksal wurde das von Hamza. Von mehreren palästinensischen Funktionären wiedergegebene Vermutung. Seit Dezember 1971 habe ich niemanden getroffen, der mir zuverlässig hätte sagen können, ob Hamza noch lebte.

Aber was sind die »flauen Zeiten«? Der Ausdruck versteckt vielleicht das am wenigsten eingestehbare Geheimnis eines palästinensischen Soldaten. Woraus bestehen die Träumereien eines Revolutionärs, der sich in der Wüste erhebt, ohne etwas über den Westen gewußt zu haben, fast nichts über den Schatten, den er trägt, den Orient? Wo finden sie ihre Decknamen? Welche Auswirkungen hat das Neue auf sie? Zum Beispiel.

Das Emblem war schnell entziffert, eine königliche Krone aus vergoldetem Aluminium des Königreiches von Jordanien. Wie erklären, was dieser König tat? Auf einem Thron, dem, was Glubb Pacha übrig gelassen hatte. Im Jahre 1984 unterhielt man sich über diesen Mann so, wie das Folgende umreißt:

»Wie geht es dem ›Souverän‹?«
»Der ›Souverän‹, was macht der ›Souverän‹?«
»Was denkt der ›Souverän‹ darüber?«
»Wohin ist der ›Souverän‹ gereist?«
»Der ›Souverän‹ war guter Laune.«
»Der ›Souverän‹ pißt im Stehen. Hält er sich für Bismarck?«
In den Palästinenserlagern, in den Privatgesprächen, in denen man sich vor den Moukabarats* sicher fühlte, in den europäischen Ländern, in die ehemalige Fedajin geflohen waren, hatte niemand, außer den Kindern der alten Fedajin, mehr im Sinn, als einfach vom »Schlächter von Amman« zu sprechen.
»Das ist keine Beleidigung. Der arme Mann liebt Blondinen, und er spannt, wenn er bei offenem Fenster seine Massaker überblickt. Und ich stoße dich nieder und stoße die Blonden, und ich massakriere dich, massakriere dich, massakriere dich. Dafür hat er seine Tscherkessen, seine Moukabarats, seine Beduinen.«

»Die Einfalt Ihrer Majestät ist bewegend. Ich weile sehr oft in Ihrer Nähe. Sie setzt sich, oder rückt sich zurecht, oder rückt sich nur auf einer Hinterbacke zurecht, seht wie zaghaft Sie ist, auf der Sessellehne, seht wie liebenswert Sie ist, dank der Erziehung, die Sie in England genoß. Sie hört sich ein paar Worte an, erhebt sich und geht. Sie sagt einige Worte auf Englisch, ebenso einfältig wie die königlichen Prinzen. Darüber hinaus ist Sie Beduinin.«

»Ihr ungeheurer Dünkel: Beduine von Hedjaz zu sein und nur das zu sein. Sie tritt ein. Alle Lüster im Saal verlöschen, Sie nähert sich: das ist eine kleine Petroleumfunzel

* Jordanische Geheimpolizei.

mit einem Lampenschirm aus altrosa Seide, die ihre Hand senkt, damit man sie küßt.«

»König Hussein stützt sich auf folgende Rechtfertigung, wenn er die Palästinenser nicht matt gesetzt hätte, wäre Tsahal heute in Riad.«

»Er ist ein Mann, der kein Glück gehabt hat. Rücken Sie Ihren Stuhl näher heran – da die Wände schließlich Ohren haben, hören Sie:
›Sein Großvater der König Abdullah: ermordet beim Verlassen der Moschee von Jerusalem. Blut.‹
›Sein Vater, geisteskrank. Blut.‹
›Sein Vormund Glubb Pacha, hinweggerissen. Blut.‹
›Sein Vater, König Tallal, stirbt im Wahnsinn in der Schweiz. Blut.‹ ›Die Palästinenser. Blut.‹
›Sein Premierminister Mohamed Daoud, geohrfeigt von seiner sechzehnjährigen Tochter. Blut.‹
›Sein anderer Premierminister Wasfi Tall ermordet in Kairo. Blut.‹
›Auf den armen König Hussein, nichts als Tote in seinen kurzen Armen.‹
Das war, was man im Juli 1984 in Amman sang.
Eine gewissermaßen zerlegende Betrachtung könnte uns Aufschluß geben – aber worüber? Es ist ein paar Jahre her, da war es nicht unwahrscheinlich, in verschiedenen Teilen der arabischen Welt eine Sorte Grundschullehrerin anzutreffen, überaus gütig, den einfachen Menschen sehr zugeneigt. Sie verhielt sich gegen alle Menschen gleich, jede Frau, jeden Mann, jedes Kind und unter allen Umständen: da sie, ihrer Herkunft nach, Prinzessin von Orléans war. Bei dieser hohen Abstammung blieb die Verächtlichkeit, wenn es sie denn gab, unsichtbar, ohne daß irgendjemand

etwas erahnte, weder die Emire noch die arabischen Bettler, sie wußte sich als Prinzessin mit den herrschaftlichen Häusern, Europas selbstverständlich, verwandt, gleichermaßen aufmerksam für den Hunger eines Dorfes, wie für die Blutsbande irgendeines Scheichs zum Propheten. Aber wer oder was hatte mich in dieses Haus zurückkehren lassen? Die Sehnsucht, Hamza wiederzutreffen, nach vierzehn Jahren? Seine Mutter, die ich mir ohne weiteres, auch ohne diese Reise zu unternehmen, alt und abgemagert vorstellen konnte? Oder das Bedürfnis, mir zu beweisen, daß ich, *obwohl ich es ja tat*, der Kaste angehörte, verflucht aber heimlich begehrt, jener, die außerhalb ihrer selbst nicht zwischen den Ruhmvollsten und den am meisten Erniedrigten zu unterscheiden vermag? Oder hätte sich, ohne daß wir darauf achtgaben, nicht doch eine unsichtbare Schlinge geknüpft, welche uns, die einen wie die anderen, miteinander verband? Sie hatte sich nicht über Hussein mokiert, er stammte nicht aus Orléans.

Der Bidonville in einem Königreich. In einer Spiegelscherbe sehen sie ihr Gesicht und Ausschnitte ihres Körpers, die Herrlichkeit, die sie darin entdecken, erfüllt sich in einer Art Halbschlaf vor ihren Augen; und dieser bis an seine Grenzen gehende Schlaf schreitet dem Tod voran. Jeder bereitet sich für den Palast vor, und ab dem dreizehnten Lebensjahr tragen alle Seidenschals, in Frankreich gewebt, speziell zugeschnitten und genäht für die Elendsquartiere des Königreiches, weil man die Farben und die Musterungen kennen muß, genauso deutlich wie die Schmachtlocken. Es besteht also ein System des Austausches zwischen dem Bidonville und der übrigen Welt, beschränkt auf den Verkauf von Schals, von Brillantine, von Parfüms, Manschettenknöpfen aus Plastik, nachge-

machten Armbanduhren aus einer gefälschten Schweiz im Handel gegen das, was der Puff bietet, das Ficken. Die maschinell bestickten Schals und Hemden müssen sitzen, das heißt die hübsche Fresse der jungen Macker gut zur Geltung bringen. Schals, Hemden und Uhren haben nur einen Sinn: ein Gebahren zu erlauben. Anhand dieser Zeichen erkennen die Geheimboten des Palastes, die Werber der Polizei diejenigen, die sich ihren Zwecken anbieten, ihre versteckte oder offen zutage liegende Charakteristik. Der da ist dazu bestimmt, sein Leben zu riskieren, der seine Mutter zu verhökern, seine Schwester, beide zusammen, der seinen Schwanz, verwendbar in Europa, der den Befehlston, den Arsch, das Auge, das verliebte Geflüster ins Ohr, keiner schlingt sich den Schal so um den Hals, wie es nicht exakt seinem Wesen entspräche. Hervorgegangen aus einer windigen Vereinigung und ausgebrütet unter dem rostigen Himmel des Bidonville sind alle schön. Ihre Väter kommen aus dem Süden. Die Jungs verfügen schon beizeiten über die Unverfrorenheit von Männern, denen Bedarf und Einkommen außerhalb des Ghettos und des Königreichs versprochen wurden. Einige sind blond: diese auffällige Schönheit, eine Provokation, die kann noch zwei weitere Jahre zu Fuß laufen.
»Nicht bloß auf unsere Augen. Unsere Locken (des Haares), unsere Hälse, unsere Schenkel. Man könnte meinen, Jean, daß du nichts von der Pracht unserer Schenkel wüßtest.«

Ob nun der königliche Palast ein Schlund ist, in den hinein der Bidonville sich zu stürzen droht, oder der Bidonville sich auftut, den Palast mit seinem ganzen Kram in sich hineinzuziehen, man fragt sich: wo ist die Realität, wo der Abglanz? Was auch immer das eine ist oder das andere, der Palast Schein, der Bidonville Realität, die Realität des Scheins war allein im Palast und umgekehrt. Es reicht, zuerst den königlichen Palast zu besichtigen, anschließend den Bidonville. Ein Kräftemessen, derart zugespitzt, daß man sich fragen muß, ob das Phänomen der Faszination, von dem so oft geredet wird, nicht in dieser einander verwandten, gefallsüchtigen, gehässigen Konfrontation liegt, die beide Paläste miteinander verbindet, den des Königs, der das Elend der Männer und Frauen mit Lust betrachtet, die sich am Willen zu überleben verausgaben, von Verrat träumen – nur an wem? –, auf Anhieb wissend, daß Besitz und Reichtum weit hinaufreichten, würden sie die Versuchung bitterster Not kennen. Welcher geniale Hackentritt entwarf das nackte, vom Atem eines Ochsen gewärmte Kind, festgenagelt mit ehernen Stiften, dank des Verrats schließlich emporgezogen in die allumfassende Herrlichkeit? Der Verräter, ist das nur ein Mensch, der zum Feind überläuft? Er ist auch das. Peter der Ehrwürdige, Abt von Cluny, entschied, ihn besser studieren zu können, den Koran »übersetzen« zu lassen. Abgesehen von dieser Vergessenheit, so wie wenn man von einer Sprache in die andere schlüpft, übertrug das göttliche Werk nicht mehr als das, was, egal was, von einer Sprache in die andere gelangt, das heißt alles, außer dem Göttlichen, war Peter zweifelsfrei von dem überaus geheimen Bedürfnis zu verraten (das sich in einer Art Tanz auf der Stelle zeigt, wie, vielleicht, die Lust zu pissen) ebenso geleitet, wie von der ausgestellten Sorge. Die Versuchung, auf die »andere Seite« zu wechseln, drückt bereits die Angst aus, nur die einzige und wahre Gewißheit zu besitzen – eine folglich unsichere Gewißheit. Den anderen zu kennen, den man für böse hält, da nun einmal Feind, gestattet den Kampf, ebenso jedoch die heftige Umarmung der Körper der

Kämpfenden und der beiden Doktrinen, so daß die eine bald Schatten der anderen ist, bald ihr Ebenbild, bald das Subjekt und das Objekt weiterer Träumereien, komplexer Gedanken. Unentwirrbar? Unter der Notwendigkeit zu »übersetzen« vermag man, durchsichtig noch, die Notwendigkeit zu »verraten« enthüllen, und in der Lockung des Verrats wird man nichts als einen Reichtum entdekken, vielleicht dem erotischen Taumel vergleichbar: Wer den nicht zu verraten verstand, weiß nichts von der Ekstase.

Der Verräter ist nicht draußen, aber in jedem einzelnen. Der Palast bezog seine Soldaten, Spitzel, Huren aus denen, die von einer niedergekrümmten Bevölkerung noch begehrenswert geblieben waren, und die Blechhütten antworteten mit allen Arten von Spötteleien. Der Bidonville ist, vom Palast aus gesehen, ein Gewimmel von Monstern und Mängeln, dieses aber in seinem Elend beobachtend, entnahm man ihm andernorts unbekannte Genüsse. Was sich darin auf zwei Beinen und einem Rumpf auf die Dämmerung zubewegte, und die Dämmerung geht hier von morgens bis abends auf zwei Beinen, war ein Rumpf, aus dem sich ein Handgelenk, an dessen Ende eine gespreizte Hand, groß wie ein Weihwasserkessel, ein Bettelnapf aus echtem rohem Fleisch, hervorstreckt, der mit drei fadenscheinigen Fingern seinen Zoll einfordert. Das Handgelenk reckt sich aus Fetzen amerikanischen Überflusses, abgetragen, gebraucht, verdreckt, sich immer mehr mit dem Schlamm und der Scheiße zu vermischen, bevor sie als Lumpen, Erde und Dünger weiterverscherbelt werden. Dahinter, immer noch auf Beinen, nähert sich ein weibliches Genital, nackt, rasiert, aber zuckend und feucht, das sich an mich hängen will; noch weiter ein einzelnes, starres, blickloses, bald stechendes Auge ohne Hülse, aufgehängt an einem himmelblauen Wollfaden, wieder woanders ein Arsch und, entblößt, ein müder zwischen zwei kraftlosen Schenkeln baumelnder Schwanz. Der Verrat ist überall. Jedes Kind, das mich mit Blicken verfolgte, wollte mir seinen Vater oder seine Mutter andrehen, und der Vater seine fünfjährige Tochter. Das Wetter war schön. Die Welt löste sich auf. Der Himmel war sonstwo, doch herrschte hier, wo nur noch die reinen körperlichen Funktionen geblieben waren, ein unerklärlicher Frieden. Unter den Dächern aus Weißblech blieb es tagsüber grau, was sich selbst in der Nacht nicht änderte. Ein Macker ging vorüber, gekleidet nach der Mode amerikanischer Filme von 1930. Sein Gesicht war angespannt, um es zu lockern, pfiff er, wie bei Nacht in einem waldigen Park. Hier war es, das Zentrum der Prostitution, offen für die verlorensten Sidis. Hölle oder innerster Kern der Hölle, Stätte der tiefsten Verzweiflung oder Ort der Erleichterung, so wie man »stilles Örtchen« sagt, in einer Gegend der Verlorenheit hinderte dieses Bordellviertel, aus überaus unbegreiflichem Grund, den Bidonville daran, noch weiter abzusinken, sich mit dem Lehm zu vermischen, auf den man ihn gesetzt hatte, beinahe wie eine Kostbarkeit. Es verband im Stillen den Bidonville mit dem Rest der Welt, das heißt dem Palast. Darauf, daß man es ausschließlich hier trieb, achteten Luden und Kupplerinnen, Huren und Kunden, indem sie sich zu sogenannter normaler, das heißt unvollständiger Liebe verpflichteten. Bei uns kein Analverkehr, kein Blasen, dafür gleichgerichtetes Ficken, lang hingestreckt oder im Stehen, hastig, ohne Küsse, weder Lecken der Fotze, des Schwanzes, noch des Arschlochs: mutterländischer, nationaler Sex, nach Art Schweizer Bergvölker. In den Zimmern und auf den Korridoren des königlichen Palastes waren die erotischen Phantasien ausgeprägter –

und gesuchter –, wo die Spiegel, ganze Spiegelwände, jede noch so kleine Zärtlichkeit ins Unendliche vervielfältigten, bis zu jenem unendlichen Punkt, wo das Auge unter unvorhersehbaren, aber erhofften Blickwinkeln gerade noch den Ausschnitt eines beinahe letzten, da winzig gewordenen Bildes unterscheidet, um schließlich diejenige Aussicht einzukreisen, die man ersehnt: den Bidonville. Und überhaupt. Muß man hervorheben, daß die Bewohner des Palastes raffinierter waren als die des Bidonville? Und jene des Bidonville, wußten sie, daß sie im Gehirn des Palastes vorkamen, indem sie sein Vergnügen sicherten?
Verwesend fühlte sich jeder erleichtert, also beruhigt darüber, der moralischen und ästhetischen Anstrengung zu entgehen, die Bordelle sahen nichts als kriechtierhafte Geilheit auf sich zukommen, die leicht zu stillen war. Was ins Bordell geht, schleppt sich auf tausend Füßen, den Bauch im Lehm, jenes Loch zu suchen und zu finden, das zuckt und feucht wird, wo in fünf Sekunden durch fünf Stöße die Nervereien einer ganzen Woche verfliegen. Wenn der Ausländer – Araber oder nicht – bis hierher vordringen würde, sähe er im Puff das Überleben einer gut gehüteten Zivilisation, jener des vertrauten, fast frommen Umgangs mit dem Auswurf, den Europa den Dreck nennt. Es gab immer einen gestellten Wecker. In fünf Minuten hatte der Kunde sich seiner Träume entledigt. Der achtzehnjährige Bursche, der in königliche Dienste oder in die Gesellschaft der Polizeispitzel eintreten will, muß jedoch befürchten, seinen Vater beim Scheißen zu überraschen: der angehende Laufbursche zermatscht dem hingekauerten Vater mit einem Fußtritt die Fresse oder gibt vor, dieser Mann stamme aus Norwegen. Das Fehlen von Anstand erschreckt, stößt aber niemanden ab. Die Exkremente trösten, sie haben ihre Entsprechung in unserer Seele, dort

wo man sich wohlfühlt, sie halten uns davor zurück, dem Leben ein Ende zu setzen. Ein Arsch funktioniert, er versucht, seine Bestimmung zu erfüllen. Was man brauchte, an diesen Punkt zu gelangen, war den Stolz man selbst zu sein abzulegen, einen Namen zu haben, einen Vornamen, einen Stammbaum, ein Vaterland, eine Weltanschauung, eine Partei, ein Grab, die Aussicht auf einen Sarg mit zwei Daten, Geburt und Tod – Geburt und zufälligen Tod – schwierig, diese absolute Transzendenz »Zufall« zu nennen, die im Islam über Himmel und Erde befehligt. Zwischen dem Palast, dem König, dem Hof, den Rennställen, den Pferden, den Offizieren, den Dienern, den Panzern, dem Bidonville ist das System des Austausches vielfältig, selten offensichtlich, dennoch gewiß. Es erlaubt, den Entwicklungsstand des einen wie des anderen Ortes ruhig zu gestalten. Alles vollzieht sich ohne Schroffheit, folgendermaßen: Der Palast hat seine Herrlichkeit, die eine Misere ist. Die Befehle des Sonnenkönigs und der Kurtisanen sind sagenhaft. Die Brutalität der Polizei entspringt allein der Promptheit, vorschnell und zu diensteifrig zu agieren. Der Bidonville bremst, mäßigt und filtert diese naive Haudrauf-Mentalität. Sehr schön, illegitimen Kopulationen entsprungen, ziehen die Halbwüchsigen durch die Bordelle, in denen das, was dort immer geschah, die Körper und Gesichter zum Leuchten bringt. Ihrer Schönheit mischt sich dreiste Geringschätzung bei. Robust wie jene waren, bleibt der Mann, wenn schon nicht König, so doch aufrecht. Um seine Macht zu erhalten, setzt der Palast auf die Kraft, die dem Bidonville in der Nacht entsteigt.
»Ich bin die Kraft. Der Geharnischte.«
An diesem Punkt meiner Phantasie frage ich mich, wer ihr Erfinder war: ein Gott, nicht irgendeiner, derjenige, der ist, voranschreitet, der nicht wiedergebären, sondern zum

ersten Mal auf dem Mist von Eseln und Ochsen gebären wird, der, man weiß nicht wie, das ungeordnete Weltall durchqueren, dahinvegetieren, gekreuzigt sterben und die Kraft werden wird.
»Könntest du deine Mutter verkaufen?«
»Ich habe es getan. Wenn man auf vier Pfoten aus einem Arsch gekrochen ist, fällt es leicht einen Arsch zu verkaufen.«
»Und die Sonne?«
»Zur Zeit sind wir Geschwister.«
Das Elend der Dörfer führt der Hauptstadt, also dem Himmel aus verrostetem Weißblech, den Abfall zu, der nur eine Funktion erfüllt: ein paar schöne Knaben zur Welt zu bringen. Der Palast hat einen großen Verschleiß an Jugend.
»Das geschieht schließlich, um eine Ordnung aufrechtzuerhalten, sei sie schmutzig, sei sie zerfetzt von der Sonne.«
Von welcher Art Schönheit sind sie demnach, diese Jugendlichen, die aus dem Bidonville kommen? In ihren ersten Lebensjahren gibt ihnen entweder die Mutter oder die Hure ein Stück Spiegel, mit dem sie einen Sonnenstrahl einfangen und in ein Fenster des Palastes lenken, und vor diesem offenen Fenster, ausschnitthaft in dem Spiegel, entdecken sie alle Partien ihres Gesichts und ihres Körpers.

Als die Truppen der Beduinen die toten Fedajin zwischen Ajloun und der syrischen Grenze ausgruben, um sie ein zweites Mal zu töten – der übliche Satz dafür lautete »sich der hundert überschüssigen Kugeln zu entledigen«, weilte der König in Paris. Hatte er seine Massaker drei Tage lang im Stich gelassen, um das neueste Modell von Lamborghini auszuprobieren? Als Regent des Königreiches blieb sein Bruder in Amman. Zwanzig Kilometer von der Hauptstadt entfernt wurde das Lager von Baqa plötzlich und vollständig von drei Reihen Panzern eingeschlossen. Das Palaver zwischen den Frauen des Lagers und den jordanischen Offizieren dauerte zwei Tage und zwei Nächte. Die ältesten erweckten Mitleid, die anderen Verlangen, sie alle trugen das am höchsten, was die Militärs noch zu berühren vermochte: die Kinder, die Brüste, die Augen, die Falten. Die Männer des Lagers schienen diese Bewegung sakraler Prostitution zu ignorieren. Ihr den Rücken zugekehrt gingen sie schweigend, zu dritt oder zu fünft, in den schlammigen Gassen auf und ab. Sie rauchten, die Bernsteine der Gebetsketten zwischen den Finger rollend. Man stelle sich die Millionen von Kippen vor, mit goldener Filterspitze, die Turkish und American Blends, genauso schnell ausgedrückt wie angezündet. Die Emirate verteilten die Zigaretten, um die Palästinenser die Geographie des Golfes zu lehren. Die Männer lehnten die Diskussion mit den Offizieren Königs Husseins ab. Ich glaube noch immer, daß die Fedajin (alle Männer des Lagers gehörten ihnen an) einen Vertrag mit den Frauen geschlossen hatten, alten wie jungen: die einen sprachen, die anderen hüllten sich in Schweigen, die jordanische Armee mit einer tatsächlichen oder simulierten Festlegung zu beeindrukken. Heute denke ich, daß sie vorgetäuscht war, aber die Offiziere der Beduinen wußten nicht, daß sie einer Theatervorstellung beiwohnten, hinter der sich eine Rettungsaktion versteckte. Um die Jordanier daran zu hindern, ins Lager vorzudringen, mußten die Palästinenser noch einen Tag und eine Nacht durchhalten. Die Frauen schrien, die Kinder, die sie auf dem Rücken trugen oder an der Hand hielten, schrien, da sie sich bedroht glaubten, noch lauter. Wagen voller Kinder, voller Reis-, Kartoffel-, Linsensäcke

vor sich herschiebend, überschritten sie die Grenze aus Stacheldraht. Die Männer, unverändert schweigsam, rollten ihre Gebetsschnüre.
»Wir wollen nach Hause zurückkehren.«
Sie befanden sich auf der Straße, die zum Jordan führt. Die Verwirrung unter den Offizieren war gewaltig.
»Wie auf Frauen und Wagen voller Kinder schießen?«
»Wir gehen nach Hause.«
»Welches Zuhause?«
»Nach Palästina. Zu Fuß. Wir überqueren den Jordan. Die Juden sind menschlicher als die Jordanier.«
Die Tscherkessen-Offiziere waren versucht, das Feuer gegen sie und ihre Bälger zu eröffnen, die sich dazu anschickten, den vierzig Kilometer entfernten Jordan zu erreichen, um überzusetzen.
»Sire, einen Rat, schießen Sie nicht.«
Das war, scheint es, der Satz Pompidous an Hussein.
Auch wenn der französische Botschafter in Amman ziemlich dämlich war, erfuhr Pompidou durch seine Spitzel von dem Aufstand der Frauen. Ein französischer Priester, dessen Namen ich vergessen habe, da er schließlich noch lebt, fungierte als »Briefkasten« zwischen bestimmten palästinensischen Verantwortlichen und möglicherweise dem, was man gemeinhin die französische Linke, im Bund mit der Linken des Vatikan nennt, und als die jordanischen Behörden von seiner Anwesenheit im Lager Wind bekamen, erteilten sie den politischen und militärischen Führern den Befehl, ihn an die Polizei des Königreiches auszuliefern.

Die häßlichsten Bauwerke Europas, der Justizpalast von Brüssel, das Victoria-and-Albert-Monument in London, der Vaterlandsaltar in Rom, die Pariser Oper gelten als jene vier Wunder. Eine Gnade vermochte es, eines von ihnen zu erleichtern. Wenn ein Wagen entlang der Eingangshalle des Louvre, vor der Avenue de l'Opéra abfährt, erreicht er die Rückfront der Pariser Oper oder das Palais Garnier. Es wird von einer Art graugrüner Zwiebel gekrönt, und ich nehme an, daß sie es ist, die einem zuerst auffällt. Als die Frauen von Baqa das Lager unter dem Vorwand verließen, zu sich nach Hause in Palästina zu gehen, fuhr König Hussein, unterwegs, im Elysée zu frühstücken, ein paar Meter die Avenue de l'Opéra hinauf. Die graugrüne Knolle, erzählte man mir, war das Ding, und womöglich das einzige, was er sah, wo in riesigen weißen Großbuchstaben: PALÄSTINA WIRD SIEGEN geschrieben stand. Einige Tänzerinnen, Tänzer, Bühnenmaschinisten waren in der Nacht vor der Vorbeifahrt auf das Dach geklettert, wo sie ihre Botschaft gemalt hatten. Der König las sie. Kein Ort der Welt ist sicher vor dem Terrorismus, und diese Pariser Oper, die von Fantomas heimgesucht wurde, und in ihrem Keller vom Phantom der Oper, war es auf ihrem Dachboden von den Fedajin. Die Warnung in drei bündigen Worten blieb lange dort, unter Regengüssen oder Sonnenschein, trotz der Anordnungen Pompidous. Der gelacht haben dürfte.

Doch neben diesem PALÄSTINA WIRD SIEGEN hatte ich zwanzig Mal oder mehr die Gelegenheit, in der Umgebung der Oper oder anderswo, auf den grauen Wänden von Paris hastig gesprühte Graffitis, verschwiegen, fast scheu, mit der Entgegnung: *Israel wird leben* zu lesen. Dies hatte sich zwei oder drei Tage nach dem ereignet, was ich in meiner Erinnerung noch immer: Palästinenser: der letzte Ball in Baqa nenne. Die Kraft dieser Antwort – und nicht Entgegnung – war um so vieles größer, besser gesagt, auf die begrenzte Versicherung *wird siegen*, traf die beinahe ewige

Versicherung *wird leben.* Auf dem einfachen Gebiet der Rhetorik, in der Pariser Halbnacht, in Form seiner verstohlenen Graffitis, ging Israel, wie gesagt, unglaublich weit.

Man kann verstehen, daß ein Volk bereit ist, sich für sein Territorium zu töten, so wie es die Algerier vorgemacht haben, für ihre Sprache, wie es die flämischen Belgier tun, ebenso wie die Nordiren, man muß es akzeptieren, wenn die Palästinenser gegen die Emire kämpfen, für ihren Grund und Boden, für ihren Akzent. Die einundzwanzig Länder der Liga sprechen arabisch, also auch die Palästinenser, dennoch, wenn auch sehr fein und einem ungeübten Ohr kaum wahrnehmbar, existiert er. Die Aufteilung der palästinensischen Lager in Wohnviertel, die in etwa die Dörfer Palästinas wiederherstellen, behielt, indem sie diese hierher übertrug, eine maßstabgetreue Geographie bei, war jedoch kaum wichtiger als die Bewahrung eines Akzents.
Das ungefähr sagte mir Moubarak im Jahr 1971. Wenn ich einem Araber anbot, ihn mit dem Wagen hundertsechzig Kilometer in seiner Richtung mitzunehmen, verschwand er rennend, nachdem er mir bedeutet hatte, hier auf ihn zu warten. In weniger als einer Viertelstunde brachte er zwei Kilometer hinter sich und kam mit seinem einzigen Schatz zurück: einem leicht abgetragenen Hemd, eingewickelt in eine Zeitung. *Filium que*, und eine andere Religion entflammt sich. Die Betonung auf der ersten oder vorletzten Silbe eines Wortes reicht aus, daß zwei Völker es ablehnen, einander zu verstehen. Der Schatz, der uns nichtig erscheint, erweist sich als der einzige zu hütende Schatz, um den Preis, dabei sein Leben zu verlieren.
Neben dem Akzent genügte ein Buchstabe, der einem

Wort hinzugefügt worden war, und der vergessen oder verschluckt wurde, einen tragischen Ausgang heraufzubeschwören. Während des Krieges von 1982 waren die Lastwagenfahrer libanesisch oder palästinensisch. Ein bewaffneter Falangist öffnete seine Hand und fragte:
»Was ist das?«
Ein Kopfschuß oder ein Wink. Das Wort Tomate heißt in libanesischem Arabisch banadouran, auf palästinensisch bandoura. Ein Buchstabe mehr oder weniger war hier gleichbedeutend mit Leben oder mit Tod. Jedes Viertel des Lagers versuchte, das in Palästina aufgegebene Dorf nachzubilden, das sicherlich für den Bau eines Großkraftwerks zerstört worden war. Aber die Alten des Dorfes, wenn sie untereinander redeten, hatten bei der Flucht den Akzent mit sich genommen, und teilweise auch Streitigkeiten oder einen Prozeß. Nazareth war hier, einige Gassen weiter Nablus und Haifa. Genau wie am Wasserhahn aus Kupfer: rechts Hebron, links ein Viertel des alten Al Kods (Jerusalem). Und in der Umgebung des Wasserhahns, wartend, daß der Eimer sich füllt, wechselten die Frauen Grüße in ihren Dialekten, mit ihrem Akzent, ebenso wie die Verzierung der Stoffe die Herkunft ihrer Mundart verriet. Ein paar Moscheen, ihr zylindrisches Minarett, zwei oder drei Kuppeln. Man begrub, als ich dort war, die Toten in Amman noch auf der Seite liegend und ausgerichtet gen Mekka. Ich habe an zahlreichen Beerdigungen teilgenommen, und ich weiß, daß in Thiais, wie auf dem Père-Lachaise, ein Kompaß die Richtung nach Mekka anzeigt, aber das Grab, besser die Zelle, ähnelte vielmehr einem engen Abwassergraben, so daß die Helfer mitunter gezwungen waren, den Toten mit den Füßen hineinzutreten, damit er schliefe.
Sämtliche Wortspielereien und Spiele mit Sprachfärbun-

gen und Akzenten waren zu allen Zeiten und in jedem Land Gelegenheiten, aufeinander loszugehen, mitunter auf grausame Weise. Alle Diebe hatten mit Justizbeamten zu tun, die uns eins auswischten. Wenn sie im Gerichtssaal unser Strafregister vorlasen, verstanden sie es, ihre Stimme und den Klang der Wörter zu nuancieren. Triumphierend:

»Diebstahl!«

»Diebstahl!«

Ein Augenblick der Stille, und plötzlich eine besonders säuselnde Stimme, die Buchstaben einzeln betonend, um uns auf der Bank der Gewißheit unserer ewigen Schuld zu überlassen!

»D–i–e–b–s–t–ää–h–l–e–«

»Diebstäähle. Pause. Diebstäähle, punktum, das ist alles.«

Einmal mehr in der Geschichte des Aufstands bedienten sich die Frauen des Mittels der Verlockung. Forderung ohne Vorrang: jenen christlichen Priester nicht ausliefern. Forderung ohne Vorrang: das Lager retten. Die Erfahrung der Flucht, das Theater, die Verkleidung, die Änderung der Stimme, der Gesten, und die Frauen hüpften vor Vergnügen, wohingegen das der Männer darin bestand, möglichst feige auszusehen und einen Buckel zu machen. Über das Thema »Täuschen wir eine grobe Beleidigung vor, da die Beduinenmänner sich bei unseren Frauen einschleichen wollen« dachten sie sich ein Szenarium aus und spielten es durch:

Der Regent telefonierte mit Hussein. Pompidou war mit seiner berühmten Entgegnung zur Stelle. Die Nacht kam, so wie sie es immer tut. Wie es sich gehörte, wurden die fünf Banner, von rechts nach links den Vater, das Lamm, das Kreuz, die Jungfrau, das Kind repräsentierend, auf den jordanischen Panzern gehißt. Kinder kamen, angetan mit einem roten Kleid und langen, weißen Spitzenhemden, und trugen eine Art goldener Sonne. Das Ganze auf die drei Reihen Panzer zulaufend. Diese Prozession sang wahrscheinlich auf Griechisch. Jeder jordanische Soldat hatte noch in tiefster Nacht Augen und Ohren offen zu halten, um den französischen Priester lebendig oder tot zu ergreifen. Sie alle, mit weit aufgerissenen Augen, hatten ähnliche Zeremonien um die kleine griechische Kirche von Amman herum bereits erlebt. Also sahen sie nicht, wie ein älterer Bauer, in Samthosen und um den Hals ein rotes Tuch geschlungen, allein den Stacheldraht überwand. Die Frauen, die in der Nähe der Panzer mit ihren eingeschlafenen Kindern wachten, waren außerhalb des Lagers geblieben. So kam der Morgen: lächelnd, munter, scherzhaft nahmen die Frauen die jordanischen Offiziere bei der Hand und führten sie in alle Häuser des Lagers, unterzogen sich der Mühe, vor deren Augen die Streichholzschachteln, die Büchsen für feines und grobes Salz zu öffnen, schließlich wußten sie genau, daß sich kein Geistlicher darin verbarg. Acht Tage nach der Rückkehr von Hussein wurde zwischen der Armee der Beduinen (die gerade von den Frauen und Männern zum Narren gehalten worden war, welche endlich wieder ausgiebig schwatzen und lächeln konnten) und den Fedajin eine Zeremonie zur Aussöhnung veranstaltet, genau wie im Camp von Drap d'Or, oder im Westen zur Zeit des Mittelalters, wo sich die königlichen Brüder so fest umarmten, daß man gleich sehen konnte, wer von beiden den anderen erstickte, oder wenn man will, das Versöhnungsfest zwischen China und Japan, zwischen den beiden Deutschlands, Frankreich und Algerien, Marokko, Libyen, de Gaulle und Adenauer, Arafat und Hussein, und ich sehe das Ende dieser scheinheiligen Küsse nicht gekommen. Wir erwarteten das Fest, es folgte.

Hussein hatte Körbe und Kisten voller Früchte gesandt, Arafat Stiegen von Flaschen aus der Golfregion: Kokosmilch, Mangosaft, Aprikose, ich weiß nicht was noch, auf jenen Erdwall geschleppt, auf dem die Frauen und heulenden Kinder gewacht hatten. Trug sich das alles so zu, wie ich es berichte?

Ein paar Monate zuvor waren einige wenige Soldaten und noch seltener Offiziere aus der Armee der Beduinen desertiert. Ich habe mehrere von ihnen getroffen, darunter einen jungen, auffallend blonden Leutnant mit blauen Augen. Als ich ihn frage, woher er seine Blondheit und den Himmel im Blick bekommen hätte, antwortet er mir, sie rühre von den Weizenfeldern in Beauce und das Blau vom Volk der Franken her, die den ersten Kreuzzug führten, »denn ich stamme, wie die anderen auch, von fränkischen Kreuzrittern ab«. Als Araber, durfte er da blond sein? Ich sage in lautem Tonfall:

»Woher kommt deine Blondheit?«

»Meine Mutter. Jugoslawin.« – in einem Französisch ohne Akzent.

Die Hussein gegenüber »loyal« gebliebenen Offiziere hatten offenbar beide Augen zugedrückt, den gesuchten Priester nicht das Lager verlassen zu sehen. Der Pater in seiner grünlichen Jacke, seinem Strickschal aus roter Wolle, einer Schirmmütze der Waffen- und Fahrradmanufaktur von Saint-Étienne (Loire) entkam seelenruhig. Diese Nacht nutzend, fuhren die palästinensischen Männer den Pater nach Syrien, von wo aus er in ein Flugzeug nach Vietnam stieg.

Um so nah wie möglich dabei zu sein, war ich schon am frühen Morgen mit einem ägyptischen Freund angereist. Auf den mit weißen Tischtüchern bedeckten Holztischen sah ich als erstes die Berge von Orangen und die Flaschen mit

Fruchtsäften. Die Menge war noch eher als ich aufgestanden: ein Bataillon Wüsten-Beduinen – mit über der Brust gekreuzten doppelten Patronengurten; zwei Gruppen Fedajin, ohne Waffen, internationale Fotografen, Journalisten, Filmleute aus arabischen, beziehungsweise muslimischen Ländern. Der Tanz der Beduinen ist keusch insofern, als er von Männern getanzt wird, die sich die meiste Zeit mit den Ellenbogen untergehakt oder an den Zeigefingern halten. Er ist erotisch insofern, als er ausschließlich von Männern getanzt wird, und er ist es deshalb, weil er vor den Damen stattfindet. Wer also, welches Geschlecht ist entflammt und ersehnt die Begegnung, die sich niemals ergeben wird? Kann man sich ein Fest ohne Trunkenheit vorstellen? Wenn der Sinn eines Festes nicht darin liegt, die Trunkenheit herauszufordern, müßte man bereits betrunken auf ihm erscheinen. Gäbe es ein Fest ohne gebrochenes Verbot? Jenes von *L'Humanité* in La Courneuve? Da fermentierte Getränke dem Koran als Sünde gelten, wurde der Rausch an jenem Morgen aus dem Gesang, den Beleidigungen und aus dem Tanz geboren, oder, wenn man so will, wurden die Beleidigungen zu Gesängen und Tänzen. Ich befand mich unterhalb der Erdaufschüttung, die ich aus der Froschperspektive sah. Die Tänzer waren dicht neben mir. Vor den Augen der noch unbewegten, sogar recht steifen Fedajin in Zivil begannen die Soldaten der Beduinen zu tanzen, ohne andere Begleitung als ihre Schreie, ihre Rufe, das Hämmern der nackten Füße auf dem Beton. Sie hatten tatsächlich, um sich beim Tanzen wohl zu fühlen, die Schuhe ausgezogen, jedoch den unteren Teil der Wickelgamaschen anbehalten. In diesem Augenblick wußte ich, daß die Beduinen entschieden hatten, sich des Tanzes auf die gleiche Weise zu bedienen, wie die Palästinenser sich acht Tage zuvor ihrer Frauen bedient hatten, so deutlich schien mir der Tanz eine Offenlegung, fast ein Eingeständnis jener Weiblichkeit zu sein, die sich kaum mit den kräftigen Oberkörpern vertrug, auf denen sich die Patronengurte ineinanderschlangen, derart vollgestopft, daß wenn nur eine einzige explodiert wäre, sie das ganze Bataillon der Beduinen in die Luft gejagt hätte, und in dieser fraglos bejahten, vielleicht erwünschten Auslöschung lag auch der Kern ihrer Virilität, wenn nicht ihrer Tapferkeit.

Hier nun wie sie tanzten: zuerst in einer einzigen Reihe, um sich dann zu teilen. In zehn, zwölf oder vierzehn Soldaten, die sich wie bretonische Hochzeitspaare an den Armen hielten; dann kam eine weitere Zwölfer-Reihe hinzu, wieder die Arme untergehakt, bekleidet mit ihren bis zu den Waden, den Gamaschen zugeknöpften Röcken. Unerläßlich: Turban und Schnurrbärte, aber darunter nicht eine Zahnreihe; sich heute siegreich wissend, lächelten die beduinischen Soldaten nicht. Die Obersten schon. Ihre Soldaten waren zu schüchtern, und zweifelsohne wußten sie zu gut, daß ein Lächeln jegliche Wut von sich aus verflüchtigt. In einem Zweivierteltakt, schwerfällig, ein bißchen wie aus der Auvergne, rissen die Beduinen die Knie in die Höhe und schrien:

»*Ya ya El malik!*« (Es lebe der König!)

Ihnen gegenüber, doch weit genug entfernt, ahmten die Palästinenser den Tanz der Beduinen auf ungeschickte Weise nach, und lachend antworteten sie mit:

»Abou Amar!« (Yasser Arafat!)

Der Rhythmus war also derselbe, denn *Ya ya El malik* spricht man »*Yayal malik*« aus. Vier Silben skandierten die Jordanier, vier die Palästinenser, im selben Rhythmus und fast gleicher Schrittfolge, weil es sich bei ihm um einen Überrest von Tanz handelte, um ein Rudiment von Tanz, den verlängerten Widerschein von ein paar Schritten eines vergessenen Tanzes, aufgrund der Erlässe aller möglichen Büros, der schlecht sitzenden Krawatten, längst ohne die düstere Feierlichkeit der Beduinen, die fast bedrohlich herannahten, unerwartet, und ihren Komplizen, die Wüste, mit sich führten und von ihr umgeben waren, sie zu beschützen. Mehr als eine Huldigung des Königs war ihr »Yaya« eine gegen die Palästinenser gerotzte Beleidigung, die immer verlegener wurden ob ihres Ungeschicks – ihrer Minderwertigkeit – innerhalb der Darbietung. Die Beduinen tanzten mit der Wüste um sie her und mit der grauen Vorzeit. Und ich frage mich noch heute, ob der Tanz jener mit Pulver und Kugeln gespickten Beduinen, von Sekunde zu Sekunde kraftvoller werdend, von Härte zu Härte, nicht eines Tages die Macht haben würde, eben das zu zerbrechen, was er zu verteidigen vorgibt: die haschemitische Monarchie; und jenseits von ihr Amerika, zur Eroberung des Himmels aufzubrechen und dabei den Fedajin zu begegnen, die ein- und dieselbe Sprache mit ihnen teilen. Vielleicht sind gesprochene Sprachen nichts weiter als die zügig erlernbare Technik, Ideen mitzuteilen, aber muß man durch Sprache nicht etwas ganz anderes vernehmen, die Erinnerungen aus der Kindheit, die Wörter, vor allem die fast vollständig bereits in den ersten Lebensjahren erfaßte Syntax, früher als das Vokabular mit Kieselsteinen, Stroh, dem Namen von Kräutern, Wasserläufen, Kaulquappen, den Elritzen, dem Namen und dem Wechsel der Jahreszeiten, der Bezeichnung für Krankheiten – eine Frau »die an der Brust dahinschwindet« – neben denen alle Wörter: Tuberkulose oder galoppierende Phtisis trivial wurden –, sowohl die Schreie als auch die Klagen, die man in der Liebe erfindet, rühren aus der Kindheit her, samt unseres Erstaunens, unserer aufblitzenden Erkenntnisse ...

»Du bist rot wie ein Krebs!«
Welche Bestürzung! Der Krebs ist grau, fast schwarz. Das Tier bewegt sich rückwärts, wir haben es im Wasser eines Baches gesehen. Grau, doch mußte man abwarten und sehen, wie der Krebs, den man aß, in kochendes Wasser geworfen wurde, welches ihn tötete und rot färbte. Beduinen und Fedajin sprachen nicht dieselbe Sprache. Für die einen wie für die anderen mußte der »rote Krebs« sibyllinisch bleiben. Schlechter und schlechter tanzend würden die Palästinenser zusammenbrechen. Ein kurzer Pfiff: der Militärchef des Lagers hatte verstanden, mittels einer Armbewegung eröffnete er die Tafel mit den Früchten. Gerettet! Hier meint das Wort »das Gesicht gewahrt« zu haben, und, mörderischen Durst vortäuschend, stürzten sich die schweißüberströmten Tänzer auf die Flaschen und die Orangen. Beduinen und Palästinenser wechselten zu keinem Zeitpunkt auch nur ein Wort miteinander.
Obgleich künstlich geschürt, kann der Haß unter den Clans abgrundtief sein. Weitere Zahlen: die Armee der Beduinen umfaßte insgesamt 75 000 Soldaten, die in etwa 75 000 Familien entstammten, was 750 000 Personen ergab. Das war die offizielle Ziffer für die »rein« jordanische Bevölkerung. Die Beduinen, auf gewisse Weise jene Fragen beantwortend, die ich mir zwei oder drei Tage früher gestellt hatte, waren siegreich infolge des Tanzes gewesen.
Isoliert durch dieses archaisch-männliche Verhalten, überließen die Palästinenser die Beduinen ihren obskuren Privilegien, ohne Israel damit zu beeindrucken, während jedes Leben, einziger Reichtum der einen wie der anderen, doch in seiner einmaligen Herrlichkeit gelebt wurde und wird.
Die Zahlen, die ich gerade angab, datieren aus dem Jahr 1970.

Die Sonne, in Richtung Ajloun, noch kaum aufgegangen, nach wie vor in den Wäldern:
»Du mußt sie sehen. Komm mit uns, wir werden für dich übersetzen.«
Um sechs Uhr morgens war ich einigermaßen wütend über die dreizehn oder vierzehn Jungen, die mich weckten.
»Trink, wir haben dir Tee gekocht.«
Sie schlugen meine Decken zurück und zogen mich aus dem Zelt. Wenn ich ihnen zwei Kilometer auf einem Weg folgte, der zwischen Haselnußsträuchern hinaufführte, würde ich das Gehöft und die Bäuerin sehen. Die Hügel in der Nähe von Ajloun, im Süden Jordaniens, gleichen denen des Morvan. Gelegentlich ein Stengel Fingerhut, ein Geißblatt, auf den Weiden aber weniger Traktoren und nicht eine Kuh.
Die Umgebung der Gebäude erschien gepflegt, das war, was mir als erstes auffiel. In dem kleinen vorgelagerten Gemüsegarten wuchsen Petersilie, Zucchini, Eschalotten, Rhabarber, schwarze Bohnen und eine kletternde Weinrebe, so daß jede Traube weißer Beeren sich bereits den Strahlen der Morgensonne entgegenreckte. Auf der Schwelle zur Tür stehend, die in der Art eines romanischen Bogens gewölbt war, betrachtete die Bäuerin jene Horde von Kindern, die einen Alten mit sich zog. Ihren Falten und den Strähnen grauen Haares nach, die unter ihrem schwarzen Kopftuch hervorquollen, schätzte ich sie auf ungefähr sechzig. Weiter unten werde ich schreiben, daß die Mutter von Hamza 1970 ungefähr fünfzig Jahre alt war, als ich sie 1984 wiedersah, war ihr Gesicht das einer Achtzigjährigen. Ich lehne die Umschreibung »erschien« achtzigjährig ab, weil ich aufgrund von Salben, von Cremes, Massagen, Chemikalien und Produkten gegen Falten, Hornhaut und Zellulitis die Rasanz des Altersverfalls vergessen

hatte, also die Geschwindigkeit, mit der es auf den Tod zusteuert, auf das Vergessen; vergessen, wie sich in Europa das Gesicht einer Bäuerin, verbrannt von Sonne und Frost, der Müdigkeit, der Not, der Hoffnungslosigkeit auflöst, und doch, im Moment des Sich-Aufgebens, welche kindliche Durchtriebenheit, so unverhofft, wie die letzte Süßigkeit.

Sie gab mir die Hand und begrüßte mich ohne ein Lächeln, allerdings führte sie ihren Finger, der meine Hand berührt hatte, an ihre Lippen. Ich antwortete ihr mit demselben Gruß, den sie jedem Fedajin von neuem entbot, höflich, aber reserviert, fast schon die Parole. Eine Jordanierin, weder stolz noch verschämt darüber, es zu sein, dennoch bekräftigend, daß sie es war. Allein im Haus, war es verboten, das Wohnzimmer zu betreten. Im übrigen ...

»Es ist nicht einmal groß genug für fünf Personen, also bei fünfzehn ...«

Sie sprach unbefangen. Später sagte man mir, daß ihr Arabisch so gewählt war wie das von Professoren. Barfuß auf dem Stroh. Selten las sie eine Zeitung. Der einzige Winkel des Gehöfts, der leer geblieben war und groß genug, uns alle aufzunehmen, war der ans Haus grenzende und vollkommen kreisrunde Schafstall.

»Wo ist die Herde?«

»Einer meiner Söhne hat sie nach draußen gebracht. Mein Mann führt das Maultier bis auf die Bergspitze.«

Der jordanische Bauer, den ich automatisch jeden Morgen gegrüßt hatte, war demnach ihr Ehemann. Er verlieh das Maultier an die Fedajin, die jeden Tag mehrere Fässer auf einen Felsen zu denjenigen Soldaten hinaufschleppten, die die ruhigen Dörfer überwachten. Aber alles war still. Die jordanischen Bauern zeigten sich nicht. Von Zeit zu Zeit sah ich durch einen Feldstecher eine Bäuerin in schwar-

zem Kopftuch, die ihren Hühnern Körner vorwarf oder eine Ziege molk und dann wieder ins Haus trat und ihre Tür schloß. Die Männer mußten dahinter lauern, bewaffnet mit einem Gewehr, die Feuerlinie verschob sich je nach Angriffsziel, das heißt in Richtung der Stützpunkte oder der palästinensischen Patrouillen.
Am Vortag des Morgens, an dem wir zu dem Gehöft aufgebrochen waren, hatten zwei Fedajin lächelnd den Hof eines Hauses betreten, in dem eine Hochzeit gefeiert wurde, der Brauch verlangte es, daß der Gastgeber den Besuchern zu essen und zu trinken anbietet, selbst zufällig Vorüberkommenden. Jeder lächelte jedem zu, außer den Palästinensern, vor denen das Lächeln erstarb; gekränkt verabschiedeten sie sich. Die Bäuerin bot allen Kaffee an. Um ihn zuzubereiten, ging sie in ihr Wohnzimmer, vielleicht das einzige Zimmer des Hauses. Der Schafstall hatte die Form eines Kreises, dessen Boden mit Stroh bedeckt war. Entlang der Innenwand zog sich ein gemauerter Sims, der als steinerne Sitzbank diente. Wir ließen uns nieder; die Jungen alberten herum, die Bäuerin brachte ein Tablett mit einer Kaffeekanne und fünfzehn leeren, ineinander gestapelten Gläsern. Man half ihr.
»Wir sind aber sechzehn.«
Ich glaubte mich verhört zu haben. Eine einzelne Frau würde sich niemals zu uns setzen, aber wir alle wollten, daß sie die sechzehnte sei. Ohne eine Miene zu verziehen, wenn auch ohne sich zu zieren, lehnte sie ab. Einen Augenblick lang hätte sie sich gern auf die etwas höher gelegene Schwelle des Stalles gesetzt. Nicht ein Haar kam unter dem Kopftuch zum Vorschein, sie hatte demnach ihr Äußeres vor einem Spiegel korrigiert, während der Kaffee durchlief. Ich saß ihr gegenüber, ihre Silhouette zeichnete sich gegen das Tageslicht ab. Mir fielen ihre großen Füße auf, nackt,

jedoch aus Bronze, ragten sie unter ihrem weiten schwarzen Rock voller winziger Falten hervor: der Wagenlenker von Delphi war gekommen, sich im Schafstall niederzulassen. Befragt, antwortete sie oder besser sprach sie mit einer sehr hellen, klangvollen Stimme. Ein Kämpfer, der Französisch beherrschte, übersetzte mir eine arabische Sprache, die, so sagte er mir leise, die schönste sei, die er je vernommen habe.

»Mein Mann und ich, wir sind uns vollkommen einig darüber, daß die beiden Hälften unseres Volkes lediglich ein Land besitzen, dieses hier. Wir waren eins, als die Türken das Reich begründeten. Wir waren eins, ehe Franzosen und Engländer uns mit ihren Maßstäben einer Geometrie unterzogen, die wir nicht verstehen. Unter britischem Mandat behielten wir Palästina, das man jetzt Israel nennt, man gab uns einen Emir aus Hedjaz, dessen Urenkel Hussein ist. Ihr seid mit einem Christen zu mir gekommen, sagt ihm, daß ich ihn in Freundschaft begrüße. Sagt ihm, daß ihr unsere Brüder seid und es uns schmerzt, wenn ihr in Zeltlagern wohnt und wir in Häusern. Was den betrifft, der sich König nennt, so brauchen wir weder ihn noch seine Familie. Anstatt ihn in seinem Palast zu pflegen, läßt er seinen Vater in einer Irrenanstalt sterben.«

Im allgemeinen ist der Patriotismus die verschärfte Bestätigung eines angenommenen Herrschaftsanspruchs sowie einer Vormachtstellung. Beim Wiederlesen meiner Notizen hier glaube ich, daß die Worte jener Bäuerin mich auf eine Art überzeugt oder weit eher ergriffen haben, wie das Gebet in den unergründlichen Tiefen einer Kirche. Ich hörte vielmehr einen Gesang, der vom Atem eines Volkes kündete. Wenn man über die Palästinenser nachsinnt, behält man immerfort in Gedanken, daß sie nichts besitzen: Paß, Nation, Territorium, und wenn sie all das singen, sich

all das eratmen, so nur, weil sie es lediglich als Gespenst sehen können. Ohne Gefasel oder Gerede, die jordanische Bäuerin sang. Was daran so stark war, so musikalisch, entsprang auf gar keinen Fall einer Psalmodie, einer öffentlich abgegebenen Erklärung, jedoch einer nahezu trocken mitgeteilten Voraussetzung, die Stimme blieb im recto tono einer Gewißheit.
»Hussein ist Muslim so wie du Muslimin«, rief ein Junge, halb Provokateur, halb Kasper.
»So wie ich liebt er womöglich den Duft der Reseda: die Ähnlichkeit liegt ganz allein darin.«
Sie sprach in diesem ruhigen Ton, ohne jede Scheu, niedergelassen auf der Schwelle, ungefähr eine Stunde lang. Dann erhob sie sich, ordnete ihr Kleid, uns so verstehen lassend, daß ihre Arbeit auf dem Hof wartete.
Ich ging auf sie zu und lobte ihren Garten.
»Wir sind ursprünglich aus dem Süden. Mein Vater war Beduinen-Soldat. Man überließ ihm das Gehöft ein paar Wochen vor seinem Tod.«
In ihrer Stimme zeigte die Bäuerin niemals Hochmut, Unterwürfigkeit oder Zorn, sie beantwortete jede unserer Fragen und unserer Beobachtungen mit Geduld und Höflichkeit.
»Wissen Sie, wer uns gelehrt hat, den Boden zu bearbeiten? Die Palästinenser, im Jahr 1949. Sie lehrten uns die Erde umzugraben, unsere Samenkörner auszuwählen, die Zeiten zu gießen ...«
»Mir ist Ihr Weinstock aufgefallen, der sehr schön ist, aber auf dem Boden kriecht.«
Zum ersten Mal lächelt sie, dafür ungeheuer strahlend.
»Ich weiß, in Algerien und in Frankreich werden die Weinstöcke auf eine Weise abgestützt, daß sie klettern wie die Bohnen. Sie keltern Wein. Für uns ist das eine Sünde. Wir

essen die Beeren. Wenn man die Trauben unter der Sonne, direkt auf der Erde reifen läßt, haben sie den besten Geschmack.«
Die Fingerspitzen eines jeden von uns berührend, so wie wir die ihren, sah sie uns nach, als wir gingen.

Es ist nicht ausgeschlossen, daß jeder Palästinenser die Erde Palästinas insgeheim dafür anklagte, sich auf allzu leichte Weise ergeben, dem starken und listigen Feind unterworfen zu haben.
»Hätte sie sich nicht überschlagen müssen, nicht revoltieren? Vulkane müßten donnern, geifern, Blitze schleudern, Feuer speien ...«
»Blitze schleudern? Der Himmel ist mit den Juden, habt ihr das immer noch nicht verstanden?«
»Aber sich einfach so hinzulegen! Wo sind die berühmten seismischen Stöße ...«
Sogar diese nicht nur verbale Wut, entstanden aus dem Schmerz, mischte sich in die Entschlossenheit zu kämpfen.
»Der Westen schreibt sich das Verdienst zu, Israel zu verteidigen ...«
»Auf die Anmaßung der Starken folgt die Gewalt der Schwachen ...«
»Sogar blindlings?«
»Sogar blindlings. Am Ende blind und hellseherisch.«
»Was willst du damit sagen?«
»Nichts. Ich rege mich auf.«

Keiner der Fedajin hat je sein Gewehr abgelegt, entweder daß es auf der Schulter blieb, samt Gurt und Riemen, oder daß der Fedajin es waagerecht auf seinen Knien hielt, senkrecht zwischen ihnen, ohne zu ahnen, daß diese Haltung eine erotische oder tödliche Bedrohung darstellte, oder beides. Außer während des Schlafs habe ich auf keinem Stützpunkt einen Fedajin gesehen, der sich von seinem Gewehr getrennt hätte. Während er kochte, seine Decken aufschüttelte, seine Briefe las, war die Waffe fast lebendiger als der Soldat. So daß ich mich frage, ob die Bäuerin, wenn sie Kinder ohne Waffen auf sich zukommen sieht, nicht in ihr Haus laufen müßte, beschämt vom Anblick splitternackter Erwachsener. Für sie war es demnach keine Überraschung: die Soldaten umschwärmten sie.

Nachdem wir von ihr aufgebrochen waren und die Fedajin an der Wegbiegung den kleinen Haselnußhain erblickt hatten, sprangen sie davon und ließen mich allein auf dem Pfad zurück. Sie verschwanden im Unterholz, und jeder versuchte von den anderen unbemerkt abzutauchen, genauso friedlich wie Kinder auf dem Topf, obgleich sie für mich, der ich sie an den Zipfeln ihrer weißen Hemden unterschied, alle ein wenig sichtbar blieben, saßen sie hingehockt, sie schissen. Ich nehme an, daß sie sich den Hintern mit abgepflückten Blättern tiefer hängender Äste abwischten, darauf kehrten sie in die Marschordnung zurück, ordentlich geknöpft, unverändert bewaffnet, stets einen improvisierten Marsch auf den Lippen ging es weiter. Bei der Rückkehr bereitete man Tee zu.

Wenn ich an sie zurückdachte, erschien mir die Bäuerin bald als eine Frau voller Kühnheit und Intelligenz, dann wieder konnte ich es nicht verhindern, in ihr ein Beispiel vollkommener Verstellungskunst zu sehen. In heimlicher Übereinstimmung mit der gesamten Bevölkerung von Ajloun täuschten sie und ihr Mann das nur vor, er, bis zur Unterwürfigkeit ein Freund der Palästinenser zu sein, sie, mit mehr Raffinesse, argumentierte und legte dabei eine Art politischer Schläue an den Tag. Waren sie ein Paar von Kollaborateuren, in dem Sinn, den die Franzosen den anderen, den Deutschen nahestehenden Franzosen verliehen haben, oder ein Paar, damit beauftragt, Sympathie zu heucheln, um die jordanischen Truppen besser zu informieren? Für diesen Fall übermittelten sie womöglich die ausschlaggebenden Details über die Fedajin, welche die Massaker des Juni 1971 möglich machten. Weil ich mich immer noch frage, weshalb diese Bäuerin so ausdrücklich gegen Hussein war? War eine Linie ihrer Vorfahren palästinensisch? Hatte sie eine Rechnung zu begleichen? Erinnerte sie sich, irgendwann von Palästinensern gerettet worden zu sein? Ich frage mich das noch immer.

Zahllose Täuschungsmanöver, Fehlerquellen, Vorspiegelungen falscher Tatsachen waren von den Journalisten aufgedeckt worden, egal, ob sie sympathisierten oder geblendet waren von dem Glanz, den jede Revolte ausstrahlt, und deren Naivität sie eigentlich hätte warnen müssen; doch erinnere ich mich nicht eines einzigen Presseartikels, der auf die stillschweigende Abmachung, die Kindereien dieser ganzen Vortäuschung skeptisch reagiert hätte. Die Zeitung, die sie so weit ausschickte, verlangte vielleicht, schließlich investierte sie echtes Geld, daß die Ereignisse tragisch seien, um den Aufwand an Fotografen, Kameramännern, Reportern zu rechtfertigen. Die berühmte, den Flics von Paris zugeschriebene Formel: »Gehen Sie weiter, es gibt nichts zu sehen« konnte hierfür nicht als Erklärung herhalten: da die Journalisten schon kilometerweit vor den Eingängen zu den Stützpunkten gestoppt wurden – Stop Streng geheim Sperrgebiet – , wurden die Basen zu jenem verbotenen Ort, den kein Mensch betritt, womög-

lich errieten sie alle, ohne zu wagen es auszusprechen, *daß es nichts zu sehen gab*. Und dieses Buch, das ich schreibe, aufgestiegen aus meiner Erinnerung an wunderbare Augenblicke, ist es, aber sollte ich das sagen? die Anhäufung dieser Momente, um jenes große Mysterium zu verschleiern: »*es gab weder etwas zu sehen noch zu hören*«. Ist es demnach eine Art überhöhter Barrikade, diese Leere zu verbergen, die Ansammlung einiger wahrer Einzelheiten, den übrigen durch Ansteckung Glaubwürdigkeit zu verleihen? Ohne daß ich selbst ein Argument gegen diese gewöhnliche Praxis finden konnte, ein militärisches Geheimnis zu wahren, verspürte ich ein Unbehagen: die PLO wandte die verschleiernden und zynischen Methoden bereits bestehender Staaten an.
In der Tat sah ich nichts, hörte ich nichts, was nicht berichtet werden könnte, aber war das nicht meiner ungeheuren Naivität geschuldet, meinen Abwesenheiten – zum Beispiel jener, die mich zwang, mit größtem Erstaunen auf einem Stützpunkt die Bahnen, die unterschiedlichen Abschnitte einer Kolonie vorbeiziehender Seidenraupen zu beobachten, die selber kaum Kenntnis darüber besaß, daß neben ihr die Fedajin mehr und mehr unter Hunger und Kälte litten? Abou Omar, sah er in mir einen Komplizen von oberflächlichem Geist oder den Alten, der es an Scharfblick mangeln ließ und der, was an Schrecklichem auch immer geschah, es erzählen und nicht verstehen würde, ihm die gleiche Bedeutung zumessend wie den Wegen der Raupen?

Der Fedajin, der mir das Arabisch der Bäuerin so gut übersetzt hatte, durchbrach ziemlich überraschend die Fremdheit, die sich fast gegen unseren Willen zwischen uns aufgebaut hatte. Ich wurde zum Diner anläßlich des Geburts-

tages eines ehemaligen türkischen Offiziers eingeladen, seines Vaters.
Erhalten in der staubigen Dürftigkeit eines großen beduinischen Marktfleckens, bis in die gegenwärtige Zeit, auf jeden Fall um 1970, lag Amman, wie so viele andere arabische Hauptstädte, in Fetzen. Nach zahlreichen Tornados über Beirut neigt es inzwischen zu Schlaganfällen. Mit zunächst gesenkter Stimme hatte der Bach zurückgehalten, daß alle arabischen Nationen den Palästinensern mißtrauten, niemand kümmerte sich darum, einem Volk wirksam zu helfen, das derart gequält wurde: durch den israelischen Feind, durch gegensätzliche revolutionäre und politische Ansichten und die inneren Zerrissenheiten jedes einzelnen Beteiligten. Das Volk ohne Boden, glaubte man, bedrohte alle Länder.
Der »Libanon, kleine Schweiz des mittleren Ostens« ging verloren, als Beirut unter Bomben verschwand. Endlos wiedergekäut von Zeitungen und Radio bleibt »Bombenteppich« als Ausdruck zutreffend: Teppiche von Bomben, über ihr entrollt, zerquetschten Beirut; je mehr die Stadt in sich zusammensackte, die Häuser in zwei Teile zerbrachen als hätten sie eine Kolik, um so mehr legte Amman an Muskeln, an Bauch zu, bis hin zur Verfettung. Je weiter man in die Altstadt hinabsteigt, häufen sich die Wechselstuben Wand an Wand, Tür an Tür, Nase an Nase in direkter Verbindung nach London, der City. Sobald die Sonne zu sehr sticht, schließen die schnurrbärtigen und lachlustigen Wechsler ihre Eisengitter. Sie steigen in kurzärmeligem Hemd und triefend vor Schweiß in ihre vollklimatisierten Mercedes. Zur Mittagsruhe fahren sie in ihre Villa in Jebel Amman. Fast alle sind Palästinenser und ihre Frauen – in der Mehrzahl – sind fett. Sie blättern in *Vogue*, *Häuser und Gärten*, essen Schokolade, hören sich *Die vier*

Jahreszeiten auf Kassette an. Vivaldi war sehr in Mode, als ich im Juli 1984 ankam; bei meiner Abreise Mahler. Die ewig währenden Ruinen haben dieses Wunder vollbracht: aus dem, was sie zernagt, beziehen sie Glanz und Fortdauer. Eine kaputte Säule reparieren, ein angeschlagenes Kapitell, und schon ist die Ruine schnöde Wiederherstellung. In seinem Staub und seinem Dreck, Dank seiner römischen Ruinen, hatte Amman Schmiß. Ich durchquerte also, nahe bei Achrafieh, einen ausgedehnten Obstgarten. Der Fedajin-Dolmetscher erwartete mich. Ich beschreibe: dieses Haus, vergleichbar ungefähr dem der Nashashibi, hatte kein Stockwerk. Der große Salon lag mit dem Aprikosengarten auf einer Höhe. Der Vater von Omar rauchte, in einem Sessel sitzend, eine Wasserpfeife. Der Teppich in dem Wohnzimmer war so breit, so dick, so groß, seine Zeichnungen so schön, daß ich versucht war, meine Halbschuhe auszuziehen.

»Man würde meine ungewaschenen Füße riechen, meine Briefträgerfüße, die schon etliche Kilometer zu Fuß hinter sich haben ...«

Auf dem Teppich stand bereits ein kleiner runder Tisch, beladen mit Honigkuchen.

»Heißhungrig, man muß heißhungrig auf orientalisches Gebäck sein.«

Der Vater von Omar war groß, hager, offenbar streng. Sein Haar und sein Schnurrbart, sehr kurz geschnitten, weiß.

»Ja, orientalisch, hüten Sie sich vor meinem Sohn, der beschlossen hat, sie nicht zu mögen, da ihre Zusammensetzung und Herstellung in keinerlei Hinsicht anzeigt, daß sie marxistisch-leninistisch-wissenschaftlich sind. Monsieur, machen Sie es sich bequem.«

Als ich die Kissen erreichte, das heißt am Ende des Teppichs, streckte ich mich der Länge nach hin und stützte

mich auf die Ellenbogen. Omar, sein Vater und Mahmoud, ein zweiter Fedajin, hatten sich alle drei in Strümpfen hingehockt, die drei Paar Halbschuhe lagen auf den Marmorfliesen neben dem Teppich. Unbekümmert lache ich los, als ich die aufsteigenden Luftblasen in der Glaskugel der Wasserpfeife sehe.
»Das erstaunt und belustigt Sie«, wendet sich der ehemalige türkische Offizier an mich.
»Ich habe die komische Vorstellung, meinen Bauch vor mir zu sehen, nachdem ich gerade ein Viertel Perrier getrunken habe.«
Omar und Mahmoud huschte ein winziges Lächeln über die Mundwinkel. Wirklich sehr flüchtig, fast unsichtbar.
»Der Hintergrund Ihres Gedankens ist möglicherweise dieser: Ihr Bauch, direkt vor Ihnen, und mein Mund entfesselt den Sturm in ihm.«
Die Überlegung traf tatsächlich den Hintergrund, wenn auch nicht meiner Gedanken, so doch einer Stimmung, unmöglich in Worte zu fassen auf diesem Teppich, unter dem Lüster aus Murano, vor dem Offizier. Ich erfuhr, daß er achtzig Jahre alt war.

Die Limits der eingehaltenen Normen in den Unterhaltungen sind überaus beweglich, so wie die geographischen Grenzen der Staaten, und genau wie bei diesen bedarf es eines Krieges, seiner überlebenden Helden, seiner Verwundeten, seiner Toten, um sie zu verschieben. Wenn sie sich bewegen, dann um neue Schranken festzulegen, die zugleich Fallen sind. So weiß ich noch immer nur sehr wenig über die Vereinigung der Moslembrüder.
»Vergangenes Jahr in Kairo bat mich ein Schriftsteller, einen seiner Artikel auf Französisch durchzusehen. Er war etwa vierzig Seiten lang. Ich habe ihn gelesen und bereits

auf der zweiten Seite verschlug es mir den Atem. Derart viele haßerfüllte Äußerungen wurden in dem gesamten Artikel beschworen ... Sachen wie diese hier: ›*man muß sich gegen alles, was nicht muslimisch ist, rüsten ... Im gegenwärtigen Augenblick sind es die Streiks. Nichts ist Gott wohlgefälliger – entsetzlich für die Menschen, doch Wonne für Gott – als der Geruch, der am Ende des zehnten Tages dem Mund des hungerstreikenden Bruders entströmt, und auch dem Mund des Ungläubigen, der unter Hunger leidet.*‹«

Der marokkanische Jurist ließ, als er mich darauf hinwies, auf seinem Gesicht einen solchen Ausdruck von Abscheu spielen, daß ich eine noch übertriebenere Farce zu sehen glaubte als bei dem Wortschwall des Kairoers. Er hatte es abgelehnt, diese auf französisch verfaßte Prosa zu korrigieren. Da jeder Moslembruder wußte, daß er mit einem Franzosen sprach, achtete er darauf, innerhalb der gewöhnlichen Limits einer Unterhaltung zu bleiben. Ich hatte also niemals Zugang zum Giftschrank der Moslembrüder, so wie man früher Zutritt zum Giftschrank der Nationalbibliothek erhielt. Der türkische Offizier schien Anstößigkeiten nicht zu fürchten. Hier wieder, wie ich es später bei Abou Omar und Moubarak getan habe, muß mir eine Passage gefälschter Wahrscheinlichkeit glücken, indem ich, jene Leere füllend, den Diskurs von Herrn Mustapha wiedergebe, andernfalls würde ich nichts als einen Entwurf von Ruinen vorweisen – und von Nacht – der unverständlich bliebe. Ich halte mich getreu an den Inhalt. Für den Fall, daß einige Personen noch leben, habe ich ihre Namen, ihre Vornamen und die Initialen der Namen geändert.

»In Konstantinopel habe ich begonnen, Ihre Sprache zu sprechen. Ich hoffe, kein Stümper geblieben zu sein. Tatsächlich wurde ich in Naplousé geboren, und unser Name lautet Naboulsi. Wir gehören zu dieser vornehmen Familie, und ich bin seit heute morgen acht Uhr und acht Minuten achtzig Jahre alt. Im Jahr 1912 war ich ein Offizier des osmanischen Heeres und studierte in Berlin unter Wilhelm II. Zu Beginn des Krieges, im Jahre 1915, als Sie, wie ich vermute, ein französisches Kind, jedoch bereits mein Feind waren (er lächelte mit der Freundlichkeit einer Heiligen oder eines Säuglings), standen wir – nein, Verzeihung, dieses Wort verbindet Sie keinesfalls mit mir, es schließt Sie aus, an dieser Stelle bedeutete das Wir die Deutschen und die Türken – wir standen unter dem Befehl Kaiser Wilhelms des II., seines Zeichens Oberstleutnant. Wir hatten noch nicht Ihren Marschall Franchet d'Esperey vor der Nase. Er sollte freilich kommen. Ich brilliere auf Türkisch, meiner ersten Sprache; auf Arabisch; was mein Französisch taugt, werden Sie einzuschätzen wissen; in Englisch und auf Deutsch. Beurteilen Sie mich heute abend nicht allzu ungnädig, wenn ich von mir rede, aber bis Mitternacht ist es schließlich mein Fest. Im Jahr 1916 beorderte man mich zum Nachrichtendienst.«

Ein Satz, der den nachfolgenden bereits verschlang, schluckte den vorhergehenden, ohne einen Moment der Verdauung. Mir war die Mühe auferlegt, zuzuhören.

»Dieser Krieg, den ihr Europäer für beendet erklärt, er wird noch lange andauern. Muslim, der ich war, blieb ich es auch während des Kaiserreichs, obgleich wir wußten, daß ein transzendentaler Gott nicht in Mode war, aber bedeutet Muslim zu sein heutzutage etwas anderes, als sich Muslim zu nennen? Ich bin sowohl arabisch als auch muslimisch, und zwar in den Augen von Arabern und Muslimen. Als Türke war ich Palästinenser, ich bin es nicht mehr, oder kaum noch. Durch meinen jüngsten Sohn vielleicht, durch Omar? Palästinenser bleibe ich wegen diesem da, der den Islam an Marx verraten hat. Ich glaube, so wie Sie daran glauben, an die Vorzüge des Verrats, noch stärker aber glaube ich – o je, viel zu unaufgeklärt – an die Treue. Man läßt mich, Sie sehen es, hier in meinem Haus in Amman in Ruhe, demnach bin ich also Jordanier und, nehmen Sie das zur Kenntnis, von Niedergang zu Niedergang, von Khedive zu Hussein, vom Kaiserreich in die Provinz.«

»Sind Sie immer noch türkischer Offizier?«

»Wenn man so will. Aus Höflichkeit spricht man mich mit Oberst an. Das ist ungefähr so bedeutsam für mich wie der Titel Herzog der SFIO oder Kronprinz von Air-Inter, den mir Monsieur Georges Pompidou verliehen hat. Theoretisch stehe ich unter dem Befehl des letzten Abkömmlings – und warum sage ich nicht Sproß oder Knospe – einer haschemitischen Dynastie von Hedjaz, das heißt, ich mußte von 1917 an – ich irre mich, 1922, da zu jener Zeit Atatürk sich Europa zuwendet und mit ihm verhandelt ...«

»Sie schätzen Kemal Atatürk nicht?«

»Das Vorkommnis ist gefälscht. Die berühmte Szene, in der Atatürk einen Koran von der Tribüne schleudert, im Saal der Hohen Versammlung. Er hätte es nicht gewagt, der Saal war vollgestopft mit muselmanischen Abgeordneten. Aber anschließend hat er bewiesen, daß er uns verabscheute.«

»Am Ende seines Lebens hat er Alexandrette und Antiochia der Türkei wieder angegliedert.«

»Die Franzosen haben sie an die Türkei abgetreten. Sie hätten es nicht tun müssen. Das sind arabische Gebiete. Wo man noch immer arabisch spricht. Aber ich sagte Ihnen schon, ab 1922 mußte ich mich fügen, wenn auch weder den Osmanen, noch den Engländern, Abdullah oder Glubb Pacha, der mir meine Offiziersgrade aberkannte, weil ich unter Atatürk gedient hatte. Glubb machte das nur, weil ich eine militärische Ausbildung in Deutschland erhalten hatte.«

»Frankreich hat ›die verlorenen Soldaten‹ kennengelernt.«

»Was für eine schöne Bezeichnung! Aber alle Soldaten sind verloren. Es ist gerade erst zehn Uhr. Ich habe bis Mitternacht Zeit für mich. Zurückgekehrt nach Amman, sogar in dieselbe Stadt, in der ich gegen die von Allenby kommandierten Engländer gekämpft hatte, kaufte ich auf Anraten meines ältesten Sohnes Ibrahim – dessen Mutter, meine erste Frau, Deutsche ist – unser Haus zurück, denn ich mußte es zurückkaufen. In einem Café in der Nähe Ihres Hotels – Hotel Salaheddine, glaube ich – spielte ich Tricktrack, man hat mich wiedererkannt, und ich wanderte für fünf Monate ins Gefängnis. Sie haben mehr Glück gehabt als ich, da Sie nur wenige Stunden mit Nabila Nashashibi dort waren – einer ihrer Brüder hat es mir gesagt –, anschließend kam ich frei. Frei, was du nicht sagst! Frei, diesen Jordan nicht zu überqueren, noch Naplousé wiederzusehen. Ich mache mich lustig, nicht wahr?«

Er führte das Mundstück der Wasserpfeife wieder an seine Lippen. Hinterhältig nutzte ich dieses kurzzeitige Schweigen.

»Aber Sie sind immer noch türkischer Offizier.«

»Aus den Führungslisten gestrichen, wie man so sagt, und das seit langem. Bei einem Feind wie Ismet Inönü, weniger brutal, jedoch gehässiger als Kemal. Es war das letzte Mal, vor dreißig Jahren, auf seiner Beerdigung, in Ankara, daß ich die türkische Uniform in der Öffentlichkeit trug. Meine erste Frau bewahrt sie in Bremen auf, wo sie bei meinem Sohn Ibrahim lebt.«

Er sang leise:

»Es war das letzte Mal, vor dreißig Jahren, auf seiner Beer-

digung, in Ankara, daß ich die türkische Uniform in der Öffentlichkeit trug.«
Dann auf einen anderen Rhythmus:
»Es war das letzte Mal vor dreißig
Jahren
Auf seiner
Beerdigung
In Ankara, daß ich, daß ich, Haha,
Die türkische Uniform
In der Öffentlichkeit trug.«
»Was Sie da hören, diese Weise, die zurückkehrt und mir niemals aus dem Sinn geht, ist eine Art Kavatine, geklimpert von der ersten Spieldose in Gestalt eines Untersetzers auf unserem Tisch in Konstantinopel, Istanbul für Sie.«
»Als Sie sich in den Reihen der türkischen Armee gegen die Engländer schlugen, hatten Sie da das Gefühl, gegen die Araber aus den Heeren von Allenby und Lawrence zu kämpfen?«
»Das Gefühl, wo denken Sie hin! Das Gefühl, wenn man ein Militär ist, wenn man es schätzt zu kommandieren und befolgt zu werden, befolgt, o ja! befolgt, und wenn man die Medaillen der siegreichen Länder verehrt, das Gefühl, lieber Monsieur Genet, ich unterstelle, daß Sie nicht ernstlich daran glauben?«
Er und ich gewannen ein bißchen Zeit höflich zu lachen, ohne laut zu werden. Omar und Mahmoud hielten sich weiter bedeckt.
»Und dann war überhaupt nichts klar, nichts ist so geschehen, wie dieser kleine, aber unbescheidene Archäologe es berichtet hat. Lawrence hat alles ausgeschmückt, selbst seinen Arschgang teilt er Ihnen mit, als handele es sich um Heldentum. Schauen Sie sich an, was dieser Tage in Amman und Zarkat geschieht: die Soldaten und Offiziere pa-

lästinensischer Herkunft haben alle, über unterschiedliche Kanäle, den Befehl oder wenigstens die dringliche Empfehlung erhalten, aus der jordanischen Armee zu desertieren, die sich aus noch existierenden Banden der arabischen Legion von Glubb, aus jungen Beduinen, aus Palästinensern zusammensetzt, um sich der PLA* anzuschließen. Wieviele haben es getan**?«

»Wenige.«

»Sehr wenige. Doch warum? Aus Verrat am palästinensischen Vaterland? Aus Feigheit? Um nicht gegen einstige Waffenbrüder kämpfen zu müssen? Aus Loyalität gegenüber König Hussein? Ich bin ein sehr alter Soldat und weiß, daß all das mit hineinspielt. Ich war Offizier des osmanischen Heeres, ein arabischer Offizier. Wenn eure Historiker von einer umfassenden Erhebung der arabischen Welt, ausgelöst durch Lawrence sprechen, so meint das, heiter ausgedrückt, durch das Gold, durch die Kisten voller Gold, die Seine Majestät George V. sandte. Zwar gab es ernsthafte Debatten, in denen sich die Absicht hinter einer Rhetorik der Freiheit, der Unabhängigkeit, des Patriotismus, der Großzügigkeit verstecken mochte; und das Bestreben wurde trotz der Vorsichtsmaßnahmen verzerrt durch die Forderungen nach Posten, Regierungsämtern, Dienstgraden, Reisen, ich kürze ab, da ich ansonsten vergesse, aber doch nicht nach Gold. Meine blauen Augen haben es berührt, auch meine Finger. Die Debatten! Reden wir davon! Über das Gold! Über die Goldstücke in den Taschen. Mein Sohn hat mir von Ihrem Besuch vergangene Woche bei einer Bäuerin erzählt, Tochter eines beduinischen Unter-

* Palästinensische Befreiungsarmee. Nicht zu verwechseln mit der PLO (Palästinensische Befreiungsbewegung, Chef: Yasser Arafat).

** Leila hat mir im Gegenteil zu Mahmoud Am Chari berichtet, daß viele Soldaten und Offiziere desertierten. Aber viele – das macht wieviel?

offiziers, der geblendet war vom britischen Gold und seinem Glanz. Er vom Gold, unsere Emire genauso, vom Gold, und darüber hinaus von den Verdienstmedaillen, dem Hosenbandorden, dem Band der Ehrenlegion, den übrigen Ordensbändern – den Abzeichen für die gereckten Brüste der Beduinen, denen bereits ein Schuß aus dem Lebel den Geist vernebelte. Sehen Sie mich an oder lassen Sie die Augen geschlossen, der Sie lediglich Poesie in dem entdecken, was um Sie herum geschieht: Omar ist in der Fatah, glauben Sie, daß die Fedajin aus Selbstverleugnung dahin rennen?«
Er rief, wenn auch mit kraftloser Stimme: »Omar! Omar und Mahmoud, diese Nacht dürft ihr vor meinen Augen rauchen«, und für mich, gestützt auf seine bestickten Seidenkissen, fügte er hinzu: »solange ich liege, hätten sie in Ehrfurcht vor meinem weißen Haar nicht geraucht.« Ohne auf den Lapsus einzugehen oder es für nötig zu erachten, ihn nachsichtig zu unterstreichen, zog ich selbst es vielleicht sogar vor, mir gegenüber einen alten Osmanen im Gedächtnis zu behalten, der sich eher liegend als lebendig wußte, die Träumerei und die Gelassenheit verströmten Gnade, er wurde wieder zum Wesir, wir anderen schwiegen.
Die Hände in den Taschen fummelten bereits nach dem Feuerzeug und den Kippen.
»Eines Tages werden Sie verstehen, wer die Engländer waren. Halten Sie sich die Tscherkessen vor Augen. Reden wir drei Minuten von ihnen: Abdulhamid benötigte eine zuverlässige Truppe (muslimisch, aber nicht arabisch), um gegen die beduinischen Rebellen vorzugehen. Ihm schwebten die Zirkassier des russischen Reiches vor. Der Khedive schenkte ihnen die fruchtbarsten Ländereien dieser Region – dieses Jordanien und auch was später zu

Syrien wurde –, Böden mit wenigen, aber ergiebigen Quellen, selbst wenn sie den Juden diejenigen des Golan (er sagte Jolan) überließen, so haben sie doch noch immer ihre Dörfer in der Nähe von Amman. Die Tscherkessen – wer waren sie? Am ehesten so etwas in der Art mohammedanischer Kosaken, blutige Schnitter für die Beduinen. Das sind mittlerweile die Generäle, Minister, Botschafter, Postdirektoren, sie dienen Monsieur Hussein und schützen ihn vor den Palästinensern.«

Die beiden jungen Leute begannen hinter einem Pfeiler zu rauchen. Diese Willfährigkeit vor der arabischen Aristokratie oder was sich dafür ausgab, habe ich in den Gesichtern, in den Worten, in den Gesten der Fedajin gesehen, aber auch als Samia Solh das Foyer des Hotels »Strand« in Beirut betrat. Die Beschreibung jenes Abends kann warten, der Osmane redete drauflos:

»In unseren Offizierskasinos – einstweilen mußten wir aus Anstand den Krieg verlieren, weil wir in unseren Kasinos, bei hundert Gerichten von Matzen, bei Gläsern von Arrak nur an die Fresserei dachten –, inmitten der Teller, der Liköre, der Witze wären unsere Diskussionen erlahmt, hätte nicht ein Fixpunkt – der Morgenstern – uns geleitet, das Gold, Monsieur. Darauf liefen die Diskussionen hinaus: Wir, arabische Offiziere des türkischen Heeres, konnten wir denn die Schwächung des Imperiums und den anglo-französischen Triumph wünschen und zu ihm beitragen? Ich räume ein, was zuzugeben, so gesehen nobel in unseren Resolutionen ist, und behalte unsere widerwärtigen Absichten, für den Fall, daß Ludendorff euch an der Somme geschlagen hätte, für mich. Schon unter Mohammed Ali verachteten uns die Engländer; die Franzosen in Algerien, in Tunesien – das während der gesamten Zeit des Krieges von 14–18 in den Moscheen unseren Sieg erflehte, vielleicht wegen des Bej türkischer Abstammung, aber schließlich gelangten die Gebete für den Sieg Deutschlands und der Türkei über ihre Länder in Gottes Ohr; die Italiener haßten uns seit 1896 in Erithrea. Sollten wir den Erfolg all dieser Christen wünschen?«

»Die Deutschen waren Christen.«

Herr Mustapha bedurfte einiger Sekunden, die Kavatine der Spieldose im Untersetzer zu pfeifen.

»Kein einziges arabisches Land war deutsche Kolonie. Die deutschen Ingenieure haben unsere Straßen gebaut und Eisenbahnschienen verlegt. Haben Sie die von Hedjaz gesehen?«

»Zur Zeit nicht. Aber mit achtzehn. Ich habe meinen Militärdienst in Damaskus abgeleistet.«

»In Damaskus! Das müssen Sie mir erzählen. In welchem Jahr?«

»1928 oder 29.«

»Haben Sie gute Erinnerungen? ... Nein, nein, sprechen Sie weder von diesem Land, noch von sich, noch von Ihren Liebesaffären. Ich weiß, woran ich mich zu halten habe. Kehren wir zu der Debatte zurück, die unsere arabischen Gemüter tagtäglich, zu jeder Stunde bis zur Weißglut trieb. Ich habe einen milden Respekt für das Andenken Atatürks. Er mochte die Araber nicht, deren Sprache* er fast nicht beherrschte, dennoch hat er von der osmanischen Welt gerettet, was er konnte. Das Reich derart zu demütigen wie ihr es getan habt, der letzte Kalif mußte sich auf ein englisches Schiff flüchten – Gefangener und Deserteur, genauso seid ihr mit Abd el-Kader umgesprungen. Und hier England, gemeinsam mit Glubb, in Palästina Sa-

* Ist es Legende? Atatürk wäre beinahe gefangen genommen worden, weil er so schlecht Arabisch sprach. Und ebenso schlecht verstand, das hatte man mir berichtet.

muel, im Libanon Frangié, in Syrien Aflak mit seinem lächerlichen Baas, Ibn Séoud in Arabien ...«
»Was hätte denn anderes sein sollen von 14 bis 18?«
Unter dem Lüster aus Murano, auf dem Teppich aus Smyrna, richtete sich der Vater von Omar vor mir auf.
»Wir wußten, vor 1917, lange vor der Entscheidung von Balfour, daß die reichen Grundbesitzer ...«
Zum ersten Mal erwähnte jemand in meinem Beisein den Namen jener Familie Sursok.
»... Grundbesitzer schon während dieses Krieges Kontakte geknüpft hatten, den Juden ganze Dörfer, sowohl reichhaltige als auch minderwertige Böden, zu verkaufen. Wir wußten die Namen der begünstigten arabischen Familien ...«
»Sie hatten Komplizen an der Hohen Pforte ...«
»Unleugbar. Und die Engländer, Antisemiten, dennoch Realisten, sorgten sich um eine europäische Kolonie in unmittelbarer Nachbarschaft zum Suez-Kanal, letztendlich den Osten von Aden zu überwachen und zu erhalten.«
Die Uhr aus Ebenholz und Perlmutt schlug Mitternacht. Der türkische Offizier begann die sechzehnte Stunde seiner achtzig Jahre. Omar fragte ihn respektvoll, ob er denn nicht fürchte, einen Ausländer verprellt zu haben. Der Alte betrachtete mich, wie ich glaube, mit Wohlwollen.
»Nicht eine Sekunde. Sie kommen aus einem Land, das auch nach meinem Tode in meinem Herzen sein wird: jenes von Claude Farrère und Pierre Loti.«

Jeden Tag und jede Nacht wurde der Tod gestreift: daher diese überhastete Geschicklichkeitsdarbietung, neben der das Tanzen auf dem Boden, unter Beifall, nichts als bleierne Schwere ist. Doch mit ihnen – den Tieren, ich weiß es nicht – wurden die Dinge allmählich vertraut.
Verbucht unter Ziffern von zehn bis zehntausend bedeu-

tete der Tod hier nichts mehr, und vor allem, weil man keinen doppelten, dreifachen, vierfachen Kummer empfinden kann, wenn vier Freunde anstelle eines einzelnen umkamen, keinen hundertmal intensiveren Schmerz, wenn hundert starben. Der Verlust eines liebgewonnenen Fedajin ließ ihn paradoxerweise mit verstärkter Kraft wieder aufleben, niemals wahrgenommene Feinheiten aufleuchten, ihn sprechen, uns antworten, eine bis dahin ungekannte Überzeugungskraft in der Stimme. Für die Dauer eines verhältnismäßig kurzen Moments gewann das Leben, das einmalige Leben des inzwischen toten Fedajin eine Dichte, die es so nie besessen hatte. Auch wenn er in seinem Dasein eines zwanzigjährigen Fedajin zu seinen Lebzeiten ein paar Pläne geschmiedet hatte, die ohne weiteres am nächsten Tag erfüllt werden konnten – sich die Hände waschen, einen bereits geschriebenen Brief abschicken ... – schien mir, daß sich diesen unerreichten Vorhaben der schlechte Geruch der Luft beimischte, in der sie verwesten: weil sie übel riecht, die Fäulnis der Vorhaben eines Toten.

Aber aus diesem weißen Kopf, weiß aufgrund seiner Haut, seiner Haare, seiner Bartstoppeln, weiß, rosig und rund, die ganze Zeit über in ihrer Mitte, was sollten sie daraus machen? Einen Zeugen? Mein Körper zählte nicht: er trug allein meinen runden und weißen Kopf.
Es war noch viel simpler: die Schwarzen Panther hatten anstelle eines Kindes einen verlassenen Alten entdeckt, und dieser Greis war ein Weißer. Kindisch in jeder Hinsicht, nahm ich diesbezüglich keine Notiz von der ameri-

kanischen Politik, bis ich ziemlich spät erkannte, daß Senator Wallace Rassist war. Ich verwirklichte dort höchstwahrscheinlich einen uralten kindlichen Traum, in dem mir Fremde – mir im Grunde freilich ähnlicher als meine Landsleute – ein neues Leben schenken würden. Zu diesem kindlichen, beinahe unschuldigen Zustand verhalf mir die Sanftmut der Panther, eine Nachsicht, die mir nicht aus einem Privileg heraus zuwuchs, die ich vielmehr freudig entgegennahm als die, wie es mir schien, den Panthern wesenseigene Natur. Darüber hinaus war es sehr angenehm, als längst gealterter Mann wieder zum Adoptivkind zu werden, denn schließlich genoß ich einen wahrhaften Schutz und eine zärtliche Erziehung, man konnte die Panther gewissermaßen anhand ihrer pädagogischen Fähigkeiten erkennen.

Dieser Schutz durch die Panther bewirkte, daß ich in Amerika niemals Angst hatte, außer um sie. Und wie durch Zauberei suchten weder die Polizei noch die weißen Behörden mir Steine in den Weg zu legen. Ganz zu Anfang, noch vor meiner Adoption durch David Hilliard, begleitete mich fast immer jemand, wenn ich Harlem sehen wollte, bis zu jenem Tag, an dem ich allein ein Bistro für Schwarze betrat, das nur an Schwarze ausschenkte: es handelte sich vermutlich um die Vorstufe zu einem Bordell, da die hübschen Mädchen hier mit ihren schwarzen Mackern verkehrten. Ich bestellte eine Coca Cola. Mein Akzent und der Aufbau meines Satzes lösten einen Schwall allgemeinen Gelächters aus. Mitten im Gespräch mit einem Typen und dem Inhaber fanden mich die zwei Panther, die aufgebrochen waren, mich zu suchen, »*im Dickicht der Städte*« wieder.

Die Aufgeschrecktheit der Weißen angesichts der Schußwaffen, der Lederjacken, der Revolte verschworenen Haares, der Losungen und selbst des teils gehässigen und zärtlichen Tonfalls: die Panther legten es darauf an. Sie suchten diesen, wenn man so will theatralischen und dramatischen Ausdruck. Theater um das Schauspiel aufzuführen und es abzublasen. Ein jedenfalls düsteres Spiel, hergeleitet aus sich selbst und in Szene gesetzt für die Weißen; indem sie sein Erscheinen in der Presse und auf dem Bildschirm anstrebten, wollten sie, daß dieses Bild die Weißen umtrieb, und mittels dieser Drohung ist es ihnen auch gelungen, da das Bild von echten Toten unterfüttert wurde, die sich alle dem Gebrauch sabotierter Waffen durch die Panther verdanken: jene waren es, die anlegten, der Anblick der Waffen bot plötzlich eine Zielscheibe und ließ die Polizisten feuern. Zum Beispiel zu behaupten, »das Scheitern der Panther sei mit der Tatsache verbunden, daß sie sich ein ›Markenzeichen‹ gaben, bevor sie greifbare Aktionen starteten, die eine derartige Betrachtung nahelegten« (ich fasse in etwa eine Frage zusammen, die mir die Zeitschrift *Remparts* stellte), erfordert mehrere Anmerkungen. Zuallererst diejenige, nach der sich die Welt auch mit Hilfe anderer Mittel als dem des Krieges, in dem man stirbt, verändern kann. »Die Macht befindet sich am Ende des Gewehrlaufs«, vielleicht, aber sie befindet sich manchmal auch am Rand des Schattens oder der Vorstellung vom Gewehr. Die Forderungen der Panther, zusammengefaßt in den »zehn Punkten«, sind gleichermaßen grundlegend wie widersprüchlich. Sie sind eher ein Versteck, hinter dem sich eine andere Operation vollzieht, als die sichtbar herausgestellte. Anstatt der realen, territorialen, politischen, administrativen, polizeilichen Unabhängigkeit, die eine Auseinandersetzung mit der weißen Vorherrschaft erforderte, vollzieht sich eine Metamorphose des Schwarzen. Aus dem Unsichtbaren heraus wird er sichtbar. Diese Zu-

nahme an Kontur gelingt auf verschiedene Weise. Schwarz ist keine Farbe: vor dem Hintergrund der Haut mit mehr oder weniger starker Pigmentierung kann der Schwarze seinen Kleidern Farben zuweisen, die wahre Feste sind, oder Verzierungen von Gold, von Azur, von Rosen, von Malven, und alles auf diesem schwarzen Grund, was eine Erforschung der entsprechenden pastellenen oder schreienden Tönen erforderlich macht, die auf jeden Fall das Auge reizen, und diese Verzierungen vermögen nicht das Drama zu verhüllen, das sich dennoch abspielt, weil in den Augen eine Art grauenhafter Beredsamkeit lebt.
Diese Metamorphose, ist sie eine Veränderung?
»Ja, wenn die Weißen von dieser Metamorphose berührt sind, verändern sie sich ebenfalls. Die Weißen wurden andere, da ihre Ängste nicht mehr die alten waren.«
Es gab Tote, Ausschreitungen, die bewiesen, daß die Schwarzen immer bedrohlicher wurden, weniger beeindruckt von den Weißen. In der Folge begannen die Weißen zu erahnen, daß sich neben ihnen eine tatsächliche Gesellschaft bildete. Es hatte sie bereits zuvor gegeben, doch war sie ängstlich, sie neigte dazu, die weiße betrügerisch nachzuahmen, nun löste sie sich von ihr ab, indem sie sich weigerte, deren Zerrbild zu sein: in ihrem alltäglichen Leben, jedoch in den Geheimnissen ihrer mythischen Absonderung: Malcolm X, selbst King, N'Krumah waren ihre Beispiele. Es ist fast sicher, daß die Panther dabei waren zu siegen, und zwar aufgrund eines lächerlich wirkenden Mittels: mit der Unterstützung von Seidenstoffen, Samt, wilden Frisuren, Selbstbildern, die den Schwarzen verwandelt und verändert haben. Diese Methode – für den Moment – war die der klassischen Auseinandersetzungen, des Ringens zwischen den Nationen, der nationalen Befreiungsschläge und vielleicht sogar der Klassenkämpfe.

»War es Theater?«
»Wie man gewohnheitsgemäß vernimmt, bedarf das Theater eines dramatischen Raumes, eines Publikums, der Probe. Wenn sie spielten, dann taten die Panther es nicht auf der Bühne. Ihr Publikum war niemals unbeteiligt: schwarz wurde es zu dem, was es war oder es buhte sie aus; weiß war es verletzt und litt unter seinen Wunden. Wenn man annimmt, daß ein idealer Vorhang sich über die Darbietungen senkte, so irrte man sich: die Maßlosigkeit in dem Prunk, der Sprache, dem Auftreten trieb die Panther zu immer neuerlichen, immer gewaltigeren Exzessen. Man muß vielleicht jetzt von dem Boden zu sprechen beginnen, der fehlt. Das folgende ist lediglich ein Vorschlag.«
Für alle Völker, deren Begriff der Nation ausreichend definiert ist – aber ebenso für die Nomaden, deren Weidegebiete nicht in völliger Anarchie durchwandert werden – ist der Boden notwendige Grundlage eines Vaterlands. Er ist nicht nur das. Boden oder Territorium, es ist der Stoff selbst, der Raum, in dem sich eine Strategie entwickeln kann. Ob naturrechtlich, kultiviert oder industrialisiert, ist er der Raum, der das Vorhaben eines Krieges oder den strategischen Rückzug ermöglicht. Man kann ihn geheiligt oder nicht nennen, die wilden Rituale, die zum Ziel haben, ihn dem Außenstehenden nahezubringen, bedeuten nicht viel: allem voran ist er der notwendige Ort, von dem aus der Krieg geführt oder der Rückzug eingeleitet wird. An Boden fehlt es sowohl den Schwarzen als auch den Palästinensern. Die beiden Situationen – der amerikanischen Schwarzen und der Palästinenser – sind nicht in jeder Hinsicht dieselben, allerdings darin, daß die einen wie die anderen ohne Land sind. Märtyrer im eigentlichen Sinne, werden sie von welchem Territorium aus ihre Revolte anzetteln? Aus dem Ghetto, aber sie können sich weder

dahinter verschanzen – man bräuchte Befestigungen, Barrikaden, Bunker, Waffen, Munition, komplette Verschworenheit der schwarzen Bevölkerung – noch davon losreißen, um einen Krieg auf weißem Gebiet zu führen: das gesamte Territorium Amerikas gehört den weißen Amerikanern.

So werden sie andernorts und auf andere Weise ihre subversiven Aktionen ins Bewußtsein rücken. Wo sie auch sind, finden die Amerikaner sich Gebietern ausgesetzt. Die Panther bemühen sich, die Gebieter zu terrorisieren, wenngleich mit dem einzigen ihnen zur Verfügung stehenden Mittel: der Parade. Und die Parade wird ziehen, weil sie von Hoffnungslosigkeit provoziert wurde, sie vermögen sie dank des Pathos ihrer Lage zu übertreiben: Todesgefahr und reale Tote, Zucken der Körper und Nerven.

Die Parade ist die Parade, sie riskiert, in die pure Imagination abzudriften, nichts weiter als ein bunter Karneval zu sein, und das war, was die Panther in Kauf nahmen. Hatten sie die Wahl? Gebieter – oder souveräne Eigentümer eines Territoriums, hätten sie höchstwahrscheinlich keine Regierung gebildet: Präsident, Kriegsminister, Bildungsminister, Field-Marshal und seit seiner Entlassung aus dem Gefängnis »supreme Commander« Newton.

Die wenigen Weißen, die mit den Panthern sympathisierten, gerieten schnell außer Atem. Sie konnten ihnen höchstens ins Reich der Ideen folgen, jedoch nicht in die Winkel, in denen die Schwarzen, verschanzt, gezwungen waren, eine Strategie auszuarbeiten und durchzuführen, die ihre Quellen aus dem Imaginären schöpfte.

Die Panther drifteten also geradewegs entweder in den Wahn, die Umwandlung der schwarzen Gemeinde, entweder in den Tod oder das Gefängnis ab. All dies war Resultat der Unternehmung, aber die Metamorphose gewann die

Oberhand über den Rest und daher kann man sagen, daß die Panther gesiegt haben, dank der Poesie.

Über die Straße von Salt kehrte ich zu den Zelten von Ajloun zurück. Als erstes sah ich die hocherhobenen Arme von Abou Kassem. Er hängte seine Wäsche auf eine Leine, die von Baum zu Baum reichte. Die Wasserstelle war direkt daneben. Die Hausangestellten der jordanischen Minister führten vor dem Massaker von Amman deren Pferde dort zur Tränke. Die Fedajin besetzten die fünf oder sechs den Ministern vorbehaltenen Villen. Wo hatte Abou Kassem die Wäscheklammern gefunden? Und warum diese Wäsche? Er antwortete mir ohne Lachen oder Lächeln mit einem Satz aus dem Katechismus:
»Ein Fedajin findet immer und allein heraus, was notwendig ist. Die Klammern sind hier. Wenn du Wäsche aufzuhängen hast, nimm sie, du wirst keine anderen finden, du bist kein Fedajin.«
»Danke, ich wasche mich niemals. Du treibst Scherze, Kassem, aber in dir ist alles düster.«
»M'hamed geht diese Nacht nach Ghor. (Ghor, Jordantal.)«
»Ist er dein Freund?«
»Ja.«
»Seit wann weißt du von seiner Abreise?«
»Seit zwanzig Minuten.«
»Die Wäsche, ist das seine?«
»Es ist seine und meine. Diese Nacht muß man sauber sein.«
»Du bist unruhig, Kassem?«
»Geängstigt. Ich werde es bis zu seiner Rückkehr sein oder bis zu der Stunde, da nichts mehr zu hoffen bleibt.«
»Du bist ein Revolutionär und hast M'hamed derart gern?«
»Wenn du Revolutionär sein wirst, wirst du verstehen. Ich

bin neunzehn, ich liebe die Revolution, ich gebe mich für sie hin und ich hoffe es lange zu tun. Aber hier fanden wir ein bißchen Erholung. Wir sind Revolutionäre und Menschen. Ich mag alle Fedajin und dich mag ich auch; aber unter den Bäumen, bei Tag und bei Nacht, habe ich die Wahl, für den einen mehr Freundschaft als für die anderen des Kommandos zu empfinden. Hier kann ich eine Tafel Schokolade in zwei und nicht in sechzehn Stücke aufteilen und die Hälfte geben wem ich will. Ich wähle aus.«
»Ihr seid alle Revolutionäre, aber du bevorzugst einen?«
»Und alles Palästinenser. Und ich bevorzuge Fatah. Hast du nie daran gedacht, daß Revolution und Freundschaft zusammengehören?«
»Ich schon, aber deine Vorgesetzten?«
»Wenn sie Revolutionäre sind, sind sie wie ich, mitsamt ihren Vorlieben.«
»Und die Freundschaft, von der du sprichst, würdest du dich getrauen, sie Liebe zu nennen?«
»Ja. Das ist eine Art Liebe. Glaubst du, in diesem Augenblick, in dieser Minute habe ich Angst vor Worten? Freundschaft, Liebe? Eines ist sicher, wenn er diese Nacht stirbt, wird neben mir immer ein Loch sein, ein Loch, in das ich niemals fallen darf. Meine Vorgesetzten? Mit siebzehn Jahren fanden sie mich vernünftig genug, der Fatah anzugehören. Fatah hat mich nicht fortgelassen, als meine Mutter mich brauchte. Mit neunzehn funktioniert mein Verstand noch immer. Als Revolutionär unterliege ich in Momenten der Entspannung der Freundschaft, die schließlich auch entspannt. Diese Nacht werde ich Angst haben, aber ich werde meine Arbeit machen. Die Gesten, jede einzelne, die es zu beachten gilt, wenn ich zum Jordan hinabsteige, habe ich vor zwei Jahren gelernt und ich kenne sie. Laß mich mein letztes Unterhemd aufhängen.«

In Jordanien betrug die Anzahl der Lager zehn oder zwölf. Ich kann ein paar nennen: Jebel Hussein, Wahadat, Baqa, Gaza-Camp, Irbid sind diejenigen, die ich am besten kannte. Das Leben war hier weniger geschmackvoll, ich meine weniger verfeinert als auf den Stützpunkten. Weniger flüchtig. Trotz der Ausgeglichenheit der Frauen besaß jede, noch die magerste, die ihr eigene feminine Schwere, ich rede nicht vom Gewicht der Körper, Brüste, Hüften, Becken, doch von der Gewichtigkeit ihrer Gesten von Frauen, die Gewißheiten und Rast bedeuten. Viele Ausländer, das heißt Nicht-Palästinenser gingen übrigens nirgendwo anders hin als in die Lager, jene die zu den »Basen« hinaufführten – komisch wirkende Formulierung! –, die den Jordan überwachten, die bewaffneten Stützpunkte beherrschten ihn von den Bergen aus. Die Fedajin kehrten in die Lager zurück, sich auszuruhen – die Franzosen sagen: »'Ne Nummer schieben« – oder Medikamente besorgen, um sich zu kurieren.

Die Lager hatten fast alle eine winzige Krankenstation mit Apotheke, aufgrund der Enge war sie vollgestopft mit alten Schachteln nicht mehr wirksamer, unidentifizierbarer Medikamente, die aus Deutschland, Frankreich, Italien, Spanien, den skandinavischen Ländern kamen, deren Beipackzettel, Gebrauchsanweisungen oder Zusammensetzungen hier keiner entziffern konnte.

Als mehrere Zelte in Baqa-Camp abgebrannt waren, schickte Saudi-Arabien Häuser aus Wellblech zum Geschenk, die mit dem Flugzeug direkt aus Riad kamen, und zu ihrer Ankunft bereiteten die alten Frauen ihnen einen Infanten und königlichen Hoheiten angemessenen Empfang: eine Art improvisierten Tanz, vergleichbar jenem, den Azeddin zu Ehren seines ersten Fahrrads ersann, vor dem er ihn aufführte. Die Häuser aus Blechwänden – oder

Aluminium – glänzten in der Sonne und warfen ihr blendendes Flirren zurück. Man braucht sich nur einen Würfel vorzustellen, dem eine Fläche fehlt, die des Bodens, und der auf einer anderen Seite in Form einer Tür ausgeschnitten ist. In dem so aufgestellten Zimmer mußte ein achtzigjähriges Paar unter der Mittagssonne braten und während der Winternacht schlottern. Einige Palästinenser hatten den Einfall, die Vertiefungen des Wellblechs mit lockerer, schwarzer Erde aufzufüllen, sowohl das Dach als auch die Seiten, die durch ein Metallgitter abgestützt wurden. Sie säten in diesem verkleinerten Garten einen jeden Abend gewässerten Rasen, mit dem auch ein paar Blumen sprossen, Schlafmohn oder Klatschmohn. Die Wellblechhütte wurde zur Höhle, empfänglich für Sommer und Winter, aber jene Hügelchen ländlicher Prägung wurden selten nachgeahmt.

Nach den Stürmen aus Feuer und Eisen, was tun? Brennen, kreischen, in den Zustand von Reisigbündeln und Strohfackeln übergehen, schwarz werden, ausgedörrt verharren, sich langsam mit Staub, dann mit Erde, mit Samen, mit Moos überziehen, nichts von sich übrig lassen außer dem Unterkiefer und den Zähnen, schließlich ein kleines Hügelgrab werden, das noch austreibt, aber nichts mehr umschließt.

Von einem höheren Standpunkt aus als meinem eigenen, wenn ich sie in meinem Inneren betrachtete, hatte die palästinensische Revolution niemals nach Gebieten, mehr oder weniger verlorenen Feldern, Gemüse- oder Obstgärten ohne Umzäunung gestrebt, sondern danach, eine große Bewegung des Aufstandes im Namen der grundbuchrechtlichen Anfechtung zu sein, die bis an die Grenzen der islamischen Welt reichte, nicht nur territoriale Schranken in

Frage stellte, sondern Revision und höchstwahrscheinlich Abschaffung einer Theologie beabsichtigte, ebenso einschläfernd wie eine bretonische Wiege. Der Traum, freilich noch nicht der Beschluß der Fedajin, die zweiundzwanzig arabischen Völker wachzurütteln, weiter zu gehen und allen ein Lächeln zu entlocken, erst kindlich begeistert, bald schwachsinnig, war empfindlich. Die Munition der Fedajin erschöpfte sich. Amerika, erstes Angriffsziel, entwickelte wahre Wunder. Sich noch stolz erhobenen Hauptes wähnend lief die palästinensische Revolution bereits auf Grundeis. Das Training der rückhaltlosen Hingabe – denn N konnte nicht nach Europa zurückkehren – ist beinahe ein Taumel, der verhindert, daß man sich hingibt – wie das Wort Hingabe an und für sich nahelegt –, vielmehr stürzt man sich in einen Abgrund, nicht zu helfen, sondern denen zu folgen, die am Sich-Hineinstürzen krepieren, und dies vor allem, wenn man – nicht durch Nachdenken, sondern aus Angst – die zukünftige Vernichtung erfaßt.

Etwas weiter oben, angesichts der Willfährigkeit, die bis zur Schmeichelei mit Worten, Modulationen und Gesten der Fedajin vor den palästinensischen Vertretern des Geld- oder Erbadels zum Ausdruck kommt, deutete ich an, daß ich auf Samia Solh zurückkommen wollte.
Im Süd-Libanon hatte ich bereits verwundete Einheiten gesehen, gehüllt in die weißen Laken des Krankenhauses, eingeschüchtert von alten Frauen mit geschminkten Augen, Mündern und Wangen, veritablen baskischen Trommeln aufgrund der Laute, die in unterschiedlicher Tonhöhe bei jeder ihrer Bewegungen entstanden, so viele goldene Armbänder, hohle oder volle Gliederketten, goldene

Halskolliers, goldene oder goldglänzende Ohrringe läuteten die Totenglocke!
»Ihr Geläute wird sie entweder aufwecken oder umbringen«, sagte ich zu einer von ihnen.
»Denkst du. Wir sparen nicht an Gesten, denn wir sind Latinerinnen. Zumindest aus dem Mittelmeerraum, da wir Maroniten und Phönizierinnen sind. Wir versuchen immer wieder uns zurückzuhalten, ohne daß es uns gelingt, unsere Gesten des Mitgefühls vor soviel Leiden einzuschränken, notgedrungen hallt unser sämtlicher Schmuck davon wider. Übrigens lieben ihn unsere Märtyrer. Schon viele haben mir gesagt, daß sie sich noch nie in größerer Nähe zu etwas so Reichem und so Schönem befanden. Sollen sich ihre armen Augen wenigstens mit Glück füllen.«
»Schwatz nicht mit einem Ausländer, Mathilde. Gehen wir noch zu den Amputierten.«
Später werde ich noch allzu oft Gelegenheit haben, die alten Damen aus der Nähe zu betrachten, die von den großen palästinensischen Familien übrigbleiben.
Das Gänsecassoulet, kann es als geeignete Metapher für eine hübsche alte Palästinenserin herhalten? Wenngleich das Gesicht, nach Art alter reicher Damen, an eine teilweise heftige Erhitzung gemahnt, so hat sie doch meistenteils auf kleiner Flamme köchelnd die Wangen gerundet, das Rosige der Haut bewahrt; und alles Elend ihres Volkes hat die Gesichtszüge dieser ins Unglück eingekochten Damen so ausgeprägt und abgemildert, wie die Gans schmackhaft im eigenen Fett wird. Sie waren also – eine von ihnen vor allem – zart auf bewundernswerte und egoistische Weise, das heißt ihre Sanftheit hatte zum Ziel, die allzu grausame Not fernzuhalten. Auf kleiner Hitze kochend, allmählich, um köstlich zu werden. Sie hielten sich ebenso über die Leiden von Chatila auf dem Laufenden wie über

den Kurs des Goldes und des Dollars, in beiden Fällen durch die Spitzen einer Stickerei oder einen wollenen oder seidenen Wandbehang hindurch; das Leid war bekannt, jedoch wie beiläufig über ein Kissen streichend, über ein hundert- oder hundertzwanzig Jahre altes Kleid, von toten Fingern bestickt, unter blinden Augen. Sie pflegten die Höflichkeit, um sich damit zu schmücken. Geziert zufällig von Venedig plaudernd hätten sie niemals den Namen von Diaghilev erwähnt, im Gegenteil, mit Raffinement wurde das Gespräch über Venedig auf eine Betrachtung über die Lagune, den Canale Grande, das Glas von Murano, die Begräbnisse auf Gondeln gelenkt ...
»Das Diaghilevs, sagten Sie.«
»Ich sah ihn auf einer Balustrade von Danieli stehend vorübergehen.«
Von ihrem prunkvollen Bett aus betrachten sie ihr Volk mit Hilfe eines Fernrohres aus Perlmutt. Aus diesem Bett und den Fenstern heraus schauen die Prinzessinnen mit den hinreichend kräftigen Handgelenken für Goldketten auf die Kämpfe, und die Traurigkeit ihrer Blicke verstärkt noch die Geziertheit. Vom Fenster eines tragbaren Hauses aus blickte ich auf das Meer, in der Ferne Zypern, und ich erwartete die Kämpfe, aber nicht indem ich selbst zu einer alten Prinzessin von köstlichem Fleisch wurde. Diese Ähnlichkeit ärgerte mich nicht im geringsten; weder die salbungsvollen Züge noch die Süßigkeit, in die sich die adeligen Nachfahren Alis hüllten, waren nach meinem Geschmack; dennoch würde ich wie sie, aus einem Fenster oder einer Loge heraus und als benutzte ich ein Opernglas aus Perlmutt, den Aufstand der Palästinenser betrachtet haben. Wie fern war ich ihnen – zum Beispiel als ich dieses Buch schrieb, unter den Fedajin blieb ich diesseits einer Webkante, ich wußte mich verschont, nicht durch

die Anmut meiner keltischen Physis, nicht aufgrund einer Umhüllung aus Gänsefett, sondern wegen eines andersartig funkelnden und wehrhaften Harnischs: meiner Nichtzugehörigkeit zu einer Nation, einer Aktion, mit der ich nie verschmelzen würde. Das Herz war dabei; der Leib war dabei, der Geist war dabei. Alle abwechselnd nacheinander, der Glaube jedoch niemals absolut und ich niemals im Ganzen.

Es gibt mannigfaltige Weisen, verheiratet zu sein. Was mir jedoch seltsam erschien, das war, jeden Tag – Tag und Nacht – jede Stunde und jede Sekunde, unter den Bäumen, das Zusammenspiel dieser merkwürdigen Kreuzung: Islam mit Marxismus. In der Theorie waren sie gegensätzlich, Koran und *Kapital* haßten einander, indessen schien eine Harmonie, empfindlich gegen alles, aus diesen beiden Hirngespinsten zu resultieren. Wer aus Freigiebigkeit schenkte, schien es aus Gerechtigkeit getan zu haben, nach intelligenter Lektüre des deutschen Buches. Wir navigierten in vollem Wahnsinn, mit Geschwindigkeit und ihrem Gegenteil, ein vor den Kopf gestoßener Gott, die vorgewölbte Stirn von Marx, der ihn verneinte. Allah war überall, doch nirgendwo, trotz der Gebete in Richtung Mekka. Louis Jouvet war in den Jahren 46–50 in Frankreich ein bekannter Schauspieler. Mit derselben Gleichgültigkeit sagte ich ja zu ihm, als er mich bat, ihm ein Stück für zwei oder drei Personen zu schreiben. Ich begriff, daß ihm die Höflichkeit jene fast provokante Frage auferlegte, und es war dieselbe Höflichkeit, die ich in der Stimme Arafats wiedererkannte, als er mir sagte:
»Und warum nicht ein Buch?«
»Gewiß.«
Da wir bereits Freundlichkeiten austauschten, waren wir,

weder der eine noch der andere, nicht durch Versprechen verpflichtet, die vergessen sind, bevor sie gegeben werden. Die Gewißheit, welche in Arafats Stimme nichts Wahrscheinliches hatte, nicht mehr als in meiner Antwort, war womöglich der eigentliche Grund, mich Papier und Kugelschreiber vergessen zu lassen. Ich glaubte nicht an das Vorhaben dieses Buches – keines Buches – wenn überhaupt, dann nur aufmerksam für das zu sein, was ich sah und hörte. Ich begeisterte mich genauso für meine Neugier wie für das, was sie beobachtete. Ohne es mir wirklich klarzumachen, fügte sich jedes Ereignis und jedes Wort in meine Erinnerung. Ich hatte nichts zu tun, außer zu sehen und zu hören, das ist keine Beschäftigung, die man gern eingesteht. Neugierig und unentschlossen blieb ich also da, und nach und nach, wie alte Ehepaare, der eine am anderen zunächst desinteressiert, zogen meine Liebe und jene Sanftheit, zwischen den Palästinensern und mir, mich wieder nach Ajloun.

Die Politik der Supermächte und die Beziehungen der PLO zu ihnen verhalfen dem palästinensischen Aufstand zu einer Art grenzüberschreitendem Schutz, den wir genossen; unter den Bäumen und auf den Bergen verbreitete sich eine Erregung, die möglicherweise von Moskau, Genf, Tel Aviv ausging und durch Amman hindurchzog, von Schauder zu Schauder, bis nach Jerash und Ajloun.
Parallel dazu, und ich glaubte es einen Moment lang selber, von gegenwärtigem Vorherrschaftsdenken überlagert, arbeiteten die Jahrtausende alten und entsprechend verzweigten arabischen und palästinensischen Aristokratien nur für ihren Erhalt.
Dem palästinensischen Patriotismus in Ajloun entsprach » Die Freiheit ... « von Delacroix auf den Barrikaden. Diese

aus herkömmlicher Zurückgelehntheit von weitem zu betrachten hieß, sie zu vergöttern. Freilich lag ihre Herkunft im Dunkel und war schwerer einzugestehen. Die arabische Halbinsel war komplett unter osmanischem Einfluß, glückhaft für einige, unerträglich nach Aussage vieler. Geschichtlich und grob, unterstützt von ihren Truhen voller Goldstücke, versprachen die Engländer den Arabern die Unabhängigkeit sowie die Erschaffung eines Königreiches, wenn das Volk – arabischer Sprache – gegen die Osmanen und gegen die Deutschen in den Jahren 1916, 17, 18 aufstünde. Doch bereits die Rivalitäten zwischen den hohen palästinensischen, libanesischen, syrischen und den Familien aus Hedjaz ließen sie bald türkischen, bald englischen Rückhalt suchen, nicht um eine größere Freiheit für diese neugeborene Nation zu erlangen, ganz nebenbei womöglich die Konzeption, noch unvollendet, der arabischen Nation, sondern um sich ihrer Vormachtstellung zu versichern und eine der herausragenden Familien zu bleiben, von deren Namen man allein zu sprechen hat: Husseini, Jouzi, N'seybi, Nashashibi ..., andere erwarteten den Sieg des Emirs Faisal oder arbeiteten gegen ihn.
Nichts wurde deutlich angesprochen: keine ausschlaggebende palästinensische Familie erhob ihre Stimme, wahrscheinlich hielt sich jede ihren Vertreter im einen oder anderen Lager: Osmanen wie Anglo-Franzosen.
Diese grobschlächtige Teilung seit 1914.
Später waren diejenigen, die unvorsichtigerweise das englische Lager gewählt hatten, das von Emir Fayçal, gezwungen, sich gegen die Briten zu wenden, als sie erfuhren, daß aus dem Jüdischen Nationalrat ein Staat wurde.
Bis auf die reichen Syrer, Libanesen – die Sursok beispielsweise – und die unglaubliche Nachkommenschaft von Abd el-Kader wollten sich alle Familien, nachweis-

lich »die Großen Familien« unter den Palästinensern, in der ersten Reihe Palästinas wissen, entweder gegen die Engländer oder Israel ankämpfend, also notwendigerweise an der Spitze des Vaterlands.

Die Familie Husseini* – Söhne, Enkel, Neffen, Großneffen des Großmufti von Jerusalem – zählt viele Märtyrer in der palästinensischen Sache. (Wenn ich bestimmte Worte wie Märtyrer benutze, so nehme ich jene adelnde Morgenröte, derer sich die Palästinenser rühmen, nicht für mich in Anspruch. Mit etwas spaßhaftem Abstand greife ich hier und da ein Wort aus dem Vokabular auf. Das ist alles. Ich werde auf diesen Dreh zurückkommen.)
Madame Shahid (Name, der Märtyrer bedeutet), geborene Husseini, Nichte des Großmufti, erzählte mir, wie mir schien mit Stolz, von der Festlegung des Khediven von Konstantinopel:
»Es herrschte eine solche Unordnung in all dem christlichen Durcheinander um die Grablegungskirche, hinterhältige, grobe und buchhalterische Zwistigkeiten (wer die größte Anzahl von Messen in der Kirche liest, wer sie die meiste Zeit über nutzt, Römisch-Katholische, Russisch-Orthodoxe, Griechen, Maroniten mit oder ohne Tonsur; nach welcher Liturgie? Von den französischen, italienischen, deutschen, spanischen, koptischen Bischöfen, von den grie-

* Die Familie Husseini, deren Angehörige noch zahlreich sind, steht in keiner verwandtschaftlichen Beziehung, höchstens sehr entfernt, zu Hussein, dem derzeitigen König von Jordanien, bis auf jene, die auf den Propheten zurückreicht, da beide Familien – die aus Hedjaz und die aus Palästina – Chorfa sind, das heißt vom Propheten abstammen.

chischen, russischen Popen wollte jeder die Messe in seiner Sprache lesen), so daß die Khediven entschieden, daß zwei oder drei muslimische Familien die Schlüssel der Heiligen Grablegungskirche und der Auferstehungskirche auf ihrem Grundbesitz in Jerusalem bewahren sollten. Ich erinnere mich des Lärms der Karosse auf dem Pflaster, die meinen Vater mit dem Schlüssel zum Grabe Jesu zurückbrachte und der Freude meiner Mutter, die ihren Gatten unversehrt fand.«

Die »großen Familien« blieben dem Kampf verbunden. Nicht alle Mitglieder, vorausgesetzt sie wurden als solche anerkannt, halfen der Sache in gleichem Maße, einige bedienten sich ihrer, indem sie sich je nach Interessenlage von ihr entfernten oder sich annäherten. Husseini ist eine Familie, die viele Helden hervorgebracht hat, Nashashibi – obgleich Rivale unter den Osmanen – ebenfalls.

Die Vertreter der großen Familien ersparten einander nichts, ihr Vorrecht bestand darin, richtig oder falsch zu überliefern, was ihren Konkurrenten und ihresgleichen schaden würde. Eine Sache bekomme ich nicht zu fassen: die Beschimpfungen unter den Fedajin. Ist meine unzureichende Sprachkenntnis dafür verantwortlich? Dennoch hörte ich Beleidigungen gegen die militärischen Führer. Die Kämpfer machten kein Hehl aus der geringen Wertschätzung, die sie ihnen entgegenbrachten. Von den Vorgesetzten sprachen sie mir gegenüber mit Herablassung, nie jedoch übereinander. Dieser Punkt schien mir von großer Ausgewogenheit: ohne es zu betonen waren die Gewichte genau verteilt.

In gleichem Maße ignorierten die Fedajin die beschwörerischen Kringel, welche jede der großen Familien von Generation zu Generation zur Ausschmückung des muslimischen Heldenliedes beitrug. Keiner hätte mir die Überlieferung erzählen können, die ich Madame Shahid verdanke:

»Der Sultan (hier ein vergessener Name) beschloß, als er in Jerusalem eintraf, vor jeder Amtshandlung ein Gebet zu sprechen. Es gab noch keinen Ort für den islamischen Kultus. Die Bevölkerung bot dem Sultan an, in einer christlichen Kirche zu beten. Er lehnte ab, denn: ›Wenn ich das tun würde, könnte schon ein einziger unter den Gouverneuren, die nach mir kommen werden, in dieser Geste einen Vorwand erkennen, diese Kirche zu beschlagnahmen, da sie der Ort eines Gebetes zu Allah gewesen war.‹ Er betete draußen. An jenem Ort, an dem der Islam, seitdem, die Felsendom genannte Moschee errichtet hat.«

Arabische Erzählung, die exakt der Legende des Franzosen Saint Louis entspricht, der unter einem Eichbaum Gerechtigkeit übte und die Eicheln segnete.

Durch und durch Palästinenserin, reicherte Madame Shahid mit Hilfe ihrer nuancierten Geschichten die Legende eines toleranten Islam an, indem sie sich gleichzeitig, so wie man sich auf englischen Friedhöfen eines Grabes annimmt, um das Ansehen eines Sultans kümmerte, von Zeitalter zu Zeitalter, der, selbst wenn er vor tausendfünfhundert Jahren lebte, vielleicht ihrer Linie entstammte, direkt oder verbündet. Die Fedajin wußten nichts von derlei Märchen.

Die Monarchie des arabischen Volkes war das Versprechen von Lawrence an Faisal, welches England nicht einhielt. Frankreich, durch den Völkerbund ermächtigt, bekam den Libanon und Syrien, England Palästina, der Irak Transjordanien. Die Rivalität der großen Familien verwandelte sich in Patriotismus. Ihre zu Kriegsherren gewordenen ältesten Söhne wurden von England, von Frank-

reich Bandenchefs genannt und um 1933 Hitlers Jünger im Nahen Osten. Der palästinensische Widerstand war geboren.
Als ich mit dem Empfangskellner eines Hotels plauderte, gestand er mir eines Tages, auf Antwort aus Kanada zu warten, wo er hoffte, in einem *Palace* angestellt zu werden, »anstatt ohne Zukunft hier auszuharren«. In diesem Moment ging ein alter Diener hinter ihm vorbei, krumm, gebrochen, traurig, eilig im Büro verschwunden.
»Da bitte, meine Zukunft, falls ich bleibe. Sechzig Jahre Dienst«, sagte er voller Verachtung.
»Ohne einen Tag der Auflehnung.«
Wütend mit der Handfläche auf das Mahagoni der Theke schlagend:
»Ja, Monsieur, vollkommen richtig, sechzig Jahre ohne einen Tag des Aufbegehrens. Aus eben diesem Grund werde ich sonstwohin gehen.«

Die politischen Verantwortlichen, Militärs der PLA und der PLO, Politiker aller Nationen, darauf eingestimmt Arafat zu treffen, Journalisten, mehr oder weniger Freunde oder Befürworter des Widerstands, ein paar deutsche Schriftsteller, die ihm zustimmten, waren die Gäste des Hotels »Strand« in Beirut. In den Salons des Hotels war es möglich, einen oder einige Whiskeys mit den Leibwächtern Kadoumis zu trinken. Vom Direktor des Hotels empfangen, trat Samia Solh ein. Bevor sie ihren Sessel erreichte, ließ die Schwägerin des Prinzen Abdallah von Marokko den mit weißer Seide gefütterten Nerzmantel, der ihr bis zu den Füßen reichte, ihren Körper hinabgleiten. Er fiel zu Boden und bildete für eine Sekunde einen Sockel aus Pelz, den sie überschritt. Ein Boy hob den Mantel auf und trug ihn auf beiden ausgestreckten Armen zur Garderobe.

Ich war achtzehn, als man mir hier, in Beirut, auf dem »Platz der Kanonen«, die vier Gehenkten (man sagte mir »Diebe«, aber heute glaube ich, daß es aufständische Drusen waren) zeigte, die noch baumelten; mein Auge, genauso geschwind wie das der Gäste des »Strand«, suchte, und fand, den Hosenschlitz der Gehenkten; im »Strand« suchten die Blicke zuerst den berühmten Hintern, hinauf zu dem berüchtigt flinken Mund und der Zunge jener so schönen, doch so dummen Samia.

»Wir haben uns sofort gemocht. Es ist gerade eine Woche her, daß ich mit Muamar in Tripolis war.«

Bewegt – sie ahnten nicht, daß zehn Jahre später die PLO in Libyen verboten, ihre Büros in Tripoli verriegelt sein würden – lauschten die palästinensischen Offiziere ihr dermaßen hingebungsvoll, daß sich unter ihren Mitteilungen, die sich lediglich als Gemurmel für einige wenige verstanden, ihre Stimme, im Schweigen der Andacht, zur Feierlichkeit einer Hauptvorlesung am Collège de France auswuchs. Eine Vorlesung, die von Ausbrüchen eines aus den Tiefen der Kehle kommenden Gelächters begleitet wurde, jeden daran zu erinnern, ihren dreifach mit dem Kollier einer Venus umwundenen Hals betrachten zu sollen, dem dieses Lachen entstieg, ein Lachen, welches sich perlend wähnte, allerdings fettig klang, sobald es den Vornamen Gaddafis betonte.

Kein Mensch konnte vernünftig mit ihr reden. Nur das Radio wagte es, die erneuten Massaker an den Ufern des Jordan und die Flucht der Fedajin, in aller Seelenruhe geschnappt von israelischen Soldaten, ohne Angst zu kommentieren.

Das Hinterteil, die Kehle, der Nacken, die Lippen konnten nicht berührt werden. Vor ähnlichen Schönheiten, die kaum mehr sind als Produkte von Pflege, Massagen, Klapsen gegen Zellulitis, von Löwenzahnmilch, Bienengelee, Gelee Royale, den Hervorbringungen schamloser Chemiker, kriegt, wie ich inzwischen verstehe, ein Fedajin einen Steifen, ich muß mich das also gefragt haben. Die Umtriebigkeit, die sie an jenem Abend zur Schau stellten, öffnete mir die Augen. Das Lob galt nicht der Teufelin mit dem durch unablässige Bewegung wackelnden Arsch, sondern der Geschichte, die von ihr in das vor Beton strotzende »Strand« getragen wurde. Im Hotel »Strand« traf sich die Führung der PLO, unter ihnen Kamal Adouan, Kamal Nasser, Abu Youssef Nedjar, über deren Tod durch Israelis, die Schwuchteln nachäfften, ich erzählen werde; und waren diese Toten womöglich die Antwort auf die Attentate von München während der Olympischen Spiele von 1972?

Verdun* ist eine übersichtlich gegliederte Anlage. (Ich habe nicht gesagt Vermengung von Kreuzen und Halbmonden, die einen riesigen Friedhof bilden.) Dort hat ein Töten stattgefunden, ohne anderen Urheber als Gott höchstselbst, Senegalesen, Madegassen, Tunesier, Marokkaner, Mauritier, Kaledonier, Korsen, Pikarden, Annamiten, Reunionier prallten in unterschiedslos tödlichen Vorstößen auf pommersche, preußische, westfälische Ulanen, Bulgaren, Türken, Serben, Kroaten, Togolesen; tausende Bauern haben sich im Schlamm gegenseitig zerfleischt, sind aus allen Himmelsrichtungen dorthin zum Sterben gekommen. Teilten den Tod in gleichem Maße aus, wie sie ihn empfingen. So zugespitzt und derart mannigfaltig, daß zahlreiche Dichter, und nur Dichtern stellt sich die Frage,

* Kleine französische Stadt, auf deren geographische Lage ich nicht eingehe.

diesen Ort mit einem magnetischen Block verglichen, der die Menschen, die internationalen, nationalen und provinziellen Soldaten anzog, dort zu sterben, ein Magnetblock, der einen anderen Polarstern anzeigte, symbolisiert durch eine andere Frau, eine andere Jungfer.

»Unsere palästinensischen Gräber sind aus dem Flugzeug auf die ganze Welt niedergefallen, und irgendwo sterbend verbindet sich kein Großfriedhof mit ihrem Namenszug. Unsere Toten sind aus einem einzigen Merkmal des arabischen Volkes hervorgegangen, einen idealen Kontinent zu gründen. Wenn Palästina aus dem himmlischen Reiche niemals herabstiege auf die Erde, wären wir weniger wirklich?«, singt auf Arabisch ein Fedajin.

»Der Peitschenschlag der Verhöhnungen tat not. So sind wir Himmelsnation am Rande der Abnutzung, mitunter nahe der Landung, mit dem politischen Gewicht des Fürstentums von Monaco«, antwortet auf Arabisch ein anderer Fedajin.

»Wir, Söhne von Bäuerlein, plazieren unsere Friedhöfe am Himmel, setzen den Akzent auf unsere gegenwärtige Beweglichkeit, erbauen ein immaterielles Reich, dessen einer Pol Bangkok und dessen anderer Lissabon ist, hier die Hauptstadt und, hier und da, ein Garten künstlicher Blumen, geliehen von Bahrein oder Kuweit, terrorisieren das Universum, verpflichten die Flughäfen, Triumphbögen für uns bereitzustellen, die wie die Türschelle der Lebensmittelhandlung läuten, tun wirklich das, wovon die Haschischraucher träumen. Aber welche Dynastie ›hat nicht ihre tausend Jahre Herrschaft auf einer Fälschung gegründet?‹ «, sagt ein dritter Fedajin.

Überall war Obon, der japanische nichtexistente Tod, und das Kartenspiel ohne Karten.

Ein Nachmittag unter den Bäumen.
»Wickeln wir uns ein bißchen fester in unsere Decken ein. Schlafen wir. Morgen werden wir als Duplikat der jüdischen Welt aufwachen. Wir werden einen palästinensischen Gott erschaffen haben – keinen arabischen –, einen palästinensischen Adam, eine Eva, einen Abel, einen Kain erschaffen ...«
»Wie weit bist du mit deinem Satz?«
»Duplikat.«
»Mit Gott, Schrift, Zerstörung des Tempels und dem Rest?«
»Neu-Israel, aber in Rumänien. Wir besetzen Rumänien oder Nebraska und wir werden dort palästinensisch sprechen.«
»Wenn man Sklave war, ist es süß, Schweinehund zu sein. Palo* gewesen zu sein und Tiger werden.«
»Werden wir Sklaven beim Erwachen furchtbare Herren sein?«
»Bald. In zweitausend Jahren. ›Wenn ich dich vergesse, El Kods**‹...«
Die beiden Fedajin, von einem Ende des Lagers zum anderen, schickten sich Sticheleien zu. Sie hörten nicht auf zu lächeln, ihre Schnurrbärte mit dem Daumen, dem Zeigefinger oder der Zunge glattzustreichen, alle ihre Zähne zu zeigen, einander Feuer anzubieten. Feuer anbieten, das brennende Feuerzeug ausstrecken, mit der Handfläche der Flamme einen Schirm bilden, es dem anzuzündenden Ende nähern, die Flamme umständlich löschen, den Feuerstein noch reiben, diese ganzen Kniffe der Gebärden sind

* Palästinenser.
** Wenn ich dich vergesse, Jerusalem (El Kods auf Arabisch).

beliebter als das falsche Anbieten einer Zigarette, wenn die Emire diese zu Tausenden von Paketen herabregnen lassen. Diese einfachen und schwierigen Gesten weisen auf Willfährigkeit oder wirkliche Freundschaft hin, angezeigt von einem Lächeln, dem Leihen eines Kammes, einer Hilfe beim Haare bürsten, einem einfachen Blick in einen winzigen Spiegel. Aber das Grün war derart präsent, gar unverschämt, daß ich begann, den Geruch einer Viandox zu vermissen.

Die Bäume, ich lese bei mir selber nach, tauchen oft auf. Denn sie sind weit entfernt. Das ist fünfzehn Jahre her, heute höchstwahrscheinlich gefällt. Selbst im Winter, wenn sie sich gelb färbten, fielen die Blätter nicht ab. Vollzieht sich dieses Wunder woanders? War es ein Wunder? Beim Auftauchen der Bäume wissen Sie, daß das Glück, der bewaffnete Frieden, darunter spazierenging. Bewaffneter Frieden, weil es Waffen gab, die Kugel im Lauf, aber Frieden, wie ich mich nicht erinnere, ihn jemals tiefer gespürt zu haben. Der Krieg war um uns: Israel wachte, ebenfalls bewaffnet; die jordanische Armee drohte, jeder Fedajin tat genau, was zu tun ihm auferlegt war, jede Sehnsucht war überwunden von lockender Freiheit: Gewehre, Maschinenpistolen, Katjuschkas, all diese Waffen mit ihren Zielen, und unter den goldenen Bäumen der Frieden. Diese Bäume kehren wieder: ich habe nicht annähernd von ihrer Zerbrechlichkeit gesprochen. Alles bestand aus Bäumen, aus Holz, mit gelben Blättern, die durch einen sehr feinen, aber echten Stiel an den Zweigen befestigt waren, und doch war der Wald von Ajloun so zerbrechlich, daß er mir eher wie bestimmte Gerüste erschien, die wieder verschwinden, sobald das Haus anständig vermauert sein wird. Unstofflich, er war eher eine Skizze für einen Wald, ein improvisierter Wald mit irgendwelchen Blättern, aber durchquert von so schönen Soldaten, daß sie den Frieden mit sich führten. Fast alle starben oder wurden Gefangene und Gefolterte.

Ferrajs Einheit, zusammengesetzt aus ungefähr zwanzig Fedajin, lagerte weit genug von der asphaltierten Straße zwischen Jerash und Ajloun entfernt im Wald. Wir stießen im flachen Gras sitzend auf sie, Abu Omar und ich. Abu Hani war der Oberst, der den gesamten Sektor befehligte, das heißt ein Territorium von ungefähr sechzig Kilometern Länge und vierzig Tiefe, zwei Seiten wurden vom Jordan begrenzt, die andere von der syrischen Grenze; die erste Sache, die der Oberst den seltenen Besuchern mitteilte, war sein Dienstgrad. Ich erinnere mich an ihn als an einen Träger von Tressen, mit kurzen Pfoten, Reitgerte unter dem Arm, Sterne auf den Schultern, Gesicht stark gerötet, eher wütend als gebieterisch, jedoch nahe an der Dummheit. Die Porträts des französischen Königs Charles X. erinnern im Ausdruck daran, nicht in der Statur. Ferraj war 23 Jahre alt. Schon bald nahm unser Gespräch den Verlauf, den er wünschte.
»Bist du Marxist?«
Überrumpelt, jedoch der Frage, ebenso wie der Antwort keinerlei Wichtigkeit beimessend, sagte ich:
»Ja.«
»Warum?«
Die selbe Gleichgültigkeit auf meiner Seite. Die Jugendlichkeit im Gesicht von Ferraj wirkte unschuldig, ohne Arg und ohne Hinterhalt, lächelnd, doch gespannt auf meine Antwort, die ein wenig auf sich warten ließ, und, tatsächlich unüberlegt genug, sagte ich:
»Vielleicht weil ich nicht an Gott glaube.«

Abu Omar übersetzte sofort und mit großer Genauigkeit. Der Oberst sprang auf, das heißt, sitzend wie wir alle auf dem Moos oder dem roten Gras, stand er auf, so als ob er zurückprallte und kreischte:
»Genug!« – er wandte sich an mich und an die Fedajin – »Hier können Sie über alles reden. Über absolut alles. Aber ziehen Sie die Existenz Gottes nicht in Zweifel. Kein Gotteslästerer wird toleriert. Der Westen wird uns nicht länger belehren.«
Weiterhin genauso beherrscht, übersetzte Abu Omar, der selbst Christ und gläubig war, ruhig, wenn auch leicht genervt. Ohne die Augen auf den Oberst zu richten, antwortete Ferraj, der mich anblickte, ebenfalls ohne die Stimme zu heben, mit wie ich glaube ein wenig der Milde beigemischter Ironie, auf die Art und Weise, mit der man sich harmlosen Verrückten zuwendet.
»Es steht dir frei, nicht auf ihn zu hören, und das wird dir nicht schwerfallen. Dein Posten ist dort unten, zwei Kilometer von hier. Du hast ihn, wenn du langsam gehst, in einer Viertelstunde erreicht. Und du wirst nichts mitkriegen. Wir aber, wir werden den Franzosen bis fünf Uhr morgens hier behalten. Wir werden ihn ausfragen und werden ihm antworten. In seinen Antworten wird er frei sein, so wie wir in unseren Fragen.«
Man würde mir demzufolge in dieser Nacht meine Aufnahmebescheinigung ausstellen oder sie mir verweigern.
Abu Hani haute ab, nachdem er verfügt hatte, daß man ihm einen Bericht über das, was ich während dieser Nacht sagen würde, vorlegen würde.
»Ich bin verantwortlich für die Disziplin des Lagers.«
Am nächsten Morgen kehrte er auf den Stützpunkt von Ferraj zurück. Er reichte mir die Hand. Er tat so, als wisse er, worüber gesprochen worden war.

Unsere Nachtwache unter einem Zeltdach, wiederum unter Bäumen, hatte lange genug gedauert. Jeder Fedajin stellte mir einige Fragen, während er gleichzeitig entweder Tee, Kaffee oder sein Argument vorbereitete.
»Es ist an euch, mir etwas zu erzählen. Mir beispielsweise zu sagen, was ihr unter Revolution versteht, und wie ihr es anstellen werdet, daß sie gelingt.«
Vielleicht beflügelt von der schon morgendlichen Stunde, der Zeit, die mehr und mehr unbestimmt wurde, jener Zeit, die außerhalb jeglicher Verortung liegt und einen berauscht, die Uhren des Gedächtnisses verstellt und vorgibt, den Worten alle Freiheit zu lassen. So wie man in den Städten, wenn eine Bar schließen will, plötzlich nichts als das Geräusch der Spielautomaten vernimmt, irgend etwas tief innen uns aufmerksam und außerordentlich klar werden läßt, obwohl wir die Diskussion fortsetzen möchten, die draußen weitergehen wird, weil die Kellner übermüdet sind. Hinter den Zeltwänden hörten wir die Schreie der Schakale. Der Ort wurde, vielleicht aufgrund unserer Müdigkeit, zeitlos und unräumlich, getragen von ihrer jugendlichen Eloquenz, die sie sichtlich genossen, redeten die Fedajin weiter und Abu Omar übersetzte:
»Da Fatah der Anfang einer Revolution und nicht nur eines Befreiungskrieges ist, werden wir dieses Aufkeimen von Gewalt dazu benutzen, uns von den Privilegierten zu befreien, und vor allem von Hussein, den Beduinen und den Tscherkessen.«
»Aber wie werdet ihr es machen?«
»Das Erdöl gehört den Völkern, nicht den Emiren.«
Ich erinnere mich sehr genau dieses Satzes, und eher treuherzig als verschlagen, wenn auch in einer Mischung aus Überzeugung und Spiel, dachte ich, daß das allerärmste Volk es vielleicht nötig hat, selbst wenn es immer mehr

verarmt, sich den Luxus zu leisten, über sich fette Emire zu halten, die ihren Speck in der Verborgenheit und Kühle der Gärten ausführten, denn manche unter den Armen sparen für Weihnachten, ruinieren sich für Weihnachten, während andere, noch ärmere, über sich eine fette Pflanze züchten. Es gibt Völker, die sich in der Nacht von Läusen, am Tage von Fliegen auffressen lassen, um Herden von frommen Monarchen zu mästen. Meine Überlegungen gingen zu weit für diese Nacht, ich sprach sie nicht aus. Der Rauch von arabischem Tabak quoll uns aus Mündern und Nasenlöchern.

»Wir müssen uns Husseins, Amerikas, der Engländer, Israels und des Islam entledigen.«

»Aber warum des Islam?«

Seit unserer Ankunft hatte ich den vollen schwarzen Bart und den brennenden Blick bemerkt, das schwarze, glänzende Haar, die braungebrannte Haut und auch die Schweigsamkeit, die um so stärker erschien, als sie endete. Die Frage kam von ihm: »Aber warum des Islam?« Mit einer sanften, festen, aber in ihrer Klarheit fast durchscheinenden Stimme:

»Warum sich des Islam entledigen? Wie? Sich lossagen von Gott?«

Er adressierte sich vor allem an mich. Er fuhr fort:

»Du bist hier, nicht nur in einem arabischen Land, weder nur in Jordanien noch am Ufer des Jordan, aber mit den Fedajin, das heißt folglich, daß du ein Freund bist. Bei deiner Ankunft – er lächelte – bei deiner Ankunft, – du bist aus Frankreich gekommen und ich aus Syrien –, bei deiner Ankunft hast du uns gesagt, daß du nicht an Gott glaubst, aber meiner Ansicht nach, wenn du nicht an ihn glaubtest, wärest du nicht gekommen.«

Er behielt sein Lächeln.

»Ich möchte ein guter Muslim sein. Wenn du einverstanden bist, werden wir beide und vor allen Anwesenden diskutieren. Nimmst du an?«

»Ja.«

»Dann steh auf, geh die eine Hälfte des Weges, ich die andere. Wir wollen uns umarmen. Möge die Freundschaft während und nach der Diskussion bestehen bleiben, aber bevor wir beginnen, zuerst die Freundschaft. Es ist ein Jahr her, daß ich ausgesucht wurde: man hat mich drei Monate nach China geschickt. Was ich von den Gedanken Maos behalten habe, ist folgendes: vor der Diskussion die Freundschaft und ihr Beweis: zwei Küsse auf die Wangen.«

Er sprach ungezwungen. Wenn er ein wenig davon eingeschüchtert war, einen derart individuellen Standpunkt einzunehmen, so spürte man ihn doch vom Boden der Festigkeit ausgehen, die Gottheit ihm gegenüber erforderte das. Die Stille unter den Fedajin war restlos, als wir uns erhoben, um uns in der Mitte des Zeltes zu umarmen und auf unsere Plätze zurückzukehren. Die Diskussion kam auf die Formel zurück: »Man muß jedenfalls Erdöl abbauen.« Zweifellos. Einer, zahlreiche Experten würden sich mit den Kohlenwasserstoffen befassen. Aber an diesem Morgen erschien es den Fedajin, als bestünde das Erdöl Arabiens aus einem einzigen bodenlosen Brunnen, einem Brunnen der Danaiden, ähnlich der Truhe voller Goldstücke des Engländers, welche nie leer würde, trotz der vollen Taschen, Säcke, Schachteln, Satteltaschen der arabisch-türkischen Offiziere. Abu Gamal, der Syrier, sprach:

»Wenn Gott nicht existierte, wärest du nicht hier. Die Welt hätte sich demnach selbst erschaffen und die Welt wäre Gott. Die Welt wäre gut. Sie ist nicht Gott. Die Welt ist unvollkommen, was Gott nicht ist.«

Abu Omar übersetzte ins Französisch. Einigermaßen un-

verfroren, aber müde, also trunken von Müdigkeit, antwortete ich: »Wenn Er sie geschaffen hat, hat Gott die Welt in einem schlechten Zustand geschaffen, was auf dasselbe hinausläuft. Und Gott ist Ursache dieses Zustands der Welt.«
»Wir sind hier, um Abhilfe zu schaffen. Wir sind frei in unseren Anwendungen und unserem Elend.«

Ich spürte sehr wohl, daß die Erde flach war, und daß Lothringen sich noch Lotharingen nannte und Lothar gehörte. Sollte ich den heiligen Thomas von Aquin um Hilfe anrufen. Abu Gamal und ich setzten das Stechen fort, weder der eine noch der andere versäumte es zu erahnen, daß es unweigerlich zu Ketzereien führte, doch was mir immer kostbarer wurde, waren weder dieses oder jenes Argument, sondern eine Art von Herzlichkeit und Zuversicht, nicht unsere Diskussion, die auf einer blutarmen Scholastik zu beruhen schien, eine Liebenswürdigkeit, Überzeugung-Bestreitung, an der die Umsitzenden teilhatten. Wir waren in der Tat frei, lediglich Unsinn zu reden. Falls wir nicht schon vollständig berauscht waren, sind wir abgehoben, indem wir wußten, daß zwei Kilometer von uns entfernt, höchstwahrscheinlich allein, Abu Hani Schläfchen um Schläfchen nahm.
Beinahe brutal unterbrach ich einen Satz von Ferraj, um mich Abu Gamal zuzuwenden.
»Indem du gewollt und fast gefordert hast, die Diskussion anzufangen, sie unter die Autorität Gottes zu rücken, entziehst du mir den Boden unter den Füßen, ich beziehe mich nicht auf jemand so Großartiges. Und noch viel großartiger, als du frei bist, sie in jeder Hinsicht auszuweiten. Als du gewollt und fast gefordert hast, das Gespräch unter das Zeichen der Freundschaft zu stellen, so weil der Muslim, der du bist, mehr Vertrauen für die Freundschaft hegt

als für Gott. Weil wir hier sind, bewaffnet, ein Ungläubiger unter den Gläubigen, ungläubig und doch euer Freund.«
»Wer stiftet die Freundschaft, wenn nicht Gott? Für dich, für mich, für uns alle hier, diesen Morgen. Wärest du ein Freund, wenn Gott nicht die Freundschaft für uns in dich, und in uns die Freundschaft für dich gesenkt hätte?«
»Warum senkt Er sie dann nicht in Israel?«
»Er kann sie dorthin leiten, wann immer Er will. Und ich glaube, daß Er es wollen wird.«
Allerdings sprachen wir der Reihe nach von den Möglichkeiten, die Wüste zu bewässern.
»Also müssen wir uns der Emire entledigen, sie besitzen die Wüste. Und die hydraulischen Techniken studieren. Verdruß bereitet uns, daß unsere Emire vom Propheten abstammen«, sagte Ferraj.
»Wir werden ihnen schon nachweisen, daß sie wie wir Söhne Adams sind.«
Das sagte Abu Gamal. Dann sprach er mich an:
»Wenn ein jordanischer Soldat, das heißt ein Muslim, dich bedrohte, würde ich ihn töten.«
»Ich würde das gleiche versuchen, falls er dich bedrohte.«
»Wenn er dich tötete, würde ich dich rächen, indem ich ihn tötete«, sagte er lachend.
»Es muß schwierig sein, Muslim zu bleiben. Ich respektiere dich, weil du den Glauben hast.«
»Danke.«
»Respektiere mich dafür, zu wissen, daß ich seiner entbehren kann.«
Den Schritt zu riskieren war gefährlich. Er zögerte und tat es, schlußendlich, nicht.
»Ich bitte Gott, daß er dir den Glauben *zurückgibt*.«
Alle im Zelt schüttelten sich vor Lachen, selbst Abu Omar, sogar Abu Gamal. Es war fast vier Uhr morgens.

Diese Sitzung war zweifellos verzaubert durch die nächtliche Anwesenheit einer Jugend, die Tee und Orangensaft trank, einem alten Franzosen zuhörte und ihn belehrte, unvermittelt hingestellt unter die Zweige eines Winters, der im Schwarzen September begann, mitten unter Terroristen ohne jeden Zynismus, Spötter, die fähig zu verbalen Winkelzügen waren, ein wenig ausschweifend, aber mit der Zurückhaltung siebzehnjähriger Seminaristen, Terroristen, deren Name die Zeitungsseiten wie ein Blatt im Wind erzittern ließ. Ihre am Boden und in der Luft vollbrachten Taten wurden darin mit Schrecken und Ekel beschrieben, einem ziemlich gut nachgeahmten Ekel in Gesicht und Worten. Ihnen gegenüber einige moralische Allgemeinplätze anzusprechen kümmerte sie wenig. Jene Nacht, vom Abend bis zur Morgendämmerung …

Seit meiner Ankunft in Ajloun erlitt die Zeit eine merkwürdige Umformung. Jeder Augenblick war *»kostbar«* geworden, kostbar jedoch auf einer derart brillanten Höhe, daß man die Stücke davon hätte aufsammeln müssen: auf die Zeit der Obsternte folgte die Obsternte der Zeit.

Es gelang mir jedoch, sie in Erstaunen zu versetzen, indem ich acht Kapseln Nembutal schluckte. Mein Schlaf in einem tief in die Erde gegrabenen Unterschlupf, direkt unter dem Zelt, war friedlich. Die amerikanischen Schwarzen der Schwarzen Panther hatten meine Sympathie, die Situation, in die USA einzureisen, hingegen war so possenhaft, nachdem mir der amerikanische Konsul in Paris das Einreisevisum verweigert hatte, hier jedoch war sie weitaus sonderbarer, ruhig im Schutz dieses wilden Gleichheitsverlangens zu schlafen, das ungestüm erlernt und angewandt wurde: der Vorgang schien mir nie von großer Wichtigkeit, weder lustig, noch schaurig oder heldenhaft, die sanften Terroristen hätten auf dem Marsfeld biwakieren und wir sie von weitem mit dem Fernglas beobachten können, aus Angst, naß zu werden, denn sie pißten hoch und sehr weit. Kurz bevor ich mich auf den Decken ausstreckte, die sie mir im Unterschlupf zeigten, betrachteten die fünfzehn oder zwanzig Terroristen, die Hälse dem Fläschchen entgegen gereckt, entzückt über die Anzahl der Kapseln (acht) des Nembutal und die Gelöstheit meines Gesichts, wie mein Adamsapfel tanzte, während ich das Gift schluckte. Ich sah in ihren Augen soviel Erstaunen, vielleicht Bewunderung, daß ich glaubte, sie dachten:

»Ohne ersichtliche Furcht eine solche Dosis zu schlukken, muß der Mut Frankreichs sein. Wir beherbergen diese Nacht einen Helden.«

Diese mit Diskussionen, freundschaftlichen Streitereien zugebrachten Stunden, diese langen Nächte blödsinniger Müdigkeit und gegenseitiger Zutraulichkeiten fallen mir wieder ein: ein inkonsistentes Geplapper, das ich wieder wachrufe, indem ich es aufschreibe.

Jede Moschee, so klein sie auch war, hatte ihren Springbrunnen: kümmerlicher Wasserstrahl, Morast oder von schützenden Mauern umgebenes Becken, für die rituellen Waschungen. Im Wald, ob sich nun die Haare seines Genitals zu rasieren, sich auf das Gebet vorzubereiten, baute sich der gläubige Fedajin von sechzehn bis neunzehn Jahren aus belaubten Zweigen und einem grünen Plastikeimer einen winzigen Ganges, ein sehr kleines, aber individuelles Benares am Fuße eines Feigenbaums – Buche oder Korkeiche –, ein regelrechtes Bespritzen reinigte ihn. Indien wurde so genau nachgestellt, daß ich, nahe an diesem Ort des Gebets vorübergehend, aus dem Mund des aufgerichteten Muslims, die vor sich ausgestreckten Hände zur Muschel geformt, das Gemurmel »Om mani padme hum« vernahm. Der mohammedanische Wald war von stehenden Buddhas bevölkert.

Zumindest:
Selbst wo nur ein wenig Wasser floß oder stockte, war das eine Quelle, und vor ihr stand, seltener als in Marokko, bei hereinbrechender Nacht, hier der Islam, der mit jedem Schritt gegen das Heidentum zielte. Hier, wo christlicher Glaube Gott gegenüber eigentlich Lästerung bedeutet, bringt das Heidentum, einsam wie das Laster gleichen Namens, ein wenig Nacht in den Mittag, Sonne ins Dunkel, ein bißchen Schaum, eine Feuchtigkeit, die den feinsten Verästelungen des Jordan entspringt, den Heuschnupfen jener Fee hervorruft, die, ihren Stab in der Hand, wacht und hustet. Feuchtigkeit, welche die Spur eines menschlichen Fußes hinterläßt.

Da sie nie auch nur irgend etwas besaßen, den Luxus niemals kannten, von dem sie die Welt leerfegen wollten, stellten die Fedajin ihn sich vor. Diese »flauen Zeiten«, von denen ich weiter oben sprach, sind, was ich in einem Atemzug mitteilen und verbergen wollte: diese Träumereien, von denen man sich befreien muß, wenn man weder die Kraft noch die Gelegenheit hat, sie zu leben. Deshalb erfindet man nämliches Spiel: die Revolution, denn die Revolte nimmt diesen Namen an, sobald sie dauert und sich verfestigt, sobald sie aufhört, eine poetische Verweigerung zu sein, versteht sie sich als politische Bekräftigung.
Damit diese geistige Aktivität zum Tragen kam, mußte sie sich einnisten, so wie das Futter in der westlichen Beklei-

dung, doch Schritt für Schritt scheint man sich davon zu lösen. Die Behauptung des Reichtums, der rein geistigen Macht, gestattete es – Schimäre! – , die Waffen zu schärfen, welche uns helfen, sie, von unserem Zusammentreffen mit wirklichem Reichtum und wirklicher Macht an, zu zerstören. Außer dem abgenutzten Plüschkissen auf einer Ottomane in den Tiefen eines alten, türkischen Hauses war es roter Samt, der in Jordanien fehlte. Die Fedajin sahen sich gezwungen, die Machtansprüche roten Samts zu begründen – warum dieser Stoff und diese Farbe? Gibt es eine Beziehung zwischen ihnen und der Macht? Man nimmt es freilich an. Der Prunk dieser fast absoluten Herrschaft, jener des Sonnenkönigs, verlangte roten Samt, die Krönung des ersten französischen Kaisers geschah in Samt und in Rot, des zweiten ebenfalls. Die anderen Stickereien ersticken weniger, und ihre Farben bleiben angenehm. Aber roter Samt! Der behauene und ziemlich weiche Stein, aus dem die Villen in Amman, Jebel Amman vor allem, bestehen, erdrückte die Kommandos weit weniger, als er auf den Frauen und Greisen lastete, die unter den Zeltbahnen der Lager zurückblieben. Sobald ich wieder in Amman ankomme, führe ich das Leben eines lebendig Begrabenen.

»Es ist düster und pathetisch. Im übrigen muß es düster sein, damit diese Poesie zum Vorschein kommt: sie kommt nur von den Armen« (M. El Katrani, des nachts vom *Jardin des Tuileries* in Paris redend).

Marx lesen? Einige Fedajin baten mich, bei meiner Rückkehr nach Damaskus die Werke von Marx mitzubringen, allen voran *Das Kapital*. Sie wußten nicht, daß Marx es den Arsch auf Kissen aus einer rosafarbenen Seide verfaßt hatte, er schrieb es demnach, sich der Weichheit der rosa Seide, noch dazu altrosa Seide zu erwehren, der Sofatischchen, der Vasen, der Kronleuchter, der Glanzüberzüge, des Schweigens der Diener, der Bauchigkeit von Kommoden im Regence-Stil. In Jordanien hatten wir Säulen, zumeist liegend, umgestürzte römische Säulen, aufgerichtet, wieder umgefallen, dem Luxus entgegengerichtet, dadurch daß sie Geschichte sind.

An dieser Stelle vielleicht, in ansteigender Ordnung, jene, die Feinde der Palästinenser waren: Beduinen, Tscherkessen, König Hussein, arabische Großgrundbesitzer, islamischer Glaube, Israel, Europa, Amerika, Weltbank. Der Sieg kehrte nach Jordanien zurück, also zu dem ganzen Rest, vom Beduinen bis zur Weltbank.
In einer Nacht im Dezember 1970, unter dem Vorsitz von Mahjoub, gab es eine Versammlung in einer Höhle. Und Mahjoub zu den Fedajin:
»Ihr befolgt die Waffenruhe. Diesen Satz muß ich offiziell an euch richten. Das ist hiermit geschehen. Ihr seid Kämpfer, seid also schlau. Eure Schwestern und eure Cousinen sind mit Jordaniern verheiratet. Richtet es ein, daß ihr bei Kontrollen das Gewehr eines Schwagers oder angeheirateten Cousins vorzeigt. Ich habe keine andere Idee. Seid pfiffiger als ich. Die Regierung von Hussein wird keine weiteren Operationen gestatten, die von den Stützpunkten aus erfolgen, weder gegen Israel, noch gegen die besetzten Gebiete.*«
Die Ratschläge Mahjoubs wurden nur schwer angenommen. Jeder Fedajin gab seinen Grund zu bedenken, immer

* Die PLO hatte sich mit Hussein geeinigt, daß eine palästinensische Miliz bleiben kann, deren Waffen aber niemals zur Schau getragen werden dürfen. Wir waren in der Höhle, damit Mahjoub das den dickköpfigen unter den Fedajin erklären konnte, für die eine Waffe, mit der man nicht drohte, aufhörte, wirkungsvoll zu sein. Man hätte ihnen ebenso viel Schmerz zugefügt, wenn man von ihnen verlangt hätte, sich ihre Schamhaare abzurasieren.

denselben: »Was taugt ein Soldat ohne seine Waffe?« und selbst: »Was soll das bedeuten, entwaffneter Soldat?« Welcher Unterschied zwischen nacktem und entmanntem Mann? Um von ihnen angehört zu werden, ohne sie zu überzeugen, brauchte es drei Stunden in dieser Höhle, die nur von Taschenlampen und den Feuerzeugen erhellt wurde, welche die Kippen anzündeten. Beim Verlassen der Grotte war ich sicherlich der einzige, der von der Unberührtheit der Nacht ergriffen wurde, es sei denn, die Fedajin empfanden vor der Schönheit des Himmels und des gelobten Landes ihre Verletzung noch tiefer.
Jeder mußte seine Waffe am übernächsten Tag zurückgeben. Die Verstecke waren bereits vorbereitet. Auseinandergenommen, gut geölt, wäre das Gewehr veraltet, wenn die Kämpfe irgendwann später wieder aufflammen würden.
Der Gesamtheit der Fedajin in Jordanien war es, einem Protokoll zufolge, erlaubt, wachsam zu bleiben, nach wie vor innerhalb jenes Vierecks, dessen Hauptseiten der Jordan und die Straße von Salt-Irbid, die syrische Grenze und die Straße von Salt-Jordan bildeten. In der Mitte, ungefähr, Ajloun.

Etwas vollzog sich in uns: irgendein Organ war gestört und machte uns zu schaffen, anders gesagt, plötzlich sahen oder glaubten wir die Welt besser zu sehen. Also ein Ort, oft öde, ohne Menschenseele, ohne Tier, sei es nur eine Raupe, doch voller Moos, mit Kieseln, Kräutern, während einer Flucht geknickten Gräsern, auf einmal schienen alle Dinge sich gegenseitig auf liebliche Weise magnetisch anzuziehen und der Ort bebte, ohne sich bewegt zu haben. Sie waren – oder waren es seit langem – erotisiert. Das waren die Wiesen von Ajloun. Sie erwarteten lediglich ein Signal, jedoch von wem?

Von einem Strauch zum nächsten, wo ein Kommando sich in den Zelten eingerichtet hatte, huschten die lautlosen Fedajin, oft Träumer, allerdings bewaffnet, andere ohne Waffen, lauernd, hellwach und fluchtbereit. Sie transportierten eine Kiste Granaten, sie reinigten einen Revolver. Die Demütigung der Niederlage, schließlich hatten sie den Ruhm, Hussein und seinem Beduinenheer zu schaffen zu machen, bereits erfahren; sie hatten über den Wüsten Flugzeuge der El Al und von Swiss Air umgelenkt; gelernt, den Tod so vieler Kameraden durch den israelischen Feind auf dem Anstand hinter dem Jordan wegzustecken; die bedrohliche Stille der jordanischen Dörfer, und vielleicht sogar die Gedanken der Frauen und Kinder, die in den Lagern zurückgelassen wurden, empfunden; die Schande schlecht verarbeitet, es nicht gewagt zu haben, dem verchromten, mit rotem Chagrinleder ausgeschlagenen weißen Cadillac, samt unter praller Sonne eingeschalteten Scheinwerfern und zurückgeklapptem Verdeck in die Reifen zu schießen, den sie, gelenkt von einem beduinischen Chauffeur, den Kopf mit einem roten und weißen Keffieh umwickelt, johlend, in voller Geschwindigkeit an den Soldaten vorbei, die zur Seite wichen, den heiligen Bezirk durchqueren sahen.
»Ich bin der Chauffeur von Emir Jaber und ich komme, die Neuigkeiten des Neffen der Sekretärin Seiner Hoheit in Empfang zu nehmen«, das Ende des arabischen Satzes mischte sich in den Lärm der durchdrehenden Reifen und des Aufkreischens der Schaltung.

Durch den Sicherheitsdienst, der mitten in der Nacht Stellung bezog, auch wenn es sehr unauffällig vor sich ging, waren wir über die Ankunft des sowjetischen Botschafters in Kairo, seinen Besuch bei Arafat, an einem noch geheimen Ort in den Bergen von Ajloun, auf dem laufenden. Er kam mit dem Hubschrauber. Der unvorhergesehene Besuch überraschte uns wenig: das palästinensische Problem hatte aufgehört, regional zu sein. Die Großmächte interessierten sich für diese noch unbedeutende PLO, kaum daß sie entstanden war.

Wir müssen diese Stippvisite dazu benutzen, zu versuchen, ein wenig Überblick über die Dinge zu bekommen, auch wenn es schwierig sein wird, auf einmal zu einem senkrecht startenden Flugzeug zu werden. Jeder Fedajin wähnte sich frei auf diesem Territorium, das er zu Fuß oder im Auto durchquerte, ohne sich vom Boden zu lösen. Es war die Erdoberfläche, die uns festhielt, deren Relief wir mit unseren Schritten ermaßen. Der Horizont jedes Fedajin, seine mehr oder weniger gute Sicht wie auch sein Fuß sagten es ihm. Wenn er nach vorn blickte, wußte er, wohin er ging, wenn er sich umwandte, woher er kam. Weder das Radio noch eine Zeitung verbanden ihn mit dem Rest der Revolution, außer, von Zeit zu Zeit, ein Kampfauftrag. Die Verwirrung der Fedajin, selbst der Verantwortlichen, war groß, als ich ihnen sagte, daß ich an der Versammlung in Kuweit teilnehmen sollte.
»Was wirst du in Kuweit machen? Bleib bei uns. Außerdem, wer kommt schon nach Kuweit? Vor allem Europäer. Alle werden Englisch sprechen und du kannst kein Englisch.«
»In meinem Paß habe ich das Visum für Kuweit, mein Zimmer ist reserviert, und hier ist mein Einladungsschreiben.«
»Du bist dickköpfig. Wir werden dich mit dem Auto nach Deraa bringen. Zwei Fedajin werden dich begleiten.«
»Warum zwei?«

»Wir sind immer zu zweit, aus Vorsicht. Ihr überquert die Grenze, wenn ihr könnt, bei Deraa. Von Deraa fahren dich zwei andere bis Damaskus. Du nimmst das Flugzeug nach Kuweit. Bei der Rückkehr, nach dieser Konferenz in Kuweit, wartet auf dem Flughafen von Damaskus ein Auto auf dich und fährt dich nach Deraa. In Deraa wirst du erwartet und zwei Fedajin bringen dich hierher.«

Es wurde beschlossen, daß ich Ajloun nicht verlassen sollte.

Allerdings war über uns die Diplomatie der PLO aktiv, auch wenn Hussein ihr zusetzte, der von der amerikanischen Botschaft beraten wurde, deren Diplomaten, ohne daß man Einzelheiten erfuhr, aber den Gerüchten zufolge zwischen Amman, Tel-Aviv und Washington hin- und herflogen. Wir glaubten uns frei in dem Umfang, von dem ich gesprochen habe, obwohl wir von einem Punkt zum anderen wechselten, jedoch aus Sicherheitsgründen immer auf Bodenhöhe, folgten wir den Befehlen der Hauptleute, die noch in ihrer übertriebensten Gespreiztheit kaum an die Generalstabskarten heranlangten, die nicht mehr auf einem Tisch in der Horizontalen ausgebreitet lagen, sondern an einer ziemlich hohen Wand angepinnt wurden, so daß es einen Zeigestock in der Hand zu halten erforderte, um auf den äußersten Norden zu weisen: den Jordan und die ersten Städte der besetzten Gebiete. Waren sich die Palästinenser, indem sie auf den Landkarten die Geographie und den Namen Israels unterschlugen, darüber im klaren, daß sie im selben Zuge auch Palästina verschwinden ließen? Entweder malten sie Israel blau aus, was bedeutete, es ins blaue Meer zu werfen; geschwärzt wurde das Territorium zu jenem *Ort der von Schatten bewohnten Finsternisse* der Hellenen.

Arafat und die ganze PLO, mit ihren Übereinkünften und

unterschiedlichen Auffassungen im Gepäck, nahmen eine andere Höhe ein, und reisten, dank der Flugzeuge, von Hauptstadt zu Hauptstadt. Palästina hatte, für sie, als Territorium womöglich ausgedient. Seine Realität bestand darin, durch einen Nebenfaktor beziffert zu werden: aufgehend in einer Rechenoperation zwischen Ost und West. Währenddessen war der Frieden, den wir erlebten, der Frieden, den wir genossen, wie jeder von uns noch so dunkel wußte, der PLO zu verdanken.

Wir haben Kissingers Reise nach Peking komplett ignoriert, ebenso seine Rückkehr nach Pakistan am nächsten Tag. Wie sollten wir, am Rande dieses Abgrunds, wissen, daß die zwischen China und der PLO vereinbarte Hilfe gekürzt werden würde? Was war China, von hier aus betrachtet? Allen voran ein Name: Mao. Zahlreiche Palästinenser, einfache Fedajin und Anführer von Wichtigkeit, wurden nach Peking eingeladen – so wie auch nach Moskau. Ich glaube noch heute, daß sie China mit den bewegten Massen, den hitzigen Demonstrationen verwechselten, die ihnen die Bilder oder Erzählungen eines paradiesischen Alltags vermittelten – es ist mindestens vierzigmal vorgekommen, daß mir die Eingeladenen von der Schönheit der Greise berichteten, die jeden Morgen, in aller Stille, mit oder ohne ein Lächeln, die Bewegungen ihrer schwedischen Gymnastik auf dem Tien-an-Men-Platz vollführten. Sie erzählten mir auch von den langen und schütteren Bärten der sportlichen Alten, wo doch die Barttracht hier kleidet.

Vielleicht werde ich niemals wissen, ob man Widerstand oder Palästinensische Revolution schreiben soll. Hätte ich Versalien setzen müssen? Aber es gibt keine Versalien in der arabischen Schrift.

Zu Beginn dieses Buches versuchte ich ein Kartenspiel unter einem Blätterdach zu beschreiben. Ich habe gesagt, sämtliche Gesten waren echt, nur die Karten nicht. Nicht nur, daß sie nicht auf diesem Tisch waren, sondern nicht existierten, das Kartenspiel also keines war. Die Karten waren weder vorhanden noch abwesend, so wie Gott für mich gab es sie nicht. Kann man sich eine solche Aktivität vorstellen, ohne anderen Gegenstand, als den der Finte – die Einladung, die man mir machte, die Erfüllung, der Ablauf des Spektakels, die Erregung schließlich, mir eine Abwesenheit zu verdeutlichen –, die Finte um der Finte willen, kaum zu sagen, wem sie sich allabendlich offenbarte? Die Karten, genauso wie das Dope, erlitten als Mangel. Das Ende der Partie war ihr Anfang: das Nichts am Anfang wie am Ende. Insgesamt war es die Abwesenheit der Bilder – Kugeln, Reiter, zwei Schwerter, drei Schwerter, fünf, sechs Schwerter, sieben Schwerter, und Claudel, kannte er das hispano-maurische Kartenspiel? – das vor meinen Augen geschah.
Als sie es aus Palästina verjagten, wußten die neuen Besatzer nicht, hatten sie aus der Gnosis nicht gelernt, was aus dem vertriebenen Volk wird? Wenn es sich nicht selbst auslöschte, würde es einen anderen Raum, einer anderen Nation besetzen.
»Ist es nicht längst zerschmolzen?«
Wie nicht antworten:
»Wann kommt es vor, daß man ein Volk auflöst, solange es unterwegs ist? In welchem Land ist das bereits geschehen? In welcher Gegend? Mittels welcher Apparaturen?«

Was die Fedajin zutiefst verspürten, weiß ich bis heute nicht, doch lagen ihre Territorien – Palästina – für mich nicht nur außer Reichweite, obgleich sie auf ihrer Suche waren, wie die Karten nach den Spielern, oder die Atheisten nach Gott, diese Territorien hatte es nie gegeben. Spuren waren geblieben, freilich verzerrt in der Erinnerung der Alten, wo in aller Regel das Bild des Dinges, dessen man sich entsinnt, kleiner ist, als die Dinge selbst. Verkleinert in dem Maße, indem man altert, dünnen sie aus, oder unser Gedenken erhellt sie und wir sehen sie zu groß. Es geschieht selten, daß die Größenverhältnisse in der Erinnerung, die sie bewahrt, genau bleiben. Die Hökker, die Löcher, ihre Namen, alles hat sich verändert. Die unscheinbarsten Triebe wurden abgeweidet, der Wald, Papier geworden, Buch, Zeitung, wurde tagtäglich verschlungen. Das von den Fedajin in Anschlag genommene Ziel, hier bereits für sie selber ins Unvorstellbare verwandelt. Wegen einer theatralischen Gesetzmäßigkeit nahmen ihre Gesten es in Kauf, ihre Wirksamkeit einzubüßen: die Wiederholung für die Vorstellung. Die Kartenspieler, die Finger voller Gespenster, so schön, so selbstsicher sie waren, wußten, daß ihre Gesten – man muß sie auch als immerwährende Verurteilung verstehen – eine Partie Karten ohne Anfang und Ende verewigten. Sie hatten diese Abwesenheit unter den Händen, so wie die Fedajin sie unter den Füßen hatten.

»Es war sichtbar, daß ein Teil der Offiziere der Nostalgie nach schwerer Bewaffnung nachhing, nach stählernen Panzern, dem Gerät, dessen Handhabung man an den bedeutenden Militärakademien Europas und Amerikas oder der UdSSR lehrt. Sie hüteten sich vor dem Wort Guerilla, bedeutet es doch Kleinkrieg, in dem man sich einen Verbündeten aus Nebel suchen muß, aus Feuchtigkeit, aus Überschwemmungen, aus dem Monsun, hohem Gras, dem nächtlichen Schrei der Eule, dem Stand der Sonne oder dem des Mondes. Sie wußten, man kann Befehle lediglich einem Mann, lediglich einem Befehlsempfänger, erteilen. Die Militärakademien sind genaugenommen wenig geeignet, Disziplin, Gehorsam, also die Siegesfähigkeit in Halbgewalkten auszuprägen, in vorwitzigen Arabern, Komplizen von Moosen und Flechten. Von Baum zu Baum, Felsvorsprung zu Felsvorsprung zu gleiten, oder sich reglos, leiser als ein Seufzer, zu verhalten, gelang keinem Offizier, der eine solche Schule absolviert hatte.«

Was ich hier niedergeschrieben habe, ist nach wie vor die Auffassung von Palästinensern, welche der List und der Treue jener Kämpfe nachtrauern, warum nicht manchmal einer Waffenbrüderschaft.

»Die Beduinen auf der einen Seite, die Israelis auf der anderen, ob aus Flugzeugen oder aus Panzern, töten in hohem Maße die gesamte Zivilbevölkerung. Sobald hundert Guerilleros eindrangen, bombardierten Luftangriffe die Lager der palästinensischen Bevölkerung mit dem Geist Israels für das Sublime. In der Königlichen, Sie haben mich verstanden, der einstigen marokkanischen Königlichen Marine, man nennt sie noch immer ›Die Admiralität‹, markierte man das Krankenblatt des syphilitischen Matrosen durch ein Kreuz – oder durch Sterne. Das erste Kreuz für den Vorfall Geschlechtskrankheit wird auf dem Transport empfangen, der stark an die Küsse im Stadion – Tor geschossen – erinnert, die Mannbarkeit muß nicht länger bewiesen werden: der erste Schanker ist eine Weihe.

»Jedermann, Doktor, Pfleger, Koch, kümmerte sich bestens um uns. Ich war Vier-Kreuze-Admiral. Falls es dir lieber ist, vier Sterne. Fünf, das war das Reich. Und der Tod. Der famose leprakranke König, den selbst der Islam kennt, trug zwei Weihen mit sich: die der Salbung, die der Lepra. Ich frage mich, ob die unerbittlichsten Offiziere, die schwe-

re Waffen verlangten, Panzer, Kanonen, selbst Atomwaffen, jene, die den klassischen Krieg forderten, nicht davon träumten, Admirale zu werden, womöglich für das Vaterland zu sterben, jedoch zu sterben in der Geborgenheit der Staatsbegräbnisse. Kurz, als Männer.«
Nicht allein in den Augen der Saint-Cyrianer fehlte es der Guerilla an Adel, auch die Sowjetunion lehnte es bereits ab, dieses Vorkommnis, das sie ebenfalls Terrorismus nannte, ernst zu nehmen. Falls die palästinensische Armee siegen sollte, würde sie zuerst einmal zu einer unbeweglichen Maschine, und jede Brust eines palästinensischen Oberst zum Träger, zum Paradekissen für vierzig oder fünfzig Orden, dem Klimbim jeder längst etablierten Nation.

Am letzten Abend des Fastenmonats Ramadan, nahe einer Wasserstelle Jordaniens dicht am Jordan, gaben zwei Verantwortliche ein Fest, allerdings beschränkt auf ein zusätzliches Stück Honiggebäck und ein paar noch herzlichere Lächeln. Sie begrüßten und umarmten einen jungen Mann mit Haaren bis auf den Rücken: Ismael. Ich war zu sehr an Beinamen, an Decknamen gewöhnt, um mich über diesen zu wundern (nahe dieser Wasserstelle, direkt neben dem Ort, zwischen der Damia- und Allenby-Brücke, wo Johannes Jesus taufte, beschlossen die Fedajin, meinen Vornamen mit Ali zu ersetzen). Die braunen und glatten Haare, à la Bonaparte, bedeckten Ismaels Schultern.
»Das ist ein Palästinenser. Er leistet seinen Dienst in der israelischen Armee. Er spricht perfekt Hebräisch.«
Ich sagte dem Verantwortlichen, daß das Profil des jungen Mannes eher jüdisch als arabisch sei.
»Er ist Druse, sprich aber vor allem nicht davon. Seit er dich gesehen und erfahren hat, daß du Franzose bist, hat sich sein Gesicht verändert. (Ich habe den Sinn dieser Aus-

sage noch immer nicht verstanden.) Er nimmt große Risiken auf sich, um uns Ratschläge zu erteilen.«
Lachend und essend forderte ich Ismael, in Französisch, auf:
»Sing uns die israelische Hymne.«
Seinem Blick nach schien mir, daß er verstanden hatte. Er war überrascht, aber ihm blieb die Geistesgegenwart, darum zu bitten, daß man ihm meine Frage ins Arabische übersetzen möge, obwohl er selbst auf eine Überlegung von Mahjoub hin auf Englisch gesagt hatte:
»*Classic war, I don't know. Classic war or romantic war.*«
Diese Antwort erschien mir vor allem literarisch.
Als er bei Einbruch der Nacht aufstand, um wieder nach Israel zu gelangen, ohne von den jüdischen Posten überrascht zu werden, umarmte er alle außer mich.
Da die Verantwortlichen ihn kannten, weiß dieser Araber vielleicht, was mit Pater Huc geschehen war, dessen Augen nach einem vierzigjährigen Aufenthalt in Tibet zu Schlitzen wurden. Das Profil des Palästinensers war hebräisch und sein Rhythmus westlich.
Etwas früher, in Jerash, war ein dreißigjähriger sudanesischer Oberleutnant verwundert, einen Mann Französisch sprechen zu hören, dem Abu Omar in dieser Sprache antwortete.
»Alles, was sich hier abspielt, ist immer noch euretwegen. Ihr seid verantwortlich für die Regierung von Pompidou ...«
Er sagte mir diese und andere Dinge, die ich vergessen habe, doch niemals werde ich diese schwarze Visage mit den glänzenden Haaren vergessen, den beiden von tribalen Einkerbungen geritzten Wangen, die nicht nur Französisch mit mir redete, sondern in Argot, mit dem Akzent der Vorstädte, sogar mit dem Vokabular von Maurice Cheva-

lier. Und um mit mir zu reden, steckte er demonstrativ seine Hände in die Hosentaschen. Ich vernahm also:
»Alles, w's s'ch hier abspielt, st'immer noch euretwegen. Ihr'sd verantwortlich für die R'gierung Pompidou ...«
Abu Omar erklärte ihm, daß ich herzlich wenig mit der Regierung Frankreichs zu tun hätte. Er beruhigte sich und wir wurden enge Freunde: wenn ich ihn traf, näherte sich mir immer ein Lächeln. Ich wußte, daß sich ein neuerliches Erlebnis für mich ganz allein anbahnte.
»Welches Glück, daß wir in der Lage sind, einander zu verstehen. Ohne uns, die Sudanesen, könntest du kein Französisch, sondern eine Mundart aus dem Morvan.«
»Erkläre.«
»Jede Provinz Frankreichs hatte ihren Jargon, weil ihr Barbaren wart. Als ihr mächtig genug wurdet, bei uns zu landen, wart ihr nichts weiter als ein linguistisches Geduldsspiel. Ihr bedurftet einer gemeinsamen Sprache, um uns schließlich zu erobern. Der baskische Soldat sprach baskisch, der Korse korsisch; der Elsässer, der Bretone, der aus Nizza, der Pikarde, Morvaner, Artesier, hingeschüttet über Madagaskar, Indochina, den Sudan, mußten die Sprache ihrer Offiziere aus Saint-Cyr lernen, das pariserische Französisch. Die Gefahren zwangen die Soldaten, die sich in den Hüttensiedlungen immer paarweise verirrt hatten, wenigstens einige Schlüsselsätze zu erlernen:
›Legion, mir nach!‹
›Bewegt die Ärsche, Jungs!‹
›Zwei Mann in Gefahr!‹
›Beizeiten raus hier!‹
›Auf geht's, Freunde der Zouaven!‹«
Amüsant, genauer oder ungenauer Herkunft – trotz des Ministers für öffentliche Bildung, später für die Kolonien, Jules Ferry. Dieses Französisch, empfindlich und leicht,

das nach und nach Frankreich erfaßte, geboren vielleicht aus diesem geängstigten Beben, welches die kleinen bretonischen, korsischen und baskischen Soldaten, Gebiete erobernd und in den Kolonien sterbend, dem hauptstädtischen Frankreich hinterließen. Die Dialekte hatten sich gehörig entfernt, um schließlich nach Hause zurückzukehren, nach Frankreich, eine Sprache, beinahe vollkommen ausgefeilt dort unten, über den Meeren. Der Kontrapunkt zu diesem Geschehen, die Entsprechung des Heldenliedes, ist womöglich dies hier, 1917 aus Marokko stammend: »Famose Kerle! Und wer will mehr! Als ich ihnen gesagt habe, daß ich sie bewaffnen und mit Munition ausstatten würde, begannen sie mich zu lieben, hätte ich die Erlaubnis erteilt, hätten sie mir die Hände abgeleckt. Aber ich bewahre mein kühles Blut. Derjenige, der mir schmeichelt, ist weder geboren, noch gezeugt. Sie lieben den Kampf, ich führe sie in den Kampf, meine Kerle. Sie erwarten Säbel, ich bringe Gewehre: so zogen sie los, die gesamte Bochei zu töten. Grollende Gewehre, sie sind bis an die Somme vorgedrungen.« Ich habe die Glanzlichter eines Vortrages wiedergegeben, erschienen in *L'Illustration*. »Sie« drangen bis an die Somme vor. »Sie« stiegen aus dem Zug. »Sie« überwanden schweigend zweihundert Meter, heftig atmend. »Sie« waren ungefähr tausend. Ohne ein Sterbenswort fiel die erste Welle, dann die zweite, und so auch die dritte. »Sie« starben in Zeitlupe. Ein gasgefüllter Windstoß hat ihnen den Schnabel verschlossen. Weiträumig, wollhaarig und grau, ein bißchen nördlich von Abbeville, gab es einen ausgedehnten Berberteppich.
All das erzählte mir Moubarak. Als sudanesischer Offizier war er eher Gaddafi-Anhänger. Ich habe seit einiger Zeit keine Neuigkeiten mehr von ihm erhalten. Auch von ihm, genau wie von Hamza, kannte ich lediglich den Vornamen.

Nach einigem Zögern gab er Habache den Vorzug vor Arafat. Ich muß Ihnen von seiner Schönheit künden, seiner Sanftmütigkeit und den Opfernarben auf seinen eingeritzten Wangen.
Es lag an der F.P.L.P.* von Georges Habache, daß man uns die Überprüfung von drei Flugzeugen übertrug, die auf den Pisten des Flughafens von Zarkat gelandet waren. Mitsamt ihrer Passagiere-Passagierinnen standen sie drei Tage in der Sonne.

Nach einer zweiwöchigen Abwesenheit in Damaskus fand ich die Stützpunkte der Fedajin wieder, wenn auch ausgedünnt, weit voneinander entfernt, so daß ich die Gefährdung der neu entstandenen Lage sofort begriff. War das das Werk eines Trottels, eines Anfängers, eines Dickschädels, schlechten Strategen, miserablen palästinensischen Taktikers? Ein Bild flammte unmittelbar in meinem Geist auf: »eine Mauer aus eingeweichtem Papier.« Welche Hilfe erwarten, wenn man zu sechst oder siebt ist, mit sieben individuellen Waffen und vor einem befindet sich niemand, nicht einmal der greifbare Feind, der auf einen Kilometer dem, den Fedajin zugesprochenen Planquadrat fernbleibt, hingegen ein Feind, der munter ist und über schwere Geschütze verfügt, die von Experten in Ballistik bedient werden? Das Gerücht ging um, nach dem Husseins Soldaten von amerikanischen Offizieren und Israelis unterstützt würden. (Noch 1984 bestätigten mir das die Palästinenser, einige jordanische Offiziere verneinten es voller Verachtung.)
Ich mußte eine weitere Reise nach Damaskus unternehmen. Es ist diese Lage, an die ich zurückdachte, als mir,

* Volksfront zur Befreiung Palästinas (Chef: Dr. Habache).

vierzehn Jahre später, in Beirut in Schutt und Asche, Jaqueline von einer ihrer Reisen nach Süd-Libanon erzählte.

»Nach den Massakern von Sabra und Chatila wurden Zivilisten und palästinensische Soldaten in Saida und in Tyr für einige Stunden in Zellen oder Hotelzimmer eingeschlossen. Zuerst einmal gab es, immer in den selben Städten, und dazwischen, in den Dörfern an der Küste, das Spielchen mit der Kapuze. Hier was dabei geschah: die Soldaten und die israelischen Offiziere ließen die Einwohner des Dorfes oder Stadtviertels vor einem Mann mit kapuzenverhülltem Kopf vorübergehen. Das gesamte Dorf zog an ihm vorüber, der Spion sagte kein Wort, letztendlich um nicht erkannt zu werden; mit einem behandschuhten Finger wies er auf die Schuldigen. Schuldig wessen? Palästinenser zu sein, oder libanesischer Freund der Palästinenser, oder schuldig, es zu werden, oder fähig, Sprengstoffe zu manipulieren.«

»Keine einzige, unter der Kapuze versteckte Person wurde erkannt?«

»Niemand. Das Gerücht besagt, daß ein verräterischer Palästinenser sich versteckte und die wahren Verantwortlichen für die Attentate anzeigte. Ein paar Tage später erfuhren wir die Wahrheit, oder das, was sie sein sollte: unter der Kapuze befand sich ein israelischer Soldat. Zufällig zeigte er hierhin und dorthin. Die Mitglieder der Familie des Toten waren verdächtig und hielten die Klappe. Als wir begriffen, daß ein Israeli die Rolle des palästinensischen Verräters übernommen hatte, war das Schlimmste schon vorüber. Niemand wagte es, die Wahrheit aufzudekken, man fürchtete trotz allem, unter der Kapuze einen Palästinenser, Freund oder Elternteil, wiederzuerkennen.«

»Dauerte das Theater lange Zeit an?«
»Zwei oder drei Wochen. Ausreichend. Der Zweifel war überall. Auf dieses Theater folgte das mit den Zimmern.« Eine Libanesin hatte mir davon berichtet. Palästinensische Frauen, Soldaten und Zivilisten wurden in eine Zelle oder in ein Zimmer gepfercht. Plötzlich entluden sich, von außerhalb der Kammer, Schreie der Gewalt, Wehklagen auf Arabisch, Weinen, Kreischen, schließlich Röcheln, und dazwischen arabische Stimmen, die sich schwerster Verbrechen bezichtigten, der Rache gegen andere Araber, gegen die Eltern, Fedajin, die andere Offiziere anklagten, ihre Kameraden aus dem Kampf verrieten, geheime Quellen ausplauderten, vor allem militärische ... Demnach wurde alles, was ich hier aufgezählt habe, von arabisch sprechenden israelischen Soldaten einstudiert, gespielt und auf Tonbänder aufgenommen, schließlich an die Bevölkerung ausgestrahlt, zuerst in den Kammern, auf eine fast vertrauliche Art und Weise, da man bei jedem unterstellten Verrat, wie eine Hintergrundmusik, das amüsierte, ironische oder überdrüssige Lachen, oder den Ekel, der israelischen Offiziere vernehmen konnte, welche die Geständnisse auf Hebräisch kommentierten. Am nächsten oder übernächsten Tag, selbstverständlich machtvoller, wurden die Dorfplätze mit derselben Aufnahme über Lautsprecher beschallt. Dieses ganze Theater gegen die Armeen hatte ein Ziel: die libanesische Bevölkerung, schiitisch oder nicht, verrückt zu machen, vor allem aber die palästinensische. Das war im September 1982. Wahrscheinlich in den Studios von Tel-Aviv aufgenommen, schrie dieser gigantische Bluff beispielsweise: »Erinnert euch an Der Yassin!«
Es ist die Erinnerung an diesen Zusammenschnitt, die einem Franzosen folgendes sagte:

»Die große Demonstration, die in Israel gegen den Krieg im Libanon im Jahre 1982 stattfand, wurde vor Beginn dieser Invasion organisiert. Alles war abgekartet: der Überfall als solcher, die Bombardierungen von Beirut, die Ermordung von Bechir Gemayel, die Massaker von Chatila, die äußerst sichtbare Angewidertheit der Fernsehstationen und Zeitungen weltweit, alles war vorgesehen, einschließlich des Weltekels, und die definitive Katzenwäsche, das Gesicht Isreals weniger schmutzig erscheinen zu lassen, war die Demonstration selbst.«
Man muß das auch Madame »Sh...« sagen:
»Mit einem Lastkraftwagen und einem Lautsprecher haben sie uns aus Der Yassin verjagt.«
Ich gebe zu, von diesem Regisseur oder Dirigenten geträumt zu haben, vielleicht ein Tsahal-Absolvent, der einen Schrei wiederholen läßt, ein Röcheln, das falsch geklungen hatte; geträumt zu haben von diesen Repetitionen in arabischen Kostümen, sich zu guter Letzt Anschuldigungen, weit schlimmeres Unheil herauszupressen. Vielleicht ein bedeutender Regisseur des Habima-Theaters in Tel-Aviv?
Kehren wir ins Jahr 1971 zurück. In Ajloun und Umgebung, wo immer sich Stützpunkte der Fedajin eingerichtet hatten – ich sagte bereits, daß die viel zu undichte Streuung dieser Stützpunkte mehr oder weniger keinerlei Verteidigung erlaubte, da jede Einrichtung dem jordanischen Führungsstab auf den Meter genau bekannt war – haben die Tscherkessen-Offiziere mit Hilfe ihrer Untergebenen, den Beduinen-Soldaten, folgende Heldentat vollbracht: in der Nacht versteckte Lautsprecher sendeten, oftmals undeutlich, die Stimmen der Führer des Widerstands:
»Wir sind völlig umzingelt, ergeben wir uns. Übergeben wir unsere Waffen an die königlichen Offiziere. Durch den

König wurde uns das Versprechen gegeben, daß jeder Fedajin, der sich unbewaffnet ausliefert, sein Gewehr am nächsten Tag zurückerhält. Der Kampf ist längst vorbei. Niemand wird Gewalt angetan. Ich spreche im Namen des Königs und von Abu Amar.« (Yasser Arafat.)
Stellen wir uns die Wirkung der Stimmen, mal weit entfernt, mal nah, auf die zumeist sehr jungen Soldaten vor, welche zwischen zehn Uhr und Mitternacht erschollen, mächtige Stimmen, den Wald und die Berge beherrschend, mitten in der Nacht, die Stimme der Berge selbst, gehört am anderen Ufer des Jordan, sowie die schlechte Tonqualität, die es unmöglich machte, die Stimmen zu identifizieren.
Es war im Juni und Juli 1971, daß Husseins Truppen die Fedajin einkesselten, offiziell wurden drei- oder vierhundert von ihnen getötet, die Gefangenen, zu Tausenden, in die verschiedenen Gefängnisse des Königreichs und das Lager von Zarkat geschickt; den übrigen gelang es, sich nach Syrien zu retten, jenseits von Irbid. Viele überquerten den Jordan, wo sie entwaffnet, aber überaus freundlich von israelischen Soldaten und Offizieren empfangen wurden. Wenn sie geflohen waren, weil sie von dem vermeintlichen Verrat ihrer Führer gehört hatten, so waren sie in Israel sehr einsam mit ihrem tatsächlichen Verrat angesichts des Feindes. Zwei Franzosen, die mit den Fedajin und auf deren Art gekämpft hatten, kamen bis Irbid. Sie sind auf dem Friedhof von Irbid begraben, zusammen mit den palästinensischen Märtyrern. Weit mehr als Feigheit sehe ich in der Flucht etwas Großartiges und mehr als Entsetzen. Die palästinensischen Soldaten retteten sich vor dem plötzlichen Einbruch des Unerwarteten. Der erwartete Tod trat nicht ein. Die Kugeln, die versprochenen Leiden, der Tod, die Verwundungen, darauf stellten sie sich

ein, nicht auf den Lärm um Mitternacht, der, wie man danach erfuhr, lediglich der von Motoren war, von Hubschrauberflügeln am Boden, allerdings verzehnfacht, ein paar Kanonenschüssen, Maschinengewehrsalven, doch weder Granatsplittern noch Kugeln, und inmitten dieser Geräusche urplötzlich eine Stille, den Verrat der Vorgesetzten, die zum Verrat auffordern, besser zu hören. Panik ist im Endeffekt das Wort, das ich umgehend aufschreiben muß, weil die Beine ihretwegen wie von selber zucken, nicht unter der Mühe, den Tod zu fliehen, sondern dem Unerwarteten zu entgehen (und vielleicht war es das, was mich derart verstörte, als ich die *achebals* (Löwenjungen) beim Training sah. Man konnte sie nicht auf das Unzulässige vorbereiten), nicht vor der jordanischen Armee wegzulaufen, aber abzuhauen, sogar nach Israel, so wie man sich umbringt.

»Gegen ihn würde ich mich mit dem Teufel verbünden.«

Hier gleich zwiefach: die Stimme der Führer, die mir nahelegt zu verraten, und diese tatsächliche Verbindung mit dem Teufel: Israel.

Hofften sie, indem sie der Stimme zu entgehen versuchten, auf eine Zuflucht, und glaubten sich, womöglich unwissend darüber, daß sie nach Israel gelangt waren, in Palästina, wo sie, nebenbei bemerkt, waren?

Wenn ich von Panik spreche, weiß ich nicht, ob der Gott Pan gefürchtet ist, wenn er auf seiner Flöte aus unterschiedlich langen Schilfrohren ruft, deren Töne so schmeichelnd sind, daß derjenige, der sie vernimmt und glaubt auf ihn zuzugehen, sich sonstwohin wirft. Rauchwolken stiegen auf, um den Mond zu verdecken.

Wenn die gewaltige Stimme, die von den Hügeln zurückprallte, diejenige Gottes war, liefen die Fedajin, ohne die Wunder der Elektroakustik zu kennen, davon, um sich vor dem Gott der Götter zu ducken. Vielleicht hat der Ausdruck »abpfeifen« diesen insgesamt göttlichen Ursprung. Obwohl es vom Körper und seinen Gliedern nicht durchschaut wurde, hatte das Grauen den Atlantik bereits überquert. In Amman, wohin ich oft fuhr, lag mein Hotel auf der Strecke der mit Waffen beladenen Boeings, Geschenke Amerikas an König Hussein.

Die beiden jungen Franzosen, der eine wie der andere mit Vornamen Guy, sind, wie ich schon sagte, in Irbid begraben, zusammen mit anderen Kämpfern. Sie waren ungefähr zwanzig Jahre alt. Ihre französische Freundin war bei ihnen. Sie halfen den Palästinensern, die eingestürzten Mauern wiederaufzurichten, auf diese Weise lernten sie gleichzeitig das Maurerhandwerk und die arabische Sprache. Die beiden Guy, die ich in Wahadat kennenlernte, kamen mir vor wie zwei Kinder des Mai 68, sowohl ungebunden als auch angefüllt mit überkommenen Ideen, wenn auch der Epoche.

»Man muß Hussein bekämpfen, da er Faschist ist, und an seine Stelle ein revolutionäres, nicht-sowjetisches Regime setzen.«

»Welches?«

»Zum Beispiel angeführt von den Situs.«

Die Momente von Widerstand so zu erzählen, wie ich es tue, erlaubt nicht, seine Kontinuität zu verstehen, die heiter war und jung. Wenn nur ein einziges Bild Rechenschaft darüber ablegen würde, riskierte ich folgendes: »Nicht ein Voranschreiten, sondern im Gegenteil ein langer, tellurischer Schauder, allerdings fast empfindungslos, beinahe unbeweglich, hatte das gesamte Land erfaßt«, oder auch: »Ein enormer, mehr oder weniger stummer Lachanfall eines ganzen Volkes, so lustig, daß man sich, wenn auch auf Knien vor ihr, den Bauch hielt, als Leila Khaleb in einem

Flugzeug der El Al, eine entsicherte Granate in der Hand, der jüdischen Besatzung befahl, sanft in Damaskus aufzusetzen. Was dann auch geschah. Anschließend landeten drei Flugzeuge, ich glaube der Swissair, vollgestopft mit Amerikanern und Amerikanerinnen, und blieben auf Anordnung von Habache Seite an Seite in der prallen Sonne auf der Landebahn von Zarkat stehen, wie ich bereits mitgeteilt habe.«

Ein paar Tage später entlud sich der Aufstand der Kinder, den man sich an dieser Stelle ins Gedächtnis zurückrufen muß, da sich die jungen Leute: Palästinenser, Palästinenserinnen, mehrere sechzehnjährige Jordanier und Jordanierinnen lächelnd, lachend, jubelnd: »Yaya! El malek!« (Es lebe der König), in den Hauptstraßen Ammans den jordanischen Panzerlinien näherten und der Besatzung einen Blumenstrauß überbrachten. Die überraschten, jedoch erfreuten Panzerführer öffneten die Luken, breiteten strahlend die Arme aus: der Panzer krachte, als ein junges Mädchen die Blumen übergab, sie zu Füßen der Besatzung in die Kabine fallen ließ, mitsamt der darunter versteckten Handgranate. Sie, das Fräulein, von ihren Kameraden hinweggezaubert, schnell in eine Gasse gedrückt, schöpfte Atem und wartete darauf, daß man ihr einen weiteren Strauß mit Granate aushändigte und anschließend den nächsten. Davon hat man mir in Amman selbstverständlich erzählt. Schmückte sich der Widerstand mit erträumten Grausamkeiten, bereitete sich ein populärer, aber offizieller Aufstand vor? Haben die berichteten Vorgänge stattgefunden? Auf jeden Fall schallt die Ohrfeige, die der Premierminister des Königs von seiner Tochter erhielt, noch immer nach.

Diesen Kindern nachsinnend, sehe ich einen Fuchs, der ein Küken verschlingt. Die Schnauze des Fuchses ist blut-

verschmiert. Er hebt den Kopf, zeigt die Zähne, tadellos, leuchtend, weiß, spitz, es braucht nicht viel, bis daß ein Kinderlächeln auf seinen Lefzen erscheint. Ein altes Volk, das seine Jugend in der Revolte und die Revolte in seiner Jugend wiederfindet, mutet mich mitunter finster an, es ist die Eule, derer ich mich entsinne. Die Erinnerung erfolgt durch »aufblitzende Bilder«, und der Mann, der dieses Buch schreibt, sieht seine eigenen Bilder weit entfernt, in den sehr kleinen Abmessungen eines Zwerges, immer schwieriger zu erkennen, auch immer älter geworden. Diese letzte Sentenz ist keine Klage, sie versucht den Begriff des Alters und die Form, welche die Poesie annimmt, wiederzugeben, das heißt die Schrumpfung der mir verfügbaren Größenverhältnisse in meinen Augen, und ich sehe die Horizontlinie in hoher Geschwindigkeit näherrücken, hinter der ich, mit ihr zusammenfließend, verschwinden werde. Ich werde nicht wiederkommen.
Auf dem Rückweg nach Damaskus kam ich durch Jerash und wollte Dieter, den deutschen Arzt, wiedersehen, der im Lager von Gaza ein Krankenhaus aufgebaut hatte. Ein anderer Arzt, ein Libanese mit sanftem Gesicht, empfing mich und sagte mir:
»Doktor Dieter ist nicht mehr hier. Er ist in Deutschland. Sie sind ein Freund von Dieter gewesen, hören Sie, was geschehen ist. Man hat ihn ins Gefängnis geworfen, gefoltert. Schließlich gelang es dem Botschafter der Bundesrepublik, ihn nach Hause zurückzubringen. Die jordanische Armee war in das Lager von Gaza eingedrungen, ihr Gesetz geltend zu machen, wahrscheinlich nach Fedajin zu suchen, die sich versteckt hatten. Sie schlugen auf die Kinder ein, die Frauen, was lebendig war und was sie fanden. Wissend, daß es Verwundete gegeben hatte, sind Dieter, die geistliche Schwester und der deutsche Pfleger mit

Bestecken und Medikamenten nach Gaza gefahren: Alkohol, Verbandszeug, was man für den Notfall braucht. Die Soldaten haben sie eingekreist, sobald sie angefangen hatten, sich um die Verletzten zu kümmern. Die Jordanier haben zugeschlagen, Sie wissen, wie sie zuschlagen. Dieter, der Pfleger und die Geistliche wurden eingekerkert, in dem Gefängnis, wo Sie mit Nabila Nashashibi und Doktor Alfredo eingesperrt waren. Meiner Meinung nach sollten Sie sich in Amman nicht allzu auffällig verhalten.«

Hätte er doch bloß verzichtet ..., aber Dieter war ein ätherischer Deutscher, den Kranken hingegeben, durchaus in der Lage, Anstrengungen und Ermüdungen durchzustehen, lange mit den Patienten zu wachen, die in ihrer Einsamkeit abends zu ihm kamen; er tröstete sie mit ein paar Worten, einer Dosis Aspirin. Er war blond, unbestechlich, aber fragil.

In Damaskus hatte ich erfahren, daß die Beduinen gesiegt hatten. Die Erzählung des libanesischen Arztes sagte mir etwas anderes: die Palästinenser sind verloren.

Im Camp von Baqa unternahm der Lagerälteste, ein alter Araber von hundert Jahren, zu sehr früher Stunde noch immer einen Gesundheitsspaziergang. Barfuß, weißes Gewand (*abaya*), eine weiße Schärpe um den Kopf geschlungen, brach er in der Morgendämmerung, und oft noch vor Dämmerung, auf. Er erledigte sein erstes Gebet folglich unterwegs. Noch schläfrig hörte er es vom Minarett in der Nähe herüberwehen. Er nahm seinen Pilgerweg, Hadj, wieder auf, langsam aber ruhig näherte er sich den Linien der jordanischen Soldaten – die er, ohne sie wirklich zu beachten, sogar überschritt. Sämtliche Soldaten und Offiziere grüßten den immer noch rüstigen Hundertjährigen. Er selbst erwiderte die Grüße erst, wenn er zurückkehrte,

die Beduinen-Soldaten also ein zweites Mal, freilich in umgekehrter Richtung, passierte.
»Ich lehne eine kleine Tasse Kaffee aus ihrer Hand nicht ab. Einer der Offiziere war in Tunesien. Er versteht es, den Kaffee mit Orangenwasser zu verfeinern. Den mag ich sehr.«
»Den Offizier?«
»Den Kaffee. Er beruhigt mich und hilft mir dabei, den Rückweg anzutreten.«
Die Sonne ging unter, der Alte kehrte ins Lager zurück, ohne sich große Gedanken zu machen. Man sah den weißen Schatten, erstaunlich gerade, keines Stockes bedürftig, noch weit in der Dämmerung, bevor sein langgestreckter schwarzer Schatten hinter ihm verschwand.
Er hatte die Schritte auf dem Hinweg gezählt. Er überprüfte sie auf dem Rückweg. Ein Widerstand, hinterhältig und schmunzelnd, noch dazu vorsichtig, hatte bereits laufen gelernt. Die Entfernung zu den vordersten Linien der Jordanier war schnell berechnet, der notwendige Anschlag der Gewehre justiert. Die Fedajin brachten dem Hundertjährigen, der mitunter die ersten Feuerstöße vernahm, ein Eßgeschirr mit Suppe, nach der er in seine winzige Kammer schlafen ging.
Eines Tages wollte ich wissen, ob er tatsächlich genau gezählt hatte, oder ob das eine Legende war? Ich stellte die Frage Karim, der oft mit ihm geredet hatte. Demnach war dieser Lagerleiter sechzig Jahre alt, nicht hundert. Dank seiner tiefen Falten, seines Schnurrbartes, seiner schon weißen Augenbrauen versteckte er sein wirkliches Alter, benutzte aber die Zerfurchtheit seiner Haut so wie die Fedajin Abgründe und ihre Schatten. Wenn er zurückkam, war ihm nichts entgangen: von der jordanischen Bewaffnung bis zur Farbe der Halbschuhe, einem unauffälligen

Strauch oder einer Palme, der Anzahl sowie der Bezeichnungen der Kampflinien, hatte er alles gesehen, behalten: die Zeiten, die Stunden, die Minuten, alles gab er wieder. Auf der anderen Seite des Lagers, unter einem verhältnismäßig großen Zelt, hatte er zwei Frauen, und auf dem Stützpunkt sieben Fedajin, seine Söhne.
Wird die »Ehrenlegion« nicht links getragen? Keinem Menschen fiel auf, daß sie, zusammen mit anderen Orden, auf seiner rechten Brust prangte. Was riskierte er, wenn er sie in der Wüste ansteckte? Wie starb er? aus Altersgründen? aus Überdruß oder durch eine Kugel? Ist er überhaupt tot? Er war allmählich daran abgestumpft, sein Spiel so offensichtlich zur Schau zu tragen. Wann immer er mich erblickte, grinsten seine Augen: ich war ein Hochstapler, genau wie er. Ganz ohne Bleistift und Papier schrieb ich überhaupt nichts, hat vielleicht er mich bewacht und durchschaut?

Die beiden ersten Silben* führten mich, wer weiß wohin. Palästinenser, allein diese Benennung vermag das abzubilden. Vier Silben**, aus denen sich das Mysterium addiert, ganz sicher aus dem nächtlichen Anteil ihrer anspruchsvollsten Feinde. Der Terminus »28. September 1970« war nichts als ein Punkt auf der geraden Linie eures gregorianischen Kalenders, »September 70« hingegen wurde zum Ausdruck eines Gefühls, das hundert Millionen Menschen erfaßt hatte.
Golda Meir ließ sich in ihrer Jugend zur »Miss Palästina« wählen. Palästina, sonst, von den »Flästinensern«, »Flastina« genannt. Diese Zeilen, wie auch das gesamte Buch, bestehen lediglich aus Bagatellen, die schnell zerstreute

* Anm. d. Übers.: *palais* = Palast.
** Anm. d. Übers.: *palestiniens* = vier, Palästinenser = fünf Silben.

Schwindelanfälle provozieren. Unter den Worten »Islam«, »Muslim« vermute ich weitere.

Auf der Route von Baqa in Richtung Jordan, vorbei an amerikanischem Radar, darauf eingestellt, die Satellitenbewegungen zu verfolgen, erreicht man Ajloun. Abgesehen von leeren oder halbleeren Zigarettenschachteln, war einen Monat nach der Schlacht alles, was an die Palästinenser erinnerte, niedergebrannt, vergraben oder einfach abgeräumt, bis auf die verkohlten Sträucher. Besser gesagt, waren die Fedajin getötet, gefangengenommen, in die Wüste, bis an die saudische Grenze verschleppt worden, nachdem sie durch die Gefängnisse des Königreichs gegangen waren, die sie wirksamer folterten, als die Wüste es vermochte. Die Experten des FBI waren erleichtert, in diesen Zeiten, ach, ohne Klimaanlage. Auf den Feldern waren der Weizen, der Roggen, der Hafer, die Saubohnen von der Schlacht zermalmt. Man mußte Beirut 1976 bis Beirut 1982 abwarten, um, besonders in der Gegend von Chatila, dieselbe mißhandelte Natur wiederzuerblicken, verkohlt bis auf die Knochen, an die ich mich erinnere, als die Skelette von Tannen und Pinien schwarz waren. An Orten, wo ein Verbrechen geschah, las ich, bleiben oft ein paar aussagekräftige Spuren zurück. 1972, nach sechs Jahren israelischer Besatzung, nahm ich in einem kleinen tscherkessischen Dorf an den Hängen des Golan drei Brieffragmente mit dem Absender Damaskus an mich (selbstverständlich auf Arabisch verfaßt). Alle drei stammten von dem gleichen syrischen Soldaten, der geflohen war, sich nach Damaskus gerettet hatte, und bis auf zahlreiche Koranzitate, mit denen er zu bekräftigen schien, daß Gott ihn am Leben gelassen hatte, anscheinend damit ein Soldat Seine Barmherzigkeit besang, waren die Briefe leer. Die

Empfänger, die Familie, waren tot oder hatten die Briefe nicht mehr rechtzeitig erhalten. So wurden israelische Soldaten zu den ersten Lesern dieser Briefe und ließen sie liegen. Die vier kleinen Häuser des tscherkessischen Fleckens mit ihren grünen Jalousien, den rot geziegelten Dächern, waren verlassen, Fenster und Türen standen offen. Nach der Landung in Avranches sah man in der Normandie manches Dorf, das auf ähnliche Weise durch die Amis ausgeplündert worden war.

Was man in Ajloun nicht beseitigt hatte, waren seltsamerweise die in den Boden gegrabenen Löcher, und ich sah die drei kleinen Unterstände wieder, wo ich bei den Fedajin geschlafen hatte. Mauern und Plafonds waren rauchgeschwärzt. Ein paar Fetzen von braunen Decken lagen da und dort bei den Toten herum. Ich erkannte das an einem Stein, an den ein Stück Papier gelehnt war, manchmal ein plastikbeschichteter Personalausweis, ein länglicher Personalausweis mit vier abgerundeten Ecken, von einem Blaugrün, das ich sofort wiedererkannte, mit dem Foto des Fedajin in der rechten Ecke und vor allem dem arabisch geschriebenen Fantasienamen. Das Dorf durchquerend, bemerkte ich, noch bevor ich die Bauern und ihre Frauen gesehen hatte, das Fehlen der Stille: alles lärmte, gakkerte, wieherte, schwatzte. Niemand in diesem Dorf erwiderte meinen Gruß, doch kein Mensch legte eine unfreundliche Geste oder ein hartes Wort an den Tag. Ich war aus der Mitte des palästinensischen Feindes zurückgekehrt, wie man aus der Mitte der Toten heraufsteigt.

Als ich in Amman ankam, war der gesamte palästinensische Widerstand in allergrößter Unordnung. Von der Herstellung der Einheit, welche der PLO etwas später gelang, war nichts zu bemerken, im Gegenteil, die Mißachtung, der Zank, beinahe Haß unter den elf Widerstandsgruppen

äußerten sich mit blinder Wut. Die Fatah, die weder der Kritik, noch den internen Rivalitäten ausweichen konnte, war die einzige, die ein geschlossenes Bild nach außen abgab: sie tat es allein, indem sie den anderen Bewegungen die Schuld in die Schuhe schob.
Alles, was von Juli 1971 an geschah, also den Schlachten von Ajloun, Jerash und Irbid, verwundert mich bis heute. Eine Art Bitterkeit zeigte sich in den Beziehungen der Fedajin untereinander, und ich wurde zum Zeugen des Folgenden: Ich kannte zwei ungefähr zwanzigjährige Kämpfer. Beide waren Freunde auf dem gleichen Stützpunkt, am Jordan, doch blieb der eine Fedajin, während der andere einen unbedeutenden Dienstgrad empfing. Eines Tages in Baqa bat der einfache Fedajin in meiner Anwesenheit um die Erlaubnis, seine kranke Frau in Amman (zwanzig Kilometer entfernt) besuchen zu dürfen. Hier das Gespräch, freilich wiedergegeben aus meiner Erinnerung:
»*Salam Allahleikum.*«
»*...kum salam.*«
»Ali, kannst du mir einen Passierschein für vierundzwanzig Stunden geben, meine Frau ist schwanger.«
»Meine auch. Und ich bleibe hier. Du hast diese Nacht Wache.«
»Ich finde eine Vertretung.«
»Ist es deine Vertretung, die Wache hat, oder du?«
»Ich habe zwei, drei Freunde, die einverstanden sind.«
»Nein.«
Ganz genau so, wie der Ton sich zuspitzte, der eine wurde bittend, der andere schärfer, als handele es sich um eine zu erwartende, normale Veränderung, unabwendbar, in der patristischen Bedeutung des Wortes unabwendbar, in Tonfall und Nachdruck ganz der des typischen subalternen Chefs. Er ergab sich nicht mehr aus Fragen der Disziplin

oder Sicherheit des Stützpunktes, sondern aus der herkömmlichen Konkurrenz zwischen Gradierten und einfachen Soldaten. Zwei Männer konfrontierten sich für ein einziges Vaterland miteinander, das noch längst nicht in Sicht war.

In der Folgezeit erfuhr ich, daß der zwischen ihnen an diesem Tag entstandene Haß noch heute überaus lebendig ist, da der eine wie der andere ein, wie es heißt, hervorragendes Englisch spricht, geben sie in Zeitungen dieser Sprache Erklärungen ab, die den Widerhall dieses immer noch lodernden Hasses transportieren. War es der Haß, der zuerst da war, und bedurfte er zu seiner Vollendung zweier Freunde?

Alles, was durch Herkunft oder Verbündete palästinensisch war, verschwand. In erster Linie durch Syrien, und ich glaube ungefähr in diesem Zeitraum – Ende 1971 – begann die zweite Einschleusung palästinensischer Fedajin in den Libanon.

Die anderen, vielleicht gewitzter – Dank eines jordanischen Schwiegervaters oder Schwagers – kauften Ländereien in der Umgebung von Amman. Man sagt, sie seien die reichsten Männer des haschemitischen Königreichs. Aus der tatsächlich revolutionären Epoche –1968 bis 1971 – bewahren sie, sobald man mit ihnen allein ist, ein paar Wörter, so wie man Reste von Dialekt aus der Kindheit im Munde eines ehemaligen Bauern antrifft, der Chef eines Unternehmens in Paris geworden ist. Sie riechen den Komplizen von einst in Ihnen, und während sie fürchten, daß Sie es inzwischen nicht mehr sind, fällt ein leichter Schleier über ihre Röte. Ziemlich rasch, und ohne daß danach gefragt worden wäre, nennen sie Ihnen den Preis ihres Hauses in Jebel-Amman, »dem schicksten Viertel der Stadt.«

Es bedurfte einiger Jahre, bis ich begriff, wie die Verantwortlichen, ich spreche von den bekanntesten Führern, deren Namen in westlichen Zeitungen stehen, zu Dollarmillionären wurden. Wie man weiß, ohne es wirklich zu wissen, sozusagen mit halb geschlossenen Lidern, waren das nicht lediglich ein paar Inselchen, die aus dem Meer des Widerstands ragten, sondern ein veritabler Geldschrank, in dem jeder, mit dem Wissen der übrigen, ein oder mehrere Schließfächer besaß. Den Nachweis seines Reichtums mußte man nur in der Schweiz oder woanders lagern. Genauso wußte man, was die anderen beiseite schafften, weil das Geschäft oft aus nichts anderem als einer geteilten Beute bestand.
Die Kämpfer wußten über all das Bescheid. Ein Besitztitel verbirgt sich leicht, ein Wald, eine Villa, ein Grundbuch nicht. Das Oberkommando wußte es ebenfalls. Bediente es sich dessen vielleicht sogar? Niemand in der Fatah entging Abu Hassan mit seinen Sportwagen und den hübschen Mädchen, eine wie die andere als Bochassi beschrieben (schöne Chassis, nehme ich an, da man sie so nannte), ich bin ihm zwei- oder dreimal begegnet, das erste Mal unter Umständen, die ihn aus der Fassung brachten, weil ich verpflichtet war, ihn vor den belustigten Fedajin nach seinen Papieren zu fragen. Halb verwirrt, halb amüsiert suchte er in den Hosentaschen und in seiner Jacke, und zog, wobei ein kleiner Blutstau seine Wangen färbte, den smaragdfarbenen Ausweis hervor, den jeder Fedajin bei sich trug. Nervös und sehr sportlich, war er der mit allen Vollmachten ausgestattete Verantwortliche des Schwarzen September, dessen Anschläge er vorbereitete. Man sagte mir, Arafat spielte zum Nutzen der Organisation mit seiner Eitelkeit. Ich nahm seinen und den Tod von Boudia – Explosion seines Fahrzeugs – so auf, wie man eine Nie-

derlage aufnimmt. Mittels einer langwierigen, doch unbestechlichen Wiederherstellung der Perspektive erkannte ich, was vorgefallen war. Ich sagte mir ungefähr folgendes: Es ist nicht zu vermeiden, wenn Neid das Auge der Kämpfer entflammt, sobald sie in ein luxuriöses Interieur eindringen, und vor allem, daß die Bestechlichkeit gewisser Anführer erwacht, die mit kiloweise druckfrischen, grünen Hundertdollar-Scheinen konfrontiert werden, die sie in der Hand halten. Wenn die Erfolge einer revolutionären Bewegung sich abzeichnen, wird Hingabe zum Lippenbekenntnis der ersten Stunde. Wie die totale Selbstaufgabe vom Trachten nach einem Amt unterscheiden, dem genauen Hinarbeiten auf eine ehrgeizige Position – sei es bezüglich der Finanzen oder der Macht. Oder des einen wie des anderen, vor allem, wenn ein Ehrgeiziger verkündet, daß er sich »voll und ganz in den Dienst des allgemeinen Wohles und der Revolution stellt«. Ich zitiere, in Anführungszeichen, exakt die Abwandlung ins Französische des Satzes, mit dem ein Verantwortlicher seinen Reichtum vor mir gerechtfertigt hat (Juli 1984).
Schließlich diejenigen, die zu spät dran sind, die Revolutionäre der dreizehnten Stunde, die angetrabt kommen, wenn die Revolution längst ein Staat ist, sie sind gezwungen, jenen Kämpfern mit bloßen Händen entgegenzutreten, die während des »langen Marsches« den so süßen Geschmack der Macht kennengelernt haben.
Die Ermordung des obersten Chefs der Saika – Zouheir Mohsen – in einem Luxushotel in Cannes leuchtete mir urplötzlich ein, jedoch mit einer solchen Helle, daß ich fürchtete, selbst zu jener Leuchtschrift geworden zu sein, welche die Unterschlagungen der für die Bewaffnung und Versorgung der Fedajin bestimmten Gelder anzeigte, und ich begriff es dermaßen schlagartig, daß ich – wenn auch

nur kurz – der einzige auf der Welt zu sein glaubte, der dahintergekommen war. Noch in Rom und Paris irritierten mich die Verantwortlichen der PLO, als sie mir, untereinander lachend und Zigarren erster Sorte rauchend – ich glaube »*angesagt*«, eröffneten:
»Aber wir wußten es alle. Unter uns, man nannte es den ›Orientteppich‹.«
Wenn alle es wußten, was schlußendlich wußte Mohsen, damit jedermann schwieg, als er lebte?
Beim Wiederlesen fällt mir auf, daß ich bereits einen polemischen Tonfall angenommen habe. Ich sehe mich weit fort von jedem theatralischen Ertrinken, bei dem mir das Wasser nur bis zum Kinn reichen würde.

Die erste tagtägliche, die unerbittliche Pflicht Hitlers beim Erwachen galt der Wiederherstellung seiner physischen Ähnlichkeit, der Bürste des fast waagerecht gezogenen Schnauzbartes, jedes Härchen schien aus den Nasenlöchern zu kommen, der schwarzen, glänzenden Strähne, die sich auf der eisigen Stirn nicht in der Seite irren durfte, ebensowenig wie dem Hakenkreuz gestattet werden konnte, seine Enden nach links zu drehen, dem entsprechend wütenden oder schmeichlerischen Aufblitzen des Auges, dem berühmten Timbre oder dem Rest, der nicht erklärt werden kann. Was wäre aus ihm geworden, wenn er beim Sprung aus dem Bett vor die Würdenträger des Reichs und die Botschafter der Achsenmächte zu einem jungen blonden und bartlosen Finnen geworden wäre?
Es mußte wohl so kommen, wenn eine Persönlichkeit von unten bis oben, von den doppelt genähten Sohlen bis zum Hutfutter, von den Strümpfen des Negus bis zu seinem Sonnenschirm, von dem Fußgelenkkettchen bis zur Zigarettenspitze von Marlene emblematisch geworden ist.

Stellt man sich Churchill ohne Zigarre vor? Eine Zigarre darstellen ohne Churchill? Kann sich ein Keffieh um einen anderen Kopf als den Arafats winden? Wie jedem schenkte er mir einen neuen Keffieh und da war das »dieses tut zu meinem *Gedächtnis*«. Ohne über die Freiheit der Schauspieler zu verfügen, die ihre Fotos signieren, gewährte er ein Stück von sich selbst. Für die Bewohner des Westens bleibt Arafat ein unrasierter Keffieh. Mein Erstaunen war nicht gering, als ich ihn sah, frontal zuerst ähnelte er sich, drehte er seinen Kopf, um mir zu antworten, zeigte er sein linkes Profil, sah ich einen anderen Mann. Das rechte war hart, das linke ausgesprochen sanft, auf dem das Lächeln beinahe feminin wurde, was er durch seine Anflüge von Nervosität noch vertiefte, wenn er beispielsweise mit den Fransen des schwarz-weißen Keffiehs spielte. Fransen und Bommeln fielen auf seinen Hals und manchmal seine Augen, so wie einem gereizten Jüngling das Haar in die Stirn. Derart liebenswürdig und weitblikkend, wenn er keinen Kaffee trank, war dieser Mann da, wenn man ihn mit eineinhalb Meter Abstand sah, daß ich an die Mühen dachte, die man auf sich nehmen muß, auf gewisse Weise blindlings und in der Nacht des Körpers, wenn man sich selbst und anderen gegenüber ähnlich erscheinen will. Was, wenn der Frosch einschliefe und als Dompfaff erwachte? Entspräche der sich ändernde Arafat womöglich dem denkenden Arafat? Nicht ihm allein verdankten die Fedajin die Tage der Ruhe, beinahe schon der Feier, die ich gern beschrieben hätte. Nicht ihm allein, doch war allein er verantwortlich für die Niederlage.
War seine Unbeweglichkeit durchdacht, also ununterbrochene Tätigkeit? Und schuf, sabberte diese fette Spinne, ohne etwas davon zu verraten, im Stillen, fast ohne mit dem überkreuzten Netz zu wackeln, dessen Fläche sich vergrö-

ßerte, glaubte er, wenn er einen Kaffee nach dem andern trank, mich anhörend ohne mir zuzuhören, aber mit weit in die Ferne schweifendem Blick, sie, die andere fette Spinne, anzuglotzen, die ihren Speichel verwob und die tatsächliche Spannweite ihres Netzes ausweitete, nämlich Golda Meir? Arafat äußerte ein paar Worte, mit der Vorsicht der Fliege, die mit gezählten Schritten auf dem Netz läuft. War er das? Oder spielte er das gleiche Spiel wie Marschall Tlass in Syrien?
»Zuerst sämtliche Blumen Syriens, vom gemeinsten Vergißmeinnicht bis zum Edelweiß, sodann die unbekannten Blumen, die er Assadia und Talania nannte, des weiteren achtzehn unerreichbare Frauen: Caroline von Monaco, Lady Di, Miss World '83, Lady X, Louise Brooks Loulou, noch weitere, und ein Gedicht über jede, veröffentlicht in seinem eigenen Verlag.«
So reden die Palästinenser über Marschall Tlass, der trotz seiner riesigen Ringe beim Durchblättern eines *Playboy* masturbiert, sagte mir lachend ein Verantwortlicher.

Hier einige Porträts von Verantwortlichen der PLO.
Über Abu Ali Iyad kann ich nichts sagen. Oder fast nichts. Seine Fotografien, zusammen mit denen Arafats, hängen an allen Wänden der PLO und der palästinensischen Unterkünfte. Im Juni 1971 befehligte er die Gegend um Jerash. Die jordanische Armee schoß auf die Palästinenser, die eingekesselt waren. Von beiden Seiten wurde eine Waffenruhe vereinbart. Auf Vermittlung Arafats wurde Abu Ali Iyad folgendes vorgeschlagen: unter dem Vorwand seiner Halbblindheit, seines Hinkens, seines langsamen und schwerfälligen Gangs, den er nur mit Hilfe eines Stockes bewerkstelligte, versichere Hussein ihm sein Leben, wenn er die Fedajin, seine Waffenbrüder, verlassen würde. Er

blieb. Alle wurden getötet. Die Orientalen wußten nichts von Bayard, ebensowenig die Bewohner des Westens. Es genügte folglich nicht zu sterben. Alle Palästinenser verehrten Abu Ali Iyad, aber bemerken wir auch: in dem Moment, als Arafat sich entschied, Hussein zu umarmen, erinnerte er sich, daß dieser selbe Hussein den Palästinensern eine weitere Falle stellte. Das Geschenk dieses geretteten Lebens bedeutete:
»Ich schenke Ihnen die Möglichkeit, ein Feigling zu sein. Ergreifen Sie sie vor allem, damit ich in Zukunft Schande über die Gesamtheit der Palästinenser bringe und sie in ihrer Vergangenheit damit überhäufe.«
Das war es, was die Ablehnung durch Abu Ali Iyad unversöhnlich machte.
Angesichts des Todes und aus gutem Grund hat man die Neigung, sich zu fragen, ob man an die Ewigkeit glauben sollte, an den Fortbestand der Werte dieser Sache. Darf man sagen sterben ... wofür? oder besser sterben für wen, wo doch diese Werte durch diesen Tod, dummerweise, nicht übertragen werden, aber nur aus ihnen neue Gründe zu leben erwachsen?
Für diesen Abend lautet meine Antwort nein. Der Heldenmut ist zwecklos, durch die Furcht, beispielhaft zu werden. Man kann schließlich sterben, indem man einen gegebenen Befehl, eine ausgesprochene Versuchung nicht befolgt.
Mehr werde ich von Abu Ali Iyad nicht sagen.

Womöglich liegt es an einer Art geistiger Faulheit der Franzosen, am Klang des Wortes Million, daß das alte Geld sich mittlerweile auf den Franc des Germinal zu beziehen oder sich sogar auf ihn »herunterzurechnen« scheint, und damit auf Louisdor und Zwanziger des Ancien Regime, der

harte Franc hingegen sehr spät Eingang in die täglichen Rechnungen fand. Auch da waren es die Söhne, welche auf die neuen Francs abhoben. Traditionen, Verkalkung: gleichbedeutende Worte? Bis 1968–69 wurde weder die Fatah noch irgendeine andere palästinensische Organisation ernst genommen. Sogar diese Bezeichnung war unbekannt. Für viele Franzosen war der Palästinas der Name der Ländereien Industrie treibender Juden, die auf diesen Ländereien allerdings schon seit der Erschaffung der Welt lebten.
Die Juden waren also »da unten, seit Abraham und den Pharaonen.« Die Stärke der Fatah, die Kraft ihrer Präsenz in den Lagern, die Hoffnung, welche sie den Palästinensern gab, ihr Widerstand gegen Hussein und das jordanische Volk, der Rückhalt durch Nasser, die vorbehaltlose Hilfe König Faisals von Arabien, die zögerliche Unterstützung der übrigen arabischen Nationen, die Persönlichkeit ihrer Anführer, gestatteten der PLO und den Palästinensern einen politischen Einsatz, der einem territorial eingerichteten Staat der arabischen Liga gleichkam, zu der die PLO schon bald gehörte. Dem Nachhall der Diskussionen, Meinungsverschiedenheiten, unterschiedlichen Richtungen, die es in jeder Widerstandsbewegung gibt, aus dem Weg zu gehen, würde ich nur sagen, daß die PLO, von ihrer Gründung an, unmittelbar neben der Sowjetunion rangierte, und zwar in dem Sinne, daß Israel alles unternahm, verkündete, so darstellte, bis man in der PLO einen Ausfluß, beinahe eine direkte Fortsetzung der UdSSR erblickte. Eine derartige Sicht paßte dem amerikanischen Manichäismus. Und dem europäischen. Dies würde eine langwierige Studie erfordern. Eine solche Betrachtung fügte sich auf der ganzen Linie auch in die Machtinteressen der Sowjetunion.

Sämtliche Namen zu nennen wird unmöglich sein, unannehmbar auch das Gebilde, begnügen wir uns mit einer kurzen Abschweifung. Die Aufgabe seiner selbst für eine Sache, die einem unantastbar, weil unerreichbar erscheint, gänzlich sublimiert, weil wir sie nun einmal nicht mit unseren alltäglichen Benutzungen verbinden können, was wir »das Rückzugsgebiet« nennen, ist nicht einfach die »Ferne der Kriegshandlungen«, zumindest insoweit, als diese »Ferne« nicht von Worten hervorgerufen wird, die uns die Massaker nahebringen und sie zu unserem Vergnügen durch Berichterstatter evozieren (gesehen aus dem im Studio behaupteten »Rückzugsgebiet« sind die Kriegsszenen mit Verwundeten oder zusammenbrechenden Toten, Kämpfenden, die aufrecht feuern, auf den Knien oder flach liegend, aufgenommen mit dem Teleobjektiv, geschrieben im Pressebüro einer Botschaft, aus einem Sessel heraus sind die Katastrophen immer erträglich anzusehen oder nachzulesen); »das Rückzugsgebiet« ist auch jener Ort, von dem aus man es furchtlos betrachtet, sich schamlos seine Zeit nimmt: für die Zeitung, die Seite über Asien zugunsten der über die Börse umzublättern, einen Knopf am Radio dreht, die Reportage weiterzuhören, der Ausdruck »sich Zeit zu nehmen«, entspricht dem »Fuß zu fassen.« Der Kämpfer, der sterben wird, sobald er den Granattrichter verläßt, derjenige, der seinen Atem anhält, weil er den Toten unter Toten spielt, sich bemüht, unentdeckt zu bleiben, derjenige der tötet, sie alle haben keine Verbindung mehr zum »Rückzugsgebiet«, weil sie von jeder Wahl abgeschnitten sind, sie können sich keine »Zeit nehmen«. Bei der Erweckung toter oder sterbender Helden, so man sie träumt, hochschätzt, sich rühren läßt, sich ihnen gar gleichsetzt oder vor allem empört, geschieht das, weil man die Zeit und die Umstände dazu hat, es zu tun.

»Käme sie doch, mich zu verzücken, die heilige Sache, für die ein anderer stirbt.« Diese Aufopferung seiner selbst ist sehr vielgestaltig.
Ein für allemal, der Heldenmut der Palästinenser ist liebenswert, mitunter wird er das Ergebnis einer ziemlich simplen Geometrie sein, eines schwierigen Knotens aus Berechnung, die den Tod streift, wenn auch aus großer Nähe oder, wenn man so will, der Entfernung, so genau war die Beherrschung der Geste, die ihn streift, sei es die Capa, die den Hörnern ausweicht, sei es der Schritt am Rande des Abgrunds, die saubere Säbelattacke, die Herausforderung, der Scheinangriff. Und auf diese, endgültig versöhnte Art wird der Held diesen Tod erleben: er hat das Ausmaß eines ungeheuren Geldschranks, in dem Millionen von Dollar lagern. Die Geheimzahl des Tresors fällt dem Helden plötzlich wieder ein. Sobald der Safe sich öffnet, verwandeln sich die Bündel in Edelsteine, Pelze, Zigarren, Mercedes, Maserati, Marilyn, und das ist in Ordnung. Wenn der Held weder über den Ruhm von Abu Ali Iyad noch den von Kawasmeh verfügt, hat er das Gold, das Verlangen, mehr davon zu besitzen.
»Da ich weder den Ruhm, noch den Tod ernte, warum soll ich ihren Gegenwert als Ausgleich zurückweisen?«

»Wie groß auch immer der Reichtum der Schlösser, der Juwelen sein mag, die ein solcher ...«
»Nenn mir zwei oder drei Namen.«
»Ich kenne viel mehr. Du auch. Nenne sie.«
»Sag nur einen einzigen.«
»Er war gerade dabei, Arafat fallen zu lassen, als Syrien ...«
»Sein Name?«
»Nein.«

Es ist schwierig, an dieser Stelle zu improvisieren: wie die vulgären Sehnsüchte oder die Träume von Orgien sich in feinsinnige Ergebenheiten verwandelt haben. Und ebenso schwierig ist es zu verstehen, daß die herrlichen Taten die entschiedenen, starken, schönen Männer zu Geizhälsen umformten, die eine Säulenreihe aus Marmor vor Verlangen sabbern läßt? Man nehme, beliebig, wen immer man will, prüfe die Nieren, die Herzen, die Därme, um darin die Ausscheidungen aufzuspüren (man muß sich schon daran gewöhnen, unsere Sicht auf den Geruchsinn einstellen, den von unserer taktilen Empfindung am weitesten entfernt gelegenen), daraus ging unsere Freiheit in der Nähe des Jordan hervor. Die verzauberten Tage und Nächte, wir verdankten sie dem Gefeilsche, den Machenschaften, der Gerissenheit der Chefs. In welchen Abwässern ihrer selbst mußten sie ihre Interessen verteidigen, von denen die Freiheit Ajlouns abhing? Gefolgt von seinen Ministern lief der König eines Tages, im Jahr 1968 glaube ich, durch die Hauptstraßen von Amman und schrie:
»Es leben die Fedajin! Ich bin der erste Fedajin.«
Seine Spontaneität des jungen Monarchen befahl ihm diesen Ausbruch, Spontaneität und Demagogie vollkommen unbrauchbar.
Dezember 1984. Ermordung von Kawasmeh.

Unter seiner durchsichtigen Außenhaut sehen wir besser, daß der Widerstand blutlos ist. Die Verzweigung der Kanäle führte einen Schlamm mit, der sich nach und nach klärte, da waren andere Kanäle, wo eine klare Flüssigkeit sich eintrübt, und, seltsamerweise, brachte der Tod die klarsten Gefäße zum Bersten. Es gab dort keine wahre Hölle, nicht mehr als im Bidonville.

Als Arafat mir im November 1970 die Papiere aushändigte, die es mir erlaubten, mich in den Lagern und auf den Stützpunkten der PLO frei zu bewegen, ging er kein großes Risiko ein. Wußte er, daß die »Potemkinschen« Stützpunkte von den Journalisten des Orients und des Westens längst ausfindig gemacht worden waren, sogar von den unbegabtesten? Gewisse Details unterrichteten einen schnell über ihre Fälschungen. Die auffälligsten waren jene, die den Palästinensern das meiste Vertrauen einflößten. Die wirklich sehr sichtbare Mühe, die sich die Studenten aus Montpellier, aus Oxford, Stuttgart, Livorno, Barcelona, Leuven, Utrecht, Göteborg, Osaka gaben, letztlich Sie davon zu überzeugen, daß die Palästinenser, wenn sie diesen Krieg gegen das haschemitische Regime führten, recht hatten. Die Gesandten wußten dies. Sie sahen vor allem, daß die Palästinenser nichts von der Kunst verstanden, einen echten Stützpunkt durch einen falschen darzustellen. Es gab unter den Fedajin überhaupt keine Tradition der Fälschung: falschen Marmor anstelle von echtem, falsche Pathetik, die den Schmerz nachahmt, Theater letztlich und Inszenierung. Nichts, was den berühmten »Baumalleen aus Palmen in Kübeln« ähnelte, welche Polizeitrupps, verkleidet als Gärtner, nachts umsetzten, damit Bourgiba im Wagen mit offenem Verdeck in jeder Stadt um elf Uhr vormittags durch eine schattige Allee aus Palmen in Töpfen, die an einem Abend ohne Regen gewachsen waren, feierlichen Einzug halten konnte. Sobald Bourgiba vorüber und von den Honoratioren empfangen worden war, wurden die Palmen in der kommenden Nacht für seinen am nächsten Tag stattfindenden Einzug in die Nähe einer Stadt, südlich der vorhergehenden, transportiert. Feststehende, doch geheime Reiseroute, die das blaue Auge, unbetrogen, genehmigte. Um die Bedeutsamkeit der Hoch-

stapelei wissend, erkannte der Diktator die Bäume wieder, jeder trug einen Namen, den Bourgiba kannte, und den er vorbeifahrend ausrief:
»Rocroy! Waterloo! Fachoda! Guten Tag!«
Auf den palästinensischen Stützpunkten waren die Studenten mit den säuselnden Worten – englisch, deutsch, französisch, spanisch – dazu in der Lage, vor dem Blitzlicht zu posieren, das gleiche müde Lächeln unter Einsatz von Entspannungsübungen zu halten, es zwanzig- oder fünfundzwanzig Mal für eine einzige Zeitung wiederaufzunehmen, Freude oder Wut vorzutäuschen, das Klischee und den Allgemeinplatz zu wählen, die der jeweiligen Zeitung entsprechen ... überflüssige Gesten, hatten doch die Journalisten, Fotografen und Fernsehfritzen den Fehler längst ausgemacht, das Detail, welches bewies, daß dieser Stützpunkt eine Ente war, der redende Jugendliche zwar zu reden, nicht aber zu kämpfen versteht.
Diese Studenten in den Krieg schicken, das Handwerk zu erlernen? Folglich tauchte in dieser Altersgruppe die uralte Debatte wieder auf:
»Homer reißt sich die Augen aus, weil er nicht Achill ist; soll man nach einer kurzen Zeit sterben oder für die Ewigkeit singen?«
Die Journalisten kannten den Unterschied zwischen dem Sprung in den Qualm der Rauchbomben und dem Abstieg zum Jordan unter Beschuß. Die Fedajin und auch die Löwenjungen.

Trotz ihrer koreanischen Rücklagen – Nordkorea – konnten sich die Schwarzen Panther einer Sache nicht entheben: sich wechselseitig anzuziehen, schon deshalb, weil die Bewegung der Black Panthers aus magnetisch sich magnetisierenden Körpern zusammengefügt war.

Die Fedajin gehorchten einer lächelnden Strenge. Die Erotik war empfindlich. Ich nahm ihre Wellen auf, ohne dadurch verunsichert zu werden. Erinnert man sich der drei Reihen von Panzern um das Lager von Baqa, dem Auszug der palästinensischen Frauen, entschieden, zu Fuß mit ihren Kindern nach Hause zu gehen, nach Palästina? Dieser Auszug hatte ein Ziel, das Entweichen – was gelungen ist – eines christlichen und französischen Geistlichen zu verkappen. Dieser Sieg irritierte die Beduinen-Soldaten, die, das Ganze tanzend, den politischen und militärischen Verantwortlichen die Stirn boten. Es ist schwierig, sich den Männlichkeitsbeweis zu geben, noch schwieriger, als sich ihm zu entziehen. Und möglicherweise sollte man ihn geschehen lassen. Die Beduinen tanzten, indem sie die Bürokraten der PLO herausforderten. Sie tanzten bewundernswert. Ihr Tanz war unversehrt, niemand hätte gewagt, ihn anzugreifen. Dank der Trockenheit der Sanddünen, die sie zwei- oder dreitausend Jahre bewahrt hatte, abgesperrt von jedem verfälschenden Einfluß, erschien diese Choreographie in den Augen der zu Tode gelangweilten Fedajin jung, frisch und schön. Vielleicht bereuten es die Palästinenser, eine so alte Tradition leichtfertig herausgefordert zu haben, welche diese neue Welt nicht alt, jedoch schon müde, runzlig aussehen ließ, während diejenige der Wüste unbefleckt geblieben war.

Drei Monate nach diesem Ereignis heiratete einer der Anführer. Zusammen mit vielen anderen war ich eingeladen, nicht zur Trauung, aber zum anschließenden Mittagessen. Der Jungvermählte hatte ein Essen bei Abu Omar akzeptiert, wo ich mit ein paar Fedajin in Zivil hinging.
»Wirst du aus deiner Frau eine Krankenschwester machen?«

»Nie im Leben. Ich heirate sie jungfräulich.«
»Du bestehst darauf, sie Jungfrau zu lassen?«
Man lachte ein wenig, doch das Gesicht des Bräutigams blieb ungerührt und streng.
»Ich will eine echte Hochzeit. Meine Frau wird nicht Krankenschwester.«
»Du bist gegen Krankenschwestern?«
»Nein, solange sie Ausländerinnen sind. Meine Frau ist Muslimin.«
Der Scherz war schon alt, doch kramte man ihn wieder hervor: »Der Wüste vertrauen, da wir schließlich hier unsere Quellen wiederfinden.«
Doch frage ich mich, ob man dieses seltsame Apophtegma nicht um dieses hier ergänzen sollte:
»Lernen wir von Marx die Ursachen und Kümmernisse der industriellen Revolution in England, erwarten wir von der Wüste, daß sie unsere Quellen bewahrt.«
Wie diese männlichen Tänze, hochzeitlich oder schmeichelnd, bewahrt vielleicht der Sand die arabische Welt: Zelte, Karawanen, Kamele …

<table>
<tr><td>Zelt: Klimaanlage.
Reise: ohne Muskelkater.
Kamel: Mercedes.
Tanz: jener der Ahnen im Smurf.
Männlichkeit: Farid el Atrasch.</td><td>}</td><td>Traum vom Orient
und Beduinentraum</td></tr>
</table>

Fast das ganze Jahr 1971 und teilweise noch 1970 ließ die Gleichgültigkeit im Hinblick auf die gesamte internationale Politik an die Unabhängigkeit der Palästinenser glauben, ausgenommen die politische Führung. Wenn man sich der Antwort Yasser Arafats an einen Kämpfer der Fatah entsinnt:

»Wozu wissen, ob die Russen oder die Amerikaner einverstanden sein werden? Seit fünf Jahren haben wir begonnen oder wollten wir die Revolution oder etwas anderes machen, ohne irgend jemand nach seiner Meinung zu fragen.«
»Kein Mensch hat an uns gedacht. Wir sind mittlerweile ein Problem: man läßt die Probleme nicht herumstreunen, bis sie alle lösbar sind.«
Genau wie 1910 waren die Palästinenser, die es ihrerseits ignorierten, im Jahr 1917 die schon oder noch nicht erwachte Träumerei polnischer, ukrainischer Juden, die vermutlich nicht viel über Palästina wußten, außer daß es das Gelobte Land von Milch und Honig war, ohne daß irgend jemand bereits die Idee gekommen wäre, daß man seine Bewohner hinauswerfen muß. Lediglich ein Trauminterieur, in dem alles erst zu errichten war, träumten die Juden von 1910 es leer, schlimmstenfalls von ein paar körperlosen Schatten bewohnt, ohne individuelles Leben. Kein einziger Palästinenser wußte, daß es sich bei seinem Garten um leeren Raum handelte, als Garten verschwunden, hundert Kilometer davon entfernt geträumter Raum, dazu ausersehen ein Laboratorium zu werden, während er, Besitzer des Gartens, nur ein vorbeifliegender Schatten in diesem Garten war, ein Schatten, den es hundert Kilometer von hier ausschließlich in Träumen gab.
Doch wie die Eier zerschlagen. Ebenso wie von Läusen, ebenso wie von den Eiern der Läuse, wimmelte es von Amphorenfabriken. Gab es bereits mehr und mehr Norweger, die in den Ferien in die arabischen Länder fuhren? Die Preise kamen den skandinavischen Währungen in Algerien, in Marokko, in Tunesien, in Ägypten, im Libanon, in Syrien, in Jordanien entgegen, winzige Werkstätten stellten Jahrtausende alte Amphoren her.

Ein bißchen auf dieselbe Weise, von 1970–1971, trifft dies auch auf die Palästinenser zu, mehr oder weniger bekannt unter dem Namen »Flüchtlinge«, nicht einmal geträumt, lediglich aufgeführt in den jährlichen Unterstützungen durch die UNRWA, welche die Hilfsgüter auf einige Lager verteilte, einer Masse zugesprochen, in der keine einzige Persönlichkeit einen Namen hatte. Da, im Jahr 1970, mußte man ein Wort zur Kenntnis nehmen, das aus den politischen Vokabularien verschwunden war: Palästinenser. Männlich, weiblich, Einzahl, Mehrzahl, diese Wörter bezogen sich weder auf Männer, noch auf Frauen, diese Wörter waren bewaffnet, waren eine Revolution, von der die Supermächte, das war nicht das einzige, was sie nicht wußten, noch nicht sagen konnten, ob sie niederzuschlagen oder zu kontrollieren wäre. Anarchisch, doch einigermaßen frei seit 1966, wurden die Palästinenser vielleicht von ein wenig politischem Bewußtsein heimgesucht, aber ziemlich lange Zeit über träumten sie eher, als daß sie dachten.

Die Wohnwagen standen am Eingang oder, wenn man so will, am Ausgang des Dorfes und meist bei den Haufen von Abfällen oder Schutt, Wort, das an den Fingern und auf den Laken kleben bleibt, Endzustand, Zeugnis für ein großes Glück oder kleinen Tod, Kehricht vom Saubermachen, Durcheinander von leeren, mit Büchsenöffnern geöffneten Dosen, alten Matratzen, zerbrochenen Tellern, wo die barfüßigen Kinder des unbefestigten Lagers die Müllkippe durchwühlen. Die Frauen, in ihren losen Kleidern aus falschem Taft, gingen wahrsagen und die Männer flochten Körbe: Kleinigkeit, faulenzende Wendigkeit der braunen, maskulinen Hände. Die Hühnerdiebe stießen sich nie an der Zone der Bauern, Wickelkinder und Weiber fielen in die Dörfer ein, bettelnd, stehlend, lügend, behendes Repertoire aller Verderbten, paradiesische Hölle, welche die Gemeinden ankommen oder abfahren sahen. Die wahren Fedajin kannten das Gesetz und befolgten es, und doch schienen die Palästinenser, so wie die fliegenden Lager, vor welchem Parkett eigentlich zu spielen? Der ganzen Welt? Gott? Sich selbst? Sich dabei überwachend, ob sie gut spielten? Ihr eigenes Gegenüber zu sein?

Das letzte Lager nomadisierender Zigeuner sah ich in Serbien, selbstverständlich am Eingang oder Ausgang des Dorfes Ujitse-Pojega, nahe einem Müllhaufen. Die Wagen waren nach wie vor aus mehrfarbigem Holz, von Pferden gezogen, die an diesem Morgen noch nicht angeschirrt waren. Die fast nackten Gören sahen mich und rannten, die Frauen zu benachrichtigen, die es den Männern mit dem öligen Haar weitersagten. Sie zeigten nur ein Viertel des Gesichts, wo es ein ganzes Auge gab, ausreichend mich zu sehen, aber nicht mehr als sein mußte. Diese Fragmente von Gesichtern verschwanden. Kurze Zeit später näherten sich zwei gutaussehende Frauen, ungefähr sechzehn Jahre alt, mit wiegendem Gang, ebenso gut ausgeprägt wie das Schwenken der Hüften, einer scheinbar indirekten Linie folgend, und dennoch war die ganze Ausführung an sich unverschämt, mich, geschützt durch die Mauer eines Hauses, zu provozieren. Direkt vor mir, vom Lager freilich abgeschnitten, das sie dennoch aus einiger Entfernung überwachte, hoben sie sehr langsam ihre luftigen Kleider, das eine grün, das andere schwarz mit roten Blumen, bis zur Taille und ließen mich ihre nicht enthaarten Genitalien sehen. Das satellitenartig umherirrende Palästina, das sich ins Innere der arabischen Welt verlagerte, ein Pseudo-Stamm, ein Untersatellit Palästinas,

kreiste um sich selbst, ohne je mit sich zu kollidieren. Dieser stammeskulturelle Bodensatz verharrte im Orbit, wie damals in Serbien die Zigeunerlager, von den Serben durch ihre Gewohnheiten, ihre Moral oder einfach nur durch sich selbst auf Abstand gehalten, weil darin ihre Art zu überleben bestand. Wenn der Aufbau des Kosmos Sonnen erfordert, um welche Sterne gravitieren, so scheint mir die soziale Ordnung vergleichbar; jede Sonne behält ihre Distanzen im geometrischen Sinne des Begriffs. Dieses kosmogonische Gesetz der sozialen Sphären ist uralt! und die vielen Zwischenfälle, die es unterbrechen, Vernunftehen, wahnsinnige Liebschaften, Siege einer winzigen Dynastie über die rivalisierende, desaströse Spekulationen der Bank Lazard, und die Folgen, das Umherwirbeln der stellaren und terrestrischen Körper, vermittelten für wenige Sekunden eine andere Skala, um die Bewegung der palästinensischen Revolution zu verstehen.
Israel war die Sonne, die sich für die allereinzige hält, auch wenn sie weder die hellste noch die am weitesten entfernte im Weltraum sein kann, so doch die Erstgeborene im sich ausbreitenden Universum, Erstgeborene des Urknalls. Seitdem es osmanische Provinz geworden war, hielt Syrien sich für die Mutter Palästinas, während dieses ein fest verankertes Gebiet im türkischen Reich blieb, doch war dieses Gebiet der Raum, auf dem sich die Großen Familien bewegten, alle mehr oder weniger magnetisiert von der Hohen Pforte, dennoch suchte jede dieser Familien die anderen zu verdrängen. Im September 1982, als sich die israelische Armee von Ost-Beirut nach Westen verlagerte, fürchtete Nabila Nashashibi, aufgrund ihres Gesichts, ihres palästinensischen Akzents mißhandelt zu werden, weil sie Chefärztin des Akka-Hospitals am Rande Chatilas war. Gemeinsam mit ihrem Ehemann flüchtete sie sich in die

Wohnung von Leila, einer der letzten Nachfahren der Familie Husseini. Ich forderte sie auf:
»Erzähl mir von Palästina unter den Osmanen.«
Wir befanden uns im prunkvollen Wohnzimmer von Leilas Mutter. Nabila begann:
»In Palästina unter den Osmanen gab es zwei berühmte Familien, die Husseini und die Nashashibi. Stets im Krieg miteinander, war Palästina ihr Spielplatz.«
Sie blickte um sich, sie sah auf die bestickten Kissen, die Stoffe, das Kunstgewerbe, den Schmuck, die Leute um uns her.
»Kannst du mich in die französische Botschaft bringen? Hier komme ich nicht zur Ruhe. Der Ort ist nicht sicher.«
Was gegenseitiges Einvernehmen und Gastfreundschaft dieser alten Familien, samt und sonders Verbündete und Rivalen, anbelangt, so leitete sich das Ansehen einer jeden aus einer gemeinsamen, anderthalb Jahrtausende alten Verwandtschaft her: zum einen von ihrer Abstammung, über Ali und Fatima, vom Propheten Mohammed; zum anderen, selten in muslimischen Ländern, von ihrer Öffnung zum Westen, aufgrund des Besuchs europäischer Schulen in den Städten Palästinas und des Libanon. Ich ahne, daß das weit verflochtene Werk der Fatah, Arafats Werk vor allem, diese Familien benutzte, die es, so scheint mir, auf eine gewisse Art ebenfalls nutzten.
Durch welchen Einsatz, Liebe und Geld miteinander verquickt, sind zwei Familien, die sich vor allem zu widerstreben scheinen, wie sind diese beiden Familien, deren Namen ich nicht nennen kann, heutzutage durch Heirat miteinander verbunden?
Ich schreibe das, weil es gut ist, wenn der Leser, zumindest während der Lektüre, im Geist behält, daß in Palästina eine vielgestaltige Geschichte, mit ihren mannigfaltigen

Formen von Herrschaftswillen in Gang war. Diese Gegend war nicht leer. Die großen Familien, vor allem landbesitzende, von Israel enteignete, behielten in den Augen ihrer bäuerlichen Anhängerschaft weiterhin das Prestige, vom Propheten abzustammen.
Lange bevor es zu Fedajin wurde, war das Volk palästinensisch, das heißt, sein Sockel war aus dem geschaffen, was von einem zerstörten Wald zurückbleibt, in dem die Stümpfe von zwei mal zehn Stammbäumen, deren letzte Äste noch grün, noch immer nicht gestorben, die frühesten mindestens tausendfünfhundert Jahre alt sind, vielleicht älter, Christen und Monophysiten unter Byzanz, vorher Juden, schließlich Muslime.
Diese sehr alten Familien, gewöhnt an Zynismus, an Hochstapelei, an Fälschung, fürchteten die Umwälzungen der Welt nicht, dahinter aber sofort eine Klasse, die nichts als außer sich geraten konnte. Ich bekam in Beirut Kenntnis davon, wo der Herausgeber einer Zeitung mir mit Schrecken mitteilte, auf welche Weise er sich dabei erlebte, ins Verderben abzugleiten:
»Mein Sohn ist mehrfach mit sehr frischen Früchten nach Hause gekommen. Beim ersten Mal lehnte ich es ab, davon zu essen, ihre Herkunft erschien mir ungewiß. Das zweite Mal aß ich sie, ich hatte Hunger. Später wartete ich darauf, daß mein Sohn mir welche brachte, und schließlich bin ich sein Meister in diesem Geschäft geworden, dem Diebstahl. Diebstahl von Früchten, von Petroleum, von Mehl, zu wissen, wie man stiehlt, das ist noch gar nichts, aber zu wissen, wie man lügt, das ist viel schlimmer, da sehen Sie, wo wir hingekommen sind. Der Einmarsch hat aus uns Straffällige des allgemeinen Rechts gemacht. Vor allem aber Lügner, und damit hat sich, in einem flüchtigen Augenblick, unsere Moral aufgelöst.«

Während ich ihm zuhörte, glaubte ich, den zerfasernden Werdegang Doktor Mahjoubs vor mir zu haben.
Eine wirkungsvolle, freilich konventionelle Moralität plauderte die echten neuralgischen Punkte in einer Bourgeoisie aus, die noch an Tugenden glaubte, welche die Pater von der Schule des Heiligen Joseph lehrten. Diese Bourgeoisie, sozial gesehen knapp unter den großen Familien, welche ein unbekümmerter Kriegsadel vor einer Übertreibung der Skrupel bewahrte. Hier, das heißt, in sämtlichen noblen Gesellschaften, erinnerte man sich lächelnd des geflügelten Wortes:
»Stehlen, das heißt lediglich, den Aufenthaltsort eines Gegenstandes zu verändern.«

Es ist bemerkenswert, daß nicht weit von Amman, also der haschemitischen Administration und den palästinensischen Aufständen in den Lagern, ein kleiner, umherstreunender Scheinstamm, ungefähr fünfhundert Personen, in noch zerschlisseneren Zelten lebte, als es die in den Palästinenserlagern waren, der von Tal zu Tal zog und sich hauptsächlich von kleinen Diebstählen und noch geringeren Betteleien ernährte. Ich habe ihn kennengelernt und hier ist seine Geschichte, vorausgesetzt die Männer dieser kleinen Gruppe haben mich nicht belogen: Doktor Alfredo hat mich gefragt, was wir für die Splittergruppe unbekannter Vagabunden, die sie in den Augen der registrierten Vagabunden waren, tun könnten. Ihre genaue Zahl, im Jahr 1970, belief sich auf fünfhundertdreiundsechzig. Nicht allein daß ihre Population aus nur einer Familie bestand, die noch dazu von einem Lager zum anderen gehetzt wurde, von einem Dorf oder Bezirk zum nächsten, sie besaßen überhaupt keinen Grund und Boden, noch nicht einmal

eine Parzelle. Sie kampierten bevorzugt in frisch abgeernteten Roggenfeldern. Als »nicht seßhafte Personen« nicht anerkannt, schützte die UNO sie nicht. Um fortzubestehen, da sie ja nichts weiter zu tun wußten und, mir schien es so, die Maloche haßten, lebten sie von Mundraub und Bettelei. Dieser Mini- und Scheinstamm hatte dennoch seine hierarchische Gliederung, deren Basis sich aus der Gesamtheit der Frauen, dann der Mädchen, der männlichen Kinder, verschiedenen kräftigen Männern, schließlich sechzehn bärtigen Greisen zusammensetzte, die über sich einen Häuptling hatten, den ich gesehen, allerdings nicht kennengelernt habe, welcher mir der Stammesälteste zu sein schien, oder eher noch derjenige, der über die größte Macht verfügte, also das entweder feinste oder gelassenste Betragen.
Ihre Sprache war ein Arabisch, daß, wie man mir sagte, vor allem in der Region von Lattaquié, dem syrischen Hafen, gesprochen wird. Ihre Irrfahrt war diese hier, das heißt vielleicht, weil nicht eine der befragten Personen mir eine Antwort gab, die mit den anderen übereinstimmte: auf den Weg begeben hatten sie sich 1948, durch Israel aus Palästina vertrieben. Von da ab verloren sie sich in der Negev, wo sie über ein Jahr blieben. Anschließend gingen sie in den Sinai, kehrten nach Palästina zurück, das nun Israel hieß, kamen über die verschiedenen Pässe des Petra-Gebirges nach Jordanien; arbeiteten sich, von Ländereien zu Ländereien, in Richtung Norden und Osten vor; und ohne sich jemals festzusetzen, offensichtlich auch ohne sich weder mit irgend jemand zu vereinigen, noch sich auf ihn zu verlassen, bis in die Gegend um Amman, wo wir, Alfredo, Nabila Nashashibi und ich, sie kennenlernten. Die Gruppe hatte sich, wenn sie sich als Volk nicht einigermaßen endogam aufgefächert hatte, seit ihrem Exodus

Dank dessen erhalten, was die Kirche strengstens bekämpfte: den Inzest.
Alle vier: Alfredo, Nabila, ein Fedajin namens Shiran und ich, wir machten ihnen diesen Besuch zuerst einmal, um sie zu zählen, dann allerdings auch, zu erfahren, woran es ihnen mangelte. Shiran übersetzte:
»Wir kommen übermorgen zurück. Wir haben dreiundzwanzig Zelte gezählt. Wir werden acht Decken pro Zelt mitbringen. Streichhölzer. Kisten mit Zigaretten. Seife. Hundert Büchsen Corned-Beef. Zweihundert Dosen Ölsardinen.«
Die gesamte, oder beinahe gesamte Bevölkerung umringte uns. Sie war sichtbar enttäuscht, da wir nichts direkt in die Hand verteilten. Es war beinahe ein enormes Schulterzukken, was unseren Vortrag entgegennahm. Diese Menschen lebten von Augenblick zu Augenblick, offenbar unfähig dazu, sich eine Zukunft vorzustellen, die von heute bis übermorgen reicht. Darüber hinaus, ich weiß nicht mehr anhand welchen oder welcher Details, schien mir, wir hätten es eher mit einer Gruppe zu tun, die sich freiwillig an den Rand begeben hatte – womöglich eine, von jenen Palästinensern, die unter Recht und Gesetz verblieben waren, aus der Legalität ausgestoßene Bande – als mit einem Überbleibsel von Stamm, der auf Grund der zurückgelegten Wege, der Tode, der Müdigkeiten, der Verelendungen zusammengeschrumpft war. Hätte dieses Stammes-Imitat voller Unglück zur Kommune gehört, wäre es, trotz des immensen Elends, nicht aufgegeben worden, das war zumindest, was wir uns untereinander sagten. Uns bekümmerte folgendes, trotz der bohrenden Fragen von Nabila und Shiran nannte uns niemand seinen Namen, noch den Namen dieses falschen Stammes, so daß man ihn, wo immer man über seine Bedürfnisse spräche, nie-

mals würde nennen können, die palästinensischen Verantwortlichen, die sich ausmalen müßten, wie wir hungernde und frierende Phantome beschworen, uns niemals helfen würden, außer mit Gelächter, das in erster Linie uns gälte. Wir zweigten die Decken und die Konserven aus drei oder vier Magazinen für die Verpflegung des Lagers von Baqa ab, die Verantwortlichen waren weder hart noch mitleidig, aber amüsiert. Am übernächsten Tag kehrten wir mit einem Lastwagen zurück, beladen mit Geschenken.
Das Kamel ist in Jordanien noch immer das Symbol des Wohlstandes, es gab also ein Kamel, vier Pferde und eine Herde Ziegen. Dieser Viehbestand gehörte vollständig dem Stammeschef, den bislang keiner von uns gesehen hatte.
Es ist keineswegs sicher, daß die Männer und Frauen dieses Stammes, als wir einschätzten, daß wir erst am übernächsten Tag zurückkehren würden, glaubten, wir würden für immer verschwinden, doch erschien ihnen unsere Rückkehr so weit weg, daß sie jener Rückkehr von Kometen entsprach, die nur langwierige Berechnungen wiederfinden, während sich die neuen Generationen ihrer Schrekkensverbreitung beim letzten Vorbeiflug kaum deutlicher als in mythologischen Fabeln entsinnen. Auf gewisse Weise machte unsere Rückkehr sie, ganz für sie selbst, zu ihren eigenen Nachkommen. Zurückzukehren, nach zwei Jahrtausenden der Erwartung, und mit Geschenken im Überfluß zurückzukehren, war ein Fest wert. Ein großes Zelt, eng aber sehr lang, wurde aufgestellt und von der ganzen Bevölkerung umringt. Wir ließen den Laster ziemlich nah am Zelt, allerdings unter Bewachung durch zwei Fedajin. Die Stille war annähernd vollkommen, bis auf die zwischen Nabila und einigen Frauen ausgetauschten Begrüßungen. Ein Ende des Zeltes hob sich, und wir betraten das Innere. Die sechzehn Ältesten waren vor der

einen Stirnseite auf Decken gruppiert, vor der anderen setzten wir uns auf ähnliche Decken. Frauen servierten allen Tee, zuerst allerdings den Ältesten. Die den Tee Darreichenden kamen zu uns und schenkten uns ein, ich selbst, aufgrund meiner Jahre, war der erste. Man hörte nur das sehr dunkle Geräusch der Lippen, die den heißen Tee tranken, ein Geräusch sehr lauten Schlürfens, wie es für die Engländer eine Anstößigkeit darstellt, aber ein so schönes Geräusch in den Bärten und den Dünen.

Die Partie des Zeltes, wo sich die sechzehn Ältesten befanden, hob sich: auftrat das Oberhaupt über die sechzehn Ältesten und den Rest. Er sah uns nicht. Die sechzehn hatten sich erhoben, und wir ebenfalls, ein jeder blieb reglos, das Oberhaupt küßte den ersten der sechzehn mit sechzehn Küssen auf die rechte Wange, der zweite empfing fünfzehn Küsse auf die rechte Wange, was wir hörten, ich glaubte sogar, die Stärke des Schnalzens der Lippen auf der Haut sei eine zusätzliche Gunst, der dritte vierzehn ziemlich gedämpfte Küsse, der vierte dreizehn Küsse, der fünfte zwölf, der sechste elf, der siebte zehn, der achte neun Küsse. Das Oberhaupt schöpfte ein wenig Atem und Speichel. Er war bärtig und von ausgesprochen nobler Haltung; hätte sich neben ihm ein Knabe aufgehalten, der seinen Mantel aus schwarzer Wolle angehoben oder sich ihm zu Füßen geworfen hätte, wäre mir jeglicher Zweifel daran zerstreut worden, daß der Pseudo-Stamm, wie der Vatikan, das Ritual des Hofes von Byzanz weitertrug. Das Oberhaupt setzte seine Arbeit fort: der neunte erhielt acht Küsse von ihm, auf die Haut der Wange, der zehnte sieben Küsse, der elfte sechs, der zwölfte fünf, der dreizehnte vier, der vierzehnte drei, der fünfzehnte zwei, der sechzehnte einen einzigen, der den letzten bildete. Wie er gekommen war, uns dieses Wunder zu schenken: scheinbar verstoh-

len die Riten des Stammes offenzulegen, wandte er sich ab, ohne uns anzusehen, und ging. Einer der sechzehn Ältesten löste sich und kam, uns auf Arabisch und sehr liebenswürdig zu sagen, daß der Häuptling die Geschenke akzeptiert und die Verteilung persönlich vornimmt.
Woher kamen diese geizig, aber nicht unüberlegt ausgeschütteten Küsse? Niemals, weder im Islam noch anderswo, habe ich gesehen, daß ein Würdenträger derart küßte, mit einer zurückgehaltenen Verströmung, so als ob er auf jede Wange einen kompletten Satz klingender Medaillen geklebt hätte, oder eher geheftet, Lippen und Wangen berührten und lösten sich voneinander mit demselben Geräusch, wie die Lippen und Zungen, die den heißen Tee schlürften. Oder klebten auf jeder Wange Schellen? Woher rührte dieser Brauch? Rührte er »sich«? Oder war es ein erfundenes Zeremoniell, zu dem Zweck, diesen Pseudo-Stamm besser zu isolieren und zu unterscheiden? Eine andere Hierarchie hatte sich aufgedrängt, aus ihr ergaben sich neue Prioritäten; und würden die Kinder in den kommenden Zeitaltern diese Grade von Adel fortsetzen, sie älter glaubend als alle anderen in der Welt?
Nabila, Shiran, Alfredo, die zwei anderen Fedajin und ich, wir verständigten uns mit einem Augenzwinkern: die Ladung würden wir austeilen, andernfalls fahren wir mit dem vollbeladenen Lastwagen zurück. Ohne zu protestieren oder zu lächeln entfernten sich die sechzehn Ältesten. Wir schauten uns im Lager um: es gab nicht dreiundzwanzig Zelte, sondern siebenundachtzig. Jedes bestand aus nur einer Plane, gestützt von einem Ast, bewohnt von einer einzelnen Frau oder einem einzelnen Kind, das am dichtesten bevölkerte Zelt von einer jungen Frau, einem kleinen Mädchen und einem Jungen, Rotznasen alle drei. Da wir pro Zelt acht Decken versprochen hatten, mußten wir noch

vierhundert besorgen, eine Anzahl, auf die man sich einigte. Am Abend des nächsten Tages, vor dem Eingang des Lagers von Gaza, verkauften oder tauschten die Frauen ungefähr vierhundert Decken gegen weitere Sardinenbüchsen ein.
»Wäre ich in ihrer Lage, würde ich es genauso machen«, sagte Alfredo zu mir.
»Ich auch«, sagte Nabila.
»Ich auch«, sagte ich. Aber uns so zu kommen, ist übertrieben, dachten wir alle drei.

Das hier geschah im Winter 1970–1971. Bei jedem meiner Besuche auf den Stützpunkten von Ajloun, begrüßte mich Doktor Mahjoub, immer magerer, blasser unter seiner Bräune, ausgemergelter, die Haare länger und mit einigen grauen Strähnen, lächelnd, obgleich er selbst, unter einer schlimmen Erkrankung der Wirbelsäule leidend, sich auf einen Stock stützend, immer gebeugter und älter wurde. Im Dezember sagte er zu mir:
»Wenn wir es schaffen, den Winter zu überstehen!«
Und im Januar:
»Die Kälte ist schwer zu ertragen. Vor allem der Wind und der Schnee. Wenn das Mistwetter erst vorbei ist, wird alles gut.«
Im Februar versicherte er mir:
»Ich wünschte, in Amman unternähme man noch ein paar Anstrengungen, uns Lebensmittel zu schicken. Wir könnten nicht genügend haben. Sehen Sie sich die Fedajin an, sie werden immer schwächer. Viele husten. Es ist schade. Mit der ersten Sonne wird alles gut.«

Auch wenn er es wußte, so sah Mahjoub doch nicht den guten Zustand der jordanischen Soldaten; in ihren beheizten Kasernen, ernährt mit Schafen und Hühnern. Im März bekam er einen Vertrauensschub:
»Jean, die Sonne kommt zurück. Noch einen etwas kalten Monat und alles wird besser. Glücklicherweise. Wir haben fast keine Medikamente mehr.«
Mahjoub hatte gewußt, was in Zarkat vorgefallen war. Einige Kilometer weiter hatte man mit Geldern, die aus dem Irak kamen, ein Krankenhaus gebaut. Das internationale Rote Kreuz, Arzt und Krankenschwestern, die sich um ein paar Fedajin kümmerten, mußten es innerhalb von zwei oder drei Tagen verlassen; das Hospital ging in den Besitz der jordanischen Regierung über. Ich glaube, daß der folgende Einfall und seine Ausführung Alfredo zum Urheber hatten, auf jeden Fall war er es, der mit mir darüber sprach:
»Bist du einverstanden? Du kommst mit uns. Wir werden sehen, was sich im irakischen Krankenhaus abspielt. Nabila wird dort sein. Ferraj wird den Lastwagen fahren. Einer seiner Freunde begleitet ihn.«
Nur ein paar Sätze über Alfredo. Aufgewachsen in Kuba, wo er sein Medizinstudium absolvierte, den Palästinensern sehr gewogen, sprach er selbstverständlich Spanisch, Englisch und Französisch. Er war Kubaner, doch sagte man mir, daß er in Spanien geboren wurde, Sohn einer kastilischen Gräfin. Er war bereits sehr kritisch auf die Politik Castros zu sprechen.
Alfredo mißtraute dem Roten Kreuz, das sich, im Moment der Schlacht um Amman, geweigert hatte, dem palästinensischen Roten Halbmond zu helfen. Ich mußte mir sagen, daß Alfredo als Mediziner und Kubaner auf dem Laufenden über die Hochstapeleien der westlichen Medizin war.

Ausgebildet in Kuba, Arzt in Havanna, mußte das hier einer Laune entsprungen sein:
»Palästina oder Kathmandu, ich habe das noch nicht entschieden. Wie ist deine Meinung?«
Der bewaffnete Posten vor dem irakischen Krankenhaus ließ uns passieren. Vernagelte Kisten, mit aufgeklebten Etiketten, standen übereinander gestapelt in der Empfangshalle. Kisten mit Medikamenten, chirurgischen Instrumenten, gespendet von Rot-China oder Taiwan und verschiedenen europäischen Ländern. Aber außer dem Wachtposten, der übrigens während des Dienstes rauchte, kein Mensch. Auf der ersten Etage niemand. Diese erste war durch eine Terrasse verlängert, Nabila, Alfredo, Ferraj und ich wandten uns dorthin.
Ein sehr hübscher Bursche, ausgestreckt auf Handtüchern, blond, ziemlich jung, völlig nackt, streichelte eine Blondine, genauso nackt wie er, und auf denselben Handtüchern, weder er noch sie hörten die Scheibe, die sich auf einem Schallplattenspieler in ihrer Nähe drehte. Unser Eindringen überraschte das Paar. Ferraj und der Fedajin kehrten um.
Der schwedische Arzt und die holländische Krankenschwester zogen sich wieder an. Alfredo forderte mich auf:
»Scheiß sie auf Französisch zusammen. Nabila wird es ins Englische übersetzen. Brüll sie ausführlich an, ich gehe eine Runde drehen, nach den Verwundeten zu schauen.«
So entrüstet sie auch war, hatte die palästinensische Ärztin Nabila Nashashibi, und ich ebenfalls, schon auch Lust zu lachen, dennoch gaben sie und ich das Spiel tatsächlicher Empörtheit.
»Es gibt um die zwanzig Verwundete auf der ersten Etage und niemand kümmert sich um sie«, erklärte uns Alfredo. Er begann nun seinerseits, dem schwedischen Arzt und

der Krankenschwester, die offensichtlich verängstigt waren, Vorhaltungen zu machen. Anschließend, sich auf Französisch an mich wendend:
»Beschäftige sie noch einen Augenblick.«
Nabila übersetzte dem ziemlich verlegenen schwedischen Doktor meine unlauteren Vorwürfe. Alfredo kam zurück:
»Laß sie. Wir brechen auf.«
Zwei Stunden später teilten sich sämtliche Krankenstationen der Palästinenserlager den Inhalt der Kisten mit Medikamenten und chirurgischem Gerät, die Ferraj und der befreundete Fedajin während der Beschimpfung des Schweden und der Holländerin auf den Lastwagen geladen hatten.
Am nächsten Tag, aus Gründen, die nichts mit dem Diebstahl zu tun hatten, wurden wir kurz vor Amman von der jordanischen Armee angehalten, unter Polizeikontrolle abgeführt und ins Gefängnis gesteckt, ein italienischer Arzt, Nabila, Alfredo und ich. Wir wurden wieder freigelassen. Abu Omar, unterrichtet von dieser Inhaftierung, forderte, daß ich mich mit den Fedajin, unter ihrem Schutz, ans Ufer des Jordan begebe und dort bliebe. Er fürchtete meine Festnahme. In Ajloun traf ich Oberleutnant Mubarak, den sudanesischen Offizier, wieder.

Augenblicklich fiel mir die »Kreissäge« über der Braue von Maurice Chevalier ein. Der vorstädtische Akzent lebt schon seit vielen Jahren nicht mehr in Belleville, Ménilmontant noch in Pantin. Diese drei Namen ehemaliger Festungen oder Sperrbezirke bezeichnen heute Zentren an der Peripherie, und man spricht dort ein ebenso grammatikalisch korrektes, ein ebenso reines Französisch wie im Fernsehen oder im Radio, selbstverständlich ohne Pariser Akzent, zum Beispiel den des *R* (hart betont), aus dem Ra-

chen kommend, der sich für das spanische *J* ausgibt, auf jene Weise, wie die Redewendung »es wird regnen« sich fast mit der Mundart des Nordens spricht »s'wird rejchnen«; etwa 1943 hörte ich einen Gipser, die Schirmmütze über dem Auge, einen Polizeibeamten, vielleicht aus dem Poitou, in Erwartung eines Gusses zurechtrücken:
»Man könnte meinen, es regnet«, sagte der Bulle mit lauter Stimme, wie er glaubte elegant.
»Du kannst nicht quasseln. Mußt sagen: man könnte meinen, das regnet, oder gerade heraus: wird abnds rejchnen.«
Bedauerlicherweise ohne den Pariser Zungenschlag, ohne die Einfälle des Argot aus zupackender Poesie, gelindert durch den Duft von Hosenschlitz und Schlüpferboden, die sie mit sich bringt, verwendet man noch ein paar, in meiner Jugend erfundene Wörter. Man muß die Gegend um Rouen, Le Havre, von Grand- oder Petit-Quevilly, von Beauvais, Sens, von Joigny, von Troyes durchstreifen – wo die Zentralmacht die Jugend vielleicht zu mehr Einfallsreichtum zwingt –, will man die Schlagfertigkeit einer Eskalation des Sprachgebrauchs wiederfinden. Es besteht wenig Aussicht, daß der Witzbold mit der gut aufgelegten Zunge noch immer der Knabe mit den zu langen Unterhosen ist. Ein Erzbischof aus Paris – mit dem Akzent der Vorstädte – nimmt seinen Platz ein, ohne ihn in der Anmut der Gebärde zu ersetzen.
Hier ein Beispiel für die Unvermitteltheit der Antworten, von der ich gesprochen habe: um 1950 hielt ich ein Taxi an. Der Chauffeur, in den Sechzigern, mit einem breiten, fast weißen Schnurrbart, zögerte, musterte mich und willigte ein, indem er sagte: »Ist meine Richtung, paßt mir, ich fahre in die Garage zurück.«
Ich stieg hinten ein und: »Demnach zahlen Sie die Fahrt?«
Er wandte langsam den Kopf, prüfte mich und ließ, über

die Schulter, beinahe in der Art, wie man verzeiht, in meine Richtung fallen: »Sofort Kumpel, so wie immer, und mit Vergnügen.«
Darin war alles enthalten: der pariserische Akzent, übertrieben kehlig; die Promptheit und Präzision seiner Antwort: die gewiß spöttische Art, mich zu visieren, mich zu verstehen; den genauen Ton des milden Timbres, den die Antwort haben würde, anzuschlagen, besser gesagt festzulegen; ein kleines, leicht affektiertes Meisterwerk wurde mir da um ein Uhr morgens auf der Place de la République in Paris beschert. Die Lebendigkeit der Prahlerei, habe ich gesagt, schien von den Vorstadtzügen transportiert zu werden, welche die fünf Pariser Hauptbahnhöfe in Richtung einer provisorischen Endstation verließen. Wenn sich in den Mittelgängen der Wagen zweiter Klasse die stehenden Männer und Frauen, hin- und hergeschaukelt auf den Schienen, in den Kurven schwankend, Sticheleien zuwarfen, wurden in den Bahnhöfen, Deuil oder Meulan, noch schüchterne Halbsenegalesen, Viertelaraber, Vollguadeloupaner ausgeschüttet, die, ohne eine einzige zu knicken, die Geranienpflanzungen französischen Stils übersprangen; und auf einmal wurde, unter der Mondsichel, die durch die Wolken brach, der Bahnhof von Deuil so international wie der Flughafen von Karachi. Die Jeans, die sich eng an Schenkel und Hintern der jungen Kerle anschmiegten, waren zugleich erotisch und keusch, so sehr fügte sich die Schönheit der Linien in die hereinbrechende Nacht; alle Welt war nackt. Aber kaum war das Wort »Tschau« in allen möglichen Akzenten verklungen, trat wieder Stille ein. Stumme Schatten marschierten mit langen Schritten davon. Das Verlan* war nicht mehr in Mode, nebenbei be-

* Anm. d. Übers.: das »Gekehrtum«, Argot der Pariser Vororte, bei dem die Silben verkehrt werden.

merkt hätte kein Franzose es gewagt, sich in Jordanien seiner zu bedienen, das Verlan wäre dort so unpassend gewesen wie der den Arabern abscheuliche Furz. Im Wechsel der Zeiten, ganz wie es die französische Mode verlangte, wurden die ersten zwei, manchmal drei Silben anstelle des vollständigen Wortes ausgesprochen. Die Angler teilen aus Sparsamkeit die Regenwürmer mit dem Fingernagel in sieben oder acht Stücke, jedes ein Köder für den Angelhaken, und die Sätze jener Epoche waren aus Stummeln zusammengesetzt, die nur ein eingeweihtes Ohr verstand.
Beispiel: »Ich steig' geschwin' die Trepp', bist blaß, wo ist wo d' bist? heut' nachm'«, usw.
Vor keinem Araber hätten die beiden Guy geheißenen Franzosen sich auf solche Weise geäußert, die sie selber für unschön befanden. Ich schätzte ihren Takt, doch später erfuhr ich durch Omar den Grund: diese Abkürzungen hätten sie verdächtig gemacht.
»Die französische Sprache im Ausland zu verstümmeln bedeutet, eine Geheimsprache zu begründen. Für weniger als das wirst du erschossen«, sagte mir Guy II.
»Wir arbeiten mit der Basis zusammen.«
Er öffnete noch einmal den Mund, der sprachlos blieb, da Guy II sagte:
»Zuerst einmal gibt's keinen dummen Beruf.«
Guy I präzisierte den Gedanken:
»S'gibt törichte Menschen.«
»Die Palästinenser, das sind Menschen wie wir«, sagte Guy II.
»Warum hilft man ihnen nicht? Sie haben Recht auf ein Vaterland.«
Dieses letzte Wort, das am Ende des Satzes vereinzelt zurückblieb, schien ihm Unbehagen zu bereiten, Guy I er-

gänzte: »Sie wollen es demokratisch. Du kannst es nachlesen, es steht in ihrem Programm.«

»Wenn Pompidou mich gehindert hätte zu kommen, hätten wir ihn scheißen geschickt«, sagte Guy II und sah mich dabei an, wie es die Zeitungen schreiben, kaltblütig.

»Ich sehe nicht ein, warum wir nicht alle Brüder sein sollten«, sagte Guy I.

»Wir wollen nicht, daß sie von Amerika oder der UdSSR annektiert werden. Frankreich ist dazu da, ihnen unter die Arme zu greifen. Und da Hussein ein Fascho ist, warum ihn nicht loswerden?«

Sicher kamen sie aus Paris, ohne den vorstädtischen Akzent. Vielmehr schienen sie aus einem Metroschlund Place de la Bastille zu kommen. Um diese drei Franzosen und zwei Französinnen herum verteilt schauten die Palästinenser zu, ohne ein Wort über die Lippen zu bringen, unwissend darüber, daß sie in diesem Zimmer in Amman einer in Übersee ausgetragenen französischen Schlacht beiwohnten oder der Ort ein Pariser Bistro nachbildete. Die beiden zwanzigjährigen, sicherlich großzügigen Burschen waren per Anhalter hergekommen, hatten Italien, Jugoslawien, Griechenland, die Türkei, Syrien durchquert, um den Einwohnern von Wahadat beim Mauern neuer Wände zu helfen, unsicher darüber, ob sie, Mauern und Maurer, von den Beduinen Husseins nicht niedergeschossen würden. So wie ich sie weiter oben beschrieb, glaube ich, die wechselseitigen Reden der einen und anderen ziemlich exakt wiedergegeben zu haben. Wir boten den Fedajin einen äußerst miserablen Anblick.

Ohne mich mit den Worten *großzügig, Großzügigkeit* zufriedenzugeben, was die Genannten angeht aus Höflichkeit hingeschrieben, fragte ich mich, mit was für einer gleichwertigen Abenteuerlust sie so viele Länder durch-

reist hatten? Die Verzauberung durch den Mittleren Osten, zum Beispiel »im unbewohnten Orient«, »dem Glanz dieser Perle«, das Haus von Loti »in Lorient«, aber kein ähnlicher Grund schien sie gezwungen zu haben, nach Fernost aufzubrechen, die Reisen Marco Polos zu wiederholen. War ein dummer Einfall ein ebenso geheimnisvoller Grund wie der Urknall, von dem man nicht weiß, was ihn auslöste, nicht einmal, ob er stattgefunden hat, übrigens konnte der Initialschlag, so es ihn gab, keinen Vorgänger haben, die Reise der beiden Guy hatte *nur* Vorgänger. Waren sie nach dem Mai 1968 nach Kathmandu unterwegs, und hatten auf der Strecke die palästinensischen Lager entdeckt? Hatte das Wort Fedajin, vor ihrer Abfahrt, beim Durchblättern einer linken Broschüre, durch seine Stellung den Satz erleuchtet und die Überzeugungskraft des Satzes die Abfahrt erforderlich gemacht? Warum waren sie schließlich abgereist? Bleiben ist erklärbar: der Charme der Situation, aber abfahren? Waren sie ebenso gut unterrichtet über die Routen, die zu nehmen waren, über die Gefahren, vor allem am zu erwartenden Ziel? Sie fanden sich, überrascht vielleicht, als Maurerlehrlinge wieder, ohne zu wissen, daß dieser Beruf nur die vorvorletzte Etappe sein würde. Danach kommt der Tod als Soldat.
»Wir sind alle Brüder.«
Ich erkannte die universelle französische Gabe wieder: man (wir) brachten ihnen alles, das Handwerk des Betonierens, die Höflichkeit, die Befreiung der Frau, die Rockmusik, die Kunst der Fuge, die Brüderlichkeit, und in der universellen französischen Gabe erkannte ich mich wieder, einen vielleicht niedrigen, aber aufgeblasenen Rang einnehmend.
»Wenn sie in demselben Ton weitermachen, platzt mir mein nationaler Überzug.« Ich schwieg. Wir haben bemerkt,

daß, um alle die aufgezählten Länder zu durchfahren, nur zwei, Syrien und Jordanien, ein Visum der Botschaften in Paris verlangten, da sie französisch waren.
Der eine wie der andere nannten sich Guy mit Vornamen, aber sie riefen einander folgendermaßen:
»Sag, du?«
»Ja, was?«
»Bist du es, der ruft?«
»Ich bin es nicht. Und du?«
»Ich denke wie du.«
Guy I lachte, dann Guy II, schließlich die zwei Frauen. Europa war für sie und ihre Freundinnen ein wertloses geographisches Konzept, doch hatte Frankreich eine lange Geschichte, in der Johanna von Orléans sich mit Mendès France unterhielt. Den Palästinensern brachten sie den Widerhall einer am Ufer der Seine geborenen Generosität. Dank der Übersetzung von Omar, dem Sohn von Monsieur Mustapha, verstanden die Fedajin den Mai 68 und seine Entdeckung der ausgebeuteten, aber vor allem exotischen Länder. Sie lächelten mit dem Gähnen der Ausgehungerten. Der Raum – ein Hinterzimmer des Büros der Fatah – ließ mich an die Kulissen eines Theaters denken, in dem, umgeben von fünf Pariser Requisiteuren der Balletts Russes von 1913, mehrere Nijinskis in getigertem Kostüm und Flecken von trockenem Laub oder Moos darauf warteten, für das *Präludium zum Nachmittag eines Fauns* in die Höhe zu fahren.
Da sie mit der Basis arbeiteten, glaubend, daß der Schmutz Zeichen plebejischen Adels ist, demnach proletarische Tugend, schienen die vier mir auf ihre schmutzigen Hälse, Gesichter, Handgelenke, Kleider stolz zu sein. Guy II spießte mich mit diesem, eher in die Kulissen gesprochenen Satz auf:

»Um die Revolution bei den Unterentwickelten zu machen, hast du dich aber in Schale geworfen: Hemd aus weißer Seide, Kaschmirschal.«
Wir wechselten noch einige Sätze. Außer den Palästinensern waren alle der Ansicht, daß ich mich über die Revolutionäre lustig machte, als ich sagte, daß ich in Kairo einen Zwischenstopp von vierundzwanzig Stunden eingelegt hatte, um bei Sonnenaufgang, rosa über den Nebelschwaden des Nil, die Pyramiden wiederzusehen.
»Ihr seid über Istanbul gekommen. Niemand hat sich Hagia Sophia angeschaut?«
»Die Mädels wollten.«
Aufgrund von etwas, das ich nicht zu benennen wüßte, kam es mir vor, als setzten die beiden Franzosen beim Reden Araber, als Eigenname, mit kleinem Anfangsbuchstaben. Auch wenn ihre Art zu reden nicht immer stimmte, ihre Manieren waren tadellos: wie Ludwig XIV. seine Stallburschen, grüßten die Franzosen die Araber, so groß war ihr Wunsch, Pompidou zu beleidigen, also hatten sie gelernt, besser als ich es jemals vermochte, mit den Fingern zu essen. Und zwar sehr graziös.
Diese ziemlich lange Vorstellung der Franzosen wurde, das ist wahrscheinlich, von meiner Nostalgie begleitet, jenen Pariser Akzent, der mich dermaßen entzückt hatte, niemals wiederzufinden. Höchstens durch die Reisenden der Vorstadtzüge, die ihn noch haben, allerdings fahre ich selten in die Banlieue von Paris.
Während der gesamten Reise, womöglich schon während ihrer Vorbereitung, hatten sie sich Oberlippen- und Kinnbart stehen lassen, noch jugendlich, doch bereits kräftig, weil sie geglaubt hatten, zu einem bärtigen Volk zu kommen, sicherlich, nachdem sie sich alte Nummern von *L'Illustration* angeschaut hatten, die in Frankreich während

der Regierungszeit von Abdul Hamid erschienen, dabei trugen die jungen Palästinenser nur einen ziemlich schmalen, gut gestutzten Schnurrbart. Die einzigen Bärtigen, denen sie in den Straßen und selten in der Fatah begegneten, waren die Moslembrüder. Die beiden Guy mußten sich also ihren Bart abrasieren. Omar erzählte mir die Sache so: »Als sie hierher kamen, hatten sie einen riesigen Kopf, und da ich der einzige war, der sich ihnen verständlich machen konnte, nannte ich sie die beiden Geheimagenten. Nachdem sie beim Friseur gewesen waren, hatten sie so kleine Gesichter, fast von Babys, daß ich, als ich sie sah, Lust hatte, ihnen mein Euter zu geben.«

»Canaille have, Jean!«
Seine Farbe, seine Nacktheit, die samtene Beschaffenheit seiner Haut, seine Muskeln, seine Geschmeidigkeit, die sanften, beinahe schmerzhaft süßlichen Rundungen seines Gesichts, trotz der tribalen Einkerbungen, die aus ihm ein gebrandmarktes Tier, ein fabelhaftes, aber Herdentier machten, also ein gewinnbringendes Stück Vieh, all das war nur wenig ohne die Traurigkeit, welche von ihm auszugehen schien, eingeschlossen in eine Hülle aus sichtbarem Dunkel, nicht nur seit er allein, sondern an Ihrer Seite verstummt war. Man befragte ihn, er antwortete. Die Antwort war präzise, oft umfassend, ausgefeilt, so daß man vermuten mußte, er habe die Frage schon, ehe sie gestellt wurde, in seinem Inneren debattiert. Doch woher kam Mubaraks Stimme? Zuerst sagte ich mir einfältigerweise, daß der Kontinent seiner Herkunft eher einer Märchenhaftigkeit als einer exakten Geographie entsprang, es verstand sich von selbst, daß die Tierwelt aus dem Unerwarteten, die Stimme mehr aus dem Gekläff als aus der artikulierten Sprechweise herrührte. Wenn der Sklavenhandel, die

Menschenjagd, der Ankauf, das Geschäft, die Deportation realistische Taten gewesen waren – noch immer waren –, die so viele Bankiers wie Händler beschäftigten, den Wechselkurs des Guldens so wie den der Peitschenschläge ansteigen zu lassen, gängige Praktiken, wie es heute der Abbau von Uran, von Kupfer, von Wolfram und Gold sind, war sein Französisch nicht nur verständlich, grammatikalisch einwandfrei, auch wenn er sich die Koketterie leistete, es in den Vorstadtakzent zu übertragen, den ich seit so langer Zeit suchte, den ich für unauffindbar hielt, möglicherweise tot, wie eben eine Sprache auszusterben weiß. Dieser Gedanke, daß ein Neger aus dem Sudan – ehemals angloägyptischen Sudan – zu einer Art Georges Dumézil geworden war, zum Bewahrer eines Akzents, so wie Dumézil für einige sterbende Sprachen, machte mich lächeln. Besser noch, flüchtiger als eine Sprache, verdampft ein Akzent viel schneller. Es ist mir auf die Art in Damaskus passiert, daß ich auf einer französischen Welle Tel Aviv empfing und einen Reporter mit dem spöttischen Akzent von Paris-Vorstadt hörte.

Natürlich englisch sprechend, sich lachend an mich wendend, sprach Mubarak: »Can I have« so aus, daß ich »Canaille have« verstand. Seine Traurigkeit, er vermochte sie zwar mit einem Streich zu verscheuchen, aber kehrte zurück, wie mir schien, ganz ohne daß er es voraussehen konnte.

Ungefähr im Alter von fünfzehn Jahren, erzählte er mir, war er zum Liebhaber von Maurice Chevalier geworden, von dem er lediglich zwei Schallplatten gehört hatte: *Prosper ...* und *Valentine*. Er liebte diesen Akzent, Parodie des Akzents von Ménilmontant, und er behielt ihn bei. Mubarak war entzückt, als ich ihm steckte, daß Ménilmontant sich volkstümlich Ménilmuche nennt.

Sämtliche afrikanischen Schwarzen, die ich kennenlernte, ungefähr in Mubaraks Alter, waren ausgesprochen heiter, selbst in der Einsamkeit. Ich nahm zwar an, daß er tief in sich eine schwere Verletzung trug, jedoch so gut versteckt, daß ich sie niemals zu benennen wußte, weder körperlich noch geistig. Ich glaubte, daß sie Mubaraks natürlichem Charme das hinzufügte, was die Lust beim zärtlichen Umgang mit jungen Schwarzen ausmacht. Manche Jungen haben eine so schwache Stimme, daß man das Ohr neigen oder sie auffordern muß, sich zu wiederholen. Und ihr Gesicht, grundlos, ihnen selbst sogar bewußt, ist traurig, oder sie tragen Trauer: überlebender Zwilling des anderen Zwillings, gestorben nach zehn oder zwanzig Tagen Leben.
»Kanaille ...«
Er lächelte über mein Erstaunen, und manchmal fragte ich mich, ob es aus Snobismus geschah, wenn er Englisch ins Französisch mischte.
»Für mich allein bin ich die Klientel des Jet-set.«
Er verschwand in seinem Dunkel, aus dem ich in einer Sprache – Arabisch, Englisch, Französisch – den oft von müden Fedajin im Mund geführten Satz hörte: »Wir werden die Ewigkeit haben, um uns auszuruhen.«
Das war in der Tat einer der Ticks, wie sämtliche Sätze, deren Herkunft unsicher ist, die Urheberschaft mannigfaltig, und welche die Kämpfer total zufällig aus den Mündern von Abd el-Kader, Abd el-Krim, Lumumba, Mao Zedong, Guevara zogen. Ich glaubte, einen vertrauten Klang wiederzuerkennen und sagte es Mubarak. Ein ironischer Blick, flüchtig wie die Frage:
»Sicher ein Franzose, da ihr der Ursprung der Welt seid.«
Ich murmelte:
»Die Ewigkeit erschien mir nicht zu lang, mich darin auszuruhen.«

»Der Satz ist besser; von wem ist er?«
»Benjamin Constant, *Cécile*. Oder das *Cahier rouge*, ich habe es vergessen.«
Er war an dem Punkt, verdutzt zu sein.
»Noch ein Impotenter.«
Ein Rückzug in sich selber, bis er nur noch ein Spaniel auf meinen Fersen war.
»Siehst du, Jean, ich bin ein Afrikaner in Asien. Die Palästinenser bringen mich aus der Fassung.«
»Palästina ist noch immer das Land, das Afrika am nächsten liegt.«
»Für mich sind die Pyramiden bereits Asien. Pharao, Nebukadnezar, David, Salomo, Tamerlan, Palmyra, Zarathustra, Jesus, Buddha, Mohammed, sie haben nichts Afrikanisches.«
»Wer ist an deiner Seite?«
»Napoleon, Isabella von Kastilien, Elisabeth I., Hitler. Und dazu: das Territorium, der Raum, ein Unterschied der Sprache, ein eingebildeter Unterschied.«
Erst viel später, ich glaube nach seinem Tod, erfuhr ich, daß er nie mit jemandem schlief, wie man es für gewöhnlich tut. Auch nicht mit einem Mann. Sein Sperma schien vom kehligen Klang seiner Stimme auf den- oder diejenige übertragen zu werden, die ihm zuhörten. Nicht, daß er erotische Begebenheiten mitteilte – er schien die Einzelheiten eher zu vermeiden –, aber die Warmherzigkeit dieser Stimme hatte die Sicherheit, herrisch und schüchtern, eines Genitals im Zustand der Erektion, das eine geliebte Wange streichelt. Auch deshalb erblickte ich in ihm den selbstverständlichsten Nachfahren der Taugenichtse der einstigen Pariser Banlieue.
Imitierte er den Akzent der Außenbezirke vorsätzlich, auf jeden Fall gelang es mir nie, ihn in einem Augenblick der

Nachlässigkeit zu überraschen, der mich davon hätte überzeugen können, daß er ihn nachäffte. Natürlich wird sich jeder an Zwischenfälle erinnern, welche die Verewigung eines Akzents auf einem dazu keineswegs passenden Gesicht erlaubten: in Dijon hinterließ ein Flieger aus Martinique bei der Zwischenlandung seiner Geliebten dieser einen Nacht ein burgundisches und kraushaariges Kind; eine junge Deutsche aus Hamburg sprach ein sehr elegantes Französisch, gespickt mit Beobachtungen wie dieser hier: »und plötzlich hat er mir in die Latschen geschissen…«, oder »wie blöd ich war, er hat mich reingelegt …«, mit Arglosigkeit, ohne Erröten und jegliche Scham verwendete Ausdrücke: ihr Liebhaber, ein Arbeiter aus den Vogesen, drei Jahre lang Kriegsgefangener, hatte mit ihr geredet, wie er es verstand, arglos, selber von der Inkongruenz der Wörter nicht das Geringste ahnend, wußte er vor allem nicht, wie schlecht sich diese Ausdrücke ins Französische einfügen. Womöglich hatte ein unterer Dienstgrad vom Lande, der Mubarak in seiner Jugend gekannt hatte, ihm beim Zusammentreffen in Dschibuti dieses Geschenk zur Aufbewahrung überlassen: den ausgeprägten Akzent. Mubarak sprach mir gegenüber nie davon, außer um mir zu sagen, daß er mehr als hundertmal die Schallplatten *Prosper* und *Valentine* gehört, und die manchmal heisere Stimme von Maurice Chevalier bewundert hatte.

Das Zusammenspiel des blauen Himmels mit den grünen Palmen, den ockerfarbenen Feldern, diese Landschaft, die mir in der Dämmerung erschien, erinnerte mich daran, daß auch die Palästinenser sich mit ihr durch Himmel, Palmen, Felder, Kämpfer abstimmten, wobei ein jedes Element die anderen ignorierte. Die einzigen Geräusche, die ich während eines Jahres vernahm, kamen vom Knattern

einer Schußwaffe und dem Brummen eines Flugzeugs oder eines Hubschraubers, so daß es erst nach der Schlacht von Ajloun war, als mir auffiel, daß die Hühner nicht nachgelassen hatten zu gackern, die Kühe zu brüllen, da ich sie schließlich hörte.
Die vorangegangenen Zeilen suchen den Moment hinauszuzögern, in dem ich mir diese Frage stellen werde: wenn sie nicht gegen das Volk gekämpft hätte, das mir das finsterste schien, dessen Ursprung sich als der Ursprung verstand, das verkündete, der Ursprung gewesen zu sein und zu bleiben, das Volk, das sich Dunkel der Vorzeit nannte, hätte die palästinensische Revolution mich mit solcher Kraft in ihren Bann gezogen? Mir diese Frage stellend, glaube ich die Antwort zu geben. Da sie sich vor dem Hintergrund des Dunkels allen Anbeginns abhob – und dieses ewig während tat – hörte die palästinensische Revolution auf, der übliche Kampf um ein geraubtes Territorium zu sein, sie war ein metaphysisches Ringen. Indem es seine Moral und seine Mythen der ganzen Welt aufzwang, verwechselte Israel sich mit der absoluten Macht. Es war die Macht. Allein der Anblick der armseligen Gewehre der Fedajin genügte, die unüberwindbare Distanz zwischen beiden Bewaffnungen zu veranschaulichen: auf der einen Seite kaum Tote noch Schwerverletzte, auf der anderen die von den europäischen und arabischen Nationen in Kauf genommene und gewollte Vernichtung.
Die langen Elegien über Israel; die Gratulationen für die einzige Demokratie im mittleren Osten; die bewässerte, fruchtbar gemachte und bepflanzte Wüste, in der jeder Apfelbaum oder Birke einen Namen trug; die unversöhnlichen, wenn auch ritterlichen Kämpfe der Ashkenasim und der Sephardim; die wissenschaftlichen Entdeckungen dieses Landes, archäologische, biologische, das sich

nicht hatte Staat nennen dürfen; 1970 erreichte uns hier nichts von alledem, das nicht die besetzten Gebiete durchlaufen hätte, das heißt eine Art Zensur ließ es uns folgerichtig wie eine vom jüdischen Staat gewollte Verzerrung wahrnehmen. Auf direktem Wege äußerte sich Israel niemals, oder wir hörten es nicht: es waren die okkupierten Araber, die zu uns von ihm sprachen.
Der Staat Israel im Mittleren Osten ist ein blauer Fleck, eine Quetschung, die sich auf der muslimischen Schulter verewigt, nicht allein aufgrund der letzten Bißwunde – von 67 –, sondern weil sie kurze Zeit nach der Verhaftung und Hinrichtung durch Erhängen von Eli Cohen in Damaskus erlaubte, daß jeder Palästinenser und selbst jeder Araber sich durch die jüdische Spionage bedroht glaubte; mögliche Unterwanderung, unbestreitbare Infiltration. Vor ein paar Tagen (1985) sagte mir J., daß der Mossad Opium und Haschisch an die Jugendlichen im Gebiet des Südlibanon verteilte.
»Man hat die amerikanische Polizei angeklagt, Rauschgifte an die jungen Schwarzen ausgeteilt zu haben.«
»Ich weiß. Der Mossad macht Weiterbildungen in den USA. Das Ziel ist vielleicht ein anderes, da die Situation nicht die gleiche ist, aber die Mittel ändern sich nicht. Hier hoffen die Leute vom Mossad, daß die jungen Leute, wenn sie jeglichen Willen verlieren, in ihrer Euphorie die Verstecke der Waffen und der Fedajin preisgeben.« Mittels ihrer Presse und ihrer Radiostationen, auch durch Methoden der anscheinend geheimen, doch gut plazierten Flüsterpropaganda haben die Israelis ihren Nachrichtendienst so sehr aufgeblasen, daß die Araber noch immer eine panische Furcht aus der Bahn wirft. Eine Reihe von Leuten hat den Mann gekannt, von dem ich reden werde. In Beirut, in jenem Teil, der West-Beirut werden wird, das

heißt vor allem muslimisch, fast vollständig pro-palästinensisch, tauchte ein Mann auf. Aber an sein Auftauchen erinnert sich niemand. Er war auf einmal da, ohne hergelangt zu sein. Niemand bemerkte etwas, dieser Mann sprach Arabisch mit palästinensischem Akzent, plötzlich war er da, und darin den Göttern ähnlich, die eine Zeitlang unerkannt auf der Erde wandeln, machte er vor allem durch seine Übergeschnapptheiten auf sich aufmerksam. Durch die Gören, die ihn verspotteten oder die Eltern, die ihn bedauerten, sprach man von ihm nur, indem man ihn bei seinem Namen nannte: der Irre. Die Geistesgestörtheit war immer schon überall gewesen, es war in Ordnung, wenn es sie ebenso gut hier wie anderswo gab, nicht selten aufgekommen in Form einer theatralischen Erscheinung. Da aber jeder ein Körnchen davon besaß, erlaubte sich dieser freundlich überdrehte Mann sämtliche Wunderlichkeiten, beispielsweise mitten in der Nacht aufzuspringen und seine Taschenlampe auf die Gesichter der Leute zu richten, wobei er einen unzusammenhängenden, monoton traurigen Gesang anstimmte.«

»Der Irre«, sagte man und hob die Schultern. Mit einem gutmütigen Lächeln im Hinblick auf ihn.

Niemand kam ihm wirklich nahe, denn er stank von überall: von den Füßen, aus dem Mund – fürchterlich – von den Händen, aus dem Arsch, dem Geschlecht.

Vorausgesetzt, daß es windgeschützt war, schlief er irgendwo, in eine einzige Decke gewickelt. Er bettelte, und wenn er fluchte, sagte er viel Schlechtes von den Israelis.

Am 15. September 1982, am frühen Morgen, standen die israelischen Panzer in West-Beirut. Ihr Heranrücken beobachtend, sah ich also den ersten Panzer und die weiteren, wie sie nahe der französischen Botschaft vorbeifuhren, und ich sah nichts Verwunderliches außer den in

West-Beirut eindringenden Israelis, aber die Beiruter erkannten auf dem ersten Panzer den Verrückten. Diesmal zeigte er ein hartes Gesicht. Er sang nicht. Er trug die Uniform eines Oberst der israelischen Armee.
Mehr weiß ich nicht über ihn, aber ich bin sicher, daß sein übler Geruch eine List war, ein ausgezeichneter Einfall, damit sich ihm niemand überraschend näherte.
Während dieser Epoche, von 1970 bis zur Überschreitung des Suez-Kanals durch Sadat im Jahr 1973, existierte Israel nicht mehr; nur die Schreie, die Klagen der besetzten Gebiete, eher epische Gesänge als wirkliches Geheul, erreichten uns noch, ohne die Lager oder Stützpunkte besonders zu stören. Wenn jemand hinter dem Jordan starb oder litt, war das familiäre Trauer; dennoch war jeder zu beklommen, zu genau unterrichtet über die Situation, um nicht begriffen zu haben, daß der Krieg mit Hussein Israel dazu diente, die Besetzung Jordaniens zu verlängern, und wir wußten, daß die Ortswechsel der Diplomaten die Bedeutung dieser Schauplätze unterstrich, an denen wir ohne Bedeutung waren.
Manchmal, gegen Abend näherte sich ein Araber in *Djellabah* dem Lager. Er trank Tee oder Kaffee mit uns, aß ein wenig Reis, nahm mit einer sanften Stimme Abschied und ging davon. »Weißt du, warum er stehengeblieben ist?« fragte mich Ferraj. »Er konnte sich nicht hinsetzen. Entlang seinem Bein, unter seiner Djellabah, trug er sein Gewehr. Er geht nach Israel. Er wird alle seine Kugeln verschießen, wenn er genügend Zeit hat, stirbt vielleicht ein Israeli gegen Mitternacht oder morgen früh.«

Die Zeilen, die folgen, sind vor allem dazu bestimmt, die Unterschiede zwischen Stützpunkten und Lagern herauszuarbeiten. Es ist klar, daß sich diese Aufzeichnungen an

die Europäer richten, die Araber wissen, woran sie sind. Tatsächlich waren die Mentalitäten hier und dort grundverschieden.
Bis 1971 kontrollierten die Stützpunkte diesseits des Jordan die besetzten Gebiete und den Teil Palästinas, dem die UNO den Namen Israel zuerkennt.
Diese Basen waren ziemlich bewegliche militärische Anlagen, die aus zwanzig oder dreißig palästinensischen Soldaten bestanden, welche in Zelten schliefen, anfänglich nur mit einfachen Gewehren ausgestattet, später mit einer oder zwei Maschinenpistolen.
Es gab Stützpunkte unterschiedlichen Ranges. Jene, die sich unmittelbar am Rand der Felswand befanden, an deren Fuß der Jordan fließt. Einige hundert Meter entfernt dienten andere Basen den ersten als Absicherung und hielten sich wie diese in Alarmbereitschaft. Um diesen zweiten Halbkreis herum gab es einen dritten, dann einen vierten. Ich hatte den Eindruck, daß sie vier Reihen bildeten, die im Zickzack angeordnet waren. Der Teil, der dem Jordan folgte, war ziemlich offen, da das Ufer kaum zerklüftet war, auf jeden Fall aber weniger als jener Teil, der sich zu der Route Jerash-Amman hinzog, die auch »Asphalt« genannt wurde.
Diese Stellung wurde von der jordanischen Armee kontrolliert, die selbst mehr oder weniger geheime Beziehungen zu den jordanischen Dörfern unterhielt, denen die Basen sehr nahe waren. Sagen wir unumwunden, daß auf der gesamten Breite, vom »Asphalt« bis zum Jordan, das Hin und Her vergleichsweise ungehindert möglich war. Die Frauen betraten sie nie, außer um Briefe zu bringen oder abzuholen, und sie spazierten niemals umher, sie blieben vor dem Posten auf dem Rasen sitzen.
Die psychische Verfaßtheit der Fedajin, beladen mit der

Überwachung dessen, was ihr Territorium war, auch wenn es von Feinden durchwandert wurde, die sich frei glaubten oder versucht waren es zu glauben, faktisch an jeder Straßenbiegung von Kugeln belauert. Von der Allenby-Brücke bis zur Damia-Brücke – diese Benennung ruft mir die Moritatensängerin Maryse Damia und ihr »Ungutes Gebet« ins Gedächtnis, in dem die Frau eines zur See gefahrenen Matrosen die Jungfrau Maria bittet, diesen lieber Schiffbruch erleiden als Gefangener der Sirenen werden zu lassen – sahen sich die Fedajin in Jordanien israelischen Soldaten gegenüber, die unter die eingesperrte palästinensische Bevölkerung der Garnisonen und jüdischen Behörden gemischt waren, solcher Art, daß man von diesseits des Jordan nur Zufallsschüsse abgeben konnte, die Territoires-Occupés wurden ausschließlich von Eliteschützen überwacht.

In unseren Tagen und der bereits vergangenen Zeit hat der Ausdruck seine ursprüngliche, fast heilige Kraft verloren, vergleichbar diesem hier in Frankreich: Elsaß-Lothringen. Der Bindestrich trug zu der Ähnlichkeit bei, doch verharre ich jetzt wie an anderen Stellen fasziniert vom Schauspiel des Hasses und dem der Freundschaft, eins wie das andere oft Finten, die nicht aufhören, die Ränder der Grenzen enger oder weiter zu ziehen. Eine Grenze sei eine ideale Linie, die nicht veräußert werden darf, bestenfalls in gegenseitigem Einvernehmen zweier Bevölkerungen, indessen wird diese Grenze und ihr Überschreiten von den beiden Bevökerungen *zur gleichen Zeit* kontrolliert, daher die Verträge, welche komische Spiele sind, bei denen die einander gegenüberstehenden Gesichter sich entweder bedrohlich oder sehr mild geben, beinahe für sich einnehmend. Schließlich ist der Grenzpfad – oder der äußerste Grenzpunkt – der Ort, an dem sich die Gesamtheit einer menschlichen Person in Übereinstimmung oder Widerspruch mit sich am umfänglichsten zeigt. Bei der überaus schwierigen Wahl, mir zu gestatten, ein anderer als ich selbst zu sein, hätte ich mir den Elsaß-Lothringer ausgesucht. Deutscher und Franzose, weder dem einen noch dem anderen gleichwertig. Indem er aufhört Jakobiner zu sein, wird jeder Mensch, was auch immer er sagt, sobald er sich der Grenze nähert zu einem Machiavelli, ohne die Behauptung zu wagen, daß der Rand jenes Ortsgebiet bleibt, in dem die Totalität möglich ist, wäre es vielleicht menschlich, die Randzonen zu erweitern, sicher ohne die Zentren zu zerstören, da sie es sind, welche die Ränder ermöglichen, und ich sehe schon, ebenso stark wie die Adoleszenten mit den Oberschenkeln von Engeln, den unangreifbaren Verrat, einen Fuß hier, einen Fuß dort, einen anderen im Norden, einen vierten im Süden und, bis in die Unendlichkeit, eine Architektur aus Füßen, die jeden Ortswechsel, jeden Marsch unmöglich machen.

Die Besetzung von West-Beirut durch Israel im Jahr 1982 erlaubte das Aufkommen zahlreicher Geschichten, darunter diese hier: ein paar Jungs führten ungezählte Mitglieder libanesischer Banden von einer unterirdischen Gasse zur nächsten bis zu einer Werkstatt, von der aus die Palästinenser gerade aufgebrochen waren. Der libanesische Haufe fand nur sehr gut nachgemachte, falsche amerikanische Dollarnoten vor. Die Libanesen füllten ihre Taschen, sie waren samt und sonders Lastkraftwagenfahrer. Zu jener Zeit untersagten die Patrouillen den libanesischen Lastwagen, in den Norden zu fahren, in Richtung Beirut zum Beispiel. Lediglich Israelis, die in Israel beladen worden waren, konnten passieren. Die Komödie begann: die Kraftfahrer zeigten dem israelischen Soldaten ein Bündel Dollarnoten, der Soldat lehnte schroff ab, der libanesische Fahrer verdoppelte das Bündel, weicher gestimmt schloß der Soldat halbwegs die Augen, steckte die Dollars rasch in seine Tasche, drehte sich, um den Lkw nicht vorbeifahren zu sehen, und so geschah es, daß tausende falscher Dollarnoten, die die Grenze passierten, zur Freude der Soldaten, der Lastwagenfahrer und der Bevölkerung von West-Beirut wurden, die glücklich darüber waren, kein in Tel Aviv geladenes Obst mehr zu essen. Ein Lkw passierte. Dann zehn. Und alle weiteren kamen durch. Die falschen Dollars wanderten in die echten Taschen echter israelischer Soldaten, die im zivilen Leben prosperierten oder im Gefängnis landeten.

Man sagte mir in Beirut, daß diese Geschichte wahr sei. Sie schien wahrscheinlich. Eine Reihe von Aspekten des Zusammenspiels wurde durch den Feind zugelassen: die Komplizenschaft. Sie gewann keine Strahlkraft, sie war eine Atempause, in der jeder geglaubt hatte, den anderen übers Ohr zu hauen.

Als im Juni zwischen Palästinensern und Jordaniern der Sturm losbrach, gelang es vielen Palästinensern, Offizieren, Unteroffizieren und Soldaten, Deserteuren aus Husseins Armee, zu fliehen, da die einstigen jordanischen Waffenbrüder nicht zu sehen schienen, wer die Kampflinien überschritt, ich habe nie sagen gehört, daß Israelis und Palästinenser sich an »*der Basis*« solche Höflichkeiten erwiesen, aber die Politik der äußersten Zuspitzungen ist derart fein, derart vielschichtig und so unerhört verworren, daß jeder, so er sie verstehen will, Gefahr läuft, den Überblick und das Leben zu verlieren.

Dennoch – und davon habe ich bereits gesprochen – war es im November 1970 möglich, auf den Stützpunkten – den Basen, nicht den Lagern – diversen jungen Männern mit langen, zerzausten Haaren zu begegnen, mit ebenso breiten Koteletten unter den Schläfen, wie die von Sizilianern oder Oberkellnern, die auf Hebräisch herumalberten. Die älteren Fedajin waren von der Doppeldeutigkeit unangenehm berührt und fasziniert, die mitten unter ihnen herumwitzelte, sich ebenso über Mosche Dajan wie über Arafat lustig machte. Wir wußten auch, daß ein wenig Hebräisch gelehrt wurde. Als das Fasten endete, aßen diese jungen Männer hier wie irgendein anderer Araber und, vielleicht in Tel Aviv irgendein anderer Jude auch, indem sie sich die Finger an der Hose, auf der Höhe der Oberschenkel abwischten.

Ein Huhn, ein Schiff, ein Vogel, ein Pfeil aus Papier oder ein Flugzeug, wie es die Schulkinder auf ihren Pulten basteln, wird, wenn man es vorsichtig entfaltet, wieder zur Seite aus einer Zeitung oder einem weißen Blatt. Während mich seit langem eine vage Beklommenheit quälte, war meine Bestürzung erheblich, als ich begriff, daß mein Leben – ich will sagen die Zufälle meines Lebens, richtig entfaltet, ausgebreitet vor meinen Augen – nur ein Blatt weißen Papiers waren, welches ich, Kraft der Faltungen, zu einem neuartigen Ding umzuformen vermocht hatte, für das ich vielleicht der einzige gewesen bin, es in drei Dimensionen zu sehen, die den Anschein eines Berges, eines Abgrundes, eines Verbrechens oder eines tödlichen Unfalls in sich bargen. Was sich als heldenhafter Akt gebärdet hatte, war sein Trugbild, abwechselnd überzeugend oder minderwertig nachgeahmt, nur von den unaufmerksamen Augen mit der eigentlichen Tat verwechselt, erschüttert, auf meinem Arm die Narbe einer stichartigen Wunde zu erkennen, also ohne Gefährlichkeit, da von mir selbst gerissen und transformiert durch jene, die darin das Siegel einer ritterlichen Aventiure mit verführter Frau, eifersüchtigem und bewaffnetem Gatten erblickten, dessen Namen ich verschweigen würde, damit Ergebenheit, Respekt für die geliebte Dame und schließlich die Seelengröße beweisend, ihren imaginären, beleidigten Ehemann zu verschonen. Mein Leben war demnach aus Gesten ohne Wirkung zusammengesetzt, die sich auf subtile Weise zu Dreistigkeiten aufbliesen. Und als ich begriff, daß sich mein Dasein in einen Hohlraum einschrieb, wurde dieser Hohlraum so schrecklich wie ein Schlund. Die Arbeit, die man Damaszierung nennt, besteht darin, mit Säure tiefer liegende Zeichnungen in eine Stahlplatte zu ätzen, in die sich Goldfäden einlegen lassen müssen. In mir fehlten die Goldfäden. Meine Abschiebung in die Öffentliche Fürsorge war gewiß eine von anderen Geburten abweichende Geburt, aber nicht erschreckender als diese; die Kindheit bei den Bauern, deren Kühe ich hütete, entschied kaum über die ganze Kindheit; meine Jugend als Dieb und Prostituierter ähnelte anderen Jugenden, die stehlen, sich tatsächlich oder im Traum prostituieren; mein sichtbares Dasein bestand lediglich aus wohl maskierten Ausflüchten. Die Gefängnisse waren mir eher Kindergärten, mehr als die verrufenen Straßen von Amsterdam, von Paris, von Berlin, von Barcelona. Ich riskierte weder getötet zu werden noch Hungers zu sterben, ihre Gänge waren der erotischste, dabei erholsamste Ort, den ich kennengelernt habe. Selbst die wenigen Monate, die ich in den Vereinigten Staaten mit den Schwarzen Panthern verbracht habe, werden Beweis für die schlechte Interpretation meines Lebens und meiner Bücher sein, die Panther sahen in mir einen Aufrührer, es sei denn, es gab zwischen ihnen und mir eine Verschwiegenheit, die sie selbst nicht vermuteten, denn ihre Bewegung, mehr poetische und verspielte Revolte als Stre-

ben nach einer radikalen Umwälzung, war ein Traum, der über den Aktivitäten der Weißen schwebte.
Diese Gedanken einmal zugelassen, gingen folgende daraus hervor: wenn mein ganzes Leben ausgehöhlt war, damit man es im Relief sah, wenn die schwarze Bewegung für Amerika und für mich vor allem Trugbild gewesen ist, wenn ich mit dem Naturell, der Offenherzigkeit dorthin ging, die ich beschrieb, wenn ich prompt akzeptiert wurde, dann weil man in mir den *Simulanten ohne Wenn und Aber* erkannt hatte; hatten sie, als die Palästinenser mich baten, einen Aufenthalt in Palästina anzunehmen, das heißt im Inneren einer Fiktion, den *Simulanten ohne Wenn und Aber* mehr oder weniger deutlich wiedererkannt? Und sind ihre Bewegungen Zerrspiegel, in denen ich nichts anderes riskiere, als ausgelöscht zu werden, aber bin ich es nicht längst durch ein Nicht-Leben im Hohlraum? Ich sann darüber nach, sicher, daß Amerika und Israel von einem Zerrbild nichts zu befürchten hatten, von Niederlagen, die als Siege ausgegeben wurden, von Rückzügen anstelle der unzähligen Vormärsche, kurz von einem Traum, der über der arabischen Welt segelte, fähig, die Passagiere eines Flugzeugs zu töten, was so gesehen weiter nichts als nur ein wenig unbeholfen war. Indem ich mich darauf einließ, mit den Panthern, dann den Palästinensern gemeinsame Sache zu machen, meine Funktion als Träumer in das Innere des Traums zu hieven, war ich nicht einer zuviel, ein *Entwirklicher* der Bewegungen? War ich nicht der Europäer, der kommt, dem Traum zu entgegnen: »Du bist Traum, weck vor allem den Schläfer nicht«? Kaum hatte ich das gedacht, zeigten sich: Bonaparte, zitternd auf der Brücke von Arcole; die Fünfhundert, die ihn für vogelfrei erklärten, der ohnmächtig werdende General; welcher Marschall und nicht der Kaiser regelte den Sieg von Auster-

litz? David, der zur Krönung seines Sohnes eine an diesem Tag in Paris nicht anwesende Mutter malte; war ihm die selbst vollzogene Salbung von einem ungebändigten Papst auferlegt? Gibt es Relief gewordene Aushöhlungen im Denkmal von St. Helena? Doch mußte, angelockt von den vorhergehenden, dieser Gedanke folgen: das was wir über die Menschen wissen, berühmt oder nicht, war möglicherweise nur vorgestellt, um die Abgründe, aus denen das Leben besteht, zu verschleiern. So hätten die Palästinenser recht gehabt, die Potemkinschen Lager, die Lager der Löwenjungen zu erhalten; was aber verbargen, oder besser offenbarten ihre erbärmlichen Gewehre nicht? Das Ereignis, dank dessen man wahrgenommen wird, ist es das heldenhafte Aufragen, eine Art vulkanischer Erscheinung, die plötzlich aus jenen Höhlungen hervorbricht, die genauso wenig von den Völkern wie von den Menschen eingestanden werden können? Der *Simulant ohne Wenn und Aber*, seine Niedertracht hebt ihn vielleicht auf eine Ebene empor, die über sein Rückgrat hinausgeht, sich sehen läßt. Worum es sich handelt, entstammt einer anderen Ungeheuerlichkeit.

Nicht allein sich anzuschauen, sondern sich zu berühren, sich zu vernehmen, zu beschnuppern trägt zu dem Grauen bei, ein Ungeheuer zu werden, und darunter dem Glück, es zu werden. Endlich aus der Welt zu sein! Das Geschlecht zu wechseln besteht nicht bloß darin, dem Körper einige chirurgische Korrekturen aufzuzwängen, es bedeutet, damit sie schließlich Sie bestimmt, die ganze Welt über eine notwendige syntaktische Unterschlagung zu unterrichten. Wo auch immer Sie sich aufhalten, wird man Meine Dame zu Ihnen sagen, Mein Fräulein; man wird sich zurücknehmen, weil Sie den Vortritt haben; wenn Sie aus der Droschke steigen, wird der Kutscher Ihnen die stützende Hand reichen; »Frauen und Kinder zuerst …«, durch diese Worte erfahren Sie, daß die Schaluppe Sie retten wird, wenn die *Titanic* und die Männer auf den Grund hinabsinken; Sie sehen sich in den Spiegeln mit diesem Haar – geknotet oder jungenhaft kurz – und Ihre Finger berühren es; Ihre ersten hohen Absätze aus Kristall zerbrechen und Sie bleiben der Verblüffte, weil ich keine weibliche Form dieses Wortes kenne; noch unerzogen wird sich Ihre rechte Hand an die Stelle begeben, eine letztlich unmögliche Erektion zu verbergen, da Ihnen nichts geblieben sein wird, einen Ständer zu kriegen … In der Tat wird niemand überrascht sein von den hormonellen, chirurgischen, umerzieherischen Veränderungen, doch werden alle, in sich selbst, Ihre Verwandlung und ihr Gelingen begrüßen, das heißt den Heldenmut, sie gewagt zu haben, sie bis zu Ihrem Tod und unter Erregung von Aufsehen zu leben. Die Transsexuellen – oder besser *die* Transsexuellen, da sie den weiblichen Plural verdient haben – sind Heroinen. In unseren Andachten duzt sie die Heiligen, Männer wie Frauen, die Märtyrer und die Märtyrerinnen, die Verbrecher und die Verbrecherinnen, die Helden und die Heldinnen. Der Heiligenschein – oder Nimbus – der Heroen ist ebenso erstaunlich wie derjenige der Transsexuellen. Wenn er auch nicht immer daran stirbt, trägt jener, der den Heroismus erreicht, bis ans Ende seiner Tage eine angezündete Kerze auf dem Kopf spazieren, unter dem Sonnenschein wie unter Vollmond. Wir haben unsere Transsexuellen jedweder Hoheit. Neben Mata Hari gehalten, war die Tragweite Madame Meillands bescheiden. Eine Menge Fedajin sind Helden.

Immer noch genauso muskulös, schwarz, gekerbt, düster, ging Mubarak an meiner Seite, und ich vernahm ihn nicht. Ohne es mir klar zu sagen, hatte Abu Omar mich über meine Rolle hier unterrichtet: »Ihre Aufgabe wird sehr schwierig sein: Sie werden nichts tun.«

Ich hatte verstanden: vor Ort sein, zuhören, den Mund halten, hinschauen, zustimmen oder vortäuschen, nicht kapiert zu haben; bei den Fedajin der Greis sein, bei den Palästinensern derjenige, der aus dem Norden kommt. Und jedermann war genauso verschwiegen wie ich. Hier nun ist die Stelle, an der ich zum ersten Mal das Wort Maulwurf hinschreibe, welches den (die) eingeschleuste(n) Mann oder Frau ankündigt, den Feind zu unterrichten; mehrere Male kam es mir so vor, daß einige Fedajin mir, unterwegs nach Ajloun, so genaue Fragen stellten, wie ich sie mir selbst in ihrer Lage stellen mußte: Nahm man an, ich sei ein Maulwurf? Es unterlief mir zu glauben, daß man genau das befürchtete, doch war meine Verlegenheit bald vergessen, weil die Anführer, auch wenn sie mancherlei Zweifel hegen mochten, mir wieder und wieder so junge und dermaßen schöne Fedajin zuwiesen, mit so verheißungsvollen Gesichtern, daß ich jedes Mal von der treffsicheren Wahl beschwingt war, sie eher als Huldigung anzuerkennen, praktisch als ein Geschenk, das sagen wollte: »Betrachte dieses Angesicht zwei Stunden lang und sei glücklich«.

Was das angeht, wurde Mubarak direkter:

»Du wirst ein Buch schreiben, doch wirst du Schwierigkeiten haben, es zu veröffentlichen. Die Franzosen interessieren sich nicht für die Araber. Vielleicht ein wenig für die Palästinenser, weil man uns anklagt, im Süd-Libanon die Ausrottung der Juden fortzusetzen. Schallgedämpft stimmt dein Land, gemeinsam mit England, den beiden am meisten antisemitischen Nationen der Welt, uns zu, freilich unausgesprochen. Du hast eine geringe Chance, gelesen zu werden, aber finde sie in der Dringlichkeit und Kürze deiner Sätze. Ich schlage dir ein Bild vor: ein leicht schwachsinniges Kind soll Lebertran schlucken. Es leert das Fläschchen lächelnd, weil die Stimme seiner Mutter es einlullt. Für sie schluckt es Löffel um Löffel des unerträglichen Öls. Die Leser werden dir folgen, wenn du ihre Mutter wirst. Sprich mit einer sanften und unerbittlichen Stimme.«

»Einer eisernen Stimme in samtenem Handschuh?«

»Daß du nichts von Arabern kapierst, das versteht sich von selbst, aber von den Franzosen auch nichts ...«

Er schlug mir vor, ein Drehbuch zu schreiben, das er selbst verfilmen würde.

»Du bist ein Araber oder ein Neger?«

»Offenbar brauche ich einen Standpunkt, und den habe ich nicht.«

Zwischen 1970 und 1982 war ich lediglich einmal im Kino. Der Film und die Bilder waren sofort vergessen, was jedoch bleibt, ist die Erinnerung an einen Abend, jenen vergleichbar, die ein Tourist unter den Händen eines Masseurs in Bangkok verbringt. Ich wurde von einem Liegestuhl, man könnte sagen einer Stuhlliege aufgenommen, deren wonnevolle Hebung des Rückenteiles mit einem leichten Anstieg des Sitzes bis unter meine Ellenbogen einherging. Mit Schrecken fühlte ich mich in eine wollüstige Falle gleiten. Jemand löschte das Licht. Nicht allein, daß mein Körper in ein Bett aus Asche gehüllt wurde – Erinnerung eines Schülers, dem man beigebracht hatte, daß der Heilige Louis aus Demut auf einem Aschebett sterben wollte – das aus ihm einen Neureichen, gar einen Emir machte, und mein Auge hätte wohl einem Fest beiwohnen müssen, da die Kamera-Kammerfrau, sie mir vorzuführen, die steilen Mauern hinaufkletterte, sie überwand Klüfte, damit ich von meiner Aschenbahn aus das Nest und die Eier einer gewöhnlichen blauen Schwalbe erblickte. Es mußte das ein Vergnügen des Armen werden, ich reagierte ausgesprochen schnell, erhob mich, setzte mich auf die Stufen einer Treppe, in der Hoffnung, mein Arsch würde zumindest die Unebenheit der Holzbänke wiederfinden; sogar die Stufen waren weich, und mein Auge, sonst doch treffsicher in unbeweglichen Einstellungen, fand so, ohne sie zu suchen, die Einzelheiten, deren Gesamtheit eine Freude war. Ich lief aus dem Kino. Mit den Zooms, den Kränen würde die Zauberei aus Kabeln den Tod der Palästinenser bis zur Seligkeit der Zuschauer abbilden. Die Niederlage der Palästinenser hatte andere Ursachen, als die Sorge der Fedajin, den Bewohnern des Abendlandes ihre beste Seite zu zeigen.

Mubarak hörte mir zu.

»*Die Brücke am Kwai*, was denkst du?«

»Niemand, der nicht den Kämpfen der Japaner gegen die besiegten, aber noch immer schlachtbereiten Engländer beigewohnt hat, kann sie mit den in Soho zusammengesuchten Statisten vergleichen.«

»Und die Kunst?«

»Ich hatte noch nie einen Begriff von der Kunst.«

»Die vom Elend Erdrückten haben Freuden, die ihr niemals kennen werdet. Vor Hunger zu sterben, nur um euch mit Fotos von Verhungerten zu beliefern. Sie sind nützlich. Ihre Wichtigkeit besteht darin, euer Konterfei im Spiegel zu bilden, wenn ihr zu häßlich seid. Hast du dich niemals gefragt, was dein Spiegelbild von dir denkt, wenn du ihm den Rücken kehrst?«

»Du willst, daß ich mich nicht mehr ausstehen kann?«

»Du warst im Saal, du bist in die Kulissen gekommen. Du

hast die Reise von Paris deswegen angetreten. Doch wirst du niemals Akteur sein.«
Der magnetische Block, der in meiner Nachbarschaft lief, mußte erloschen sein. Mich erreichte keinerlei Strahlung.
»Ich habe ..., ihn zu sehen.«
Hatte ich Schmach oder Eile gedacht? Mubarak war verschwunden.

Es mag sein, daß eine berühmte Landschaft in sich die Fülle der Blicke bewahrt, die sie verehrt haben: Pyramiden, Alhambra, Delphi, die Wüste. Leutnant Mubarak war praktisch davon angeschlagen, zu sehr bewundert worden zu sein. Vielleicht war es allein für mich, aber auf den so sittsamen, keuschen Stützpunkten trug er eine Koketterie zur Schau, die irgendwen, irgendwas betören wollte. Wenn er, sie zu verführen, nichts als einen jungen oder alten Baum fand, versuchte er seine Mächte an ihnen. Kein Fedajin, der nicht empfindlich war für die besonders ausgeklügelte Art, seinen Körper und die unterschiedlichen Partien seines Gesichts zur Wirkung zu bringen – Augen, Lächeln, Zähne, Haare –, vielleicht weil jeder von ihnen die gleichen Schätze bei sich trug, die aber, weil züchtige, wie ausgeschaltet blieben, er wußte, daß ich der einzige – kaum merklich – Irritierte war, durch seine Anwesenheit, allem voran aber, als wir uns im Unterholz verlaufen hatten. Er hatte es so gut durchschaut, daß er, sich auf der Wiese niederlassend, seine Schenkel derart vorsätzlich spreizte, oder auch, wenn er im Wald, dicht in meiner Nähe, sich kaum abwendend, dabei das Gespräch fortsetzend, im Gehen seinen Hosenstall öffnete, pißte und, nachdem er ihn wieder zugeknöpft hatte, mir mit der ausgestreckten Hand eine Zigarette anbot. Auch wenn die Palästinenser, wie man auf Arabisch sagt, im Busch »Wasser

gelassen« hätten, so wäre es doch keinem eingefallen, mir mit den Fingern, die sein Genital hervorgeholt, gehalten und wieder zurückgesteckt hatten, eine Zigarette anzubieten.
Mubarak war so eindeutig ein Macker – der Kaserne oder des Sperrbezirks – gleichzeitig eine mit allen Wassern gewaschene Nutte, ich begriff niemals, was er bei den Fedajin zu suchen hatte, warum er aus dem Sudan gekommen war. Wie viele andere auch hatte er in Montpellier studiert.
»Als du mir die Regierung Pompidou angekreidet hast, war dir das scheißegal?«
Er lächelte schmeichlerisch.
»Sobald ich ein neues Gesicht sehe, noch dazu weiß, kann ich nicht umhin, mich bemerkbar zu machen.«
Weder die tribalen Einkerbungen, noch das Schwarz seines wie ein Paar gewichster Schuhe glänzenden Gesichts hätten ihm Unsichtbarkeit gestattet.
Er verschwand für zwei oder drei Monate.

Womöglich war er wieder Offizier bei Numeyri geworden, ich hoffte es, sein Hauptanliegen, zu betören, würde ihn davor bewahren, nutzloserweise unversöhnlich zu sein.

Hier nun folgt also meine erste Begegnung mit Hamza. Gegen die jordanische Armee hielt sich Irbid, nahe der syrischen Grenze, besser als beispielsweise Amman und das palästinensische Lager am Rand der Stadt, besser und länger als die anderen Camps in Jordanien. Man vermutete, daß dieser Widerstand der Geographie geschuldet war: nahe der syrischen Grenze trafen die Waffen, die Munitionslieferungen und die Lebensmittel problemlos ein. Plausible, jedoch nur teilweise Erklärung. Die Gefahren, denen die Grenzbevölkerung laufend ausgesetzt war, hatten nach der Besetzung des Golan durch Israel mehr Egoismus, weniger Solidarität hervorgebracht. Diesen Egoismus schließlich erträglich zu gestalten, kam den Syrern ein sehr zweckmäßiger Begriff von Heimat auf der anderen Seite zu Hilfe.

»Alles in allem sind wir weder Jordanier noch Palästinenser, sondern Syrer. Im Interesse unseres Vaterlandes, bedroht durch Tsahal und den Panarabismus – letzterer ging nicht allein von Damaskus, sondern von Kairo und Bagdad aus – müssen wir auf der Hut, das heißt neutral bleiben.«

Diese Überlegung des gesunden Menschenverstands stützte möglicherweise die Prämisse Hafez el Assads:

»Ein großes Syrien wiederherstellen, indem man zuallererst den Dünkel der Palästinenser los wird.«

Wie entsteht das Vaterland, diese souveräne Wesenheit? Die Flamen waren lange unabhängig, des weiteren burgundische, batavische, französische Provinz, schließlich eigenständiges Königreich, das eine neue Persönlichkeit und die Ausfertigung eines neuen Typus hervorbrachte: den Belgier. Wie ist man Belgier? Jordanier? Palästinenser? selbst Syrer, nach fünfundzwanzig Jahren französischen Mandats und fünfhundert Jahren türkischer Besatzung?

Was die Einwohner von Irbid angeht, so lag ihrer Ausdauer deren eigene Durchschlagskraft, der Zugriff auf Verteidigungsanlagen und vor allem der Scharfsinn der palästinensischen Führer zugrunde, die besser und schneller als jene von Amman oder Jerash, wenn nicht die Stunde, so doch den genauen Tag des Angriffs der Tscherkessen und Beduinen Husseins kannten. Irbid und sein palästinensisches Lager besaßen solche Vorräte an Wasser, an Mehl und an Öl, daß davon selbst nach dem offiziellen Einmarsch der beduinischen Armeen noch etwas übrig geblieben war. Die englische Übersetzung dieses Befehls: Angriff um vier Uhr morgens am Maxim-Kreisverkehr in Amman, ist mir mehrere Male gezeigt worden. Die Order kam, hatte man mir gesagt, vom Palast. Wie die Tapferkeit der Männer und Frauen und das defensive Talent der Verantwortlichen leugnen, doch sobald man diese Wörter für Irbid verwendet, entzieht man sie Amman, das sich eher ergab. Mangel an Vorstellungskraft bei den Führern, Bestürzung und Undiszipliniertheit des Widerstands sowie der Bevölkerung sind dürftige Umschreibungen, ebenso wie vollkommene Tapferkeit und unbezweifelbares Talent. Sie beinhalten alles in allem die gesamte emotionale Bürde der Wörter, die zusammenströmt, sobald man einen Vorgang, der uns berührt, zu erklären versucht, während man vergißt, daß die Jahre, die vorausgehen und gegen die man sich auflehnt, den Wörtern das Gewicht gaben, das uns heute zur Verfügung steht. Mögen wir, die ersten, hier und da, immer dieser Wörter mit unsicherem, zitterndem Sinn bedürfen.

Die Palästinenser entkamen diesem Paradox niemals: in dem Maße wie die Jahre, die Jahrhunderte verstreichen, laden sich die Wörter mit Gefühl, mit Skandal, mit widersprüchlichen Ereignissen, Ereignisbruchstücken, mit Selbstsucht auf, so wie ein Kapital mit Hilfe der Zinsen wächst: die Wörter würden immer großartiger werden. Welche Schwierigkeit, die Revolution zu beginnen, wenn man nicht diejenigen aufwühlt, für die man sie macht! Aber wenn man sie aufwühlen muß mit Wörtern, befrachtet von Vergangenheit, und einer Vergangenheit am Rand der Tränen und jenen Tränen, die bezaubern, welche Mühe!

Genügend Anzeichen warnten uns vor dem Näherrücken der beduinischen Soldaten; selbst wenn man weiß, daß jeglicher Widerstand zu guter Letzt aufgeben wird, mußte man widerstehen, und unter diesen Anzeichen notiere ich das Strömen einer zerzausten, staubigen, ausgedörrten Bevölkerung auf den Straßen, die zu Fuß, per Maultier, mit dem Lastwagen die Lager von Amman, von Baqa, von Gaza flohen. Die Unordnung dessen, was an Administration geblieben war, das Durcheinander im Zollwesen und in der Polizei, die in höchster Eile ein paar palästinensische und jordanische Bullen wiedereinstellten, damit andere, frei gewordene, sich der Fatah anschlossen. Einige Verantwortliche – allen voran Khaleb Abu Khaleb – die mich im Hotel Abu Bakr in Gefahr glaubten, riefen einen jungen Mann, der sich uns lächelnd näherte. Wer wagte zu behaupten, wenn er fünfzehn oder zwanzig Mal den Film *Panzerkreuzer Potemkin* angeschaut hat, daß es nicht wenigstens einmal in der Erwartung lag, das freundliche und friedliche Gesicht eines russischen Matrosen nahe beim Geschützturm des Kreuzers wieder zu erblicken, dessen Schönheit allein durch sich selbst dem Herabsteigen der bewaffneten Soldaten auf den Treppen die Stirn bietet?
Selbstverständlich hielt der Soldat in der Hand die Kalaschnikow, und das war hier dermaßen üblich, daß ich sie nicht sah, sondern lediglich, und fast nur das, die freundliche Visage des Fedajin und seine schwarzen Haare.
Zuvorkommend, mehr noch, erleuchtet von der Gewißheit, daß der Widerstand in Irbid der Endzweck war, auch der seines eigenen Lebens. Er war zwanzig Jahre alt, hatte schwarze Haare, einen Keffieh, einen gerade erst sprießenden Oberlippenbart. Er war blaß, oder eher stumpf, trotz der Bräune und des Staubs.
»Bei deiner Mutter, ein freies Zimmer?«

»Meines.«
»Heute nacht?«
»Heute nacht, ich bin im Gefecht. Er wird in meinem Bett schlafen.«
»Bring ihn hin. Möge Gott ihn schützen, er ist ein Freund.« Abu Khaleb, der palästinensische Dichter, schüttelte mir die Hand. Ich habe ihn nie wiedergesehen.
Wir hörten, wenn auch ziemlich entfernt, den Donner schweren Geschützes. Sie mußten in Jerash stehen, das 1970 ein sehr kleines Dorf war, mit Häusern aus gestampftem Lehm, nahe einer römischen Anlage, von der einige Säulen noch standen, andere lagen, aber der Ausdruck »römische Siedlung« genügte. Hamza wollte meine Tasche tragen. Zu Anfang bemerkte ich nichts an ihm, was mir nicht auch bei anderen Fedajin aufgefallen wäre: er hatte das Lächeln, die Heiterkeit, eine so sanfte Stimme, daß sie fast schon gefährlich war, mit einer Art Ungezwungenheit und plötzlicher Schwere. Darin allen anderen ähnlich, hatte er nichts von einem Angeber.
»Mein Name ist Hamza.«
»Meiner ist ...«
»Ich weiß, Khaleb hat ihn mir gesagt.«
»Er ist es, der mir deinen Namen nannte.«
Er hatte verstanden, daß ich ein paar Wörter in maghrebinischem Arabisch kannte, er benutzte sie mir gegenüber. Es war ungefähr Mittag, etwa zur Hälfte des Monats des Ramadan, dem Monat, in dem die Muslime nicht essen, trinken, rauchen, ficken, ehe die Sonne untergegangen ist. Gemäß dem Wort des Propheten sollte man freudig und ohne Gereiztheit oder Gemaule Gott einen Monat des Fastens schenken – vom Morgengrauen bis zur Abenddämmerung –, das von nächtlichen Festen ausgeglichen wurde. Beinahe so sichtbar wie eine Schneedecke breitete

sich die Ruhe über die gesamte Stadt Irbid und ihr palästinensisches Lager. Die Männer, die Frauen, die Dinge besaßen jene Losgelöstheit, die einen großen Frieden offenbarte, oder eine so folgenreiche Bestimmung ankündigte, daß der geringste Knall ihn veranlaßt hätte, sich zu verflüchtigen.

Das Vagabundieren, die Irrfahrt des Islam oder der islamischen Gesellschaft, sich im Raum und in der Zeit fortzubewegen, und von der ich nicht weiß, aufgrund welcher Strömungen dieses alltägliche und irdische Vagabundieren, Umherirren, Nomadisieren seine Projektionen im Nomadisieren der Feste hatte, in einem beweglichen Kalender, der die Feiertage, die Gebete, die Fastenzeiten, das heißt die Monate des Ramadan, stets verschob, es sei denn, daß diese Prozessionen im Kalender lediglich Symbol eines kosmischen Herumschweifens waren, dessen Sinn wir nicht erfassen. Gegen die offenkundige Starrheit des Katholizismus gebot uns der Islam stets bewegliche, immer veränderliche Figuren, im Himmel und auf der Erde.

Die Spannung, empfindlich in Nähe der Straße, verschwand, je weiter wir in das Innere der Stadt sowie des Lagers vordrangen.

Männer und Frauen, gleich welchen Alters, strömten aneinander vorüber, wissend wohin und wozu. Jede Geste besaß ihr Gewicht, ihren Preis, was weder von der Nähe der schweren Geschütze, noch von der des Notausgangs – oder der Falle –, die für die verfolgten Palästinenser die syrische Grenze sein konnte, gesteigert oder verringert wurde. Geöffnet oder geschlossen, man wußte es nicht. Glaubte man sie offen, war sie seit fünf Minuten abgeriegelt. Oder das Gegenteil. Wir waren im Oktober 1971, und

ich kann bereits bestätigen, daß die Feindseligkeit des Volkes in den Straßen, der Händler, der Gastwirte von Irbid angesichts der Palästinenser spürbar war.
»Ich werde ein Taxi ausfindig machen, und morgen bist du in Deraa. Übermorgen in Damaskus.«
Viele Menschen, wahrscheinlich alle im Lager, kannten Hamza. Man warf ihm beim Vorübergehen einen Gruß, ein Lächeln, ein Augenzwinkern zu. Er antwortete mit einem Lächeln.
»Welche Religion?«
»Keine. Aber wenn du darauf bestehst, katholisch. Und du?«
»Ich weiß nicht. Vielleicht muslimisch, aber ich weiß es noch nicht. Zunächst führe ich Krieg. Heute nacht werde ich ein oder zwei Jordanier töten, also andere Muslime. Oder aber sie töten mich.«
Er sprach lächelnd davon, nicht gerade gewählt und zufrieden mit seiner Antwort, aber mit einer Klarheit in seinen Augen und auf den Zähnen. Der Lärm des Gewehrfeuers und der Granaten war so gleichmäßig, daß er Bestandteil der Atmosphäre war. Wir gingen eine Straße entlang, voller Hünen mit geschwungenem Oberlippenbart, das Gewehr in der Hand, deren langes gelocktes oder besser gekräuseltes Haar, ähnlich jener *à l'Anglaise* genannten Frisur, von hellem Kastanienbraun bis ins Rötliche spielend, ihre Schultern bedeckte. Diese Soldaten lehnten sich an die Wände. Über Mittag einen Streifen Schatten suchend, der nicht aufhörte, schmaler zu werden, versuchte jeder sich so dünn wie ein Plakat zu machen und in die Dicke der Mauern zu sinken. Hamza wechselte einen Gruß mit ihnen.
»Die Fedajin der Saika«, sagte er mir.
Saika. Name einer palästinensischen, völlig von Syrien be-

herrschten Organisation, dieses Wort, ausgesprochen vor diesen mächtigen, bewaffneten, in Tarnanzüge gekleideten D'Artagnans, in lautlosen Schuhen mit Kreppsohlen, klang für mich mit dieser Unverschämtheit wie: »die Fedajin von Paiwa«.

Eine Assoziation von Wörtern, die mich auf einen seltsamen Gedanken brachte, in der Stickigkeit der Straße hörte ich mich lachen, ein ziemlich leises Lachen, das Hamza bemerkte.

»Du lachst, warum?«

Total überrascht von der Frage und meinem Lachen, sagte ich: »Wegen der Hitze.«

Das schien mir und Hamza eine endgültige Antwort zu sein.

Hamza, dessen Haare gleichmäßig geschnitten waren, sprach kaum von den Soldaten, höchstens um in wenigen Worten ihren Mut zu betonen. Er mußte den Unterschied zwischen Mut und Tapferkeit kennen und wissen, daß die Soldaten der Saika tapfer im Krieg waren und mutig, beim Kämpfen ihre langen, lockigen Haare zu behalten. Derart kräftig gewellt umrahmten ihre Gesichter wunderschöne Spirallocken, so daß ich nicht umhin konnte, mir vorzustellen, wie sie sich gegenseitig die Haare mit der Brennschere kräuselten, die sie nach dem Erwachen auf der Glut erhitzten, zusammen mit dem Tee.

Es lag in meiner Struktur, folgendermaßen zu denken: »Wenn sie ihre Tugenden im Kampf erproben müssen, sind sie Löwen.«

Erst später, im Jahr 1976, als sie in Tel Zaatar aufkreuzten, zeigten sie die Raubkatzen, die sie waren, schrecklicher noch als Löwen. Sie hatten es bewiesen, aber diesmal waren ihre Opfer die Palästinenser der Fatah.

An dieser Stelle des Buches werde ich die Tode von Kamal Adnouan, Kamal Nasser, Abu Yussuf Nedjar wachrufen, drei wichtigen Mitgliedern der Fatah. Kamal Nasser, den ich kannte, war mir der am meisten sympathische, Kamal Adnouan der am wenigsten, die Brutalität seiner Interpellationen genierte mich. Sie taten ihr Mögliches, die Anonymität zu wahren, doch ließ ihre Vorsicht bis zum beinahe vollständigen Verschwinden nach. Im Hotel »Strand« in Beirut begegneten sie ihren Kameraden und den Journalisten wieder; auf dem Weg, der zur Botschaft Algeriens führt, traf ich sie einige Male, und stets unbegleitet, weder gefolgt noch von vorangehenden Wächtern eskortiert. Sie gingen rauchend, offensichtlich unbesorgt. Es war, glaube ich, in den sechziger Jahren, daß, zuerst schüchtern, dann, und es ist fällig, das zu sagen, zügellos, die Mode für die jungen Leute mit den schulterlangen Haaren begann. Alle Arten von Frisuren schienen erlaubt: lange, halblange Haare, über der Stirn gefranst, glatte Haare, schwarze und ölige, fließende Haare, wirre Haare, dunkelblond, gekraust oder blond und wellig, doch mußte diese Feminität der Frisuren durch eine überaus männliche Haltung des Körpers gewissermaßen bekämpft werden, das heißt, ein Maximum an Muskulatur war erforderlich, nicht nur sichtbar, sondern hinterfotzig und überzogen. Diese Mode, bis zur Rotglut, in England sogar bis zur Weißglut getragen, geboren in Kalifornien aus den Niederlagen der amerikanischen Armee in Vietnam. Es gab, glaube ich, auf der Erde selbst eine Art frühlingshaften Erblühens: amerikanische Verluste in Nord-Vietnam, lange Haare, unisex genannte Jeanshosen, Diamanten in einem einzelnen Ohrläppchen, an den Handgelenken und um den Hals Berberschmuck, barfüßiges Herumschweifen, Afro-Look, Pärchen haariger, bärtiger, viel zu zärtlicher Jungen, mitten auf der Straße Küsse derartiger Paare, Kiff und LSD in der Öffentlichkeit, das Wandern eines einzigen Joints durch neun oder zehn Münder, lange Rauchspiralen aus einem Bauch in den weit geöffneten Mund eines Liebhabers und der selbe Rauchschwaden, kaum sich verdünnend, von Mund zu Mund, von Magen zu Magen, oder, um es schneller niederzuschreiben, eine nicht frühlingshafte Blüte der Jugend, sondern im Mittleren Osten bereits sommerlich, fast schon in ihrem Herbst und einen harten Winter vorausahnend. Die Dienste der PLO hatten zwei Leibwächter, zwei Fedajin, am Treppenaufgang und vor der Tür der drei Verantwortlichen, die ich genannt habe, postiert. Hier nun, was mir Daoud erklärte:

»Zwei Hippies, mit blonden und gelockten Haaren, englisch sprechend, es war bereits Nacht geworden, sich am Hals und durch Küsse umschlungen haltend, näherten sich lachend, ein wenig schwankend den Posten am Fuße der Treppe von Kamal Adnouan. Die beiden Wächter beschimpften die zwei skandalösen Schwuchteln, die in einer Geschwindigkeit, welche sehr präzises Training bewies, einen Revolver zogen, die Wächter niederstreckten, schnell die Treppe hinaufliefen, bei Kamal eindrangen und ihn töteten. Eine ungefähr vergleichbare Szene spielte sich zur gleichen Zeit bei Kamal Nasser und bei Abu Yussuf ab.«

Aufgrund dieses Vorgehens kann der Mord als eine der Schönen Künste angesehen werden, unter der Bedingung, daß man den Worten die Majuskeln verleiht, die sie erwarten. Wie jedes von den Schönen Künsten gewürdigte Werk erfordert der Mord eine oder vielerlei Ausschmückungen. Ich vermute, daß sie auf sechs Brustkörbe geheftet worden waren. Die Legende oder die Erzählungen der Umstände sagen, daß sechs Blonde ausgewählt wurden, und vielleicht war diese Auswahl, und diese vor allem, sehr schwierig. Nicht daß es an Blonden fehlte, im Gegenteil, aber man mußte das Wachsen der Haare abwarten, bis sie eine ziemlich ansehnliche Länge hatten, um die längsten, die über die Schultern herabquellen würden, zu kräuseln und jene in Fransen zu schneiden, die dazu neigten, in die Augen zu fallen. Freilich sahen wir uns Kommentatoren gegenüber, die behaupteten, jedes Pärchen hätte kahlgeschorene Köpfe gehabt, Stil Fallschirmjäger, allerdings mit einer Perücke frisiert, deren Locken der Länge nach das Gesicht herabfielen. Was auch gewesen war, alle gingen auf diesen Plan der Vorbereitung ein: um die Zärtlichkeiten der jungen, ineinander verliebten Männer schließlich glaubwürdig zu gestalten, mußten sie trainieren, sich auf den Mund zu küssen. Die Muskulatur der Glieder und die Geschmeidigkeit der Körper, die Beweglichkeit der Beine, die Unschuld, die bartlose Erscheinung der Gesichter, alles mußte auf den Punkt gebracht werden, und vor allem die weibischen Stimmen, ohne ins Falsett umzuschlagen. Und erst als sie überzeugend waren, setzten sie Seeleute lautlos und in der Nacht an einem Beiruter Strand ab. Während dieser Vorbereitung hatten sie die vollkommene Kenntnis der arabischen Sprache, des palästinensischen oder libanesischen Akzents, vor allem eine Liste von Gossenausdrücken vergessen, die man während ausgedehnter Fummeleien tauscht, welche das Verlangen auf die Spitze treiben. Was mit den drei Verantwortlichen der PLO und der Frau des einen von ihnen geschah, wissen wir. Nachdem sie ihre Revolver eingesteckt hatten, zerrissen die sechs Israelis, wenn ich die Hypothese des Toupets wähle – ihre Perücke und trafen sich wieder, um jenes gemessenen Schrittes, den die Phalangisten gelehrt hatten, zum Strand zurückzukehren, an dem ein Boot mit leisem Motor sie nach Haifa übersetzte. Ohne das Vermögen ihr Porträt zu zeichnen, stelle ich sie mir vor, diese sechs Athleten, kaum zwei Minuten vorher lockig, nun rasiert, mit kristallenem Stolz der Mannschaft demonstrierend, wie sie sich, in der Absicht die Wächter aufzuregen, die ohne Mißtrauen glaubten, arabische Schwuchteln vor sich zu sehen, auf den Mund küßten, schamlos lachten und wie sie im Handumdrehen die drei palästinensischen Anführer töteten. War dieser kristallene Stolz der Hochmut, Juden zu sein, demnach also Stolz, der übrigen Menschheit nicht anzugehören? Die Zeitungen der ganzen Welt berichteten über das Attentat, welches niemand als Terrorismus auf einem souveränen Territorium bezeichnete. Es wurde als eine der Schönen Künste angesehen, es verdiente den Rang, der angemessen war und zuerkannt wurde. Nicht daß es an Blonden mangelte, so viele junge Sabres ashkenasischer Abstammung gab es in Israel.

Anstatt getauft zu sein, selbst ohne daß man um meine jüdische Mutter wußte, hätte die Öffentliche Fürsorge auf meinem Leib versehentlich »den wenig tiefen, verleumdeten Bach« hinterlassen können ... Aufgewachsen in talmudischem Glauben wäre ich heute, in Gebeten und in Tränen, ein alter Rabbiner, der feuchte Blätter zwischen die Steine der Klagemauer gleiten ließe. Mein Sohn wäre hochrangiger Spion des Mossad, das heißt in der Botschaft Israels in Paris, mein Enkel der Pilot einer Mirage, der lächelnd seine Bomben über West-Beirut abgeworfen hätte. Idiotische Überlegung, weil ich dann weder dieses Buch noch diese Seite schriebe: ich wäre ein anderer, mit anderen Gedanken, einem anderen Glauben, und ich würde meine Vorfahren unter den Kürschnern suchen. Ich hätte bis auf die Brust fallende Locken gehabt: sie sind es, die ich beklage.

Dieses Kommando verschwand übers Meer, zurück nach Israel. In derselben Nacht, gekleidet nach der Mode, war es gekommen, es hatte die Quartiere belegt – beschrieben wahrscheinlich von anderen jüdischen Beobachtern mit belgischem Paß –, das Kommando, aufgeteilt in drei hatte es auf vollendete Weise die verliebten Tunten gegeben, faßte urplötzlich Fuß in der Tat und nicht länger im Spiel, war geflohen, ohne Zweifel von scheinbar neutralen Kollegen gedeckt, war in das Schlauchboot gesprungen und hatte unter dem schwarzen Himmel Haifa wieder erreicht. Welches Bedürfnis veranlaßte mich, von dem Massaker zu sprechen, nachdem ich die langen und welligen Haare der Soldaten der Saika beschrieben hatte? Bei der Erzählung dieser Episode, die ihm berichtet worden war, ließ Daoud eine gewisse Bewunderung für die Kühnheit, die Reinheit des Stils, die so vollkommene Ausführung durchblicken, daß die Zeichnung einen großen, wenn auch einsamen Künstler verriet, der die Linie mit einer einzigen Hand begann und vollendete, es sei denn, daß im Schatten widersinnigerweise ein sehr ausgeklügelter Plan stand, dessen Umsetzung in Beirut lediglich ein Winkelzug war. In die Bewunderung mischte sich, wie mir schien, das Entzücken, daß eine so gewaltsame und hastige Aktion in einer Art Spiel mit blonden Locken, die auf die Schultern der Abdecker fielen, gelungen war. Sie dürfen sogar vermuten, daß in ihren Zeitungen, in und außerhalb Jerusalems, Israel die Großtat rühmte, und es womöglich noch immer so macht, wenn es palästinensische Boote auf offene See treibt und sie versenkt.
Sechs blonde, lockige Perücken, etwas Rot auf den Lippen und Schwarz um die Augen reichten nicht aus, die Straßen von Beirut in dieses Durcheinander zu stürzen, auf das sicher niemand gefaßt war. Das innerliche Lachen der Ver-

kappten, die nicht aufgehört hatten, sich männlich zu fühlen, entsprach möglicherweise dem Entsetzen der wahren Transvestiten, die fürchteten, auf Grund ihrer plappernden Stimmen enttarnt zu werden, die zwar nicht so waren wie jene der Frauen, aber unabhängig sein wollten, wie übrigens auch ihre Gesten, Stimmen ohne Stütze. Im Gegensatz dazu durften die sechs gelockten Israelis nicht vergessen, daß sie Männer waren, muskelgestählt, um zu kämpfen, trainiert, um zu töten. Die insgesamte Fremdheit ihrer Situation rührte aus der Anmut, der weiblichen Empfindlichkeit ihrer Gesten her, die, von einem Augenblick zum anderen, mit höchster Genauigkeit zu Gesten von Mördern werden würden, nicht von Mörderinnen. Sie wußten zu küssen, Zunge an Zunge, die Köpfe zu neigen, Geschlecht an Geschlecht, aber diese Gesten waren leicht und wurden sofort sinnfällig. Was während des Trainings länger dauerte und vielschichtiger war, ist das besondere Fingerspitzengefühl, ein Haar aus der Stirn des Geliebten zu streichen, mit einem Klaps einen Marienkäfer auf der Schulter des Liebhabers einzufangen … Diese Einstudierungen in irgendeiner Straße Israels dauerten zweifellos ziemlich lange. Eine Falte des Halstuches zu ordnen, schrill zu lachen und sich urplötzlich des Fummels zu entledigen, wieder der Krieger zu werden, dessen Bestimmung es ist zu töten. Und wirklich zu töten, nicht wie im letzten Akt eines bejubelten Dramas, zu töten und Leichen zu hinterlassen. Ich frage mich, ob es nicht betörend ist, sich in die zarte Weiblichkeit gleiten zu lassen, und schwierig, sich für eine kriminelle Handlung davon zu befreien. Aber Heldenmut war auch dort. Sein Kaiserreich aufgebend, seine Königreiche und seine Meere, für das Kloster von Saint-Just, war Carolus Quintus? …

Um in Richtung der Wohnung von Hamza zu gehen, benötigten wir vielleicht eine Stunde. In unserem Kauderwelsch, das ich hier auslasse, das uns aber vertraut zu werden begann, wie eine Art Code, der uns bereits miteinander verband, so als hätten wir ihn in einem früheren Leben entwickelt, hatten wir die Illusion, uns besser zu verstehen, als wenn wir den Sinn der verwendeten Wörter gekannt hätten, der allein durch Verwechslungen zu entstehen schien. Die Straßen wurden leerer und leerer. Wenn sie nicht aßen, hielten die Leute ihre Mittagsruhe in den Häusern. Ich erfuhr, daß sie wachten: an den Fenstern, auf den Terrassen, umsichtig, ihre Waffen fetteten, sich vorbereiteten.
Aus einer Art Scheune, wo sie sich niedergehockt hatten, machten zwei etwa sechzigjährige Männer uns Zeichen, uns in ihre Nähe zu setzen. Ausgesprochen höflich gaben sie uns die Hand. Jeder der beiden trug ein Gewehr, ein Lebel. Spürbar ohne Tücke fragten sie Hamza danach, ob er wußte, wer ich war.
»Ein Freund, ich habe Order, ihn zu beschützen.«
Niemand stellte eine weitere Frage zu meiner Herkunft. Ich fragte einen der Palästinenser, ob ich sein Gewehr in die Hand nehmen dürfe. Der eine wie der andere machten die Geste, mir ihre Waffe zu neigen, dann, sich im selben Moment besinnend, entfernten sie das Magazin. Wir brachen alle vier auf einmal in Gelächter aus. Ich erklärte Hamza, daß der Name Lebel der am besten geeignete für eine Annäherung zwischen uns war; als ich ihn geschrieben hatte, las er ihn von rechts nach links, dann von links nach rechts und streckte mir die Hand hin, wie alle Araber es tun, um zu zeigen, daß man unter einer Decke steckt. Ich legte an, zielte auf einen Ast, ohne auf den Abzug zu drücken, und reichte den Schatz an denjenigen zurück,

der ihn mir geliehen hatte. Der eine wie der andere, alle beide Palästinenser, waren Bauern, aber dieses altmodische Gewehr genügte, sie zu verjüngen, den Ernten auf den Feldern den Rücken zu kehren, sie dem Atem wieder zuzuführen, dem Blut, dem Tod. Was das angeht, ahmten sie niemand nach. Im Gegensatz zu den Verantwortlichen, die den Westen kopierten, oft gerade in den Momenten, wo es mit ein wenig Talent gälte, Augenblicke der Feier, fröhlich oder trauernd, zu erfinden, imitierten die palästinensischen Führer lediglich. Das Denkmal für die Märtyrer – für die Toten – im Lager von Beirut, geschaffen aus Holz, aus Gaze, einer kleinen, immer brennenden Glühbirne, ergriff mich durch seine Ärmlichkeit. Alfredo, der kubanische Arzt, wurde nach Europa nicht allein deshalb geschickt, Gelder zu besorgen, sondern Marmor oder ausreichend harten Stein, vielleicht einen Granit, damit man ein Mahnmal errichten konnte, Abklatsch der Denkmäler für die französischen Gefallenen von 14–18. Nachdem wir die beiden Männer verlassen hatten, sagte ich zu Hamza:
»Ich habe Hunger. Und du?«
»Warte ein wenig.«
»Ich kann Konserven kaufen.«
»Warte.«
Unser Weg unter der Sonne hatte wieder begonnen. Das palästinensische Lager war etwas tiefer gelegen, die Straße führte hinab. Vor einer kleinen weißen Mauer angelangt, in die eine Tür, gestrichen in demselben Weiß, eingelassen war, zog Hamza aus seiner Tasche einen Schlüssel und öffnete. Ich betrat einen Hof, ziemlich karg. Er schloß die Tür hinter uns ab. Vor dem Innenraum, von dem ich später wissen würde, daß es sein Zimmer war, stand aufrecht eine lächelnde und bewaffnete Palästinenserin in ihrem Kleid aus Haifa. Sie mußte ungefähr fünfzig Jahre

alt sein. Ihre Waffe, am Gewehrriemen über der Schulter, war vom selben Modell wie Hamzas. Er begrüßte seine Mutter auf Arabisch. Sie behielt das Lächeln und ihr Gewehr. Auf Arabisch stellte er mich vor:

»Das ist ein Freund.«

Sie berührte meine Hand mit den Spitzen ihrer Finger.

»Das ist ein Freund, allerdings ist er ein Christ.«

Sie hatte meine Hand bereits losgelassen, behielt aber ihr Lächeln, den belustigten Blick, unverändert auf mein Gesicht gerichtet.

»Doch ich warne dich, er ist ein Freund, er ist ein Christ, aber er glaubt nicht an Gott.«

Hamza hatte mit einer tiefen, doch sehr leisen Stimme gesprochen. Sie ließ ihr Lächeln über sein und mein Gesicht gleiten, beinahe regsam, dann schaute sie ihren Sohn an und, ohne ihr Lächeln aufzugeben, das, so erschien es mir, nichts als das sehr schwache, kaum wahrnehmbare Echo eines gewaltigen Gelächters war, welches sie ganz durchschütteln mußte, ohne daß davon mehr als eben dieses Lächeln aufblitzte, sagte sie:

»Na wenn das so ist, wenn er nicht an Gott glaubt, muß ich ihm zu essen geben.«

Sie trat in ihr Zimmer. Hamza führte mich in seines. Diese Familie, geflohen aus dem bombardierten Haifa, hatte, von Flucht zu Flucht, in Irbid einen Unterschlupf gefunden. Im Jahr 1949 bestand das Lager noch aus zusammengeflickten Zelten. Folgte die Zeit der Bidonvilles, mit Wänden und Dächern aus Aluminiumblechen, aus Wellblech und Pappkarton, vergleichbar in seiner Misere dem Lager von Baqa.

Kaum geschrieben, kaum überlesen, schildert dieser Absatz Baqa, aber tatsächlich nur eine Seite der Wahrheit, denn wo sonst herrschte eine solche Fröhlichkeit, die an den Tagen ohne Nebel auf den Hängen der unbarmherzigen Berge ein Fest zusammenrief, das ohne die Kinder fast still geblieben wäre. Aus der Nähe betrachtet, des Morgens, sah ich die Risse in den Zelten, manchmal geleimt mit Hilfe eines äußerst unerwarteten Stoffes, vielleicht einem abgerissenen Streifen vom Schoß einer Bluse aus Limoges, hierher gelangt über Beirut, Irbid, Amman? Zwischen den Zelten bewegten sich unbeholfene Schatten, die ich in noch nicht geschnürten Schuhen vermutete. Eine halbe, eine Dreiviertelstunde Arbeit in der kleinen Krankenstation, von der *Secours Populaire de France* nach Baqa gesandt, und das gesamte erwachte Lager wird lachen. Das Ausbreiten der Früchte, des Gemüses, der echten Blumen, ich meine damit nicht aus Plastik, weil am Morgen allein dies: das Rot, das Rosa, das Grün, das Gelb, diese Farben allein voll und wirklich waren, so wie das Fleisch der Früchte, der Gemüse. Die Sonne stieg, die Augen der Kinder öffneten sich, ohne äußeren Anlaß brach ihr Lachen hervor, genau wie in Lissabon.

Was ich weiter oben von der Schwermut der Lager gesagt habe, ist deshalb nicht falsch. Kein einziger Palästinenser sah also, schlafend, einschlafend, sein Elend: noch kurz vorm Schließen der Augen zählte er die Mandarinen und die Auberginen nach. Beim Erwachen hatte er sich eine neue Präsentation für beide Früchte ausgedacht, weil sie einander gewogene Farben hatten und er sie eher in Kolonnen als in Pyramiden auslegen würde. Jedes Unglück verneinte sich ziemlich unvermittelt in erfinderischer Bestandsaufnahme: in diesem Augenblick waren die miserable Lage und die Traurigkeit der Gesichter somit verschwunden. Nach und nach arbeiteten die Familien irgendwas, irgendwo, Beton ersetzte den Stacheldraht.

Hamza zeigte mir sein Bett, in dem ich diese Nacht schlafen würde, weil: »Ich werde schießen gehen. Ich bin ein kleiner Chef.« (Ich glaube mich zu erinnern: Verantwortlicher für zehn oder zwölf Fedajin.)
Auf der Höhe des Kopfendes des Bettes wies er mich auf ein Loch im Fußboden hin:
»Sollten die Kanonen und Maschinenpistolen Husseins zu nahe kommen, wirst du meine Mutter und meine Schwester holen. Du wirst sie mit dir zusammen in das Versteck hinuntersteigen lassen. Wir bewahren dort drei Gewehre auf.«
Seine Mutter kam herein und stellte ein Tablett auf den kleinen runden Tisch. Neben Pfannkuchen unterschiedlicher Dicke auf zwei Tellern einige Salatblätter, geviertelte Tomaten, vier Sardinen und, ich glaube, drei hartgekochte Eier. Sie aßen, Hamza und der Christ ohne Gott, gegen drei Uhr nachmittags, im Monat des Ramadan, wenn die Sonne kaum nachläßt.
Das Himmelblau der Tischplatte und seine schwarz-gelben Blumen sind mir stets vor Augen, so wie es viele Einzelheiten noch sind – Felsen, Bäume, Äcker, Zeltwände, gesehen von nahem, von weitem, Tannen, unbewegliche und schwarze Wasser, fließend, tot oder quirlig, welche in meinem und im Blickfeld der Fedajin lagen. Aus der leichten Schwermut, die er in mir hinterläßt, als er geht, weiß ich, daß die Unruhe sich nicht legen wird. Wenn eine Kugel mich tötet, wird sie Bestand haben, erlitten durch jemand, der dort unten sein wird, und nach ihm ein anderer, und dann so weiter.
Es sei denn, man ertränkt die Landschaft. So daß sich die Augen auf einen See richten, einen Staudamm, israelische Fischer …
Hamza, auch seine Mutter, kannten Haifa nicht mehr.

Nach dem Essen führte Hamza mich in den Hof der Schule. Nicht ein Schüler war in seiner Klasse. Alle auf dem Hof, ohne jedes Entsetzen, jede Prahlerei, kommentierten die palästinensischen Kinder in Gruppen das Näherrükken des jordanischen Feuers. Über die Schulter oder am Gürtel hingen je zwei oder vier Granaten; also paarweise oder im Doppelpaar, und ich erfuhr dank eines algerischen Schulmeisters, der französisch sprach, daß keines der Kinder in dieser Nacht schlafen würde: sie erwarteten den Zeitpunkt, die Granaten abzuziehen und auf die Soldaten der Beduinen zu werfen.

In diesem Buch und anderswo habe ich oft von der unaufgesetzten Tapferkeit der Palästinenser gesprochen. Es hat dort sicher Ängste gegeben, das Zittern, das Weglaufen vor dem Tod, es gab sicherlich Gemeinheiten – oft schlotterten die Knie vor den Haufen von Gold oder druckfrischen Geldscheinen dermaßen, daß sie den Lärm der Pumps von 1920 machten. Der Geschmack der Macht ist so beschaffen, daß demjenigen, der ihm widerstehen will, ein übergroßer Mut zu Hilfe kommen muß, allerdings wurde ich lediglich zum Zeugen eines einzigen Versagens.
Weiter oben habe ich in Hinblick auf den tatsächlichen Kampf der Palästinenser gern das Wort Mut geschrieben, wenn ich dieses Wort auf die Anstrengung und die Kraft der Intelligenz beziehe, so paßt das Wort Tapferkeit besser auf den Trotz gegen den Tod oder gegen die durch den Körper entstehenden Gefahren. Sich gegen jene Verachtung erhebend, welche die Wörter Terrorismus, Terrorist beinhalten, haben die Palästinenser in ihrer – freilich aus sich selbst gewonnenen – Gleichgültigkeit, der Teufel zu sein, und daß ihr Unternehmen für den Rest der Welt eine Teufelei ist, sowohl Mut als auch Tapferkeit geschöpft.

Die Fedajin der Angst bezichtigen? Mit Ausnahme der Nacht der Panik, die ich versucht war zu beschreiben, versucht zu erklären – versucht, ich war nicht dabei –, in den unbestimmtesten Momenten, wenn man – weil er dann sichtbar ist – den Tod sieht, wie er über Ihnen und dem Feind pendelt, zögerlich, ohne daß man weiß, wen er auswählen wird, erscheint alles als ein Spiel. Die Revolution wurde ein ziemlich ulkiges Spiel. Kämpfen bis zum geschenkten oder empfangenen Tod, für ein Stück Land, hier oder dort? Die Niederlage im Spiel mischt sich mit dem Verlust des Lebens, ist es wirklich schlimm, daß man lächelnd bezahlen muß, wenn man verliert?
Aber bringt man sich um, ein Stück Land sein zu nennen oder schlicht den Sieg?
In der großen Galerie von Mailand, auf dem Schnittpunkt zweier überdachter Alleen, ziert ein Mosaik den Fußboden. Eine eher kleine Stelle in dieser einfachen Komposition ist abgenutzt. Die abgenutzte Partie stellt die Hoden eines Pferdes dar. Das des Colleone (der Spitzname bedeutet ungefähr »der Gut Berittene«). Kein Mailänder, sobald er diese Galerie betritt und zu zweit kommt, vergißt, seinen Hacken über der Abnutzung des Mosaiks zu drehen, damit ein wenig von der Männlichkeit des Hengstes auf ihn übergeht. Sobald man drei oder vier Männer gesehen hat, alle untereinander die Arme eingehakt, erinnert man sich an jene Art Menuett, getanzt von jedem einzelnen von ihnen, sich, sobald er an der Reihe ist, über den Eiern des Pferdes um sich selbst zu drehen. Keiner Frau wäre es jemals erlaubt, eine solche Geste zu vollführen oder anzudeuten. Der Schulhof war zum Jahrmarkt geworden, auf dem jedes Bürschchen, wie um mit deren Tugenden zu protzen, die doppelten oder vierfachen Testikeln ausstellte, die er am Gürtel oder über der Schulter trug. Doch was daran sowohl

obszön als auch gleichzeitig unschuldig war, lag in der metallischen Nacktheit dieser Attribute.
Meine Hände waren von der runden Form der am Gürtel oder über die Schulter der Schulkinder hängenden Granaten angezogen. Bereits unverfrorene Kämpfer, bereits Krieger, sprachen sie nur von Krieg, in wesentlich gewaltigeren Tönen als die Fedajin, die entschieden haben zu kämpfen. Träumten die Fedajin von anderen, stimmigen Dingen? Den Schenkeln einer Frau beispielsweise? An Stellen, wo sich die Vorliebe verankert, wo die Vernunft und die Gründe für die Wahl schwanken: die Haare, die Augen, die Brüste, das Geschlecht, den Hintern? Befanden sie sich, so wie man es im Nebel sein kann, nahe einem unbestimmten Verlangen, in dem jeder Fedajin, obgleich dort überrascht, engelsgleich bleibt? So nah am Tod zu sein und keinerlei Verlangen zu haben, das Leben fortzusetzen, weder auszukosten noch weiterzugeben, welches man noch besitzt und das in der nächsten Sekunde nicht mehr sein wird? Diese von sexuellem Verlangen losgelöste Erscheinung hing so wenig nur mit dem Hin und Her der jungen Kerle zusammen, die muskulös, aber, so schien es, nicht unter dem Odem des Genitals ausgebildet waren. Zuweilen liest man, wenngleich in romantischen Texten, daß der Held dem Tod versprochen war: Orgasmus, ein im Französischen sehr männliches Wort, jedoch besiegt von der Agonie, dem Tod, der Frau, dem Krieg; weiblichen französischen Formen*, die das letzte Wort behalten. Zwischen den Schenkeln des H, zwischen den verzierten Wandungen des Triumphbogens, zwischen den gespreizten Beinen des Fedajin, zwischen den senkrechten Balken von Hamzas Namen müßten Bataillone von Siegern vor-

* Anm. d. Übers.: l'agonie, la mort, la femme, la guerre.

beimarschieren und hinter ihnen Geschütze und Panzer. Hamza und ich, wir blieben im Haus seiner Mutter. Dieser letzte Satz scheint nahezulegen, daß die Mutter das Haupt der Familie war, wenn ich sie im Dunstkreis ihres Sohnes sah, wenn ich mich ihrer Bindungen entsinne, die ein nie unterbrochenes Hin und Her waren, interpretiere ich inzwischen diesen damals unsichtbaren Austausch; eine überaus starke Witwe, war die Mutter exakt wie der Sohn bewaffnet, sie selbst Familienoberhaupt, delegierte, wenngleich lächelnd, in jedem Sekundenbruchteil ihre Machtbefugnisse an Hamza, der seinerseits der Fatah folgte, aber insgeheim von ihr, die er regieren ließ, geführt wurde. Erinnern wir uns ihrer, und betrachten wir noch einmal die Schwarze Madonna von Montserrat, viel stärker als sich selbst ihren Sohn herausstellend, der ihr voranschreitet, damit sie sei, das Kind aber, damit es bleibe.

Die Geste war nicht, und ich wußte es mit der ersten Patrone, deren Gewicht und Form ich in meiner Hand fühlte, irgendeine Geste, wie etwa die, einen Korb mit Auberginen zu füllen, die Magazine jedoch der Gewehre von Hamza und seinem Schwager nachzuladen, ließ mich erstmals an den Mysterien des Widerstands teilhaben. Die Kugeln, die ich in die Magazine eingeschoben habe, würden kommende Nacht die gegen beduinische Soldaten gerichteten Gewehrläufe passieren. Der Halbmond erschien, das baldige Ende des Ramadan ankündigend. Es wurde schwarz in dem weißen Hof. Hamza und sein Verwandter ließen mich allein mit den zwei Frauen, und der Grund dafür, daß soviel Vertrauen ohne Kontrolle ihn nicht schaudern machte, lag möglicherweise in dem immensen Vertrauen, das er Khaleb Abu Khaleb entgegenbrachte, als dieser ihm sagte. »Das ist ein Freund«, es sei denn, alles in ihm war nur auf sein einziges Vorhaben gerichtet: Irbid zu verteidigen, oder, freilich war das zweifellos dasselbe: sein Leben zu riskieren.

Man hat mir hier (Beirut) gesagt, daß die CIA und der Mossad, bald Verbündete, bald Rivalen, die gefangenen Fedajin zu unterhalten, zu gewinnen, zu beschwatzen wissen – was vermuten läßt, in der CIA wie auch im Mossad gäbe es empfindsame Agenten –, die Kämpfer, vorerst stumm unter der Folter, unter ihr zum Sterben bereit, hören zu, wenn die Erzählung kunstvoll gemacht ist, sind aufgewühlt, wenn diese den Fedajin auf poetische Weise berührt, der, nach einer Pause, spricht. Derart, daß man vor der Gefahr von Bezauberung und Poesie warnen mußte, die von Israel ausgingen.

Der Titel Mutter Gottes, der der Jungfrau zuerkannt wird, fordert dazu auf, sich nach der chronologischen Ordnung der menschlichen Verwandtschaftsverhältnisse in Bezug auf das Göttliche zu fragen, mittels welcher Wunder oder welcher Rechenkünste die Mutter nach ihrem Sohn kommt, dem eigenen Vater aber vorausgeht? Dieser Titel und die Rangordnung sind weniger geheimnisvoll, wenn man an Hamza denkt. Das Wort denken will nicht das Wort nachdenken ersetzen.
Der Lärm der Geschütze hatte sich genähert, dem die Salven der Maschinenpistolen, Maschinengewehre und vereinzelte Schüsse der Fedajin aus Irbid antworteten.
Vollständig angezogen lag ich ausgestreckt auf Hamzas Bett. Ich horchte. Die Geräusche der Schlacht, sehr heftig, schienen entscheidend; waren es nicht mehr, behielten aber ihre Intensität und geringe Entfernung, und inmitten dieses lärmenden Durcheinanders ließen zwei kurze

Schläge, unaufdringlich, aber vertraut, die zerstörerische Unordnung in den Hintergrund treten. Zwei ganz und gar friedliche Klopfzeichen, vorsichtig gepocht an meine Zimmertür. Augenblicklich begriff ich alles: Eisen und Stahl, explodierend in der Ferne, nebenan das Klopfen eines Zeigefingers, der auf Holz schlägt. Ich antwortete nichts, da ich das Wort »herein« auf Arabisch noch nicht kannte, und vor allem, ich sagte es schon, weil ich den Ablauf dessen, was stattfand »gesehen«, mit einem Mal »gesehen« hatte. Die Tür öffnete sich, so wie ich es nach dem Klopfen auf das Holz vorausgeahnt hatte. Das Licht des gestirnten Himmels fiel in das Zimmer, und dahinter machte ich einen großen Schatten aus. Auf eine Weise, die glauben ließ, ich schliefe, schloß ich die Augen zur Hälfte, doch sah ich alles zwischen meinen Wimpern hindurch. War sie von meiner List getäuscht? Die Mutter trat ein. Kam sie aus der unterdessen ohrenbetäubenden Nacht, oder aus jener Frostnacht, die ich überall mit mir herumschleppe? Sie hielt mit beiden Händen ein Tablett, das sie sehr sanft auf das blaue Tischchen mit den gelben und schwarzen Blumen stellte, von dem ich gesprochen habe. Sie verrückte es, um es ans Kopfende des Bettes zu stellen, das heißt in Reichweite meiner Hand, und ihre Gesten hatten die Präzision eines Blinden am hellichten Tag. Ohne jedes Geräusch ging sie hinaus und schloß die Tür. Der Sternenhimmel erlosch, ich konnte die Augen öffnen. Auf dem Tablett: eine Tasse türkischen Kaffees und ein Glas Wasser; ich trank beides, schloß die Augen, wartete in der Hoffnung, keinerlei Lärm verursacht zu haben. Wieder zwei leise Schläge an die Tür, genau wie die ersten; im Licht der Sterne und des abnehmenden Mondes tauchte derselbe hohe Schatten auf, diesmal vertraut, als wäre mein ganzes Leben lang jede Nacht, vor meinem Einschlafen, zur gleichen Stunde dieser Schatten eingetreten, oder besser auf solche Weise vertraut, daß er mehr in mir als außerhalb war, seit meiner Geburt in der Nacht aus meinem Inneren aufzusteigen, mir eine Tasse türkischen Kaffees zu bringen. Durch meine Wimpern hindurch sah ich sie das blaue Tischchen aufnehmen, das sie leise an seinen Platz zurückstellte, weiterhin mit der Genauigkeit des Blindgeborenen ergriff sie das Tablett, sie trat hinaus und schloß die Tür. Meine einzige Befürchtung war, daß meine Höflichkeit die ihre nicht aufgewogen, das heißt, ein Zukken meiner Hände oder meiner Beine womöglich meine vorgetäuschte Abwesenheit verraten haben könnte. Darüber hinaus vollzog sich alles mit solcher Geübtheit, daß ich begriff, daß die Mutter Hamza jede Nacht den Kaffee und das Glas Wasser brachte. Lautlos, bis auf vier winzige Schläge an die Tür, und in der Ferne, wie auf einem Gemälde von Detaille, das Geschützfeuer vor Sternenhintergrund.

Da er diese Nacht im Kampf war, nahm ich in seinem Zimmer und auf seinem Bett den Platz und vielleicht die Rolle des Sohnes ein. Für eine Nacht und die Zeit eines einfachen, jedoch beträchtlichen Vorgangs wurde ein Greis, älter als sie, zum Sohn der Mutter, denn »ich war, noch bevor sie war«. Jünger als ich, wurde sie, während dieser vertraulichen – familiären? – Handlung, jene Hamzas bleibend, zu meiner Mutter. Es war in dieser Nacht, die zu meiner persönlichen und beweglichen Nacht wurde, daß sich die Tür meines Zimmers geöffnet und wieder geschlossen hatte. Ich schlief ein.

Das Jordanien von 1970 und noch von 1984 bot eine abwechslungsreiche Vielfalt innerhalb der Bevölkerung des Königreichs. Der zahlenmäßig größte und bedrückteste

Anteil war, und ist es noch immer, der palästinensische; danach kommt, einflußreicher, wenn auch weniger zahlreich, die beduinische Gemeinschaft, Stämme und Familien König Hussein ergebener Soldaten; schließlich, über allen anderen, jener der Tscherkessen, fast durchgängig von höheren Offizieren und Generälen gebildet, hohen Regierungsfunktionären, Botschaftern, Beratern des Königs. Und diese drei Ordnungen, überstrahlt selbstverständlich von der königlichen Familie, deren Regent, direkt vom Propheten abstammend, wie er sagt, nur mit Mühe über diesen nicht zusammenpassenden Haushalt wachte, zu dem von Mal zu Mal ägyptische, englische, palästinensische, jordano-amerikanische Ehefrauen und Ställe voll Kinder hinzukamen, so daß sich bereits die gewieftesten Genealogen verwirrten.
Tscherkessen gibt es ungefähr fünfzigtausend im Königreich. Sie folgen dem König, indem sie ihn herumkommandieren: es handelt sich um eine Gang, deren Chef Hussein nicht ist.
»Wem könnten wir ergebener sein als dem direkten Abkömmling des Propheten, König Hussein?« antwortete mir eines Tages das Oberhaupt einer zirkassischen Familie (französisches Wort, das noch immer die Tscherkessen bezeichnet. Jene, die sich im Mittleren Osten niedergelassen haben und jene, die in der Sowjetunion geblieben sind). Er zeigte mir sein Dorf in Jordanien, in dem zahlreiche Wasserquellen entsprangen, ein Dorf, das mit Kennerblick von den Benediktinern im mittelalterlichen Abendland ausgewählt war, als sie die Stätten ausfindig machten, an denen Klöster errichtet werden sollten: Kreuzgänge und bebaute Flächen.
»Wir sind vor den Zaren geflohen, die uns zur christlichen Religion bekehren wollten, die sie die Unverfrorenheit

haben, orthodox zu nennen. Aufgenommen durch Sultan Abdul-Hamid, sind wir ihm weiterhin dankbar, uns zahlreiche Ländereien überlassen zu haben. Es war nicht die Armut, die uns aus Rußland vertrieb, noch die Abenteuerlust, die unsere Vorfahren aus unseren Bergen herausführte, wir behielten unsere Reichtümer, sie stammen samt und sonders von dort unten. Unsere materiellen Besitzungen und unsere Sprache. Ich könnte ihnen unsere mit vergoldetem Silber und Goldfäden durchwirkten Sättel, unsere Sporen aus Gold und Silber, unsere Steigbügel aus Gold, unsere mit Goldfäden bestickten Stiefel zeigen.«
Er zeigte sie mir nicht, doch machte er eine katalogisierende Beschreibung aus ihnen. Sein Volk war friedfertig.
»Aber eure Sprache? Sie steht dem Arabischen so fern. Man sagt, daß ihr euch ihrer bedient wie einer Geheimsprache ...«
»Geheim?«
»Die Tscherkessen sind die einzigen, die sie benutzen, inmitten der arabischen oder modernen europäischen Sprachen, sie macht aus euch, die ihr ein Volk seid, ein Heer von Verschworenen.«
»Wir sind ein Volk. Ein friedfertiges Volk.«
»Welches Volk sagt heutzutage von sich, daß es unruhig sei?«
»Der Frieden ist in Mode, das ist wahr.«
»Die Mode von 1860 war auf das Abenteuer, das rittlings Sitzen, den berühmten tscherkessischen Tanz aus ...«
»Tatsächlich, wir waren ein wenig in Mode.«
Trotz des friedlichen Bildes, das er mir von seinem Volk vermitteln wollte: das Feuer, die Waffen, der Krieg, die Pferde, die Tänze, die Rythmen, die Gesänge, die höfische Liebe, die über alle Maßen reservierte Einstellung den Frauen gegenüber, denen kein Mann in der Öffentlichkeit

eine Falte der Schürze oder der Kopfbedeckung streifen durfte, vor allem nicht der Schwiegermutter, so maßlos über sich hinausgehoben, daß sie mir wie die unberührbarste der Geliebten vorkam ... Die Beschreibung war derart beredt und genau, daß es mir schien, alles so akkurat Wiedergegebene sei eingebildet. Und diese Beschreibung hatte von Unerbittlichkeit bestimmt zu sein. Von den Tscherkessen mußte man nur dieses wissen, mit offizieller Beglaubigung, mit derselben Sicherheit, durch die wir wußten, daß Richelieu Kardinal war. Das Familienoberhaupt wiederholte sich mehrfach, was ihre vermeintlich *im Kaukasus zurückgelassenen* Reichtümer anging (er machte diesen Fehler tatsächlich), so daß ich den Eindruck gewann, die Tscherkessen seien, angelockt durch den Geschmack der Böden, unter die Befehle Abdul-Hamids gekommen, Eroberungen ohne allzu große Risiken, vielleicht das Bedürfnis nach Seßhaftigkeit und jenes, die Beduinenstämme zu drillen und abzurichten.

»Wie kommt es, daß ihr in derart kurzer Zeit die Region dominiert, eure Vormachtstellung ausgebaut, sämtliche Posten übernommen habt?«

Er lächelte mir freundlich zu, und mir fiel auf, wie sich sein gut geschnittener, feiner und weißer Schnurrbart dabei mit den weißen und glatten Haaren verband.

»Aber mein Herr, weil wir die Besten sind.«

»Ihr habt den Palästinensern keinerlei Bezeugung von soviel Güte erwiesen.«

»Den Wilden! Den wahren Wilden, die die Macht übernehmen wollten.«

»Die Macht habt ihr, und ihr behaltet sie. Ihr seid freiwillig aus Rußland gekommen, als die Palästinenser aus ihren Häusern vertrieben wurden.«

»Als sie anfingen, ihre Schlachten gegen Israel zu führen.

Sie sprechen von ihnen wie ein französischer Linker. Jordanien möchte ruhig leben.«

Das Wort »Verrat«, in Bezug auf sie übrigens ausgesprochen, würde sie dermaßen beleidigen, denjenigen totzuschlagen, der es wagte. Dennoch, es ist dieses Wort, das ich benutze. Seit ihrem Auszug aus Rußland liefen die Tscherkessen zum Feind über: dem osmanischen Imperium. Als der letzte Kalif ins Exil getrieben und das Reich auf die Grenzen der Türkei zurückgeschrumpft wurde, boten sie ihre Dienste Glubb Pascha, später Hussein an. Dieser Verrat berührt mich nicht: stets hielten sie sich der Macht zu Diensten. Das Fehlen von Geschmack in ihrem, stets vom Bedürfnis zu herrschen dominierten Verhalten, bewirkte, statt mich ihnen anzunähern, daß ich mich mit einer Art Ekel entfernte. Ich werde noch auf die Tscherkessen zu sprechen kommen.

»Was aber soll man von der Familie Sursok sagen?«

»Freunde. Sicher nicht alle Sursok. In der Familie gibt es ein paar Räudige, aber obwohl es sich um Christen handelt, sind es Freunde. Sie sind reich.«

»Sie haben eine ziemlich niedrige Art entwickelt, sich zu bereichern.«

»Sie wollen sagen, indem sie ihre Dörfer der jüdischen Gemeinde verkauft haben? Welcher Eigentümer hätte das nicht getan?«

Hamza kehrte in der Morgendämmerung zurück, pulververschmierte Haut, müde Augen, heiteres Lächeln. Er ließ sein Gewehr in dem Versteck am Kopfende des Bettes verschwinden.

»Glückwünsche, kleiner Bruder«, sagte er, indem er die Kelleröffnung militärisch grüßte. »Heute nacht hast du gut geschossen: ich habe dich zu einem erstklassigen Ge-

wehr gemacht.« Er lachte. Die beiden Kameraden, die ihn begleitet hatten, blieben verschlossen. Er legte sich hin, und höchstwahrscheinlich schlief er sofort ein. Mit dem Vorhaben, sie zu grüßen und nur kurz zu bleiben, trat ich in das Zimmer der Mutter. Sie lächelte mich an. Auf dem Boden hockend knetete sie den Brotteig für diesen Abend. Sie stand auf, mir Tee zu kochen. Es hatte während dieser Nacht des Kampfes in Irbid keine Rationierung von Wasser gegeben. Die Stadt hatte sich ausreichend verteidigt. Die Bevölkerung war sichtlich stolz auf sich selber. Im Gegensatz zu Paris im Jahre 1940 hatte Irbid gehalten.
»Die syrische Grenze ist offen.«
Jedermann in Irbid wußte es umgehend. Ich entschied aufzubrechen, sobald das gemeinschaftliche Taxi bereitstehen würde. Während zwei oder drei Stunden spazierte ich durch die noch unversehrten Straßen. Innerhalb weniger Minuten änderte die Stadt ihr Aussehen: der Stolz, schien mir, verschwand, als die Sonne aufging. In der Geschwindigkeit ihres Ansteigens stieg in den Gesichtern die Angst mit ihr, jeder betrachtete den anderen schweigsam, fast mit Feindschaft und Verdacht; Irbid, als Stadt stolz auf sich selbst, fröhlich, wurde zur düsteren Stadt, in der die Verantwortlichen das anmaßende Verhalten von Chefs angenommen hatten.
Das Gerücht ging um, nach dem sich israelische Spione frei in der Stadt bewegten. Ebenso Spioninnen. Eine junge Frau, Schweizer Journalistin, verlangte, so nahe wie möglich an die Kampfzone herangefahren zu werden; ihr Fahrer entdeckte bei oder an ihr einen Anhänger in Form des Davidssterns. Anstelle sich beschuldigen zu lassen, beschuldigte sie den Chauffeur. Auf undurchsichtige Weise ermittelte die Polizei die Wahrheit: die Journalistin war Schweizerin, Christin, und der Fahrer ein Provokateur. Er

wurde ein wenig durchgeprügelt, man ließ die junge Frau die syrische Grenze sacht passieren, doch warnte man weitere Spione von dort drüben. Unabweisbar wurde diese Erregtheit von der Belagerung Irbids ausgelöst, durch das Heranrücken der von den Tscherkessen befehligten Beduinen, überdies präzisierte sich mehr und mehr folgendes Gerücht: der Zollposten ist in den Händen der Jordanier. Die palästinensischen Verantwortlichen erregten sich ungeheuer. Ich hatte genügend Zeit, mit anzusehen, wie die militärischen Führer durch politische ersetzt wurden, die in Alter und Auftreten dem Alter und Auftreten europäischer Politiker entsprachen. Gewichtig, sich in der Sicherheit von Befehlen wiegend, die sie selber ausgeben würden, sich folglich ihres Intellekts vollkommen gewiß, überzeugt auch davon, die Besten zu sein, die Gewieftesten, die geschicktesten Unterhändler, rauschten sie in ihren Wagen im Hauptquartier ein, zur Rechten des Fahrers, die Krawatte nachlässig geknotet, aber immerhin beschlipst, sprangen sie vom Fahrersitz kaum auf den Rand des Trottoirs; unter den Fedajin bildete sich ein Spalier, damit sie sich in diesem Schwung bis zu den hochgradigen Militärs vorwärts stürzen konnten.
Hat jede Revolution, als unbezwingbare Hinterhand, Bärte und weiße Haare in petto? In ihren glänzenden Augen machte ich schließlich aus, daß die »in den besten Jahren« durch eben jene geschützt werden würden, durch die Alten, die den Kompromiß akzeptierten, während die »in den besten Jahren« sich schlagen würden.
War das die Distanz, oder vielmehr *die Fremdheit* der muslimischen Welt, als mir mitten in ihr, während des Monats des Ramadan, will sagen mitten in der Wüste, als die Zigaretten aus den Mündern verschwunden waren, und mit ihnen das Lächeln, insgesamt gerieben und gestoßen von

der schlechten, die Nacht erwartenden mohammedanischen Laune, die Erinnerung an einige evangelische Parabeln in Erinnerung kam, die ich jedoch auf meine Weise interpretierte. Die katholische Kirche war ebenso die Macht wie auch die biblische Moral, ich machte die Vertreter dieser beiden Übermächte zu meinen Feinden. In der Episode vom, dem Soldaten durch Jesus belassenen Zinsgroschen erkennt die Kirche folgendes: »Gib Gott, was Gottes ist, dem Cäsar aber, was des Cäsaren ist.«, unter dieser Verkleidung jedoch, im Gegensatz zur evangelischen Seele, muß man letztendlich lesen: »Erkenne die politische Macht an.« Dieser vorwitzige Bengel – er wird sich über den verdorrenden Feigenbaum lustig machen – sagte zum Apostel »laß dich nicht von den Bullen erwischen, es ist zu blöd, man geht beten und mein Vater wird nicht warten. Seine Münze dem Muschkoten zuwerfen und flitzen.« Vor allem nicht auffallen, dieser Reise in den Orient die Banalität eines etwas längeren, nicht außergewöhnlichen Bummels verleihen. Ich spreche hier von der Reise, die ich im Juli 1984 unternehmen werde. Im Versuch, die Mutter wiederzufinden. Sehr verschwiegen. Oder meinen Körper zu baden, wenigstens meine Füße zu waschen, ein frisches Hemd anzuziehen, mich zu rasieren, ein bißchen Feierlichkeit in diese Reise einfließen zu lassen, anstelle anzukommen, abzureisen, Jesus bis hinein in sein Ganovenvokabular zu imitieren … »Ich werde kommen wie ein Dieb …« Es geschah weder aus Bescheidenheit noch aus gutem Geschmack, daß ich mich wie jeden Tag anzog, jedoch in der Hoffnung, das fürchterliche Scheitern ein wenig zu bezähmen. Ich war vornehm und leichtgläubig, würde ich es wagen, unter einer Leiter durchzugehen? Freilich glaubte ich an die große Unerbittlichkeit der Leiter, nicht an diejenige Gottes.

Gleich vor dem Reisebüro trugen sich sehr junge Männer in Zivil, ohne sichtbare Abzeichen, in eine Liste für Deraa oder Damaskus ein. Sie zahlten für einen Platz im ersten Taxi, welches abfahren würde. General Hafez el-Assad hatte gerade seinen Staatsstreich in Syrien erfolgreich hinter sich gebracht. Von Damaskus bis zur syrischen Grenze hüteten sich die Panzer, aufgestellt, so sagte man, zum Schutz der Palästinenser, die gleichwohl entblößte Grenze zu überqueren. Die irakische Armee legte mehr Dreistigkeit an den Tag: sie überschritt die Grenze eines Morgens und kehrte am Abend zurück, ohne daß man wußte, wen sie bedroht hatte: Syrer, Jordanier, Palästinenser oder unerreichbare Israelis? Die Palästinenser waren bereits allein. Ohne Vorwarnung hatten drei arabische Länder sie fallengelassen. Der Sinai, der Golan und Zisjordanien von Israel besetzt, so waren die einzigen, ein wenig verläßlichen Länder für die Palästinenser jene des Golfes und vor allem König Faisal. Es beruhigte mich nicht zu erfahren, daß die palästinensischen Widerstandskämpfer in den syrischen Gefängnissen saßen, wo selbst Doktor Habache eingesperrt gewesen war.
Das noch gehaltene Territorium Jordaniens verkleinerte sich von Stunde zu Stunde, und dieser Ausdruck stimmte, exakt auf die Minute. Ich wurde benachrichtigt, als Mafraq fiel. Liegend, aber wach, grüßte Hamza mich mit einem Lächeln. In diesem Moment glaube ich gesehen zu haben, daß sein Lächeln mehr auf seinen Zähnen als in seinen Augen lag.
»Du mußt heute morgen von hier fort.«
Es war fast elf Uhr. Ich verabschiedete mich von der Mutter und der Schwester. Die eine für ihren Sohn, die andere für ihren Ehemann, bereiteten beide das Essen für den Abend und die kommende Nacht vor. Und das hier war

Bestandteil meiner Erinnerungen an 1970, ich werde es aufschreiben: es geschah auf dem Abort dieses kleinen palästinensischen Hauses, daß ich lernte, mich des Papiers zu entheben, dafür anständig die Flasche Wasser zu gebrauchen. Da ich in dem Haus getrunken und gegessen hatte, wurde meine Vertrautheit mit ihm vollendet.
Bis auf die kleine blau-grüne Karte mit den vier abgerundeten Ecken auf dem Grund seiner Tasche, welche jeder Fedajin besitzt, trug Hamza keinerlei Abzeichen an sich. Es gab vorne noch einen Sitz, nicht neben dem Fahrer, dafür an der Wagentür. Hamza hielt ihn für mich frei. Er wollte meine Reise bis Damaskus bezahlen. Wir sagten einander Adieu. Mit ziemlicher Genauigkeit gezählt, hatten wir uns während sieben Stunden gesehen und gesprochen. Khaleb Abu Khaleb hatte mich ihm am Vortag gegen Mittag anvertraut, an diesem Morgen ging ich gegen elf Uhr fort von ihm.
Das Taxi verließ Irbid. Vor mir hinderte mich eine weiße Fläche daran, die Straße zu sehen: die Rückseite eines Farbfotos von König Hussein, mit vier Heftpflastern an die Windschutzscheibe geklebt. Der Chauffeur hatte es aus dem Handschuhfach gezogen und auf dem gewölbten Glas befestigt. Die eingebildete Haltung des Souveräns, lächelnd unter einem schmalen Bartstrich, die ich durch sie hindurch sah, ärgerte mich.
»Die Palästinenser finden sich mit dem amerikanischen Triumph ab, ohne mit der Wimper zu zucken.« Niemand im Wagen schien sich zu wundern, offenbar mußte ich zu mir selbst gesprochen haben. Das Gesicht des Fahrers blieb unsichtbar, doch unter dem schwarz-weißen Keffieh waren sein Schnurrbart, die Brille und die glänzenden Augenbrauen schwarz. In dieser Phase des Widerstands sprach man bereits von der amerikanischen Bedrohung,

die darin lag, Hussein zu unterstützen. Ein Satz von ihm, zumindest wurde er ihm zugesprochen, gelesen in einer französischsprachigen Zeitung, versetzte mich in eine Art Wut:
»Ich bin es, der in diesem Krieg das meiste verliert (1967). Ein Drittel meines Königreichs ist von Israel besetzt und wird mir vielleicht nie zurückgegeben.«
Durch diesen Ausspruch, der zeigte – sicherlich war er dahingesagt, so als ob der Satz und was er bedeutet sich von selbst verstünden –, daß der Monarch Besitzer des Königreichs von Jordanien war, und die Wörter nahmen ihren Platz im Redefluß so selbstverständlich ein, überzeugten denjenigen, der sie las, davon, daß dieser beduinische König einen riesigen Garten besaß, der sich vom Roten Meer bis zur syrischen Grenze erstreckte, in dem ein paar Ganoven, die Palästinenser, vorstellig geworden waren: eine Bande nichtswürdiger Diebe von Kirschen und Orangen sozusagen hatte sich in sein Gebiet eingeschlichen, es war notwendig, sie hinauszuwerfen oder ihnen den Hintern zu plombieren.
Ohne darauf zu achten, beinahe so wie man summt, erzählten die Palästinenser allen überall, Hussein mit Golda Meir fotografiert gesehen zu haben.
»Wo war das?«
»Auf der Jacht von Golda.«
»Ich frage dich, wo sich das Foto findet.«
»Top secret.«
»Der Mossad mag die fetten Farcen viel zu sehr. Wäre das Foto aufgenommen worden, wäre es um die Welt gegangen.«
Welche Publicity betrieben die beiden Komplizen, Sharon und Begin, für Bechir Gemayel, der die Unvorsichtigkeit besaß, mit ihnen zu dinieren. Das Abenteuer des Herrschers verlief ohne Überraschung: sein Urgroßvater war

Emir von Mekka, vollgestopft mit dem Gold der Engländer, sein Großvater war König von Transjordanien, anschließend König von Jordanien, den ein Palästinenser aus der Familie Husseini ermordete, als er die Al-Aksa-Moschee in Jerusalem verließ. Der Vater von König Hussein, Tallal, Feind von Glubb Pascha und den Briten, starb, man sagt umnachtet, in einer Schweizer Klinik.
»So muß ich wohl mit diesem Chauffeur reisen, der feige ist, weil er dem Sieg hinterherrennt oder hinterherzurennen scheint, gleichzeitig angeberisch genug, über den Reisenden voller Hochmut das farbige Abbild des gehaßten Herrschers zu schwenken«, dachte ich vermutlich, dabei ganz vergessend, daß dieses Bild *auch* der Schutz aller Reisenden war, und ich war einer von ihnen. Ohne Unterbrechung, lediglich etwas leiser geblendet, amerikanische Musik, als das Radio mitteilte, daß Irbid aufgegeben hatte. Wir erreichten den Grenzposten, der von jordanischem Zoll und Polizei gehalten wurde. Die Fedajin und die Einwohner von Irbid hatten sich »tapfer verteidigt«, mit »einem ihr taktisches Vermögen übersteigenden Mut«. Ein Passagier übersetzte mir diese, durch einen tscherkessischen General gewandt formulierte Hommage ins Englische. Weder liegt die Ehre im Tod noch die Schande in der Flucht, der Prophet, als er Mekka verließ, täuschte eine Abreise in Richtung Süden vor, um diejenigen auszutricksen, die ihn verfolgten: urplötzlich bog er nach Medina ab. Nach Norden. Heilige List, da sie einer Ära ihren Namen gab, die schon tausendfünfhundert Jahre alt ist: Hedschra, das heißt »die Flucht«.
Die Fedajin, die ihre Waffen in Irbid versteckt hatten, gingen nach Syrien und einige andere in die Zone des Golan, die noch für einige Jahre weder syrisch noch israelisch sein würde. Jeder Fall von Flucht, unterm Mikroskop be-

trachtet, hätte keine Auswirkung auf den Krieg gehabt, sogar wenn diese Fluchten zusammengenommen einen Schandfleck auf dem Widerstand hinterlassen. Schmerzliche Episode, die Palästinenser wurden in der französischen, israelischen und der westlichen Presse insgesamt ausgelacht. Von Irbid bis zur Grenze bedrückte verlegenes Schweigen alle Passagiere des Taxis. Es schien sich mit zugenähten Mündern gefüllt zu haben. Am Zoll wurde kein Mitreisender aufgehalten, kein Koffer geöffnet. Die Offiziellen – Zöllner und Polizisten – schienen mir die Höflichkeit sogar zu übertreiben, kein einziger zeigte Erstaunen beim Anblick meines französischen Passes. Der Chauffeur setzte seinen Wagen wieder in Gang. Im Niemandsland von ungefähr hundert Metern, welches die beiden Länder trennte, hielt dieser Fahrer an. Seine Hand nach dem Porträt des weiterhin lächelnden Königs Hussein ausstreckend, entfernte er es von der Windschutzscheibe, öffnete das Handschuhfach, zog ein Foto von Arafat, ebenfalls in Farbe, daraus hervor, das er mit demselben Heftpflaster aufklebte, welches den König gehalten hatte, dessen Bild ins Handschuhfach wanderte. Ich lächelte. Nicht ein Anflug von Zucken auf den Gesichtern, Chauffeur wie Fahrgäste. Ich dachte:
»Unter den Mitreisenden gibt es zweifellos einen Spitzel.«

Ohne ein Spezialist, weder für die mittelalterliche noch die Kunst der Renaissance, zu sein, weiß ich, daß die ersten *Pietas* aus einem knorrigen und harten Holz gehauen wurden, vermutlich unverrottbar; sobald die Gruppe vollendet war, bemalte der Künstler sie, wie man gegenwärtig in französischen Gefängnissen noch immer jene kleinen Bleisoldaten anmalt. Die Bildhauer schlugen diese immer gleichen Figuren aus den Marmorblöcken: den abgemagerten und nackten Leib eines an Füßen und Händen durchbohrten Leichnams, den Oberkörper und den Kopf auf den Knien einer Frau ruhend, von der man lediglich das Oval des Gesichts und die Hände sieht, der gesamte restliche Körper ist mehr oder weniger elegant von Stoffen bedeckt – je nach der Epoche und dem Künstler –, geschickt oder ästhetisch arrangiert.

Diese Gruppen, fast kann man sagen, überfluteten die christliche Welt, ungefähr seit den Karolingern bis zu Michelangelo, sowohl gehauen als auch gemalt. Während das Gesicht des Leichnams einigermaßen gefaßt ist – manchmal gleitet die Erinnerung an die Leiden am Kreuz darüber hin –, zeigt das Antlitz der Frau einen großen Schmerz, die Lider auf den Toten hinabgesenkt, über jede Seite des herabhängenden Mundes tiefe Falten gegraben. Es sieht aus, als ob die Frau – die Jungfrau Maria – älter ist als der Kadaver des Mannes, der ihr beinahe vollständig auf den Knien liegt, was der Ordnung entspräche, aber manche Gruppen zeigen eine viel jüngere Jungfrau-Mutter als den toten Sohn. Es kommt vor, daß diese Jugendlichkeit des mütterlichen Gesichts das Ergebnis der zu festen, zu langen und zärtlichen Küsse ist, die Generationen von Gläubigen der Jungfrau aufgedrückt haben, auslöschend die Falten, glättend das Gesicht aus Bronze, aus Kupfer, aus Silber, aus Marmor oder aus Elfenbein, vor vierhundert Jahren das Wunder der Verjüngung vollbringend, welches heutzutage die Schönheitschirurgie ermöglicht.

Das Taxi schlug die Route in Richtung Deraa ein. Scheinbar ohne berührt worden zu sein, hörte das Autoradio auf, so etwas wie Pop-Musik zu übertragen; was sie ersetzte, war so weit entfernt vom Rhythmus und den unterschiedlichen instrumentalen Klangfarben, daß ich gezwungen war, hinzuhören. Im Moment erkannte ich diese Musik nicht, plötzlich aber, beinahe bevor ich ihn genannt hatte, dachte ich: Rimski-Korsakow. Genau.

Jordanien, hinter mir zurückgelassen, wurde ein überwachtes Land, Syrien, wo ich eintraf, gleichermaßen.

Seit wir aus Jordanien heraus waren, ging mir das Bild von Hamza und seiner Mutter nicht aus dem Kopf. Dieses Bild drängte sich auf eine seltsame Weise auf: ich sah Hamza allein, das Gewehr in der Hand, lächelnd und verblüfft, so wie er mir mit Khaleb Abu Khaleb erschienen war, und seine Silhouette zeichnete sich weder vor dem Himmel noch vor den Fassaden der Häuser ab, sondern vor einem großen Schatten, einem Schatten, den ich dicht nennen kann, ebenso erstickend wie eine Wolke von Ruß, deren Konturen oder, wie die Maler sagen, deren Hervorhebungen, die schwere und gewaltige Form seiner Mutter modellierten.

Oder auch, wenn ich die Mutter wachrief, allein, zum Beispiel wenn sie die Tür des Zimmers öffnete, war ihr Sohn, auch er, stets riesengroß und wachte über sie mit seinem Gewehr in der Hand. Letzten Endes stellte ich mir nie eine Figur allein vor: immer ein Paar, von denen eine in der alltäglichen Haltung gefaßt war, in ihren wirklichen Maßen, während die andere riesig, einfach anwesend, die Konsistenz und die Proportionen einer mythologischen Figur hatte. Um diese Erscheinung vielleicht zusammenzufassen: eine Gruppe, ein Monster-Paar, deren eine Figur menschlich, die andere sagenhaft war. Selbstverständlich drücken diese Zeilen nur ungenügend aus, was sich abspielte, weil die Bilder niemals ruhig blieben. Hamza erschien zuerst allein, seine Haare bewegten sich nicht auf Grund des Windes oder eines Kopfschüttelns, sondern damit, verursacht von dieser Bewegung, seine Mutter, oder besser eine Art Gebirge, welches die Zeichnung seiner Mutter gehabt hätte, unvermittelt hinter Hamza auftauchen konnte, ohne von rechts, von links, aus dem Hintergrund, von oben noch von unten gekommen zu sein.

In dieser Welt, Sprache, Bevölkerung, den Konturen, Tieren, Pflanzen, Ländereien, die einen islamischen Geist atmeten, drängte sich mir die Gruppe der *Mater dolorosa* auf. Die Mutter und der Sohn; nicht so beschaffen, wie die christlichen Künstler sie dargestellt haben – gemalt oder modelliert in den Marmor oder das Holz, der tote Sohn, ausgestreckt auf den Knien der viel jüngeren Mutter als der vom Kreuz abgenommene Leichnam – der eine oder die eine aber stets über den anderen wachend.

Und dieses Bild, in dem jede Figur, kaum in Gedanken aufgetaucht, die notwendige Ankunft der anderen hervorruft, wachte ständig über jenes, das menschliche Proportionen behielt. Ich habe Hamza und seine Mutter zu kurze Zeit – reale, meßbare Zeit – gesehen, um sicher zu sein, daß es während vierzehn Jahren noch immer ihre Gesichter waren, die ich wiedererblickte, aber ich erinnerte mich, und ich glaube zuverlässig, des Gefühls, das die Begegnung mit Hamza und seiner bewaffneten Mutter in mir auslöste. Ein jeder war der Harnisch des anderen, zu schwachen, zu menschlichen.

Welcher archetypischen Vision folgten die Bildhauer und die Maler so lange, wenn sie als Sujet die verletzte Mutterschaft wählten, wie es, vermutet man, das Evangelium auslöst? Und vor allem, warum verfolgte mich vierzehn Jahre lang das Bild dieser Gruppe mit der Zähigkeit eines Rätsels? Warum schließlich unternahm ich eine Reise, nicht um mich der Bedeutung des Rätsels zu versichern, sondern um zu wissen, ob es gestellt wurde und auf welche Weise? Aber was kam zuerst: die häufig *Pietà* genannte Gruppe, aus der Jungfrau und ihrem göttlichen Sohn, oder weiter zurück in der Zeit und außerhalb von Europa, Judäa und Palästina? In Indien, zum Beispiel, aber demnach womöglich in jedermann, und muß man sich derart vor dem Inzest hüten, wenn er stattgefunden hat, ohne Wissen des Vaters, in der Verwirrung der Träumereien von Mutter und Sohn. Das hätte nur wenig Gewicht, aber das Mysterium hierbei ist gewaltig: das Siegel der palästinensischen Revolution war für mich niemals ein palästinensischer Held, ein Sieg (der von Karameh beispielsweise), sondern die leicht gegeneinander verschobene Erscheinung dieses Paares: Hamza und seine Mutter, und es ist dieses Paar, das ich wollte, auf gewisse Weise, weil ich es mir entsprechend herausgestellt hatte, aus einem nationalen, familiären, verwandtschaftlichen Zeit-Raum-Zugehörigkeits-Kontinuum, und gleichermaßen aus der ganzen Welt, in die es sich natürlicherweise einfügt, herausgestellt hätte, so daß ich die beiden Bestandteile isolierte, die ich vereinen konnte – die Mutter und einen der Söhne – wie aus Versehen die beiden anderen Söhne, die Tochter, den Schwiegersohn, vermutlich eine Familie, einen Stamm und selbst ein Volk außer Acht lassend, denn ich bin nicht mehr sicher, den tieferen Gründen der Revolution gegenüber heute so aufmerksam zu sein, wie ich es im Jahr 1970 gewesen bin. Aber war ich nicht bereits auf der Suche nach dem Siegel der Revolution, dem Siegel, wie es im Koran des Mohammed geschildert ist, dem Siegel der Propheten? Das war nicht alles. Diese Gruppe, unzählige Male wiederholt, zutiefst christlich, Symbol des untröstlichen Schmerzes einer Mutter, deren Sohn Gott war, wie konnte sie mir, und dermaßen schnell, mit der Geschwindigkeit einer Liebe auf den ersten Blick, als das Symbol des palästinensischen Widerstandes erscheinen, was annähernd erklärlich gewesen wäre, aber im Gegenteil, *»daß diese Revolution stattfand, damit mich dieses Paar heimsuchte«*?

Deraa, das ich seit 1973 nicht wiedergesehen habe, ist sicherlich ein kleiner Grenzflecken geblieben, allerdings auf syrischem Gebiet. Es war Deraa, das ich 1970, nur für einen Abend, aus Damaskus kommend, durchreiste, um nach Amman zu gelangen. Die beiden Hände, die im Takt auf zwei Bretter klopften, nach einem Rhythmus, der ohne Unterbrechung von einem anderen, ebenso improvisierten, abgelöst wurde, ist die Erinnerung, die ich vor allen anderen mit Deraa verbinde, wo die Fatah ein Haus gekauft und in eine kleine Krankenhaus-Schwesternstation mit acht Betten umgewandelt hatte. Zwei hochaufgerichtete Fedajin, barhäuptig, doch in Tarnanzüge gekleidet, in denen ich sie daraufhin immerfort sah, die mir wie Riesen vorkamen, hatten sich mit den Ellenbogen auf zwei Kisten aus weißem Holz gestützt, die, eine über der anderen, nahe der Tür im Flur standen. Ihre Finger, dünn aber kräftig, entwickelten, auf die Bretter klopfend, eine komplexe, wenn auch heitere Rhythmik. Sie unterhielten sich lachend. In ihren kehligen Stimmen, fällt mir wieder ein, lag trotz der Rauheit, die gedämpft durchdrang, eine gewisse Sanftmütigkeit, eine Wehmut. Die Silben, vor allem die Konsonanten, blieben wie verquer in ihrer Kehle, doch schien ihr Fall aus dem Mund und in die Nacht hinaus sie abzuschwächen. Mahmud Hamchari rief mich: »Die Nachbarn bitten uns zum Tee.«
Um zu ihm zu gelangen, ging ich an den beiden Fedajin

vorüber, deren Profile ich sah. Sie klopften weiterhin immer schwieriger, immer lebhafter werdende Rhythmen auf zwei neue Särge aus weißem Holz, umgewandelt zu Perkussionsinstrumenten durch ihre langen und mageren Finger. Ein dritter Sarg, der mir nicht aufgefallen war, stand hochkant, offen und leicht gegen die Wand gelehnt. Ich bemerkte vor allem die Astlöcher im Tannenholz, vielleicht kam es schließlich durch dieses Detail, daß mir die, infolge des Vorhandenseins dreier Särge, entschieden düstere Atmosphäre haften blieb, aber auch durch die immer freier auf das Holz getrommelten Wirbel. Während des Teetrinkens im Nachbarhaus eröffnete mir Mahmud:
»Ich habe euch hierher kommen lassen, weil man die Körper bereits gebracht hat. Man wird die Särge für das Begräbnis vernageln.«
Er stellte seine Porzellantasse ab.

Die beiden ersten Fedajin waren so schön, daß ich mich über mich selbst wunderte, ihnen gegenüber keinerlei Verlangen zu verspüren, und je mehr palästinensische Soldaten ich kennenlernte, in Waffen, geschmückt durch sie, Tarnanzüge, rotes Barrett über der Braue, erschien schließlich in jedem einzelnen von ihnen nicht nur die Verklärung meiner Fantasmen, sondern erwartete mich ihre Materialisierung dort, vor meinen Augen, und, *»so als würden sie«* mir geschenkt. Es ist vielleicht dieses: zuerst das Wort »geschmückt«, *»waffengeschmückt«*, geschrieben und zweifellos gedacht, doch die Gewehre nützten. Sie waren nützlich, kein Schmuck. Die Fedajin gehorchten mir nicht, weder erschienen sie noch lösten sie sich auf, wie es mir paßte, was ich über lange Zeit für eine Art Selbstverständlichkeit hielt, eine vollständige Abwesenheit von Erotik, war womöglich in der Unabhängigkeit jedes einzelnen Soldaten begründet. Um es kürzer zu sagen – aber ich werde darauf zurückkommen müssen – will ich das Wort Prostitution benutzen. Sie war abwesend, und so war es die gesamte Sehnsucht. Das einzig Ärgerliche, das ich ermittelte: daß dieses Fehlen von Verlangen mit der »*Materialisierung*« meiner eigenen Liebessehnsüchte korrespondierte, es sei denn, wie ich gesagt habe, daß diese »*Realität dort*« nur der Fantasmen »*Realität in mir*« vergeblich werden ließ. So war es auch bei den Schwarzen Panthern gewesen, in den USA.

»Je mehr Soldaten ich kennenlernte ...«, dieses Fragment des Satzes tritt an die Stelle von jenem hier, das ich zuvor geschrieben hatte ... »je tiefer ich mich versenkte ...«. Wenn ich an dieser Korrektur festgehalten habe, so um niemals aus dem Blick zu verlieren, daß eine Art Selbstzensur nicht aufhört, mich zu kontrollieren, seit ich über die Palästinenser schreibe.

Das plötzliche Auftauchen eines Trupps von lachenden, lebhaften, eigenständigen Infanteristen ließ mich am Ufer der Reinheit zurück: ein Herabsteigen von Engeln, ein Damm aus Engeln, mich am Rande eines Abgrunds aufhaltend: demjenigen, alsbald von dem Glück zu erfahren, daß ich in einer ausgedehnten Kaserne wohnen würde.

Der Gehorsam meinen einstigen Träumereien gegenüber, die aus mir heraufstiegen, wie um mich zu vervollständigen, war in der Tat Folgsamkeit und Unterwerfung: der jüngste, der ungeschliffenste, der formbarste unter den Fedajin wäre mit Sicherheit in Gelächter ausgebrochen, hätte er erfahren, daß er begehrt sein könnte, somit auserwählt sein könnte, den Stecher zu mimen. Vielleicht in der Einsamkeit, in der Nachbarschaft des Todes, wenn man nichts mehr wagt, weil alles verloren ist? Und das war nicht si-

cher. Den absoluten Gegensatz zum weiter oben beschriebenen Armenviertel glaube ich unter den bewaffneten Palästinensern entdeckt zu haben.
Habe ich gesagt, was sich dort unten abspielte, in Ajloun, unter den Fedajin? Wir kämpften, ohne daß der Kampf bekannt war, ohne daß er benannt war. Die Anhäufungen von Formeln, von Fragen, von Antworten, von dermaßen brutalen oder delikaten Manieren, das alles ähnelte in keiner Weise den Barrikaden, wo man mit Pflastersteinen und alten Matratzen wirft – dieses Bild ist derart schnell evoziert von dem Wort Barrikade: Haufen von Ziegeln, Klamotten, Pflastersteinen, von Hartem also, mit ihren Entsprechungen, geeignet den Zusammenstoß zu dämpfen: Strohsäcke, Matratzen, Kissen, alte Sessel, kaputte Kinderwagen, zerbrechliche Kisten –, auf dieselbe Weise türmten wir so viele Nichtigkeiten vor uns auf, daß sich alles, Barrikaden, Mauern, Wälle quer legte, damit nur jener, den wir am Ende unseres ausgestreckten Armes, am Ende der Welt hielten, der Teufel? nicht erschiene, währenddessen die Zerbrechlichkeit der Barrikade mit immer stärkerer Beweiskraft zutage trat.

Man mußte annehmen, daß diejenigen, die Sie Terroristen nennen, ohne die Notwendigkeit sie vorzuwarnen, selbst wissen, daß sie, ihre physische Person und ihre Ideen, nur kurze Blitze in einer Welt schwerfälliger Eleganzen sein würden. Funkelnd kannte Saint Just sein Funkeln, die Schwarzen Panther ihren Glanz und ihr Verschwinden, Baader und seine Genossen kündigten den Tod des Schahs des Iran an; die Fedajin sind ebenfalls Leuchtkugeln, wissend, daß ihre Spur in einem Augenzwinkern verlischt. Diese paar, schnell angerissenen Schicksale rufe ich wach, weil ich darin eine Leichtigkeit ausmache, die ich auch in der finalen Überstürztheit des Begräbnisses von Gamal Abdel Nasser wiederfinden sollte, in der immer vielschichtiger, immer noch »lebhafter« werdenden Ekstase der Hände der Trommler auf dem Holz der Särge, in jenem fast ausgelassenen Teil des Kyrie im *Requiem* Mozarts. Als ob ein derart großer Schmerz sich nicht ausdrücken ließe, sich zugleich nur in seinem Gegenteil verbergen könne: dem ausgelassensten Lachen, dem Jubilieren, dazu in der Lage, in ihren einsamen Ausbrüchen, den Schmerz verschwinden zu lassen, die Ursache auszubrennen.

Wenn man sechzehn Jahre alt ist, wird das Errichten einer Barrikade vielleicht zu einer Balustrade, bleibt nicht deshalb, weil man daran, womöglich aus Unachtsamkeit, teilgenommen hat, ihr Bild im Gedächtnis, die meiste Zeit ausgelöscht, doch jedes Mal wie ein Signal wieder aufleuchtend, wenn man geneigt ist, nicht nur in die Polizei einzutreten, sondern eine Ordnung zu stützen, welche es auch sei, diejenige, die man die herrschende Ordnung nennt, oder auch das Gesetz? Kaum habe ich das Vorangehende geschrieben, und ich erinnere mich: Einige Tage nach den letzten Massakern von Amman, als es sicher war, daß die Fedajin von den Beduinen Husseins besiegt worden waren, schloß sich ein Polizist palästinensischer Abstammung, der nicht nur aus der jordanischen Polizei desertiert war, sondern sie mit Waffengewalt bekämpft hatte, ihr wieder an. Ich sah ihn, erinnere ich mich, am Tag seiner Rückkehr unter die Bullen wieder, so wie ich mich entsinne, was aus ihm wurde: Der Schmerz. Hatte er mit etwas mehr Jugendlichkeit und Intelligenz die Aussichten, ein tatsächlicher und ein vielleicht tatsächlich guter Bulle zu werden?

Ein wenig später werde ich von Ali sprechen, dem jungen Schiiten, der meine Gebeine im Falle eines Unglücks an sich nehmen wollte, damit sie eines Tages in Palästina begraben werden. Angesichts der israelischen Drohungen sagte er mir im Jahr 1971: »Vor allem vergiß nicht, daß viele Tabakfelder unter der Hand von den Israelis gekauft wurden, bis hin zur Mündung des Litani.«
Ich schreibe die Notiz am 20. Januar 1985, das heißt, an dem von der israelischen Regierung festgelegten Datum: ihre Armee zieht sich von den Ufern des Awali zurück. Vielleicht aus Saida, im Süden von Saida bis zum Litani.
Ich habe Daoud Thalami, einem der Verantwortlichen des F.D.P.L.P.* von Najef Hawatmeh, von dieser Überlegung Alis erzählt. Daoud lächelte:
»Israel hat es nicht nötig, Ländereien mit Hilfe von Strohmännern zu kaufen. Wenn es will, überschreitet es die Grenze, annektiert einen Teil des Libanon, gründet israelische Siedlungen oder Kibbuzim.«
Ali hatte recht: die Befürchtungen in der Grenzregion waren so groß geworden, daß sie den Aktivitäten von Kauf und Verkauf einen Anlaß gegeben hatten.
Daoud hatte recht: es genügte Tsahal, Beirut unter dem Vorwand zu bombardieren, die Palästinenser von dort zu verjagen. Dann, von Rückzug zu Rückzug, scheinbar so viel wie möglich Beweise guten Willens liefern, wie Europa sie ersehnte, eine aufkommende Bescheidenheit zeigen, doch am Litani stoppen, dieses Gebiet behalten, eine militärische Streitmacht, aufgestellt zwischen der offiziellen Grenze des Staates Israel und dem Litani, zurücklassen. Dann wird es ein Spiel sein, das Grundbuch zugunsten der Israelis zu korrigieren.

* Demokratische Volksfront zur Befreiung Palästinas.

Trotz allem, was mich in Widerspruch zu den Fedajin brachte – und das Wichtigste schien mir der Optimismus jeden Revolutionärs, der Freiheit, Unabhängigkeit, Aussicht darauf, er selbst zu werden, mit dem größtmöglichen Komfort verwechselt, während Revolte und Revolution Strenge und Intelligenz erfordern –, trotz dessen empfand ich eine zu große Freundschaft für die Palästinenser, eine Bewunderung auch (Deraa. Heute erinnere ich mich, daß es in Deraa war, als der Colonel Lawrence von einem Pascha der osmanischen Armee vergewaltigt wurde. So oft ich auch hinkam, sann ich darüber nicht nach). Aber seit Deraa schämten die Syrer sich nicht, die Fedajin zu kritisieren, und häufig auf aggressive und gemeine Art. Der Fahrer des Taxis, das mich mitnahm, allein, nach Damaskus, war verärgert über die Chaoten, die im Jahr 1967 Anlaß für den Verlust des Golan waren, dem Näherrücken der Grenze Israels also an Damaskus. Ich konnte ihre Furcht verstehen, doch die Wörter, die Argumente der Syrer waren von der Memmenhaftigkeit der Ladenschwengel gesteuert, die längst vor dem Autoritarismus von Hafez el-Assad kapituliert hatten.
»Sie kennen die Lager?«
»Es gibt welche in Syrien. Was Hussein gefehlt hat, war der Mumm. Er hat viel zu lange einen Staat in seinem Staate toleriert. Hier, in Syrien, sind die Kämpfer, die Fedajin, in der Saika, unter dem Befehl von Zouheir Mohsen, der unter dem Befehl des syrischen Generalstabs steht.«
Das Radio in diesem Taxi spielte nicht mehr Rimski-Korsakow, dafür Skrjabin.
»Auf jeden Fall, wenn Sie in Damaskus Ruhe haben wollen, hüten Sie Ihre Zunge. Die zivilisierten Palästinenser, wir lieben sie.«

Ein Aufstand, eine Revolution, weit mehr als zu gewinnende oder zurückzuerobernde Territorien, kann nichts als ein ziemlich umfänglicher Atemzug eines Volkes sein, das die Auswirkungen dieses Reflexionsmusters über fünfzig Jahre kennt.

Im Juli 1984, nach Ajloun zurückkehrend, wo ich die fünfzig *Dunums* von Abu Hicham sehen wollte (weniger als fünfzig Hektar), kam ich über eine der beiden Hügelketten, wo die Fedajin sich ihre Gesänge zugeworfen hatten; ich suchte das während einer Nacht vernommene Rinnsal oder den Wildbach. Er war da, allerdings durch drei Rohre kanalisiert und vollkommen still. Dieser Bach diente dazu, sein Wasser den Pflanzungen von Salat und Blumenkohl zuzuführen. Alles wurde ewig, allein die Vögel waren neu.

Der Bach sagte nichts mehr, selbst nachts nicht.

Die Hühner von Ajloun gackerten und piepten.

In den Lagern der Palästinenser liegt der Beton im Fußboden, in den Mauern, überall.

Die Straße von Deraa nach Akaba ist geteert und breit.

Meine Augen unterschieden Gerstenfelder, Weizenfelder, Roggen, Saubohnen. Die Landschaft hat aufgehört, grau und golden zu sein.

In den Jahren 1970, 71, 72 nahm jeder Kämpfer so etwas wie die Echos eines Kampfes im Zentralkomitee wahr. Der Gegensätze zwischen Verantwortlichen und unterschiedlichen Gruppierungen der PLO vergessen, die Fedajin und nicht ihre Zugehörigkeit betrachtend, unterlief es mir, es allen schwer zu machen, indem ich glaubte, die Unterschiede zu verwischen. Eine Zeitung in Damaskus hatte meinen einwöchigen Aufenthalt in Syrien und den Namen meines Hotels bekanntgegeben, ich erhielt Besuch von zwei jungen Leuten um die zwanzig. Sie aßen mit mir zu Mittag, und ich weiß nicht mehr was, ich bemerkte ihr umsichtiges Bemühen, den anderen Speisegästen, fast ausnahmslos Bulgaren, die sich, ohne eine Frau, ohne ein Wort, in Vierergruppen über das Restaurant verteilt hatten, verborgen zu bleiben.

»Es wäre besser, wenn man uns nicht mit dir sieht, das Büro der Fatah ist im Hotel.«

Ich zeigte ihnen den Brief Arafats, der mir gestattete, den Generalstab für sämtliche Gruppierungen zu sehen.

»Im Großen und Ganzen bist du durch ein Versehen in der Fatah.«

Sie gehörten zur F.D.P.L.P., deren oberster Anführer Najef Hawatmeh war. Seine körperliche Präsenz in Amman während der Kämpfe, der Mut und die Ergebenheit aller Mitglieder, auch ihr taktisches Geschick – während Georges Habache sich in Nord-Korea aufhielt – versicherten sie insgesamt der Wertschätzung, wenn nicht der Freundschaft Arafats.

»Wir sind eine andere Bewegung als die Fatah, unsere Ideologie hat noch kaum Reichweite, und wir verlangen unsere Unabhängigkeit innerhalb der PLO; auch wenn wir nicht über die Mehrheit verfügen, hat unsere Präsenz ihr spezifisches Gewicht. Du hättest uns anrufen können, uns deine Ankunft mitzuteilen.«

Mein Aufenthalt in Damaskus, wie auch außerhalb, war ohne Wichtigkeit, das sagte ich ihnen. Angesichts des jordanischen Feindes, oder des israelischen, stellte sich das Einverständnis mit einer derartigen Unvermitteltheit her, daß es mir in dieser Zeit schien, nichts anderem als einem orientalischen Spiel beizuwohnen, das schnell hinweggezaubert war, sobald die Gefahr nur geargwöhnt wurde. In

ruhigen Zeiten waren die Diplomatie und die Politik lediglich eine Partie Dame, sogar Schach, und ich sah sie, sicher von Weitem, als eine Spielerei.
Später werde ich wissen, daß die Rivalität, dabei halfen die männlichen Aggressionen unter den elf Gruppen, aus denen die PLO zusammengesetzt war, sich zu Feindseligkeit mauserte. Der Kampf um die Macht im Reinzustand, dieses letzte Wort in seiner chemischen Bedeutung angewendet, trotzte dem Willen zur Macht des Geldes wegen, dessen was Geld bringt. Mir schienen sich zwei Formen von Vorherrschaft zu unterscheiden: die erste, amerikanische, für den Reichtum und seine Verteilung, kehrte sich gegen die Macht, bereits sowjetisch allein um der Macht Willen, gereinigt, vielleicht mystisch, jedoch stolz, absolut, die von einer pfiffigen Person ausgeübt werden konnte, für alle Zeit in einer Badewanne in Form eines Holzschuhs.
Eines Tages bestanden die, noch sehr jungen, Verantwortlichen der F.D.P.L.P darauf, mich in den Golan zu bringen.
»Aber das ist ein von Israel okkupiertes bergiges Massiv.«
»Man wird dich dort hinbringen.«
»Man muß mehrere Sperren der syrischen Armee überqueren, was sie normalerweise ohne Befehl des Generalstabs ablehnt.«
»Sorge dich um nichts. Wir fahren morgen.«
Wir verließen Damaskus gegen drei Uhr nachmittags im Auto. Acht Fedajin und ich, waren wir neun. Die Fedajin hatten Keffiehs und Sonnenbrillen für alle mitgebracht. Womöglich verließen sie sich auf die Erzählung von Poe, *Der gestohlene Brief*: die Durchfahrt dieser Ausschweifung von Karneval machte uns bei vollem Tageslicht unsichtbar, es sei denn, eine solche, dermaßen unverschämte Täuschung ließe die Soldaten sich vor Lachen ausschütten,

triebe Schwälle von Tränen in ihre Augen, die schließlich ihre Sicht trübten, noch deformiert von den Vergrößerungsgläsern der Tränen, die derart inkongruent ins Bewußtsein rückte, daß es sich nur um eine Posse handelte, eine Vorspiegelung, eine trunkene Hochzeit, oder sie ließen uns passieren, gekrümmt von diesen Schmerzen der Gedärme, welche die Anfälle von Heiterkeit hervorriefen, passieren, aufgrund des Gelächters in allen Schattierungen unfähig dazu, auch nur einen Befehl zu äußern.
»Das ist Leutnant Ali«, sagte ein Fedajin auf Arabisch zu einem syrischen Soldaten, der einen arabisch abgefaßten Passierschein mit drei oder vier Stempeln prüfte.
»Was für eine fadenscheinige Armee«, sagte ich mir höchstwahrscheinlich. »Jedwede Golda Meir würde sie durchbrechen.«
Wir erreichten einen Bauernhof, wo wir vor unserer Fußwanderung zu den von Israel besetzten Hängen des Golan schliefen. Wir tranken gerade Tee, als ich in einem Zimmer nebenan die Geräusche von Schritten vernahm, von geöffneten Türen, einem Streit auf Arabisch, in dem ich den syrischen Akzent ausmachte. Jemand, hinter mir, öffnete die Tür und sagte auf Französisch:
»Bonsoir, Monsieur. Ich wurde vom Hauptmann geschickt, zu erfahren, ob es dem Herrn Franzosen für die Nacht an nichts mangelt.«
Ich sagte, nein danke. Der untere syrische Dienstgrad sagte: Sind Sie sicher? Ich sagte: Völlig sicher, mir geht es gut. Der Dienstgrad: Ich kann mich also zurückziehen. Ich: Ja. Er: O.K. Nachdem er mich militärisch gegrüßt hatte, ging er ohne jemand anzusehen hinaus. Außer bei dem Bauern, seinem Sohn und der Bäuerin, war die Verlegenheit allgemein.
»Gehen wir schlafen«, entschied Farid, der dreiundzwanzigjährige Verantwortliche jäh.

Das alles in allem gewöhnliche und brutale Erscheinen des Unteroffiziers war eine Sicherheit mehr, deutlich sichtbare Antwort auf den psychedelischen Durchmarsch der syrischen Armee, es war nicht länger zweifelhaft, daß ich Gegenstand einer Hochstapelei war, die wo aufhören würde? Währenddessen empfand ich keinerlei Beunruhigung. Alles erschien mir spaßig – aber war die plötzliche Geniertheit der Fedajin vielleicht gespielt, und der syrische U.v. D. ein überzeugend geschminktes Mitglied einer Theatergruppe, die das Konservatorium von Damaskus absolviert hatte?
Ich schlief ein. Wir brachen zu Fuß auf, an einem eisigen Morgen, als die Sonne noch nicht aufgegangen war, und kamen nach zwei Stunden Marsch auf den Höhen des Golan (hier, in syrischem Arabisch, Jolan ausgesprochen), in einem kleinen, verlassenen tscherkessischen Dorf an. Auf dem Gipfel des ersten Gebirgsausläufers sah ich ein kleines, von den Israelis in aller Eile errichtetes Fort. Im noch dichten Nebel verbarg es ziemlich gut die vormals syrische Bauart, errichtet, so wie es Soueda ist, aus Basalt und weißem Marmor, wie Soueda, Hauptstadt der Drusen von Syrien, je ein wohlbehauener Block aus weißem Marmor, abwechselnd mit einem an Größe und Ausmaßen ähnlichem, aber schwarzen. Nach dem, was mir der Anführer mitteilte, alarmierte ein überaus perfektioniertes Radarsystem die Besatzung des Forts. Die Stille und die Reglosigkeit waren vollkommen.
»Wir werden noch drei- oder vierhundert Meter höher steigen. Ich habe die fünf oder sechs Korkeichen des Hanges geortet. Sobald ein Flugzeugmotor zu hören ist, sucht sich jeder seinen Baum. Man rennt und preßt sich an den Stamm.«
Die Sonne begann zu wärmen.

»Bist du müde?«
»Nein.«
»Rasten wir zuerst, um etwas zu essen. Auseinandergerückt wie wir sind, sind wir gut vorangekommen. Aber man muß essen.«
Um uns her gab es nur einen gelblichen Grasteppich, ein paar Bäume und natürlich Basaltfelsen. Wir nahmen daraufhin einen sehr einfachen Imbiß eines Kommandos im Einsatz ein. In dem Moment stellte mir der Sohn eines Emirs vom Golf, ein Junge von ungefähr achtzehn Jahren, der ein Französisch sprach, das er in der Schweiz, auf einem prunkvollen Gymnasium gelernt hatte, die Frage:
»Sag uns ehrlich, was du über uns denkst. Sind wir wahrhafte Revolutionäre oder Intellektuelle, die Revolution spielen?«
Vielleicht waren nicht alle Anhänger von Najef Hawatmeh Söhne der einflußreichen Familien, die des Kommandos waren es, mehr oder weniger Sherife, das heißt Nachfahren von Ali, also Adlige: ein Sohn eines Emirs, dieser eines bedeutenden palästinensischen Arztes, ein anderer eines geschäftstüchtigen Rechtsanwalts, bis hin zu einem ziemlich indirekten Mitglied der Nashashibi, saßen mit offenen Mündern da, bis auf den Sohn des Emirs, den sein Vater enterben wollte, da er seine Schweizer Schule aus zwei Gründen abgebrochen hatte: Romantik und Heimweh nach dem Mittelmeer. Es war schwierig, nicht daran zu denken, daß, so großherzig die Kids auch waren, selbst wenn sie starben, die Eltern nichts weiter tun konnten, als Profit aus den jungen Toten in einem marxistischen Kampf zu ziehen. Ich antwortete:
»Da du die Frage stellst, kann sie gestellt werden.«
Auf Arabisch saß die Antwort. Mir schien, daß ein Schatten über die acht Gesichter huschte, doch der Chef des

Kommandos traf beizeiten die Entscheidung: »Zwecklos, noch höher zu klettern, der Franzose hat verstanden.«
Vom Golan herabsteigend, wo ich nicht sicher war, mich zu befinden, improvisierten alle einen Gesang, ähnlich jenem, von dem ich bereits gesprochen habe, eine Art Kanon, in dem jede weitere Strophe die vorhergehende überlappte, bevor die erste beendet war, um sich schließlich mit ihr zu verschmelzen. Sie beschrieben nicht mehr München, sie machten sich über Golda lustig.
Ehe sie mich verließen, das heißt, bevor ich nach Damaskus zurückfuhr, kehrten wir auf dem Bauernhof ein, auf dem wir geschlafen hatten. Der Bauer gab mir meinen Paß zurück, mein Geld, von dem die Fedajin mir geraten hatten, es dort zu lassen.
»Wir müssen den Bauern noch helfen, die Ernte abzuschließen. Warte auf uns, während du Tee trinkst.«
Sie kehrten zurück und sagten mir:
»Du hast gesehen. Wie Mao es in seinem roten Buch erklärt, so intellektuell wir auch sind, müssen wir den Bauern bei ihren Arbeiten helfen.«
»Eure Hilfe hat eine halbe Stunde gedauert.«
Ohne etwas gefragt zu werden, ohne jede Schwierigkeit, durchquerten wir vierundzwanzig Stunden später in umgekehrter Richtung und ohne uns zu verstellen die syrischen Reihen noch einmal. Als ich nach Damaskus zurückkehrte, zog ich mich ins *Institut Français* zurück. Ich kannte dort einen Geographen, der mich beriet. Er zeigte mir mehrere Generalstabskarten, die von Damaskus aus befolgte Route, den Weg zwischen den Basaltfelsen, der zu dem Bauernhof führte, den Bauernhof, das kleine tscherkessische Dorf, das Vorgebirge. Er zeichnete die jüngste israelische Anlage in die Karte ein:
»Sie haben dich weit in den Golan gebracht, aber warum?«

Ich glaubte zu verstehen, daß sie mir vor allem ihre Kühnheit demonstrieren wollten, sowie die Hilfe, welche Intellektuelle als gute Marxisten dem Volk zukommen ließen, und zwar viel mehr als die Fatah, mit der ich sonst zusammen war. Sie dachten sicherlich, daß ich darüber schreiben würde, nachdem ich den Nachweis dafür erhalten hätte. Sie wußten nicht, was der Geograph des Instituts mir mitgeteilt hatte:
»Du bist tief im Golan gewesen, allerdings in der einigermaßen neutralen Zone, in der die Durchfahrt der Palästinenser während zwei oder drei Stunden akzeptiert ist, weil man, sobald man auf sie schießt, Gefahr läuft, syrische Bauern zu verletzen, die ihre Kühe und ihre Schafe weiden. Um so mehr, als diese Region ziemlich nah am drusischen Djebel liegt, wohin, oft ohne Vorankündigung, die in Israel angesiedelten Drusen kommen. Man möchte keinerlei Zwischenfall. (Er lächelte.) Du hast gestern früh einen Morgenspaziergang unternommen. Anstrengend, aber nicht gefährlich.«
Dank einer Kiste Zigarren aus Havanna, in Damaskus gekauft und dem Chef der jordanischen Zollstation verehrt, gelang es mir, nach Jordanien einzureisen, in meiner Begleitung der Fedajin, der französisch sprach. Er traf in Amman einige befreundete Mitglieder der F.D.P.L.P. wieder. Er kam mit mir ins Büro der Fatah. Benachrichtigt über mein Kommen, umarmte mich Abu Omar, und als ich ihn für den Fedajin nach dem Büro von Najef fragte, antwortete er mir:
»Ich weiß es nicht. Soll er in Amman suchen.«
Zwei Tage später war der Sohn des Emirs in Damaskus. Im Jahr 1971. Eine andere Seite der Persönlichkeit Abu Omars war mir sichtbar geworden: der Parteigeist hatte über die einfache Kameradschaft, gar über die Höflichkeit gesiegt.

Später kam er selbst auf seine Antwort zurück. Da er einen wohlwollenden Passierschein von Arafat unterzeichnen ließ, hatte er womöglich vorausgesehen, daß ich mich seiner bedienen würde, mir andere Organisationen als die Fatah anzusehen, aber er glaubte nicht, daß ich es tatsächlich wagen würde. Um seine schlechte Laune nicht gegen mich zu richten, war es die gesamte F.D.P.L.P., die ihr Opfer wurde.

Einige Tage später erhielt ich den Beweis einer Art von Ratlosigkeit, die ihn oft reizbar machte. Eines Tages, auf den Höhen von Achrafieh in Amman, zeigte mir Abu Omar den Wasserturm, die Orte der Kämpfe, die aufgerissenen Häuser, die Verstecke der persönlichen Waffen, aber er weigerte sich, mir zu sagen, wo sich die mittelschweren Geschütze befanden. Wir drehten die Runde im Feldlager, das den Eingang des königlichen Palastes unter Beschuß hielt. Dann entfernte er sich von mir, näherte sich einer Mauer, hob eine graue Abdeckung hoch und, mich herbeirufend, zeigte er mir die erste Katjuschka.

»Sie sind alle auf den Palast gerichtet.«

Er lächelte und schien mir erleichtert.

»Aber Sie hätten sie mir nicht zeigen müssen ...«

»Nein, tatsächlich, ich hätte das nicht tun müssen. Vergessen wir das«, sagte er mir, zutiefst beschäftigt mit diesem *Bedürfnis, wahrhaftig zu sein*, beinahe genauso wenig unterdrückbar wie jenes, zu lügen.

Vielleicht ist dieses Buch aus mir herausgedrungen, ohne daß ich es kontrollieren konnte. Es gibt zu viele Unregelmäßigkeiten in seinem Verlauf, und wahrscheinlich spürt man darin die Erleichterung, die Schleusentore der verschlossenen Erinnerungen zu öffnen. Nach fünfzehn Jah-

ren, trotz meiner Zurückhaltungen, meines zugenähten Mundes, lassen die Risse dieses Verdrängte hindurch. In diesen Zeiten der großen Liebe hütete ich die Geheimnisse, als Abu Omar bereits unruhig wurde.
Gleich bei meiner Ankunft in Jordanien, und nachdem ich ihm mitgeteilt hatte, warum Mahmud Hamchari mich gefahren hatte, hat mich eine erste Entscheidung Abu Omars verwundert und sogar irritiert. Sein Vorschlag, mich Jordanien von Amman nach Irbid durchqueren zu lassen, welches sich fünf Kilometer von der syrischen Grenze befindet, und mich anderen Bewegungen als der Fatah vorzustellen, gefiel mir sehr gut. Während der Fahrt im Auto fragte ich ihn, wie die Beziehungen zwischen palästinensischen Bauern und beduinischen, wenn man so will, jordanischen waren. Ihm zufolge ausgezeichnet. Ich wußte, daß diese Reise ein Propagandaunternehmen war, mit der Organisation der palästinensischen Frauen zu sprechen, bewies, daß ein Franzose (und durch ihn ganz Frankreich) sich für Palästina interessierte. Warum sollte ich ablehnen, mich diesem Spiel hinzugeben. Wir kamen in Irbid an. Es fand sich, daß der Dichter Khaleb Abou Khaleb zugegen war, und nachdem er von unserer Ankunft erfahren hatte, kam er, ein bißchen neugierig geworden, uns zu sehen. Er sprach Französisch. Als ich ihm sagte, daß wir unterwegs seien, uns bei der Union der palästinensischen Frauen sehen zu lassen, und nachdem er wußte, daß Abu Omar mir gesagt hatte, wie zwischen den beiden Völkern alles zum Besten stand, geriet er sofort in eine Art von Rage.
Zu Abu Omar:
»Warum ihn herbringen und ihm Lügen erzählen?«
Zu mir:
»Alles läuft sehr schlecht. Die Jordanier hassen uns. Das

ist sicher ein Ergebnis der offiziellen Propaganda, aber es ist so. Das Volk hütet sich vor unseren Lehrern, vor unseren Funktionären, vor unseren Ärzten. Das jordanische Volk führt Krieg gegen uns, und man sagt Ihnen, daß alles bestens ginge! Abu Omar belügt Sie. Die palästinensischen Frauen wissen es, doch sprechen sie vor uns nicht darüber.«

Abu Omar, sehr blaß, konnte Khaleb nicht unterbrechen. Ich wurde unsicher, durch die Hervorhebungen Khalebs und weil Abu Omar die Wahrheit vor mir verbarg, ich entschied, nach Amman zurückzukehren, mich zu beruhigen und zu versuchen, klar zu sehen.

Die Rückreise wurde ziemlich trübselig. Angehalten an den Sperren der Jordanier, riet mir Abu Omar, der keinen Personalausweis hatte, da er Fedajin war, hochgradig, aber Fedajin, meinen französischen Paß vorzuzeigen: er schützte den einen wie den anderen. Das, was mich damals betrübte, was mich noch betrübt, ist, daß ich erfuhr, daß Khaleb nach Damaskus zurückgekehrt war, wo man ihm seine Sendungen in Radio Damaskus untersagt hatte. Die Verantwortlichen erklärten mir, daß er selbst es gewünscht hatte, um sich zurückzuziehen.

Das Wort Geistesgestörtheit wurde niemals ausgesprochen, dafür noch viel weniger nette: nervliche, seelische, intellektuelle Ermüdung, nervöse Depression. Die Vorsicht dieser Umschreibungen kam mir viel beleidigender vor als die grausameren Wörter. Doch schien es mir erstaunlich, daß diese geistige Verwirrung, weil er an diesem Tag und vor mir einen Anfall gehabt hatte, ihm die Hellsichtigkeit, den Mut oder die Unbewußtheit verliehen hatten, mir zu zeigen, daß man allein für mich, naiv herbeigeeilt, eine schwierig darzustellende Realität in trügerischen Farben malte. Khaleb wollte zwei Dinge: mir die

Gefahren anzeigen, welche sein Volk durchlief und deutlich genug sprechen, damit ich nicht zum Opfer einer Fälschung wurde.

Entsinnt man sich meiner Unterhaltung mit einem algerischen Offizier, verbunden mit meiner Erinnerung an das Frühjahr 1971 und an mein Erstaunen vor den langen Theorien von wandernden Seidenraupen? Ich rufe den Anfang dieses Zwiegesprächs ins Gedächtnis zurück:
»Wer sind Sie eigentlich?«
»Ein Freund der Palästinenser. Des Volkes und der Fedajin. Und Sie?«
»Algerischer Offizier. Wie lange wird Ihrer Meinung nach dieser Krieg zwischen Israel und den Arabern dauern?«
»Ich weiß nicht. Vielleicht noch fünf Jahre.«
»Sie können sagen hundertfünfzig Jahre.«
Seit meiner Ankunft, von den Fedajin mit einer solchen Herzlichkeit begrüßt, hatte ich zweifellos den Kopf nicht frei genug, die Kräfte einzuschätzen, die gegeneinander standen, noch die Spaltungen innerhalb der arabischen Welt zu ermessen. Ich hätte weitaus eher konstatieren müssen, daß die den Palästinensern geleistete Hilfe eine Illusion war. Ob sie vom Golf oder aus dem Maghreb kam, sie war verwandtschaftlich, schwülstig, aber unbeständig. Stück für Stück sah ich mich verändert, besonders nach dem Krieg von 1973. Noch bezaubert, nicht überzeugt, versucht, nicht geblendet, führte ich mich am ehesten als ein verliebter Gefangener auf. Ich dachte, daß drei Jahre wahnwitziger Liebe eine notwendige Zeitspanne waren, fünf Jahre womöglich, aber nachdem jene allseits bekannte Ermattung Liebender mich erreicht hatte, nach hundertfünfzig Jahren in dieser Region und in der Welt, waren mein Tod und die Erschütterungen so, daß alle Überlegun-

gen, kaum flüchtig überblickt, von sich aus erloschen. Und hundertfünfzig Jahre machten mich mundtot, da ich naiverweise meine mir noch verbleibenden fünf Jahre von Sieg zu Sieg gezählt hatte. So viel Liebe am Anfang kann nur weniger werden. Der Gesichtsausdruck der alten Palästinenserinnen, die Ausschmückung der Häuser, die modischen Gegenstände japanischer Herkunft, dieselben, wie man sie bei den Indianern des Altiplano sehen kann, die Wellen von Steinzement, die Aufgabe erfüllend, die Ärmlichkeit des Fußbodens zu verbergen, bewiesen mir, daß jeder Aufstand sich auf diese Weise herabwürdigte: durch Kapitulation vor den Einbrüchen eines Komforts, der sämtliche Ermattungserscheinungen nach sich zieht.

Abgesehen von einer Übereinstimmung in der Komplizität erlebte beim Fernsehen niemand das Begräbnis Nassers, von dem ich am Anfang dieses Buches sprach. Die Gesänge des Korans, die Großaufnahmen von Fäusten und von Augen, Totalen des Ganzen, wie der Bildschirm sie gestattet, für unsere Erinnerungen unbrauchbares Spektakel, wenn ihm nicht diese Überschrift vorangestellt gewesen wäre: »Begräbnis des Rais Gamal Abd-el Nasser«. Waren im Staub des Gewimmels von Armen, Beinen, Röcken von Männern – nichts als Männern, diese das Volk? Während alle Welt zu schwitzen schien, so schwitzte nichts aufgrund des palästinensischen Aufstands. Die Vorhersage Arafats: »sie« (jene »sie« Arafats beschrieben die Undifferenziertheit dessen, wogegen er kämpfte), »sie« fotografieren, filmen uns, schreiben über uns, und dank ihrer existieren wir. Mit einem Mal können sie aufhören, es zu tun: für den Westen und für die übrige Welt wäre das palästinensische Problem beseitigt, von da an sähe man sein Bild nicht mehr.

Jeder in Europa, am Knopf seines Schwarz-Weiß-Empfängers drehend, konnte diesem malerischen Begräbnis ein Ende setzen. Währenddessen waren die Bäume voller Gören, voll von Greisen auch, die ihre letzten Kräfte hinauf in die Äste gehievt hatten. Und als Arafat sich im September 82 mit seinen Männern nach Griechenland einschiffte, sahen wir dieselbe Sache: auf den ausländischen Schiffen eine Trauerfeier und im Geäst der Bäume jubelnde Kinder. Alle Araber schienen begriffen zu haben, daß der Tod des Pharao den Tod der Umma anzeigte.

Das Volk, welches mir der Erde am nächsten schien, dem Lehm, dessen Farbe es hatte, jenes, dessen Handflächen, dessen Finger die Dinge am irdischsten berührten, kam mir gleichzeitig vor, wie das nebelhafteste, am wenigsten existierende. Seine Taten waren eher die Stümpfe von Taten. Schon die eine Geste – diejenige, die ein Papst in Weiß, aus seinem Luxusflieger herabsteigend, lächerlich vollführt, nach den Luftlöchern und seinen Ängsten den festen Boden wieder betretend, welchen er küßt – diese Geste des Fedajin, auf die gleiche Weise die Erde Palästinas küssend, in Israel ankommend seine erste Handlung, obwohl seine Gegenwart durch die elektrischen, elektromagnetischen, unvermittelt phosphoreszierenden, infraroten Alarmsysteme, die erlauben, in tiefster Nacht Konturen auszumachen, sowie andere geheime Schutzvorrichtungen, längst bekannt war, anstatt aufzupassen, anzulegen, zu zielen, als Mörder zu sterben, fixierte eine israelische Salve ihn endgültig als kauernden, den Boden küssenden Papst.

Aber manchmal, wenn die Helden gegen Abend an den Jordan zogen, sah ich sie bereits als Stadträte, Bürgermeister, Abgeordnete zurückkehren und mit der Kühnheit aufbrechen, ihren eigenen Heldenmut zu begründen, illustriert durch ihren Tod nahe den Felsen. Diese da küßten den Boden nicht. Sie kamen wieder herauf vom Jordan, Statuen auf ihren gußeisernen Pferden.

Wie die Sabras den Gleichschritt beherrschend, haben die Falangisten den gestählten Oberschenkel und den Blick.
Wir sind im September 1982 in Beirut.
Die Fedajin haben sich aufgelöst.
Die Frauen faulenzen.
Die Eisenbahnlinie Damaskus-Hedjaz, jene, die über Deraa führt und welche Lawrence ziemlich oft hat hochgehen lassen, ist, auf schmalem Gleis, sagte man mir, wieder instandgesetzt. Die Frau des englischen Botschafters hat die Einweihungsfahrt Amman-Mekka vollzogen.
So behende wie ich es nur sein kann, oder vielmehr die Beförderungsmittel es geworden waren – Flugzeuge, Züge, Schiffe, Autos, Hubschrauber – und problemlos zu Reisegeld gekommen, ruhte der Tote in meinem Inneren, der ich seit langem war. Was mich erstaunt, war die Reglosigkeit dieses Toten in mir, ich selbst derjenige seiend, trotz der Luftlöcher, überstürzten Abreisen, hohen Wellen, Eselsrücken, Propellerschäden, alles bewegte sich voller Stöße, indem es mich bewegte, so als wäre ich lediglich ein Paket und dennoch ein menschliches Wesen, meinen Namen und mein Grab tragend, ein Paket und ein Toter, die aßen, sahen, lachten, pfiffen, ins Blaue hinein liebten. Um mich herum, ich selber ruhte in mir, wurde die Welt, so schien es, sicher, gewesen zu sein.
Die Erinnerungen, die ich berichte, sind vielleicht die Ornamente, mit denen man noch meinen Leichnam schmückt, das was ich schrieb, konnte niemandem dienen, dem sicherlich von der katholischen Kirche getöteten Kadaver meiner selbst jedoch erwies das Heidentum überaus zärt-

lich die Ehre. »Warum von dieser Revolution sprechen?« Auch sie ähnelte einer langwierigen Bestattung, deren Trauerzug ich weiter und weiter gefolgt bin. Die dicht aufeinanderfolgenden Märsche, ich habe sie in Jordanien im Jahr 1970, 71, selbst 72 unternommen. Mit sechzig Jahren waren meine Hände und meine Füße wieder leicht geworden, meine Finger in der Lage, ein Büschel Gras an der Böschung zu ergreifen, mit meinem Körper, den ich ohne Schwere wollte, die Unverläßlichkeit des Kiesels auszugleichen, auf dem mein Fuß Halt nahm. Und *dank der Zerreißbarkeit des Grasbüschels* zog ich mich hinauf. Ich kletterte ebenso schnell wie die Fedajin, deren ausgestreckte Hand ich, das abgeholzte Plateau erreichend, von dem aus man Jericho sah, ablehnte.
»Komm, schnell, das da sind die Lichter von Jericho.«
Abu X..., der schneller als ich gesprungen war, zeigte mir oberhalb der Schlucht, durch die der Jordan fließt, die Lichter, von denen sich ein paar bewegten.
»Dort bin ich geboren.«
Seine Erregung verdiente mein Schweigen. Später erst wußte ich, daß man Ajloun gegenüber nachts nur diese Lichter sehen kann, jene von Naplus.

Erinnern Sie sich an Omar, den jungen Fedajin, der mir die Art propalästinensischer Vorlesung der Bäuerin aus Ajloun auf Französisch übersetzte? Er war der Sohn des früheren osmanischen, zur Familie der Naboulsi gehörenden Offiziers. Ich sah ihn in Deraa wieder. Ziemlich unhöflich, es war nicht sein Vater, nach dessen Befinden ich mich erkundigte, sondern Ferrajs.
»Jetzt, wo er geheiratet hat, finde ich ihn weniger marxistisch.«
»Seine Frau ist Palästinenserin?«

»Sicher doch. Was die Frauen angeht, war er Internationalist; was die Wahl einer Braut anbelangt, fähig ihm Söhne zu schenken, ist er wie wir alle, von einem krankhaften, weil eben arabischen Patriotismus.«
Aber erinnert man sich noch an Ferraj, den verantwortlichen Fedajin, der mein bevorzugter – begünstigter? – Gesprächspartner während meiner ersten Nacht in Ajloun wurde? Dennoch war es, Omar begegnend, nicht Ferraj, an den ich während der Unterhaltung dachte, sondern der schwarze Unteroffizier, Palästinenser, aber schwarz, der mir vor Ablauf des Ramadan ein Abendessen brachte und meine Reste zwei Kämpfern überließ. Dieser Mann und sein Verhalten hatten ein Unbehagen in mir hinterlassen, einen Brechreiz, dessen ich mich nicht entheben konnte. Ich beschrieb Omar die Szene.
»Abu Taleb ist tot, getötet zweifellos durch eine jordanische Kugel. Damit der Geist Abu Taleb sich nicht überträgt, werden wir die Revolution machen.«
»Welcher Zusamenhang?«
»Er war Enkel oder Urenkel eines sudanesischen Sklaven. Die Fatah machte aus ihm einen Unteroffizier mit Befehlsgewalt, stets auf die Riten bedachter Muslim, durfte er erst nach Mondaufgang essen. Für ihn, selbst mit Dienstgrad von Sklaven abstammend, warst du der Gast. Du mußtest als erster versorgt werden, also als einziger. Nach dir teilten sich die einfachen Fedajin die Reste deines Essens.«
»Für ihn waren die Fedajin Diener?«
»Es hatte etwas davon. Sie waren Diener, da er sie befehligte. Im übrigen, aber das hast du nicht gewußt, hat dieses winzige Ereignis Nachwirkungen auf dem Stützpunkt gehabt. Die beiden Fedajin, die nach dir aßen, durchschauten deine Verlegenheit. Sie drängelten Abu Taleb ein wenig, der darin Rassismus erblickte.«

»Der Rassismus existiert in der Fatah?«
»In dieser Form nicht. Theoretisch machen wir keinerlei Unterschied zwischen der Hautfarbe, der Religion, noch der sozialen Herkunft, solange wir Fedajin sind, doch bevor wir es wurden, welche Erziehung haben wir erhalten? Mein Vater betrachtet sich als Aristokraten, mein Bruder in Deutschland auch ...«
In diesem Augenblick begriff ich meine Taktlosigkeit.
»Wie geht es deinem Vater?«
»Für einen Greis geht es ihm gut. Er lebt weiterhin in seiner eigenen Welt.«
»Du willst sagen?«
»In der Nacht seines Geburtstages hast du dir ein Bild davon machen können, daß er sich im Stil des alten Frankreich sieht, Gesandter Frankreichs, Fackel der Welt, beim Großen Türken. Seiner Welt.«
»Er mag Loti. Nun, von M. Mustaphas Frauen konnte ich nichts wissen, da ich ihrer Existenz keine Beachtung schenkte, während er sie so oft ins Gespräch brachte, daß ich den Eindruck bekam, er bediente sich ihrer als eines Schildes, einer kugelsicheren Weste. Er befürchtete sicher kein Attentat, indem er jedoch eine Verwundung durchblicken ließ, wies er mich durch die Beharrlichkeit, sie zu verbergen, gezielt auf sie hin.«
»Weil er mehr oder weniger in seiner Generation war, und vor allem Marineoffizier. Mein Vater hat Atatürk gekannt, Inönü, Hitler, Ribbentrop, Franchet d'Esperey, Lyautey. Er wird in seinen Vorstellungen sterben. Du hast ein paar davon mitbekommen: ›die Felstreppen der Levante‹, ›das christliche Abendland‹, ›die Tugendhaftigkeit der Einfachen‹, die er im Sinne der Tugendhaftigkeit der Einfachen im Geiste benutzt, wenn er über die Kellner im Café spricht, ›die Alexandrinische Schule‹, ›der Säbel des Is-

lam‹ um Napoleon zu charakterisieren … ›die Seidenstraßen‹.«
»Alles in allem ist dein Vater dir herzlich egal.«
»Voll und ganz. Als du mich gesehen hast, da hast du von Feraj und von Abu Taleb geredet, nicht von meinem Alten. Feraj wußte ich, Abu Taleb jedoch?«
»Was wußtest du von Feraj?«
»Am ersten Abend, als du ihn gesehen hast, hast du nur zu ihm gesprochen, nur für ihn. Er hat es mir erzählt.«
»Belustigt, sicher doch?«
Omar zögerte, dann, seinen Blick fest auf meinen gerichtet: »Vermutlich ein bißchen. Berührt auch. Es muß alles sehr schnell gehen, wenn der Tod hinter einem her ist, ihr habt euch eine ganze Nacht lang sehr gemocht, nur indem ihr eure Ansichten und eure Spötteleien ausgetauscht habt, er wird sich immer daran erinnern.«
Diese, an sich unreflektierte Erklärung Omars, daß der Rassismus sich in der Fatah fortsetzte, subtil und fein verborgen durch betonte Empfindlichkeiten, zerstreute für einen Augenblick das begründete Unwohlsein, als ich diesem Abendessen nachsann.
Sogleich erschien mir das Wort Rassismus in ungewohntem Licht, es erschien mir wahrhaftig, mit einem Mal nichtssagend und verheerend, und in dem Maße verheerender, in dem es nichtssagend wurde; Madame G… wohnt noch in der Avenue Foch in Paris. Während des Algerienkrieges verteidigte diese reiche Frau die Algerier mit großer Überzeugung. Selbst die Terroristen bewegten sie.
»Das schlimmste Unrecht, das wir ihnen antun, ist zu erwägen, daß sie anders sind, weil sie andere Sitten haben. Die Engländer fahren auf der verkehrten Seite, verkehrte Seite für uns Franzosen (ich weiß noch, daß sie nie vergaß, an ihre Zugehörigkeit zu diesem Land zu erinnern).«

Eine andere Dame, provinzieller als die oben genannte, in der Annahme, weiter zu gehen …
»Ich bin Jüdin. Ich weiß, was Rassismus ist. Trotz der feierlichen Erklärungen des II. Vatikanums halten die Christen uns weiterhin für Gottesmörder. Die Christenheit wird dem Islam nicht verzeihen, mit ihr zu wetteifern, vor allem in Afrika. Und in Asien. Aller Rassismus ist verurteilungswürdig.«
Doch die wahren Damen sind höchstwahrscheinlich diese, die vor jedwedem anderen Wort mit Vorliebe Asiat aussprechen … Mit einem Mal scheint darauf hingewiesen, daß sie Montesquieu gelesen haben, dank dessen eine Prise Aristokratie sie in jene Gewässer des Geistes trägt, die keinerlei Alter mehr kennen, gleichzeitig klingt das Wort Asiat wie Eroberungszug gegen die Hunnen, die Goldene Horde; und selbst die Rikschas. Mademoiselle de B… sagte Asiat.
»Der Islam, das ist noch nichts, sie aber haben uns, fünf Jahrhunderte vor Christus, Buddha gesandt. Wie sich mit diesem Wort vom Barbaren abfinden, um sie zu kennzeichnen? Und jenem vom Rassismus? Und dem Gedanken des Rassismus?«

Nun, Madame G… ist verheiratet mit einem französischen, aus Algerien vertriebenen Großeigentümer. Der Vater der Provinziellen, ein Divisionsgeneral, hat seine Jahre der Befehlsgewalt in den Kolonien absolviert. Die Familie von Mademoiselle de B… besaß, vor der Unabhängigkeit Vietnams, Tausende von Hektar in Indochina. Und gerade diese letzte, von der ich rede, war wirklich sehr nett zu allen Menschen der Dritten Welt, überaus demokratisch stellte sie den indischen Diener auf einen Fuß mit dem Maharadscha.

Keine dieser drei Damen kannte sich untereinander, in der Definition von Rassismus jedoch vergaßen alle einen Schluß: die Verachtung, und das, was von ihr herrührt. Omar, dem ich die drei Beispiele berichtete, sagte mir:
»Du erstaunst mich nicht. Hier (Deraa liegt in Syrien, er aber wollte Jordanien sagen) benutzen die Jordanier, Arme wie Milliardäre, das portugiesische Wort *Compradores*. Keiner lädt den Compradores, die wir alle sind, die Unsäglichkeiten der arabischen Welt auf, jedoch dem Wort selbst. Das Wort ist ehrabschneiderisch geworden, und wir weisen es von uns, fort zu den übrigen undefinierten. Deine französischen Damen haben ein Trio gebildet, um eine Definition des Rassismus zu geben, der die Verachtung abgenommen ist. Wenn nicht, wo wären die Folgen für sie. Wenn Rassist jeden Menschen bezeichnet, der im geknechteten Menschen einen Untermenschen sieht, den er verachten kann, wird er ihn immer weiter verachten, schließlich immer weiter ausbeuten, um ihn tiefer zu verachten und zu unterjochen, und so bis ins Unendliche.«
Omar wurde von den syrischen Soldaten in Tell Zaatar getötet. Der letzte Satz, den er mir überließ, war ungefähr dieser:
»Insgesamt, ohne einander zu kennen, spalteten sich deine drei französischen Damen in mehrere auf, eine letztendlich doch simple Idee auszubuddeln, bei der allerdings der Vorteil den Mißgriff entschuldigt, und durch diese, ihnen selbst unbekannte Übereinstimmung verknotete sich die eine mit der anderen: in drei unterschiedlichen Lebensaltern die Weigerung, das verbotene Wort auszusprechen.«

Eine überhebliche Antwort wird das Vergnügen, dem man nachspürt, niemals verwischen. Als ich mit Mubarak zusammen war, ich habe ihm ordentlich eine Fresse gezogen, wälzte er sich sogar aufrecht stehend in meiner Verärgerung. Er lachte, es war ein Lachen aus tiefster Kehle, das mich an jenes von Samia Solh, die Aufmerksamkeit auf ihr Venushalsband lenkend, erinnerte.

»Auch ich kenne die französische Literatur. Sogar die Surrealisten: Baudelaire, Vigny, Musset, und damit gebe ich weiter.«

Eine solche Dreistigkeit genierte mich nicht. Hinter dem Offizier erblickte ich, hocherfreut, den Gauner. Ich frage mich sogar jetzt noch, ob er seine Prüfungen nicht einzig durch die Anmut seiner Irrtümer bestanden hat. Er sollte doch ein paar Kniffe kennen.

»Hast du den Eindruck, daß der Rassismus unter den Palästinensern verbreitet ist? Du bist schwarz ...«

»Sicher.«

»Sicher was?«

»Es gibt hier Rassismus. Und ich bin schwarz, aber sauber, meine Fingernägel zum Beispiel sind rosa, und deine, nie gebürstet, schwarz, ihr sagt mit Trauerrändern, jedoch von einem anderen Schwarz als meine Fresse. Da hast du, was los ist in Bezug auf den Rassismus. Die meisten palästinensischen Offiziere sind hellhäutig, sie haben ihre Wissenschaft von der seriösen Kriegsführung entdeckt. Es liegt auf der Hand, daß ich sie in Europa mitbekommen habe, da sich Afrika für sie in völliger Wildheit befindet. In ihren Augen müßte ich mit meinen Reißzähnen gegen das lebendige Fleisch kämpfen. Außer im Maghreb.«

»Bist du seit langem Muslim?«

»Ich, seit meiner Geburt, und ich bin beschnitten, willst du ein Auge werfen? Einer meiner Urgroßväter war Animist. Meine Familie setzt sich aus drei Teilen zusammen: Muslime, Animisten, Christen. Drei Teile, die einander verachten.«

»Alle so schwarz wie du?«

»Ungefähr.«

Ich schilderte ihm den Zwischenfall des von Abu Taleb eingefädelten Abendessens. Er überlegte ein wenig, aber nicht sehr: »Fragst du dich, warum ich versuche, dich kennenzulernen und so oft mit dir zu reden?«

»Nein.«

»Weil ich dich beunruhige. Und du bist der einzige hier. Den anderen Offizieren bin ich suspekt und für die Fedajin ein Neger.«

»Keiner verachtet dich?«

»Ich habe fast gar keine Existenz für sie. Willst du ein Geständnis: sie ist uns allein durch die Intelligenz verwehrt. Wir kennen unser Dasein nur durch die Beunruhigung, die wir in euch hervorrufen. Du gehörst zu ›denjenigen welche‹. Du kennst sie, die Natur dieser Beunruhigung.«

»Abu Taleb hat mich nie beunruhigt.«

»Wenn er sudanesischer Abstammung war, war er vielleicht empfindlich. Indem er dich bevorzugte, rächte er sich auf gewisse Weise für die kleinen Grausamkeiten der hellhäutigen Fedajin und meinte, dir zu danken. Aber komm mir nicht mehr mit meiner Hautfarbe. Daß ich verstöre, liegt an ihr und an meinen Muskeln, ich habe es gern zu beunruhigen, noch lieber habe ich es allerdings, wenn nichts geredet wird. Bist du glücklich darüber, bei den Palästinensern zu sein?«

»Sehr.«

»Die israelischen Soldaten sind jung. Wärest du glücklich mit Tsahal? Ich vermute, daß sie sehr nett zu dir wären, wenn du zu ihnen gingest.«

»Selbst wenn du mich weiß findest, ich bin wie du, ich habe es lieber, daß nichts geredet wird.«
Wir haben häufig Schlußfolgerungen gestreift, relativ einfache, einleuchtende Entdeckungen, sie uns indessen, auf die gleiche Weise, wie man nachts einem Abgrund entgeht, sich darüber wundernd, wenn die Sonne aufgeht, gerade noch erspart. So etwa in Amman, in der Nähe des Büros für palästinensische Forschungen, die Art und Weise, auf die ein Fedajin mit seiner geöffneten Hand die Blume umfing, die ihm ein Franzose spielerisch zwischen Mütze und Ohr gesteckt hatte. Ich hatte eine Offenbarung, daß der Kampf der Palästinenser von der Bewahrung einer Grille begleitet war, und daß genau dieser Umstand ihnen Schmerz zufügen würde, ich sah darin weder Schwäche noch Kraft, *da* wußte ich, daß alles verloren sein würde. Schon das Wickeln des Sari hatte mich, in Nepal, allerdings noch gesehen in einem durchscheinenden Spiegel, zu einer Wahrheit erweckt, und diese Wahrheit klärte sich, als ein Pakistani in einem Dampfbad in Karachi vor meinen Augen eine lange weiße Bahn aus Leinenstoff abrollte, ich begriff die Gewißheit, die mich gestreift hatte: hier ist das Gewand Christi, von dem man mir so viel erzählte, der Rock ohne Naht. Da ich lediglich meiner eigenen nachsann, sprang mir die Einsamkeit Mubaraks gewissermaßen an die Gurgel. Wenn er seine Hautfarbe und seine rituellen Narben mit Hochmut trug, dann nur weil sie hier das Zeichen einer Einzigartigkeit waren, seiner Einsamkeit also, die bestenfalls in meiner Nähe etwas nachließ.
»Du kannst nicht wissen, wie sehr sie mich ankotzen mit ihrer Revolution, die ihnen das Häuschen, das Gärtchen, die kleinen Blumentöpfe, den kleinen, von den israelischen Schaufel- und Trockenbaggern längst zu Pulver zermahlenen Friedhof zurückbringen soll.«

Meine Unterredungen mit Omar und Mubarak habe ich nicht buchstabengetreu rekonstruiert, unter Zuhilfenahme einiger Notizen, und mehr noch von Erinnerungen, habe ich versucht, den Klang ihrer Stimmen und die Kontur ihres Schattenrisses wiederzugeben, aber ich weiß nicht mehr, ob die Männer, die ich zu beschreiben versuche, so zu Ihnen sprechen, wie sie zu mir gesprochen haben.

Nur eine Erinnerung: Eine junge arabische Krankenschwester im Bereitschaftsdienst wachte in dem winzigen, in Gaza-Camp eingerichteten Krankenhaus. In dem einzigen Zimmer für Kranke und Arzt gab es acht Betten. Doktor Dieter schlief in dem einem, im zweiten ein deutscher Pfleger, ein drittes war einem akut Erkrankten oder einem durchkommenden Reisenden vorbehalten, weswegen ich oft darin schlief. Ab und an belegte Nabila das Bett neben meinem. Man kann sich vorstellen, um was es sich bei diesen Betten in einer Landklinik handelte, die eher Krankenbahren ähnelten. Die übrigen Betten, belegt von drei oder vier Schwerverwundeten, waren gegenüber aufgereiht, und am Ende des Saales befand sich eine Art von vier Decken verhängter, riesiger Alkoven, oder vielmehr ein Himmelbett, drei waren miteinander vernäht, so daß sie drei Wandungen bildeten – die vierte war die Wand selbst, sowie eine Decke, welche als Dach, wenn man so will als Baldachin diente. Es war üblich, daß alle sich duzten – außer man sprach englisch selbstverständlich, wenn ich jedoch dort war, sprachen Nabila, Doktor Dieter, der deutsche Pfleger, die deutsche Krankenschwester, Alfredo französisch. Von Zeit zu Zeit wurde eine Präzisierung auf Deutsch, Englisch, Arabisch hinzugefügt. Dieters deutsche Krankenschwester lernte Arabisch. Sie kam etwa 1969 nach Jordanien. Jeden Morgen als erste auf den Beinen, war sie bereits im Sprechzimmer, teilte ziemlich ungefährliche Beruhigungsmittel an all die Kranken des Lagers aus: Aspirintabletten, Hustensäfte, Salben ... Daraufhin kam Doktor Dieter in die Sprechstunde. Er setzte, allerdings unter Schwierigkeiten, unter ihnen und ihren Offizieren durch, daß die leichter verwundeten Fedajin nach den schwerkranken Zivilisten drankamen.

Wir schliefen folgendermaßen: die Schuhe ausgezogen, behielten wir unsere Kleider an, wir legten uns mit einer oder zwei Decken auf die Feldbetten. Männer und Frauen schliefen auf die gleiche Weise, bis auf die deutsche Schwester, die uns abends, ihr Geschirr abgewaschen, ihr Arabisch-Lehrbuch geschlossen, auf Deutsch Guten Abend wünschte und in den Alkoven schlüpfte, unter den Baldachin, von dem ich sprach. Niemand stellte Fragen, wahrscheinlich weil alle außer mir es erraten hatten. Ich sagte zu Dieter:

»Aber warum dieses Theater, warum dieses Monument?«

Er antwortete mir mit leiser Stimme:

»Sie betet. Sie ist eine Nonne, welche die Erlaubnis hat, die Tracht ihres Ordens nicht zu tragen. Sie holt sie zum Beten und Schlafen hervor.«

Diese Praktiken erschienen mir seltsam, ich verglich sie mit den, durch den Häuptling an die Würdenträger des Pseudo-Stammes vergebenen Küssen.

»Sie betet.«

»Du warst nicht hier vor zehn Tagen. Mitten in der Nacht stieß sie einen fürchterlichen Schrei aus. Sie hat uns erzählt: sie schlief noch nicht und ihre Hand hing aus dem Bett, sehr nah am Boden, wie du weißt, und ihre Finger haben eine Kugel aus Haar berührt, die sich bewegte. Sie hat gekreischt.«

»Träumte sie?«

»Es war der Kopf eines Kranken, der auf allen Vieren herangekrochen war, mitten in der Nacht ...«
»Um sie zu vergewaltigen?«
»Sie nimmt jeden Abend die beiden Fläschchen mit 90prozentigem Alkohol aus der Schwesternstation mit. Zuerst hat sie die Fläschchen unter Verschluß getan. Die Verwundeten haben den Schrank dennoch geöffnet, am anderen Tag waren sie leer und die noch betrunkenen Soldaten kaum zu wecken. Seitdem nahm sie sie mit in ihre Kammer, das, was sie ihre Kammer nennt.«
»Und nach der Nacht des Gekreischs?«
»Der politische Verantwortliche des Lagers kommt jeden Abend, die beiden Fläschchen abzuholen. Er ist ein sehr strenger Muslim. Er trinkt nicht.«
Die ehrwürdige Schwester war nicht bloß den alltäglichen Sorgen sehr ergeben, sondern sie begleitete Doktor Dieter, als er aufbrach, sich um die zusammengeschlagenen Palästinenser im Lager von Baqa zu kümmern. Weil sie die palästinensische Bevölkerung versorgte, wurde sie beschimpft, geohrfeigt und schließlich in Amman eingesperrt. Der Botschafter Westdeutschlands setzte ihre Rückkehr in ihr Kloster in München durch.
Niemand dachte, daß der Widerstand tödlich getroffen war, doch begriffen wir anhand gewisser Hinweise, daß er viel Blut verloren hatte. Man ermittelte es an den langen Reihen von Kranken ohne nachweisbare Verletzungen, die nur ins Hospital kamen, herauszufinden, daß sie lediglich Bedarf nach einer Pastille hatten, um wieder zu Eroberern zu werden. Ein einfacher, durch Dieter erteilter Ratschlag genügte mitunter:
»Bleib nicht zu lange liegen. Geh spazieren.«
Niemand zeigte andere Symptome als eine große Entmutigung.

»Die selben Dinge sah ich, als ich Biafra verlassen habe«, sagte er mir.
Eines Morgens, vor meiner Abreise, sagte mir die deutsche Krankenschwester, von Lachen geschüttelt:
»Schau, wie sie sich angestellt haben: zuerst haben sie meinen Fingerhut gestohlen, sie haben ihn mit 90prozentigem Alkohol gefüllt, und ein jeder trank den Inhalt des Hütchens. Stets überaus egalitär. Und am nächsten Morgen sind sie alle besoffen wie die Stinte.«
Sie lachte noch immer.
»Erlegt deine Ordensregel dir bestimmte Stoffe auf, bestimmte Farben?«
»Immer Schwarz, doch empfiehlt sie allgemein das Dunkle. Sie verlangt nur eine Sache, flache Absätze. Und darin hat der Orden recht, mit flachen Absätzen sind wir wirklich Dienerinnen.«
»Hast du jemals Schuhe mit hohen Absätzen getragen?«
»Gewiß.«
»Wann?«
»Ah Mon Dieu! im Kloster, vor dem Monsignore. In einem Stück, ich war Maria-Magdalena, und so hoch auf meinen Absätzen bekam ich einen Schwindelanfall. Ich konnte weder sprechen noch mich bewegen. Jesus sah meine Verwirrung, er sandte mir einen Stuhl. Glücklicherweise, ich habe geglaubt, ich würde sterben.«

Über den Tod von Abu Omar ist bis auf dies hier, welches ungesichert bleibt, nichts Genaues bekannt: um sich nach Tripolis zu retten, mieteten er und acht weitere Soldaten ein Fischerboot. Der ersten Darstellung zufolge erwischte sie ein syrischer Vorposten auf einem nicht bekannten Längengrad auf hoher See; nach Damaskus ins Gefängnis verbracht, wurden sie abgeknallt; die andere Version besagt, das Boot wurde durch eine syrische Haubitze versenkt, so daß sie in derselben Nacht starben, ertrunken. Oder weiter: die Syrer machten sie zu Gefangenen und übergaben sie den Falangisten, welche sie töteten. Mehrere Dinge überraschen: die Unterschiedlichkeit der Darstellungen, das Fehlen von Zeugenaussagen, das Schweigen; in der Tat, schien es mir, auch die gedrückte Stimmung der Verantwortlichen. Er und acht Männer, also neun. Der wahre Name Abu Omars ist bekannt, Hannah. So wie der El Cids im Gedächtnis bleibt, ist der des Aussätzigen für immer vergessen, obwohl wir ihm die ausreichend erscheinende Majuskel verleihen, um seiner Identität Genüge zu tun. Derjenige Gegenstand gewesen zu sein, der dem Campeador erlaubte, seine Seelengröße zu zeigen, indem er einen Kuß verschenkte, dessen Saugkraft widerhallte, durchzog die Geschichte, das klassische Theater, die Poesie, den Roman, kam auf die Schulkinder unserer Zeit, verdient kein »noch länger«. Die palästinensische Revolution ist voll von Namenlosen, die sie gemacht haben, und diese da haben keine Gelegenheit mehr, sie anzuschnauzen, wir, ihre Gesichter vergessend, ihre gescheuchten Namen, hören auf, ihre Handlungen zu kommentieren. Ein paar Taten bleiben, die sie zu Helden machten. Es ist nicht ausgeschlossen, daß diese Handlungen eines Tages anderen zugeschrieben werden. Die Entscheidung, mitten im Krieg die Verbindung von Beirut nach Tripolis durch schwarze See und finstere Nacht zu suchen, dabei von Maschinenpistolen durchlöchert zu sterben, dies alles wird vielleicht einen Soldaten zieren, der vor zwanzig Jahren lebte oder der in dreißig sterben wird. Ich kannte Abu

Omar auf diese Weise: nachdem ich ihm durchtelefoniert hatte, daß ich auf der Route von Deraa nach Amman komme, hieß er mich willkommen und vereinbarte für den nächsten Tag ein Treffen in der Lobby des Hotels Jordan mit mir. Ich traf ein, als er aus seinem Zimmer herabschwebte.
»Kommen Sie auf einen Kaffee mit mir.«
Die Bar war geschlossen.
»Das hatte ich vergessen, der Monat des Ramadan beginnt heute morgen. Wohin gehen wir Kaffee trinken?«
Sein Erstaunen machte mir bewußt, daß er Christ war. Ein palästinensischer Christ. Möge die Reihenfolge dieser beiden Wörter nie vertauscht werden. Der letzte Satz, den ich von ihm behalten sollte:
»Als die Syrer im Libanon einmarschierten, lieferten wir, die Palästinenser, ihnen den Krieg.«
Bei der äußerst schwierigen Einnahme von Tell Zaatar durch die Syrer seien sie durch israelische Spezialisten beraten, auf jeden Fall beobachtet worden. Das Vorrücken der syrischen Armeeverbände im Libanon wurde verzögert, jedoch nicht gestoppt. Sie nahmen Saida ein. Zum letzten Mal erschien hier die Persönlichkeit Abu Omars in hellem Tageslicht, und vielleicht war er – und andere Verantwortliche mit ihm, allen voran Arafat – hinter die syrische Intrige gekommen.
Hier was mir Mubarak sagte, nachdem ich zum ersten Mal ein wenig länger mit ihm geplaudert hatte:
»All seine revolutionären Aktivitäten zersetzen sich zu Analysen revolutionärer Daseinsberechtigungen, und, wenn man sie erreicht, einzunehmender Haltungen. Bei ihm hatte ich den Eindruck, nichts als das provisorische Sammelbecken seiner intellektuellen Umtriebe zu sein. Das ist eine, und sicher vorübergehende Seite an ihm, die an-

dere war seine Tätigkeit mit Arafat und den anderen Verantwortlichen des C.C.O.L.P.*«
Er war es, hat man mir erzählt, oder, anderen Stimmen zufolge, Abu Moussa allein, der vorschlug, die syrischen Panzerverbände in aller Höflichkeit nach Saida zu geleiten, ins Herz der Stadt und bis in die Kaserne, deren Hof für sie vorbereitet war. Herzlich empfangen durch die Truppen der Fedajin, erstaunt, wenn auch bezaubert, wurden Panzer und Mannschaften bis in die Kaserne gesteuert. Als ungefähr sechsunddreißig Panzer aufgereiht und die Mannschaften im Begriff waren, von den Drehtürmen abzuspringen, flogen die Panzer in die Luft und die Panzersoldaten mit ihnen.
»Splendid isolation«, die Redensart an und für sich kennzeichnet und beschreibt das Vereinigte Königreich wunderbar, sie drängte sich auf, wenn man von der palästinensischen Revolution im Lauf der Jahre 1970–71–72–73 sprach. Was wir durch die Zeitungen und Radiostationen von ihr erfuhren, waren emphatische, merkwürdige, zynische, bewegende Erzählungen, schließlich jedoch dazu bestimmte Erzählungen, Israel, Hussein, die westliche Demokratie zu unterstützen, kaum aber die PLO. Man befaßte sich mit ihr, eher, müßte man sagen, beschäftigte sie die Augen der wenigen Leser ein bißchen, als lebendiger Organismus aber entwickelte sich die Revolution, trotz der abwägenden Unterstützung der Sowjetunion, Chinas, des Algerien Boumediennes, des anscheinenden Trosts der arabischen Staaten, von allein – ausgenommen die finanzielle Hilfe König Faisals von Arabien, ausgenommen die Aufopferung der Ärzte, Pfleger, Rechtsberater, Anwälte aus aller Welt, die allermeisten mittels geraubter Zeit, ich

* Zentralkomitee der Befreiungsorganisation Palästinas.

entsinne mich der Lieferung verfallener, abgestandener Medikamente, Pulver ohne Heilwirkung, nutzloser Geschenke, mitunter gefährlich, lächerlich, lästig, »Arzneimittel«, welche die augenzwinkernden Apotheker dem palästinensischen Roten Halbmond* überließen. Inmitten dieses Durcheinanders blieb die Revolution isoliert, der gesamte Leib, mit seinen fast unsichtbaren inneren Organen, Leib, der keine Vereinigung der Körper der Palästinenser, Resultat jedoch der Ereignisse war. Der Kreislauf an sich war langsam, und der Kreislauf des Körpers selbst, von Schlacht zu Schlacht, von militärischer Niederlage zu militärischer Niederlage, von den Zeitungen Europas voller Ironie als »politischer oder diplomatischer Erfolg« bezeichnet, tatsächliche Niederlagen des von Jordanien nach Zisjordanien oder umgekehrt ziehenden Körpers, Syrien durchquerend, den Libanon zu erreichen, unter dem syrischen Einmarsch im Libanon taumelnd, trotz Beirut und Chatila nicht getötet, noch nicht beerdigt im vorderasiatischen Tripolis. Inmitten so vieler Feinde, die ihn töten würden, richtet sich der Körper noch auf. Es gibt eine Archäologie des Widerstandes, der in den 30er Jahren Revolution wurde. Sie war jung. Es fiel übrigens leicht, den Revolutionären zu helfen, es bleibt unmöglich, Palästinenser zu werden: die Isolation ist glänzend, weil sie der eigentliche Charakter dieser Revolution ist. Sich der arabischen Länder bedienend, will Amerika sie ausrotten.
Zwei oder drei Sätze weiter oben erwähnte ich die Invasion des Libanon durch die Syrer im Jahr 1976. Wer erinnert sich daran? An Tell Zaatar? Die Armeeverbände Hafis al-Asads, dem alauitischen Muslim, den der Christ Pierre Gemayel bat, von Damaskus aus die Hänge des Anti-Liba-

* Roter Halbmond = Rotes Kreuz.

non herabzusteigen, vorrückend bis ins glücklicherweise durch einen palästinensischen Hauptmann verteidigte Saida. Dessen Plan wurde dem Vorstand der PLO vorgelegt. Mehrere Straßen, aus dem Norden und Osten kommend, liefen in Richtung Saida zusammen. Alle waren gesperrt bis auf eine, welche die Panzer des syrischen Angriffs, direkt auf die Kaserne zufahrend, nahmen, vor der sie anhielten und, als der letzte Panzer eintraf, alle zur selben Zeit explodierten. Man sagt zwischen zweiunddreißig und sechsunddreißig. Der Plan zur Verteidigung Saidas wurde der PLO durch Abu Omar erläutert. Sein Verfasser bleibt Hauptmann Abu Moussa. Er ist heute Anführer der Dissidenten der Fatah, Freund von Hafis al-Asad. Gegen Arafat.

Gemeinsam mit Mahmoud Hamchari, der am Tag des Staatsstreichs von Hafis al-Asad aus Damaskus zurückkehrte, glaubten wir, daß die in Jordanien eingedrungenen palästinensischen Panzer den Fedajin aufhelfen würden, als, ich erfuhr davon später, die irakischen Panzer die irakische Grenze nutzloserweise überquert und sich am nächsten Tag zurückgezogen hatten. Heute rechtfertigen Damaskus und Bagdad ihre aggressiven Haltungen während eines Tages sowie ihren Rückzug am nächsten Tag mit Hörigkeit gegenüber der Sowjetunion, ebenso wie Hussein dieser Tage seine Kämpfe gegen die Fedajin damit erklärt, daß Israel Jordanien besetzt hat. Noch vor ein paar Tagen stellte ich einem Freund König Husseins die Frage:

»Das stimmt, der König hatte eine Drohbotschaft von Golda Meir erhalten.«

Dieselbe Frage habe ich in jener Epoche einem in Amman eingesetzten Diplomaten gestellt:

»Nie im Leben, der Befehl, die Palästinenser zu bekämpfen, kam aus Washington und aus London.«

Von Amman nach Damaskus, über Deraa, braucht man drei oder vier Stunden Fahrtzeit. Wegen einer Information ging ich ins *Institut Français* in Damaskus, wohin ich, nachdem ich ausgefragt, mir teilnahmslos in die Augen geblickt worden war, durch Reihen von Bullen vordrang; durchschritt dichte Gruppen bärtiger und schnauzbärtiger Reiter auf ihren kleinwüchsigen Pferden. Sie waren Bergbewohner, die aus der Umgebung von Aleppo stammten, einer wie der andere seit langem Anhänger von Hafis al-Asad. Ich sah die übertrieben breiten Steigbügel und die grünen Fahnen des Islam wieder. Das Haus des neuen Präsidenten der Republik befand sich direkt neben dem *Institut Français*. Dort sollte al-Asad eine Ansprache halten. Ich wurde durch den Direktor zurückgehalten, mit ihm zu Mittag zu essen, und Kaffee trinkend plauderten wir ziemlich lange. Ich trat hinaus. Bis auf wenige waren die Reiter verschwunden, doch streifte ich zwei, die ihre Pferde merkwürdigerweise auf das Trottoir gelenkt hatten, auf dem ich ging:

»Was machen Sie denn da? Sind Sie verrückt?«

»Schau einer an, Sie sprechen französisch, wir auch. Wir bringen unsere Pferde vor den Autos in Schutz. So viele haben sie noch nie gesehen. Sie sind außer sich.«

»Wo kommen Sie her?«

»Aus einem Dorf ziemlich weit von Aleppo, aber in dieser Richtung gelegen.«

»Und Sie sprechen Französisch?«

»Ich war französischer Unteroffizier. Ich habe am Aufstand gegen die Drusen teilgenommen, gegen Sultan Attrasch.«

»Und Sie kommen aus den Bergen, um al-Asad zu unterstützen?«

»Gewiß. Er ist ein Alauite wie wir. Zumindest wird er uns die Revolutionäre vom Hals halten.«

»Welche?«
»Die Palästinenser.«
Ich war überwältigt. Ein Gefühl, der Nostalgie ziemlich nahe, zwang mich zur Sympathie für diese beiden Reiter, die ungefähr mein Alter oder ein paar Jahre mehr auf dem Buckel hatten. Die abgenutzten und flachen Steigbügel hingen dicht an meiner Schulter, die Pferde waren klein, und bei den Beinkleidern der Reiter handelte es sich um osmanische Seruals mit breitem Hosenboden. Der eine von beiden fragte mich, weswegen ich nach Damaskus gekommen war. Ich antwortete wahrheitsgemäß auf Arabisch: daß ich mit achtzehn Jahren Soldat in Syrien war und daß ich Aleppo kannte. Im selben Augenblick, beinahe in einem einzigen Satz, stiegen sie ab und umarmten mich. Ich war bereits von einem Taxifahrer in Deraa, der die Palästinenser haßte, gewarnt worden, doch war er nicht vom Pferd gesprungen, mich zu umarmen.
Nicht alle Syrer hegten diesen derart offenen Haß auf die Palästinenser, in Damaskus aber, in Lattaquié, in Homs übernahm kein Mensch mir gegenüber ihre Verteidigung. Selbstverständlich entging die Saika, den Befehlen der syrischen Generäle direkt unterstellt, jeglicher Kritik.
Deutlicher, viel deutlicher als in Jordanien, fühlte ich mich in Syrien wohl. Noch im Jahr 1971 war die osmanische Liebenswürdigkeit nicht verödet. Ich konnte stundenlang mit einem alten Schuhputzer schwatzen, der die Franzosen nicht vergessen hatte. Durch ihn, während er auf seiner kleinen Kiste und ich auf meinen Stuhl sitzen blieb, erfuhr ich die syrische politische Geschichte der vergangenen dreißig Jahre, das heißt, die Geschichte von Staatsstreichen. Das so nahe, gestrenge Jordanien war fern, doch blieb es von Palästinensern durchzogen und bewohnt.
Die Gesichter all der bewaffneten Bauern betrachtend, sah

ich auf Anhieb, daß sie vielleicht insoweit Bauern waren, als sie Pferdeherden besaßen. Sämtliche ihrer Haltungen belegten, daß sie in ihren Bergen Wortführer waren. Die vielfältigen Arten, mit nur einer Hand die Zügel des Pferdes zu halten, das Gewehr bereit zur Fantasia, deuteten weder die weißen Bärte noch Schnurrbärte Sanftmut an. Womöglich fragten sich diese Banditen, wie ich es schaffte, ohne Pferd noch Gewehr zu leben. Die Blicke, vielleicht als sie sich ausklinkten? Ich sah in ihnen keine Krieger, aber kleine Anführer von Banden, auch Al Fatah beherrschte ihre Chefs, mehr als die anderen: halbe Kinder, die im Dunstkreis von Kampf, von Waffen, Plünderungen leben. Mit zwanzig Jahren sind sie sowohl Gangster als auch Helden. Als die Palästinenser die Vereinbarungen unterzeichneten, im Libanon auszuharren, kamen viele von ihnen aus dem Süd-Libanon, einige Tage in Beirut zu verbringen: durchgängig tressierte Barrette, schwarze Lederjacken, Jeans, Springerstiefel, der Oberlippenbart so frisch, so zart, daß ich mich verwundert fragte, ob nicht jeder Soldat in seinem Bündel ein Stäbchen Khol aufbewahrte. Um mich zu grüßen blieben ihre Arme gestreckt, an der Hosennaht, es hob sich lediglich die rechte Hand, so daß die Innenfläche sichtbar wurde. Einige von ihnen verließen Arafat in Jahr 1982 zugunsten Abu Moussas.
Hier nun, wie Abu Moussa oder Abu Omar den Kasernenhof vorbereiteten: Seit man um das Näherrücken der Syrer wußte, vergrub Abu Omar, allerdings sehr flach, mit Zündern versehene Drähte, die ihrerseits wieder mit unsichtbaren Minen verbunden waren, dank des Sandes im Hof, dessen Grundriß, zusammen mit der Anzahl der Panzer die Stellung jedes einzelnen vorbestimmte, so daß sie alle, stählern, gußeisern, zusammen hochgingen, folglich die Armbänder und Uhren, Muskeln, Knorpel. Es hatte ge-

nügt, auf einen Knopf zu drücken oder einen Schutzmechanismus abzuziehen. Die Fedajin und die Anführer zerstreuten sich in die Berge.
Ich gebe diese Erzählung so weiter, wie man sie mir berichtete. Professor Abu Omar war in Stanford Schüler von Kissinger gewesen; er erwies sich als Taktiker. Falls das alles von ihm geplant wurde, so wurde es von Abu Moussa ausgeführt.

Die äußeren Gelenke der gekrümmten Finger, die mit denen man zustößt, wenn die Faust geschlossen ist, diese Gelenke Mubaraks wiesen für gewöhnlich kleine Risse auf – oder Rillen – ein wenig blasser als die obere Hautschicht der Hände, und durch diese, leicht malvenfarbenen Risse, die mir eine so unruhige Menschlichkeit zu vermitteln schienen wie das Herz eines eingeschüchterten Kaninchens, wurde ich viel mehr verwirrt als durch die Erinnerung an Begriffe wie Brüderlichkeit, Antirassismus, Beständigkeit im Unterschied. Wenn ich ihm, fast aus Unachtsamkeit, Ungeschick oder dem insgeheimen Bedürfnis zu sagen, wer ich war, von meinen Anfängen als ausgesetzte Göre erzählte, waren seine Fäuste geschlossen, ballten sich noch mehr, da all die Risse aus den Gelenken verschwanden, so daß sie die Haut der Glieder sehr glatt, schwarz und ohne malvenfarbige Spuren hinterließen. Hatten die Wörter *Öffentliche Fürsorge* ihn berührt? Ich sah ihm nicht ins Gesicht, aber auf seine Finger. Mubarak sagte mir, daß ich einem entfernten, nach Djibouti geflüchteten Mitglied seiner Familie ähnelte. Hier seine Erzählung:
»Bei uns übernimmt, wenn eine junge Negerin unserer Stammesverbände ein Kind ohne Vater hat, der Stamm die Verantwortung. Eure namesischen, madegassischen und

französischen Soldaten, vor allem aber eure Madegassen, ziemlich hellhäutig und ziemlich kupferrot unter ihren flachen und dichten Haaren, vergewaltigten unsere Mädchen, welche die Stämme, zusammen mit dem Kind aus dem Fehltritt, kurzerhand ausstießen, und ihr habt so viele Bälger gemacht, daß Frankreich dort und England hier (im Sudan wollte er sagen) eine verhaßte Organisation ins Leben riefen, eine Art Öffentlicher Fürsorge für doppelt oder dreifach unanerkennbare Bastarde: sie waren Bastarde, Neger, von Mädchen, die durch einen Unteroffizier geschwängert worden waren, in jeder Hinsicht Hurenkinder also, aber gute Schüler. Sie lernten Englisch, Französisch, Deutsch und Arabisch, und ich habe gewußt, daß ich einen verfluchten Cousin hatte, der zusammen mit seiner Mutter nach Djibouti geflüchtet war.«

In Form einer Anekdote, was ich erst später wußte, ahnte Mubarak nicht, daß ich begriff, wenn er, indem er mir das Schicksal seines Verwandten erzählte, Erfahrungen und Einzelheiten aus seinem eigenen Leben preisgab. Dieser Fluch war der seine und der seiner Mutter. Wenn er seinen Vater verdächtigte, Madegasse zu sein, so lag das in erster Linie an seinem dichten Haar, dann an seinem für Augenblicke mehr kupfernen als gußeisernem Teint, schließlich an einer Beleidigung, die nur die Betsibokas betraf. Was die Auswanderung seines Cousins anging, so war es seine eigene gewesen, allerdings in umgekehrter Richtung: von daher auch der Grund für sein exzellentes Französisch. Durch den Leichtsinn seiner Mutter wurde Karthum für ihn selber zum Unglück, er trat in die sudanesische Armee ein, so wie man sich das Leben nimmt. Ich berichte das, weil die Sache der Palästinenser, Kartenspieler ohne Karten, von Horden verteidigt wurde, die in Europa wie Zusammenrottungen von Außenseitern erschienen, ohne echte Identität, ohne ausreichend etablierten juristischen Zusammenhang mit einem anerkannten Staat, vor allem jedoch ohne Land, das ihnen sicher gehörte, dem sie selbst angehörten, ein Territorium, auf dem sich für gewöhnlich Beweise finden: Friedhöfe, Denkmäler für die Toten, Wurzeln der Familiennamen, Legenden und selbst, was ich später erfahren sollte: Strategen und Ideologen.

Was zu tun bin ich hierher gekommen? Wenn es Zufall in der Welt gibt, ist Gott in ihr abwesend, verdanke ich meine Freude am Ufer des Jordan dem Zufall. Der berühmte Würfelwurf hat mich, wohl aus Zufall, hierher gebracht, ist nicht jeder Palästinenser zufällig ein solcher? Ich wurde durch eine Folge von Extravaganzen und auch Neugier hergeführt, ich habe beschlossen, mein eigenes Jubiläum zu begehen. Werde ich Hamza wiedersehen? aber ist es notwendig *für mich*, ihn wiederzusehen? Seine Mutter würde durchsichtig geworden sein, beinahe unsichtbar, würde ich *für mich* mehr von ihr sehen als die Ruinen eines Lebens? Hatten sie und ihr Sohn, ihre Liebe füreinander, meine Liebe zu ihnen, *mir nicht alles über mein Leben gesagt*? Sie hatten die palästinensische Revolution gelebt, wessen sollten sie darüber hinaus bedürfen? Sie hatte sie vollkommen natürlich benutzt. Der Verfasser dieser Erzählung hat sie nicht mehr nötig, ihr Tod wird mich nicht tiefer berühren, sobald ich weiß, daß sie gestorben sind. Abu Omars gescheiterte Fahrt über das Meer brachte mich, trotz der Tragik ihres Endes, nicht durcheinander, sie war zu weit weg, zu erzählt, letztendlich zu geschrieben. Die physischen Verluste, so der von Ferraj, von Mahjoub, Mubarak, Nabila, von denen ich nichts mehr weiß, nie wieder etwas wissen werde, außer daß es sie gab, als ich sie sah, so

wie sie mich sahen, mit mir redeten, sie sind zu weit entfernt, gehört zu werden, zu weit weg oder zu tot, auf jeden Fall verschwunden.
Die Gegenwart ist stets hart. Die Zukunft wird verdächtigt, es noch mehr zu sein. Die Vergangenheit, oder mehr noch die Abwesenheit sind liebenswürdig, und wir leben in der Gegenwart. Die palästinensische Revolution brachte in diese, in Gegenwart durchlebte Welt, eine Süße, die aus der Vergangenheit heraufzudämmern schien, aus der Ferne und vielleicht der Abwesenheit, da die Adjektive, welche sie zu beschreiben versuchen, diese hier sind: ritterlich, zerbrechlich, mutig, heldenhaft, schwärmerisch, ernst, gerissen, durchtrieben. In Europa spricht man nur durch Ziffern. Die Zeitung *Le Monde* umfaßt in ihrer Ausgabe vom 31. Oktober 1985 drei Seiten Finanzinformationen. Die Fedajin zählten noch nicht einmal ihre Toten.
Die Dauer einer Revolution hat ihr Gewicht. Zu dem Elend, 1948, beladen mit wenig Gepäck und vielen Kindern aus Palästina vertrieben worden zu sein, kam der ziemlich frostige Empfang durch Libanesen, Syrer, Jordanier, das Zögern der arabischen Staaten, sämtliche Waffen einzusetzen, die Israel zurückgedrängt, auf jeden Fall eine weniger ungerechte Gebietsaufteilung erlaubt hätten als die durch die UNO im Jahr 1947. Diese arabische Zurückhaltung hatte mehrere Ursachen: zuerst einmal bedrohten die Rebellen den Besitz der Reichtümer, desweiteren waren die arabischen Länder, wie Saudi-Arabien, die Vereinigten Emirate, der Libanon, Syrien, Komplizen Amerikas und Europas. Außerdem legte Israel eine solche militärische und politische Kraft an den Tag, daß es unter der Hand dringend geboten schien, es gleichwertig zu behandeln; warum schließlich eine Bevölkerung unterstützen, die lediglich eine Provinz und nie ein Staat gewesen war:

römische, syrische, osmanische Provinz, Mandatsgebiet Großbritanniens.
Währenddessen blieben infolge des aufsehenerregenden Schachzugs von 1948 allein die palästinensischen Gebiete Territorien Israels, und nur die palästinensische Bevölkerung saß, mehr oder weniger versorgt, in den zuerst »Übergangs-«, dann »Flüchtlings-« genannten Lagern fest, kurz, überwacht durch die arabische Polizei der drei Länder, die sie aufgenommen hatten.
Was den Widerstand am Anfang auslöste, kann ich nicht erklären, man muß feststellen, daß Hunderte von Jahren für die endgültige Vernichtung eines Volkes nicht ausreichen: die Quelle des Aufstands ist möglicherweise verborgen, ebenso dunkel, ebenso unterirdisch wie die des Amazonas. Wo sind die Quellen der Palästinensischen Revolution? Welcher Geograph wird sie suchen? aber ist das Wasser, das aus ihnen entspringt, wahrhaft ungetrübt und, vielleicht, befruchtend?
Gewisse englische Leserinnen sind noch heute Liebhaberinnen der Romaneske. Sie lesen viel. Der palästinensische Widerstand scheint diese ergänzende Funktion erfüllt zu haben: dem gesamten Planeten ein noch lebendes Beispiel ritterlichen Edelmuts zu geben. Wenn man in Jordanien ankam, so auch mit der Hoffnung, Pardaillan zu begegnen.

Die unterschiedlichen Zufälle, aus denen mein Leben zusammengesetzt sein wird, indem es mich der Welt überläßt, gestatten nicht, daß ich sie verändere, ich werde mich damit zufriedengeben, sie zu beobachten, sie, nachdem ich sie entziffert habe, zu beschreiben, und jede Phase meines Lebens würde nur aus dieser leichten Arbeit des Schreibens bestehen, Wahl der Wörter, Streichungen,

Wiederlesen jeder einzelnen Episode, nicht zuverlässig, so wie ein transzendentes Auge sie sehen würde, den Fakten folgend, aber so wie ich sie auswähle, sie interpretiere und ihre Abfolge versichere. Ohne Archivar, Historiker und nichts, was dem ähnelt, zu sein, würde ich mein Leben erzählen, um eine Geschichte der Palästinenser wiederzugeben.
Die Absonderlichkeit meiner Situation erscheint mir inzwischen entweder im Halbprofil, im Profil oder von hinten, weil ich mich, in meinem Alter und in meiner Größe, nie von vorn, aber von hinten oder im Profil wiedersehe, meine Maßstäbe haben sich mir durch die Richtung meiner oder durch die Gesten der Fedajin präzisiert, die Zigarette, die von oben nach unten fuhr, das Feuerzeug von unten nach oben, und die in der Richtung geschriebenen Zeilen, welche meine Größe und meinen Rang in der Gruppe wiedergaben.

Wie in Afrika, sagt man, rücke die Wüste näher, rückte in der ganzen Welt eine Art Wüste der erfinderischen Messerschmieden vor, auf diese Weise, vielleicht, die Hand vom Projektil fernzuhalten, das den Tod verursacht, aber es blieb dieses Funkeln, das Dreieck aus Licht über der Schneide, die Klinge und ihr Weg in den Nuten des Holzgestells der Justiz, das Zeremoniell des anbrechenden Morgens, das Ihre Faszination für die Guillotine befriedigt. In den Romanen las ich, daß gewisse Männer (weil sie bis zum Tod gehen) an der Faszination für einen Frauenblick umkommen. In Châtellerault gibt es noch immer die Vitrine, in der mir ein Messer auffiel, klein genug, Taschenmesser genannt zu werden, das sich öffnete, in dem es langsam, eine nach der anderen, seine Klingen erscheinen ließ, dann, nachdem es, weil dieses Ding sich um sich sel-

ber drehte, jeweils eine Herausforderung nach Norden, nach Westen, nach Süden, nach Osten richtend, alle Richtungen der Stadt bedroht hatte, bedrohte es ohne Eile die Straße, auf der ich mich befand, den Marktstand des Bäkkers und, einige Sekunden später, die Messerschmiede selbst. Jede Klinge – oder was ihren Platz einnahm – hatte ihre Funktion, angefangen von der tödlichen, geeignet, die Brust oder den Rücken, ein ausgewachsenes Männerherz zu treffen, bis hin zum Korkenzieher, dem Öffner der Flasche Rotwein nach dem Sieg. Dieses Ding, dessen Griff aus lackiertem Horn bestand, erschien geschlossen nicht angriffslustig, offen spreizte es sich, ein bedrohtes Stachelschwein würde ihm ähnlich sehen wollen, und wie dieses Messer (miniaturhaftes, provinzielles Kleinod tückischer Bastelei), dieses Taschenmesser mit siebenundvierzig gefährlichen Klingen die palästinensische Revolution beschwor: sämtliche Richtungen bedrohende Miniatur – Ihre Journalisten schrieben Azimute – : Israel, Amerika, die arabischen Monarchien; wie das Taschenmesser aus der Vitrine, drehte sie sich um sich selbst; wie bei ihm dachte kein Mensch daran, sie in Zahlung zu nehmen; aber es scheint, daß die Klingen, bis auf die Zahnstocher, heute verrostet sind. Andere Waffen haben das Rennen gemacht.
So lange sie hitzig, blutig, neues und bewegliches, die tödliche Klinge oder den Korkenzieher ausfahrendes Mehrzwecktaschenmesser war, riß die palästinensische Revolution mich aus Europa und aus Frankreich heraus, war die Operation gelungen; ich will sie endgültig. Aber diese Revolution, was wird aus ihr? Im Augenblick entweicht sie in die einfältige Befriedigung der F.L.N. Algerien träumte vielleicht davon, die islamische Welt durcheinanderzubringen, es erreichte einen Provinzialismus mehr. Die pa-

lästinensischen Anführer scheinen erschöpft. Mehr noch: gelangweilt. Wenn in einigen weiterhin Energie ist, so nur dafür, ihre persönlichen Reichtümer an der Börse zu verfolgen.

Der Besuch, den ich im Juli 1984 in Irbid machte, die Erkundung der Stadt, des Lagers, des Hauses, der Mutter, die ganze glorreiche Vergangenheit Hamzas, war in der Tat Vergangenheit: keinerlei Hochmut, Stolz, Befriedigung war in der Stimme, dem Blick der Mutter übriggeblieben. Ich betrachtete mit Aufmerksamkeit die welke, ganz fein von mikroskopischen, dennoch sichtbaren Falten durchzogene Haut; das verschleierte Auge, falls man es Schleier nennen kann, was ein Auge einer durchscheinenden und lange Zeit über von Sand zerkratzten Glaskugel ähnlich werden läßt, einer Kugel – eher zwei Kugeln – die mich anschauten und mich nicht sahen; die Sommersprossen vermischt mit Altersflecken, die abbröckelnden Reste von Henna in die Schuppen des weißen Haares gehängt oder geklebt; die Hinfälligkeit der modernen und wertlosen Einrichtung, wie mir schien, japanischer Herkunft, durch die das Haus noch ärmlicher wurde. Die fünfzehn vergangenen Jahre bestätigten die Überflutung Jordaniens durch die japanischen Märkte, die miserable Qualität ihrer Werkstätten, bewiesen durch die Schnelligkeit des Verschleißes und die Unbrauchbarkeit der Bruchstücke. Radiogeräte, Fernseher, elektrische Küchenherde, Deckchen mit maschinell gefertigter Spitze, Kühlschrank, Klimaanlage, alles aus Tokio und Osaka exportiert, nichts hatte drei Monate nach dem Kauf noch funktioniert, und alles machte den Ort verwahrlost, der in seiner eigenen Ausschmükkung, den gekalkten Wänden und dem gelb-blauen Tischchen, heiter gewesen war. Jedes Camp verfügte über seine

jungen Leute, doch die Augen hellten sich nicht mehr bei dem Gedanken auf, Jerusalem einzunehmen, dafür bei den langatmigen Erzählungen der Väter, ausgehend von Amman, über Amsterdam, Oslo, Bangkok gezogen, um Jerusalem zu befreien, welche die Abwesenheit stärker zu Veteranen macht als ihre Ruhmestaten. Sah nur ein einziger Palästinenser sich von Vergessen bedroht, fürchtete er es für alle. Schon überflügelten die schiitischen und sunnitischen Mitglieder des islamischen Dshihad sie und stahlen ihnen die fetten Überschriften in den arabischen und europäischen Zeitungen. Das Wort Palästina in einer Titelzeile bewirkte, daß die Zeitung verkauft wurde, weil man auf den Bericht über neue Großtaten hoffte; liest man es heute, so hofft man auf deren Enttäuschung. Die Leser sind stolz auf die Helden, doch begnügen sie sich mit ihrem Untergang.
Wenn eine der Parolen die Rückeroberung Palästinas war, so lautete die andere, die erste ergänzende, die totale Revolution der arabischen Welt, indem sie sämtliche reaktionären Regimes verjagt. Die Verantwortlichen wußten die Leute in den Camps zu überzeugen: sich der Nahrung zu enthalten, um Waffen für einen totalen Krieg zu kaufen. Wo sind die Waffen? Wann die Schlachten gegen die Monarchien, ob parlamentarisch oder royalistisch? Was ist aus dem Geld geworden? Diese oder verwandte Fragen stellen sich mit dermaßen lauter Stimme in den palästinensischen Lagern, daß sie jedes Geräusch zudecken.
»Der Aufstand war jung, auch wir waren es, und wir haben unsere Ziele ohne Mißtrauen zu schnell und zu deutlich genannt, Brecht, der die List zu einer hilfreichen Eigenschaft der Revolutionäre erklärte, hat Recht behalten.«
Soweit die Antwort, die Abu Marouan, Vertreter der PLO in Rabat mir eines Tages gab.

Weder Hamza allein, weder allein seine Schwester und ihr Mann, noch allein die Mutter hatten vermocht, zu Symbolen dieser Revolution zu werden: es liegt für mich auf der Hand, daß es Hamzas, seiner Mutter, dieser Nacht des Kampfes, der Zauberwelt der nahen Waffen bedurfte … Und all das ist ausgelöscht.

Wenn ein Hausfreund sich aus der Wagentür lehnte, war es anscheinend einst üblich, ihn zu begleiten und Taschentücher zu schwenken, doch ist das ein sicherlich verlorengegangener Brauch – und mit ihm jenes Tuch aus Stoff, ersetzt durch ein Stück wohlgeformter Zellulose, genannt Kleenex. Man wußte, daß der Zug den Reisenden gut aufhob und erwartete eine Postkarte von ihm. Wenn ein naher Freund eine Straße oder einen Weg zu Fuß einschlug, blieben seine Gefährten solange stehen, bis seine Silhouette und selbst sein Schatten verschwunden waren, doch blieb er gegenwärtig, und wenn man von seinem Tod, oder nur von den erlittenen Gefahren oder Unglücksfällen erfuhr, bedauerte man einander.

Was mir ein Abweichler aus der Fatah erzählte:
»Historisch, geographisch, politisch haben die Palästinenser sich, nur ihnen selber zufolge, für unbeschadet gehalten, denjenigen zufolge, die im islamischen Universum wie im Universum überhaupt dieses Bild von sich hinterlassen wollen, selbst in alle vier Winde verstreut bilden sie einen unveränderlichen und unteilbaren Block. Historisch: sie sehen in sich die Nachkommenschaft der Philister, das ›vom Meer gekommene Volk‹, das heißt von nirgendwo. Geographisch: begrenzt von zwei Seiten, jener des Meeres und jener der Wüste, war das lange Zeit über ein Volk, welches das Nomadisieren verabscheute. An die

Erde gekettet lebten sie von ihr. Resigniert? Christen unter den letzten Römern erkannten sie den Islam wahrscheinlich ohne viel Aufhebens an, anschließend die osmanische Eroberung. Sie erhoben sich gegen Israel. Das brachte sie zwischen zwei Supermächte und zwei weniger Bedeutsame: Amerika und die Sowjetunion; Israel und Syrien. Politisch: dieses Volk will auf seinem Territorium es selbst sein, unabhängig. Die von Arafat angeführte Revolution mißlingt; Israel wird, dank der amerikanischen Juden, von Amerika verteidigt, vielleicht aber auf Grund der Situation Israels selbst, das die Strategie Amerikas in Richtung Osten ausgezeichnet erspürte. Auch wenn die Palästinenser, nachdem sie sich leichtfüßig vom chinesischen Maoismus genährt haben, inzwischen von der UdSSR unterstützt werden, stellen sie doch keinerlei verläßlichen Druckfaktor dar, sondern ein abenteuerliches Moment und eine ebensolche Bewegung, derer man sich bedienen kann. Bleibt Syrien. Indem Palästina, genau wie das Baskenland in Frankreich und in Spanien, stets eine syrische Provinz gewesen ist, stolz auf sich selbst, stolz auf seinen Charakter, seine Tradition, seine Legende, letztlich, die vollständige Eingliederung nach Syrien zurückweisend, ununterbrochen in seiner eigenen Geschichte stehend, liegt die einzige Hoffnung Palästinas heute allein in Syrien – und das liegt zweifellos am Geschick Hafis al-Assads, der selbst aus einer alauitischen Minderheit stammt – der mit Israel kungeln kann, weil der Einsatz eines sieghaften Syriens die UdSSR dazu veranlassen könnte, diese sowohl territoriale als auch kriegerische Stütze ernst zu nehmen.«

»Hafis al-Assad als unverhoffter Mann?«

»Weder das Wort noch die Idee sind aktuell.«

Freundlich fuhr der Dissident fort:

»Was zwei Worte beinhalten und verschleiern: die Bitterkeit kann den Ehrgeiz nähren, der Ehrgeiz den Willen zu siegen. Dieser Umstand führt den Eroberer fast immer in seine Niederlage, in seinen Tod oder seine Schmach, die Eroberung jedoch kann fortbestehen. Die Karten sind erneut verteilt, eine von euren Orientalisten aus den arabischen Chroniken, und aus denen wiederum durch eure Journalisten herausgerissene Methode.«

»Du willst sagen, Assad ist ehrgeizig genug, daß es ihm gelingt, Israel zu besiegen?«

»Die UdSSR kann nur ein Interesse haben, Hafis zu unterstützen, wenn er einen tatsächlichen Verbündeten darstellt. Ihn (Hafis al-Assad) wird es die Haut kosten, nicht aber die UdSSR die ihre. Ein neues Spiel wird ohne ihn beginnen können ...«

»Das bedeutet, der Krieg geht weiter.«

»Ich weiß. Und die Palästinenser sind müde. Aber wenn du das Leben anders siehst, als einen Krieg ohne Ende ...«

»Wenn sie nur noch ihre Müdigkeit und ihre Passivität haben, das zu schützen, was sie am meisten lieben, ihre Eigenart, werden die Palästinenser die Müdigkeit und die Passivität für sich nutzen.«

»Jüdische Waffen!«

Der überwiegende Teil der palästinensischen Kämpfer schien einen Widerschein des Loderns der großen Familien in sich zu tragen. Ein bißchen feierlich beim Sieg, genauer gesagt bei den Gratulationen nach einem Waffengang, die Siege waren selten, blieb die Tapferkeit im Feuer ein ritterliches Ideal, manchmal »überkommenes Spiel«, indessen vorrangig, ebenso muslimisch wie christlich. Jedermann, ob er plebejischer oder adliger Herkunft war, schien aus Vornehmheit in diesem Hochwald zu rivalisieren, in dem niemand vulgär wurde. Unmittelbare Nähe des

Todes? Den Ausspruch der Griechen: »Möge die Erde dir leicht sein«, kann man, bevor er, der Fedajin, stirbt, dahingehend ergänzen, daß er der Erde leicht war. Auf die Gefahr der Versteinerung, den archaischen Widerruf hin – tote Sprache oder Überlebensrückstand eines Ehrenkultes – dies erschien mir nicht besonders schlimm: im Fortbestand, der quasi religiösen Hochachtung, in dieser natürlich gewordenen Autorität der großen Familien, erblicke ich keinen die Kühnheit der Volks-Fedajin ruhigstellenden Zügel, das alles erlaubte ihren Sprößlingen und ihnen selbst sämtliche erdenklichen Kühnheiten. Was im gegenwärtigen Europa falsch wäre, bedeutete hier und in dieser Zeit: einige große palästinensische Familien waren Faktoren der Kühnheit und der Neuartigkeit.

»Voller Furcht sehe ich die Söhne der Märtyrer in besonderer Weise verhätschelt. Nicht jeder Märtyrer ist heldenhaft gestorben. Die Tugenden des Vaters – war er als Held gestorben – gehen schlecht auf die Söhne über, wenn die Erziehung nur aus Bevorzugung, Schiebung, Erleichterung besteht. Es ist nicht die sogar hinterhältige Hervorbringung eines Abstammungsadels, die sich vorbereitet, sondern ein Heer von Erben, die ihn, durch den Namen gesegnet, verschwendet und verdirbt.«

Dennoch war Freude um mich, weit von mir, aber um mich; ich befand mich, wenn man so will, am Rande einer Welle von Glück, deren Zentrum eine lachende Versammlung muter von ihrem Flugzeug abgestiegener, blonder und gelockter israelischer Flieger gebildet hatte:

»Wir, die Juden, als Männer unter Männern kommen wir vom Ablegen unserer Eier auf West-Beirut.«

Inmitten der Ruinen war ich vielleicht die einzige Person, welche nicht allein die Erleichterung von einer Armee, sondern von einer Waffe, die man soeben benutzt hatte, verstehen konnte. Wenn man der Traurigkeit der in den Silos vergrabenen Bomben nachsinnt, der Bomben, die nicht eingesetzt werden, zugleich schrecklich und nichtig. Ein Messer muß schneiden. Eine Granate abgezogen werden. Beide machen zugleich den Mörder und den Ermordeten. Tsahal hatte getötet. Wahrscheinlich hatte ein Zeichen genügt, damit die Bevölkerung kapierte und schwieg, so wie man sich zurückzieht oder das Ohr neigt, das erste Dröhnen des jüdischen Geschwaders zu hören: es war schon da, es ließ, erleichtert, seine Bomben fallen, setzte die Route fort, die in einer Kurve über das Meer und durch den blauen Himmel bestand, um wieder auf die Lachanfälle zu stoßen, die aus den Stützpunkten Israels perlten.

»Die Waffen sind furchtbar, das stimmt. Sie fordern Tote. Unter den Arabern. Hätten sie sich des Lebens seit ihrer überstürzten Zeugung enthalten, hätten wir sie nicht mit zehn oder fünfzehn Jahren getötet.«

Ein wenig melancholisch hinzufügend:

»Wieviele nicht eingesetzte Waffen in den Silos!«

Traurig und befreit:

»Noch dazu amerikanische. Ausgehend vom Gold in den Felsen, dem Erdöl in den Wüsten, den Diamanten in ihren Rohzuständen, und da wir den Schwindel ja lieben, erfinden wir die Zukunft, die noch Ungehobenes birgt, wiegen wir unsere Gehirne, wieviel an jüdischen Zellen es brauchen wird, zu vollenden, was sich selbst in Form von Gleichungen nicht darstellt, noch zu entwickelnden Symbolen, niemals bekannten Geometrien ...«

Das Erwachen begann vor dem Heben der Lider. Ein paar Sekunden der Mattigkeit, und das Licht war, zusammen mit der Aktivität der sich wieder einfindenden Augen, die

letzten Bilder des Traumes vermischend mit den Farnen von Ajloun, im Anbruch. Alle Dinge der Welt erwarteten mein Erwachen in der Welt, meinen Wachzustand hier, wo mein Entzücken stets ein Warten erfüllte. »Du würdest nicht nach mir suchen, wenn du mich nicht schon gefunden hättest.« Geistesblitz Christi, doch kostbar.
Die Zeitungen, das heißt die Journalisten, sie so beschreibend, wie sie nicht waren, bedienten sich der Parolen. Als ich mit den Palästinensern lebte, kam mein stets ausgelassenes Erstaunen aus der Berührung mit diesen beiden Gewißheiten: sie ähnelten in nichts den journalistischen Schilderungen, was das anging, waren sie das Gegenteil ihrer Ausstrahlung – ihr Dasein also – rührte von dieser Negation der Schilderung her. Jedes noch so gehaltlose Detail in der Zeitung hatte eine erhabene Entsprechung in der Wirklichkeit, und zwar vom kleinsten bis zum unverschämtesten. Indem ich mit ihnen lebte, verharrte ich, ebenso eingestanden, und ich weiß nicht wie, auf welche andere Weise es zu sagen wäre, in meiner eigenen Erinnerung. Durch diesen, möglicherweise kindischen Satz, gebe ich nicht vor, frühere Leben gehabt und mich ihrer erinnert zu haben, mein Satz macht jedoch so deutlich, wie ich es vermag, daß der palästinensische Widerstand unter meinen ältesten Erinnerungen war. »Der Koran ist ewig, unerschaffen, vereinigt in Gott.« Bis auf das Wort »Gott« war ihr Aufstand ewig, unerschaffen, vereinigt in mir. War das ausreichend, die Wichtigkeit aufzudecken, die ich den Erinnerungen beimesse?

Seine schneidigen und bedenklichen Befehlsgesten erheiterten und reizten mich gleichzeitig, eines Abends im Lager von Baqa beschloß ich, ihn nachzuäffen:

»Je-ha! Je-han, come in!«, weil er für die Kommandos die englische Sprache bevorzugte.
Ich rief: »Je-han!« Ich richtete meinen Finger auf, so wie ich es ihn hatte tun sehen. Niemand wagte zu lächeln, ich erriet, daß ich nicht witzig war. Er blieb für einige Momente still, nachdenklich, und aus der Mühe anhaltender Schläfrigkeit oder der gut vorgetäuschten Meditation heraus sagte er:
»Nun werde ich Jean nachahmen, wie er dabei ist, mich zu imitieren.«
Es bedeutet nichts, sich in einem Spiegel zu betrachten, wenn man kapiert hat, daß links rechts ist, sich freilich dort, unter den Bäumen und ohne Spiegel, zu sehen, bewegt, sprechend, derartig erbarmungslos beschrieben durch die Stimme, die Bewegungen der Arme, der Beine, des Nackens, des gesamten Körpers, der Stellung der Füße eines Sudanesen, so daß alle außer mir sich vor Lachen bogen, und, was sehr hart für mich war, aus einem Lachen heraus, welches mir ein bißchen selbstgefällig vorkam. Außer mir, ich empfand zuviel Bewunderung. Er stellte mich, die Stufen einer Lehmtreppe hinauf- und herabsteigend, dar. Dank seiner hatte ich die riesenhafte, sich vor einem fast schwarzen Himmel abzeichnende Figur vor mir; in der Ferne und währenddessen ganz nah, ein wenig von der Müdigkeit des Alters gebeugt, vom Bergsteigen zurückkehrend, durch den Abstieg von Hügel zu Hügel in meinem, sagenhaft gewordenen, Schrittmaß, Hügel, so hoch wie die Wolken über Naplus, gegen Ende des Tages also hinkend, und diese Humpelei war übertrieben, vereinfacht und meinem gewöhnlichen Gang doch getreu. Ich begriff, daß ich mich zum ersten Mal sah, nicht in einem psychisch genannten Spiegel, doch einem Auge oder Augen zufolge, die mich aufgespürt hatten, nicht von Hü-

gel zu Hügel, aber von Stufe zu Stufe, die aus Steinen gehauene Treppe humpelnd herabsteigend. Jeder hatte mich demnach gesehen und wiedererschaffen. Später erkannte ich, was als Erbarmungslosigkeit in dieses kurze Sainete eingetreten war.

Mubarak bediente sich ziemlich häufig eines Toyota, um Nachschub an Lebensmitteln zu transportieren. Außer diesem schwarzen Unteroffizier, der den Fedajin meine Reste zu essen gegeben hatte, gab es einen alten Ägypter, geboren, wie man mir sagte, in einem Stamm aus der Nähe von Fezzan. In dieser Zeit, 1971, falls sie nicht bereits Weltberühmtheit erlangt hatten, waren die Rolling Stones bereits bekannt, und der Toyota verfügte, gleich neben dem Armaturenbrett, über ein Autoradio, das, wie ich mich zu erinnern glaube, mit Kassetten lief. Ich betrachtete das stehende Auto mit der laut aufgedrehten Popmusik, ohne selbst gesehen zu werden. Barfuß, lediglich in seinen Hosen, tanzte Mubarak, und er dürfte dabei keinerlei Scham empfunden haben, weil er tanzend die Gebärden des Rock und diejenigen sudanesischer Tänze, gut, miteinander vermischte, während der alte Schwarze, gekräuselter, schon etwas weißer Haarschopf, ohne ihn anzusehen, eine nicht vorhandene Gitarre schlug, seine rechte Hand die ganze Zeit über der Stelle, wo man die Akkorde schrubbt, die linke auf dem imaginären Griffbrett auf und nieder wandernd.
»Wunderbar!«
Ohne ein Wort zu sagen, zog Mubarak sein Unterhemd wieder an, sein Hemd, seine Schuhe mit den flexiblen Sohlen, er schwankte, würde umfallen oder mich töten; seinen Kumpel gleich neben sich, stieg er in den Toyota; sie fuhren los, der Auspufftopf feuerte einen dichten schwarzen

Rauch auf mich ab, sowie einen Lärm, der sich beleidigend gab. Ich glaube, daß er mir niemals verzieh, ihn, in Afrika tanzend, überrascht zu haben. Ich selbst, irritiert über eine so plötzliche Flucht, ich behielt ihm gegenüber eine gewisse Rachsucht, die sich in meiner Bemerkung: »ich werde Mubarak imitieren« äußerte.
Die Musik der Rolling Stones war echt, die Gitarre aber nicht, und ihre Abwesenheit brachte mir die Erinnerung an das Kartenspiel mit den Nicht-Karten zurück, und alles erschien mir mehr und mehr zusammenhanglos.

Die Schwarzen sind im weißen Amerika die Zeichen, welche die Geschichte schreiben; auf dem weißen Blatt sind sie die Tinte, die ihm einen Sinn verleiht. Würden sie verschwinden, wären die Vereinigten Staaten für mich nichts weiter, als das, was sie sind, und nicht der dramatische Kampf, der immer hitziger wird.
Die nachrückenden Erben, täglich tiefer in die Negation absinkend, brachen zusammen und löschten sich mit jenen Drogen aus, die sie niemals in den Griff bekamen, die Erben rissen ein, was man für den Sockel des weißen Amerika hielt. Vor ihrer Anmut wanken die Prinzipien und Gesetze, die Buildings, welche ihr Ergebnis und ihre Manifestation waren. In Chicago, in San Francisco, wo trotz der schwangeren Frauen eine jugendliche Schwäche lauerte – bei einigen verwelkten Blüten – in New York, wo der Dreck ein Zeichen für den Verzicht auf die von den legendären Pionieren, ihren Söhnen und Enkeln so gut wie schlecht gemachte Welt ist, versuchte, durchmischt mit – getrennt von – diesen blumengeschmückten Gruppen, eine rauhe und schwarze Bewegung – unter Umständen streng, diese – ebenfalls abgelehnte – Welt zu verstehen – um eine

andere einzurichten – wie man daran erkennen kann, die umgewandelte und widerlegte Negation durch die Wollust des Seins – die Black Panthers Party, die sich diesem Absturz ins Nichts, und zwar mit allen Mitteln, entgegenstemmte, dabei, wenn es dessen bedurfte, ihr Leben, allerdings wohlüberlegt, dafür opfernd, um sich herum das Notwendige aufzubauen, dem Volk der Schwarzen Gestalt zu geben. Während die Hippies, bedeckt von Blumen und zweifelhaftem Schmuck, sich versenkten, sich alle möglichen Trips reinzogen oder versackten, lehnten die Panther die weiße Welt ab.

Sie werden das Volk der Schwarzen auf dem weißen Amerika begründen, das – mitsamt seiner Polizei, seinen Kirchen, seinen Zuhältern, seinen Verwaltungen – zersplitterte, doch schon umhüllte Glanz die Hippies, Saatkörner, die den amerikanischen Block zum Bersten brachten. Die Panther verfügten über Gewehre und, in einem noch unbestimmten Punkt, ähnelten sie den Hippies: dem Haß auf diese Hölle.

Die Black Panthers Party war keine isolierte Vereinigung, sondern eine der Speerspitzen der Revolutionäre. Wenn sie sich vom weißen Amerika abhoben, so durch ihre schwarze Haut, ihr krauses Haar, ungeachtet einer Art anspruchsvoller Uniform, der schwarzen Lederjacke, einer überaus extravaganten, doch eleganten Weise, sich zu kleiden: aus vielfarbigen Stoffen geschneiderte Mützen, auf ihre federnden Haarschöpfe gesetzt, was man freilich kaum aufgesetzt nennen konnte, Oberlippenbärte, manchmal ungepflegte Vollbärte, die Beine in Hosen aus Samt oder blauer, rosafarbener, goldener Seide, so geschnitten, daß sie noch den kurzsichtigsten Augen eine kraftvolle Männlichkeit darboten. Dem Bild vom Anfang, das die Schwarzen als eine Schrift zeigt, füge ich ein anderes hinzu: ein

karbonartiger Ausfluß trägt in seiner Mitte, der Schlacke entnommen und bereits leuchtend: die Partei.
Häufig in Stiefeln, in Männerhosen, darum bemüht, ihre Schwere zu verbergen, hatten die Frauen der Schwarzen Panther dasselbe Alter wie die Männer.
An dieser Stelle seien in aller Hast ein paar äußere Erscheinungsformen einer Gruppierung genannt, die sich zeigte, anstatt sich zu verstecken: die Schwarzen Panther griffen als erstes das Sehen an. Man erkannte sie sofort, dieser sichtbaren und rauhen Schrift zufolge, von der ich gesprochen habe, daran, daß sie sich mit allem verbunden wußten, was unterdrückt wurde, kastriert, geschlagen, ausgeplündert, vor allem in seiner Geschichte, seinen Legenden, verbunden mit dem, was das Abendland, also die außer Atem geratene, noch immer unheilvolle Christenheit, seit übrigens gar nicht langer Zeit, wieder ausgespuckt hatte. Um sie, um uns her zuckt eine evangelikale Moral, die sich verflüchtigt, sich überlebt, dennoch andauerte. Sich ihrer zu entledigen, war es notwendig, daß das Schwarze Volk und seine verläßlichste Klinge, die Partei, sich mit aller Macht ins Zeug warf. Sie schlugen Engel und Gebote in Stücke, die sich erschöpft hatten, sogar mit Hilfe jener Prinzipien, die ihnen von den christlichen Kirchen aufgezwungen wurden.
Es ist wahr, daß es da eine Art wahnsinniger Fruchtbarkeit gab, daß Mähnen, Bärte, Schamhaare, Gebärden, Schreie an ein üppiges Wuchern von Farnen erinnerten, daß diese Schwarzen an Farne gemahnten, baumartig oder nicht, ohne Blüten und ohne Früchte, die sich durch das Bersten von Sporen fortpflanzten oder weitergaben; es ist wahr, daß die Ausschweifung Ausschweifung mit sich brachte; nichts schien sicher: weder die Richtung, noch die Richtungen, noch die Richtlinien, nichts war für sie kalkulierbar, we-

der für die friedfertigen oder beruhigten Schwarzen, noch für die Weißen; es ist wahr, diese Flammen und ihre Funken konnten diejenigen austilgen, die sie angezündet hatten; es ist wahr, der Wirbel, und nicht die Menschen, schien der Meister zu sein; es ist wahr, ihre Bekenntnisse waren die von Verrückten und ihre Schliche jene von Raubtieren; es ist wahr – »Er muß wachsen, ich aber muß abnehmen« (Evangelium des Johannes, das letzte Zeugnis Johannes des Täufers berichtend). Ich wiederhole diese Version für mich: »Er muß wachsen, *auf daß* ich abnehme.« Es ist wahr, ihre Gewalttaten waren für diejenigen, die sie nicht erlebt haben, anarchisch, sie rochen nach Schweiß, weil sie sich kaum wuschen und fettige Speisen zu sich nahmen; es ist wahr, die Panther führten Übergriffe auf weiße Gebiete durch und zogen sich ins Ghetto zurück, scheinbar die schützende Hütte erreichend, aber gleichzeitig waren das alles Herausforderungen, auf die sie geantwortet hatten. Nichts würde mehr wie vorher sein. Der König = der König, bis 1793, nach dem 21. Januar ist der König = guillotiniert, Prinzessin de Lamballe = Kopf auf der Spitze einer Hellebarde, Majestät = Tyrannei, auf die Art weiter, änderten sich die Zeichen, die Wörter, ein ganzes Wörterbuch.

Zuerst scheinbar durchgeknalltes Verhalten war die Bewegung der Panther, selbst für die Weißen, Gemeinplatz geworden. Volk = edel, and Black = beautiful.

Außer auf den jordanischen Stützpunkten der Fedajin bin ich nie wieder woanders bei den Toten gewesen. Unter dem Vorbehalt, daß ich einer Anziehung durch Mythen verfalle, für die die Toten einer anderen Aktivität nachgehen, als es die hiesigen sind. Die Hautfarbe der Panther, nicht nur sie, hatte etwas damit zu tun. Daß die Polizei sie dermaßen hetzte, bedeutete, daß sie einer Tierwelt angehör-

ten. Um der Jagd zu entgehen, waren ihre Listen, vielleicht bis hin zur Unsichtbarkeit, plötzlich und unvorhersehbar. Selbst die Möblierung der Büros war grabesdunkel. Die Mahlzeiten ebenso. Es ist wahrscheinlich, daß einer der Gründe dafür die reale – leichenernste – Lebensgefahr war, und die Art und Weise der Vergötterung der Toten, der Eingesperrten, aller, durch Fotos, Propagandatricks, auf eine endgültige Art und Weise verherrlichende Gedichte: grabesdunkel, aber nicht unheimlich. Ich habe das Vorangegangene also aufgeschrieben, und ich möchte es hierdurch berichtigen: das gesamte schwarze amerikanische Volk besteht aus Toten, aufgrund seiner den Weißen gegenüber umgekehrten Lebensart, weiterzumachen. Trotz der Ausbrüche von Gelächter, der Gesänge, der Tänze, bedeckt Hoffnungslosigkeit das ganze Volk der Schwarzen. Begünstigter Zeuge eines Mysteriums gehörte ich eher dem Pragmatismus der Weißen an. Als David Hilliard mich zum ersten Mal anlächelte, mir im Auto – gefolgt übrigens von einem Polizeiwagen – die Hand und eine Zigarette der Marke »H« anbot, stieg ich in bester Verfassung hinab in die finstere Welt. Die Wärme der Körper, der Schweiß, der Atem schienen nicht zu existieren. Die Panther sind kurz angebunden: sie bewegen sich in einer Umgebung, in der Weiße nicht lange überleben konnten.
Aus der Villa eines sehr reichen Weißen kommend, wo eine Pressekonferenz stattgefunden hatte, sagte David, es sei das erste Mal in seinem Leben gewesen – er war neunundzwanzig Jahre alt – daß er ein derartiges Haus betreten hatte.
»Und dein Eindruck?«
Er lachte und sagte:
»Ich bin sehr unruhig gewesen. Zu viele Weiße aufeinander. Ich hatte Angst, beschuldigt zu werden.«

»Wessen?«
»Dermaßen schwarz zu sein.«
Er lachte sehr laut.
Als Bobby Seale im Fernsehen aus einer Zelle des Gefängnisses von San Francisco sprach, verstand ich das nicht. Am Anfang verstand ich es nicht. Ich verspürte diese Extravaganz: angeklagt des Mordes konnte er eine, am selben Abend ausgestrahlte Rede halten. Hier nun, wie das möglich wurde: Bobby war im Gefängnis von San Quentin. Der Direktor des Gefängnisses, zweifellos in Übereinstimmung mit den Justizbehörden, gestattete, daß ein schwarzer Fernsehkameramann seine Erklärungen aufnahm. Der Kameramann-Interviewer war ein junger Schwarzer, mehr Tom als Panther, ebenfalls in bunten Kleidern, unrasiert, Schnurrbart und Haar phosphoreszierend, was die Diskussion anging ziemlich blöd, in seiner eigentlichen Arbeit aber hervorragend. Ein Gefängniswärter brachte Seale in eine Zelle, in der die Kamera bereits aufgebaut war und blieb während des Drehens, allerdings ohne sich einzumischen. Bobby sprach, auf einem Stuhl sitzend. Zwischen dem farbenfrohen Kameramann – Afro-Look – und ihm, gab es zuerst Unstimmigkeiten in der Art einer bevorstehenden Schlägerei. Die Aufzeichnung nahm nach mehreren Sitzungen Gestalt an. Und der Film kam in die Dosen. Die Behörden lagen möglicherweise untereinander im Clinch: sollte er, sollte er nicht im Fernsehen laufen? Ich wußte das nicht genau. Bobby Seale wurde von Kalifornien an Connecticut (New Haven) ausgeliefert. Er riskierte nach wie vor den Tod, aber nicht auf die gleiche Weise: in Kalifornien war es die Gaskammer, in New Haven der elektrische Stuhl. Wer weiß, was die kalifornischen Behörden bewog, die Ausstrahlung des Films zu genehmigen? Vor der Kamera, in einer Zelle in San Quen-

tin hatte Bobby sein Herz geöffnet, debattiert, inzwischen saß er in einem Verlies in New Haven, und ich sah und hörte ihn in San Francisco. Ich war niedergeschmettert. Auf die erste Frage des Vielfarbigen, nach dem Essen, erwähnte Seale die Kochkünste seiner Mutter, diejenigen seiner Frau, jene, über die er einst, als er frei war, selbst verfügte. Er wendete viel Mühe auf, ein Gericht im Detail zu schildern – seine Lieblingsspeise. Er sprach über die Auswahl der Gewürze, die Garzeit, die Art und Weise, sie zu verkosten: der revolutionäre Führer äußerte sich als Küchenmeister. Plötzlich – weil man von Plötzlichkeit sprechen muß – begriff ich: Seale wandte sich nicht an mich, sondern an das Ghetto. Sehr vertraulich, entspannt, redete er von seiner Frau und sagte mit einem Lächeln, daß er sich unglücklicherweise mit Masturbation begnügen müsse – als Trösterin jedoch enttäuschend. Plötzlich – wieder plötzlich – wurden sein Gesicht und seine Stimme hart: er erteilte den Schwarzen, die ihn im Ghetto hörten, mit einer um soviel größeren Offenherzigkeit und Direktheit, als die zu Anfang empfohlenen Saucen köstlich waren, revolutionäre Befehle. Die politische Botschaft war kurz und bündig. Bobby hatte gewonnen. Zumindest dahingehend, daß die Fernsehstation eine zweite Ausstrahlung vornehmen mußte.

Der Häftling, der sich außerhalb des Gesetzes stellt, weil man ihn dahin gebracht hat, ist weniger ein Schmollender als hochmütig. Obwohl er die Freiheit will, liebt er auch das Gefängnis, weil er seine Freiheit einzurichten verstand. Freiheit in Freiheit, Freiheit in der Nötigung, die erste ist zugestanden, aus sich selbst herausgerissen die zweite. So wie man zum leichtesten übergeht – die Askese ist überanstrengend – sehnt man die zugestandene Freiheit herbei, doch liebt man – heimlich oder nicht – das

Ausgeschlossensein, das einen in sich selbst die Freiheit des Kerkers erfahren läßt. Die Entlassung des Inhaftierten ist ebenfalls ein Herausreißen. Das Ghetto wird geliebt. Geliebt-gehaßt sicherlich. Aus der weißen Welt ausgeschlossen haben die Schwarzen gewußt, daß es wenig ist, sein Elend zu bestellen, eine Freiheit hingegen zu entdekken, an den Tag zu legen, aufzurichten, die sich mit Stolz verschmilzt.

In einem Barber-Shop, zu dem David und Jéronimo mich gefahren hatten, um mich rasieren zu lassen, war der Barbier eine schwarze Frau von etwa fünfzig mit malvenfarbenem Haar. Sie hatte niemals Weiße rasiert. Die Männer – Schwarze selbstverständlich – die darauf warteten, an die Reihe zu kommen, redeten mit mir über Bobby Seale, den sie am Vorabend gehört hatten. Alle waren betagt. Ich glaubte zu bemerken, daß sie von seiner Fernsehansprache nicht sonderlich begeistert waren: es war fraglos einer der ihren, der gesagt hatte, was den Schwarzen gesagt und den Weißen verständlich gemacht werden mußte. Der Wortführer hatte seine Arbeit gut gemacht: Haarspalterei wäre möglicherweise schwer zu ertragen gewesen.

»Sind Sie aus Frankreich gekommen, ihn zu hören oder ihm zu helfen?«

»Auf jeden Fall ist es an den Schwarzen, ihn da herauszuholen.«

»Es geht nicht an, daß er dank der Weißen herauskommt: das wäre ein weiterer Sieg über uns.«

Ich fragte, ob sie mit dem, was er am Vortag gesagt hatte, einverstanden waren.

»Der Wächter war weiß. Die Erlaubnis war von den Weißen erteilt worden. Aus seinem Gefängnis heraus konnte er nur sagen, was er gesagt hat, und wir haben ›*hervorragend*‹ verstanden.«

Der Beitrag Bobbys war also codiert und dann entschlüsselt worden.
Bobbys List war von derselben Sorte wie die Listen der Sklaven auf den Plantagen: mittels der afrikanischen Weisen, die zum Jazz wurden, gaben sie die Parolen zu Ausbrüchen und Aufständen weiter. Wenn sie sangen, abends oder morgens, nach vielfältigen und wandelbaren Rhythmen in für sie sehr klaren Sätzen, die zur Versammlung in der Nähe eines Flusses riefen, um ihn zu überschreiten und in Richtung Norden zu entfliehen, steht fest, daß sie – ob von Frauen oder Männern – sinnliche, heiße, im erotischen Sinne heiße Stimmen wählten, befähigt, mit derselben Unumstößlichkeit zu »locken«, wie Männer in Hitze: das Ziel war die Flucht, die Unterstützung für andere braune Neger, das Feuer, den Krieg, der Ruf aber wurde von einer Stimme getragen, in der die Schwarzen Hochzeitsversprechen wiedererkannten.
Mit Humor und Ernst, aus seiner Zelle heraus den Menschen in Freiheit Rezepte für erträumte Speisen oder althergebrachte Konfitüren zusammenstellend, die seine Erinnerung bewahrte, dazu seine Frau und seine Nächte ohne Frauen evozierend, »lockte« Bobby Seale: die aufmerksamen Schwarzen hatten die Nachricht verstanden.
Als die bewaffneten Schwarzen Panther auf das Kapitol von Sacramento zumarschierten, um es zu besetzen, als ihre Athleten in Mexico bei der Siegerehrung der amerikanischen Hymne sowie dem Banner trotzten, als ihr Haar, ihre Schnurrbärte und ihre Bärte mit einer unverschämten Lebenskraft sprossen, war Präsident Johnson an der Macht, er ließ Vietnam bombardieren, und in Kalifornien vervielfachte eine Gruppe von Schwarzen und Schwarzen – den Panthern – die Taten, die Gebärden, die Zeichen dafür, daß nichts wieder so sein würde wie vorher.

Die schwarzen Wörter auf dem weißen amerikanischen Blatt sind mitunter ausgestrichen, getilgt. Die allerschönsten sind verschwunden, doch sind es jene – die Verschwundenen – die das Gedicht bilden – oder eher das Gedicht des Gedichts. Wenn die Weißen das Blatt sind, so sind die Schwarzen das Geschriebene, das einen Sinn ausspricht – nicht des Blattes, oder nicht allein des Blattes. Die weiße Fülle bleibt der Untergrund der Schrift und ihr Rand, doch das Gedicht setzt sich aus den fehlenden Schwarzen zusammen – Sie sagen, den Toten: wenn man so will – die abwesenden, namenlosen Schwarzen, deren Formation das Gedicht verfaßt, dessen Sinn mir entgleitet, nicht aber seine Realität.
Das Fehlen und die Unsichtbarkeit der Schwarzen, welche wir totsagten, sollten gut verstanden sein: sie blieben Aktivität oder eher Radioaktivität.
Wenn sie ins Auge stachen, ins Ohr, ins Nasenloch, in den Hals, unter ihre Zungen, unter ihre Finger, bewirkte der Afro-Look der Panther, daß die Weißen in Panik gerieten. Wie sich schützen vor einem solchen Wuchern federnder Haare in der U-Bahn, im Autobus, im Büro, im Fahrstuhl, Verlängerung nicht des Kopfhaares, sondern der Schamhaare, elektrisch – elastisch wie diese? Lachend trugen die Panther auf ihrem Kopf ein zottiges, straffes Genital. Die Weißen konnten darauf nur mit Erlassen einer Schicklichkeit antworten, die es überhaupt nicht gab. Und wie die ausreichend wüsten Schimpfworte finden, all diese struppigen Gesichter wieder glatt zu bekommen, struppig und schwarz, und voll Schweiß, wo doch das geringste gewundene Barthaar, das aus einem schwarzen Kinn sproß, kultiviert, gepflegt, gehätschelt war, wie ein Bart, von dem das Überleben abhängt.
Ein schlimmes und wohlbekanntes Drama in den Ghettos

von Alabama: auf einem leergefegten Platz, tags oder nachts, sieht ein Schwarzer einen Weißen aus dem Schatten einer Sykomore gleiten, einen weiteren, einen nächsten, noch einen anderen. Sie haben blonde und kurzgeschnittene Haare, ein Wiegen der Schultern, das nicht der Hüftschwung der Schwarzen ist. Sie kommen näher, schlendernd? – und formen einen Kreis um ihn. Er möchte losrennen, aber seine Beine verlassen ihn, schreien, keinerlei Schrei dringt aus seinem Mund: die Weißen brechen in Gelächter aus und entfernen sich, sie haben den Neger, der es wagte, allein auszugehen, zurück an »seinen« Platz gestellt. In der Yale University, als die Gruppe der sieben Panther eintraf, eingeladen zu einer Konferenz, deren Anlaß die Verhaftung von Bobby Seale war, waren die dreitausend weißen Zuhörer dreitausend Angreifer. Ihr Kreis zog sich um die Panther, doch anstelle der Fäuste sandten sie in Europa geschärfte Argumente aus, auf den Punkt gebracht von tausend Jahren Christentum. Die Panther akzeptierten die Regeln nicht:
»Euren Einwendungen werden wir vorläufig nicht mit Gegendarstellungen widersprechen, sondern mit Gefeixe und Beschimpfungen. Ihr seid rücksichtslose Streithammel genug, eure Theologen aus Metall haben Körper und Geister zerbrochen. Unsere. Wir werden euch schwer beleidigen, und erst daraufhin werden wir mit euch sprechen. Wenn ihr geschlagen, zerschlagen seid, nennen wir euch ganz ruhig unsere Gründe. Ruhig und souverän.«
Ein anderer Schwarzer:
»Es ist nicht so, daß eine neue Theorie ›wahrer‹ als die vorhergehenden ist, aber indem sie diese auslöscht oder lediglich zur Seite schiebt, erlaubt die neue eine Heiterkeit, wie man sie erlebt, wenn jemand stirbt, der lange Zeit gelebt hat. Wenn alles wankt, wenn die Wahrheiten, die

nachgewiesene Wahrheiten waren, wanken, ist es zum Lachen: also werden wir lachen! Die Revolution ist die freudigste Zeit im Leben.«

Das Haar in Spiralen, der Afro-Look, die Bärte, die Körperbehaarung, die Schnurrbärte, das Gelächter, die Schreie, die Blicke aus blauem Stahl, diese tropische Überschwenglichkeit, an der sie sich erheiterten, bestätigten sie und verhinderten, daß man sie abtat.

»Wir haben uns entschieden, so zu sein, und ihr seht uns so, wie wir uns zeigen. Ihr hört uns an, wie wir angehört werden wollen. Das Auge kommt vor dem Ohr. Am Anfang steht die schwarze Farbe, dann unser Auftreten, und erst danach die amerikanische Sprache, so wie wir sie zurechtgemacht haben, ebenso zu spielen wie euch anzukotzen. Nichts wird gesagt werden, wenn es nicht durch das Schwarz geht.«

»Wir werden versuchen, die neuen Wahrheiten über die einstigen gleiten zu lassen. Ihr werdet sehen, wie komisch das ist ...«

Es wäre leichtsinnig zu verkünden, daß Sankt Pauli an sich schön ward, als das Viertel der Nachtbars wieder aufgebaut wurde. Ich habe keine wirkliche Abscheu empfunden, falls sie nicht zumindest von einem doch großen Erstaunen zugedeckt war: um die Bahn herum Tische, Stühle und die Gäste. Auf der Bahn fünf Esel, bestiegen von Reitern und da und dort einer Reiterin, fünf kopflose und trunkene Esel, die man mit Bier abfüllte. Ein Detail noch, die Bahn war bedeckt von einer Schicht ziemlich dicken Schlamms. Jedes betrunkene Tier versuchte, sich seines im allgemeinen teutonischen Reiters zu entledigen. In ausufernden Lachsalven überquellende Gläser mit Moselwein, überquellend jedoch wie Strahlen von Halbstarkenpisse, wurde der Reiter vom sturzbesoffenen Esel in den Matsch gewedelt. Ich glaube in der Tat, daß es dem Ekel niemals gelungen ist, mein Staunen zu durchdringen. Es ist jenes Viertel, das ich ins Gedächtnis rufen wollte, vor allem aber diese Gegend von Hamburg, die sich, kommt man von Sankt Pauli, der Statue Bismarcks nähert, immer weiter der Stadt, der einstigen Polizeiwache. Dort begannen die Ruinen. Die Karyatiden mit ihren nach oben gereckten Händen – nackte Männer von zwanzig Metern Höhe aus rosa Marmor, glaube ich, oder aus Granit – stützten lediglich den Himmel, oder nichts, wenn man so will. Die Kugeln und Granateinschläge waren an ihnen vorübergeglitten, ohne auf den Muskeln der Schenkel und den Brüsten einen Kratzer zu hinterlassen. Die zwanzig Etagen der Gebäude von Beirut, verglichen in meiner Erinnerung, erschienen wie aus Pappe und Sperrholz. Ich entsann mich des rosafarbenen Granits von Hamburg angesichts der schlechten Beschaffenheit der in Beirut eingesetzten Materialien, wo von den Häusern nie mehr blieb, als Eisenbarren, die aus einer sicher sehr zerbrechlichem Betonwand ragten. Die Ansicht von Beirut und die Erinnerungen an Berlin und Hamburg (1947) überzeugten mich von zwei Dingen: die Israelis waren ebenso gute Flieger, wie die der Royal Air Force, die Libanesen bauten so, daß man die Trümmer leicht wegräumen konnte. Die Ruinen der drei Städte waren nicht identisch, nicht einmal vergleichbar, was aber blieb, war der Beweis dafür, daß zwei gegensätzliche Zivilisationen einander verbraucht hatten, obwohl eine Blutsverwandtschaft die Soldaten der R.A.F. mit denen aus Israel zu vereinen schien: dieselbe, auf den Millimeter präzise Genauigkeit, daher vielleicht dieselbe Methodik der Nachrichtendienste.

Ich habe weiter oben bereits erwähnt, oder werde es später sagen, daß der Ausdruck: »entre chien et loup« die Tageszeit und noch etwas anderes anzeigt. Die trübe Farbe, wie es das trübsinnige Lied gibt, die Stunde, da die Nacht so unerbittlich näherrückt wie der Schlaf, der Wiederkehrende und Ewige, in der Stadt der Zeitpunkt, der die Laternenpfähle erleuchtet, den die Kinder, um zu spielen, verlängern oder nur hinauszögern möchten, während ihre heftig sich regenden Augen zufallen, die Stunde, wo – ich benutze hier das Adverb für den Ort, weil diese Stunde eher einen Raum als eine Zeit bedeutet –, wo gleich welche Lebensform zu ihrem eigenen Schatten wird, also zu etwas anderem als sie selbst, die Stunde, welche kaum gestattet, den Hund vom Wolf zu unterscheiden, die Stunde der Verwandlungen, wenn der Hund, fürchtet man hoffend, zum Wolf wird, sozusagen die Stunde, die von weither zurückkehrt, wenigstens aus dem hohen Mittelalter, als Wölfe in den ländlichen Regionen häufig genug waren, die Hunde zu ersetzen, diese wahrscheinlich widerwärtige Epoche sollte ich so schildern, wie man zurückweicht, um ein wenig Antrieb zu bekommen, eine einfache Sache zu beschreiben, deren einzige Idee aber, beiläufig, wie aus Versehen hingesagt, die Anführer, die mir zuhörten, schreien, beinahe brüllen ließ. Diese Idee? Mehr als alles fürchtete ich logische Überlegungen, zum Beispiel die unsichtbare Verwandlung der Fedajin in Schiiten oder Moslembrüder. Für niemanden um mich her hatte ein solcher Vorgang, vielleicht mit Grund, etwas Selbstverständliches, wenn sich die Transformation plötzlich, sichtbar, nach außen gerichtet vollzogen hatte, doch wird jedermann geboren und wächst mit seinen Auseinandersetzungen, seinen inneren und versteckten Verwirrungen, so war es nicht unmöglich, daß ein Moslembruder heimlich in einen Fedajin investierte. Im Gegensatz zur Dämmerstunde, bezeichnete der Ausdruck »entre chien et loup« hier – hier und für mich – jeden x-beliebigen Augenblick, vielleicht sogar alle Augenblicke seines Alters, den der Fedajin lebte, der sich so gesehen dauerhaft in dieser, zumindest auf dem französischen Land »zwischen Hund und Wolf« genannten Tageszeit befand.

Für uns hat der Ausdruck vielleicht seinen leicht verblichenen Charme, da wir wissen, daß auf unserem Land alle Wölfe ausgerottet wurden, die Pfoten fest in den Fängen der berühmten Wolfsfallen oder erschlagen in dem, was wir Wolfstreibjagden nennen, daß das Wort Wolf, im übrigen ziemlich unüblich, sich lediglich in zwei oder drei Begriffen wiederfindet, von denen der eine, großer Wolfssteller, in unseren Tagen das Amt eines harmlosen Jagdaufsehers bezeichnet, verwolfen*, gewöhnliche Gossensprache, deren Sinn man kennt, Wolfsjunges**, noch harmloser, kurz, man weiß nichts mehr vom Wolf, und an die Metamorphose des Hundes zum Wolf glaubt kein Mensch mehr. Im mittleren Osten bestand die Gefahr, daß einem Palästinenser von einem Bruder aufgelauert wurde, wie es der Hund mit dem Wolf tut. Aber da mir ein Verantwortlicher noch heute, 8. September 1985, gesagt hat, es bestände keinerlei Gefahr, räumen wir ein, daß diese Abschweifung weder geschrieben noch gelesen wurde.

In den Vereinigten Staaten hatte sich das Phänomen bei den Schwarzen Panthern herausgestellt. Nicht allein, daß die gesamte Partei von der Nixon-Polizei unterwandert wurde, sondern die Rivalitäten der schwarzen Männer (Kerle) und der Frauen (Stars) wurden, durch Phagozytose, vom FBI mehr und mehr dazu benutzt, die Auflösung der

* Anm. d. Übers.: *louper*, versauen, verfehlen.
** Anm. d. Übers.: *louveteau*, Scout der Pfadfinder unter zwölf Jahren.

Panther, dessen, was sich entwickelt zu haben schien, unumkehrbar zu machen.
Die Straßen, vor allem aber die Gassen von Beirut, waren um diese Stunde, von der ich lange geredet habe, im Jahr 1982 von jungen braunhäutigen Männern bevölkert, deren Gesichtspartie über der Oberlippe weiß war, und daran erkannte man einen Palästinenser. Er hatte geglaubt, unbemerkt durchzukommen, indem er sich den Schnurrbart abrasierte, doch verriet die Blässe der Haut die viel zu frische Stelle. In den Vereinigten Staaten waren die Schwarzen die Zeichen auf dem amerikanischen weißen Fleck, welche diesem aschgrauen Kontinent Sinn verliehen. In Jordanien ereignete sich alles so, als wären die Aufstände und Revolutionen lediglich ein Fest, mehr oder weniger lang, mehr oder weniger blutig, welches freilich ausklang, sobald die Aktivität zu erschöpfend war.
Ich hätte aus dem Viereck von Ajloun verschwinden können, keiner hätte es mitbekommen. Die Lücken in dieser Armee klafften überall, niemand bemerkte sie; wir gingen, wir kamen ohne, zumindest sichtbar werdende, Beschränkung, und um einen Soldaten vom anderen zu unterscheiden, verließen sich die Wachen eher auf eine Art von Vertrautheit – Gesichter oder Benehmen – als auf die Uniform, die praktisch jeder feindliche Beduine aus amerikanischen Überschüssen kaufen konnte, bei der es sich um die berühmte gescheckte, auch als Tarnung bezeichnete Kombination handelte. Sämtliche Fedajin, also alle – außer mir, dessen weißes Haar, das Alter, die Kordhosen und vor allem meine unbestreitbare Überzeugung, in dieser Borke, diesen Blättern, dazu zu gehören – jeder war also in Tarnzeug gekleidet. Die zwei oder drei Mal, daß ich die Stützpunkte in Richtung Damaskus, Beirut oder Paris verließ, warnten die Verantwortlichen; doch weiß ich, daß

mein Verschwinden eines schönen Tages niemanden beunruhigt, noch überrascht hätte.

Niemand und nichts, keine Erzähltechnik vermag zu schildern, was die sechs Monate unter den Fedajin in den Bergen von Jerash und Ajloun, besonders die ersten Wochen, ehe die großen Stürme, die großen Kälteperioden anfingen, ausmachte. Eine Aufzählung der Ereignisse geben, eine Chronologie erstellen, die Erfolge und Irrtümer der Fedajin, die Stimmung der Zeit, die Farbe des Himmels, der Erde und der Bäume, ich könnte sie nennen, niemals aber diese trunkene Leichtigkeit nachvollziehbar machen, das Gehen über Staub und tote Blätter, das Blitzen der Augen, die Durchsichtigkeit der Beziehungen, nicht allein zwischen den Fedajin, sondern zwischen ihnen und den Anführern. Sie waren Gefangene dieses Vierecks von sechzig Kilometern Länge und vierzig in der Breite, in dem sie sich benahmen wie die jungen Herren auf den Gobelins. Man konnte, dieses betrachtend, von ihnen sagen, Gefangene, freilich auf Ehrenwort. Alles, alle unter den Bäumen waren Bebende, Lachende, entzückt von einem so neuen Leben für jeden, auch für mich, und mitten in diesen Schaudern etwas seltsam Unbewegtes, auf der Lauer, zurückgehalten, geschützt wie jemand, der lauscht, ohne etwas zu sagen. Alle waren für alle. Jeder war in sich, nicht volltrunken, aber allein. Und vielleicht nicht. Insgesamt lächelnd und verängstigt. Das jordanische Gebiet, in das sie sich zurückgezogen hatten – ich kann die Wörter geflüchtet oder zurückgezogen anhand gesicherter Daten benutzen – das Glück unter den Bäumen war so groß, daß die palästinensische Revolution in den Augen der Privilegierten der arabischen Welt als bloße Aufsässigkeit durchging. Diese Gegend beinhaltete Wälder, kleine jordanische Dörfer, in denen man höchstens ein paar schnell davonhuschende Bäuerinnen sah, ziemlich magere Pflanzungen, dünn, ich kann sagen unterentwickelt, da ich den Boden, richtig betrachtet, als fruchtbar erkannte, als gut, aber schlecht und sehr oberflächlich gepflügt, ohne Kenntnis bestellt, weil die Ähren des Hafers oder Roggens hier dünngesät und zwei Meter weiter zu dicht standen. Die jungen Soldaten hielten ihre Waffen beinahe verliebt instand, mit einer so durchsichtigen Schmiere, daß es mir schwerfiel, nicht von einem Überzug aus Vaseline zu träumen. Alles ließ daran denken, daß sie in das Gewehr verliebt waren. Seine Anwesenheit war das Zeichen der triumphierenden Männlichkeit, und dank seiner schwand merkwürdigerweise die Aggressivität. Zur Teezeit oder am Abend baten sie mich, von Amerika und seinen Wolkenkratzern zu reden. Sie waren auf jede Absonderlichkeit gefaßt, da es sie nicht erstaunte, als ich ihnen sagte, daß die Städte aus Hochhäusern im Stehen schissen. Nicht zu geregelten Zeiten, wie gesunde Menschen, sondern immerzu, Tag und Nacht, und aus mehreren Ärschen auf einmal. Es drangen Schübe von Scheiße aus ihnen, die durch die Straßen flossen. In New York scheißen die Wolkenkratzer im Stehen, bei Tag und Nacht, ein in den Eingeweiden aufgeschichtetes, entsprechend den Stockwerken immerfort stark zusammengepreßtes Volk aus, was sich, wie die Entleerung nach einer Verstopfung, mit einer derartigen Gewalt vollzog, daß, sobald die ersten Kötel austraten, das Gebäude erleichtert schien. Für die nächsten, die ewigen Koliken.

»Und roch das?«

»Kaum. Die Amerikaner haben ein bleiches und geruchloses Exkrement.«

»Moment mal«, wandte Khaleb Abu Khaleb sich an mich, »du hast mir erzählt, daß Amerika früher von Wäldern bedeckt war. Und daß sie ziemlich kräftige Werkzeuge haben, warum haben sie anstelle all dieser, dermaßen hochgezüchteten und ihre Scheiße im Stehen auslassenden Wolkenkratzer, wie es die Pürierpressen tun, keine komfortablen Schächte ausgehoben, ebenso breit wie die Wolkenkratzer, aber unterirdisch. Sie hätten die Eichen auf dem Boden gelassen und sich selbst in Fahrkörben hinuntergelassen.«
»Wie die Bergmänner, welche freilich Galerien und Zimmer aus rosa Marmor hätten?«
»Zum Beispiel.«
»Insgesamt, es lebe das Leben der südafrikanischen Neger?«
»Und der elektrische Stuhl, ist das wirklich ein Stuhl?«
»Es ist eher ein Thron. Der Verurteilte setzt sich darauf, seine Arme und Hände auf den Lehnen.«
»Und warum tötet man ihn nicht liegend? Oder stehend? Auf einem Thron sitzend, wem gegenüber?«
Die Revolutionäre sterben oft sehr jung, sie haben kaum die Mittel, sich New York vorzustellen. Sie durchqueren das Meer, den Himmel, die Gärten. Sie dringen nachts in die Zimmer ein, tötend, oder sich, gegen Möbel stoßend, versteckend, und noch die friedlichste ihrer Gesten ist ein Blitz. Die Welt da unten, unsere, für die sie sich töten lassen, lebt ganz und gar alltäglich. Sie bereitet das Essen vor, sie schläft: Übermenschen, die irgendwann zwischendurch eine Kleinigkeit essen, wachen darüber. Der Ernst der Revolutionäre bedeutet zu spielen, das heißt, jene Kombinationen zu multiplizieren, die sie später umsetzen werden. Hier ist alles eine Frage des Stils.
Mubarak, bekleidet wie er war, in der Tarnkombi, tauchte auf – tauchte unter. Wäre er nicht in Ajloun gewesen, wäre

er auf einem anderen Stützpunkt, in einem Lager, aber in welchem und was täte er dort?

In meinem ganzen Leben habe ich lediglich ein Stück Radium gesehen, Abu Kassem. Ich war seiner Strahlung alsbald unterworfen, von der ich nur das hier sagen kann, *ein konstanter Beschuß durch Teilchen*. Dieser enthielt auch Erotik, allerdings eine abgeschaffte Erotik, vielleicht die Abwesenheit der, als Entladung erlebten, Entladung oder Explosion. Einige Zeit über glaubte ich, oder gab vor, es zu glauben, daß er das Geschenk der Anführer war oder vielmehr, daß seine bloße Anwesenheit, mehr als seine Argumente, mich von der Gefährlichkeit des Widerstands überzeugten. (Wir befanden uns in jener Epoche, in der man zögerte zwischen den Ausdrücken: palästinensische(r) Befreiung, Widerstand, Revolution.) Es war er, der als erster kam, mich zu begrüßen, gemeinsam mit einem anderen Fedajin, der französisch sprach. Seine äußere Anmut verwirrte mich weniger durch die Schönheit des Gesichts, des Blickes und des zu erratenden Körpers, die Harmonie jedoch jeder einzelnen, äußerst unvollkommenen Partien seiner Person erfüllten letztendlich, was sie verhießen: einen zurückgehaltenen Schwung.
»*Salam Allah alikum!*«
»*Alikum Salam!*«
»Du kommst aus Frankreich? Woher?«
Das war plötzlich. Ich fühlte mich in einer Samtfalle gefangen. Vor allem, zum ersten Mal hatte sich jemand auf diese Art an mich gewendet. Anstelle des gewöhnlichen *Salam alikum*, war es der feierliche Gruß: *Salam Allah alikum*.
»Aus Paris.«
»Ich hab dich laufen sehen, du humpelst ein bißchen.«

»Eine kleine Wunde an der Ferse. Folge eines Sturzes in England.«

»Ist es kalt in England?«

Während ich meine Jacke an einen Nagel hing, war Abu Kassem verschwunden. Sein Fedajin-Kamerad schien ebenso überrascht wie ich.

»Wo ist dein Kumpel?«

»Rausgegangen. Mußte scheißen.«

Wir schauten in die Nähe der Büsche.

»Was will er?«

»Ich kenne ihn nicht. Ich hab ihn auf dem Asphalt (der Straße) kennengelernt. Er hat mit der Hand auf dich gezeigt: ›Das ist der Franzose?‹ Und er ist herübergekommen.«

Abu Kassem erschien wieder an unserer Seite, still und ein wenig lächelnd.

»Das wird dir helfen zu laufen.«

»Danke.«

Ich nahm also den Ast, von dem er mit einem Taschenmesser die Blätter, Zweige und selbst die Rinde abgeschält hatte. Er sagte zu dem Fedajin:

»Übersetze. Welches Alter hast du, das meines Vaters oder das des Vaters meines Vaters? Dir bleibt nur wenig Leben, um in Frankreich die Revolution zu machen.«

Abu Kassem war unerträglich. Er lehrte mich den Leninismus überaus profund, mit einer Vorliebe für den Ernst. Mit siebzehn Jahren konnte er, freilich auf arabisch, Passagen aus Lenins Werk auswendig. Er sagte sie mir abends mit derselben Frömmigkeit auf, wie ein *Fqi* den Koran. Sein französisch sprechender Kamerad übersetzte, und während der Atempause, die er ihm gewährte, verfolgte Kassim den Gedanken an zwei Dinge: den Satz oder besser die Anweisung Lenins in seiner Erinnerung wiederzufinden und in seiner Pistolentasche einen Kamm, um seine

Locken in Ordnung zu bringen. In jedem Kämpfer, stolz darauf, ganz aus einem Guß zu sein, hätte ich die Schauder eines Mannes entdecken müssen, der weniger Angst vor der Dunkelheit als vor dem Licht hat.

»Und deine Chefs?«

»Welche Chefs?«

»Deine. Du gehorchst den Chefs, warum?«

»Es braucht immer jemanden, um zu kommandieren. In der Sowjetunion folgt man Kossygin, nein? Du verstehst nicht, du bist Franzose. Warum haben die Franzosen de Gaulle verraten?«

»Verraten?«

»Indem man ihn durch Pompidou ersetzt hat. De Gaulle durfte wieder nach Hause gehen.«

»Ich heiße Rachid«, sagte der Fedajin-Dolmetscher zu mir. Meine Antwort abschneidend. »Fahr Kassem nicht an, er ist noch jung. In seinem Alter glaubt man an die Loyalität einem Mann gegenüber, die Dummköpfe glauben es, bis sie vierzig oder fünfzig Jahre alt sind. Ich werde ihm das zuerst einmal vorsichtig und auf Arabisch erklären. Ich bin dreiundzwanzig Jahre alt. Schlaf.«

»Sardina, Sardina, ständig Sardina!«

Der Fedajin vom Küchendienst brachte und öffnete die Dosen mit Thunfisch. Für alle Kämpfer, und in erster Linie für Kassem, hießen sämtliche Fischkonserven Sardinen. In der Nähe von Mafraq geboren hatte Kassem das Meer nie gesehen. Jeder gab sein Quäntchen Weisheit dazu, wir versuchten, es ihm zu beschreiben, indem wir zuerst sagten, daß es blau war.

»Blaues Wasser!«

Man schilderte ebenfalls die Form und die Größe der Fische im Sand, die jenen aus den Büchsen nicht ähnelten.

»Und ihre Schreie, wie sind die?«
Niemand wagte, den Schrei der Fische nachzuahmen, und ich sagte:
»Man sollte sich das vielleicht für Mubarak aufheben.«
Dadurch fiel der Gruppe seine Abwesenheit auf. Kassem, halb ironisch, halb neugierig, sagte zu mir:
»Du hast uns von den Erscheinungen Marias erzählt, der Ehefrau von Jesus ...«
»Nicht Ehefrau, Mutter.«
»Mutter? Nach dem, was du gesagt hast, wirkt sie jung. Und das, was sie redet, in welcher Sprache ist das? Jener der Sardinen?«
»Sobald sie erscheint, weiß man, wo sie sich befindet, wenn sie jedoch abwesend ist, wo ist sie? Hast du eine Idee? Wo zum Beispiel ist Mubarak?«
Das waren Kassems letzte Worte.
Die Unterhaltung klang unbeschwert aus, jedermann hing seinem eigenen Verschwinden jenseits des Jordan nach.

Ich war nicht der einzige, der die Eigenschaften dieses radioaktiven Blocks kennenlernte, den Abu Kassem in meiner Nähe bildete. Sein muskulöser Körper strahlte jeden an, doch genügten eine Geste, ein Wörtchen, welche seine Reize unterstrichen, und sein Körper zeigte die Zähne. Wie viele der Fedajin war er dafür vorgesehen, an den Jordan zu gehen. Er tat es scheinbar gelassen, wissend um seine Schönheit und den Ruhm, der sie umgab, und den Ruhm, der seinen Tod umfangen würde. Half seine Schönheit ihm dabei zu sterben? Der Vollständigkeit halber, hier die andere Seite meiner Frage: welcher Fedajin ohne Charme – doch schon frage ich mich, ob es das gab? – ohne jeden Reiz, der den Befehl erhält, zum Jordan hinunterzusteigen, also in den Tod, kann sich anders sehen als in der

Rolle des Opfers, oder wagte er, der Demut seines Lebens trotzend, welches ohne Glanz war, in Israel eine Heldentat, die ihn zum Schrecken der Juden machte?

Als ich in Syrien war, nahe der libanesischen Grenze, trat ziemlich dicht an meinem Taxi ein Keffieh über einem unrasierten Gesicht aus einem Haus, aufgehalten durch einige syrische Soldaten, ich glaubte, Arafat zu erkennen. Er schritt mitten durch die Fedajin, ohne daß einer von ihnen sich erhob. Er war es nicht. Als allerdings der Wagen knapp am Taxi vorbeifuhr und ich sein anderes Profil sah, war er es, die Zeitung vor meinen Augen zeigte ihn in Alger, und ich sagte mir, daß er seine Zeit damit verbrachte, sich entweder mit dem einen oder dem anderen Profil hier oder dort sehen zu lassen. Gewisse Königinnen gehen auf die gleiche Art zu Werke, sie durchqueren ihr Land auf dem Rücken eines Esels, langsam genug, damit die Fotografen Zeit haben, die Hochrufe der Bauern, die sich für gewöhnlich in einem Kaufhaus einkleiden, in Trachten aufzunehmen, wie man sie früher getragen hat. Der Akt vollzieht sich folgendermaßen: der Rolls parkt in der Nähe des Esels, die Königin steigt aus etc. Arafat verschwand, ehe er ins Auto einstieg, versunken in der Menge. Viele der Leute schienen mir die Skrofeln zu haben, so daß ich ein Verbrechen begangen hätte, den Platz eines einzigen Kriegers einzunehmen, der das Glück hatte, geheilt zu werden.
Seit dem Eklat seines Empfangs in der UNO schien Arafat in die Ohnmacht, ins Verschwinden abzugleiten. Die Palästinenser wurden nervös. Die Unruhe bemächtigte sich der Gesichter, der Körper, der Worte. Was die Fedajin und die erwachte palästinensische Welt von 1965 bis 1974 zusammengehalten hatte, war die Angst vergessen, verleug-

net zu werden. War die Zeit gekommen, in der die Angst Arafats – jene, die ihn eines Tages seufzen ließ: »Europa, die ganze Welt redet von uns, fotografiert uns, gestattet uns dadurch zu existieren, aber wenn die Fotografen nicht mehr kommen, keine Radiostationen, Fernsehsender, wenn die Zeitungen aufhören, von uns zu sprechen, wird Europa, die Welt denken: die Palästinensische Revolution ist vorbei. Das Problem ist durch Israel oder Amerika, und für diese beiden, gelöst worden.« – War diese Angst demnach Vorahnung? Ich glaube, daß die Mehrheit der PLO ein achtbares Bild von sich abgeben wollte.

»In den Jahren 1970–71 in Jordanien habe ich auch Fedajin gesehen, froh darüber, ohne großes Risiko Autos, Fotoapparate, Schallplatten, Bücher und Hosen klauen zu können. Sich vor einer moralischen Verurteilung zu schützen, sagten sie sich und den übrigen: ›Ich bin ein Revolutionär.‹ Sie stahlen in den zwei Bedeutungen der beiden Worte* – unbehelligt, da eine Autorität, eine höhere Instanz als alle anderen (die Revolution) sie beschützte, besser, sie zum Klauen ermutigte, zum Höhenflug, wenn man so will –, nicht zu plündern hätte sie in den Augen der Kumpels als schüchtern gelten lassen, als ›nicht revolutionär‹; die Revolution begann mit der Tasche oder der Beschlagnahmung der Erträge der Reichen. Erinnere dich, daß die Parolen der Rebellion klar die drei Feinde wiesen: Israel, Amerika, die arabischen Regierungen von Polizeistaaten.«

Und aufgrund des hier an dritter Stelle Genannten bewegten die Fedajin sich innerhalb eines leuchtenden Halos, in dem die Jugend der Welt auf sie aufmerksam wurde. Ohne den Heldenmut von Leila Khaleb aufzubringen, die im

* Anm. d. Übers.: *voler* = fliegen, stehlen.

Flugzeug der El Al eine Handgranate abzog, nahmen die Fedajin es hin, ein unannehmbares Bild abzugeben.
Ich möchte durchaus glauben, daß es unter den Anführern jederzeit Haie gab, die, ohne Flugzeuge zu entführen, das Geld der Widerstandsbewegung umlenkten, die Palästinenser, die einfachsten Menschen, lieferten mir Namen und Beweise, schätzten das Umfeld Arafats gering.
Und die Befehlshaber, wie auch die einfachen Fedajin, um sich vor ihren eigenen Erkenntnissen zu schützen – vielleicht sogar vor ihrem Bewußtsein – wollten der obersten Instanz gehorchen: »Für den Sieg der Revolution ...«
»Besser als ich sahen die Fedajin riesige Summen in die Hände der Verantwortlichen, die ihrer Frauen, ihrer Gören wandern ...«
Die Söhne der »berühmten Märtyrer« wurden gehätschelt. In den Generationen der Erben, von Kindheit an verfettet, bildeten sich neue Rivalitäten heraus: Clans, Städte, Dörfer, Familien, Abhängige, Bündnisse. An dieser Stelle frage ich mich, ob die von den Golfstaaten zur Verfügung gestellten Summen, die Hilfe der Länder der arabischen Liga überhaupt, den Verantwortlichen nicht ausgestreut wurden, sie zu versuchen, sie letztendlich zu korrumpieren?
Diese Familien, die Mekka, Medina, Damaskus, Sitz der ersten Umajjaden, Jerusalem zur Zeit Titus' oder ein Dorf in Galiläa vor Jesus zu ihrem historischen, vielleicht legendären Ursprung hatten, die bis zu Lawrence aus der Fabel kamen, verbreiteten noch um Arafat herum eine Art Geschichte ohne genaue Chronologie. Was die besten von ihnen betrifft, schenkten die Großen Familien der Revolution jene, die ich die »Brennenden« nenne: Nabila, Leila und viele Namenlose.
Die »Larven«, die ich nicht anders bezeichnen werde, sie reisen mit der Concorde von London nach Rio, von Los

Angeles nach Rom, sie wohnen Avenue Foch und Monte Parioli.

Abu Omar geriet, bis auf eine Ausnahme, niemals in Wut vor mir; an seinen jähzornigen Ausbruch aber erinnere ich mich. Sein rosiges Gesicht wurde schlagartig weiß, lachend wurde es ernst, rund wurde es schmal. Seine Brille mit einer solchen Überstürztheit herunterreißend, schien er sie eher aufzuklauben, als sie von seiner Nase zu heben. Ich hatte gesagt: »Daß für euch Gott ein Postulat ist ...«
Einige Sekunden lang still, fuhr seine Wut mit der Beschleunigung einer Quecksilbersäule in einer hundert Grad heißen Bouillon in die Höhe.
»Gott ist kein Postulat! Das ist ...«
»Das ist was?«
»Das ist die Erste Tatsache, das Unerschaffene.«
»Und die Zweite?«
»Die Revolution.«
Gott, Faktor und Tatsache Eins, Ewiger, Unerschaffener war für ihn also die Offenbarung. Das zornige Zurückweisen des Wortes Postulat, womöglich gekünstelt, doch unschuldig, die Bejahung dieses Gottes und seiner Kategorien, der Zorn, alles war nah an dem, was sich der Islam zubilligte.
Abu Omar kannte meine Ungläubigkeit, meine geringe Ehrerbietung in Hinblick auf das »Wesen« seit langem. Wurden sein Zorn, seine Wut, von der Unbeholfenheit eines Vokabulars hervorgerufen, das geeignet war, ihn zu verstricken, wenn er sich seiner nicht enthoben hätte? Aber ich glaube, es lag nicht nur das in seinem Blick, seiner Blässe, dem Zittern seiner Stimme. Was? Jenseits des Wütens, das Grauen. Wenn Gott veräußert werden konnte, oder weggestrichen, also unbeständig ...

Es kommt vor, daß ein Schüler sich bestens erinnert, seinem Lehrer gehorcht zu haben. Den Schwamm, an einem Faden befestigt, viele Male hat er ihn über die Buchstaben aus Kreide auf der schwarzen Tafel fahren lassen. Er hat, was geschrieben stand, wirklich weggewischt, und entsprechend war eine ähnliche Gebärde, von rechts nach links und zurückschnellend, diese Geste der Hand lange Zeit über ausführend, eine Geste des Abschieds und des Auslöschens, welche das Wort »bye-bye« begleitet, so wirkungsvoll, daß die Gesichter der zum Abstieg an den Jordan bestimmten Freunde endgültig verschwanden.
Während der Schüler auf der schwarzen Tafel den Kreidetext wieder auftauchen sieht, den er fraglos mehrfach getilgt hat, verweigert der Fedajin zuallererst, gegen den Baum gelehnt und lächelnd, das Gesicht des »Märtyrers« wiederzuerkennen, das er mittels seiner Gebärde sicher zum Verschwinden gebracht hatte. Mit ein paar apropos' und etwas Geschick kann er Freude heucheln, Gefühlsausbrüche, seine Bestürzung zu verbergen, da man aus den Gefilden des Teufels nicht ohne Schaden wieder heraufsteigt, wenn man nicht den Pakt mit ihm geschlossen hat, der den Aufstieg erlaubt. Man kommt aus Israel nicht zurück. Ich habe jene Geste des Abschieds oft bemerkt, die ein Gesicht und einen Körper auslöscht. Und am nächsten Tag tauchten Gesicht und Körper wieder auf. Das Lager atmete, ich weiß nicht warum, eine schalkhafte Atmosphäre. Abu Kassem kehrte niemals vom Jordan zurück. Er war zwanzig Jahre alt.

Ebenso wie ich entfernte Abu Omar stets das geringste Wort aus unseren Gesprächen, das – und sei es auch noch so flüchtig – an meine kurze Gemütsbewegung erinnerte. Mehr oder weniger überall in Jordanien, wenn er mit einem

Lächeln und Genauigkeit meine von überzeugten Muslimen herausgeforderten theologischen Debatten übersetzte, geschah das, weil er über eine enorme Intelligenz, also Mut verfügte. Durch ihn begriff ich ziemlich schnell das äußerst belanglose Leben der Palästinenserinnen in den Lagern. Bestehend aus denselben Stichen der Stickerei alter Kleider ist das uralte Gedächtnis der Palästinenserinnen ein Stück für Stück zusammengesetztes Gewebe aus minimalen und augenblicklichen Rückbesinnungen, im Blick zu behalten, daß Faden gekauft, drei Knöpfe angenäht, der Boden einer Unterhose geflickt, für ein bißchen Salz zum Händler gegangen werden muß, sowie die Zeit, die es braucht, die Zügel in der Dichte des Vergessens gewesenen Elends festzuhalten oder den allernotwendigsten Erinnerungen, dem Salz, dem Faden, den Knöpfen das Gedächtnis der Toten, der Kämpfer zuzuschlagen, die Eier, den Tee, welch ununterbrochenes Leben! Und noch dazu in ausgesprochen edler Haltung zu verharren, in der Witwenschaft inmitten von dreizehn Kindern. Sein Kummer war aufrichtig, als er mir eines Tages sagte:
»Jean, in gewissen Momenten zittere ich, aber ich zittere wirklich, vor allem mit meiner rechten Hand, seit ich um die Entscheidung Arafats weiß, Frangié einen Besuch abzustatten. Ich zittere bei der Vorstellung, diesem Mann die Hand zu reichen, der sich Christ nennt, und Christ vor allem an diesem Tag, als er siebzehn Bauern in einer Kirche ermordete, seiner und auch ihrer.«
Ich weiß, daß das Worte von Ertrunkenen sind, noch genauer von mir, der einen Ertrunkenen sprechen läßt. Gedanke einer solchen Art, daß er ihm als adäquate Lösung eines schwierigen Problems erschien, war die Revolution die Unumschränkte Kunst, niemals Träumereien, aber geistige Aktivitäten – Sicherheiten, Zögern, Hoffnungslosig-

keiten – eines Mannes, der sich der palästinensischen Revolution verschrieben hatte. Tagtäglich, und zwar mehrmals am Tag, mußte er sich dazu zwingen, seine Freude zu bekunden, wenn ein unbesonnener oder verdrehter Fedajin ihn lachend von einem Sieg über die Beduinen unterrichtete, errungen durch Taten, die er ansonsten bestialisch oder kriminell nannte.

»Wieviel Tote?«

»Mindestens fünf. Der Kopf des Beduinen war vollständig vom Rumpf abgetrennt, er ist von Stufe zu Stufe gehüpft, die Treppe von Achrafieh von oben bis ganz nach unten.«

Die Fedajin hielten zu diesem Zeitpunkt tatsächlich die Höhen von Amman, nahe dem Wasserturm, und in der Schußlinie den Haupteingang des Königlichen Palastes.

»Der Kopf sprang die Stufen der Treppe hinunter?«

Er täuschte das Vergnügen vor, weil es, dachte er, an ihm, dem Intellektuellen war, sich abzuhärten. Der von Stufe zu Stufe hüpfende Kopf eines Gegners war sicher drolliger vorzustellen, als eine, auf die gleiche Weise, an der gleichen Stelle aufprallende Wassermelone, zumal keine Wassermelone blutig sein konnte, von echtem Blut.

Ohne durch den fröhlichen Charakter der Angelegenheit wirklich betrübt zu sein, fragte ich ihn, ob er es ebenfalls reinen Herzens akzeptieren könne zu lachen, wenn ich blutige Hände hätte, nachdem ich, abgehauen mit einem Säbelstreich, einen Jordanier enthauptet haben würde, dessen Kopf noch rollte – man ihn von Stufe zu Stufe aufschlagen hörte.

»Wie entsetzlich.«

Und tatsächlich drückten sein Gesicht, vor allem sein Blick und sein Mund Abscheu aus.

»Aber das Gleiche amüsiert Sie, wenn es von einem Fedajin erzählt wird.«

»Ich habe kaum Übung im Töten, noch in Erzählungen vom Töten. Es wird Zeit, mich abzuhärten.«
Wir kannten, er besser als ich, eine Führungskraft, die bei der Explosion einer Paketbombe ein Auge verloren hatte.
»Sagen Sie mir aber, welches Auge er eingebüßt hat?«
Abu Omar schien in seiner Erinnerung zu suchen und gestand mir:
»Ich weiß es nicht mehr. Das linke, glaube ich.«
»Wann haben Sie ihn gesehen?«
»Gestern früh.«
»Und Sie haben es vergessen?«
»Ja, in der Tat. Zur Beobachtung bin ich nicht begabt. Aber ist diese Einzelheit wichtig?«
»Und welches Auge blieb Dayan?«
»Sie wollen das gegeneinanderhalten? Daß der Palästinenser sein linkes und der Israeli sein rechtes behalten hat? Sie werden davon doch nicht in Ihrem Buch sprechen? Das wäre amüsant, aber ...«
»Arafat?«
»Arafat würde mir untersagen ...«
»Er würde lediglich eines verstehen: daß Ihre Besorgnisse verwirrend sind.«
»Sie beklagen den Verantwortlichen?«
»Sicher.«
»Dayan?«
»Sicher nicht.«
Er lachte weiterhin, ein schallendes Kopflachen. Dann, sich scharf unterbrechend, vernahm ich ihn mit einiger Überraschung:
»Vor allem anderen müssen wir die Zusammenkunft von Salt abwarten.«
»Warum Salt?«
Salt, ehemalige Hauptstadt von Transjordanien, war in

Jordanien die kleine christliche Stadt, noch osmanisch in der Hinsicht, wie ich sie weiter oben beschrieben habe. Ein Keller in Salt, mit romanischen Wölbungen, runden Pfeilern aus unverblendeten Steinen, formschönen Säulchen aus weißem Marmor, mit Kapitellen, deren Verzierungen abgenutzt waren, also geglättet von der Zeit und der Luftfeuchtigkeit, viel eleganter dadurch, daß sie von den massiven Pfeilern geschützt waren, die versuchten, sich unweit ihrer zu ducken. Rechts ein Stapel Wassermelonen, links einer von Auberginen. Im Hintergrund Orangen. Mich durchzuckte blitzartig die Vorstellung, daß die Früchte und Gemüse nach einer byzantinischen Architektur verlangten. Tatsächlich, er antwortete auf meine Frage, die ich ihm ein bißchen weiter oben gestellt hatte: »Da Arafat ja nach Moskau eingeladen ist, wann fährt er?«
Abu Omar spielte auf die Gespräche (UdSSR und USA) im Rahmen von S.A.L.T.* an. Als er begriffen hatte, welche Konfusion wir, einer für den anderen, mühevoll anrichteten, begann er aufs Neue sich dermaßen zu schütteln, daß er seine Brille abnahm, um sich die Tränen des Lachens besser mit dem Ärmel abtrocknen zu können; jetzt, wo er tot ist, weiß ich nicht, ob der rollende Kopf des Beduinen auf der Treppe oder unser zwiefaches Durcheinander Anlaß für seine Freude war. Ich glaubte sogar, in seinem vornehmen Lachen ein paar der schrillen Töne eines Mannes wiederzuerkennen, der in Hysterie abgleitet. Woher wissen, ob Abu Omar aus dem Lachen der Verwirrung nicht in der Hoffnung Gewinn zog, es werde sein aufgesetztes, künstliches Lachen vergessen machen, welches ich Kopflachen nennen würde, wäre der Vorwand nicht ein abgeschlagener, von Stufe zu Stufe abprallender, oder in einem

* S.A.L.T.: Strategic Arms Limitation Talks.

romanischen Keller aufgestellter Kopf gewesen, dem sich ein ununterbrochener Schluckauf entwand?
Unter dem lachhaften, aber eindrucksvollen Denkmal, hinter der schmerzlichen Heiterkeit, welche das Bild des Enthaupteten noch hervorruft, unter der simulierten Grausamkeit, jedoch mit Anlage im kindlichen Lachen und gellenden Augenblicken (wie die beschwipsten Engländer sie am Abend in den Pubs haben), gab es und wachte ernsthaft eine alarmierte Intelligenz, ein Sinn für das Quivive, sich unausgesetzt über die aktuellen Umgestaltungen zu befragen, sowie, falls Sie gut hingeschaut haben, eine noch dazu vollständige Hingabe. Abu Omar war bereits fünf Jahre vor seinem Tod auf hoher See in der Revolution ertrunken. Habe ich Ihnen damit gesagt, daß dieser Mann gut war?

Wie die übrigen, doch weder mehr noch weniger als jeder andere Verantwortliche, stand er aufrecht, sobald ein Fedajin in das Büro Arafats eintrat. Diese deutlich zur Schau gestellte Höflichkeit, pathetisch und düster, kam demjenigen so vor wie das, wozu ein Übertopf dient, eine unzüchtig und hastig zugeknöpfte Uniform, weil der Kämpfer, der ein Telegramm, eine Tasse Kaffee, ein Päckchen Zigaretten hereintrug, nur dies eine verstehen konnte: du bist ein Held, also bist du tot, und wir erweisen dir alle, einem Märtyrer gebührenden Ehren, wir tragen deinetwegen Trauer. Unter unseren Stühlen, wo unsere Ärsche sitzen, ist eine Feder angebracht, und sobald ein Held eintritt, zwingt unser Schleudersitz uns, in Trauer zu fallen.
Woher kam diese Mode? Und wie lange würde sie anhalten? Fieberhaft richteten sich alle Verantwortlichen, männlich oder nicht, beim Eintritt eines einfachen Kämpfers auf, und der Tote, der eine Zeitung brachte, sah sein offe-

nes Grab, um es herum die Anführer, stolz auf den Helden und sich selber, auf das andere Ufer weisend. Abu Omar lachte über diese Zeremonie, die er zuerst mit Arglosigkeit hinnahm und gegen Ende mit Überdruß.
Selbstverständlich war das Zeremoniell militärisch, also mit der Eleganz des kleinen Fingers an der Hosennaht, die sie vollendet, doch war der Geehrte es genauso wie wir, wohl zwei Sekunden lang gewürdigt, doch gewürdigt im Grab. Ich muß eine Einzelheit hinzufügen: »der Grabstein« wurde zuerst geschrieben, dann durchgestrichen, weil über den behauenen Stein hinaus – Granit oder Marmor – dieser ebenfalls graviert ist, wobei die Grube, von der ich spreche, tief, also belanglos war, keinerlei Namen trug, kein Datum.
Wie man es tun muß, wenn man gerade einen guten Witz gehört hat, klatschte er sich mit der flachen Hand auf einen seiner Schenkel. Es gelang ihm sogar, mir ironisch und ernst zu sagen:
»Ich habe mich heute morgen verbürgerlicht.«
»Auf welche Weise?«
»Ich habe bei meiner Tante, die Palästinenserin, aber Monarchistin ist, vorbeigeschaut, um eine Dusche zu nehmen.«
»Eine Dusche, das ist nicht mehr besonders bürgerlich. Auch nicht revolutionär. Es gibt sie in jedem x-beliebigen Fußballstadion. Ein Bad vielleicht ...«
»Ich habe nicht gewagt, es dir zu sagen, es war ein heißes Bad, das ich genommen habe. Somit verbürgerlicht, es ist eine Schande«, fügte er lachend hinzu.
»Aber warum verbürgerlicht?«
»Seit vier Monaten konnte ich meinen Geruch nicht mehr ertragen. Es war mein erstes Wasser. Und die Fedajin haben das, mit Ausnahme des Regens, niemals gekannt.«

Vergleichbar dem für Frankreich, ruft das Wort Palästina bei den Bauern, beim Adel, bei der Finanz, den Fedajin, den Großen Familien, bei den Neureichen eine jeweils andere Realität hervor, keine dieser aufgezählten Kategorien erahnt der übrigen verborgene Wirklichkeiten, und niemand scheint sich zu fragen, ob die Unterschiede, von denen er nichts weiß, virulent sind. Daß sie ihre ausgesuchte, Konflikte, Kämpfe vorbereitende Dynamik haben, und daß dieses Wort: Palästina eines schönen Tages nicht mehr der Begriff sein wird, der die Übereinkunft anzeigt, welche ihn zu decken scheint, sondern ein unbarmherziger Kampf innerhalb dessen, was man tatsächlich als Klassen zu bezeichnen hat.
»Aber wie schön das Gebirge ist!«... Bevor die Reflexion ihn an erklärbare geologische Faltungen denken läßt, erweist sich das Gebirge für den Alpinisten als eine ihn betreffende Gegebenheit, für den Bergbewohner als Widerhall seiner Stimme, für Cézanne als etwas anderes, als was weiß ich für die übrigen? doch ist das Gebirge beim Anlauf eine physikalische Erscheinung, die jedem einzelnen in dem zwischen ihm und diesem Gebirge eingespielten Verhältnis nützen wird, und jeder, der von ihm spricht, wird nur von sich selbst reden. Die Tante Abu Omars gehörte zur guten christlichen Gesellschaft, wo die Badewanne kein Luxus ist, auch kein Sanitärgegenstand mehr, sondern das Zeichen, welches das Wort Palästina für sie selbst eindeutig unterstrich. Sie verachtete die Fedajin – und zwar zutiefst. Ohne die goldenen Gewichte der Anrede »Your Majesty«, da sie nur englisch sprach, aus reinem Snobismus ein paar Kraftausdrücke in arabischem Bauerndialekt und zwei oder drei schön dreckige Flüche palästinensischer Kutscher, hätte sie sich womöglich mit den Fedajin abgefunden, doch war ihre Verehrung für die Kö-

nigin von Jordanien berauschender als die Revolutionen, vor allem, wenn sie in Form von Aufständen der Habenichtse aus dem Boden schossen. Ihrem Neffen überließ sie ihre Badewanne, von seinem Eintritt in die PLO bis zu seinem Tod, einmal im Halbjahr.

Seine akademische Bildung kam Abu Omar beizeiten zu Hilfe, anstatt jedoch Nutzen daraus zu ziehen, der ihn hätte besänftigen können, trieb eine weitere Ungewißheit ihn um, indem sie ihm dieses Leben und die Revolution irreal erscheinen ließ.

Manche Wanzen sitzen unsichtbar auf den Ästen der Bäume. Als Kind passierte es mir, meine Hand aus Versehen auf ein grünes oder, Farbe des Holzes, schwarzbraunes Viech zu legen. Der Geruch allein erinnerte mich daran, daß ich auf eine Wanze gedrückt hatte, deren einzige Schutzmaßnahme sofortiges, vollkommenes Verharren war, die phänomenale Vereinigung mit der Farbe des Astes, dann, vielleicht ultimative Rache, der Geruch eines Furzes, der aus meiner Hand aufstieg.

Zum zweiten Mal erzählte ein junger Fedajin in unserer Anwesenheit die folgende Episode: Als die jordanischen Panzerverbände ihre Kaserne verließen, rettete er sich ins Krankenhaus, zwischen die Patienten, mit der Idee im Kopf, sich unter sie zu mischen, eine schwere Verwundung vorzutäuschen, um nicht gefangengenommen zu werden, da die Panzer auf das Hospital zusteuerten. Bei ihrer Vorüberfahrt schossen die Soldaten auf jeden. Sie hinterließen, sagt man, dreißig oder vierzig Tote: Kranke, Verletzte, Pfleger, Ärzte; in einem Vestibül der Klinik, wohin sie sich geflüchtet hatten, wurden alle getötet. Der Fedajin, der uns die Geschichte zum zweiten Mal berichtete, erzählte uns, wie beim vorangegangenen, daß er sich bei der ersten Salve sofort hingelegt hatte, sein Gewehr flach neben sich.

Er spielte den Toten bis zur Erstarrung, womöglich bis in einen kurzen Schlaf im Geruch des frischen Blutes und der Toten. War er ehrlich?

Eine alte Palästinenserin hatte mir gesagt: »Für das Tausendstel einer Sekunde gefährlich gewesen zu sein, für das Tausendstel eines Tausendstels einer Sekunde schön gewesen zu sein, dies zu sein, dies oder glücklich, oder irgendwas, sich dann auszuruhen, und was noch? Wir sind ein paar Minuten in Oslo geblieben? Vielleicht? Hätten wir Norwegen sechzehn Jahre lang besetzt, hätten wir die Welt eingefroren. Wir sind vernünftig gewesen. Und gefährlich nur für wenige Sekunden.«

Als der Fedajin sich erhob, war es Nacht geworden, wie während seiner ersten Erzählung. Kein Geräusch mehr im Saal. An den Gewichten, die ihn drückten, erriet er, daß er für einen Moment unter einer Vielzahl von Toten geschlafen hatte. Er wagte, die Augen aufzuschlagen. Die Beduinen-Soldaten achteten kaum auf die Trefferquote, sie rauchten, entspannt. War sein Geist schlau genug gewesen, sich mit der Wanze zu identifizieren, von der ich gesprochen habe? Fähig zu einer plötzlichen und vollkommenen Unbeweglichkeit, trotz eines hinterhältigen Jukkens oder eines im Ungleichgewicht eingeschlafenen Fußes, wie die Wanze sich als kleines Blatt oder Stück Borke tarnt, oder mehr noch, hatte der Fedajin die Fähigkeit, seinem Körper als letztes Mittel den leichenhaften Anschein zu verleihen, die Starre des Holzes, von denen man sich entfernt, weil sie demnächst Gestank sein werden? Fühlte der Fedajin sich dank seiner viel wirkungsvolleren Schutzmaßnahmen, als ein verschanztes Lager sie bot, unverwundbar?

Der Fedajin, dessen Gewehr bereitlag, zielte auf einen Beduinen, der tot umfiel. Seine Kameraden kapierten nicht, woher der Schuß gekommen war. Noch immer verdeckt von den Leichen, hinterließ der Fedajin weitere vier Tote unter ihnen, während die Entsetzten auf der Hut waren.

»Im Ganzen fünf Tote.«

Abu Omar sah zu mir, die Stirn vom Nachdenken gerunzelt.

»Fünf? Gestern hat er uns vier gesagt.« – Der Rechenfehler hatte den ehemaligen Schüler Kissingers verstimmt.

Ich antwortete auf Französisch:

»Er ist jung. Es ist sein erstes Abenteuer, er erzählt es oft. Ganz selbstverständlich fügt er neue Einzelheiten und weitere Soldaten in sein Jagdstück ein, er hellt es mit einem kräftigeren Licht auf, um nicht an der immer gleichen Geschichte zu ermüden. Das ist eine weithin bekannte Erscheinung, sogar bei französischen Jägern und Anglern. Unter seinen Einzelheiten verkriecht der Fedajin sich genauso, wie er sagte, daß er sich von der Masse der Getöteten begraben ließ.

Abu Omar zweifelte an meiner Erklärung offenbar stärker als an der Erzählung des vielleicht, allerdings mit offenen Augen, um die Nacht anzuvisieren, eingeschlafenen Fedajin. Er verließ, sagte uns dieser Fedajin, das Krankenhaus, ohne beunruhigt zu sein. Es liegt in dieser Nacht begründet, daß ich diesen Tag berichte. Wie schon bei den anderen Erzählungen gab Abu Omar vor, sie zu glauben und sich zu belustigen. Die Fedajin waren zu keiner Zeit Brutalos, eine Art lächelnder innerer Ruhe verhinderte das. Abu Omar war nicht für einen Augenblick der Landser, auch er nicht, obwohl ich mich frage, ob ein äußerst empfindsamer Mann, noch dazu wenn er intellektuell ist, nicht geneigt ist, seine Sensibilität, von der er fürchtet, daß sie lediglich zur Wesensart der Frauen gehöre, hinter einer übertriebenen Roheit zu verbergen. Um hier, weil

mir die Gelegenheit dazu nicht wieder gegeben wird, eine Redensart zu gebrauchen, werde ich, wie die Schauspieler von einem übertrieben ausdruckswilligen Kollegen, sagen: »Er hat auf die Tube gedrückt.«
Was in der Erinnerung der Menschen bleibt, was sie auslöschen, was sich von selbst auslöschte, ist – Gegenstand, Vorwand, Gelegenheit, Umstand – weil es schwierig ist, zu bestimmen, wer oder was sich den Ruhm oder den Nachhall zubilligte, auf jeden Fall eine gewisse Erschütterung des Gedenkens, wenn man, mit lauter Stimme oder zu sich selbst der Kuß des Aussätzigen sagt. Unter seiner Kutte ist bereits ein Aussätziger vor El Cid auf der Flucht. Auf die gleiche Weise, durch Höflichkeit, verlischt ein Toter vor Antigone, der Verwundete vor seinem Retter, der Hoffnungslose vor dem Bademeister, der Wolfshund vor Hitler, was sage ich, unter der Hand oder lediglich dem kleinen Finger Hitlers, der das Fell des Tieres streichelte, wodurch das Tier allerdings verschwindet, wenn einzig und allein die Zärtlichkeit, das heißt, fast ohne Stütze, die ewigwährend sichtbare Seelengröße zurückbleibt, der Beweis, dank dessen diese Seelengröße immerfort lebendig sein wird. Was die palästinensische Revolution anbelangt, die Haufen verschwendeter Leichname oder ihre verstreuten Glieder, damit ein paar geflügelte, absurde, heroische Einzelheiten, noch erwähnt von zwei oder drei Generationen, überleben. Von dem Bettler, in dessen Hand ich zwei Dirham fallen ließ, werden Sie nichts erfahren, weder seinen Namen, noch seine Vergangenheit, noch seine Zukunft. Von El Cid kennen wir lediglich den *Kuß des Aussätzigen* – nehmen wir eine für ein paar Jahrhunderte unsterbliche Tragödie aus … und unbeschädigt – das ist hier das Wort – außer diesem, was? Hitler ist unversehrt davon, Juden verbrannt oder verbrennen lassen, und einen deut-

schen Schäferhund gestreichelt zu haben. Ich habe alles von diesem Bettler an diesem Morgen vergessen, außer zwei Dirham, und wann wird hier ein deutscher Schäferhund vorbeikommen, in die Waden eines griechischen Hirten zu beißen? Es ist evident, daß unter meiner Erzählung eine andere wächst und in die Welt kommen will. In zwei oder drei Krankenhäusern pflegt man die Leprakranken noch, aber pflegt man sie? Spezialisten impfen vielleicht das Virus, es künftigen El Cids zu weihen, und damit man weiß, daß es des Heldenmuts und christlicher Barmherzigkeit für diesen Araber bedurfte: dank der Lepra, mit der er einen anderen ansteckte, forderte er das Vergessen heraus.

ERINNERUNGEN II

Ich hatte bereits eingeräumt, daß die palästinensische Revolution unter einer apokryphen Formel zusammengefaßt werden würde, »eine Tausendstel Sekunde gefährlich gewesen zu sein«.

Zum ersten Mal, und zwar auf der Straße von Deraa, nach Amman kommend, sah ich mich, im rosafarbenen Dunst des Morgens, um 800 unter Harun Al-Raschid in Bagdad einreiten, indessen pulsierte folgende Wirklichkeit überaus hartnäckig in mir, daß ich in den 1920er Jahren durch San Quen oder seine Stadtviertel bummelte. Die Palästinenser waren in Achrafrieh, höchster Punkt von Amman, sie redeten unter Späßen von dieser so hohen, für sie so schwierig zu erreichenden Stelle, als hätten sie abgefrorene Nägel und Fingerspitzen, die in den Schnee jener Everest-Höhen gefallen waren. Die Mauern der Häuser um Achrafieh waren aus Bruchstein, mitunter eingestürzt, ein bißchen rußgeschwärzt, nie blutbeschmiert, letztendlich so dürftig, wie die Vorstadt einer europäischen Metropole. Die große Moschee, gehalten in zeitlosem arabischen Kolonialstil, bestand aus dreihundertvierzig unterschiedlichen Marmorsorten.
Für mehrere Tage in einem von ihnen wohnend, konnte ich sehen, was das Leben in den Lagern war. Rauschende Feste? Lieder, Tänze, Schüsse mit echten Kugeln, den Klempnern und ihren Rohrstutzen zu applaudieren, gekommen für einige Wochen, auf sämtlichen Ebenen des Lagers von Baqa Wasser zu installieren. Wenn eine Familie im Winter 1970 Wasser haben wollte, stellten sich die Frauen, die jungen und selbst die ganz kleinen Mädchen in einer

Reihe vor dem einzigen Wasserhahn des Lagers an, wo eine nach der anderen zwei grüne, rote, gelbe Plastikeimer füllte, auf die mit einer Schablone – nie der gleichen – eine Mickey-Mouse-Silhouette gemalt war.
In allen anderen muslimischen Ländern, in zahllosen armen Dörfern läuft das Wasser aus einem einzigen Hahn, und die Frauen, verheiratet oder nicht, kommen mit Vergnügen an diese Fontäne aus Kupfer, weil es dort ist, wo sie sich beschimpfen, einander Sticheleien zuwerfen können, schreckliche Sachen, wie sie die Flüchtlinge aus einem Zirkus von sich geben. Jede Frau stellt ihren vollen oder leeren Eimer neben sich ab, damit den Platz für dessen Inhaberin freihaltend, welche eine langwierige Klage vollendet, deren Vorwand der vom Anbruch bis zum Ende der Nacht schwächelnde Ehemann ist, wobei die Vortragende, plötzlich stumm, die Hände in den Hüften, auf das Gelächter oder unwürdige Kreischen der übrigen Frauen wartet. Die Palästinenserinnen waren stets schweigsam, zu verbraucht, in sich ein Wort oder nur die Sehnsucht nach Worten auszumachen. Die Geste, den Henkel zu fassen und den Eimer zu tragen, war so exakt, so genau, da sie jeden Tag drei oder vier Mal verrichtet worden war, wieder und wieder an dreihundertfünfundsechzig Tagen im Jahr. Die Haltung des Armes war jene, die dazugehörte, weil sie das Gewicht jeden Wassertropfens kannte. Eine einzige Zerstreuung blieb einmal im Monat gestattet: wenn der Händler mit Plastikwaren vorbeikam, ein Jordanier, der auf einem Karren saß, welcher von einem Pferd gezogen wurde, suchten die Frauen, manchmal die Männer – und welche Glückseligkeit sie dabei anführte – unter endlos langem Zögern das Knallgrün, das Flaschengrün, das Braunrot, das Granatapfelrot, das tiefschwarze Schwarz, neben einem Granatapfelrot beinahe pornographisch, ein, zwei, drei,

vier, fünf, zehn verschiedene Blautöne aus, und stets, auf jedem Eimer, die Schablonenzeichnung Mickeys. Unter dem Klang des Wassers, nahe bei den aufgereihten Eimern. Das war alles. Das Lager lebte auch davon.

Mit dieser Betrachtung weiter oben: »jede Frau stellt ihren Eimer neben sich ab ...«, sage ich nicht, daß alle Frauen zum Wasserhahn gingen, wie früher zum Brunnen, sich über den Ehemann lustig zu machen, ich schreibe es, um den Ernst der Palästinenserinnen angesichts der erwarteten Heimkehr des Mannes deutlicher hervorzuheben. Vielleicht.

Mich wiederlesend hatte ich vergessen, vom Kopftuch auf dem Haar zu sprechen, das es gänzlich verbirgt oder einige Wurzeln hervorlugen läßt.

Zweites Bedauern: nicht jede Frau in den Lagern hatte die Zeit, noch den Geschmack, die berühmten palästinensischen Kleider oder Kissen zu sticken, deren Seltenheit die Damen der Großen Familien mehr und mehr hoffnungslos stimmt. Wenn der Mann fällt, greift die Frau zum Gewehr, nicht zur Nadel. Adieu Kissen, mittlerweile maschinell bestickt.

Die kleine, heute asphaltierte, Salt mit dem Stützpunkt der Fedajin am Jordan verbindende Straße, führte an einem Hügel vorüber, auf dessen Kuppe eine weiße Villa stand. Sie hatte folgendes Bemerkenswerte, selbst von der Straße her, daß nämlich dieser kegelstumpfförmige Hügel, ähnlich dem englischen, von geschnittenem Rasen bedeckt war, und auf dieser grünen Oberfläche, also dem gesamten Hang des Hügels, von der Villa bis zur Straße, lagen immer zusammengewickelte Rollen von Stacheldraht in langen silbrig glänzenden Windungen. Von der Straße bis zum Schutzwall hatte man weitere Stacheldrahtrollen aufgehäuft. Die Beduinen-Soldaten, Wachen ohne Schilderhaus, blieben auf den Beinen, die ohne Zweifel geladene Waffe auf die Straße gerichtet, die Kugel schußbereit in der Kanone. Die Stacheldrahtrollen hinter ihnen hatten die Sanftheit von »englisch« genannten Haarlocken, wenn sie auf eine Schulter fallen, wie ich es von den Soldaten der Saika in Irbid berichtet habe; weitere Posten hielten sich in Alarmbereitschaft und stolperten einem Pferdefuhrwerk, einem Auto, einem Bauern, einer Bäuerin in den Weg. Die Mauer, welche die Villa umgab, schien von der Straße her eine Kasematte mit Öffnungen oder Schießscharten zu sein, die einem leichten Geschütz, einem Maschinengewehr oder der berühmten Katjuscha, gestatteten, einen gewagten Schußwinkel über die Straße und die gegenüberliegende Landschaft einzunehmen. Die Villa selbst blieb hinter ihrem Krempel unsichtbar. Vielleicht gastfreundlich? Sie hielt an den Wochenenden den Chef der jordanischen Polizei lebendig. War ihre Präsenz, derart nah an der Basis der Fedajin, Anlaß für die, von Doktor Mahjoub, ihrem Chef, getroffenen Vorsichtsmaßregeln? Wir erreichten den kleinen Stützpunkt von Mahjoub bei Einbruch der Nacht. Von dem Moment an, da er Nabila im Zimmer sah, war Doktor Mahjoub wie mit einem Stein vor den Kopf geschlagen. Ich glaube, er wurde rot. Dieser Mann von siebenunddreißig Jahren, sehr braun, vom Wüstenwind und der Sonne gegerbt, mit athletischen Schultern, groß, ein wenig gebeugt über einem wie ein Eispickel eisenbeschlagenen Stock, errötete vielleicht zum ersten Mal in seinem Leben. Nabila war ausgesprochen schön. Sie ist es, mit fünfzig Jahren, vielleicht mehr als früher. Während der Belagerung von Beirut, während der drei Monate des Sommers 1982, war sie unter dem Bombenhagel Chef der Präventivmedizin im Libanon. Bis auf Nabila drückten wir die uns von Doktor Mahjoub entgegengestreckte Hand; aber

Nabila kam mir mit einer gewissen Sanftheit zuvor, so daß die sich anbahnenden, von selbst gehenden Dinge mich nicht überraschen sollten. Sie wollte mich beruhigen. Wir saßen nebeneinander.

»Hör mir gut zu, du kannst es nicht wissen. Du bist Franzose.«

Nach vierzehn Jahren verstehe ich diese Angst der Frau sowie den Charakter Mahjoubs noch immer nicht. Er entschied. Nachdem wir etwas gegessen hätten, würde Nabila nach Salt zurückgefahren werden, woher wir gekommen waren. Eine tiefschwarze Nacht war hereingebrochen. Ihr nachblickend sah ich Iphigenie gehen, Mata Hari, jene, die zur Marter schreiten, wenn ein sanfter Mann, dem Befehl mehr als der Schönheit gehorchend, als einzige Maßnahme, letzten zu vollziehenden Akt, die Todesstrafe verhängt. Nabila ging zwischen zwei bewaffneten Fedajin davon.

Selbst, allerdings muslimische, Doktorin, etymologisch also unterwürfig, erlebte sie womöglich weniger als ich die Grausamkeit, nicht die Mahjoubs, doch die jenes Gesetzes, demzufolge eine alleinstehende Frau (aber was wollte alleinstehend in unserem Falle sagen?) nicht von Soldaten umringt übernachten durfte, die Gefahr bestand nicht für sie, sondern für die Soldaten, welche neben ihr am Rande eines Abgrunds schlafen würden.

War Nabila weniger allein zwischen den beiden bewaffneten Soldaten? Unter diesen beiden da war sie keine Gefangene, doch alle drei waren solche der Nacht, in der kein Mensch unsichtbar blieb, ein Auf und Ab der Wachtposten, Fedajin wie Beduinen, überflog sie. Der Straßenabschnitt, der unterhalb der Villa-Festung entlangführte, war brutal erleuchtet, bewacht von Männern, die, wiewohl ihre Bezeichnung als Wachen weiblich war, unschwer zu

erkennen, dem entgegengesetzten Geschlecht angehörten. Die Autos auf dieser Straße, bewacht von bewaffneten Soldaten, diese ihrerseits vom Blick und dem Gewehr der unsichtbaren palästinensischen Posten überwacht und verfolgt, war Nabila allein.
»Niemand darf erfahren, daß eine Frau nachts auf einem Stützpunkt gewesen ist«, betonte Mahjoub auf französisch und laut genug, es mich hören zu lassen.
Zwei Stunden später kehrten die beiden Fedajin zurück. Nabila würde die Nacht bei einer Frau verbringen, einer Zahnärztin in Salt.
»Bei einer Palästinenserin?«
»Unwichtig, es ist eine Frau», antwortete mir Mahjoub. »Wir gehen sie morgen früh abholen.«
Sie kam, ohne ein Lächeln, doch ohne sichtbaren Groll; sie bestand darauf, direkt bei Mahjoub vorbeizugehen, der ihr äußerst sanftmütig lächelnd die Hand reichte. Eine Sanftmut, die ich am Abend auf seinem ernsten und verbrannten Gesicht nicht gesehen hatte, die ich seither jedoch immer und unverzüglich wiederfinden werde, wenn ich Mahjoub nachsinne, und selbst indem ich mich, wenn ich diesen Satz schreibe, seiner erinnere.
»Den jungen Fedajin zu erklären, daß eine palästinensische Ärztin aufgrund der gefährlichen Nacht auf den Straßen von Salt hier schlafen muß, ist demnach schwierig?«
»Sie würden es verstehen. Das palästinensische Volk und die Bourgeoisie würden sich damit abfinden. Würden die Beduinen es wissen, wäre Reklame gemacht und das Wort Bordell gefallen. Nabila weiß dies.«
Im Jahr 1984 erinnerten sich bestimmte Stämme aus Jordanien, nahe der Wüste, trotz seines Namens noch an ihn (Mahjoub: der Versteckte). Er war Mediziner. Er kam aus den Gefängnissen Ägyptens; groß, schön, offenbar solide,

da sein Gerippe verletzt war, hatte er eine Legende. Mit ein paar Männern in der Wüste, unter dem Schild des Krankengymnasten, unternahm er es, die Allianzen, welche die großen Stämme den schwächsten übergeholfen hatten, aufzulösen und diese dazu zu bringen, beiläufig mit den Palästinensern geheime Verträge abschließend, die Lehnsherrlichkeit Husseins sanft zurückzudrängen. Unsichere Ergebnisse. Das dem Nachkommen des Propheten gegebene Wort, die Verachtung für die von ihrem eigenen Land verjagten, zu friedlichen, zu sehr in Gärten verliebten Palästinenser. Mahjoub waren viele Mühen auferlegt, doch war das Glück ihm hold. Der Sohn eines Stammeschefs wurde krank. Mahjoub stellte eine exzellente Diagnose, behandelte und rettete den Jungen. Aus Dankbarkeit rettete der Vater Mahjoub und seine Männer, die von der Wüstenpolizei gesucht wurden. Der Scheich versteckte Doktor Mahjoub, der sich einer klandestinen Basis anschließen konnte. Das ist in groben Zügen die Legende, vielleicht sein Ausgangspunkt; auf sie pfropften sich später weitere Legenden, weitere Wunder, da ein paar Körner Antibiotika das erste hatten gelingen lassen. Rechtzeitig. Befähigte und der Monarchie ergebene Militärärzte erzielten bei den Stämmen wunderbare, bereits gewöhnliche Heilungen. Die Wüste ernährte sich von Penizillin.

Wir verließen Salt in Richtung Ajloun, wo ich von Oktober 1970 bis Mai 1971 blieb. Mahjoub, ein zweiter Palästinenser und ich schliefen unterirdisch, in einer Art Fuchsbau, der in die Schatten der Bäume gegraben war. Was die Revolutionäre anging, die mich umgaben, so war, bezogen auf die Körper der übrigen sowie den eigenen, der gesenkte Blick ein ebenso streng eingehaltenes wie ungeschriebenes Gesetz, welches eine Art Zuvorkommenheit

gewährleistete, ein jeder von ihnen mußte für die anderen unsichtbar bleiben. Was man womöglich Schamhaftigkeit nennt? Es war auf einem nächtlichen Spaziergang von Posten zu Posten um Ajloun, daß Mahjoub mit mir über das Verbot des Kartenspiels redete, worüber er so sprach, als ob er ein niemals eintretendes Übel beschwöre. Auf dieselbe Weise, wie er Nabila durch eine eher von Feinden als von Männern bevölkerte Nacht geschickt hatte, verlor er in Bezug auf die Spielkarten jegliche Gelassenheit.
»Der Feind wird das Gerücht verbreiten, daß jeder Stützpunkt von Sonnenuntergang an eine Spielhölle ist. Darüber hinaus, *ich weiß nicht warum*, provozieren die Kartenspiele Streitereien, nicht selten mit dem Messer, bis aufs Blut.«
So sehr die Umgangsformen beinahe aller Männer und Frauen des palästinensischen Volkes mich bezauberten, nervten die Verantwortlichen. Die Fähigsten unter ihnen hatten es verstanden, sich eines Apparats zu entledigen, den es weder nach Marmor noch nach Lüstern verlangte, dessen Ziel es jedoch war, den bis zum Verantwortlichen einzuschlagenden Dienstweg ungeheuer auszuweiten, bevor man denjenigen kennenlernte, der ein ganz simples Problem in zehn Worten und zwei Minuten des Nachdenkens hätte regeln können, mußte man alles, verbunden mit der Zusage, sie auf dem Laufenden zu halten, den Wachen mitteilen.
»Warte, ich gehe nachsehen.«
Der Posten ging, ohne sich zu beeilen. Dann kam er langsam zurück.
»Mir nach.«
Damit hatten Sie Gelegenheit, festzustellen, was aus einem einfachen Fedajin, charmant, lächelnd, ein Witzbold, in wenigen Stunden, und für noch weitere, geworden war.

Gestern war er der Junge, der versuchte, mit Steinchen die Vögel zu töten, die flinker waren als er selber, er pflückte sogar eine Blume, um an ihr zu riechen und sie mir anschließend zu schenken, weil er heute im Dienst war, lief er vor mir her, wie ein Leichnam gehen muß, am ehesten dem Gang der als »Nußknacker« bekannten Reklame ähnelnd.

Anschließend traf ich auf einen zweiten Verantwortlichen, der vor allen Dingen den Gesamtzusammenhang des Problems erläutert haben wollte, für dessen Regelung er keinerlei Kompetenz besaß. Er ließ mich zu einem dritten führen, dann einem vierten, und gemäß einem Spielbrett mit Feldern, einer Art Gänsespiel, fand ich mich schließlich dem gesuchten Verantwortlichen gegenüber, der mittels eines Feldapparats telefonierte. Was sagte er dem Unsichtbaren?

»So Gott will ... aber ja, ich versichere dir, er wird morgen völlig von seinen Zahnschmerzen genesen sein. So Gott will ... nein, du hast nichts zu befürchten, es ist nicht ansteckend ... zumindest glaube ich, daß es das nicht ist ... sicher. So Gott es will.«

Der Verantwortliche legte den Hörer auf:

»Ah, ich hatte dich nicht erwartet. Geht's dir gut? Sind die Neuigkeiten aus Frankreich erfreulich? Spricht man in *Le Figaro* von uns?«

»Ich möchte ...«

»Kaffee oder Tee?«

(zu dem Soldaten: »Bring zwei Kaffee. Es gibt mit Jean allerhand zu besprechen.«)

»Hör zu, die Jungs, höchstwahrscheinlich um sich zu amüsieren, klauen Tabletten aus der Apotheke. Gewisse Tabletten sind gefährlich. Man muß eine Wache aufstellen, sie daran zu hindern ...«

»Es ist schwierig, die Jungs daran zu hindern, sich zu amüsieren.«
»In hohen Dosen eingenommen sind die Pillen oft tödlich. Ich schließe ab, doch brechen sie nachts und sogar tagsüber ein. Ernenne einen Fedajin.«
Der Verantwortliche nahm ein Blatt Papier, schrieb den Befehl. Er übergab ihn dem Posten. Als ich in der Apotheke ankam, wurde die Tür bereits von einem Fedajin bewacht. Ich hatte etwas mehr als eine Dreiviertelstunde gebraucht, um an den Verantwortlichen zu gelangen, der zwei Minuten für mich erübrigt hatte.
Die Gefährlichsten waren nicht diejenigen, die einen komplizierten Dienstweg, voll von unvorhersehbaren Fallstricken, einhielten, sondern jene, die einen Katechismus in der Rübe bewahrten, dessen klare, aber abweisende Phrasen einem auf den Wecker fielen. Der Fürchterlichste war zweifellos Thalami, der sich, wie ich annehme, in die Idee verstiegen hatte, einen vollkommenen Marxisten-Leninisten aus mir zu machen. Wie der Koran seine Suren hat, seine Verse für alle Anlässe, so hatte David in jedem Moment das passende Lenin-Zitat. Er war nicht der einzige. Als ich anfangs dort war, sagte ich mir, daß die Revolutionäre alles in allem jung waren. Ausgesprochen überlegen, ohne vorzuwarnen, zitierte so ein Kerlchen einen Satz auf Deutsch.
»Was ist das?«
»Lukács. Womit kannst du mir antworten?«
Derer, welche Nervensägen waren, gab es viele, wirklich viele. Mahjoub erschien mir ebenso zartfühlend wie ein Mädchen, zumindest verdorben.

Nach den Gemetzeln von Sabra und Chatila im September 1982 forderten bestimmte Palästinenser mich auf, meine Erinnerungen niederzuschreiben. Ein Problem, das mich sechs Monate lang beschäftigte, mich zögern ließ: die Lage Arafats in Tripolis und im Zentrum der PLO selbst, seit meinem Aufenthalt in Wien sah ich noch weitere Palästinenser, welche auf diese Veröffentlichung hofften.
»Sag exakt das, was du gesehen hast, was du gehört hast. Versuch zu erklären, warum du so lange bei uns geblieben bist. Warum, und wenn man so will zufällig, du hergekommen bist. Du bist für acht Tage gekommen, warum du zwei Jahre geblieben bist.« Im August 1983 begann ich die Niederschrift, völlig in die 70er Jahre zurückgekehrt, sah ich meine Erinnerungen bis 83 wieder aufsteigen. Unterstützt von zahlreichen Akteuren oder Zeugen der Fakten, die ich wiedergebe, stürzte ich mich in die Erinnerung. Damals erfuhr ich die Wohltat, nicht mehr in Frankreich zu sein. Es war weit fort und sehr eng. Der allerkleinste kleine Finger der Fedajin nahm mehr Raum ein als ganz Europa, und Frankreich war ein fernes Souvenir aus meiner frühesten Jugend.

Wenn die Baseler Tagung schließlich akzeptierte, sich fest in Palästina einzurichten, nachdem an Argentinien und Uganda gedacht worden war, so bin ich überhaupt nicht sicher, ob diese Wahl aus göttlichen Überlegungen heraus erfolgte. Alles in allem war das, was die Juden das »Gelobte Land« nannten, dieses zuerst für einen zu Fuß aus Chaldäa und einen anderen, aus Ägypten gekommenen, Landstreicher gewesen, doch ist die »Heiliges Land« genannte Gegend berühmt durch die im Neuen Testament berichteten Ereignisse. Mehr als es zu lieben, mußten die Juden dieses Land hassen. Es hatte jene hervorgebracht, die ihre schlimmsten Feinde waren, und allen voran Paulus. Wer würde sich ohne ihn und Jesus an Jerusalem erinnern, an Nazareth und den Zimmermann, an Betlehem, Tiberias, das ganze Evangelium spricht nur von diesen Orten.

»Dasselbe Land kannten die protestantischen Engländer durch das Alte Testament.«

»Haben Sie ausgestopfte Tiere gesehen? Die Geographie im Alten Testament ist ausgestopft. Man kennt die Historie, die jüdischen Geschichten, die Natur jedoch spielt selten eine Rolle. Außer bei den Vertreibungen: man nennt Ninive, Ur, Ägypten, den Sinai, welche nie so viel Lebendigkeit erwecken wie der See Genezareth und selbst Golgatha.«

Herr Mustapha, mit dem ich im Café zusammentraf, erzählte mir mit dermaßener Beredsamkeit von seinem Haß auf die Engländer, daß ich mich fragte, ob er nicht seine Ernüchterung des allzu strengen jungen Mannes heraufbeschwor, der nicht gewagt hatte, die Goldstücke in den Kisten zu berühren, deren Deckel geöffnet waren. So viele Reichtümer waren unter den Blicken so vieler Offiziere der türkischen Armee vorübergezogen! Ihre bloße Ablehnung mußte sich heutzutage einer besonders hohen Moral verdanken.

Und jedesmal wenn er mich sah, sprach Herr Mustapha mit mir, indem er derart ungebräuchlich gewordene Wörter benutzte, daß das Osmanische Reich in seine sagenhaften, goldenen, von Sperma und Blut bedeckten Gefilde zurückströmte, im großen und ganzen das, was die Romanciers von ihm erzählen, allerdings mit dieser Einzelheit, die mir wahrscheinlich vorkam, die schönen Sklavinnen waren enorme Weiber, mit vom Kalifen angebeteten Schenkeln und Brüsten, doch waren die mit Kleinodien zu behängenden Partien des Fleisches dermaßen üppig, daß man der Bevorzugten der letzten Nacht das Geschmeide wieder abnehmen mußte, um die der nächsten damit zu schmücken.

»Das war eine Frage von Gebimmel«, sagte mir Herr Mustapha.

Als ich Omar lachend diese letzte Bemerkung mitteilte, antwortete er:

»Wie du siehst, ist ihm der Klang des Goldes aus den englischen Truhen in den Ohren geblieben, er könnte ihn nur loswerden, wenn ihm die Trommelfelle platzen.«

Als ich die Syrer heimlich Karten spielen sah, entzückte mich das Blatt, das Rad, vor allem die Schwerter, überhaupt das ganze Spiel. Wie unter dem Baldachin von Ajloun, auf die arabische wie auf die spanische, hatten sie in Damaskus eine Art und Weise, den Fächer auf der Hand der Länge nach zu falten, so daß die mit dem Knick auf die Erhebung geworfene Karte etwas wackelig blieb, sie legte sich, offene Barke an einem Strand, auf die Seite, indem die Karten, sobald sie abgeworfen waren, mal als Weibchen – Trumpf war der »Herzbube« –, oder Männchen angeboten – mit dem Bild der »Kreuzdame« – gestochen wurden. Und diese Eigenart, die Karten zu knicken, erschien mir – noch während ich sie beschreibe – als ein erotisches Spiel, eine Art Kerl mit dem Hosenschlitz, im Gegensatz zu den ungezinkten und nagelneuen Karten, die man beim Bridge austeilt.

Das *ich weiß nicht warum*, geäußert beinahe wie eine Erklärung, zwingt dazu, mich zu fragen, ob Mahjoub die Präsenz Nabilas, verschlimmert durch das Kartenspiel (von einem Gesicht aus der Fassung gebracht, verhinderte eine plötzliche starke Schwäche das Nachdenken), nicht für sich selber gefürchtet hat. Falls das stimmt, sehe ich keinen Zusammenhang, welcher zwischen dieser ausgesprochen schönen Frau und den Kartenspielen vermutlich bestand, nein, keinerlei Verbindung, außer der einen, aber sie scheint mir dermaßen persönlich, daß ich sie in einem Halbdunkel aussprechen muß: Manon Lescaut, nach Le Havre des Grâce aufbrechend, um Chevalier des Grieux wiederzusehen, ließ einen geliebten Bruder in Paris zurück, der seinen Lebensunterhalt als Falschspieler verdiente.

Alles: der Ort, Manon, Mahjoub der Verborgene, der Falschspieler, die Dame, die Könige, die Buben, die Schwerter, alles, alle bewegen sich noch in mir, und nur in mir, allein Mahjoub entgeht der Ansteckung. Jeder einzelne bringt die anderen hervor, oder mehr noch, jeder einzelne ist entweder der Doppelgänger oder das Double seiner selbst sowie der übrigen Figuren, nur Nabila bleibt leuchtend, ohne jede Trübung. Ein Kampf, den wahrscheinlich die muslimischen Theologen erklären können, verfolgt mich weiterhin: kann ein als solcher alleiniger Gott (das ist auch sein Name: der Alleinige, der Eine) mit dem Zufall koexistieren? Ist andernfalls das, was wir Zufall nennen, von Gott gewollt, und der Ausgang des Kartenspiels göttliche Signatur?

Eines Abends, als wir allein waren, lächelte Mahjoub wie immer mit einer großen Sanftmut, fast schon Zärtlichkeit. Er bot mir eine Gitane an. Er schätzte die von den Emiraten gestifteten Blends nicht besonders.

»Ich war verliebt, allerdings wahnsinnig verliebt, in ein kleines, achtjähriges Mädchen.«

Daß der Augenblick, so etwas zu sagen, gewählt war, glaubte ich nicht. Vielleicht nutzte er ihn aus?

»Ich machte Umwege von mehreren Kilometern, sie zu sehen. Ich habe ihr überhaupt nichts Böses zugefügt, sie mir aber viel.«
»Wie?«
»Indem sie meine Geschenke ablehnte, zum Beispiel. Indem sie schmollte. Ich glaube, sie begriff ihre Macht. Sie spielte, um mir weh zu tun.«
»Mit acht Jahren?«
»Sie führte sich mitunter auf, wie eine Frau von vierzig. Ihr Dorf lag ziemlich weit von Kairo, sie wußte, daß ich die Reise unternahm, sie zu sehen, sie nur anzuschauen.«
»Und das hat gedauert?«
»Sie wurde neun Jahre alt, und zehn, und elf; mit zwölf war sie eine Frau. Sie interessierte mich nicht mehr.«
»Sie waren gerettet.«
»Nein, es ging mir schlecht, als ich sie liebte, und doch war ich glücklich.«
Zwischen uns war ein Schweigen entstanden, so als wären wir durch einen viel größeren Raum getrennt. Oder weniger groß, doch glaube ich das nicht, weil es mich geniert hätte, und ich stellte ein Klaffen zwischen uns fest.
»Seien Sie nicht traurig«, sagte er mir, sich von dem Erdhügel entfernend, auf dem wir gesessen hatten.
Ich blieb, meine Gitane bis zum Ende zu rauchen. Ich fragte mich, warum, und warum an diesem Tag, er mir diese Geschichte erzählt hatte.

»Jean, ich habe den Namen dieser Kirche vergessen, aber ich glaube mich zu erinnern, daß es nicht Notre-Dame-des-Fleurs war.«
Die libanesische, auf Französisch herausgegebene Zeitung *L'Orient le Jour* hatte bissige Bemerkungen über meine Präsenz in der Fatah veröffentlicht, bis hin zum Ufer

des Jordan, wo Johannes der Täufer gelebt hatte, der einzige direkte Kommentar mir gegenüber wurde eines Tages durch Ferraj geäußert:
»Das Wesentliche ist, daß du bei uns bist.«

Eine einzige Sache, denke ich, beschäftigte den Geist der Fedajin: wie das Fest enden würde. Weil er ein Fest war, dieser palästinensische Aufstand an den östlichen Ufern des Jordan.
Ein Fest, das neun Monate andauerte. Wenn jemand die Freiheit von Paris im Monat Mai 1968 gekannt hat, wenn er eine körperliche Eleganz hinzufügt, eine Liebenswürdigkeit aller in Bezug auf jeden, vor allem aber, wenn er vergleicht, weil die Fedajin bewaffnet waren. Im Monat März, ohne daß ich seine Ankunft erwartet hatte, war Mahjoub zur Stelle. Mir scheint noch, so eindrucksvoll war es, daß ich neben ihm die Stimme senkte, seine Gegenwart war innere Stille. Es war vielleicht diese moralische Haltung vom Kaliber eines Saint-Just, welche ihm dieses Ansehen verlieh, dahingehend daß mich, sobald ich von ihm spreche, die Gewißheit erfüllt, die überzählige Seite der Legenda aurea zu verfassen.
»Haben Sie die Knospen gesehen? – Sie haben lange gebraucht, hervorzukommen, aber da sind sie. Die Mandelblüten werden sich öffnen und die Blätter sich entfalten. Sie sind noch klebrig, und wenn ich die Äste schüttele, bin ich von Pollen bedeckt.«
»Die Sonne ist wärmer, die Fedajin fröhlicher; März und April sind zwei recht leichte Monate. Wenn sie vorüber sind, wenn wir bis dahin durchhalten, hat die Revolution gesiegt.«
»Die Anlagen der Einzelgefechtsstände, entlang der Wege

unterhalb des Wäldchens, sind mir zerbrechlich vorgekommen.«
»Ich glaube nicht. Sie werden halten. Die Taktik geht mich nichts an, doch die verantwortlichen Kameraden haben Vertrauen.«
»Sie sind wie Naief Hawathmeh.«
»Worin?«
»Er redet nur von Wissenschaftlichem, wissenschaftliche Taktik, wissenschaftlicher Sozialismus ...«
Er lachte. Doch hatte sich ihm ein anderer Verantwortlicher genähert, der sehr schnell auf Arabisch sprach. Seine Hand wies hin und wieder auf mich. Er entfernte sich eilig, ohne uns zu grüßen.
»Er wäre froh, wenn ich Ihnen mitteilte, daß er der neue militärische Verantwortliche für den Sektor ist. Und Sie sind ihm schon zweimal über den Weg gelaufen, ohne ihm die Ehrerbietung zu erweisen.«
»Na und?«
Mahjoub lächelte.
»Er hat Sandhurst absolviert. Er möchte gern, daß alle, auch Sie, wissen, daß er in diesem Distrikt der Militärchef ist. Er weiß, daß Sie die Erlaubnis zu kommen und zu gehen haben, die Arafat Ihnen erteilte, doch will er, daß auch sein Einverständnis vorliegt. Aber kümmern Sie sich nicht um ihn, und tun Sie, was Sie zu tun haben. Die Fedajin bekommen wieder Farbe, Geschmeidigkeit, ein bißchen was auf die Rippen, sie fangen wieder an zu singen und zu pfeifen.«
Während zweier Jahre ungezählter Zusammenkünfte offenbarte Mahjoub seine Aufgebrachtheiten, die verschwiegenster Hilfsbereitschaft folgten, weitestgehender Umsicht bei Vorhaben von übertriebenster Kühnheit, sobald er jedoch mit seinen endlos langen Beinen einen Distrikt durch-

messen hatte, war jede weibliche Anwesenheit zum Frevel geworden. Gemeinsam mit einigen anderen war er der beliebteste unter den Chefs. Bei genauerem Nachdenken hatten seine kindlichen Auffassungen, die eine herkömmliche Moral verrieten, die Schärfe der für das längs entzweigeschnittene Kind so unglücklichen Urteile Salomos. Er kam herein, man war beglückt, ihn zu sehen, er ging hinaus, man war erschrocken, und dieser heikle und unbeständige Mann verbreitete umfassende Sicherheit. Christliche Priester in Südamerika, erzogen nach der konventionellsten Moral, finden sich, ohne sie gesucht zu haben, in Übereinstimmung mit den Guerilleros, und wäre er kein Muslim gewesen, wäre Mahjoub einer von ihnen.
Er riskierte diese Aufheizung der Argumente, mich davon zu überzeugen, daß die Kartenspiele eine Witterung von Spielhölle umgab, geschnuppert mit dem Geruchssinn von betagten Rentnern, die im Haus oder unter ihren Zelten blieben. Hätte ich ihm noch ein wenig länger widersprochen, hätte er mich davon überzeugt, daß Kartenspiele schlecht für die Gesundheit waren. Als Arzt verstand er etwas von Hygiene.
Eines Tages jedoch versicherte er mir, daß sämtliche militärischen Verantwortlichen Karten spielten.
»Und nun?«
»Ich habe mich damit abgefunden.«

Wir müssen, als erstes Bild, die Hand nehmen. Der hoch erhobene Arm trägt die Hand mit der Innenfläche in Richtung Himmel, sie dreht sich und die noch gelähmten Finger, fast abgemagert vom Zusammenpressen der Faust, die Finger öffnen sich plötzlich, die Hand, an einen Vogel gemahnend, der sich auf dem Rücken von einem Windstoß tragen läßt, dreht sich vollständig um, sich zu öffnen und die Würfel auf den Marmortisch fallen zu lassen. In der Literatur finden Sie zahlreiche Beschreibungen des schwebenden Adlers, seine Kreise über einem Lamm ziehend, das ihn nicht bemerkt und weiter grast; wie auch den fliegenden Adler, der über Delphi kreist, aus dessen Schnabel der Omphalos niederfällt; dann noch der Adler, der den verblüfften, aber schon beschwipsten Ganymed in seinen Fängen bis auf den Olymp hebt und ihn über einem Federbett aus Wolken losläßt. Diese Wachrufungen niederschreibend muß ich annehmen, daß besonders die zuletzt erfolgten vom Vater der Götter gewollt waren; die Hand des Würfelspielers fährt sehr hoch – die des Konzertpianisten, bereit für einen schwierigen Einsatz – sehr hoch, schwebt für einen Augenblick, dreht sich und stülpt den Wurf auf den Kaffeehaustisch, die Nummern auf die Marmorplatte. Im Fallen machen sie einen entsetzlichen Krach, genauso rasant wie die geschlagene Trommel. Die Finger des Spielers entkrampfen sich und kehren an den Tisch zurück, jetzt wo das Los gesprochen hat. Die Karten übernahmen wahrscheinlich die Funktion des Würfelns. Man kennt den Trickreichtum der Spieler, jeder verbirgt den seinen vor den anderen, Zeus entscheidet die Partie. »Gott würfelt nicht mit der Welt«, auf Französisch geschrieben bezeichnet der Satz nichts Besonderes, da wenn Gott Ist, Er zwangsläufig Alles Ist, das Würfelspiel wie auch der Rest der Welt. Der Zufall trägt unter diesen Umständen den Namen der Vorsehung, streuen Sie Muskatnuß darüber. Wenn der Koran Glücksspiele zu Sünden erklärt, so scheint das Verbot ein Notbehelf zu sein, eine Ablenkung von der Phrase, die Spieler von der Frage zu entfernen, die ganz in der Nähe umherschweift: entscheidet er, Gott, über das Ergebnis der Partie, heißt das, daß er mich, und warum mich, auserwählt hat? Man wird verstehen, daß Angst mich ergreift. Oder hat der Zufall es an seiner Stelle getan, war der Zufall schneller als Gott? War Gott durch Zufall?

Über die eingesetzten Beträge sagte Mahjoub mir kein Wort, doch wußte ich, daß bestimmte dreißigmal höher waren als der Sold der Spieler. Gerissene Hunde, seiner scheinbaren Arglosigkeit mißtrauend, seiner Offenherzigkeit, legten die Offiziere in seiner Gegenwart womöglich nur Bohnen auf den Tisch.

Er bewegte sich in einem Zustand, der als Angst und als Unschuld erschien. Fehlten ihm dafür, der Heilige des Ortes und der Epoche zu sein, nicht nur die Stigmata und die Auferstehung? Aber er ist noch nicht tot. Er lebt in Kairo.

Ihm fehlte tatsächlicher Glaube, von daher war er erfüllt von möglicherweise laizistischem Staunen vor der Schönheit und Güte dieser Welt. Diese Unschuld brachte ihm kein sichtbares Glück, gestattete ihm jedoch einen derart lebendigen Ausdruck, daß dieser spontan wirkte.

»Sehen Sie, wie sanft das Gelb dieser Knospen ist. Welche Gesundheit die Blätter haben werden!«

Aber diese Sätze, angesichts der Hoffnung auf eine kräftige Natur, erschienen mir als der Tausch, den er mir anbieten wollte, die Finsternis um ihn her war, unter der prallen Sonne, dicht.

Die Söhne der Grobschlächtigen, sagt man, versuchen ihre Herkunft unter einem eindrucksvollen Wortschatz zu verbergen, auf die gleiche Weise, trotz ihrer selbstvergessen revolutionären Aktivitäten, zeigte sich die Oberflächlichkeit der im Reichtum aufgewachsenen Kinder.

Keiner schien zu ahnen, daß die allergewöhnlichsten Ränke jene noch heute verheerende Üppigkeit gestatteten, soviel Gold ließ das Flegelhafte der Manieren galant erscheinen, ebenso den tiefsitzenden Leichtsinn der am ehesten als ein Steckenpferd betrachteten Kämpfe. So weit man blicken konnte, Allianzen mit den Kreuzfahrern, den neuen Königen, Raubknappen des Kleinadels, Erbschleichereien, gewalttätige, durch falsche Siegel aus goldenem oder ochsenblutrotem Wachs legalisierte Raubzüge; und was die Kreuzfahrer selbst anbelangt, Begründung von Hoheitsansprüchen, Lehnsherrlichkeiten, Apanagen, Verheiratungen mit den Töchtern der Nachkommen des Propheten, Erbschaften des Prunks von Byzanz, Versklavung unter den Osmanen, freilich überspringe ich beträchtliche Einzelheiten, ich lasse auch Verkettungen von Niedertracht und Hochmut, Kühnheiten und Kriechereien weg, die von Chlodwig bis Weygand, vom Propheten bis zu Hussein reichten. Das Alter und darüber hinaus eine Konstante gesellschaftlicher Bedeutung infolge der über Jahrhunderte eingenommenen Ämter haben den Großen Familien natürlich einen Glanz verliehen, und die Kinder, dieser Tradition getreu, setzen die mutterländischen Allianzen mit den feudalen Familien des Libanon, Syriens, Jordaniens, Kuweits fort oder zelebrieren, wenn man so will, noch immer kapitale Standeshochzeiten. Welches von diesen Wörtern entspricht ihnen im schönsten Sinne: Gewissensbisse oder Reue, oder die länger anhaltende Bußfertigkeit?

Da ich es schreibe, mittlerweile wissend, daß dieses Buch niemals ins Arabische übersetzt, weder von den Franzosen, noch irgendeinem Europäer gelesen wird, an wen richtet es sich da?

Hier der Grund dafür, weshalb der elegante Bau aus dem XVIII. Jahrhundert, der im Serail von Istanbul als Bibliothek dient, verschlossene Türen und Fenster hat, und die höchsten Würdenträger all der Länder, die, ohne es so richtig zu wissen, das osmanische Reich bildeten, sich dagegen stemmen, die Eingänge zu öffnen. Ungezählte Dokumente in sämtlichen Sprachen liegen hier unter Verschluß. Und sogar mit Vorhängeschlössern versehen machen sie den bedeutenden griechischen, illyrischen, bulgarischen, jüdischen, syrischen, montenegrinischen, selbst französischen Familien Angst. Palästinensischen ebenso. Aus der Redensart: »die Nacht senkte sich über die Welt«, muß man heraushören, daß jedes Ding für einen Augenblick in so enge Beziehung zu den übrigen gerückt war, daß ich während einiger Sekunden das erlebte, was sich Einheit der Welt nennen ließ; schon bald aber erschien mir der Bruch zwischen den Dingen und den Wesen mit aller Gewalt. Das osmanische Imperium war durch einen leichten Stüber und in eben dieser heilsamen Lächerlichkeit untergegangen. Was von ihm bleibt, dieser fast unhörbare Schrei der alten, die Überreste des letzten Sultans, Mehemet IV., beruhigenden und sie einsammelnden Frau, die schrille Klage dieses Furunkels – des Eunuchen – dem Schatten Gottes auf der Erde kondolierend, der Kalif der Gläubigen längst auf der Brücke des britischen Kreuzers, der ihn davonträgt, war jener Schrei vielleicht der meine, jener, von dem die Palästinenser, ohne daß ich selbst ihn bemerkte, glaubten, ihn während meines Aufenthaltes von mehr als einem Jahr nicht bloß aus meinem Mund, sondern aus meinem ganzen Dasein heraus zu vernehmen. Man muß die Bibliothek des Serails gut verschlossen halten: schon bei kaum halb geöffneten Archiven würde man eine die gesamte Türkei verseuchende Pest über Istanbul entlassen. Was sich in diesen mit denselben Schriftzeichen wie denen des Koran verfaßten Büchern aufgezeichnet findet, ist die Summe der Gemeinheit, der Bestechung, der Denunziation, der Prostitution der höchsten osmanischen Familien. Großwesir war mitunter die, um den Preis beider Eier bezahlte Allmacht: daher die vielen ins Ohr geraunten Befehle, den enthüllenden Sopran weniger bloßzustellen; daher die noch in unseren Tagen als wohlklingendes Organ erachtete Baß- oder Baritonstimme, eindrucksvolles Organ, Beweis einer ungekünstelten Männlichkeit; daher die Dreistigkeit gewisser türkischer Funktionäre, sich im Radio an vom Staat unterhaltene Denunzianten mit: »Teure Spione« zu adressieren. Welche Familie, osmanisch oder nicht, hat nicht einen, mindestens einen, einen einzigen Eunuchen, eine Konkubine des Emirs oder des goldsilbernen Sultans gezählt? Aber all das ist verriegelt und die Pest unter Verschluß.

Daß ein ganzes Volk weiterhin die verbrecherischen Erscheinungsweisen eines anderen Volkes einklagt, welches es grausam verfolgte, wird jeder einsehen, daß aber dieses verfolgte Volk seine Ähnlichkeit mit dem Verfolger ausbaut, betrachte ich als eine immense, beinahe unmenschliche Herausforderung an den Rest der Welt. Ein entweder schwer zu erlangendes Heldentum oder einen Freibrief der diesmal überaus menschlichen Natur.
Was also, sublime Herausforderung oder Schlappheit?

Eine, möglicherweise verbitterte, Palästinenserin hat mir vergangene Nacht dargelegt, daß die ältesten Familien Palästinas, jede einzelne verfügte über den Beweis, von der Familie des Propheten abzustammen, nach wie vor einen Einfluß auf die Revolution ausüben.

War es von Gewicht für die Erbfolge, einer der vornehmsten, mit den Husseini rivalisierenden palästinensischen Familien zu entstammen, aus einem derer entfernteren Zweige Yasser Arafat hervorging? Im Westen, in Marokko zum Beispiel, sind aristokratische Skandale verletzend, hier nicht. Ein Teil der Familie Nabilas, deren Ausrede in der unbedingten Ergebenheit für den direkten Nachfahren des Propheten (König Hussein) bestand, brachte königliche Beamte hervor. Sie hingegen? Vor dem gegen Hussein eröffneten Krieg, als die Stützpunkte der Fedajin nur Israel bedrohten, war sie mit Sicherheit das schönste junge Mädchen des Reiches. Unter dem teilnahmslosen Blick der Osmanen, so wie man sich den Spielereien von Prinzen hingibt, bekriegten diese Familien sich untereinander, zankten oder teilten sich die Macht, das heißt die Ressourcen des Landes. Sie ließen die Kinder revoltieren, selten jedoch gegen die Privilegien – ich hebe hervor, daß nicht eine der *cherifa*-Familien, abstammend vom Propheten, Steuern entrichtete. Die plebejischen, aber reichen Familien hingegen durchaus –: Titel, Grundbesitz, Geld (es bleibt ebenfalls anzumerken, daß kein Erbe die Erbschaft zurückwies, so unkeusch sie ihrer Herkunft nach auch war, gebildet durch nicht zu übersehenden Betrug); die Nachkommen regten sich darüber auf, wenn *ihre* Bauern, inzwischen zu Kriegern geworden, sich von Männern massakrieren ließen, denen sie nicht gehörten, den Juden und den Beduinen Husseins. Freilich muß man, was die Erregung dieser Söhne angeht, zwischen der, welche sich einer reinen Großzügigkeit verdankte, und jener, die sich geäußert hatte, als die Revolte, der Widerstand, einen neuen Adel, den der Waffen nämlich, durchgesetzt hatten, auch Unterschiede machen. Die stets ein wenig possenhaften Umstände ließen mich einen Araber kennenlernen,

nicht besonders reich, jedoch, wie er die Sache verstand, Eigentümer des Wächters seines Hauses, der einen anderen Araber in folgenden Worten zurechtwies:
»Du schämst dich also nicht, so mit meinem Wächter zu reden? Ich bin sein Herr. Wenn er dir etwas getan hat, dann ist es an mir, ihn auszuschimpfen, nicht an dir. Du bist nicht sein Herr.«
Es war den Großen Familien ein Dorn im Auge, wenn die Juden ihre Bauern verwundeten, vielleicht aus Vaterlandsliebe, Mitleid, Vorahnung dessen, was kommen würde , vor allem aber, daß jemand aus dem Ausland kam, sich an dem zu vergreifen, was ihnen gehörte.

Obwohl diese Familien, manchmal mehr als andere Nachfahren Mohammeds, Herkunft allen Adels waren – sah ich, es war in Marokko, zwei Stammbäume eines Familienoberhauptes. Eine der Adelslinien ging auf Mohammed zurück, dessen Name, oben auf dem Pergament, in goldenen oder vergoldeten Buchstaben geschrieben stand; der zweite bis auf Ibrahim, dessen violette Tinte ebenfalls mit Gold bestreut war – diese Familien waren seit langer Zeit in Palästina ansässige Muslime, als, und mit welcher Brutalität, die fränkischen Kreuzfahrer landeten. Für den Adel Palästinas waren die Lusignan eine elende Bande von Wegelagerern aus dem Poitou, ohne andere Frauen als jenen Huren, die sich dieser Aventiure angeschlossen hatten und denen gegenüber die arabischen Prinzessinnen die Neigung hatten, sie mit den leichten Mädchen sämtlicher Bordelle zu vergleichen, welche zu mehreren unter einem einzigen Zeltdach, Töpfe, Tassen, Teekannen an ihre goldenen Gürtel gehängt, zur Eroberung der Wüstenprinzen ausgezogen waren.
Der Name der Lusignan war Nabila unbekannt, und sicher

auch ihr überaus seltsames Verschwinden in Gestalt der geflügelten Schlange. Sprechen die *Chimären* von Guys Eheweib? Diese fränkische Gang, während zweier Jahrhunderte überseeische königliche Dynastie von Jerusalem und Zypern geworden, hatte Interessen- und Liebesbeziehungen zu muselmanischen Würdenträgern und ihren Töchtern unterhalten. Grinsend, je nachdem, ob sie brünett oder blond waren, stammten die Palästinenser von Ali, Fatima, von Friedrich II. von Hohenstaufen, von Guy de Lusignan ab, und das entspricht der Legende, das heißt der Historie so genau, daß es töricht wäre, sich ihrer zu enthalten. In Palästina und im Libanon stammen die Geschlechter bis zu den Söhnen Saladins von den Normannen ab, vermischt mit jüdischem und persischem Blut, dessen Strom ununterbrochen anhält. Nabila wurde in eine muslimische Familie geboren. Zwar bin ich im Juli 1984, in Amman, nicht auf diese Seite hinübergegangen, doch hoffe ich, daß es noch steht, das Haus ihrer Eltern war alt, aber sehr hübsch, es befand sich inmitten eines ausgedehnten Gartens in der Nähe des Stadtzentrums. Dort, bei ihrer Mutter, lernte ich Nabila im September 1970 kennen.
Arzt in Washington, nahm sie das Flugzeug, nachdem sie im amerikanischen Radio von den Massakern gehört hatte. Sie trat dem Roten Halbmond bei, in dem sie nach wie vor tätig ist.
Diesen Abschnitt meines Buches beginnend, versuchte ich zu ermitteln, ob jene Familien mit wichtigen Positionen im palästinensischen Widerstand überlebten. Hier, was mir Leila, die Tochter von Madame Shahid mitteilte:
»Sie haben nicht mehr das Ansehen, wie auch die Arroganz der großen Chefs von einst. Wenn Arafat ihnen eine Position anvertraut, wählt er Mitglieder der bekannten,

sogar berühmten Familien, um so die Kontinuität des Kampfes gegen die Besatzungsmacht zu demonstrieren, parallel zu einer, durch die bewaffneten Handlungen der berühmten und alten Familien genau punktierten, historischen Kontinuität. Etwas anderes will Arafat nicht von ihnen. Nichts anderes würde er ihnen zubilligen.«

Eine, wie ich glaube, berühmte Varieté-Nummer setzte sich wie folgt zusammen: bekleidet mit einer bis auf den Boden reichenden, auf diese Weise die Knöchel und selbst die Füße bedeckenden Krinoline, näherte sich eine Tänzerin mit feinen Schritten aus der Tiefe der Bühne, wobei das Knie niemals den Rock anhob, so daß sie auf sanfte, geölte, kontinuierliche Art zu gleiten schien, so sehr, daß die Zuschauer sich fragten, ob die Tänzerin sich nicht auf, durch den die Bretter fegenden Rock verborgenen, Rollschuhen fortbewegte. Sich unter Bravorufen verbeugend, lächelte sie, knickste, hob den Rock an und ließ die beiden Rollschuhe sehen, deren unsichtbare Präsenz von den Zuschauern unterdessen im stillen heraufbeschworen und befürchtet wurde. Das deutsche Fernsehen zeigte uns dieses Bild von Mitterrand während der Beisetzung Sadats: seine Leibwächter umgaben ihn, in vier dichten Gruppen, so eng, er selber war in seinem Panzerhemden-Futteral so steif, daß er von seinen Wächtern mehr getragen als geschützt wurde, und zwar so gut, daß er sich fortzubewegen schien, ohne zu gehen, entweder gestützt durch die Wachen oder gleitend vorankommend, die Füße auf zwei Rollschuhe oder ein bewegliches Rollbrett geschnallt, ein Spiel, in welchem Kinder vortrefflich geübt sind, dem der Präsident der Republik der Franzosen, freilich als gewissermaßen höherstehendes Vergnügen, womöglich nacheiferte, die Schnelligkeit der Gören aber, ihre oftmals unerwartet abweichende Bahn, ihre, weil ich dieses Wort aufschreiben muß, Eleganz, waren für den hohen Würdenträger, von dem ich spreche, durch eine festliche und possenhafte Langsamkeit ersetzt. Bei Begräbnissen erster Klasse sieht man auf dem Bildschirm manchmal mit schwarzem, bis auf den Boden fallenden Stoff überworfene, den mit einem königlichen Balg beladenen Kastenwagen ziehende Pferde. Schon müdes Stutenfohlen, steuerte sich der Präsident der Franzosen auf Rollen in die Großaufnahme. Dieses karnevaleske Bild, auf seinem schwarzen Rock wappengeschmückt oder nicht, aber ließ mich, mehr als daß es in mich drang, in ein anderes Bild ein: die Mäntel aus glänzendem Hutfutter, welche die Figurinen oder Marionetten verlängern, die Muffe, in die der Puppenspieler die Hände oder die Unterarme steckt, um die kleinen Wesen, eine Donnerstimme imitierend, auf einer winzigen Bühne in der ihnen gemäßen Haltung zu bewegen; auf diese Weise erschien mir der Präsident als die Marionette, dessen – geschlechtsloser – Unterleib in einem enormen Muff aus Lüstrine verschwunden war, und zwar so, daß Mitterrand, steif, seine ihn tragenden Leibwächter oder Polizisten um einen Kopf überragte; und der Präsident, durch die Polizei an Fäden geführt, zog seine Macht aus ihr; die drohende Stimme der Polizei mußte, weil ich sie nicht vernahm, vom Rollen der Trommeln zugedeckt sein, durch dieses Bild allerdings, eines Präsidenten auf Rollen, bewegt durch seine Polizei, wußte ich, daß dieses Bild selbst, besser als eine Theorie es vermochte, der Beweis dafür war, daß die Kraft das Recht übertrifft, und dieses wissend, da ich es im Fernsehen sah, war ich beruhigt. Die Kraft schritt dem Recht voran, dank der Muffe aus Hutfutter, von ihr herrührend. Durch den toten Abu Omar, gehängt, erschossen oder ertrunken, sich aber dank meiner Muffe aus Lüstrine noch bewegend und mit meiner Stimme sprechend, lasse ich Worte erschallen, die er höchstwahrscheinlich nicht akzeptiert haben würde, und ich tue es in aller Seelenruhe, wissend, daß die Scheinheiligkeit des Lesers sich meiner vermählt. Weil, indem ich es ihn sagen lasse, Abu Omar *wiederauflebt*.

Daoud Thalami arbeitete im Zentrum für palästinensische Forschungen in Beirut. Durch einen Brief, den er mir nach Paris schrieb, erfuhr ich, daß Hamza im Jahr 1972 in einem Lager in Zarka eingesperrt war, unweit der Stelle, wo sich drei Flugzeuge der Swissair in Linie hatten aufstellen müssen. Er wußte dies, schrieb er mir, durch den Dichter Khaleb Abu Khaleb. Nach den Massakern von Ajloun und Irbid hatte die jordanische Armee Hamza gefoltert, damit er sich als Verantwortlicher für mehrere Fedajin zu erkennen gab. Seine Beine waren verletzt. Falls mir die Abläufe der Folter, wenn auch vage, bekannt waren, so war ich doch unfähig, sie mir vorzustellen, die Rachsucht aber, der Haß der Beduinen, der Tscherkessen, die Verkommenheit des Königs wurden mir von den Palästinensern beschrieben.

Wer waren Hamzas Kerkermeister? Welcher Natur seine Qualen? Daß ich Hamza und seine Familie wachrufe, die meinerseits womöglich eingebildeten Beziehungen zwischen der Mutter und dem Sohn, all das genügt, den Dauerzustand dieses so unverzichtbar gewordenen Doppellebens wie einen lebendigen Organismus aufrechtzuerhalten, weder mit dessen Wegnahme, noch mit seinem Verkümmern ich mich abfinden muß; daß diese Anwesenheit in mir derart notwendig wurde, damit ich meine Treue zum

Widerstand beibehielt, ich war davon nicht völlig überzeugt, ich bin deswegen nicht ganz und gar unsicher; daß dieses Dasein Hamzas mit seiner Mutter – oder genauer ihr Verhältnis Mutter-Sohn und Sohn-Anführer – sich so sehr in mir fortsetzte, daß es darin ein eigenständiges Leben lebt, ebenso frei wie ein eindringendes Organ, eine ihre Dreistigkeit und ihre Stöße vervielfältigende Geschwulst, die mir aus der Ordnung des tierischen Lebens und der tropischen Vegetation herzurühren scheint; daß dieses Paar sein Schicksal in mir fortsetzte, schüchterte mich nicht ein, weil es genau dort den Widerstand symbolisierte, zumindest jenen Widerstand, der in meinen Worten und meinem Denken über ihn Form angenommen hatte.
Symbol überdies, ich wußte nicht mehr wofür, sammelte und verdichtete dieses während eines Abends und einem halben Tag flüchtig erlebte Paar in sich, und beinahe nur in sich, den Widerstand, während es dabei dieses einzigartige Paar, Hamza-Seine Mutter, blieb. In dem Augenblick, als ich Daouds Brief las, waren die beiden getrennten Elemente dieses Paares gefoltert worden, jedes auf seine Weise, mit unterschiedlichen Methoden. Die Monarchie festigte sich dank amerikanischer Waffen dahingehend, daß die Simulationen und das Talmi der königlichen Kronen, zuerst aus einer sehr feinen Aluminiumplatte ausgestanzt, die mir zweidimensional vorkam, die Straßen, Alleen und Plätze Ammans überhäuften, sich jetzt in versilbertes, mitunter vergoldetes Metall wandelten und zu Kuppeln verformten, die im fünfgezackten Stern gipfelten, und der König, so dünn und flach wie ein unbeschriebenes Blatt, nahm nach und nach Gewicht an, Dichte, dritte, vielleicht vierte Dimension, wurde schließlich Schrift und Sinn.
Die Klammer, die ich eröffne, wird ohne Schwierigkeiten

akzeptiert und alsbald wieder geschlossen sein. Das Auftreten bestimmter erwachsener Palästinenser ließ mich manches Mal eher an das mütterliche Element als an das eines reinen Kriegers denken. So zum Beispiel, als ein Verantwortlicher für zwanzig Fedajin, verheiratet in Syrien, sich als letzter schlafen legte, nachdem er die Verteilung der Decken überwacht hatte, jeder erhielt seinen Anteil, es für die Nacht warm zu haben; ein anderer ging von Einheit zu Einheit, bis zu den Schluchten des Jordan, die Briefe der Fedajin zu verteilen. Solche wahrhaft mütterlichen Handlungsweisen, die ich nicht weiblich zu nennen wage, verpflichteten die Anführer, die jungen Soldaten mit den bereits flaumgesäumten Lippen, dem Schnurrbart oder vielmehr einer äußerst leicht zwischen Mund und Nase gezeichneten Prise Asche, wie Söhne oder Lieblinge zu betrachten, und nicht, wie der Westen es noch immer verlangt, als Untergebene. Sie mannhaft zu nennen wäre womöglich dem Sinn, nicht aber dem Wort angemessen, welches die Mutter verdiente. Hamza wurde von ihr aufgezogen, man kann einräumen, daß der Mann, und nur der Mann, weiß, was sich allein für den Mann gehört; allerdings bewiesen die alleinstehenden Frauen in den Lagern ebenso überragende Eigenschaften von Strategen, daß dieses Wort dort die weibliche Form verdient hätte. Als die männliche amerikanische Jugend Hanoi und Nord-Vietnam bombardierte, verhinderte, so sagt man, die Vorstellungskraft der Frauen das Schlimmste. Zuviel Empfindsamkeit oder eine zu ausgeprägte Zärtlichkeit schienen in diesen für Frauen verbotenen Bergen eine beinahe verliebte Eintracht zwischen zwei Jungen zu besiegeln, wie konnte es da anders sein, als daß eine bartlose Haut eine etwas rauhere durchaus verwirrte, wenn im Norden, und überall genauso wie im Süden, der gesamte Umkreis mit scharfen, zum Losgehen bereiten Waffen aus Stahl gespickt war? Das heißt für Sie, daß der Tod, jede andere Instanz als sich selber lächerlich machend, auf der Lauer lag. Welche Verdammnis über eine unverhoffte, wie eine Letzte Ölung empfangene Sehnsucht verhängen? Was geschah in Zarka? Und wie erlebte Hamza es, falls er noch lebt? Selbst überaus erfinderisch im Peinigen, bleibt die reine Vorstellungskraft unzulänglich, den Sabbat der Folterknechte und der Gemarterten darzustellen. Haben die Folterwerkzeuge durch ihre Form bereits ihren Anteil an jenen Freilegungen, welche den Körper und den Geist erniedrigen werden, beide womöglich auseinanderreißen, bis hin zum Genuß? Und war der Geist des Menschen, allein er, dazu fähig, solche Formen zu erfinden? Durch die Befreiungskriege argwöhnt man, wo der oft sexuelle Genuß lag und wo das nackte Leiden. Man mißtraut ihm, aber man weiß nichts, und es kommt vor, daß man sich täuscht. Man muß schweigen, weil man nichts von ihrer Verschwörung, der Kompliziertheit der mitunter äußerst sanften Henker und der gepeinigten Opfer weiß, deren Klagen nicht selten kunstvoll gesungen wurden.

In Europa nahmen die Werbeclips des Fernsehens in den 1980er Jahren zu, und ohne sich allzu offen über den Orient noch die arabische Welt lustig zu machen, ironisierten viele dieser Bilder islamische, persische oder ägyptische Legenden; so etwa eine Karawane aus Kamelen mit vier oder fünf Höckern, die einer nach dem anderen von den Kamelen verschwanden, sobald sie einen Fladen fallen ließen: um den Fladen her öffnete sich die Wüste auf einer gigantischen Schachtel Camel; auf die gleiche Art flogen vier Scheichs, unterwegs an Beerdigungen teilzunehmen, auf vier Teppichen, eine Schußfahrt über Städten, Minaretten veranstaltend, und der ungeschickteste unter den Scheichs kam an und gewann im Lotto den Teppich, auf dem er gereist war. Dieser Freiflug, im Kino sehr leicht zu erreichen, kann vielleicht amüsant, spöttisch sein; als ich ihn im Fernsehen sah, war ich davon so verwirrt, daß ich dem Grund für diese Verwirrung nachgehen mußte. Und wenn sämtliche Phantasien der Märchen Projektion dessen waren – und dieses Wort drängt sich auf –, was wir in uns selbst nicht zu sehen wagen? Das Störendste für mich war die Nachdrücklichkeit des Paares Mutter-Hamza, verbunden mit dem Paar Pietà-Gekreuzigter. Das Zutagetreten dieser Schwäche, dieses köstliche Aufreißen eines weißen Leidens, drängte mich, meine letzte Reise Paris-Amman zu unternehmen, die ich öde vermutet hatte, das heißt zum einen Wüste, allen Lebens entleert, unendlich, Auslöserin von Luftspiegelungen, vielfältigen Erscheinungen von Dschinns bis hin zu Pater de Foucault, Kehlen und Gehirne austrocknend, aber noch jenseits dieser letzten Reise, unternommen, um einer Realität zu gehorchen, die ich außerhalb meiner selbst vermutete, obgleich mich eine Träumerei beschäftigte, die ihren Anfang in mir genommen hatte, als ich fünf Jahre alt war; es sei denn, ich wollte mit dem Näherrücken des Todes ein letztes Reisebuch schreiben. Das erste, im Gegensatz zu dem hier, habe ich hinter mich gebracht, getragen vom Strahl des Blickes zweier auf Särge aus Tannenholz trommelnder Fedajin, bereit für zwei frische Tote, schon unterwegs in Richtung der endgültigen Grube; und getragen von diesen Strahlen setzte ich meine Reise fort, ein blendender Fedajin trat an die Stelle eines nächsten und so fort bis zur Ermüdung, nicht ihrer, sondern meiner; somit war ich, wie die Scheichs, auf fliegenden Teppichen gereist, auf Blicken, Zähnen, Oberschenkeln. Einem hockenden Scheich vergleichbar, endlich erschöpft, kam ich an, und heute frage ich mich, was diesen palästinensischen Aufenthalt angeht, wieder und wieder: habe ich eine Reise im Stillstand unternommen? Weil es mir sicher scheint, daß ich auf meiner ersten Reise im Flugzeug von Paris nach Beirut nichts Überraschendes erlebt hatte, bis auf ein kaum erkennbares Staunen, als Mahmoud Hamchari mich bis nach Deraa begleitet hatte. Ich war verärgert, als ein kleiner Löwenjunge mich fast feierlich empfing – Haltung, englischer Gruß, horizontal gestreckte Hand dicht an den Augenbrauen – um mir das erste Denkmal für die Märtyrer im noch unbekannten Lager von Chatila zu zeigen, das sich mit Sicherheit nicht dahin unterwegs sah, jene Berühmtheit zu erlangen, inzwischen mit Oradour zu wetteifern, das eine wie das andere der beiden Dörfer posiert: welches wird weltberühmt? Doch mein gesamter Aufenthalt von mehr als anderthalb Jahren war sozusagen von einer Art Strahl geleitet, jenem, der aus den Augen der beiden Fedajin kam, lächelnden Trommlern immer neuartigerer Rhythmen auf den Särgen; es schien mir nicht unmöglich, daß während meiner Reise, und jedesmal wenn ich meine Müdigkeit wieder spürte, ein Fedajin von zwanzig Jahren Wäsche aufhing; meine Knochen wollte, um sie aufzuteilen; er mir und ich ihm eine Nacht lang zuhörte; er sich höher vor mir aufrichtete als ein Minarett; lächelte, wenn er mit mir zusammen eine Sardine aß; und immerfort das Erstrahlen der Augen, welches die aus den lachend auf die beiden Särge in Deraa einhämmernden zwei Fedajin hervorgeschossenen Strahlen übernahm; diese Strahlen trugen mich, und rührte, ich frage mich das noch, ein Großteil meines Glücks am Ende daher, in eine beschwingte Kaserne hineingetragen worden zu sein?

Die bunten Fransen: die jungen Schwarzen zögerten zwischen der Revolte und den Toms. Sie waren sehr schnell viele und in jeder Hinsicht übertrieben: längere, tiefer herabfallende Haare; Samthosen in den Abstufungen von Himbeere, Immergrün, Flieder, Kirsche; goldene Lederstiefel, Schnurrbärte und Bärte im Stil von Wilden, paillettenbesetzte Westen, Schirmmützen aus Seide, auf vier oder fünf Haare gesetzt, die aus dem dichten Schopf herausragten; den Schwanz mit viel Liebe zwischen die Beine gelegt; sarkastische Wörter, Sätze, dazu geeignet, die Weißen zu verletzen, ebenso wie sie zu blenden, waren sie die buntgescheckte Franse der Panther, ahmten also deren Wortgewandtheit und Unverschämtheit nach, ohne über den aufopfernden Mut, noch die Ernsthaftigkeit gegenüber dem schwarzen Volk zu verfügen. Zwischen der Vorstellung, die ich mir von den Panthern gemacht hatte, bezogen allein aus der Presse, der ich einige Ergänzungen zuteil werden ließ, und ihrer gelebten Realität, gab es eine solche Differenz, daß ich es beizeiten verstand, in diesem jugendlichen Aufflammen lediglich eine Franse zu erkennen. Ich wußte zwischen den Panthern und diesen Fasanen zu unterscheiden: jenen, die während einiger Stunden Büroangestellte oder etwas anderes waren und nach Feierabend zu Gauklern wurden. Trotzdem muß es nur geschehen, daß einer dieser jungen Leute, aus Irrtum oder Tollkühnheit, allein durch ein Viertel der Weißen schlendert, daß er aus den Sykomoren des Platzes einige Silhouetten sich schälen sieht und sein Blick, seine Beine, sein ganzer Körper würde den Schrecken erfahren, auf den Davids Satz hinwies: »Es gibt noch zu viele Bäume.« So fern sie den Panthern auch standen, waren sie ihnen noch immer viel näher als ich, da sie das Grauen, die Phantasmen gewohnt waren, von denen ich nichts als die ironische Übersetzung erfaßte.

Wären die Panther lediglich eine Gang aus jungen Schwarzen gewesen, die den Besitz der Weißen plünderten, von Dieben, die »nur« von Autos, Frauen, Bars, Drogen träumten, wäre ich aufgebrochen, mit ihnen zusammen zu sein? Marx lesend, damit drohend, dem freien Unternehmertum mit seinem Denken einen Schlag zu versetzen, waren sie nicht vom Durst des Ausgeschlossenseins entbunden – A-Soziale, A-Politische, doch aufrichtig in ihren Versuchungen und ihren Versuchen, eine Gesellschaft zu begründen, deren Idealismus und deren Realität sie ohne Heiterkeit erahnten, waren sie von den »A-«Kräften gezeichnet, und während der ganzen Zeit, die ich mit ihnen verbrachte, glaubte ich in ihnen eine gehetzte Anspannung wiederzuerkennen: eine ebenso gebieterische Ablehnung jeglichen Außenseitertums wie den Ruf nach Marginalität, nach seinen einzigartigen Ekstasen.

Die Revolutionäre drohen sich in zu vielen Spiegeln zu verirren. Trotzdem braucht es vorübergehend den Faschismus streifende, ihm verfallende und sich herausreißende und mit größerer Trunkenheit zu ihm zurückkehrende Momente des Raubens und Plünderns. Diese Momente sind genau genommen nicht avantgardistisch, sie waren Vorläufer, im Fall der jungen schwarzen Teenager ebensosehr – mehr – durch eine wahnsinnige Sexualität geprägt, als durch die Ideen, welche sie aussendeten. Und vielleicht mehr noch, als durch die Sexualität, waren sie heimge-

sucht von der Idee des Todes, die sich bei ihnen in Plündereien äußerte. Die wahren Schwarzen Panther wiesen ein vergleichbares Moment auf. Die Gewalt schien dort beinahe Gewalt im Rohzustand, auf die weiße Brutalität antwortend, hatte sie dennoch eine über sich hinaus weisende Bedeutung. Gewaltformen: Aufmärsche mit offen getragenen Waffen, Ermordungen von Bullen, Banküberfälle, die Panther begannen sich der Welt durch Scharten und Kerben zu öffnen, durch Blut. Sie betraten die Welt, indem sie Schrecken und Bewunderung verbreiteten. Noch Anfang 70 hatte die Partei jene Flexibilität und Unbeugsamkeit, die an ein männliches Glied denken ließen – jeder Art von Wahlen zogen sie dessen Erektion vor. Wenn einem derartige sexuelle Assoziationen einfallen, so weil sie sich aufdrängen und die sexuelle – erektile – Bedeutung der Partei deutlich auf der Hand liegt. Nicht weil sie sich aus jungen Männern zusammensetzte, aus Stechern, die es mit ihren Frauen ebenso gut bei Tage wie bei Nacht trieben, sondern vielmehr weil die Ideen, selbst wenn sie kurzgefaßt erschienen, zugleich muntere Vergewaltigungen waren, die eine sehr alte, ausgeblichene, erloschene, aber hartnäkkige viktorianische Moral, hier in Amerika eine Projektion mit hundert Jahren Verspätung, ins Übel stürzten, die ihren Ausgang in England, in London, am Gerichtshof von Saint James genommen hatte. Und so bestand ein Zweck der Partei auch darin, Jack the Ripper zu sein.
Nein? Nein, weil der hier sich fortpflanzte. Jeder seiner Stöße rief einen Lachanfall hervor. Black is beautiful, weil damit eine Freiheit aufkam. Selbst wenn sie auf den Tag übergriff, errichtete die Aktivität der Panther für die Weißen einen Halo aus Finsternis um sich her.
Auch das hier: ihr Auftauchen im Ghetto ließ die Undurchsichtigkeit der Drogen ein wenig aufreißen. Ein paar

verletzende, gemeine Flüche, die den Weißen stanken, entlockten den jungen Schwarzen ein müdes Lächeln, welches sie den »Entzug« für wenige Sekunden vergessen ließ.

Später würden sie lachen, wenn ich zu David, der unbedingt wollte, daß man wegen meiner Grippe einen Arzt ruft, sagte:
»Du bist eine Mutter für mich.«
Sie vergnügten sich oft damit, die Geschlechter zu verwechseln, wobei sie die Grammatik auf frischer Tat des Sexismus überführten, während sie gut sichtbar in der Hose, perfekt modelliert, den Schwanz und die Klöten ausstellten.
Diese Ausbuchtung wurde erst spät zu Geltung gebracht. Ich spreche von der Ausbuchtung als Zeichen von Macht. Die natürliche – und für die Weißen übertriebene – Mannbarkeit, erschien als Exhibitionismus, der lediglich auf den Exhibitionismus der weißen Busen auf den Partys antwortete, die den Panthern zu Ehren gegeben wurden. Eine Zeit der Prüderie, mehr viktorianisch als sozialistisch, war dem vorausgegangen. Selbst diese berühmte Theorie, die erotische, schmutzige, obszöne Zeiten anrief, zu übertriebenen, kraftvollen und auswuchsartigen Kopulationen einlud, blieb in ihrer stereotypen Anwendung gegen den Dämon, und nur ihn allein, keusch: Nixon nämlich und den weißen Imperialismus. Können die Genitalien, ebenso wie der Ausdruck »lüsterne Vipern« einem Zoologen zur Klassifikation dienen? Somit waren die Hosen nach einer beinahe florentinischen Mode geschnitten und die Darlegung der reinen Lehre wurde ostentativ. Wie man vermutet, und so wie es sich von selbst ergibt, waren die Schwarzen vom Kupferstich zum Flachrelief übergegangen.

David Hilliard lernte ich zuerst nach einer studentischen Konferenz an der Universität von Connecticut kennen. Im Anschluß an diese Konferenz luden die schwarzen Studenten uns in ihren Bungalow auf dem Campus ein. Ich stieß später als David dazu. Er saß und redete inmitten der Studenten, schwarzen Jungen und Mädchen. Was mich ergriff, war die stumme Fragestellung auf all den schwarzen Gesichtern. Die Gesichter der Söhne und Töchter der schwarzen Bourgeois lauschten einem ehemaligen Lastwagenfahrer, der kaum älter war als sie selber. Er war der Patriarch, der zu seinen Nachkommen sprach und ihnen die Gründe für den Kampf sowie die Richtung der Taktik erläuterte. Die von ihm geschilderten Zusammenhänge waren politische, und trotzdem schuf nicht das politische Interesse allein diesen Zusammenhalt, sondern eine subtile und überaus spürbare Erotik. Derart stark, und ebenso offen zutage liegend wie diskret, daß ich nicht eine Sekunde lang den Herzenswunsch nach irgendjemand verspürte: ich hatte lediglich den Wunsch nach dieser Gruppe, und meine Sehnsucht war durch den Fakt gestillt, daß es die Gruppe gab.
Was bedeutete meine weiße und rosige Gegenwart mitten unter ihnen? Dies noch: während zweier Monate war ich Davids Sohn gewesen. Mein Vater war schwarz, und er war dreißig Jahre jünger als ich. Meine Unkenntnis gegenüber den amerikanischen Schwierigkeiten, vielleicht meine Zerbrechlichkeit und Naivität trieben mich dazu, in David nach einem Bezugspunkt zu suchen, doch er selber benahm sich in Hinsicht auf mich mit derartiger Umsicht, als hätte meine Schwäche meinen Wert erhöht.

So wie es kompliziert ist, vom physischen Reiz und der Erotik zu sprechen, die in der revolutionären Gruppierung am Werk sind, so ist es noch schwieriger, den Ekel wachzurufen, den körperlichen Widerwillen, den man im Hinblick auf Jungen oder Mädchen nachvollziehen kann, die offensichtlich nicht mit Schönheit geschlagen sind. Nichtsdestoweniger gibt es ihn, und manchmal ist er unerträglich. Unter den Fedajin verursachte mir Adnan (er ist von den Israelis getötet worden) diesen Abscheu. Meine Homosexualität war ihm widerwärtig.

Die Sexualität ist, selbst ehe sie ins Bewußtsein rückt, wahrscheinlich das am stärksten verallgemeinerte Phänomen in der gegenwärtigen Welt. Als direkte und einzige Ursache des Willens zur Macht bleibt sie vielleicht erst noch zu veranschaulichen, allerdings scheint die Entäußerung der Macht, so sie nicht unausgesetzt willentlich ist, sich im Pflanzenreich wiederzufinden. Eine andere, womöglich nicht ganz so universelle Aufgabe: sie besteht in der mehr oder weniger jedem Mann bewußten Sorge, auf lange Sicht und über den Tod hinaus ein Bild von sich zu entwerfen und durchzusetzen, und zwar auf solche Weise, daß es eine Macht ausübt – oder besser eine gleichzeitig sehr sanfte, kräftige und weiche Strahlung, die keiner weiteren Kräfte bedarf: jenes von dem Menschen, der Gruppierung oder der Handlung abgelöste Bild, welches einen diese exemplarisch nennen läßt. Exemplarisch bedeutet hier mehr, daß man sich nur einem Exemplar gegenüber sieht, einem einzigartigen Exemplar, welches nicht als Beispiel dienen wird. Es besteht in einer Art ironischer Anordnung: »Was ihr auch unternehmt, meine Einzigartigkeit werdet ihr mir nicht erschüttern.« Dies ist die letztendlich überall bekannte und vielleicht mit dem Tod verbundene Aufgabe, welcher sich in demjenigen Lebenden, der ihn ersehnt, vollziehen muß: er ersehnt ihn, da er ja in einem Bild seiner selbst erstarrt, doch stößt er ihn zurück, da er nun einmal dieses Bild aus seinem Leben wünscht. Der junge Mann, der sich fotografieren läßt, zupft seinen Anzug ein wenig zurecht, arrangiert ihn oder bringt ihn in Unordnung, auf jeden Fall schiebt er ihn zurecht, zwingt sich zu einer Pose, dieses Bild vom Jahrmarkt wird vielleicht das letzte sein.

Es sind nicht eine oder zwei Anekdoten, die berichtet werden müssen, es ist die Aussendung und Verbreitung von einem oder tausend Bildern und ihrer Funktion, wäre Zeit, diese zu untersuchen. Mythomanie, Wachtraum, Größenwahn sind die Begriffe, die man benutzt, wenn es einem Menschen nicht gelingt, das Bild, das er von sich hat, angemessen nach außen zu tragen, ein Bild, das sein Eigenleben führen müßte, zweifellos stets genährt durch die Taten und durch seine Wunder – oder die Wundertaten – des lebendigen Menschen, nachdem er tot ist, doch legen wir nicht die gesellschaftliche Funktion dieser Bilder dar, dieser Anstrengungen, Bilder zu erzeugen, die unverändert exemplarisch, das heißt einzigartig sein werden, eins von den anderen getrennt durch die Unüberwindlichkeit einer Projektion zugunsten einer anderen, und dennoch eines mit den übrigen in Harmonie, da sie ja die Erinnerung und die Geschichte bilden. Es gibt höchstwahrscheinlich keinen Mann, der sich nicht danach sehnt, in großem oder verkleinertem Maßstab sagenhaft zu werden. Ein gattungsstiftender Held, in alle Welt hinausstrahlend, das heißt, exemplarisch, demnach einzigartig, mächtig zu werden, weil er der Erwiesenheit und nicht der Macht voranschreitet.

Von Griechenland bis zu den Panthern besteht die Geschichte aus dem Verlangen, sagenhafte, auf lange, sehr lange Zeiträume nach dem Tod hin wirksame Bilder aus sich selbst herauszustellen – wenn man so will, in die

Zukunft zu delegieren –: der Hellenismus bekam wirkliche Stärke erst nach dem Untergang Athens, Christus schnauzt Petrus an, der ihn – scheinbares Wollen – daran hindern wollte, sein Bild zu vollenden, und Christus unternimmt von Anfang seines öffentlichen Lebens an alles, was er nur kann, um bemerkt zu werden; Saint-Just, verurteilt durch Fouquier-Tinville, konnte womöglich fliehen, doch … »Ich verachte diesen Staub, aus dem ich bestehe und der zu Ihnen spricht, doch nichts wird mir dieses unabhängige Leben entreißen, das ich mir gab in den Jahrhunderten und in den Himmeln …«

Wenn der Mann ein Bild schafft, welches er durchsetzen will, durch das er sich selbst sogar ersetzen will, sucht er, täuscht er sich, entwirft er Unschärfen, eine Vielzahl nicht lebensfähiger Ungeheuer, Abbilder von sich, die er zerreißen müßte, wenn sie sich nicht von selbst auflösten: erst am Ende, nach dem Rückzug oder dem Tod, muß das Bild, welches übrigbleibt, wirksam werden: das des Sokrates, des Christus, des Saladin, des Saint-Just … Jenen, die ich nenne, ist das Heldenstück gelungen, um sich her und für die Zukunft ein exemplarisches, das heißt einzigartiges Bild auszustrahlen – mit dem, was sie waren übereinstimmend oder nicht, aber das hat keinerlei Bedeutung, da sie daraus ein energisches Image zu reißen verstanden – aktiv nicht dadurch, daß es der Ursprung für Taten sein würde, welche erlaubten, es nachzuahmen, sondern Quelle für Aktionen, die sich gegen es wendeten, wenn man annahm, sie seien durch und für es unternommen; vor allem aber ist es die einzige Botschaft, der es gelang, sich bis in unsere Gegenwart hineinzuschleudern. Die Quellen, die Interpretationen unterschiedlicher Historiker ändern daran nichts: sie wollen das archetypisch genannte Bild durch andere ersetzen. Wahrere? Sie werden weder mehr noch weniger

wahr sein, da es Bilder bleiben, die aus der Vergangenheit gekommen sind. Die Historiker werden die einsamen und sagenhaften Helden, deren Bild – stimmig oder nicht – auf uns überkommen ist und uns fasziniert, zerstören, auslöschen und durch Erklärungen ersetzen, durch Fakten, die uns in dem Maßstab fühlbar – verarbeitbar – sein werden, indem sie daraus leicht gemachte, unser Geschwätz erleichternde Bildern fabrizieren.
Das Theater wird vielleicht in seiner gegenwärtigen, mondänen – schon, könnte man glauben, bedrohten – Form verschwinden, die Theatralität hingegen ist konstant, solange sie dieses Verlangen ist, nicht Zeichen, sondern vollständige, verdichtete, eine Realität, die womöglich eine Abwesenheit von Sein ist, verstellende Bilder zu entwerfen. Die Leere. Um das endgültige Bild zu realisieren, das er in die ebenso abwesende Zukunft, wie es die Gegenwart ist, hineinschleudern will, ist jeder Mensch fähig zu endgültigen Handlungen, die ihn in das Nichts taumeln lassen werden.
Ferraj wies alle Anzeichen des Mannes, des Kämpfers auf, ihn kerngesund zu nennen. Als ich ihn kennenlernte, war er dreiundzwanzig Jahre alt. Er war es, dessen Körper, sein Gesicht und dessen wacher Geist mich in der ersten Nacht verführten, in der ich mit den Fedajin bis in die Morgendämmerung hinein zusammensaß, ihn wiederzusehen kehrte ich unter die Bäume zurück. Begleitet von einem Fedajin, der jünger war als er, kam er aus einem Unterstand. Kaum erfreut darüber mich zu sehen, wußte er, daß zwei Bewegungen ihn gerade genierten: jene nämlich, nicht mehr verheimlicht haben zu können, seine Hose ein wenig höher- und den Pullover etwas herunterzuziehen, diese Gesten bedeuteten den übrigen zwar nichts weiter, als daß er Ordnung in seine Kleider brachte, doch waren die bei-

den Gesichter zu beredt, das Ferrajs rot angelaufen, das des jungen Fedajin ebenfalls, allerdings triumphierend. War es, so wie ein Sperber, auf ihn, Ferraj, den heiteren und großzügigen Chef, herabgestürzt, ihn in ein einziges Verlangen gegenüber dem Jungen zu verwandeln? Wo lag die Perversion? In Ferraj, urplötzlich, im etwas duckmäuserischen Blick des Kindes, im sehr klaren Himmel, wo die Sehnsucht kreiste, bereit herabzustoßen? In mir, der das sah oder zu sehen glaubte?
Worin bestand meine Aufgabe unter diesen goldenen Blättern?
Meine einzige und überaus große Wichtigkeit, hier ist sie: ich war die Gelegenheit, im allgemeinen abends, für eine Zusammenkunft müder, aber lachlustiger Fedajin. Die erste Versammlung wurde, glaube ich, von Ferraj organisiert, dem ich gesagt hatte, daß mir meine Haare in den Nacken fielen.
»Da ein Fedajin alles kann, setz dich auf den Stein, ich werde dich in einen Hippie verwandeln.«
Er sagte das in einem sehr gekonnten Satz zu mir, in dem zwei französische Wörter, »Stein« und »hinsetzen« von englischen und Wörtern in klassischem Arabisch umwunden waren.
Er und ich bildeten schon bald das anziehende Zentrum für eine Gruppe von zehn oder zwölf Fedajin. Sie rauchten die ewigen Blends, doch folgten sie Ferrajs Fingern, welche die Schere um meinen Kopf herum tanzen ließen. Offenbar erkannten sie die Arbeit an. Ich benutzte dieselbe Sprache, um Ferraj zu fragen:
»Doch warum hast du mir gesagt, daß du mich in einen Hippie verwandeln wirst?«
»Einmal im Monat fallen deine Haare bis auf die Schultern.«

Alle lachten. Tatsächlich waren meine Schultern, bis hinunter zu den Knien von weißen Strähnen bedeckt. Die ersten, vorläufig scheuen Sterne gingen zu Dutzenden am noch malvenfarbenen Himmel auf und alles war viel schöner, als ich es zu sagen vermag. Und Jordanien ist nur der Mittlere Osten! Die Strähnen meines Haares fielen bis auf meine Schuhe.

Waren die Beziehungen Hamza-Seine Mutter die Einzigartigkeit dieser beiden Wesen, gehorchten sie, sie und er, einem grundlegenden Gesetz der Palästinenser, in dem ein geliebter Sohn und eine verwitwete Mutter eins sind? Heute, nachdem ich dieses Paar in mir getragen und genährt habe, fand sich dort eine Art von Inzest eingenistet. Die Palästinenser, die massakrierten Fedajin nahmen einen immer kärglicheren Anteil an meinem Haß auf Hussein, seine Tscherkessen und seine Beduinen ein. Die von der Folter geschwärzten Oberschenkel Hamzas, die Wunden, die seine beiden nie gesehenen Beine waren, genügten mir, trotzdem zu wissen, daß zwei gemarterte Beine mehr zur palästinensischen Gemeinde als zu mir gehörten. Sobald man sich für ihn entscheidet, kommt der Augenblick, und die Zeit war noch nicht reif, mich über die Präsenz des palästinensischen Widerstands in der Welt und seinen Widerhall in mir zu befragen, dieser Revolutionen, deren bis zum Hals in den Samt einer Theaterloge im italienischen Stil eingesunkene Zuschauer wir sind. Woher sonst, als aus einer Loge heraus, nimmt man an diesen Revolutionen teil, wenn sie in erster Linie Befreiungskriege sind? Von wem wird man sich dort unten befreien?

Sagte mir Mahjoub alles über das achtjährige Mädchen, in

das er verliebt gewesen war? Ich glaube, daß er mir von dem Musselin erzählte, dem Material und der Farbe der Kleider, und daß sie lediglich gestatteten, die Zehen zu sehen. Was wurde aus ihr? Er entsann sich des Kindes. Ist sie tot? Lebte er mit einer Toten, deren Leichnam er verbarg? Mahjoub zu folgen, hieß womöglich, einem Begräbnis zu folgen. Die kleine Verliebte war abweisend, aber die Frau? Sprach er durch eine Metapher zu mir?
Auch wenn es heute an eine Wiese erinnert, auf der normannische Kühe Milch geben könnten, war Tell Zaatar, *der Thymianhügel*, das am dichtesten bevölkerte Lager der Palästinenser in Beirut. Ali lebte dort, zusammen mit anderen Mitgliedern der Fatah. Er war nie in ein Flugzeug gestiegen. Seit den Luftkatastrophen sang, lachte, tanzte er viel.

Das Territorium existiert, und seine als Niedergeschlagenheit verstandene Wegnahme schürt die Angst. Ganz Palästina und jeder Palästinenser »*hatte seinen Abgrund beweglich bei sich*«. Es galt die Nation und die Gesundheit wiederzufinden.
»Du gehst in einer Stunde fort?«
»Ja.«
»Mit dem Flugzeug?«
»Ja.«
»Und wenn dein Flugzeug abstürzt?«
Die Zeitungsartikel sprachen oft von Flugzeugen, die an einem Berg zerschellten, im Meer, am Nordpol verlorengingen, wo die verwundeten Passagiere die Toten aufaßen. Ali war zwanzig Jahre alt und sprach französisch.
»Laß uns jetzt nicht daran denken. Wenn der Unfall unvermeidlich ist ...«
»Aber wir wollen deine Gebeine.«

Niemand wußte vorher, wo er seine Toten begrub, an Friedhöfen mangelte es den Palästinensern beinahe so wie an bestellbarer Erde.
»Wie heißt du?«
»Ali.«
»Nein. Der Name, den dein Großvater dir gegeben hat?«
Ein Verantwortlicher der Fatah sagte mir heute:
»Ali ist unter den Toten von Tell Zaatar. Die Einzelgräber sind selten. Wir haben dort unten in kompletten Stubengemeinschaften verscharrt. Kein Soldat kann ein Loch für sich allein beanspruchen, selbst wenn es nur flach ausgehoben ist. Wir haben die Toten zusammengestaucht, um sie zu viert zu beerdigen, sie alle wenigstens in Richtung Mekka zu drehen. Doch warum fragst du mich das? Trauer um einen einzigen? Warum willst du in deinem Buch von ihm sprechen. Hast du ihn oft gesehen?«
»Dreimal.«
»Nur. Du kannst nicht Trauer um einen einzigen Fedajin tragen. Ich kann dir Verzeichnisse mit Tausenden von Namen übergeben, und du wirst Kilometer von Trauerflor bestellen.«
Palästina war kein Territorium mehr, sondern ein Alter, Jugend und Palästina waren Synonyme.
Ali, 1970:
»Warum bist du bereit, mit mir zu sprechen? Üblicherweise – verzeih mir – plaudern die älteren Leute untereinander. Uns erteilen sie Befehle. Sie wissen über Sachen Bescheid, welche die Jungen erst mit eintretendem Rheumatismus erfahren dürfen. Früher, wenn die Alten anfingen, weise zu werden, nahmen sie den Turban, jedes Ding wies darauf hin, daß das andere verdient war. Sieh dich richtig um.«
»Die Verantwortlichen befragen dich nicht?«

»Nie. Sie wissen alles. Immer.«
Ein Territorium anzuerkennen, so klein es war, auf dem die Palästinenser eine Regierung, eine Hauptstadt, Moscheen, Kirchen, Friedhöfe, Rathäuser, Denkmäler für die gefallenen Toten, Rennbahnen, Flugfelder gehabt hätten, wo eine Abteilung Soldaten zweimal pro Tag die Waffen vor ausländischen Staatschefs präsentiert hätte, war eine so schlimme Häresie, daß selbst der Gedanke, nur als Hypothese, moralischer Sünde, einem Verrat an der Revolution gleichkam. Ali, darin waren sämtliche Fedajin wie er, bewunderte lediglich eine großartige Revolution im Stil eines Brillantfeuerwerks, eine die Ölquellen, welche dem arabischen Volk gehörten, verschonende, von Bankfiliale zu Bankfiliale, von Opernhaus zu Opernhaus, Gefängnis zu Justizpalast überspringende Feuersbrunst.
»Du bist sechzig Jahre alt, du bist nicht vollständig zerbrochen, doch bist du zerbrechlich. Jeder Muslim hält vor einem Greis in seiner Gewalttätigkeit und seinem Atem inne. Also hier wagt es niemand, dich kaltzumachen. Ich bin zwanzig Jahre alt, ich kann töten und ich kann getötet werden. Wenn du heute zwanzig Jahre alt wärest, würdest du mit uns sein. Physisch. Mit einem Gewehr? Weißt du, ob ich getötet habe? Ich selbst weiß nichts, doch zielte und schoß ich in der Absicht zu töten. Selbst schwach und aufgrund deiner schlechten Augen unfähig zu zielen, hast du die Kraft, einen Abzug zu betätigen, würdest du es tun? Du bist hier hergekommen, jedoch durch dein Alter geschützt, könntest du dich seiner für eine Sekunde entheben?«
Das geringe Interesse meiner Antwort verpflichtet mich, sie zu unterschlagen. Die Jahre und meine Schwäche haben mir diese Immunität beschert, an die Ali mich erinnert hatte.

»Ich habe dir das gesagt, weil ich weiß, daß ich mich nicht für die Jungen töten lasse, sondern für die Rheumakranken. Oder für die drei Monate alten Kinder, die nichts von meinem Leben oder meinem Tod wissen werden.«

Die Worte eines jungen Toten wiederzugeben – wenn er in Tell Zaatar starb, so war das 1976, er demnach sechsundzwanzig Jahre alt – jetzt, wo seine Knochen und sein Fleisch verfault sind, vermischt mit denen mindestens dreier anderer Fedajin, verursacht mir keinerlei Unwohlsein. Ali ist nicht einmal eine Stimme, oder ist jetzt eine gänzlich leichenblasse Stimme, die sich unter meiner versteckt.

»In Tell Zaatar sprechen die Chefs« – er sagte die Chefs, nicht die Verantwortlichen – »stets und ganz leise untereinander, manchmal sehr laut, so als seien wir unfähig, sie zu verstehen. Sie erörterten die hochkarätigsten Spekulationen, in denen, trotz seiner Herkunft, Spinoza einen großen Raum einnahm. Ebenso Lenin. Und der Codex Hammurabis. Wir, die einfachen Fedajin, wir schweigen solange, die Befehle der Chefs abzuwarten: Minztee oder türkischen Kaffee zuzubereiten.«

»Was wirst du mit meinen Knochen anstellen? Wo sie hinwerfen? Ihr habt keinen Friedhof.«
»Sie vom Fleisch und den Knorpeln zu reinigen, wird schnell gemacht sein, du hast weder Muskeln noch Fett, wir werden sie in kleine Bündel aufteilen, sie in unseren Taschen tragen, wir werden sie in den Jordan werfen (er lachte ohne Fröhlichkeit).«
Er lächelte weiterhin, und dieses anmutige Lächeln kaschierte sicherlich den Scherz, der ihm und mir eingefallen war.

»Wenn der Krieg aus ist, fischen wir sie mit ein wenig Glück wieder aus dem Toten Meer.«

Es war mir verboten, in Ali verliebt zu sein. Die Schönheit seines Körpers, die seines Gesichts, vor allem die Beschaffenheit seiner Haut beschäftigten mich, was aber machen wir mit der Ideologie, Kamerad?

Er wußte, daß ich ihn gern hatte, und keinerlei Überheblichkeit von seiner Seite; eine aufgeweckte Freundlichkeit, doch keine falsche Hingabe. Freilich wußte er, daß ich Jungen liebte.

Einmal nachts, unter der Zeltbahn, wurde ich von Gelächter und Stimmengewirr um zwei Uhr morgens geweckt: in dem Zelt, in dem ich geschlafen hatte, aßen, tranken und rauchten die Fedajin wie die Kannibalen, da sie den Beginn des Ramadan eingehalten hatten. Ich bat sie um etwas zu trinken und zu rauchen. Lachend, mich noch halb eingeschlafen zu sehen, stellte mir Abu Hassan die Frage, welche die Stimmen hatte laut werden lassen.

»Was sagt man über die sexuelle Freiheit in Paris?«

»Weiß ich nicht.«

»Und Brigitte Bardot?«

»Ich weiß es nicht.«

Ich mußte das gähnend gesagt haben.

»Und du, was denkst du?«

»Ich bin Päderast.«

Er übersetzte. Alle lachten. Ruhig sagte Abu Hassan zu mir:

»Nun ja, für dich gibt es keine Probleme mehr.«

Ich schlief wieder ein. Von einer Minute zu nächsten darauf wartend, an den Jordan geschickt zu werden, konnte die Frage die Soldaten für eine, nicht aber für zwei Minuten aufhalten. War ich in Ali verliebt? In Ferraj? Ich glau-

be nicht, weil ich niemals die Zeit hatte, von ihnen zu träumen. Und die Gegenwart jedes einzelnen Fedajin war stark genug, den Schatten der abwesenden Vorlieben auszulöschen.
Jeder Friseur weiß, was ein Wirbel ist: ein Büschel widerspenstigen Haares. Es windet sich in alle Richtungen, außer der des Kammes. Setzen Sie einen ganz aus Wirbeln, aus widerspenstigen Büscheln bestehenden Haarschopf voraus, und nehmen Sie zusätzlich darunter einen ähnlichen Bart, bestehend aus Wirbeln, niemals gelockt noch gekräuselt, dafür strahlenförmig. Die Anordnung dieser Haare wäre bereits eine lachhafte, und wenn man diesen Haaren noch gleichzeitig in alle Richtungen gehende Scheitel hinzufügt, haben Sie eine heitere Visage, wissend, daß Gott sie so geschaffen hat, also nach seinem Bilde, und daß man Gott schließlich lachend dafür ehren muß, es ist voreilig, wenn man angesichts des Haarigen, den man vor sich sieht oder an den man sich erinnert, von einem Affenmenschen spricht. Er gemahnte an eine sehr vornehme Engländerin, besonders wenn er aß. Selbstverständlich mit seinen Fingern. Wenn er sich hin und wieder seinen Schnurrbart stutzte, der ihm letztlich in den Mund hineinwucherte, entledigte er sich doch keines Härchens der Brauen, des Schopfes oder der Barttracht, doch barg das leichte Zurechtschneiden des Schnurrbarts eine weitere Überraschung: nämlich das Lächeln. Unter dieser ganzen, lachenden Masse von Haaren, den schwarzen Augen mit dem ernsten, oft von Lachen geschüttelten Blick, zwei rosigen, für ein Lächeln, bald darauf ein die Zähne zeigendes Lachen, eine rosafarbene Zunge, die sich zu verstecken suchte, gut geschnittenen Lippen, blieb sein Körper ein Geheimnis. Gott, der die Menschen schuf, vergnügte sich vielleicht mit diesem hier, indem er ihm unter

seinen Kleidern Kahlheit auferlegte. Ich glaube, daß niemand wußte, ob es so war.
»Wer ist dieser Kämpfer, der gerade ißt und mir zu folgen scheint?«
Ich saß mit einigen Fedajin an einem Tisch, einem unter freiem Himmel aufgestellten Tisch mit drei oder vier riesigen Tellern, auf die jeder zulangte.
Kaum hatte ich mir die Frage gestellt, als in meinen Augen ohne jeden Zweifel die Erinnerung aufschien und diese schwarzen Haare und dieser widerspenstige Bart sich mir auch schon genähert hatten. Zwei Arme umschlangen mich: es war der muslimische Syrer, der mich im Zelt umarmt und Theologie mit mir diskutiert hatte. Er erzählte mir, wie er verfolgt von einer Maschinenpistole, die ihn immerfort verfehlte, von Ajloun nach Irbid gelaufen war. Wir teilten uns ein paar Stücke vom Huhn, einige Früchte. Er ging wieder.

Das Feuer kam vom Himmel.
Zweigeteilt. Jede Hälfte Beiruts arbeitete mit gleicher Regelmäßigkeit: die eine wollte essen, die andere verrenkte sich den Bauch und den Hintern auf den gebohnerten Parketts. Die beiden, sich stets, ich weiß nicht an welcher Stelle, wiedervereinigenden Hälften, schufen, wenn auch irgendwo außerhalb, ein Beirut; die organischen Verbindungen zwischen Barackenvierteln und Palast waren offensichtlich: Spitzel und Nutten. Was diese Nachbarschaft anbetraf, Elend und Kohle liefen von selbst, waren die Götter überglücklich. Das Hochzeitsfest wußte alles von der Misere und diese wiederum vom Tanz. Keiner vergaß keinen, weder in dem Maße, in dem der Palast das Elendsviertel vergessen würde, noch umgekehrt. Das Glück exi-

stierte weder hier noch dort, lediglich der Orgasmus, sein von der Anschauung der Goldbarren herrührender Riß, aufgesprungen aus dem Schmerz der anderen. Wer kann sich noch darüber wundern, daß ein feinsinniger Fisch-Lotse den Hai steuert, daß ein Vogel auf dem Büffel ihm die Zecken herauszieht, daß der Bauch eines Hechts einen, allerdings kaum kleineren Hecht beinhaltet, der wiederum einen anderen und so weiter in abnehmendem Maßstab, nie jedoch, was den Appetit oder die Gefräßigkeit ohne jede Blutgier angeht, freilich ununterbrochen aufs Geratewohl. War es diese Evidenz, die Abu Omar entdeckt hatte, was ihn aus tiefster Kehle lachen ließ, bis er seine Tränen und seine Übelkeit schließlich verbarg, als ein Fedajin ihm die Sprünge eines sehenden Auges abgeschlagenen Kopfes in punktierter Kurve von Stufe zu Stufe, von Treppe zu Treppe beschrieb. Hatte Abu Omar geglaubt, daß man hoch zu Roß, durch ein schmiedeeisernes und vergoldetes, auf einen Herrensitz sich öffnendes Portal in die Revolution einreiten würde?
In Petra erblickte ich, im Freien, in der ausgedehnten Flucht römischer, in den Basalt gehauener Säulenhallen zwei Reiter, Jungvermählte des Vorabends oder Verlobte des Morgens. Sie sahen mich nicht, zu alt saß ich auf einem müden Pferd, und ihre Unberührtheit brachte das Universum, die Felsen, die zweimal tausendjährigen Skulpturen, die Gemeinheit Beiruts, die Revolutionen, die Hingabe eines Mannes für ein Kind auf überaus lebenskluge Weise zum Verschwinden. Als der Schatten und das Licht, ehe sie sich vermischten, einen Moment lang zögernd auf der sowohl geraden, wie auch dem Horizont entsprechend gekrümmten Linie verharrten, der Dämmerungslinie, welche dem Kuß auf die gesenkten Lider entsprach, stiegen der junge Mann und die Amerikanerin vom Pferd ab. Wo-

möglich mußte ich nachvollziehen, was die Palästinenser um 1910 erlebten, als sie die ersten Ungarn und Polen in Palästina vernahmen, weil die Meilensteine zwischen Beirut und Baabda auf Hebräisch beschriftet waren.
Die fadennudelförmige Schrift mußte mit einem regionalen Dialekt korrespondieren, und diese war, in Windungen und Knoten, die arabische Schrift. *Einzelteile* ist der Ausdruck, dessen sich die Libanesen bedienen, um die hebräischen Buchstaben zu kennzeichnen. Als ich, aus Damaskus kommend, mit dem Auto in Beirut eintraf, bereiteten die Hinweisschilder an den Straßenkreuzungen dieselbe Mühe wie die gothischen Lettern im von der deutschen Armee besetzten Paris. An den Stein von Rosette gemahnend, waren die Richtungshinweise auf den Straßenschildern in drei Sprachen gehalten, allerdings in englischer, arabischer, hebräischer. Anhand der Symbole gelang es, die Bedeutung von: Links, Rechts, Stadtzentrum, Bahnhof, Norden, Hauptquartier zu ermitteln. Die drei Aufschriften wurden kaum gelesen. Eher gezeichnet als geschrieben, eher modelliert als gezeichnet, rief das Hebräisch eine ähnliche Beklommenheit wie eine seelenruhige Herde von Dinosauriern hervor. Nicht allein diese Schrift gehörte dem Feind, zwischen die anderen gerückt war sie ein bewaffneter Posten, der das Volk des Libanon bedrohte; ich entsann mich, diese Typen, gemeißelt in zwei längliche, flach übereinander liegende und Gesetzestafeln genannte Steinplatten in meiner Kindheit gesehen zu haben, ohne deren Sinn zu erfassen. Modelliert, weil die Vertiefung dieser Buchstaben von einer Höhung und einem Schatten vorgetäuscht waren, den Illusionen eines Reliefs. Die meisten Schriftzeichen waren viereckig, rechtwinklig, lasen sich von rechts nach links und bildeten eine horizontale, aber unregelmäßige Linie. Ein oder zwei Let-

tern gipfelten in einem Federbusch, dem von Kranichen; drei schlanke Fruchtstempel stützten drei über sie hinausragende Narben, drei Bienen erwartende Stempel, welche die Welt mit Jahrtausende altem, besser noch einem Ur-Pollen bestäubten; und diese Federbüsche des Buchstabens, der sich im Französischen ungefähr *ch* ausspricht, fügten weder den Wörtern noch dem Gebot die geringste Leichtigkeit hinzu, sie verkündeten den zynischen Sieg Tsaḥals, darüber hinaus hatten die drei Spitzen des Federbuschs jene etwas törichte Hoheit des Pfauenkopfes, etwas von der Dümmlichkeit der Sperma erflehenden Schnepfe auch. Indem ich Leichtigkeit hinschrieb, war ich von »*leicht bedrohlich*« ausgegangen.

Der Wipfel bestimmter, sehr hochgewachsener Bambusstengel vermittelt den Eindruck zu wanken, da er tatsächlich wankt, der Eiffelturm wankt; der Schaft dieser Buchstaben verursachte dasselbe Herzstechen, indem nicht einer wankte. Diese Schrift war nicht allein aus der Kindheit wieder heraufgedämmert, doch ebensogut, wie sie der Welt auf dem Gipfel eines Berges übergeben wurde, entstieg sie einer tiefen und dunklen Kaverne, in der Gott, Moses, Abraham, die Tafeln, die Thora, die Gesetze eingesperrt waren, hierher, auf diese Wegkreuzung einer Vorgeschichte vor der Vorgeschichte zurückgekehrt, und ohne etwas Genaueres über Freud zu wissen, wurden wir zu Zeugen des enormen Drucks, dem es, in zweitausend Jahren, gelungen war, diese Rückkehr des Verdrängten zu leisten. Vor allem aber blieb unsere Überraschtheit, unser Abscheu von dieser fürchterlichen Diskontinuität geprägt, jeder Buchstabe verdichtete in sich einen maßlosen Raum und eine so gedrängte Zeit, daß dieser Raum einer Zusammenpferchung mehrerer Zeitdichten entsprang; zwischen jedem Buchstaben so weit entfernter Raum, daß er den Namen der »toten Zeit« verdiente, weil es ebenso unmöglich war, wie diesen »Raum« zu ermessen – ist es überhaupt Raum? – einen Leichnam von dem Auge zu trennen, das ihn betrachtet. In diesem unermeßlichen, jeden hebräischen Buchstaben vom anderen trennenden Raum sind Generationen geboren, waren ausgeschwärmt. Und mehr als das Getöse von Kugeln und Granaten zermarterte uns das Schweigen in diesem Raum.

Ajloun gehörte mir, dieser vorzügliche Besitz, der wiedergefundene Friede. Die geringste Schwalbe dort kannte meinen Namen, von sich aus führten mich die Wege; launenhaft zu anderen, war jede Dorne höflich zu mir. Diese letzten Zeilen übertreiben, sagen aber doch, in welcher Hinsicht ein Mann und ein Ort sich aufeinander eingelassen hatten. Um Ajloun her, und nahe genug, vernahm ich die Gerüchte über den Krieg, den Verrat der Politik, auch deutete ich die immer umfänglicheren, schwarzen, feuergeladenen Wolken, und trotz dieser Bedrohungen, oder aufgrund ihrer, bildeten die Hänge der Hügel ein friedvolles Tal. In den Bewegungen, den Umgangsformen, dem Ansehen der Fedajin erblickte ich trotz der Niederlage die Begeisterung, welche die aus ihren ersten Erfolgen herausgerissenen Stars ein wenig unterstützte und liebenswert machte. Sicherlich glaubte ich weniger daran, daß die Revolte, dieser in jedem wütenden Mann oder Volk in Wellen aufsteigende Verlust von innerer Heiterkeit, dieser Verlust von Ausgeglichenheit eine schwierigere, schließlich souveräne Heiterkeit bedeutet, und daß die Aufständischen Schande und nicht ihr Gegenteil verdienten. Indem ich von der Anmut der bewaffneten Soldaten spreche, wie vom Theater auf einer Freilichtbühne, glaube ich lesbar zu machen, was sich in jedem Fedajin ereignete. Ohne das Wesen dieser Ausstrahlung der Revolution genau zu kennen, hätte jeder Fedajin sich durchaus wiedererkannt und zugeschaut. Und zwar aus großer Entfernung, womöglich entstellt, wenn die Entfernung die optischen Gewohnheiten lockert. Sein Leuchten schützte den Soldaten, beunruhigte hingegen die arabischen Regimes.

Von gleich welcher in der Geschichte aufgetauchten Nation, jedoch von jeder religiösen oder politischen Bewegung kann dieselbe Frage gestellt werden: was fehlte dem Mittleren Osten, der arabischen Welt, den Nationen, den Aufständischen, woher hatte die arabische Welt diesen dringenden Bedarf danach, daß der palästinensische Widerstand ausbrach? Seit 1967 sind zwanzig Jahre vergangen, demnach ist er noch sehr jung für eine Bewegung, die sich als tiefgründig versteht, weit entfernt von einer simplen, oberflächlichen Wiedereinnahme von Gebieten. Der Widerstand ließ seine Stengel keimen und wachsen, da sie auf Sauerstoff trafen. Wenn man die der Seitenfolge entsprechende Wichtigkeit der Tagespresse Europas kennt, kann man verstehen, wessen wir uns beraubten, sollte der Widerstand abebben. Zuerst schien es, daß sich im Interesse, welches wir dem Widerstand entgegenbrachten, eine sehr geheime, überaus versteckte Gereiztheit gegen Israel entdeckte. Nichts durfte gegen Israel vorgebracht werden – seit vierzig Jahren haben die Europäer gelernt, die Schnauze zu halten, wissend, daß die jüdische Haut empfindlich und reaktionsfreudig ist; wenn das Stachelschwein das Wappentier Louis' XII. war, so muß es auch das von Begin sein. Es ist gut möglich, daß die Welt, um besser durchatmen zu können, so wie Frankreich von 1854 bis 1872 einen Mann auskochte, der die französische Pro-

sa erblassen ließ, die jugendlichen Aufstände der Palästinenser wollte, oder die, wie er sie nannte, »logischen Revolten«, nichts von dem respektierend, was danach trachtete, ihnen Straßensperren gegen die Poesie in den Weg zu räumen. Ein junges Mädchen von sechzehn Jahren, Österreicherin wie es sich gehört, getraute sich vor mir und vor ihnen, ohne den Anflug eines Lächelns, indem sie mir damit das Adjektiv unter der Nase wegschnappte, welches ihre Gewalt am besten definierte, von den Schwarzen Panthern zu sagen: »Die Schwarzen Panther sind zärtlich.«
Mich ihrer erinnernd, ihres entschiedenen Gesichtsausdrucks, der Klangfarbe ihrer Stimme, sage ich: »Die Palästinenser sind zärtlich.« Und wenn ich dieses Wort wage, so ist es vielleicht, um in einem Zug zu schreiben, was mich bei ihnen bleiben ließ. Warum kam ich? Das ist eine andere, dunklere, tiefer in mir eingeschlossene Geschichte, die ich aber trotz des ebenso schwierigen wie sich verflüchtigenden Rätsels aufzudecken versuche, welches Untertauchen-Auftauchen spielt.

Wer die des Verrats nicht gekannt hat, weiß nichts von der Wollust.

Während ich an ihn dachte, suchte Hamzas Fröhlichkeit mich heim. Verdankte er diese Fröhlichkeit nicht dem Kampf? Im Zusammenhang mit ihr war mir eine körperliche Großzügigkeit aufgefallen. Seine Gebärden hatten weder die Spannweite, die Breite, den Nachdruck der Südfranzosen, noch der Libanesen, selbst wenn ihre Abmessungen begrenzt blieben, waren sie ausladend und generös. Der ferne oder näherrückende Kanonendonner fügte

seiner Großzügigkeit nichts hinzu, erhöhte aber seine Heiterkeit. Mehr als ein Held war er ein Junge.
In einer anderen Zeit, glaube ich, daß ich Abstand genommen hätte zu Wörtern wie Held, Märtyrer, Kampf, Revolution, Befreiung, Widerstand, Mut, noch weiteren. Ich habe mich wahrscheinlich der Wörter Vaterland und Brüderlichkeit enthalten, die mir noch immer denselben Ekel verursachen. Aber die Palästinenser stehen sicherlich am Anfang eines Zusammenbruchs meines Wortschatzes. Diesen zur Kenntnis nehmend laufe ich unter Hochdruck, doch weiß ich, daß sich hinter den einen Wörtern nichts und hinter den anderen wenig Substanz verbirgt.
Ich gewöhnte mich an die Fedajin, sicher darin, daß sie ein gerechteres Leben wollten, Durst nach Gerechtigkeit, wie sie es auch nannten, diese Gründe für den Aufstand lagen vor, dahinter aber, untereinander und vor allem sich selbst gegenüber nie ausgesprochen, mehr als diese trügerischen oder aufrichtigen Hoffnungen, waren ihnen zwingende Befehle gegeben, wie ihre Bücher sie verschwiegen; der Sinn für die Schlacht, den Angriff eines physisch vorhandenen Feindes und hinter diesem wiederum der eindeutig selbstmörderische Sinn für den gelungenen Tod, sobald der Sieg unmöglich wurde. Was das Wort Sieg ausdrückte, war sicher das, was ohne Verdruß gesagt werden konnte: es wird, sobald der Feind geschlagen sein wird, den Sieg geben, die Weihe einer höheren Gerechtigkeit würde kurz darauf in den offiziellen Erklärungen erfolgen. Und hinter diesem Spiel – Sieg oder Tod – den sämtliche Briefe Arafats abschließenden Ausruf, ob sie persönlich waren oder nicht. Revolution wie Höhlenforschung oder das Erklimmen einer noch nicht bestiegenen Wand der Jungfrau.
»Ich zögere.«
»Wovor?«

Ihr vielleicht einziger, noch in Unkenntnis der kubanischen Revolution verbliebener Sohn, antwortete Doktor Alfredo mir:
»Diese Revolution fortsetzen oder künftig Bergsteigen.«

Ich schätzte die Knappheit. Seit vierzehn Tagen erlebte ich ihn desorientiert, vielleicht hoffnungslos infolge von Arafats Schweigen. Als der Präsident der PLO nach seiner Nationalität fragte, sagte Alfredo nur ein Wort:
»Palästinenser.«
Die Antwort wurde nicht geschätzt. Am plötzlichen Schweigen in Arafats Empfangszimmer erkannte auch ich, daß der Präsident es mißbilligte, daß man sich mit dem Wort schmückte. Der Palästinenser war zu stolz auf sein Volk, um zu gestatten, daß ein Freund, mochte er der beste aller Freunde sein, sich ein Teil von ihm nannte.
»Du hast es gesehen. Er erkennt mich als Palästinenser nicht an. Soll ich anfangen Rauch zu spucken oder mich bis an meinen Tod hier herumschlagen.«
Die Fedajin waren nur in diesem Sinne Übermenschen, als daß sie ihre individuellen Wünsche hinter die kollektive, ebenso auf den Sieg wie auf den Tod gerichtete Notwendigkeit stellten, während jeder von ihnen ein einzelner Mensch mit seinem Zittern, seinen einmaligen Sehnsüchten blieb, und es ist wahrscheinlich, daß in diesen Augenblicken – ich glaube allerdings *fast* immer überwunden – die Versuchung zu verraten lauerte.
Sind die von mir in Erinnerung gebrachten, von zahlreichen palästinensischen Verantwortlichen angesammelten Reichtümer, die Anhäufungen von Möbeln, Teppichen, Gewändern etwas anderes als eine Art Illustrierte, in der man Schlösser, kleine Sofas, Schäfer abgebildet sieht, die einem Träumereien gestatten? Bedeutet das Blättern in

diesen Wochenzeitschriften Verrat zu üben? So in ihnen zu blättern, als würde man ein Appartement in seinen drei Dimensionen durchmessen, ist auf Hochglanzpapier schwieriger, der Fortgang des Blätterns jedoch fällt leichter. Und es an ein paar Tagen im Jahr zu durchwandern? In welcher Hinsicht ist es sträflicher, sich für einen Fedajin zu halten, wenn man es für ein paar Stunden im Leben durch eigene Wahl ist, in denen man den Anzug und den Keffieh, sogar die persönliche Seele trägt, in welcher Hinsicht ähnelt diese Erholung des Abendländers nicht derjenigen des Kriegers in einem Schloß, das letzten Endes eines auf Hochglanzpapier bleibt? Fedajin in einem Augenblick zu sein, in dem man den Fluch nicht zu tragen hat, bedeutet, sich mittels dieses Fluches einen falschen Anschein zu verleihen.
Diese Reichtümer zu besitzen, Geld zu unterschlagen, um die Versuchung zu verraten aus sich zu entfernen, wenn man mit allen Risiken und Verantwortlichkeiten der Revolution treu bleibt? Unglück für denjenigen, der unterschlug, die Versuchung sich zu verraten zu unterschlagen, oder Unglück für den, der den Reichtum wählte?

Man erinnert sich Abu Omars, seines Ärgers, als er an den vom Stumpf getrennten Kopf eines jordanischen Soldaten denkend lachte, seines dahingehend schrillen und übertriebenen Lachens, daß es nicht mehr zu Abu Omar gehörte, als ich die im Rahmen von S.A.L.T. geführten Gespräche mit der Stadt Salt verwechselte, und das mir das plötzliche Anschwellen, die Wichtigkeit der Fatah erklärte, welche niemand voraussah.
»Im Jahr 1964 war Fatah lediglich ein bescheidenes Rinnsal. Arafat, der Ingenieur, beschloß, Vollzeit-Revolutionär

zu sein. Er schied aus seinem Beruf. Die Schlacht von Karameh wurde mehr von den Palästinensern als von der arabischen Welt ein Sieg genannt. Die Aufnahmen in die Fatah bewirkten, daß ihre Mitgliedszahlen sich verfünf- oder versechsfachten. Andere, konkurrierende, mitunter gegnerische Organisationen entstanden. Die Lager waren nicht mehr *Flüchtlings-* sondern Ausbildungscamps. Fatah entwickelte sich vor allem in Jordanien, wo zahlreiche Beamte des Königreichs ihr wohlgesonnen und wir (Abu Omar spricht noch immer) von sämtlichen Bewohnern der besetzten Gebiete unterstützt wurden, von palästinensischen Studenten und Professoren in Europa, Amerika, Australien. Wußten Sie, daß wir Studenten in Melbourne haben. Der gegenwärtige König rief sich zum ersten Fedajin aus. Bereits zu dieser Zeit war er der letzte. Inzwischen internationales Gewässer, war Fatah im Jahr 1964 ein sehr schmales Bächlein.«

»Allerdings war der kleine Bach frei, das Meer wird von einer amerikanischen und sowjetischen Flotte befahren. Wir ließen es knallen, wann und wo die Umstände es erforderten. Wir unterstanden einzig und allein der Verantwortlichkeit der Organisation. Niemand, weder Fedajin noch Anführer, sorgte sich um die Großen, weder die USA, die UdSSR, Großbritannien, noch Frankreich. Ich könnte China hinzuzählen, aber nein, seit 1948 hatte China, das Ohr an der Welt, einige Wendungen in der Geschichte begriffen: unsere Rückkehr auf die Gebiete, von denen man uns vertrieben hatte.«

»Bis auf Arafat und ein paar andere Verantwortliche war praktisch niemand in der Lage, ein Volk in Gärung mit Klugheit und Stärke zu führen. Ein Brodeln, das womöglich abgeklungen war, weil man zahllose Unabhängigkeitsbewegungen weltweit vergessen hatte. Wir haben das

Glück gehabt, unsere drei Hauptfeinde auszumachen, in der Reihenfolge ihrer Wichtigkeit: die reaktionären arabischen Diktaturen, Amerika, Israel.«

»Sie weisen Israel den letzten Platz zu.«

»Ich weiß, daß Sie sich in diesem Augenblick, ohne sie niederzuschreiben, Notizen machen. Es ist demnach ein Mann, der ein Buch schreiben wird, an den ich mich wende, und ich ziehe die Wahrheit vor. Sie können, was ich Ihnen mitteile, was Sie hier sehen, anhand der Kommentare überprüfen, die Sie in Frankreich oder im *Institut de France* in Damaskus in den Zeitungen lesen. Die reaktionären arabischen Staaten, besonders die am Golf, blähen die Stimme, um Israel zu verurteilen, ein bißchen aufgrund dieses Angriffs gegen ein arabisches Territorium, vor allem aus ziemlich nichtigen Gründen, was die unterschiedlichen Rituale zu Gott zu beten betrifft, sie alle aber sind äußerst treue Verbündete Amerikas. Und Amerika? Unterstützt es Israel, oder bedient es sich seiner, um in der Region vorzurücken und sich so vor allem den Osten von Aden und die Quellen am Golf zu sichern? Auf gewisse Weise hat Israel uns den Erstickungstod erspart. Sie kennen die Fakten: die Juden, in die Welt verstreut, ohne Grund und Boden, seit sie von den Römern aus einem, Abraham von Gott versprochenen Land verjagt wurden, versprochen, allerdings erobert durch die Waffen Josuas, beanspruchen nach zweitausend Jahren des Umherziehens, der vor allem in Europa erfahrenen Leiden dieses Gelobte Land – unser Palästina – und zwar ohne abzuwarten, daß Gott sein Versprechen hält, die derzeitigen Bewohner vertreibend, weil sie Muslime und Christen sind. Das ist im Großen und Ganzen was sich ereignete, im Kleinen sehen wir dasjenige, was ein englischer Tatbestand bleibt.«

Zwischen ihm und mir entspann sich ein längeres Schweigen, während dessen Andauer ich vor folgender Frage schwankte: »Wer bewohnte, wer besetzte Palästina, in menschlichem Sinne, nach der Zerstörung des Tempels und der Entscheidung von Titus, welche den Juden die Verstreuung auferlegte? War das ein Überrest kanaanäischer Völker? Blieben Juden da, übergetreten zum Christentum, und um 650 zum Islam?«

Wenn ich den Erzählungen Abu Omars und Herrn Mustaphas diesen Raum gebe, so weil immer wenn ich im Mittleren Osten war, in Jordanien, in Syrien, im Libanon die Palästinenser nicht allein auf der Suche nach ihren Rechten auf dieser Erde, sondern so sehr nach ihrer Herkunft waren, daß eine Palästinenserin mir sagte:

»Die echten Juden, das waren wir. Wir, die nach dem Jahr 70 hiergeblieben, danach zum Islam übergetreten sind. Und die Verfolgungen, die wir erlitten, sind uns von den staatenlosen Vettern aufgezwungen worden.«

Abu Omar fuhr fort:

»Die Psychologie der Juden, möglicherweise ausgebildet durch ihre Verstreuung in die abendländische Welt, wo sie gleichzeitig den Reichtum, die Macht, die Verachtung der Christen, aber auch die Wissenschaft, die wissenschaftliche Intelligenz kennenlernten, so tief, daß ich zuweilen an Einstein als einen deutschen Gelehrten mit israelitischem Glauben denke, aber mit den Ängsten und dem, was man die *unterdrückte Wut und Nostalgie des Ghettos* nennt, diese geistige Verfaßtheit trieb sie dazu, sich sogar vor den jüdischen Aufständen gegen den offenen Himmel über die Palästinenser zu beklagen. Als Israel sich dazu durchrang, der Werbeagent für unsere, wie ihr es nennt, Verkaufsförderung zu sein, konnte das für uns kaum besser kommen. Was für eine Werbetrommel! Wenn die Tamilen über eine ähnliche verfügten, wo wären die Batavier? Israel hat einen solchen Sinn für Propaganda, durch den es für alle Ewigkeit feststand, daß es ganz aus sich selbst heraus seinen eigenen Werbeagenten schaffen würde. Gleich nach Frankreich, versteht sich. Auch nach der Kirche. Dies wurde uns nützlich. Auf die Gefahr hin, daß wir, wären wir nicht wachsam gewesen, unsere Bewegung ruiniert hätten, sie gleichsam irrealisierend. Falls das Wort nicht französisch ist, führen wir es eben ein, aber es muß es bereits geben. Eine der Befürchtungen Arafats war, wie er mir eines Abends sagte, ist es noch dieselbe: »Seit einigen Monaten ist unsere Revolution in Mode. Das verdanken wir Israel. Die Zeitungen, die Fotografie, die Fernsehstationen, die Kameramänner aus der ganzen Welt suchen uns auf, um romaneske Bilder und Erzählungen von uns zu geben. Setzen wir voraus, daß sie uns durch die Macht der Bilder aufblasen. Es wird die palästinensische Revolution nicht mehr geben, sobald sie keine Bilder und Erzählungen mehr auslöst.«

»Das Ziel Arafats, unter anderen versteht sich, wäre es demnach, unablässig spektakuläre Ereignisse zu provozieren, somit Scharen von Fotografen, Klageweibern und Sängern neben ihm unverzichtbar zu machen. Von Rhapsoden.«

»Sie scherzen ständig, ich beschwere mich nicht. Das erlaubt mir, ein bißchen zu grinsen, selbst wenn wir die Revolution ins Lächerliche ziehen.«

»Höchste Kunst!«

»Ja. Höchste Kunst. Werden wir wieder ernst. Ich habe gesagt, daß die Revolution Gefahr lief, verstärkt durch rhetorische Übertreibung – durch auf den Bildschirm projizierte Klischees, durch Metaphern, durch Überhöhungen in der alltäglichen Sprache – sich zu *irrealisieren*. Unsere

Kämpfe sind hart am Rand dazu *Posen* zu werden, heroisch in der Erscheinung, aber mit Perfektion *gespielt*. Und unser unterbrochenes Spiel, vergessen und …«
Er hielt rechtzeitig inne, lächelte und schloß wie erwartet: »… versunken in den Müllhaufen der Geschichte.«
»Aber ihr führt die Revolution, um eure Gebiete zurückzubekommen?«
»Auf denen ich wahrscheinlich niemals leben werde. Ich will Ihnen sagen, weshalb die Revolution, falls sie notwendig auf den Rückerhalt der Ländereien hinausläuft, dort nicht endet. Gestatten Sie noch ein paar Worte über Israel. Es muß sämtliche Schmerzen und Bedrohungen, die es vorgibt durch das bloße Faktum unserer Existenz und unserer Bitterkeit an seiner Seite ertragen zu müssen, durch Klagen und aufs Höchste gesteigerte Schreie übertreiben, zusammengeballt durch die Lautsprecher, durch die Amplifier – ihr Franzosen sagt einfach *des amplis*, liebenswerte Sprache, aus der man das Recht hat, die Hälfte wegzuschneiden –, durch Boxen, gut gewähltes Wort, bereit für alles, was sich ›*Diaspora*‹ nennt. Wir reden später weiter, und ich werde Ihnen sagen, warum wir das Glück hatten, der Feind Amerikas zu sein. Übermorgen, falls Sie nach Ajloun zurückkehren wollen. Aber so Sie kommen werden, ist Ferraj nicht mehr dort«, fügte er lächelnd hinzu. »Ein Wagen der PLO wird Sie bis nach Jerash bringen. Halten Sie Ihren französischen Paß jedoch gut sichtbar, sobald Sie eine jordanische Sperre bemerken.«

Es war nicht die Hamra, nicht einmal eine der eleganteren Straßen von Beirut, eine eher gewöhnliche Ladenstraße mit zwei Reihen geparkter Autos vor jedem Geschäft, und mit einem Mal war die Straße versperrt. Zuerst durch einen Wagen, ein sehr teures, aber altes Modell, mit zwei schnauzbärtigen Männern, hinter denen drei weitere saßen. Er ordnete sich rechts ein, und die fünf Männer blieben, anscheinend schweigend, an ihren Plätzen. Ein anderes Auto, das neueste Modell eines Cadillac, beinahe so breit wie die Straße, stoppte weder rechts noch links, sondern in der Mitte. Drei Frauen, zwei in arabischer Tracht, nicht verschleiert, und eine Europäerin verließen es; der Fahrer blieb am Lenkrad, ein Mann jedoch, ungefähr vierzig, schwarzer Oberlippen- und Backenbart, offenbar sehr kräftig und vielleicht bewaffnet, stieg aus. Schließlich eine sehr schön angezogene Frau, in einem schwarzen, bis zu den Füßen reichenden Kleid, das Gesicht unter einer Art Schleier oder durchsichtigem Stoff, der ihr von der Stirn über die Augen fiel. Sie lächelte, weil alle Prinzessinnen der Menge zulächeln, und eine solche Menge nahm dieses Almosen bereits in Empfang. Sie betrat ein Geschäft, in dem ich, im Schaufenster, Schwarz auf Gold oder Gold auf schwarzen Lack graviert, Verse aus dem Koran gesehen hatte. Allein durch seinen Körperumfang verstopfte der schwarzbärtige Mann die Tür. Ich sah nicht, was die Prinzessin machte. Sie kam sehr schnell wieder heraus, und ihr Hofstaat bildete eine Art Spalier für sie, um ihren Cadillac zu erreichen, in den sie als erste einstieg. Eine alte Frau trat nicht schnell genug zur Seite, der Kräftige griff sie bei den Armen und entfernte sie so heftig, daß sie gegen eine Gruppe Schaulustiger schlug. Niemand protestierte, doch lächelte keiner angesichts der Blamage jener Frau. Der erste Wagen, in dem sich Polizisten oder Handlanger befinden mußten, erhielt von dem Kräftigen den Befehl, in die Botschaft zurückzukehren. Er sagte: Botschaft, der Cadillac folgte. Die gesamte Straße nahm ihr Kommen und Gehen wieder auf.

»Wer war das?«

Nichts weiter: eine Bewegung, jene des Leibwächters, der eine alte Frau in eine Gruppe Neugieriger zurückschleuderte, war aus Abu Dhabi herübergekommen, um hier, in einer gewöhnlichen Straße von Beirut im Libanon, stattzufinden.

An dieser Stelle nun, was von der Erzählung Herrn Mustaphas noch aussteht:

»Selbstverständlich beansprucht unsere Familie, auf Wurzeln jenseits ihres Übertritts zum Islam zurückzugehen, der sich um 670–700 Ihrer Zeitrechnung vollzog. Die Mitglieder waren Bauern und Händler.«

»Welche Art von Handel?«

»Der am weitesten zurückreichende mit Farben für Wolle, mit Henna, und ein Handel mit Linsen ... Die Bevölkerung lebte von Landwirtschaft und vom Meer. Über die Periode, die sich ungefähr von 700 bis 1450 erstreckt, weiß ich nicht viel. Die Osmanen unternahmen späterhin keine allzu großen Anstalten, das Reich zu vereinheitlichen. Wenn einige bedeutende Familien sich keinen Krieg geliefert hätten, gäbe es in Palästina Frieden.«

»Wie wurde man zu einer Großen Familie?«

»Indem man tatsächlich von Ali abstammte oder über ausreichendes Geschick verfügte, es alle Welt glauben zu machen. Gehen Sie davon aus, daß falsche Wappen allein in Europa möglich sind? Die Entsprechung zu euren, von der Heiligen Jungfrau abstammenden Herzögen von Lévis haben Verheerungen im gesamten Islam angerichtet. Unsere Großen Familien lieferten sich ebenfalls Kriege aus Spielerei, unsere Bauern ...«

»Sklaven.«

»Sie irren sich. Der Prophet, als er von Gott erwählt wurde – ›Ich habe diesen einen unter euch erwählt ...‹ – wurde unter anderem schließlich bestimmt, damit eine menschliche Stimme die Sklaverei brandmarkte. Was Mohammed tat. Er veranstaltete also mit sich selber den Wiener Kongreß. Doch in der Tat, Sklaven oder nicht, arbeiteten die Bauern für die Feudalisten, die meine Ahnen waren, vermutlich zumindest ...«

»Ihre Rechtmäßigkeit steht nicht fest?«

»Ach! Herr Genet, Sie reden mit mir über Rechtmäßigkeit! Wer würde hier wagen zu beteuern, daß die Mutter dem Ehemann treu war? Nach 1453 machten die Türken, wie aus ganz Syrien, aus Arabien, einem Teil Europas, Marokko ausgenommen, aus Palästina, syrische Unterprovinz, eine türkische Kolonie. Diese Eroberung vollendete sich nach ...«

»Dem fränkischen Königreich?«

»Lassen Sie Ihre Mélusine, Bouillon, Lusignan, Foulques Nerra, welche Sie viel zu sehr beschäftigen. Lauter Abenteurer. Erinnern Sie sich dennoch, daß die Geschichte von Mélusine womöglich diesem Märchen aus *Tausendundeiner Nacht* entstammt, in der eine Schlange mit menschlicher Stimme sich über den Propheten erkundigt, obwohl der Prophet den Islam erst zweihundert Jahre später predigen wird. Eine sprechende Schlange – auf Arabisch versteht sich, in einem sehr schönen Arabisch – vor der Geburt Ihres Lusignan.«

»Die osmanischen Beamten gingen mit Hilfe ihrer christlichen Söldner sehr taktvoll vor – die Eintreibung der Steuer, zweimal im Jahr glaube ich – störte uns kaum. Die Türken nahmen uns aus, besaßen jedoch Kühnheit genug, uns frei zu lassen. Wir, die Großen Familien, hatten unsere Häuser in Jerusalem, in Hebron, Saint-Jean-d'Acre, Paläste über dem Bosporus und ein wenig diebische Verwalter, die wir aufhängten, um vor allem diese Angewohnheit fortzusetzen. Solange sie lebten, leiteten sie unsere Zuchten, und zwar, neben allen anderen, die von Maulbeerbaum und Seidenraupe.«

Sein Haus wies lediglich ein durch wenige Stufen erhöhtes Parterre auf; darüber hinaus schien mir, daß sein Inneres nur aus einem einzigen, mit weißem Marmor gekachelten, allerdings riesigen Raum bestand: Salon, Eßzimmer, Küche, alles auf einmal. Herr Mustapha lebte, tut es wahrscheinlich noch, nach der osmanischen Mode, er rauchte Wasserpfeife, verachtete, was an ihm selbst arabisch war – vor allem seinen Sohn Omar, den wissenschaftlichen Fedajin. Er las nur türkische Dichter, das heißt Djelal Eddin Roumi, das war alles.

»Und nun, nach so langer Zeit, dieses Volk konnte davon ausgehen, daß der Boden, den es seit zwölfhundert Jahren bewohnt und bearbeitet der seine ist, zieht man ihn, zuerst langsam, so wie man an einem Teppich zieht, ohne die darauf befindlichen Sessel umzuwerfen, zieht man ihn ihm unter den Füßen weg. Entschuldigen Sie mein Französisch, ich hoffe mein Arabisch ist besser. Konnte es im XIV., XV., XVI. Jahrhundert wissen, nach wie vor *eure* Jahrhunderte, da ihr die Zeit nach dem Raum kolonisiert habt, und da Sie mir sagten, daß Sie ein Buch schreiben, welches sich an die Christen wendet, ja, unser palästinensisches Volk, konnte es wissen, daß Russisch, Deutsch, Polnisch, Kroatisch, baltische Sprachen, Serbisch, Ungarisch sprechende Menschen hier die *Liebenden von Zion* schaffen würden; daß Zion der mystische, aber ebenso geographische Mittelpunkt des Landes ihrer Träumereien für Menschen aus Kiew, Moskau, Köln, Paris, Odessa, Buda, Krako, Warscho, London war? Weder unsere Bauern, noch wir, ihre Herren, wußten etwas darüber, daß sich in

derart weit von unseren Nächten entfernten Träumen, während wir von etwas anderem träumend also schliefen, nach und nach ein derartiges Vorhaben herausgebildet hatte. Aus Knorpeln wurden Knöchelchen, alles beschleunigte sich, ohne daß wir es vorausgesagt hatten, auf unsere Vernichtung zu. Erst im Jahr 1917 begriffen wir, daß das Projekt in dieser Fäulnis Gestalt angenommen hatte: dem Untergang des Reiches.
Die eigenwilligen oder so erscheinenden Ankömmlinge, buntscheckige Frauen und Männer, scheinbar verbittert darüber, daß sie die Karpaten, den Schnee und den Regen hatten verlassen müssen, erstaunten uns in erster Linie. Die Juden Europas hatten von Zion geträumt, und niemand hier hatte gesagt, daß El-Kods sich da unten Zion nennt! Hügel voller Olivenhaine, Salomos Tempel, Lied der Lieder, immerwährender Sonnenschein, Weizenfelder, Beeren und Trauben das ganze Jahr über, fünf Kilo schwere Trauben, freilich Träumereien von Geigenspielern und Projekte von Bankiers. Die Palästinenser an ihren Ölpressen, ihren Pflügen wußten weder, daß sie geträumt waren noch daß man tausend Schnüre um sie und ihre Anwesen band. Als der junge Ali, von dem Sie mir erzählten, Ihnen sagte, daß die Zionisten unter der Hand Tabakfelder von der gegenwärtigen israelischen Grenze bis zum Litani gekauft haben, so lag er damit theoretisch nicht falsch. Unsere Grundbücher wurden in Warschau besser geführt als in Jerusalem. Aus den jüdischen Geigern wurden zugleich fahrige und präzise Jäger: ihre Violine war die der Zigeuner, ihr Gewehr israelisch. Die Meinen, meine Verwandten, wußten noch immer nicht, daß man ihnen seit zweitausend Jahren aufgelauert hatte – denn was bedeutete die Drohung: ›Jerusalem, wenn ich dich vergesse …‹? – daß ihr Leben seit zweitausend Jah-

ren, welches sie allein ihrer eigenen Treue zu der von ihnen bestellten Erde zu schulden geglaubt hatten, daß dieses Leben von nur auf den Augenblick, mit Hörnern, Schreien, Heidenlärm die Jagd zu eröffnen wartenden slawischen Treibern ausgeliehen worden war. Die Palästinenser träumten niemals von den durch die Pogrome zermarterten Juden Europas, als die ersten Geschädigten in Gestalt von Bauern auftauchten, die sich eher für Sozialisten ausgaben, sicher in Theologie besser gebildet als in Gräsern; die Palästinenser träumten nicht von diesem gelobten Land. Später erst begriffen sie allmählich, daß sie geträumte Figuren waren, noch immer unwissend darüber, daß ein gewalttätiges Erwachen ihnen gleichzeitig die Existenz und die Daseinsberechtigung raubte.

Diese Zurückhaltung, vergleichbar den Zusammenbrüchen in den schon geschichtlichen Generationen polnischer, ukrainischer, magyarischer Juden, hinderte die Palästinenser, aufgrund dessen eher ein Volk des Traumes, also der Schatten, als ein Volk aus Fleisch und Knochen, daran, vollständig realistisch zu sein, und vielleicht ging jeder Israeli, indem er sie bekämpfte, davon aus, sich in erster Linie eines Bauerntums, anschließend einer nicht vorhandenen Armee zu entledigen. Freilich waren die Fedajin dermaßen vorhanden, daß ich den Verdacht hege, ihr Aufstand sollte ihnen selbst und den zionistischen Juden den Beweis dafür liefern, daß sämtliche Palästinenser Wesen aus Knochen und Geist waren, die sich im Erwachen träumender Aschkenasim nicht auflösten. Mir kam es so vor, als sei die jene aufsässigen Menschen trennende Distanz unendlich, das heißt, sie wuchs in dem Maße an, in dem wir, die Palästinenser, frei sein wollten, unabhängig von der zionistischen Müdigkeit oder ihrem Erwachen, und dieser Abstand zwischen einem Volk der Träume und

den realen Fedajin war der Beweis für die Ankunft eines völlig neuen Elements in der Welt, fähig den Mittleren Osten, alle muslimischen Menschen, ihre vor allem aus den Interessen des Westens heraus eingesetzten Regierungen zu verderben, für den die arabische Welt ein Volk der Schatten bleiben soll. Unsere Freiheit wuchs, als sich der Abstand zwischen den Schatten, die wir warfen und den Störenfrieden, zu denen wir wurden, vergrößerte. Die Freiheit, die Reichtümer unserer Freiheit, waren in dieser Distanz selbst enthalten, die zu steigern wir nicht aufhörten. Sie schien der Speicher für diese Reichtümer zu sein. Die wirkliche Gefahr, allerdings ohne uns dessen bewußt zu sein, war ein nördlicher und gelenkter Gedanke.«
»Hat Ihre Familie, in der Vergangenheit, den Kalifen von Konstantinopel ihre Dienste angeboten?«
»Selbstverständlich.«
Sein Schwager trat ein. Als Muslim hatte Herr Mustapha sich mit einer Deutschen, dann einer Tscherkessin verheiratet. Hoher Beamter und Französisch sprechend, hatte der Schwager einen sehr weißen Teint und blonde Haare. So wenig dunkel die Farbe Mustaphas auch war, ersah ich in ihr doch die Blässe der slawischen Haut und wunderte mich weniger darüber, daß die Europäer die sowjetischen Dissidenten und, gleichwohl knickriger, solange sie keinen sozialen Randgruppen angehören, die amerikanischen Schwarzen verteidigten: Tänzer, Sänger, Stabhochspringer, Jazzmusiker. Die Gegenwart des Schwagers milderte die Unbill der Bemerkungen Herrn Mustaphas über die Abendländer womöglich etwas ab.
»Selbstverständlich, zuerst einmal sind wir Muslime, das sind sie auch; hinzu und vor allem kommt Syrien, weil ich, Sie wissen es, als türkischer Untertan auch Syrer bin, weder Syrien noch Palästina wurden vom Reich in ihrer Exi-

stenz bestritten. Auf dieselbe Weise wurden eure Provence und die Gallia Narbonensis römische Provinzen. Die palästinensische Eigenständigkeit wurde respektiert. Die Osmanen? Trotz des Reichs, dieses Schwergewichts von fünfzig Tonnen und ebenso wendig wie ein solches auf einem Gebirgspfad, ließen sie den Griechen ihre Eigenständigkeit, sowie den Römern, Serben, Slowenen, Syrern, Libanesen, Palästinensern, Albanern die ihre. Das große Verbrechen des osmanischen Reichs bestand darin, den Arabern seine Küche nicht aufgezwungen zu haben. Wir nehmen ihm vor allem die christlichen Söldnerkorps übel ...«
Hier wagte er sich nicht viel weiter vor. Die Tscherkessen, zuerst Russen, waren in gewisser Weise so ähnlich ins Reich gekommen, um sich darin einzurichten, wie die christlichen Söldner, von denen er sprach. Und sein Schwager mit den Porzellanaugen hörte zu.
»Und Israel?«
»Bis zum Ende des letzten Jahrhunderts hatten wir in der Tat vergessen, wer wir waren. Die israelischen Wanderbewegungen haben uns die Seele zurückgebracht. Ihre Reaktion auf dieses Wort scheint darauf hinzudeuten, daß Sie an der Existenz der Seele zweifeln, doch hat uns die unsere mit einer solchen Wucht angesprungen, daß wir eher unter ihr, als den Eindringlingen den Buckel krümmten. Ich wollte Ihnen unsere Zugehörigkeit zum Volk von Palästina auseinandersetzen. Würde es Sie schockieren, wenn ich das Beispiel einer Amme aufgriffe? Als Kinder profitierten wir von ihren Brüsten voller Milch, wir liebten sie, wie ihr eine holländische Kuh, und waren in der Lage dazu, sie zu verkaufen oder zu verleihen. Wenn man sie uns entreißt, erinnern wir uns nicht der Milch, aber ihres Namens, der schwarzen Flecken auf ihrem Kleid, ihrer Hörner. Wir verteidigen sie. Die palästinensischen Bauern haben uns

als sehr hart erlebt, sie haben uns ernährt. Israel will Palästina verleugnen, dem Land sogar diesen Namen entziehen ...«

»Aber Israel?« – Denn ich beharrte. Wie hatten die polnischen Juden sich die Palästinenser vorgestellt? Welchen Namen hatte, als die Erde eine Scheibe war, Palästina auf der Krim? Und wie waren seine Bewohner gekleidet? Wußten sie gleich zu Beginn ihrer Wanderung, daß sie der Anfang einer Invasion war?

»Wenn Israel, anstatt nach Jerusalem zu kommen, sich einen Staat in Sizilien oder der Bretagne zuerkannt hätte, so hätten wir nicht schlecht gelacht, und ich glaube, daß Israel unser Freund wäre. Es würde nicht diese Verachtung für die Araber an sich tragen, welche ihm eignet, stärker vielleicht als das Gefühl der Judenheit anzugehören. Stellen Sie sich die Bretagne, Brest, Quimper, besetzt von Kibbuzim, die ganze Gegend hebräisch sprechend vor. Die Bretonen als Flüchtlinge im Land der Gälen, in Irland, im spanischen Galicien und in Galiläa. Auch Sie würden kichern. Und selbst wenn nicht feststeht, daß die Palästinenser die reinen Nachkommen der Kanaanäer, der Philister sind, so ist es noch weniger bewiesen, daß Miss Golda Meir Urenkelin von Moses, von David, von Salomo ist.«

Diese Schilderung Herrn Mustaphas kam mir zugleich zweifelhaft und träge erzählt vor. Als ich Herrn Mustapha wiedersah, diesmal allein, bat ich ihn, auf jenen Traum der Israelis aus Norwegen zurückzukommen.

»Was ich dargelegt habe, war zu keiner Zeit die Beschreibung. Ich habe ihren Traum nicht geträumt, ich wußte nicht, daß ich geträumt hatte. Das, was *verstohlen betrachten* zum Ausdruck bringen will. Weit fort in Raum und Zeit. Die Traumbilder waren unscharf geworden. Es ist so, daß wir, die palästinensischen Familien, wir glauben, daß

die Gezeiten auf den Fährten der Träume zu uns kommen. Was erzählten jene, die abfuhren, um nach Uppsala, Buda, Kiew, Warscho zurückzukehren von Jerusalem? Welche Sprache hatten sie in Jerusalem gesprochen, keiner von ihnen konnte Arabisch, Griechisch oder vielleicht Latein?«
»Kopernikus schrieb auf Lateinisch.«
»Er war kein Jude. Was für Erzählungen kursierten an den Ufern der Ostsee? Entsinnen Sie sich der Portolane des XIV. Jahrhunderts, noch bevölkert von Ungeheuern, Menschen und Tieren, an denen man nicht vorbeikam. Die Lügner von Pilgern und Händlern erfanden märchenhafte Völker, eine ebensolche Fauna und Flora.«
»Träumte man von Eroberung?«
»Wozu dienen Träume und Träumereien?«
»Militärischen Eroberungen?«
»Wenn man mager und schwach ist, sind sämtliche Eroberungen nur Träume. Nehmen Sie es hin, daß ich nichts gesagt habe, seit zwei Jahrtausenden war ich angeschielt worden, auch mein Gebiet, wir wußten es nicht, das Auge war von Schnee verborgen. Von Vater zu Sohn knüpften Strategen Fäden, oder vielmehr Fallen, die mich geduldig visierten.«
»Das ist die Lage von schwachen Völkern. Sie wissen nichts von der Habsucht jenseits des Meeres.«
»Ihre Überlegung tröstet niemand. Die Träumereien halten nicht eine Sekunde lang inne. Manchmal frage ich mich, ob unser Gehirn nicht ein Organ ist, dessen einzige Funktion darin besteht, unser Leben zu träumen. Mein Herr, Sie haben mir, und andere haben mir ebenfalls von dem Glück erzählt, bei den Fedajin zu sein, und ich weiß nichts von Tsahal, von dem man dauernd spricht, dem Geist, den demokratischen Umgangsformen in dieser Armee, Soldaten wie Führungskräften, hätten Sie also, eben-

so wie hier, dieses Glücksgefühl, wenn Sie mit Tsahal zusammen wären?«
»Wenn ich Jude wäre ...«

Vier, dann eine fünfte alte Palästinenserin saßen hockend auf einem frischen Stück Ödland in Jebel Hussein. Frisch, ich will sagen neu belegt, seit dem Vortag wahrscheinlich, im Höchstfalle vom Tag davor, war es insoweit jungfräulich, als daß es als Ödland das Ergebnis eines Napalmbrandes war. Sie baten mich lachend, mich zu ihnen zu setzen.
Die Indianer der Anden hocken so, den Arsch auf den Fersen, die Hände bereits auf dem Boden, bereit zur Flucht, das Gleichgewicht und die Wachheit zu halten; jene, die Tag und Nacht marschieren, Stock in der Hand, ersehnen den Moment, sich hinzuhocken, die Marokkaner, Berber und Araber; nach ihnen die Osmanen. Eine Familie von Wüstenprinzen – nur Männer – war gekommen, ihre Huldigungen für Hussein zu bekunden, der knapp dem Tod entgangen war (August 1972). Ich saß ihnen in Amman, Hotel Jordan, gegenüber. Die Familie baute sich wie folgt auf: Urgroßvater, Großvater, Vater, Sohn und sieben Enkel. Sie saßen auf schwarzen Kanapees. Eine Zeitlang blieben sie unbeweglich und stumm. Nach fünf Minuten hatte der Vater nur noch ein vom Sofa auf den Fußboden reichendes Bein, das andere lag angewinkelt unter einer seiner Hinterbacken. Nach und nach sah sich die ganze Familie, ohne Beine, auf den Sofas hockend, so wie man auf japanischen Zeichnungen am Rande eines Abgrunds sitzt. Sie rauchten und spuckten auf die Teppiche; durch Khomeini erfuhren wir, daß die Iraner dieselbe Position einnahmen, auch die Hindus, die Japaner ebenfalls, sitzend auf einer Hinterbacke. Diese unterschiedlichen Ru-

hestellungen, manchmal nah an der Flucht, manchmal voll eines uralten Überdrusses, erinnerten an eine vom Blitz getroffene Girlande aus Männern im Epizentrum von Erdbeben. Dieser Zufall amüsiert mich. Ich zeichne ihn auf, weil er mich an diesen jungen Amerikaner erinnert:
»Warum unternimmst du eine Weltreise?«
»Ich will den Stuhl schreinern, den niemand gemacht hat, also sämtliche Stühle sehen, die es schon gibt, um mir den fehlenden auszudenken.«
Die älteste, die Doyenne?, trotz ihres Lächelns, war anhand ihrer Gesten die kaiserlichste.
»Wir sind in meinem Haus.«
Alle lachten und stimmten zu.
»Welches Haus?«
»Siehst du es nicht?«
Mehr als ihr eigenes, auf das ihre Geste nicht aufhörte zu weisen, zeigte sie mir mit einem spitzen und beringten Finger vier kleine Haufen Asche, jeder einzelne umgeben von vier geschwärzten Steinen.
Wer hatte, drei Stunden zuvor, den zwei Französisch sprechenden Fedajin den Befehl erteilt, mich in eine kleine, unbeschadete Villa inmitten eines Gartens nahe Jebel Husseins zu bringen?
»Du wirst eine offizielle Persönlichkeit kennenlernen, die Präsidentin der palästinensischen Frauen in Amman. Sei sehr höflich, sie ist eine Bürgerliche, man muß behutsam mit ihr umgehen.«
»Ist sie fragil?«
»Sie stellt sich zur Verfügung.«
Wahadat und Jebel Hussein waren in Amman die beiden von den Beduinen-Soldaten am gründlichsten zerstörten Lager. Im Wohnzimmer, auf einem flachen Tisch, wartete ein Kartenspiel offenbar darauf, von mir abgehoben und

ausgeteilt zu werden. Die Präsidentin trat ein, gab jedem die Hand, setzte sich, bat uns, ihr darin zu folgen, nahm das Kartenspiel in die Hände, lächelte uns zu und dieses Lächeln entstellte jenes von Natur aus rundliche Gesicht. Die Gesichter von Dora Maar sind leider zu oft gebraucht, als daß ich wagen würde, sie mit dem der Präsidentin zu vergleichen. Alles Blut hatte sich in ihre Beine und ihre Füße zurückgezogen, wodurch das Antlitz unerwartet leichenblaß wurde. Alsbald, indem sie mich fixierte, zerkaute mich ihre Stimme auf allerdings grauenvolle oder derbe Weise, ein unsichtbarer Text, entschlüsselt in der Art wie man zerreißt, zwang mir die Beweggründe für den palästinensischen Widerstand auf.
»Da wir unsere Rechte haben. Die Resolution 242 der UNO ist unmißverständlich und ich werde niemals, weder Israel noch Jordanien, gestatten, uns die Resolutionen der UNO vorzuschreiben, noch ihnen Hindernisse in den Weg stellen.«
Ich erhob mich.
»Ihre Dämlichkeiten sind allseits bekannt. Behalten Sie sie für sich.«
Ausreichend Französisch beherrschend, überging die Präsidentin, im Gegensatz zu den Fedajin, dieses Wort Dämlichkeiten nicht.
»Ich sage die Wahrheit.«
»Falls sie Sie gewählt haben sollten, sind die Verantwortlichen der Fatah genauso dumm wie Sie selber.«
Die beiden Fedajin trösteten die Präsidentin, die in Tränen ausbrach. Sie begleiteten mich hinaus, entließen mich jedoch schwer beleidigt.
»Was du getan hast, ist entsetzlich, wir hatten solche Schwierigkeiten, sie davon zu überzeugen, diesen Posten anzunehmen.«

Die beiden losgeworden war ich erleichtert darüber, die ebenfalls lachenden Alten in ihrem Pech zu entdecken, vor ihren verloschenen Kohlen. Ein Herd war ein Herd, diejenigen, die ich sah, symbolisierten die Häuser, die ebenso ausgebrannt waren wie die jeweils vier rauchgeschwärzten Steine in den fünf Feuerstellen. Obwohl ihre Stolen ein paar weiße, mit Henna gefärbte Strähnen verbargen, war keine verschleiert. Sie lachten, bar jeder Hoffnung, doch mit Eleganz. Die Worte, die sie an mich richteten, wurden mir von einem ebenso munteren palästinensischen Verantwortlichen ihren Alters gedolmetscht, allerdings hatte ich den Eindruck, sie bereits vor beendeter Übersetzung zu verstehen. Sie entblößten ihre Einsamkeit bis auf die Knochen.

»Woher bist du?«

»Wir werden ihm Tee kochen!«

»Ist Frankreich weit?«

»Gibt es Durchzug?«

Mit leichtem Nachdruck und voller Anmut teilten sie mir mit, wie während des Angriffs der Beduinen-Soldaten, die auch Napalmbomben eingesetzt hatten, alles verbrannt war.

»Der Kocher ist gerettet, siehst du den Kocher?«

Ein magerer und brauner Zeigefinger wies auf vier geschwärzte Steine und einen Rest von Asche. Sie präsentierte mir eine blaue, sehr feine Porzellantasse.

»Die hier stammt aus China, hat man mir gesagt. Schau sie an. Nicht ein Sprung. Sie ist in die Asche gefallen: Blau auf Grau, das geht.«

Auf dieser Höhe von Eleganz und Aberwitz steht den alten Frauen die Misere vortrefflich. Auch der Himmel war blau. Die Sonne wärmte und sogar das erloschene Herdfeuer brannte. Zu der nach Geschützfeuer und Flächenbrand heil gebliebenen Tasse gesellte sich die total, wenn auch nicht mehr als vor der Feuersbrunst, geschwärzte und verbeulte Teekanne. Sie bestanden darauf, mir Tee zuzubereiten.

»Die Nacht wird kalt.«

»Aber wir sind nicht allein. Wir haben allesamt Verwandte. Viele Verwandte. Über Nacht gehen wir zu dem einen oder dem anderen. Die Tage verbringen wir hier, in unserem Haus. In unserem Alter mögen wir es gern, ans Feuer zurückzukehren.«

Jede der Alten hatte ihr Haus.

»Wird Hussein bleiben?«

»Bist du verrückt?«

Lachend fragten sie mich, ob ich sie nicht mitnehmen wollte, sie bei lebendigem Leib den Franzosen zu zeigen.

»Sie haben sicherlich noch nie einen solchen Menschen gesehen!«

»Wußtest du, bevor du herkamst, daß die Revolution so sein würde?«

Das Wort blitzte zum ersten Mal auf. Legte die Präsidentin der palästinensischen Frauen, womöglich ganz allein und noch immer weinend, sich eine Patience? Wußte sie, daß fünfzig Meter von ihrem Garten entfernt die palästinensischen Frauen diese einfache Patience aufblätterten, die Fröhlichkeit, welche nichts mehr erhofft? Die Sonne beschrieb weiterhin ihren Bogen. Ein Arm oder ein Finger warf einen immer dünner werdenden Schatten auf den Boden, doch welchen Boden? Jordanischen, mittels der Tatsache eines politischen Hirngespinstes, festgelegt durch England, Frankreich, die Türkei, Amerika.

»Hussein hat Brandbomben geworfen. Mein Mann war einer der ersten, die es erwischt hat.«

»Wo ist er?«

»Dort!«

Sie streckte den Arm aus, doch sparsam oder müde davon, seit drei Tagen dieselbe, für ihr Alter zu weite Bewegung zu wiederholen, vollendete sie sie nicht.
»Er ist dort. Hinter der Mauer. Wir haben alle gescharrt, ihm eine flache Grube auszuheben, das liegt an den Felsen. In der Woche wird man einen Friedhof für ihn finden, die Fatah hat es uns versprochen. Er hat im Napalm gelodert, mein alter Ehemann. Die Haare zuerst, die Augen. Das Feuer hat zur rechten Zeit aufgehört. Mein Mann ist jetzt so blank wie eine Fischgräte.«
Sie alle hatten glatte Gesichter. Enthaarten sie sich? Wie die jungen arabischen Frauen sich nach wie vor die Scham enthaarten? Unter ihren schwarzen Unterröcken ein weiterer Unterrock, noch weitere, deren Anzahl allein der Ehemann kennt oder kannte, so wie das Schultertuch aus welcher Erbschaft oder welcher Mitgift stammend? Ich kann mir nur magere, nie gewaschene Körper vorstellen, die Wasserrohre blieben gebrochen. Die Körper ohne Wünsche, zu abgebraucht von den Sorgen eines in Stücke gegangenen Haushalts, zu abgebraucht durch den Krieg und seine lächerlichen Vorsichtsmaßregeln, hatten bereits die Farbe von Kompost. Die gefärbten Künstlichkeiten der Siebzigjährigen aus den bedeutenden Familien gingen hier niemand etwas an.
Was den Friedhof angeht, von dem sie mir gegenüber sprachen, konnte ich nur von einem ambulanten Friedhof träumen, wahrscheinlich jenem ähnelnd, an den Ali gedacht hatte, als er, falls ich sterben würde, meine Knochen unter mehreren Fedajin aufteilen wollte – bis zur Entdeckung eines Friedhofs, wo man sie vor Erreichung des Toten Meeres vergraben konnte. Zweifellos einen demontierbaren Friedhof, einzigartige und feierliche Darstellung von niemals in den Sand gekratzten Gräbern, die Leiber den

Schakalen überlassend, den Denkmälern für die Toten ziemlich ähnlich, welche man unter Wind, Regen oder Sonne, manchmal unter dem Mond in Eile abbauen mußte, um die Bestandteile zu transportieren: Girlanden aus Goldpapier, Huldigungen an die Märtyrer, geschrieben in goldenen Lettern, bestehend aus Koranzitaten, naiven Gedichten, ein oder zwei Glühbirnen mit Batteriebetrieb. Gräber, Grabmäler, Friedhöfe, Denkmäler, alles mußte demontierbar sein, angeglichen an das nomadisierende Leben.

»Die Beduinen verstehen es zu zielen. Das Napalm haben sie mit Panzerfäusten abgefeuert.«

Vor siebzig Jahren, ungefähr um 1910, vorausgesetzt ich hätte damals das richtige Alter gehabt, wären Redewendungen vom Schlage eines: »Haben Sie die ›Kohle‹?, ›Letzter Husten‹, das macht ›zweiundzwanzig Steine‹ «, aus dem Mund einer Frau von Welt unmöglich vernehmbar gewesen. Das Wort Panzerfaust kam mit Ruhe und Präzision aus dem zahnlosen Mund einer alten Palästinenserin, sowie dreimal hintereinander das Wort Napalm aus einem anderen Mund gleichen Alters. Der aktuellste Kriegerwortschatz paßte zu den Alten. Ich wunderte mich eher darüber, daß sie »die ›Hochtechnologie-Ausrüstungen‹, die uns aus dem Pentagon entgegenfliegen« noch nicht voraussagten.

Einer der Vorzüge des Alters und der Emigration besteht darin, daß man fast ohne Risiko lügen kann, die Zeugen sind entweder tot oder unzugänglich. Wenn die Hauptstädte Europas nach 1918 von russischen Prinzen in Gestalt von Taxifahrern überflutet wurden, so werden die

Flüchtlingslager voller Familien sein, die ihr Glück in Palästina zurückließen: was wurde daraus?
Die fünf Alten, deren Namen ich niemals erfuhr, hatten einen Boden, kein Darüber, kein Darunter, sie hielten sich an einem Ort ohne Raum auf, wo die geringste Bewegung zur falschen Bewegung wurde. War die nackte Erde unter ihren zehn Fußsohlen fest? Weniger und weniger in Richtung Hebron in der Ferne, wo Freunde, Verwandte geblieben waren, hatte sich der Boden hier als tragfähig erwiesen, jeder machte sich hier leicht, bewegte sich dabei auf eine sinnliche Weise in der arabischen Sprache.
Die Palästinenser waren unerträglich geworden. Sie entdeckten die Beweglichkeit, das Gehen, den Lauf, das Spiel der beinahe täglich für ein neues Spiel oder eine weitere Phase desselben Spiels noch einmal ausgeteilten Gedanken.
Ferraj war guter Dinge, da er eine Vorliebe für den Stil des fröhlichen Kumpanen hatte, und um besser mit mir reden zu können, steckte er zuerst einmal die Hände in seine Taschen, die beiden Daumen blieben draußen, bog seinen Oberkörper nach hinten, so daß er über seinen gespreizten Schenkeln die leicht rührende Überheblichkeit von James Dean annahm, von dem er einen Film gesehen hatte. Ich fragte ihn, was ihn zum Atheismus geführt hatte.
»Um dir zu antworten muß ich meine Körperhaltung wiederfinden. Warte ein wenig. So. Da bin ich. Atheist? Ich sehe mich gezwungen es zu sein, wenn ich will, daß das Erdöl aus dem Golf in den Besitz des Volkes zurückkehrt. Du hast schon verstanden, ich sehe es an deinen Augen.«
»Überhaupt nichts verstanden.«
»Das wundert mich nicht. Mit Pompidou an der Macht haben die Franzosen Verspätung. Hör zu, Mohammed ist vor fünfzehnhundert Jahren ein beachtlicher Schachzug ge-

lungen. Die Emire, die Könige, der kleinste, der elendste Cherif verdanken ihr gegenwärtiges Ansehen ihrer Herkunft. Sie sind, sagen sie sich, sie können es dank der Fälscher beweisen, durch Ali und Fatima Nachkommen des Propheten – möge Gott ihn segnen. Wenn wir, die Palästinenser, die Araber davon zu überzeugen verstehen, daß Mohammed der ersehnte Betrüger war, so sinkt der Prophet in sich zusammen. Seinen Nachkommen, Königen, Emiren, Adligen bleibt keinerlei Prestige.«

»Der Koran ist in mehreren Millionen Exemplaren gedruckt, er wird in jedem Fernsehempfänger der islamischen Welt rezitiert. Dein Unterfangen des Zusammenbruchs des Islam wird in tausend Jahren stattfinden.«

»Also, keine Zeit zu verlieren.«

Er steckte seine Hände wieder in seine Taschen, spreizte seine Schenkel, zündete, ein netter Gauner, der sich selber einen Glimmstengel spendiert, eine American an.

»Hast du mich noch etwas zu fragen?«

Zu dem Termin mit Abu Omar im Büro der PLO erschien ich pünktlich und erzählte ihm von meiner Sitzung im Wohnzimmer der Präsidentin der palästinensischen Frauen, dem Kartenspiel auf dem Tisch, den Resolutionen der UNO, dem guten Recht der Palästinenser, den Trostworten der Fedajin, schließlich meinem brutalen Aufbruch.

»Und ich war nicht bei euch, wie schade, die Gelegenheit sich zu amüsieren ist so selten. Im Komitee haben wir uns gefragt, wie wir es bloß anstellen, diese geifernde und faule Bourgeoise zu vertreiben.«

Er unterbrach sein Gelächter, um sich die Brille abzuwischen, welche die geringste Erregung mit Dunst von einer solchen Art beschlug, daß ich mich fragte, ob die Welt ihm verhangen, verwischt erschien, ob die Revolution für ihn dringlich war oder ob sie einer Augenoperation entsprach. Er trocknete seine Gläser und ich hatte einen üblen Gedanken im Hinblick auf ihn: »Solchermaßen lachend drückt er sicherlich die Freude darüber aus, nicht im Salon der Präsidentin gewesen zu sein.«

Bombardements erkennt man an ihrer Sanftheit wieder. Zwölf Jahre später beschrieb mir ein palästinensischer Freund sein Haus in Beirut, in dem alle wertvollen Bücher und Aufzeichnungen in sämtlichen Regalen verbrannt waren. Seine gesamten Bücher, die aufrecht auf ihren Brettern stehengeblieben waren, fielen als Asche zu Boden, nur weil sein Körper beim Eintreten die Luft im Zimmer angestoßen hatte, und eine wunderschöne Porzellantasse aus China, wie die andere, jene aus Jebel Hussein, wird kostbarerweise auf diesem sehr weichen Bett gerettet. Augenzwinkern von wem zu wem?
»Reden wir ein wenig von den vortrefflichen Missetaten der Amerikaner Nixons gegen unser Volk. Wir wußten, daß wir geschlagen werden konnten, überwunden. Der Sieg Vietnams ermutigte uns. Im Fernsehen das Bild des amerikanischen Botschafters in Saigon zu sehen, die Fahne seiner diplomatischen Vertretung achtfach faltend, auf einen von den Marines auf einer Rasenfläche abgestellten, ungeduldigen Hubschrauber zulaufend, die gefaltete Fahne in den Helikopter werfend, an Bord gehend, um sich auf einen Flugzeugträger auf offener See zu retten, dies erlaubte den Fedajin schallendes Gelächter. Und vielleicht ist es das Glück der Völker der Dritten Welt, die USA mit vor Saigon gebeugten Knien zu wissen, welches ihnen die verrückte Hoffnung gab, von den Palästinensern zu fordern, eine Zeitlang die revolutionäre Vorhut zu bilden.

Doch kannten wir die Halsstarrigkeit der Regierung, eher des Regimes, welches sich bald der einen, bald der anderen Partei bedient, solange es herrschen will. Die Vereinigten Staaten sind gegenwärtig Nixon-Anhänger. Wir können ihre Listen nicht anwenden. Wir können New York nicht bombardieren ...«

»Sie wagen es auch nicht, hier mit Bomben herzukommen ...«

»Man weiß nie. Ich glaube sogar, daß Sie sich täuschen. Wenn wir den Sowjets zu nahe sind ...«

»Sie werden von ihnen geschützt.«

»Diesmal kann ich Ihnen mit absoluter Sicherheit antworten: Nein. Die Sowjets sind Verbündete. Sie bedienen sich unserer, nicht wir ihrer.«*

»Sie haben die Unterhaltung begonnen, indem Sie *vortreffliche Missetaten* sagten.«

»Zwischen Israel und uns herrscht ein Kampf um das Überleben eines Volkes, und das war bereits ein äußerst lokaler Konflikt. Die Mißerfolge werden empfunden, als seien sie absolute Fehlschläge gewesen. Der Krieg zwischen den Beduinen und uns drohte das Aussehen eines Rückfalls anzunehmen. Zwei Stämme, beinahe zwei Clans, standen einander gegenüber, bis ein großer Stammesführer, Nasser, uns souverän befahl, den Friedenskuß zu erteilen und entgegenzunehmen. Was Arafat und Hussein taten. Sie, der Sie immer gegen Chefs sind, erkennen Sie zumindest an, daß sie sich in der Öffentlichkeit zu küssen verstehen. Ich glaube nicht, daß Amerika die Könige besonders gern mag, die ihm von Washington aus wie Medizinmänner aus der Großen Stammeshütte vorkommen, von

*Aufgezeichnet im Jahr 1972. Abu Omar scheint Beirut 1982 abbrennen gesehen zu haben, auf sich gestellt, ohne Hilfe eines Landes, ob arabisch oder nicht.

daher übt Hussein sich in der Simplizität eines Präsidenten. Israel fürchtete, viele Jordanier an der Seite der PLO bleiben zu sehen. Israel hat die Gefahr gerochen, die Gründung einer jordanisch-palästinensischen oder palästinensisch-jordanischen Republik, Sie entsinnen sich der Debatten über den Namen, den wir dieser getauften, aber niemals geborenen Republik geben würden. Unterstützt von England überzeugte Israel die Amerikaner, Hussein zu helfen, daher der Triumph des Königs. Die Kairoer Verträge, die geheimen Abkommen zwischen Hussein und Golda, vor allem die zionistischen Unterwanderungen im Libanon und selbst hier, in Amman. Vergessen Sie nicht, daß wir zu Beginn des ersten Jahrtausends Byzantiner waren, und alle mehr oder weniger Schismatiker.«
»Ihre Ahnen?«
»Waren höchstwahrscheinlich monophysitische Christen. In meiner Familie ist man sich über nichts sicher, noch weniger in dem, was die verschiedenen Religionen berührt, die sie durchlief. Ich fahre fort, die Einmischung der Amerikaner machte aus uns kriegführende Mächte, zuerst auf der Skala des Mittleren Ostens. Wir würden in Kürze den politischen, wenn nicht territorialen Status der Philippinen, den von Formosa, Israel, Süd-Vietnam, Südkorea, Guatemala, Honduras, Santo Domingo und dem Rest haben. Schlafende Revolutionen riskieren ein brutales Erwachen. Wenn die UNO Partei ergreift, salbt sie uns, und der Aufrührer nimmt den Namen des Gegners der Vereinigten Staaten an. Und die Sowjets zeigen sich, da sie ja hier sind.«
»Die amerikanische Hilfe für Hussein ließ uns aus dem Dunkel treten, wo Kriege tribal bleiben, mit Bogen und Paddeln, oder doch beinahe so. Der Zustrom von Waffen nach Amman in diesem Winter 1970, für Hussein, ließ uns

in die große Familie der Feinde des internationalen Kapitalismus eingehen. Das Ergebnis sehen Sie seit Ihrer Ankunft bei uns. Das machte uns trübsinnig und brachte uns in Gefahr. Die Lichter der Scheinwerfer tanzten zu oft über unsere Gesichter. In diesem Augenblick fürchten wir eine Überdosis an Starkult. Aufzutreten, und vor allem herausgeputzt aufzutreten, verwandelt uns in Komödianten der Revolution.«

(Dieses Fragment der mitgeteilten Unterhaltung habe ich seit 1972 aufgehoben. Abu Omar bestand außerdem darauf, mit mir über die Revolution angesichts der Emire und Könige zu reden.)

Um der Ehre seines Meisters willen konnte Abu Omar von Arafat und der PLO so zu mir sprechen, wie er es tat, doch war ich zu oft Zeuge von Gefechten, die sich entzündeten und verloschen, ohne daß die Fedajin eine genaue Kenntnis über den Sinn der von ihnen abgegebenen Schüsse hatten. Eine Maschinenpistole, ein Gewehr, zwanzig Gewehre gingen heute, um diese Stunde los, obwohl das Ziel seit drei Tagen anvisiert war, der Schuß vorgestern, zweihundert Kilometer weiter beschlossen wurde. Die Kugeln fielen, wenn der Befehl, sie abzuspritzen, *dort* vergessen war, die Abschrift des Befehls endete auf einem Stapel Archivablage, während die Männer, die gerade auf Schatten geschossen hatten, bis zum Tag ihres Todes die drei Tage vorher durchlaufenen Gefahren nicht kennen würden. Ich kann fast sagen, daß die Gewehre der Stützpunkte drei Tage vorher angelegt worden waren, und zwar zweihundert Kilometer von hier. Bestimmten Führern lauschend konnten manche Fedajin die Preise der »Suiten« verschiedener Hiltons in Europa und Afrika erfahren, weniger als heute, doch fing man auf den Stützpunkten an zu schwatzen. Gegen gewisse Verantwortliche, »*Diener zweier Herren*«, brausten die

Fedajin regelrecht auf. Die Macht, welche auch immer, verwandelte sie sich nicht stets in Gold und das Gold in Gewalt?

Bestanden die Armeen des Italienfeldzuges, ganz ohne Zweifel aus jungen Rekruten, zusätzlich zu ihnen aber aus Soldaten des Jahres II*? Zwischen der Massenerhebung und der Ernennung Napoleons zum General vergingen fünf Jahre. Man kann annehmen, daß die Soldaten von Fleurus, von Jemmapes dieselben waren, wie jene von Arcole. Derselbe Enthusiasmus, der zuerst Verteidigung der Nation war, machte aus ihnen Eroberer im Namen der Freiheit des Volkes. Bis auf die Offiziere gingen sie zu Fuß. Was die Plünderungen Italiens einbrachten, belegten die Archive der Familie Murat und ihre Schätze. In all seinem Jubel eröffnete der Sieg die Laufbahn nicht allein für Generäle, jeder Soldat bekam genug, den Gauner in sich zu befriedigen, welcher dem Helden immer zur Seite steht, doch würde der Stock noch wirkungsvoller sein, wenn er, in seiner Steifheit, in den Händen von Lannes liegen würde. Die Französische Revolution, allen voran ihre Rheinarmee, schuf den Adel des Empire. Verdankte der Prinz von der Moskwa seine Herkunft unter Umständen der Brustverletzung eines den Marschall tragenden Pferdes, der vom Titel des Prinzen träumte? Und warum nicht das Pferd von Ney? Die Träume von Vergoldung und Samt verwirklichten sich unter Napoleon III., den, ihn und seinen Hofstaat, die kaum ernst zu nehmende Revolution von 1848 hervorbrachte. Die großen Warenhäuser bleiben der Ruhm dieses Empire. Von 1962 bis 1985 waren, und sind es noch, die Macht, die Regierung, die Polizei, die Verwaltung in Alge-

* Anm. d. Übers.: 1793–94 nach dem republikanischen Kalender, ab 1796 Einnahme großer Teile Italiens durch Napoleon.

rien in den Händen der FLN. In den nackten Füßen, den brennenden *Meschtas**, den außerordentlichen Gefahren haben die Erfolge – ich denke an die Diplomaten von Alger – die bourgeoisen Erfolge ihre ursächlichen Rauschzustände vielleicht anhand jenes Mechanismus durchlaufen, dem die Könige von Jerusalem und Zypern ihre Abstammung von einer Schlange in einer gewissen Nacht des Fehltritts verdankten.
Die Fedajin träumten, doch da sie sich nicht mit einer Welt voller Reichtum und Ansehen umgeben konnten, von denen sie nichts wußten, träumten sie auch diese Welt. So geschah es, daß ein Fedajin, mir die Fotografie eines Flügels des königlichen Palastes zeigend, sagte:
»All das für einen einzigen Mann.«
Der Satz bedeutete: »Ich, der nur ein Achtel Bidonville hat, dieser kleine König ...«
Und eine andere Überlegung eines zweiten Fedajin, den Finger auf dem Bild der Königin:
»Die da müßte ich ficken ...«
Ein dritter Fedajin zitierte in einer Passage aus dem Koran die Stimme Gottes, »Ich habe einen unter euch erwählt«:
»Nun ja, sagte er zu mir, er hat Mohammed zum Propheten erwählt, warum Mohammed, nicht aber mich?«
Sah der Fedajin sich inmitten dieser bourgeoisen Träume als Helden? Wirkten die Müdigkeit, der Staub, die Langeweile so auf ihn wie unter Umständen Haschisch, Opium, sah er sich als Teilhaber einer Plünderung, ein Emirat zur Beute, aufsteigend von Rang zu Rang, bis zu seinen nationalen Begräbnissen, zur Einweihung seiner Statue?
Welche Träumereien lassen einen zur Opferung schreiten? Und seine Träumereien sind immer Klischees.

* Anm. d. Übers.: alg. Dörfer.

»Willst du, daß er dir den Palast zum Geschenk macht?«
»Nur ein Glück ist annehmbar: dasjenige, zu geben. Er würde mir zuviel Glück schenken. Ich würde nicht annehmen.«
»Du machst die Revolution für die anderen.«
Er lachte und wendete sich mir zu:
»Niemand nimmt es an. Und zwar weniger und weniger. Du siehst ja.«
Er war dreiundzwanzig Jahre alt, erklären Sie soviel Aufruhr mit diesem Alter, wenn meines, dreimal so hoch, keinerlei Ordnung zu halten imstande war. Er träumte von der Zerstörung vergoldeter Sessel, er träumte, während man mit ihm darüber sprach, auch die Worte.

Vor ein paar Tagen sah ich mit Vergnügen und Traurigkeit einen palästinensischen Dichter, dessen Name mir selbstverständlich nicht einfällt, mit dem Vertreter der PLO in Rabat plaudern. Im Jahr 1971 hatten alle Fedajin und die Verantwortlichen lange Beine, hohle Wangen, eingefallene Bäuche, hier waren die Bäuche nach außen gewölbt: Nase an Nase schienen die Knöpfe der beiden Hosenschlitze in der Art sich beschnuppernder Hunde aneinander zu schnüffeln. Die eigentliche Unterhaltung fand dort statt, von Wanst zu Wampe, die Gesichter hingegen waren voneinander entfernt.

Gerste und Roggen waren zusammen mit Oliven und Saubohnen die beiden Getreide, welche die jordanischen Bauern ernährten. Als ich, noch schläfrig, das Zelt verließ, in dem wir – ungefähr dreißig Soldaten und ich – übernachteten, sah ich, am Wegrand, die lachend dem Spektakel hingegebenen Fedajin, die ihre halbschweren Waffen in Stellung verlassen hatten, auf das sie beim Herauskriechen aus dem von ihren letzten erotischen Träumen noch heißen Schlafsack aufmerksam geworden waren. Diese Soldaten waren zwischen vierzehn und zwanzig Jahre alt. Vor ihnen ein Feld, je zur Hälfte fast reife Gerste und Roggen, und zwischen den Ähren verwirrte oder sich durch den Reichtum des Glücksfalls verstreut habende Ziegen, welche sie ausrissen oder zerkauten. Der junge Schäfer von ungefähr zehn Jahren schlug eher zufällig nach den Rücken, um auf die Art zu versuchen, die Tiere aus dem Feld zu treiben. Er hatte keinen Hund, Ziegen sind keine Schafe. Da der Stekken zu munter war, wich die Herde in einen anderen Winkel aus, wenn man ein Federbett aufschüttelt, plustern die Daunen die gegenüberliegenden Zipfel auf, ansonsten unberechenbar sprangen die Tiere nicht aus dem grünen und gelben Paradies. Diese beiden Farben waren die des Feldes, doch hatte ich sie in jener Gegend Jordaniens oft angetroffen. Gesehen zwischen dem schattigen Grün zweier Palmen, zwei vom Herbst gelb gefärbten Bäumen, den leichten Grüntönen zweier Frottiertücher auf einer Wäscheleine war der Himmel nie vom selben Blau, und ich hatte in Ajloun die Gewohnheit angenommen, ihn im Licht dieser drei Farben zu betrachten, besser ihn zu lesen, von denen zwei Grundfarben sind, während die dritte aus Gelb und Blau gemischt ist. Selbstverständlich gehorchte ich einer vereinfachenden, allerdings obsessiven Symbolik. Die Kämpfer, die beinahe noch das Alter des Schäfers hatten, amüsierten sich köstlich über den Triumph der Ziegen. Es ist möglich, daß sie die Partei der Ziegen ergriffen, weil diese nur machten, was ihnen in den Sinn kam, vor allem aber, weil es liebenswert war, die Bärte aus Ähren quer in den Mäulern zu erblicken, die von rechts nach links mahlenden Kiefer zu sehen. Und unter dem Bärtchen bei jedem Hinunterschlingen der Gerste den sich hebenden und senkenden Kehlkopf. Im Gegensatz zu Schafen gaben Ziegen das behendere Bild ab, ausschweifend in der Freiheit, der Revolte, dem Anarchismus, in welchem sie sich selber sahen, zu sein glaubten, hinzu kam, daß die Ziegen und Geißlein sich niemals die Zeit nahmen, zwischen zwei Büscheln zu rülpsen, oder weil die Zerstreuungen in dieser Landschaft selten waren, jedenfalls nahmen die Fedajin keinerlei Rücksicht auf die Verwirrung des Schäfers, sichtbar auf seinem Antlitz nahe der Angst – welche die eines Wahren Hirten der Völker sein mag, der sie in ihrer Gesamtheit zu einem oder mehreren Zielen führen muß, ohne die Launen jedes Einzelnen zu unterbinden! Nun waren das allerdings jene Fedajin, die mich ein paar Tage früher zu der jordanischen Bäuerin geführt und ihr mit großer Ehrerbietung gelauscht hatten, war das verwüstete Feld ihres und der Schäfer einer der seltenen Freunde der Palästinenser. Für den Jungen war die Ernte durch die Schuld der Tiere hinüber, vor allem aber durch sein eigenes Ungeschick. Die Anzüglichkeiten der Fedajin richteten sich nicht gegen die Ziegen, sie entmutigten den kleinen Bauern. Nicht selten in der Wüste, in der einen oder anderen Stadt am Golf geboren, kannten die Fedajin nur Waffen und, auswendig auf Arabisch, einige Handlungsanweisungen von Marx oder von Lenin, selten von Mao, sahen aber keinerlei Zusammenhang zwischen den Fladen aus Gerste und Roggen, die sie zusammen mit Tee dreimal am Tag aßen, und den zertrampelten, verlorenen, mehr als von einem siebenstündigen Hagel zerstörten Ähren. Als ich den Verantwortlichen aufforderte, dem kleinen Schäfer zu helfen, lachte er lauter als seine versammelten Kinder-Soldaten. Ich sah also den Abstand, der den Landstreicher, der ich noch immer war, und den Hüter einer Ordnung trennte, welcher ich zu werden drohte, sobald ich mich auf die Versuchung durch die Ordnung und die Behaglichkeit, die sie verspricht, einließe. Von Zeit zu Zeit muß ich auf den Kampf zurückkommen, der gegen dringliche Bitten geführt wird, nicht durch ein Regime in Frankreich, die Antwort war, wenn man an die Nüchternheit dieser Nation denkt, zu deutlich, hingegen durch jene, die aus der Revolte zu kommen schienen, in der die äußerst sichtbare Poesie die fast noch unmerklichen Aufrufe zur Anpassung verschleiert.

Dieses von vier Hecken, einem Roggenfeld und einem Völkchen von Ziegen klar begrenzte Durcheinander veranschaulicht vielleicht, welcher Natur die Raubzüge der Palästinenser an der Grenze zum Süd-Libanon waren. Es liegt auf der Hand, daß der Zorn der Schiiten andere Gründe hat als die Kindereien der Fedajin. Warum habe ich »Zorn der Schiiten« gesagt? So schreiben es die Zeitungen, benennen aber nie den Zorn der Besitzer der großen Pflanzungen von Zitrusfrüchten und Tabak im Süd-Libanon. Ich werde auf dieses Detail in einem späteren Band eingehen.

Ein allzu üppiger Zauber kann wunderschöne Frauen unerträglich werden lassen, so zum Beispiel die anmutigen. Sich ein wenig auf Distanz haltend, von Zeit zu Zeit einen Blick einfangend, ertragen die Männer diese Reize besser und auf längere Sicht hin. Die Tätigkeit aber vor unseren Augen – das Zurechtrücken der verführerischen Ausstaffierungen an ihnen – läßt uns zur Magd Molières werden, an der, so sagt man, der Dichter das Behexende seiner neuen Komödien austestete. Sie wußte, daß die Einfälle genial waren, da sie sich nun einmal an ein abwesendes Publikum wandten, welches unter die mit Vergoldungen und Karfunkeln hergerichteten Lichter treten würde, während sie eine Magd mit einzig und allein zum Abschminken des Meisters geeigneten Tüchern blieb. Er hatte ein Bad nötig, und daß man es ihm einließ.

»Fahrt es um wenigstens drei Meter zurück. Es wird sich noch auf dem Wall befinden, die Abschüssigkeit des Bodens aber stabilisiert es und gestattet der Bedienungsmannschaft, sich, ihre Arbeit ohne Risiko fortsetzend, der Länge nach hinzulegen. In Sicherheit gebracht, werden die Fedajin mit größerer Präzision und weniger Müdigkeit agieren. Das Maschinengewehr, dessen Rohr vom Baum nicht mehr behindert wird, wird besser auf sämtliche Schüsse reagieren, die von gegenüber erfolgen. Soviel zum ersten. Das zweite Maschinengewehr übernimmt die Tiefe des gesamten Tals nach rechts und selbst die Hecke entlang des Weges, hinter der sich Beduinen verstecken könnten.«

Mubarak, der sudanesische Leutnant, so als ob er gerade auf offiziellem Inspektionsrundgang gewesen war, stand inmitten der Fedajin neben mir. Ich vermutete, daß er, der Verführer, nach dem ich Ausschau hielt, dessen Gegenwart mich zugleich beschwerte und erleichterte, die Fehleinstellungen der Zielvorrichtung mit einem Augenaufschlag bemerkt hatte: nicht eine einzige Stellung war eben, die schlecht geschützten Bedienungsmannschaften würden im Falle schweren Beschusses blindlings agieren. Geborener Krieger, sagte ich mir, legt er die Verteidigungsmaßnahmen fest, und begriff, daß er, freilich durch seine Hautfarbe, vor allem aber durch die List des Kriegers zum erwachten Afrika gehörte. Ich sagte ihm das.

»Das, was du siehst, ist Sandhurst. Ich wende die Lehren der klassischen Artillerieschule an. Ich habe Bonaparte vor der Kirche Saint-Roch studiert.«
Höchstwahrscheinlich, um sich zu belustigen, hatte er mir eines Tages lachend mitgeteilt:
»Schau mich an. Ich entsetze. Ebensosehr wie ein Engländer. Ich bin Afrikaner, und wie England ist Afrika eine Insel, seit euer Lesseps, gereimt auf Forzeps, uns von Asien, unserer siamesischen Schwester, abgelöst hat. Dank dieses Tausendsassas entschlüpft euch Afrika und segelt dahin. Schau mich an, siehst du mich nicht unter vollständig gesetzten Segeln?«
Als Offizier verstand er sich darauf, in gegebener Lage auf Anhieb zu parieren.
»Es ist Krieg, also schlagen wir zu, wir sind siegreich. Das ist die ganze Bestimmung des Mannes.«
Auf einmal wurde er vor meinen Augen ganz rein, klar, aller Hinterhälte ledig; nicht allein derer, die weiblich waren, sie waren im Gegenteil männlich bis zur Kinderei, männlich, allerdings in zum Spielen und aus einer Handtasche zu fallen scheinenden zusammengehörigen Stükken. Plötzlich gab es in ihm weder den Koketten noch die Kokotte, dafür Jäger oder Wild. Es war nicht einmal sein Auge, sondern die Form seiner Nase, die Muskulatur seines Halses, die ihm anzeigte, woher die Gefahr kam. Die Fedajin verstanden ihn umgehend. Davon ablassend, die in einen Schäfer vernarrten Zicklein zu sein, gehorchten sie als Soldaten. Die Intelligenz der neuen Einrichtung erwies sich auf Anhieb. Sogar ich, ohne Kenntnis von Verteidigungssystemen, ich verspürte eine Art Glück, vielleicht ausgelöst von der Erleichterung, als ich erkannte, daß die Schwachpunkte ausgemerzt waren. Auf dunkle Weise hatte ich demnach die vorherige Schwäche be-

merkt. Die neue Zielvorrichtung hatte den speziellen Vorteil, ihre gesamte Ladung auf die Hauptwaffen, die Maschinengewehre, abzufeuern. Von diesem Tag an betrachtete ich Mubarak anders. Er hatte sich neben dem ersten Maschinengewehr ins Gras gesetzt, und wenn ich ihn in Erinnerung zurückrufe, so ist es dort, wo ich ihn wiedersehe. Er wies dem Gruppenchef bis auf den Halbkreis genau das zu treffende Ziel an, das dieser bestreuen konnte, sobald der Feind drüben in Stellung läge. Er drehte sich auf den Rücken, rauchte ein paar Züge, schloß die Lider. Ein Afrikaner lag ausgestreckt in meiner Nähe. Seine Farbe, somit ein Teil seiner Nacktheit, seine Muskeln, trotz der Stammesnarben die Rundungen seines Gesichts, überließen mich dem Eindruck, daß all das, aus Afrika kommend, dort unten für die Auseinandersetzung, den direkten Kampf, die List oder die Flucht auf den Punkt gebracht worden war.

Der Mann der Bäuerin, der das Feld gehörte, ritt auf seinem Maultier vor uns vorüber.

»Für ihn ist die Ernte nicht besonders ergiebig. Er wird seine Verluste und Ansprüche geltend machen, die Fatah ihm erstatten wird. Wäre ich ein gewissenhafter Mann, würde ich ihn auffordern, die Summe der Schäden mit zehn zu multiplizieren. Kuwait kann blechen.«

»So etwas denkst du?«

»Ja, er aber auch, deshalb rühre ich mich nicht.«

Es erscheint mir unerläßlich, eine körperliche Beschreibung Mubaraks des Krausen mit dem flachen Haarschopf zu geben. Mit fünfundzwanzig Jahren war er einer der Leichtathletikmeister seiner sudanesischen Schule für Armeeoffiziere. Manchmal sind die Träume meines Andenkens vielfarbig, ich sehe ihn lila, in dem Preußischblau überwog. Seine Hände, sein Hals, seine Arme waren muskulös; ein Fleischer aus la Villette hätte Ihnen beim Einwickeln, bevor er ihn Ihnen herüberreichte, gesagt: »der ist mehr, als er wiegt«. Selbstverständlich nicht gekräuselt, war sein Schnurrbart dünn, darüber hinaus hatte er Krähenfüße wie der König von Marokko. Gelenkig und muskulös, drangen aus der Masse seiner Knochen und seines Fleisches Gedanken, deren melodische Reinheit mich einwiegte.

»Ein Territorium besteht trotzdem aus irdenen Hügeln, von denen das Unkraut vertilgt werden muß; sein Vaterland oder seinen Garten oder seine Grünanlage oder den eng verlaufenden Bahndamm zu jäten, heißt die Arbeit eines Streckenwärters oder eines schlecht bezahlten Bahnbeamten zu übernehmen. Die Palästinenser zweifeln nicht an dem, was sie erwartet und welche Arbeiten zu erledigen sind, die von Israel gesäte Quecke auszureißen. Die Fedajin sind die Herren der Welt, weil sie ein tödliches Spiel spielen.«

Ich vernahm ein paar spitze Töne: in seinem lachenden Baß nistete ein Kolibri.

»Geängstigt, die Fedajin?«

»Glücklich. Du hast es mir gesagt. Oder warst du nicht ganz bei dir? Sie sind glücklich, weil Meister der Zerstörung. Indem sie die anderen tötet, setzt die Revolte die Revoltierenden ins Leben. Sie leben ganz und gar, da sie schließlich und endlich alles zerschlagen. Sie schweben. Zuerst durch die Begeisterung, die ihr Bewußtsein erweitert; durch den Heldenmut und die Vaterlandsliebe, die trunken machen; weil es oft erst richtig losgeht, wenn das Flugzeug abgehoben hat. Du glaubst, ich rede mit dir als ein ungebildeter Neger? Aber was für eine Scheißerei, wenn sie eines Tages das wiedergefundene Land, wie man

es nennt, aufwerten. Im Moment leben sie einen Traum, den palästinensischen Traum, bis zu welchem Zeitpunkt? Wahrscheinlich bis zu dem Tag, wo … wo … Jean, wo oder welcher, würde mein Satz genauer sein?«
»Laß dich nicht aufhalten. Nur Mut.«
Ich hörte noch ein paar Kolibris.
»Sie leben den palästinensischen Traum, bis die Sowjetunion eines Tages ihren Finger auf irgendein Gebirge des Globus legt und einen Star daraus macht. Der Aufstand wird jederzeit palästinensisch sein, doch wird man ihn andischen Aufstand nennen. Eine Bewegung des Aufstands zu sein, des absoluten Aufstands in einer ganz kleinen Provinz, ist besser, als sich um seinen Vorgarten zu kümmern.«
»Warum?«
»Zuerst einmal, weil eine Bewegung des Aufstands ewig ist und weil man auf die ewige Wiederkehr hoffen muß. Von der palästinensischen Bewegung eingenommen zu sein, das bedeutet, dem unsterblichen Satan anzugehören, der schon seit aller Ewigkeit Krieg gegen Gott geführt hat und es weiterhin tun wird. So sie, wenn schon Bewegung, mit der Zeit verbunden ist, wird die palästinensische Bewegung sich nicht auf die Eroberung einer lächerlichen Gegend beschränken.«
»Für die Fedajin womöglich, solange sie für sich selbst spielen, ja, für die Palästinenser in den Lagern hingegen, die sich der Dörfer Palästinas erinnern?«
»Wahnsinn der Ideologen, Ehrgeiz derer, die wir Verantwortliche schimpfen.«
»Du bist mit den Palästinensern gekommen. In Jerash hast du mich angepflaumt. Du hast mich dafür entschuldigt, die Politik Pompidous zu unterstützen; heute machst du den Künstler.«
Er lächelte, und es war hinreißend: »Du gibst es also zu!«

»Was?«
»Daß (er nahm sich Zeit und wiederholte, feierlich, das Was) ich ein in den Ramsch verknallter Neger bin. Merk dir, weil du für einen Weißen nicht völlig bekloppt bist, was die Welt, und vor allem die arabische Welt aufregt, ist folgendes, daß der Traum der Palästinenser nämlich genauso anhaltend ist wie ihr Bestehen. Der Aufstand hat ihnen durch die Könige und Emire noch Schlimmeres aufgebürdet als die ungeheure Sättigung der Welt mit einer Lage Kohlendioxid. Dieses Kohlendioxid, das die Thronanwärter, die Könige, die Emire, die Weißen Europas einatmen, ist für die Palästinenser Sauerstoff. Sie existieren. Wären sie in ihre Kokons verpuppt geblieben, man hätte sie ausgehalten. Sie haben den Kokon gesprengt, und sie fliegen. Und sie legen Bomben ab.«
Mubarak schäkerte. Er atmete, indem er ein paar milchweiße Haselnußkerne aus der Hecke pflückte, tief durch.
»Ich mag die Araber nicht.«
»Die Sprache sprichst du gut.«
»Als Neger hat man mich dazu gezwungen, aber ich bin Animist. Der einzige Meister, den ich für mich anerkenne, ist ein Jude, Spinoza. Der Hauptvorwurf, den ich den Arabern mache, ist die Trunkenheit: vom Wein, vom Haschisch, vom Gesang, dem Tanz, Gott, der Liebe, doch erwachen sie daraus, und die Trunkenheit verfliegt. Sie haben einen Kater. Die Palästinenser sind noch nicht erwacht. Ihre Trunkenheit ist vollkommen. Jene der Dichter.«
Und ging, glaubte ich, wie man so sagt, vom Hundertsten ins Tausendste über: Sobald man eine politische Wahl trifft, und sie hellsichtig sein soll, eine Wahl oder vielmehr einen revolutionären Taumel, muß das immer in einem gewissen Dunkel stattfinden. Versuch vor allem nicht zu verstehen; die Neger denken nicht nach, sie tanzen.

»Du denkst eine ganze Menge nach ...«

»Wer bin ich für dich? Ich habe mich mit Lastern umhüllt. Wenn man unter Folterqualen eingesteht, wer man ist, wenn man keine anderen Mittel mehr hat, sich mit Lastern schminkt, damit der Henker sich täuscht, wenn man sie zugibt, gesteht man nichts ein, man sagt, wer man nicht ist. Deine Talente als Beobachter (während seine Stimme noch melodiöser, nicht seimig oder süß, im Gegenteil, klarer, doch zärtlich wurde, erwartete ich also zuverlässig eine Gemeinheit) sind nicht gerade so glänzend, da du mir lediglich einen Spitznamen verpassen konntest, der auf mehr als eine Milliarde Männer und Frauen in der Welt zutrifft: Mubarak der Krause, obgleich ich zwar vielleicht dicke, jedoch glatte Haare habe.«

»Die Krausen werden die Welt beherrschen.«

»Zuerst einmal steht das nicht fest. Außerdem, was für ein Schicksal! Die Welt beherrschen, weil wir Bartlocken und Haare in Form von Uhrenfedern haben. Euer heller Teint erhebt uns, indem er uns farbig macht, über den Hund.«

»Hör mal, ich bin von Brasilia bis Carolina, am Zusammenfluß von Tocantins und Amazonas, von elf Uhr vormittags bis zehn Uhr abends in einem kleinen Flugzeug mit zwanzig oder fünfundzwanzig Plätzen gereist. Wir flogen über die Berge, und das Flugzeug kippte in den Luftlöchern auf die Schnauze. Im Flugzeug ausschließlich Weiße, vor allem Pflanzer; ein Händler mit Tigerbabies, groß wie Katzen, winzigen Panthern von ein paar Monaten; sicher ein paar Polypen in Zivil; ein Arzt.«

Unfähig, den Vorfall mit dem, was man *gesprochene Sprache* nennt, wiederzugeben, ist es vorzuziehen, daß ich die Erzählung niederschreibe. Also: die Sonne brannte hart auf die Kiste, und wir fielen von tausend oder zweitausend Metern, oder lediglich dreiundzwanzig, in ein Luftloch, keine Ahnung. Die Angst, nicht jene des erfinderischen Gehirns, aber die stumme Angst jeden Organs: Leber, Nieren, Grimmdarm, Herz, Lungen, Blut, Hypophyse, Magen, ebenso schweigsame, über dem Boden hängende Wesen, erwarteten die nächste Zwischenlandung um wieder aufzuleben, die Angst verließ meinen Körper nicht. Die Pflanzer, von denen jeder einzelne nicht weniger als fünftausend Hektar besaß, sagten mir ein paar Worte, ohne zu lächeln, da sie versuchten, ihren Vorfahren zu ähneln, den Portugiesen Europas, welche weißhäutig blieben, auf diese Weise die Tropen und den Äquator herauszufordern. Sie alle trugen einen schmalen Schnurrbart, und was sie mir mit unbeweglichem und langen Gesicht, dem von Michel Leiris, sagten, war überaus banal.
»Wer ist das?«
Ich hob die Schultern und sagte: »Wer weiß das?«
Weil ich noch immer mit Mubarak redete.
»Ohne jede Neugier, was meine Person noch das Ziel meiner Reise angeht, fürchtete ich jedes Mal um sie, sobald wir in ein Luftloch stürzten. Versteh mich richtig, auf der Erde hätten ihre Hektar, von schwarzen Arbeitern bestellt, mich von ihnen entfernt; im Himmel aber, unter der von der Sonne erhitzten Kiste, waren sie nichts weiter als diese Schnappsäcke aus Organen, zusammengekauert in der Dunkelheit des Körpers, es war das einzige Mal, daß Menschen mir brüderlich verbunden waren. Wäre es zu einem Flugzeugabsturz gekommen, in der Annahme, daß mir das Leben geblieben wäre, hätte ich für den Frieden ihrer See-

len gebetet. Hier was mir der weißeste, der nüchternste und reichste unter den Pflanzern sagte:
»Die Europäer, da ich mich von Kopf bis Fuß als Amerikaner empfinde, Amerikaner von Kopf bis Fuß Amerikas: seiner Füße, seiner Wespentaille, seiner Schultern und seines Kopfes. Wir haben nichts gegen die Neger und ich, wie die anderen auch, ich trinke kalifornischen Champagner, wenn König Pelé ein Tor schießt, und richte ein großes Fest aus, wenn Brasilien dank seiner Tore die Weltmeisterschaft gewinnt. Verstehen Sie mich, *Señor*? Mein Französisch ist nicht eben hervorragend, doch verstehen Sie mich; ich habe es in China gelernt.«
»Auf Formosa?«
»In Rotchina. Seinerzeit. Ich schätze Pelé, Sie verstehen mich, Sie; die drei Kollegen hinter uns verstehen nicht. Sie sind Deutsche und wahrscheinlich Juden; vor den Negern aber müssen wir uns in acht nehmen. Sie haben uns überfallen.«
»Die Schwarzen haben die Weißen überfallen?«
»Si, *Señor*. Die Invasion hat vor langer Zeit begonnen. Gehen Sie nach Carolina del Norde, sind die Neger dort am Flußufer geblieben und die Amerikaner auf den Hügeln. Aber wenn Sie nach Bahia gehen, so ist das Afrika.«
Die Landung, wie stets in Brasilien, ging ziemlich brutal über die Bühne. Das Flugzeug bediente sich lediglich einer kurzen Leiter, um die drei Deutschen mitsamt dem Postsack aussteigen zu lassen. Wir flogen weiter.
»Ich werde Ihnen was sagen, fuhr der Brasilianer fort, man redet zuviel von unseren natürlichen Reichtümern: den wilden, für die Zoos eingefangenen Tieren, den aufrecht abgesägten, edlen Gehölzen, dem Felsen von Rio, dem Küstenstreifen der Copacabana, unseren Schlangen; letztendlich die paar Amerikaner, die davon leben, überleben.

Wir werden durch die Neger und Mulatten erstickt werden.«

Wir landeten über einem kleinen viereckigen Kohlfeld kreisend: in dem Maße, wie das Flugzeug in Spiralen um diesen Garten abstieg, sah ich den Kohl anwachsen, sein Stiel schoß in die Höhe, und aus den Kohlpflanzen wurde ein Wald königlicher Palmen.

Die Felder in dieser Provinz Brasiliens, sagte man mir, wurden vor allem für zahlreiche Ernten von Marihuana bestellt. Aufmerksam für die wenigen Königspalmen und Rabengeier nahm ich weiter nichts wahr. Wenn die riesigen und schwarzen Vögel sich auf einem Blatt des Bananenbaumes niederließen, so geschah das mit einer solchen Leichtigkeit, daß das Blatt nicht einmal zitterte; sobald sie sich aufschwangen, die Flügel ganz ausgebreitet, war die Wirkung so stark, daß der gesamte Baum sich durchbog. Ich glaube, daß ein startender B 52-Bomber die Umgebung weniger beeinträchtigt. Gezwungen, nach Brasilia zurückzukehren, kamen Freunde auf die Idee, mich an das Ufer des Rio Tocantins zu bringen, um einen um mehrere Ecken befreundeten Indianer zu begrüßen, einen sehr schönen Indianer von siebenundzwanzig Jahren mit mandelförmigen Augen, hohen Backenknochen und glattem Haar. Er begrüßte uns mit großer Zuvorkommenheit und stellte uns *seine Familie* vor: seine Frau, eine Negerin, und vier Knaben, allesamt kraushaarig. Es ist mir unmöglich, seine Traurigkeit anders zu schildern, als durch die Wiedergabe seiner, an die Mitteilung eines Trauerfalls gemahnenden Worte:

»Schauen Sie sich ihre Hautfarbe und ihre Haare an. Ich lebe mitten unter Fremden, meine gesamte Familie gehört dazu. Um sie zu ernähren, gehe ich fischen. Als ich geboren wurde, zählte mein Stamm ungefähr fünfhundert Men-

schen. Mittlerweile fünfzig. Ich fühle mich nicht altern, doch sehe ich mich lebendig sterben, nicht alternd sterben, mit Falten und weißem Haar, aber indem ich weniger und weniger Raum in der Familie einnehme, die ich gegründet habe, indem ich mich verdünne, mich auslösche, weil die Indianer um mich her Neger zur Welt bringen. Noch auf den Beinen wache ich über das Absterben ›meines Stammes‹.«
Die Brut der Kolibris erwachte in Mubaraks heiserem Lachen.
»Du willst sagen, daß meine Mutter sich mit dem Fleisch von Indianern ernährt hat? Ich müßte Borsten wie Korkenzieher haben, doch ist der Oberlippenbart weich. Oh! wie gut du mich kennst! die Kolibris in meinem Lachen singen nicht. Hättest du ein Ohr dafür, du würdest sie seufzen hören. Glaubst du, ich hätte, als du mir von dem palästinensischen Feldwebel erzählt hast, dem Schwarzen, der dir allein ein Essen serviert und den Fedajin erlaubt hat, die Knochen abzunagen, die Soße aufzulecken, die in deinem Geschirr klebte, die erhebliche Bedrohung nicht erkannt, die auf uns lauert? Wenn wir noch immer eine Hochachtung für den Sklavenhändler besitzen, so hat der Feldwebel, ohne es zu wollen, dir, dem wohlgenährten Lobhudler, an diesem Abend nicht die Reste, sondern die Gleichheit angedreht.«
»Faß dich kurz.«
»Wenn wir tun, was notwendig ist, damit die Sklaverei sich erhält, so geschieht das mehr oder weniger heimlich, am ehesten wohl heimlich, weil das weder die Epoche noch der Ort für kriminellen Zynismus ist. Die Neger! Du machst dir keinen Begriff davon, wie sehr sie die musikalische Notierung verehren, in der das aufragende Weiß von absolutem Wert ist.«

»Du bist ungehobelt.«
»Und gewöhnlich. Ich kenne mich. Ich schaue mich an und ich höre mir zu. Habe ich dir mein Testament gezeigt?«
»Niemals. In deinem Alter macht man kein Testament.«
»Willst du es sehen?«
Seine Hand fuhr in seine Hosentasche.
»Nein.«
»Wirf einen Blick darauf.«
Aus einem Futter seiner Khaki-Hose zog er etwas von der Größe eines Fingernagels. Er hielt es einen Augenblick lang in seinem rosafarbenen Handteller und entfaltete es.
»Kannst du Arabisch lesen?«
»Schlecht. Ich sehe, daß es datiert und unterschrieben ist.«
»Ich übersetze: Das Leichentuch muß genügen. Spart euch die vier Bretter für den Sarg. Daß ich, wenn ich tot sein werde, schnell verfaule.«
Er faltete das winzige Testament wieder zusammen.
»Wo bewahrst du es auf?«
»Neben meiner linken Klöte: Testament-Testikel. Sag mal, hast du die Portugiesen in dem Flugzeug von Brasilien wirklich geliebt?«
»Das Wort lieben ist auf Französisch zu stark. Das Flugzeug in diesem Luftloch war unser ganzes Universum. Ihr da unten, ihr wart für uns entweder Überlebende oder Tote. Weitaus weniger existent als der Propeller des Fliegers. So mußten wir mit unserem Weltraum auskommen. Alles, was mich von den Besitzern der von ihren Negern bearbeiteten Flächen entfernen konnte, hatte sich verflüchtigt: in dem Rumpf aus Stahl waren sie so elementar geworden, wie ich selbst es war.«
»Aber dein Vorhaben, für sie zu beten?«
»Der einzige ihnen zu erweisende Dienst. Du hättest dasselbe gedacht.«

Was er mir antwortete, höre ich nicht mehr. Die üppige violette und muskulöse Masse war noch sichtbar, aber unhörbar, sie sprach inzwischen mit der weit entfernten Stimme von Ameisen zu mir.
Möge man verstehen, daß ich wiederzugeben versuche, was ein fünfundzwanzigjähriger, seit langem schon toter Mann gewesen ist: ich glaube, seit zwölf Jahren. Die Leser werden annehmen, daß ich den Unterkiefer eines Esels ins Werk setze, mehr oder weniger alt, eingerostet, schlecht artikuliert; jedes Andenken ist wahr. Ein Hauch von Frische gibt ein flüchtiges Leben im verflogenen Augenblick wieder, endgültig verflogen. Jedes Souvenir, womöglich weniger als ein Tropfen Parfüm, läßt einen verstorbenen Moment wiederaufleben, nicht in seiner lebendigen Frische dieser Zeit, jedoch anders, ich will sagen wiederauflebend aus einem anderen Leben. Aber ein Buch des Gedenkens ist genauso wenig wahr wie ein Roman. Ich werde Mubarak nicht wiederaufleben lassen. Was er mir an diesem und an anderen Tagen sagte, wird niemals wieder zusammengefügt werden. Was klar auf der Hand liegt, ist die Beschreibung von Brasilianisch-Carolina, ich habe sie zu Papier gebracht, wie hingegen einem Toten anders antworten, als durch Rhetorik oder Schweigen?
So verhält es sich vielleicht mit allen Wörtern, sicher aber mit jenen der Opferung und vor allem der Selbstopferung, Selbstverleugnung, Hingabe seiner selbst. Sie als Huldigung an denjenigen zu schreiben, der gewagt hat, sie zu leben, um darin zu sterben, bleibt eine unfeine Handlung und so auch die Denkmäler für die Kriegstoten, angefüllt mit ihren Opfergaben ohne jeden Schmerz.
Man sagt, die Fallschirmspringer sehen den Erdball mit einer in dem Maße der durch ihren Fall hervorgerufenen Beschleunigung anwachsenden Geschwindigkeit auf sich

zurasen, was das Aufschreiben dieser Wörter angeht, von denen ich gesprochen habe, muß ich Obacht geben, weder die Naivität noch die Heuchelei des Wortes Gebet zu verbergen, abstoßender als alle Huldigungen. Das Wort Opfer aufzuschreiben ist sehr verschieden, zuerst einmal davon, das Opfer zu bringen, darüber hinaus das Opfer seines Lebens, das heißt die Welt in der Geschwindigkeit des auf den Fallschirmjäger zurasenden Erdballs sich vernichten zu sehen, welche ihn vernichten wird. Derjenige, der, lebendig, sein einzigartiges Leben hingibt, muß Anspruch auf eine Art Grabstein aus Schweigen und Abwesenheit haben, ihn gleichzeitig verhüllend und jeden mit Irrealität schlagend, wer auch immer den Namen ausspricht oder die Heldentat wachruft, bewirkt endgültiges Verstummen.
Folgende Frage fällt mir wieder ein, sie stammt von Mubarak: »Jean, ein Postkutscher war der Mann, der ein angespanntes Pferd lenkte, weißt du welcher Zusammenhang mit den drei oder vier Spritzern Spucke besteht, die Postillons genannt werden?«

Zwei Wochen nach der von Mubarak eingerichteten neuen Stellung kam der Feind, das heißt die Armee aus Beduinen und Tscherkessen, nicht von vorn, noch von der über die gesamte Flucht ins Visier genommenen Rechten, sondern aus dem Rücken.
Zahlreiche Fedajin wurden getötet, die übrigen, vorerst Gefangene der Beduinen, wurden in das Lager von Zarka verbracht, in die Wüste, und der muslimische Syrer mit dem schwarzen, aus Wirbeln bestehenden Kopfhaar und seinem Bart rettete sich ins Davonlaufen und in die Nacht. Ich entdeckte dies, als ich nach Beirut zurückkehrte.
Im Juli 1984, zwölf Jahre später, kam ich wieder nach Ajloun. Das Gehöft der Bäuerin war noch da, doch erfuhr

ich, daß die Betreiber neue waren. Es war zu schwierig, den Bauern zu erklären, wie ich 1971 hier hergekommen war. Ich stelle mir vor, daß die beiden ehemaligen Landwirte, der Mann und die Frau, betagt und Freunde der Palästinenser, alles verließen, um sich gemeinsam mit den Fedajin zu retten, wenn sie nicht getötet oder womöglich durch ihre Nachbarn gefoltert wurden. Sie sind nahe ihrer Farm beerdigt? Weit entfernt? Wenn sie, als ich sie kannte, nicht ebenso geschickte Spione waren wie der Wahnsinn vortäuschende Israeli in Beirut, wohin er in der Uniform eines Oberst von Tsahal zurückkehrte.
In Beirut führte Mubarak, die Tragödie von Ajloun womöglich verdrängend, ein flottes Leben.
Im Winter und zudem in Frankreich fasziniert das Erblühen von Rauhreif auf der Fensterscheibe das Kind, das die weißen Farne sowie ihr langsames, aber sicheres Verschwinden unter der Wärme des Zimmers, dem Dunst, dem eigenen Atem des Kleinen betrachtet; die Unvermitteltheit der plötzlich, am hellichten Tage in einem Gebüsch, hinter einer Geröllhalde abgetauchten Fedajin hinterließ mich ebenso verblüfft wie die Ironie des im Moos hockenden Eichhörnchens, seine Augen manchmal forschend auf meine gerichtet und dabei über die gesamte Umgebung huschend, das mich bereits vom wackeligsten Ast des Baumes aus, noch sitzend, sichtlich entspannt, herausgefordert hatte. Alles lachte. Das Tier, seine Schnelligkeit, sein Schwanz, der Baum, die Steine, deren Komplize ich war. Hatten die Fedajin mir einen Streich gespielt? Von heute aus wäre ich gern ein Baum gewesen, um deutlich zu sehen, was sie mit mir anstellten. Wer war ich in ihrer Gruppe?
Die vierte Wand der Bühne ließ die Rollen wieder zu Personen werden; ein Schauspieler war direkt vor mir, ich

sehe seinen Rücken nicht mehr. Die Schauspielerin auf der Leinwand trägt eine Tasche, doch was befindet sich darin? Was liegt unter oder hinter dem Taschentuch? Jegliche Aufführung ist aus allen übrigen herausgeschnitten. Die Fedajin, die Verantwortlichen, ihre Handlungen, die palästinensische Revolution; all das führte ein Spektakel auf, will sagen, daß ich die Fedajin sah, indem ich sie sah, sobald sie das, was man Blickwinkel nennt, verlassen hatten, gab es sie nicht mehr. Um sie besser zu fassen, löste das treffende Wort sich in Dampf auf. Wohin verduftet? Um wann zurückzukehren? Woher? Was hier zu tun? Diese Überzeugungskraft eines stärkeren Daseins als das der Dinge, deren Bild bleibt, die sich niemals verflüchtigen, einfach so zu sein, auftauchende, sich auflösende Gespenster, eher noch war das Dasein der Fedajin so stark, daß es sich augenblickliche, beinahe höfliche Auflösungen gestattete, mich nicht durch eine allzu nachdrückliche Gegenwart zu ermüden. Die Schwingungen dieser Kämpfer folgten zu dicht aufeinander, waren zu zahlreich, als daß ein sechzigjähriges Nervensystem ihnen widerstehen konnte. Sobald der Ausdruck Palästinensische Revolution ausgesprochen ist, bürdet er mir erneut eine sofortige, allerdings dichte Finsternis auf, in der sich die lichtvollen und farbigen Bilder verschieben, eines das andere fast bösartig jagt. Ferraj zum Beispiel betrat die Welt mit dreiundzwanzig Jahren, im Gras sitzend fragte er mich lächelnd, wie ich bereits gesagt habe, ob ich Marxist sei, und während eines ganzen Abends trug ich sein Dasein auf eine so klare Weise, und so ausdrücklich, daß einer seiner Kameraden, Abu Nasser, irritiert darüber, was da fast wie ein Blutkreislauf von Ferraj auf mich überging, brummte, indem er auf uns wies: »Daß die zwei da sich verstehen würden, habe ich sofort gesehen.«

Die zu keiner Zeit ausgesprochene Übereinkunft, weder unter uns, noch vor den anderen, nicht einmal vor uns selbst, weder durch Ferraj, noch durch mich, war allein zwischen uns ein Geheimnis.
Sie brach vor allen auf, insbesondere irritierte sie Abu Nasser, der von uns infolge dieser Übereinstimmung ausgegrenzt wurde. Mich an die ganze Versammlung wendend, sprach ich an jenem Abend nur mit Ferraj, der im übrigen, als ich ihn überredet glaubte, lediglich amüsiert war, und nahm an, daß er allein für mich redete, während es ihm gefiel, die Verärgerung seiner Kameraden regelrecht zu riechen. Nun, Ferraj verschwand, da ich den Stützpunkt verließ. Das war Ferrajs erste Ohnmacht, und die Person, die mit allergrößter Deutlichkeit an seiner Stelle erschien, war Abu Nasser, sein Widersacher.
Ich hatte heute den Eindruck, die Black Box zu sein, die nicht untertitelte Diapositive an die Wand wirft. Zu sagen, daß meine Aufenthalte unter diesen Kriegern sich aus viel zu plötzlichem Verschwinden zusammensetzten, ist nicht gelogen, allerdings kann ich diesen Formen von Verschwinden, ebenso wie denen des Auftauchens lediglich ein Adjektiv hinzufügen, sie waren mitreißend.

Für Sie, für mich war Israel, das ich niemals durchquerte, nichts weiter als ein Schießstand, mit Banken hier und da, Computern, großen Hotels, in denen man koscher aß, Fallen überall, Autobussen voller durchlöcherter Kinder, dichtem Verkehr von Panzern, überwacht von jungen, kurzsichtigen, bartlosen Philosophen mit vergißmeinnichtblauen Pupillen, Brillen mit Bifokalgläsern, kurzärmeligen und malvenfarbenen Sporthemden, die über dünnen und behaarten Armen flatterten, da mir Tsahals Infanteristen an der Einfahrt nach Beirut so erschienen, am 15.

September 1982, genau auf der Straßenkreuzung, die zum Palast von Baabda führt.
Die Plakate, die Touristen dazu anreizenden Werbekästen in den Zeitungen, Israel zu besuchen, rühmten vor allem die Pflanzungen von Bäumen in der Wüste. Gewitzt wie Shakespeare ließ Erez Israel Wälder voranschreiten. Einer davon endete über dem Dorf Maaloul, in der Gegend von Nazareth. Die zuvor verminten Häuser der Palästinenser explodierten, so wie es in dieser Zeit üblich war. Dort setzte ein Wald seine Ausbreitung fort. Wenn man mit den Fingernägeln nur ein wenig im Schatten der Bäume herumkratzte, lagen die Fundamente, die Keller auf Fußbodenhöhe. An jedem Jahrestag, den es unter dem Namen der Befreiung beging, kam Israel, seine gedeihenden Bäume in Augenschein zu nehmen, von denen ein jeder den Namen desjenigen trug, der ihn pflanzte. Die früheren Einwohner des Dorfes oder ihre palästinensischen Nachkommen, samt und sonders muslimische Araber, kamen ebenfalls hierher, um zu picknicken. Die ersten, welche die letzten waren, lachen und sind betrunken. Die letzten, welche die ersten waren, erzählen, wer sie waren. So wie sie es verstehen und in wenigen Stunden, viel weniger als den Obon-Toten in Japan dafür zur Verfügung steht, lassen sie das ausgestorbene Dorf wieder aufleben. Den Jungen gegenüber präzisieren sie ein Detail, dann ein weiteres; ihrem Gedenken trauend verschönern, erfinden sie also ein solchermaßen lachendes, so hübsches, so weit von ihrer Traurigkeit entferntes Dorf, daß alle davon noch trauriger werden, und Stück für Stück, in dem Maße, in dem dieses neue, eingebildete Dorf zu leben anfängt, verflüchtigt sich ihre Tristesse. Alle, Junge und Alte, beginnen unbeholfen damit, die überlieferten Schrittfolgen zu tanzen. Sie haben Gefäße voller Wasserfarbe mitgebracht; auf den

Boden, die Bäume, die aufgespannten Planen zeichnen und malen sie eine Realität des Vergangenen, die eine Phantasie von heute ist. Dieser Geburtstagstag einer Wiedergeburt für die Palästinenser von Maaloul wird für die Toten gefeiert. Einen Tag lang erscheint das Dorf, das nichts weiter ist als das nicht vorhandene, allerdings sehr lebendige Faksimile dessen, was es einst war – eingeäschert das Dorf Maaloul – denn es ging unzufrieden darüber, lediglich die absolute Vergangenheit des Verbes *être* zu sein, durchs Feuer, so wie sich New York wahrscheinlich als Nachbildung der Stadt York verstand. Wenn man ein Haus betreten wollte, bog man um einen Baum, auf den die Tür gezeichnet war, um in ein Stockwerk zu gelangen, kletterten die jungen Palästinenser in ihren Jeans ins Geäst, es drängten sich kurzum zwei Wörter auf: einen Tag lang bekam Auferstehung Sinn, sowie Nostalgie, jene Krankheit der Umkehr, ohne den Kampf um die tatsächliche Rückkehr vorzubereiten, jedoch sind so vermutlich in der Bretagne und in sämtlichen keltischen Ansiedlungen im Dickicht um die Quellen die von den Römern und anschließend vom christlichen Klerus vertriebenen Feenvölker entstanden. Die Feen kehren jedes Jahr anläßlich eines Festes zurück, und ein paar Lebende sind über die Gesänge, das Gelächter, die Zoten erschrocken, von denen sie, inmitten eines Dorfes aus Gerümpel, einige Worte, selbst ganze Sätze verstehen. Auf diese Weise erfuhr sich der sehr reale Staat Israel in einer gespenstischen Form des Übersinnlichen als verdoppelt. Diese Erzählung wurde mir irgendwann von Fräulein Shahid mitgeteilt. Ein junger Palästinenser, er heißt Michel Khleifi, hat über dieses Dorf und jenes Fest einen Film gedreht.

Die Begräbnisse der muslimischen Leader mit einem Rugby-Match zu vergleichen, in dem der Ball ein möglicherweise leerer Sarg ist, wäre nicht ausreichend, die jungen Fedajin damit anzugreifen, und wie es vermeiden, zu sagen, daß ihr Kampf selbst ein tödliches Fest war, das die Zuschauer des Westens erzittern ließ?
»Diese Ärsche legen Feuer an den Planeten.«
Das daraus bestehende Spiel, sich als weltweite Brandstifter zu verkleiden, war einzig und allein das jener Kindsköpfe, denen sämtliches Spielzeug verweigert wurde. Wenn man auch einen Destroyer aus Blech von zehn Zentimetern Länge lachend zerstören, ihn mit einer Drehung des Absatzes zertreten und die Überreste auf dem Planschbecken eines Kindergartens springen lassen konnte, so ist es doch erheiternder, einen Hochgeschwindigkeitszug entgleisen, ein echtes Linienflugzeug tatsächlich abstürzen zu lassen, zu tun, was diese Kinder mit den kreisrunden Stahlbrillen, letztendlich aber fröhlichem Gesicht verbokken, zugebend, daß es Spaß macht, aus der Tiefe eines Merkeba-Panzers auf die siebenundzwanzig Etagen hohen Gebäude in Beirut zu zielen, diese Gebäude in zwei Hälften zusammenknicken zu sehen wie jemand, der unter einem Lachanfall erstickt, und schließlich zu erkennen, daß der Beton, die Eisenträger, die Balkons, der Marmor, alles was die Konstruktion bildete und ihre Arroganz ausmachte, von miserabelster Qualität war. Sobald das Gebäude zur weißen Wolke wurde, auf Höhe der Fundamente leicht mit Grau überzogen, hellten die kurzsichtigen Visagen sich auf.
»Kaum durchzuckte die Idee abzudrücken das Gehirn, die Rakete noch im Lauf, als das Hochhaus aufhörte, starr zu sein, sich neigte, es hatte Bauchschmerzen, während unsere Pupillen so lange Zeit über blaß geworden waren,

angesichts der Kommentare eines Zeichens, eines diakritischen Punktes, entdeckt mit der Lupe im heiligen Text.«
Es bedeutet nicht, ihn auf die leichte Schulter zu nehmen, den palästinensischen Widerstand auch als ein Spiel und ein Fest anzusehen. Den Palästinensern die Häuser verweigern, den Boden, den Paß, das Land, die Nation, alles! Hingegen das Lachen und Aufblitzen der Augen?
Falls diese letzte und einfache Bemerkung wahr und wahrscheinlich ist: »daß die jungen Fedajin beweisen, daß sie Humor haben, wenn sie Teile des Westens abschießen«?

Geführt an Fäden oder bewegt von den Fingern des Puppenspielers sind die Marionetten unter seidenen Kostümen die einzigen, denen eine wahrhaft dämmerungsträchtige, leichenzugartige, schließlich makabre Darstellung glückt. Der Titel dieses Schauspiels ist eine Warnung: Schattentheater. Mittels Figuren aus Pappe, aus Holz, mit stummen Stoffpuppen, bewohnt von zehn als Prinzessinnen oder Feen gekleideten Fingern, da in diesem letzten Fall zehn Figuren gestikulieren, welche zehn Finger aus Fleisch verbergen, deren Kapuze nicht mehr der Fingerhut, sondern ein anderes Kostüm ist, wurde der Tod heraufbeschworen, der Tod, vor allem aber die Toten selbst, das ganze Reich der Toten, dieses wäre fast natürlich, die allem trotzende Stummheit, in welche sich ein jeder Tote, von dem Moment an, da man ihn wachruft, umwandelt, indem man ihn nennt. Und diese Charaktere aus Karton oder bekleideten Fingern, deren gebrochene Haltungen jene von Knochen auf den Mauern des Friedhofs von Pisa sind – aber kann man von Tanz sprechen? – diese ebenso winzigen Figuren, wie die in den pharaonischen Grabmälern aufgefundenen Puppen, befinden sich in den sicherlich unüberwindlichen Entfernungen dieser Stimme, die

eine Geschichte erzählt oder glaubt, ihnen eine Stimme zu leihen, indem sie vorgaukelt, daß Stimme und Geschichte jene der Puppen sind.
Ihrer Teilnahmslosigkeit gegenüber der Erzählung und den Stimmen entnimmt man folgendes: es sind nicht die ihren, oder schlicht und ergreifend alles, was man von uns sagen wird, sobald wir tot sind, ist nicht nur im wörtlichen Sinne falsch, sondern klingt auch noch so. Unter sämtlichen Ereignissen, die uns die Nichtigkeit des Todes erahnen lassen, sind die Marionetten womöglich das klarste Zeichen. Zwischen der dumpfen oder schmetternden Stimme des Spielers und dem eckigen Agieren der Puppen wird es, trotz der Effekte, die uns durch ihren Verismus überzeugen wollen, niemals eine Übereinstimmung geben. Und sogar nackt, ohne Falbeln, führen meine zehn Finger ein Eigenleben – einen Tanz – von mir längst unabhängig. Was würde sein, mit meinem letzten Seufzer? Diese vorangegangenen Zeilen schreibe ich, um zu schildern, daß ich den Abstand gemessen habe – eine sehr ungenaue Art zu reden, wie kann man tatsächlich eine Distanz abmessen, die nichts als Gefühl ist? – zwischen Abu Omar und dem, was ich erzähle, als sei es von ihm, dem Ertrunkenen.
»Unter den arabischen Feudalisten«, sagte er mir im September 1972, »muß man zudem unterscheiden. Es gibt Emire, Besitzer von Erdölvorkommen, alle sind Freunde Amerikas und häufig Israels. Unsere Lage ist schwierig. Der Anschein, Religion und Besitz wieder in Frage zu stellen, so als ob eine neue Moral zu erfinden sei, heißt unbedingt, den Volkszorn auf sich zu lenken. Die muslimische Religion und das zuerst landwirtschaftliche, später unterirdische Eigentum haben beide ihren Namen hergegeben, damit wir uns befreien: von den Briten, den Franzosen, den Italienern, den Spaniern, den Holländern, selbst den

Amerikanern. Wir haben – wir das sind die Araber, und trotz eurer schlechten Laune, wenn man in eurer Gegenwart von Arabität und Arabismus spricht ...«

»Diese beiden Wörter sind nicht dasselbe. Ich leugne nicht den Arabismus, der die Zugehörigkeit zu einer religiösen und sprachlichen Gemeinschaft bedeutet. Womit aber soll ich Ihnen antworten, wenn Sie mir mit Arabität kommen? Latinität, Franzität? Und für Israel Judaität?«

»Das ergäbe eine weitere Diskussion zwischen uns beiden. Und das wir an dieser Stelle schließt uns ein, *uns beide*, Sie und mich, doch wird jenes wir Sie ausschließen, *wir*, die Araber, anstelle derer, die wir vertrieben haben, wir haben die Vorherrschaft an Prinzen übergeben oder sie ihnen belassen, die sich, ohne das Volk oder den Koran zu konsultieren, in den Dienst des Imperialismus gestellt haben. Die Ströme von Erdöl sind seit geraumer Zeit in Tausend-Dollar-Scheine oder in Goldbarren umgewandelt – was man in beiden Fällen Liquidität nennt – und ruhen sicher in den Panzerschränken der Vereinigten Staaten. Unser Vorgehen besteht nicht darin, die Prinzen anzugreifen, weil sie Muslime, sondern weil sie es nicht sind. Sie sind es niemals gewesen. Gott ist für sie nicht einmal ein Wort. Noch, worauf Sie sich verlassen können, ein Name. Unsere Prinzen kennen das Gold, mehr kennen sie nicht.«

»Wie nun damit umgehen?«

»Besonnen. Sie verfügen über Waffen und ergebene, weil gut bezahlte Leibgarden. Sie haben die Übereinkünfte mit unseren einstigen Kolonisatoren in ihrem herrschaftlichen Namen unterzeichnet.«

Ich werde mich nicht damit abfinden. Sein geistiges Abbild ist immerfort da, nicht sichtbar, doch gegenwärtig, so oft ich die Worte Abu Omars wiederfinde oder glaube, sie wiederzufinden. Ist das ein Schatten, der spricht? Ich bin

nicht sicher, mit den Mitteln der Spieler, der Lügner auch, nicht doch eine Marionette aus ihm gemacht zu haben, deren weiche Lippen ich bewege. Es ist schwierig, kein Bauchredner zu sein, sobald man einen Ertrunkenen oder Erschossenen sprechen läßt. Heute morgen wurde mir die neueste Version seines Todes mitgeteilt. Von Beirut über das Meer nach Tripolis kommend, waren sie neun in der Schaluppe, als ein syrisches Küstenboot sie sichtete. Als deren Gefangene an Land gerudert, lieferte die syrische Armee Abu Omar und die übrigen acht Verantwortlichen, deren Namen ich nicht weiß, an die *Kataeb* aus, die sie umbrachten. Dieser Name Kataeb klingt merkwürdig: es sind die Phalangisten des Christen Pierre Gemayel. Abu Omar für Sie als Marionette erscheinen zu lassen, war womöglich ein theatralischer Gedanke, die Tode, die man erzählt, sind dazu geworden, und derjenige, der erzählt, ist ein Schattenwerfer. Die letzten Gedanken Abu Omars über die Emire waren ungefähr diese hier: »Kaum erinnert man an ihre Reichtümer, ist es ihr Geheimleben, dem man Gewalt antut, hält man den Mund, verkleinert man sie, und sie haben recht, so zu denken, weil sie ihr Dasein einzig und allein ihren Profiten verdanken. ›Ich bin Muslim, du ebenfalls, kann ein Muslim einem anderen Unrecht zufügen?‹ Voilá, die typische Argumentation zwischen einem Emir und einem Fedajin in seiner ganzen Tragweite.«
Die Muslime sind im Elend in Mitleid und Furcht für diesen unerbittlichen Gott befangen, der die Emire beschützt. »Sie haben gesehen, Jean, was die Emire den Arbeitern abpressen. Viel mehr, als euer Dassault. Keine Mahlzeit ohne ein paar Schiiten, die rechtzeitig zur Stelle sind.«
Als ich ihn zum letzten Mal sah, nahm er mich mit, in einer Villa aus behauenem Stein in Jebel Amman zu frühstükken.

»Der Mann, der uns einlädt, nennt sich Zaarouh. Er ist ein Palästinenser. Ehemaliger Bürgermeister von Ramallah. Es macht ihn stolz, wenn man ihm sagt, daß er ein Flüchtling ist.«
Abu Omar wurde als Vertrauter Yasser Arafats eingeladen, vor allem aber als einstiger Professor, Student von Kissinger. Ein Schweizer wirkte in der Küche, wir aßen allerlei köstliche Sachen.
»Wer sind diese Menschen, mit denen Ihr Salon sich bereits gefüllt hat?« sagte ich zu ihm.
»Die Gesandten König Husseins. Er möchte, daß ich in seine neue Regierung eintrete. Aber nie im Leben. Eher würde ich es vorziehen, zum Gewehr zu greifen und loszuziehen, die Jordanier abzuschlachten.«
Drei Monate später war er Transportminister des Königs Hussein. Er blieb es für drei Jahre. Wurde er es mit dem Einverständnis der PLO? Diente er als Vermittler zwischen der Organisation und Hussein, und, über diesen König, mit Amerika?
Diese Personen, die ich glaube lebendig oder wieder lebendig zu machen, indem ich das Ohr neige, um zu hören, was sie mir mitteilen, bleiben tot. Die literarische Illusion ist nicht vergeblich, oder nicht gänzlich, auch wenn der Leser diese Dinge besser weiß als ich, hat ein Buch den Anspruch, unter den Verkappungen der Wörter, der Ursachen, der Kleider, selbst denen der Trauer das Skelett und den sich ankündigenden Staub des Skeletts aufzuzeigen. Auch der Autor, so wie jene von denen er spricht, ist tot.
Die Umsetzung einer Prophezeiung, oder vielmehr der plötzliche prophetische Vortrag und seine, wohlgemerkt spätere, unverhoffte Realisierung sind vielleicht die erhabene Entsprechung dessen, was eine Aufführung mit Marionetten in ihrer Hohlheit darstellt. Unabwendbar, im Le-

ben, selbst gegen die Vorstellung des Ablebens gerichtet, bleibt die Illusion eines Gestikulierens um so mehr stumm, als die Stimme des Puppenspielers sich ihm anzuverwandeln trachtet, was mich lange davon abhielt, von Hamza zu sprechen oder ihn sprechen zu lassen, da man ihn, zahlreichen Verantwortlichen zufolge, in der Wüste totsagte, stumm in seinem Eigensinn des Toten. Nicht allein, daß es mir freistand, dazu verdammt im Imperfekt von Hamza zu reden – dem des Konjunktivs, ist ein ausnehmend gut sitzender Schleier aus Trauerflor. Die offizielle muslimische Farbe der Trauer ist das Weiß. Ihm jedoch meine Stimme leihen?

Welche Form der Folter hatte seine Waden gemartert, sie schließlich schwarz werden zu lassen? Zu viele Unbekannte verpflichteten mich dazu, jegliche Erfindung, so weit es ging, zu unterlassen. Man hatte mir gesagt, daß die Polizei Husseins und jene der Beduinen aus Assen bestand, was mich kaum erstaunte, da ich die jordanische Bevölkerung – Zorn der Palästinenser erträgt es schwer, wenn ich das sage – von einer großen Sanftmut wußte, ihre Polizeien waren demnach ein raffinierter Alkohol der Grausamkeit. Keinerlei Paradox an dieser Stelle.

Aus der Stammbevölkerung hatte sich eine zweite herausdestilliert, hatte die Macht übernommen: die Polizei. Wenn es nicht bequemer und wahrhaftiger war, daß Süße und Grausamkeit in hervorragender Eintracht in einem einzigen Menschen wohnten; wenn darüber hinaus nicht die Grausamkeit, ihrer selbst in jeglicher Form überdrüssig, sich bis hin zur Sanftmut milderte, selbst bis zur Gutmütigkeit, um, wenig später, ihre Fangzähne zu blecken.

Bis auf die von der Tortur geschwärzten Schenkel wußte ich nichts über die von Hamza ertragenen Mißhandlungen. Daoud hatte mir lediglich geschrieben: »Er hat zu kei-

ner Zeit geredet. Die Beduinen wollten ihn zugeben lassen, daß er an Kämpfen gegen sie teilgenommen hatte. Er leugnete.«
Über sein Begräbnis, die Grabstätte, gesprochene oder unterbliebene Gebete wußte ich nichts. Unannehmbar, ihn in eine stumme Puppe umzuwandeln, unannehmbar jedoch, Hamza tot oder lebendig zu vergessen. Ihn tief in mir verscharren? Auf welche Weise?
Von Ali sprechend, ihn französische Wörter sagen lassend, die er womöglich nicht kannte oder selbst unfähig dazu, den Ton wiederzugeben, habe ich es hingenommen, daß er sich in eine Marionette verwandelte, mit welcher Entfernung also wollte ich Ali von Hamza trennen und warum?

Die Metamorphosen einer Tat in Wörter, Zeichen, Reihe von Wörtern, Reihen von Zeichen und Wörtern sind andere Taten, welche die ursprünglichen, von denen aus ich transkribieren werde, niemals wiedergeben. Ich muß diese Grundwahrheit aussprechen, um mich selbst gefechtsbereit zu machen. So es sich nicht um die allgemeine Moral handelte, war lügen oder nicht in meinen Augen ohne Bedeutung, dennoch muß ich sagen, daß *es meine Augen* waren, *mein Blick*, die *gesehen* haben, was ich zu beschreiben glaubte, *meine Ohren* hörten. Die Form, die ich der Erzählung von Anfang an gegeben habe, hatte nie zum Ziel, den Leser tatsächlich darüber zu informieren, was die palästinensische Revolution war. Der Aufbau an sich, die Gliederung, die Bestimmung der Erzählung, ohne vorsätzlich *verraten* zu wollen, was die Fakten waren, gestalten die Narration in der Art, auf die wahrscheinlich herauskommt, daß ich der möglicherweise bevorzugte Zeuge war, oder der Befehlshaber? Was ich berichte war vielleicht auch das, was ich erlebte, und dennoch anders, da eine Kontinuität das Verlorene meines Daseins in die Kontinuität des palästinensischen Lebens eingeschmolzen hatte, jedoch nicht ohne mir Einfälle zu lassen, Spuren, hier und da Unterbrechungen mit meinem früheren Leben, so daß die Ereignisse aus diesem nur in gewissen Augenblicken dermaßen stark waren, daß ich davon aufwachen würde: ich lebte einen Traum, dessen Meister ich inzwischen wurde, indem ich die Bilder, die man liest, wiederherstelle, sie zusammentrage. Mittlerweile frage ich mich manchmal, ob ich dieses Leben nicht auf die Weise gelebt habe, in der ich die Episoden anhand des Durcheinanders der Bilder, die in einem Traum erscheinen, angeordnet habe.

Freilich eine ganze Menge Wörter, um zu sagen: *dies ist meine palästinensische Revolution*, vorgetragen in der Reihenfolge, die ich gewählt habe. Neben der meinen gibt es die andere, wahrscheinlich die anderen.

Die Revolution gedanklich fassen zu wollen entspräche dem Wunsch, beim Erwachen Logik in die Zusammenhanglosigkeit der geträumten Bilder zu bringen. Es ist bei trockenem Wetter müßig, die notwendigen Gesten zu erfinden, den Fluß besser zu überqueren, sobald das Hochwasser die Brücke mit sich fortreißt. Ihr in einer Halbwachheit nachsinnend, erscheint die Revolution mir so, der Schwanz eines eingesperrten Tigers beginnt einen hyperbolischen Namenszug, der seine überdrüssige Wölbung auf die Flanke des noch immer im Käfig gefangenen Raubtiers niedersinken läßt.

»Abschließend, denken die Palästinenser daran, den Juden das Territorium, welches heute den Namen Israel trägt, wieder abzunehmen oder kämpfen sie weiterhin dafür, das zu behalten, was sie unvergleichlich, einzigartig unter den anderen arabischen Völkern macht?«
»Es ist Ihr zweiter Vorschlag, der mir stimmig erscheint. Diese Generation wird die Niederlassung in Palästina nicht erleben. Israel wird keinen Frieden haben, aber Palästina bleibt das in den Familienarchiven aufgehobene Wahrzeichen, das man zu Hochzeiten aufpoliert, zu Trauerfällen. ›Zu sagen Wir sind Palästinenser, wird angenehmer sein als Wir sind Jordanier.‹«
»Warum?«
»Als Palästinenser sind meine Wurzeln mythisch. Ich stamme von den Philistern ab. Als Jordanier bin ich die Schöpfung aus dem Regelwerk der britischen Administration.«
»Sie haben mir geantwortet *diese* Generation. Und die folgenden?«
»Die Historiker halten aufrecht, daß Napoleon, wenn auch mittels der ohne ihn durchgeführten Revolution, Europa verwirklicht hat. Die arabischen Nationen wünschen sich einen Mann ...«
»Von der Vorsehung bestimmt?«
»Der das arabische Volk durch Willen oder durch Stärke eint.«
»Das glauben Sie?«
»Ja.«
»Sie erwarten diesen Messias?«
»Erzählen Sie mir nichts vom Messias. Ich bin Atheist und das wissen Sie genau. Gaddafi ist niemals, ob zur Schau gestellt oder geheim, auf der Höhe seines Ehrgeizes gewesen.«
»Sie kennen ihn?«

»Ja. Ein anständiger Mann. Aber seine Erziehung, von seiner Kindheit an bis zur Machtübernahme, war konventionell. Er hat sich nicht verändert. Nach dem Tod Nassers, der ihn zu mäßigen verstand, sah er sich als dessen Erbe. Er hat nicht gewußt, von Anfang an, daß Sadat gleichbedeutend mit dem Erblühen der Bourgeoisie vom Nil war.«
»Nasser, den Sie ebenfalls kannten?«
»Viel mehr Fleischfresser. Niemandes Erbe. Verbrauchter als Gaddafi hatte er nicht dessen beinahe weibliche Nervosität. Er ist über den Juni 1967 gestolpert. Und das hier wird Sie mit den Schultern zucken lassen – im Jahr 1967 von de Gaulle abserviert. Wir werden die Geschichte des ›Casus belli‹ eines Tages wiederaufnehmen.«
»Was genau bezeichnet konventionelle Erziehung?«
»An das Gute und an das Böse zu glauben – beiden Wörtern Majuskeln zuzuweisen. Gaddafi ist ein Einfaltspinsel. Woher seine Niederlagen? Und was für ein Einfaltspinsel! Sich mit Sadat verbündet haben zu wollen!«
Das hier wiedergegebene Gespräch hatte ich mit einem vornehmen Bourgeois, einer Triebfeder des Widerstands. Wir befanden uns in Beirut, im Jahr 1982. Eine Woche zuvor hatte er Assad getroffen. Ich nehme an, daß er in ihm den Einiger der arabischen Völker erblickte. Er war demnach ein Abweichler der PLO.

»Wir haben Gute Feen in den Lagern.«
»Gute Feen? Worin erweist sich das? Wie wird man zur Guten Fee?«
»Eine Person, die Gutes tut. Eine Person, die ins Holy-Land kommt, möchte Gutes tun.«

»Ich verstehe nichts von dem, was Sie sagen.«
»Weil Sie Franzose sind.«
Bei meiner Ankunft auf dem Flughafen von Amman, im Jahr 1984, wurde ich vom Direktor der Weltbank und von seiner Frau empfangen, die Amerikanerin war, oder vielmehr Jordanierin. Sie verbesserte mehrfach. Sie korrigierte sich für sich selbst.
»Wir kommen vom Abschiedscocktail der Botschafterin von Algerien. Haben Sie ihr Buch gelesen?«
»Nein.«
»Jedenfalls hat man viel davon geredet.«
»Woher wissen Sie das?«
»Sie hat mir ihren Pressespiegel gezeigt.«
»Welcher Zusammenhang mit den Guten Feen?«
»Sie ist eine. Sie hat den Armen des Königreichs einen Teil ihrer Einkünfte gestiftet. Wollen Sie den König kennenlernen?«
»Nein.«
»Wir haben eine weitere Gute Fee. Eine Heilige. Jeder in Amerika spricht von ihr und nennt sie ›Die Heilige‹.«
»Wie sie es anstellt, eine Heilige zu sein, das interessiert mich allerdings sehr.«
»Sie hilft den Menschen im Lager von Baqa. Jeden Morgen beaufsichtigt sie die Maurer und Tischler, die Häuser errichten.«
»Man errichtet Häuser in Baqa?«
»Ja. Die Weltbank, die mein Gatte hier vertritt, leiht dem Staat Geld. Und der Staat leiht es den Jungverheirateten.«
»Was hat es mit dieser Weltbank auf sich?«
»Ein Wohltätigkeitsverband. Wir sagen World Bank. Hat man Ihnen nicht davon erzählt?«
»Sie verleiht Geld? Zu welchen Konditionen?«
»Neuneinhalb Prozent. Sie vergibt Darlehen im Gegen-

wert von hundertfünfzigtausend französischen Francs. Hin und wieder mehr. Zurückzuzahlen in achtzehn Jahren. Allerdings muß man davon das Grundstück kaufen und mindestens das Parterre und eine Etage bauen.«

»Wie eine derartige Summe zurückzahlen?«

»Die Bank findet Arbeitsplätze.«

»Sie zieht die monatliche Rate ein, die ihr zusteht?«

»Selbstverständlich, allerdings hat das Familienoberhaupt während achtzehn Jahren zumindest einen sicheren Arbeitsplatz und seine Wohnung.«

»Und wenn er vorher ausziehen möchte?«

»Er kann, hat aber keinen Anspruch mehr auf sein Haus. Es sei denn, er kauft es auf Dauer.«

»Und wenn er einer Gewerkschaft angehört oder einer politischen Partei?«

»Verstehen Sie mich recht, König Hussein und Königin Nour, die ich gut kenne, können keine Personen tolerieren, die gegen sie sind, besonders, wenn sie ihnen Geld leihen.«

»Das sehe ich ein, Madame, und die Heilige, was tut sie?«

»Gutes. Wir haben vor vierzehn Tagen einen amerikanischen Schriftsteller hier gehabt, der ein Buch über sie schreibt.«

»Sie ist einverstanden?«

»Sicher.«

»Nun, dann weiß ich Bescheid: die Heiligkeit besteht also darin.«

»Ich verstehe nichts von dem, was Sie sagen.«

Sicher auch davon, von der Versuchung, für achtzehn Jahre verkauft oder nur verborgt zu sein, kam also diese Traurigkeit, die ich in den Gesichtern der ehemaligen Fedajin erblickte. Auch durch die Anwendung dieses Mittels besetzte Amerika Jordanien.

»Die Weltbank verleiht zu soundsoviel Prozent, wir leihen dir zu soundsoviel Prozent. Von diesem Geld mußt du zwanzig Kilometer von Amman ein Grundstück zwischen hundert und hundertfünfzig Quadratmetern kaufen. Das Haus wird nicht höher sein als zwei Etagen. Eine Gruppe von Architekten hat Pläne ausgearbeitet, du suchst dir dasjenige aus, welches dir zusagt. Eine weitere Sache: du zahlst während achtzehn Jahren zurück, wir beschäftigen dich für achtzehn Jahre.«
»Ich werde zum Besitzer?«
»Sicher. In achtzehn Jahren, wenn du bezahlt hast.«
»Ich kann Mitglied der ...«
»Der PLO sein? Nein. Das würde Israel nicht tolerieren. Die Weltbank ebenfalls nicht*.«

Seit 1970, vor allem aber nach dem September jenes Jahres, stürzte eine unglaubliche arabische Literatur auf Palästina ein, so als wolle sie es verschlingen. Zuerst wurden praktische Zeitschriften in kleinen Auflagen gedruckt. Einige bestanden aus edlem Papier, weiß oder perlmuttfarben, in denen, verschwunden unter dem Lyrismus der Wörter und Bilder, weder Palästina noch das Volk, geschweige denn die Fedajin, erkennbar waren. Eine Art fahler Dunkelheit, eine Schneenacht beispielsweise, verwischte alles, und der Schnee hörte nicht auf zu fallen, so daß alles, wirklich alles, angefangen beim Zaun um den Anger, dem Fedajin in Schweiß oder in Blut, der gebärenden

* Das war so im Jahr 1984.

Frau, den Nadelwäldern, den Lagern, den Konservendosen, alles mit einer Schicht von Wörtern zugedeckt war, immer denselben und zuletzt alles verwischenden, was Palästina zum Gegenstand hatte, wie es war: Verlobte, wildes Stutenfohlen, verwitwete Frau, schwangere Frau, unerschütterliche Jungfrau, Königin der arabischen Welt, Buchstabe Alif, Buchstabe Ba*, mit der die Fatiah genannte Sure beginnt, eine Menge von weiteren Wörtern, anderen Bildern, anderen Gedichten, in denen Palästina immerfort weiblich war. Die Übertreibungen dienen dazu, den Kampf bekannt zu machen, doch frage ich mich, ob das Ergebnis nicht darin bestand, diesen Kampf so irreal erscheinen zu lassen, daß er zum Vorwand des Gedichts wurde. Im übrigen trat der merkwürdige Effekt ein, daß diese Gedichte, geschrieben und veröffentlicht in Marokko, Algerien, Tunesien, Mauretanien, die aus allen Windrichtungen auf die Palästinenser herabrieseln hätten müssen, zu guter Letzt auf diejenigen Länder zurückfielen, in denen sie verfaßt wurden. Bis auf die Freiwilligen, die einzeln oder in Gruppen per Autostop auf Reisen gingen und verglichen mit der Anzahl der Dichter höchst selten waren, frage ich mich, ob die arabische Welt diesen wohltuenden Komfort, den Kampf in ein Gedicht zu verwandeln, insgeheim nicht einkalkulierte. Zahlreiche Vorteile: sich die Strapaze ersparen, das Schlachtfeld zu beziehen, Verwundungen oder den Tod ausschließen, anderen und sich selbst gegenüber beweisen, daß man die Wörter beherrscht, den palästinensischen Kampf für irreal erklären und damit rechtfertigen, daß man an der Universität von Tunis bleibt: eines irrealen Kampfes wegen rührt man keinen Finger.

* Anm. d. Übers.: *der* Buchstabe = im Frz. *la* lettre.

Viele dieser Publikationen waren auf einem so vorzügliches Papier gedruckt, daß ich mich frage, ob es nicht von der PLO selbst geliefert wurde. Oder deutlicher: bezog nicht jeder Dichter Einkünfte aus seinem Talent? Es war Daoud Talhami, der mir im Jahr 1972 folgendes sagte:
»Viele Araber wollen in ›Les Affaires Palestiniennes‹ veröffentlicht werden. Die Summen, die sie fordern, sind wahnsinnig*.«
Es ist darüber hinaus zu bemerken, daß die Gedichte sich vervielfachten, als der Widerstand von den Beduinen niedergedrückt wurde. Man feierte weniger sein Wiederaufflammen, als daß man Schande über Hussein ausgoß. Die arabischen Dichter, von denen ich rede, haben schneller Tränen auf den Pupillen, als den strikten Befehl zu kämpfen auf den Lippen. Die poetische Produktion hat sich beruhigt. Diese Beobachtung schreibe ich der Knappheit an Japanpapier im Format Imperial zu.
Zu sagen oder zu schreiben, daß die Welt vermessen wurde und auf welche Weise, ist nicht die Landvermessung. Zu schreiben, daß den Palästinensern die Geographie bekannt war, als sie von einem Flugplatz zum nächsten zogen, ist kein terroristischer Akt. Die Revolution war nicht vollendet, habe ich nicht nur das Recht, sondern die Möglichkeit, einen Teil davon aufzuschreiben? War sie außer Atem, so kann sie jeden Augenblick wieder Kraft erlangen. Ein nomadisierender Schäfer im Ägypten der XVIII. Pharaonendynastie oder in der mongolischen Steppe ist vielleicht der Nachkomme. Er hütet seine Schafe und, ohne es mitzuteilen, das Geheimnis seiner Königlichkeit. Eines Tages wird er Anspruch auf seinen Thron und die Hand seiner Schwester erheben.

* Bereits im Jahr 1982.

»Sag mir, Jean, ob es seit dem Tod des Propheten eine Epoche gegeben hat, in der die famose arabische Einheit tatsächlich herrschte. Unter den Umajjaden? Du kennst den Kampf zwischen Ali und Moawija, und daß die Rivalitäten mit Mohammeds Tod begonnen hatten. Unter den Abbasiden? Das umajjadische Kalifat war mächtig in Spanien. Die berberisch-arabischen Königreiche haben sich immerfort bekriegt, Muslime die einen wie die anderen. Die Osmanen? Die einundzwanzig gegenwärtigen arabischen Nationen? Die arabische Einheit ist ein Atemholen. Sie gemahnt an die drei Stände der indoeuropäischen Welt, die nie verwirklicht, aber bis zum Knall von 1789 ersehnt wurden.«

»Nimm Frankreich, von der sprachlichen Einheit der arabischen Welt hast du bereits geredet, nimm Frankreich, die sprachliche Einheit ist seit langem hergestellt, und zwar mittels einer Prozedur, die ich dir nannte, doch stellst du hinter dieser Einheit, unter dem ein wenig abwechslungslosen Firnis, keine Wiedergeburten fest, die an die Luft wollen? Die Bretagne, Korsika, das Elsaß, die Flandern ... Ich bin Monsieur Homais, ist es nicht so?«

Auch das hier klingt mir von Oberleutnant Mubarak noch nach, aus dem Jahr 1972 in Beirut, in einem Salon des Hotels »Strand«. Weil ich es wiedersah, dieses schwarze Weibsstück, gehüllt in den von Pierre Cardin geschnittenen Tarnanzug. Der Oberleutnant war allein. Er ging hinaus. Er sagte mir Guten Tag und fragte mich, wie es mir ginge. Ajloun mußte vergessen sein. Ich sah Kamal Nasser, ich grüßte ihn freundschaftlich, ohne daran zu denken, daß er ein paar Wochen später von langhaarigen Israelis, die, wie man mir sagte, von Haifa nach Beirut übers Meer gekommen waren, ermordet werden würde.

»Füge folgendes in dein Buch ein: glaubhaft oder nicht, wir haben im Land eine gewisse Anzahl von Stämmen, die

weiß – du wirst schreiben weiß, vom Verb wissen, nicht glaubt, vom Verb glauben – die weiß, daß Israel seine Toten entsorgt, indem es sie auffrißt. Das erklärt die kolossalen Ausmaße der Früchte, die so schwer sind, daß die Äste abgebrochen sind.«
»Was für ein Zusammenhang?«
»Die Qualität des Düngers. Erreicht durch eine derart reichhaltige Nahrung ... Proteine à go go.«
Sein Bruder, Oberst, stand gegen Numeyri, er muß in Khartum inzwischen mächtig sein*.
Sich, wie er mir sagte, da ja nun einmal schwarz, allein durch meine Verwirrung existent fühlend, war Mubarak bestimmten erschütternden Orten vergleichbar, denn sie haben nichts zu fürchten; hundert Jahre im Später gestatten sie dem Mann auf der Lauer dieselbe Erregung. Dafür, daß ich weiter oben geschrieben habe »wenn ich sterbe, wird nichts sterben«, erlege ich mir die Verpflichtung auf, deutlicher zu werden. Das Erstaunen vor einem blauen Fleck, einem Felsen, einer schwieligen Hand, die Millionen von Gefühlen, welche mich ausmachen, ich werde verschwinden, sie jedoch nicht: andere Menschen nehmen sie auf, dank ihrer sind sie noch da. Mehr und mehr glaube ich, letztendlich dafür unter anderen Menschen zu existieren, der Halt und der Beweis dafür zu sein, daß in der Schöpfung nichts als ununterbrochen sie durchströmende Emotionen leben. Eine andere Hand wird das Glück meiner Hand im Haar eines Jungen kennen, kennt es bereits, und wenn ich sterbe, wird dieses Glück sich verewigen. »Ich« kann sterben, was dieses »ich« erlaubt hat, was das Glück zu sein ermöglicht hat, wird ohne mich das Glück zu sein fortsetzen.

* 1985.

Etwa 1972 führte Mahmud Al-Hamchari mich zu dem italienischen Schriftsteller Alberto Moravia, um dort Wael Zuayter zu treffen, der im Jahr 1973 ermordet wurde. Seltsamerweise kam mir Italien, früher so leicht, verglichen mit dem vagabundierenden Leben der Fedajin schwerlastig vor. Ich kehrte also im Mai 1972, über die Türkei Europas, jene Asiens, Syrien und Jordanien in ihre Mitte zurück. Die paar anschließenden Seiten widmen sich ein wenig der Türkei.

»*Fremdartige Trennung*«, eher, eisige Mißbilligung untersagte mir das Näherrücken der anderen. Um mindestens fünf Jahre von ihnen entfernt, so als wäre ich die in ein Musselin aus Granit gehüllte muslimische Frau, ihr reiner, mehr blutvoller als tiefer Blick, suchte ich in den Blicken der anderen den dünnen Seidenfaden, der uns alle wieder verbinden mußte, eine Kontinuität des Seins anzeigend, ortbar durch zwei einander hingegebene Blicke, jedoch ohne Verlangen. Fünf Jahre lang hatte ich in einem unsichtbaren Schilderhaus gewohnt, von dem aus man irgendwen und mich selbst oder irgendetwas, das ein von der Welt losgelöstes Bruchstück war, sprechen und sehen kann. Ich konnte mich in dem, was sich ereignet hat, nicht mehr verlieren. Die Pyramiden von Ägypten hatten den Rang, die Kraft, die Ausmaße, die Tiefe der Wüste, die ihrerseits die Tiefe einer Handvoll Sand hatte; ein Halbschuh, ein Schnürsenkel zeigten weiter nichts an, als daß eine in der Kindheit übernommene Gewohnheit mich noch immer daran hinderte, mir die Pyramiden oder die Wüste über die Füße zu ziehen, den rosafarbenen Halo der Tagfrühe um meine Schuhe herum zu bewundern. Die schönsten Jungen hatten den Wert und die Macht aller übrigen, doch keiner hatte sie über mich. Oder besser gesagt, ich bemerkte es nicht. Vollkommen ertrunken in meiner Art

und meiner Herrschaft hatte mein individuelles Dasein weniger und weniger an Oberfläche noch an Umfang. Dennoch, seit einiger Zeit erkannte ich einen einzelnen in mir wieder. Mich, und nicht irgendwen oder irgendwas. Um mich her begann die Welt von vereinzelten oder entähnlichten – ich würde schreiben von Unverkauften – vereinzelten Individuen, demnach dazu in der Lage Beziehungen einzugehen, zu wimmeln.
Es war Nacht, und ich hatte mich hingelegt. An diese fünf Jahre denkend – ungefähr, denn wie soll man eine Zeit mit Genauigkeit messen, die ein Anfang und ein Ende sein kann, aber deren Verlauf von keinerlei Zwischenfall markiert wurde, so als hätte die Weite, die ich durchmaß, überhaupt keine Unebenheiten gekannt? Fügen Sie hinzu, daß die Geburt dieser Jahre niemals mit der Uhr verglichen wurde, diese Geburt, raffinierter ausgedrückt, niemals *geschah*, nicht von einem verortbaren Vorfall ausgegangen war, dafür vom Unkontrollierbaren, noch dazu daß dieses Unkontrollierbare für mich so gewiß blieb, entscheidend zu sein. An diese fünf Jahre denkend bereute ich sie mit dermaßener Traurigkeit, daß ich den Entschluß faßte, diesen vergangenen Zustand in der Gleichgültigwerdung erneut zu suchen und wiederzufinden, während aber nun, kaum daß dieser Entschluß gefaßt war, in meinem Zimmer um mich her ein intensives, aber diffuses Licht aufkam, derart unabweisbar, daß ich die Decke zurückschlug, um zu überprüfen, ob dieses Licht nicht durch eine Dachluke über meiner Tür in mein Zimmer einfiel. Ich steckte meinen Kopf wieder unter die Decke, das Licht war dort. Darauf, allerdings langsam, verlosch es, wie mir immer noch vorkommt in Sanftheit. Das Wort Helligkeit wäre angemessener als Licht. Ich wußte, daß etwas in mir während weniger Sekunden phosphoreszierend geworden war, ich

dachte sogar daran, daß es meine Haut war, hell in der Art der Pergamenthaut eines Lampenschirms, wenn die Lampe brennt. Wer hat, bevor er darüber zu lachen begann, nicht ein wenig an Scham und an Stolz kennengelernt, an Grauen, doch beruhigte ich mich: die *byzantinische Umrandung der Mandorla*, kam das Wort für Aura an dieser Stelle von mir? Istanbul lag unter Schnee. Infolge der Nachlässigkeit der Zivilbehörden sollten sich einige Hippies rings um die Moscheen, genauer vor der Blauen Moschee, herumtreiben. Ohne Schuhe waren sie barfüßig, aber auch barhäuptig, es sei denn, daß die Flocken auf den schönen und langen blonden Haaren als ausreichende Kappe anzusehen waren? Unter dem Schnee oder anderswo, allein oder in Paaren, sie waren einsam und ein jeder so bedächtig in sich selbst gekehrt, daß ich sicher war, sie würden sich darauf vorbereiten, des einen oder anderen Tages auf den Wassern zu wandeln, noch aber versanken sie bis unters Kinn. Sollte das Exerzitium irgendwann glücken, wird die Skepsis lachend zurückkehren, denn trotz so vieler Märchen blieb der Islam, zusammen mit der jüdischen, eine sehr undurchsichtige Religion. In Europa und Nordamerika sollte ein Luftzug die Gefängnisse durchwehen und die nächtliche Aktivität in Gefahr bringen, der man dort seit langem frönte, und welche die Wörter faulen, seufzen, ächzen, winseln, stöhnen, röcheln, husten, einsam, doch voller Hochmut träumen herbeiruft. Die alten und jungen Gefangenen würden kurzerhand die Suppe verweigern, sich in ihren Werkstätten verbarrikadieren, in denen die erwachsenste Beschäftigung das Herstellen von Stacheldraht und schattengrünen, dämmergrünen Plastikweihnachtsbäumen ist; sie würden Feuer an brennbare oder sich in roter, von viel Rauch umtanzter Glut verzehrende Dinge legen; die Flammen würden aus den Luken schlagen, deren Glas unter der Lohe barst. Die eingesperrten Männer glaubten, mittels eines Verströmens an einer allgemeinen Ausschweifung teilzunehmen, die es mir nicht gelang, so wie sie es ersehnt hatten, in politisches Nachdenken umzuwandeln, da ich mein Vagabundieren zu keinem Ende führen konnte, meine Zeit bei den Palästinensern war nur ein Stück Weg, eine Atempause, ein Garten, in dem man sich ausruht, um weiterzuziehen, wobei ich meine Aufenthalte wechselnd lernte, daß die Erde aller Wahrscheinlichkeit nach rund ist. Ich glaubte nicht an Gott. Da war der Gedanke des Zufalls, des ungewissen Zusammentreffens von Fakten, selbst des Drehs von Ereignissen, von Sternen, von Wesen, die nur sich selbst verdankten, was sie sind, und diese *Vorstellung* erschien mir viel eleganter und spaßiger, als die eines Einzigen Gottes. Die Bürde des Glaubens zerbricht, sobald der Zufall erleichtert und lacht. Er macht heiter und neugierig, kurz gesagt lächeln. Auch wenn er sich nicht damit abfinden konnte, es in aller Klarheit zu wissen, hat der gläubigste unter den französischen Dichtern, Claudel, es besser zum Ausdruck gebracht: »*der Jubel des Zufalls*«. So eine Blasphemie in einem so vierschrötigen Kerl! Wäre Japan, ganz und gar lächelnd und lachend, dort wo es ist, ohne den Zufall, ohne das unberechenbare Furzen der Vulkane?

Von berühmten Reisenden und illustren Träumern hunderttausendfach gebannt, das Goldene Horn, Petra, Galata, Hagia Sophia, St. Irene, die Blaue Moschee, der Rote Sultan, wimmelte und flammte Istanbul. Was man die Niederungen nennt, meint weder den Abgrund noch die Hefe der Städte, sondern einen moirierten Schal, der über ihnen weht; den Gassen für die Glücksspiele, den Schwarzmärkten, den falschen Fußlahmen, den falschen Archäologen, den Bordellen, den noch feuchten Gemäuern der Jahrtau-

sende alten Bollwerke, welche der bourgeoisen Träumerei gehören, die noch zugeknöpft ist, wenn sie nackt oder in Shorts dasteht oder sich schweißgebadet an den Stränden sielt. Die üppigen, blassen Huren waren ebenso irreal wie die Kartenspieler in Ajloun. Die Bordelle sind in der Türkei keusche Orte. Am zentralen Ofen kommen die Kunden mit den Luden überein, wenn sie erigieren, legen ihren Spieleinsatz fest, wägen die Kombinationen ab, deren Grundfehler die Strenge und damit der Verlust des Gesetzten ist. Wenn sie sich erheben, durchschneidet der Schritt der Spieler die Luft, und die Niederungen, nichts von Aufständen wissend, von Luftzufuhr, sind diesseits.
Der Auswurf von Spucke machte Istanbul nach wie vor schmutzig. Ihrer osmanischen Trachten durch Atatürk beraubt pißten die Türken im Stehen, von eiserner Regel bestimmter westlicher Fortschritt. Die Stadt entging ihrer Tristesse infolge der Anmut schneller, heißer und durchsichtiger Bögen von Speichel und Urin, die sich plötzlich, präzise aus einem schnurrbärtigen Mund, zwei Reihen Zähnen und einem von Knöpfen und Reißverschluß entbeinten Hosenstall losreißen.
Ohne zu wissen, daß sich mir ein hypothetischer Atavismus aufdrängte, führte mein Vagabundieren mich stets in gerader Linie den populären, dicht bevölkerten Stadtvierteln entgegen, doch war es der selbe Kompaß, der mich eines Tages mit den Fedajin zusammenbrachte?
Im Folgenden, was ich in Richtung Galata aufsteigend, ziemlich nahe am Turm sah: ein junger Mann verkaufte mitten auf dem Trottoir, unter einem Wetterdach beinahe ungeschützt, Orangen. Die Früchte bildeten eine Orangenpyramide, an der Basis recht breit, die Spitze aber bestand aus nur einer einzigen Orange. Ähnliche Auslagen von Früchten und Gemüsen findet man im gesamten Orient.

Die Händler besitzen das Geschick, sie dort herauszuziehen, wo ein gewitzter Kunde hinzeigte, der die unterste oder eine andere Reihe ausgesucht hat, und sie rechtzeitig durch eine andere Frucht, welche die Lücke füllte, zu ersetzen, ohne die Konstruktion aus der Balance zu bringen. Der Junge lächelte und pries, ich vermute, auf türkisch seine Ware an, und dieses letztgenannte Wort mußte auf türkisch mehrere Bedeutungen haben. Er hatte ein Mundwerk. Ich wollte gerade an seiner Auslage vorübergehen, nachdem ich die dreifache Aufforderung der schnell von den Augen zu den Zähnen, von den Zähnen zwischen die Beine, daraufhin sehr, sehr schnell hinauf zur Locke aus schwarzem Haar und die Zähne fahrenden Hand gesehen hatte, die ununterbrochen funkelnden Augen bemühten sich nicht, die Straße zu bezaubern, sie allerdings zu verwirren. Etwas stoppte mich. Ich wendete den Kopf, um nachzusehen, ob ich mich nicht täuschte. Über der Orange, die auf der Pyramide als Spitze diente, befand sich eine andere, genau über ihr, aber im Leeren, dreißig Zentimeter von der oberen auf der Spitze entfernt. Sie hielt sich also. Allein, unbeweglich in der trotz der Unruhe der Straße unbeweglichen Luft. Wie ich bezogen auf die Hippies schrieb, jagten sich in diesen Ländern zahlreiche Anstalten von Levitation, war es einem westlichen Geist, selbst wenn er in einem Körper erschien, der die Nacht urplötzlich mit innerer Glut illuminiert hatte, allerdings ganz und gar zuträglich, daß eine osmanische Apfelsine Newton gegenüber ungehorsam war und es ablehnte, herunterzufallen? Fiel sie nicht sogar, auf ihrem Wege angehalten, weil perplex?

Mein Erstaunen mußte sich auf meinem Gesicht niederschlagen und dort lesen lassen. Der junge Händler zeigte mir ein paar Zähne mehr, gab der in freiem Fall oder auf

Himmelfahrt befindlichen Orange einen Stups. Sie schwang von rechts nacht links. Zwei Arten des Lächelns kreuzten einander. Um uns her brach eine kleine Gruppe von Türken in Lachen aus. Die Orange war an einem Nylonfaden unsichtbar an der Plane befestigt, welche die Auslage überspannte.

»Das ist hübsch.«

Der junge Händler lächelte mir so zu, wie man eine Ohrfeige erteilt.

»Americano?«

»No.«

»Allemand?«

»No.«

»Fran…«

»zose, yes.«

In Kauderwelsch erläuterte er mir, daß er sich ein kleines Wunder zurechtgebastelt hatte. Der beliebteste Sufi bleibt al-Halladj, der prächtige Clown, Husain ibn Mansur al-Halladj, der bis zuletzt in seiner Freundschaft zum Geliebten brannte, der Sufi, den ich verehre, bleibt Bistani. Der Turm von Galata warf seinen Schatten im Mondlicht, diese jungen Türken, glaubten sie, daß man die Greise durch den Mund befruchtet?

Träume von Macht entladen sich in den Erzählungen, den Legenden und Märchen, die Wörter König, Prinz, Prinzessin, Hauptheld oder Märtyrer, Sieger; die Wörter Tyrann, Diktator scheinen auf, man ist sicher, daß sie herbeigerufen wurden, um das Elend des Träumenden zu erfüllen, des Märchenerzählers, und jeder Zuhörer oder Leser eignet sich die Wörter mit einer Schnelligkeit an, die unter Beweis stellt, daß er auf der Lauer lag: er erwartete sie mit der Erregung des Mannes, der in seinem Dickicht darauf giert, daß das schönste und nackteste unter den jungen Mädchen auf der Straße vorüberkommt, mit einer sogar noch tieferen Erregung, denn wenn er sich entscheiden müßte, dem schönen und nackten Mädchen oder der Straße der Macht zu folgen, gäbe er das nackte Mädchen im Regen oder im Schnee auf, ein Umstand, der ihm augenblicklich zu seiner eigenen Entschuldigung diente, da es nun einmal nutzlos ist, einer Toten zu folgen. Es wird also besser sein, meine Mutter wiederzusehen, sie zu heiraten, um König von Theben zu werden. Die zänkischen Liebeshändel des Herzogs von Windsor und Madame Simpson widerlegen mich nicht.

Die beste Eingebung und den Rhapsoden mit dem langen Atem auswählen. Zwei Streichhölzer, eins über das andere gelegt, die man entflammt, verknoten sich so sehr ineinander, daß man die einzige Kohle, zu der sie geworden sind, nicht mehr voneinander lösen kann, zwei Unsterblichkeiten in einer, auf diese Weise werden der Sänger und die gesungene Gewalt zu einer einzigen, wenn niemand sich untersteht, zu berühren, was von dieser dunklen, aber herrlichen Glut übrigbleibt.

Der Greis, den es von Land zu Land treibt, gejagt durch das, in dem er sich gerade befindet, ebenso angezogen von den künftigen – Mozart als Kind, ins nächste einziehend, sagte: das Königreich von hinten –, die Erholung, welche ein, sogar bescheidener, Besitz bietet, zurückweisend, kannte das Erstaunen seines Zusammenbruchs in sich selbst, er hörte sich, er sah sich leben. Durch Besitz hat man, nach beinahe allgemeinem Recht, eine gewisse Anzahl von Dingen oder Immobilien zu erwarten, oder Grundstücken oder Leuten außerhalb seiner selbst, auf die ein Besitzer jedoch Zugriff hat, sie zu nutzen, mit ihnen zu spielen, sie zu verbrauchen. Ein Haus ist eine Immobilie, in der man sich aufhält, wo man verkehrt, umhergeht. Die Sorge, sich aller äußeren Dinge zu entledigen, bildete das Prinzip des Reisenden, man muß demnach an den Teufel glauben, von Teufel zu Gott, wenn nach einer langen Periode, während derer man sich also der Dinge und allen Besitzes ledig geglaubt hatte, schlagartig, man fragt sich, durch welche Öffnung, ein Verlangen nach Haus in einen eindringt, nach geschlossenem und festen Ort, einem ummauerten Obstgarten, und so hat es beinahe weniger als einer Nacht bedurft, daß er sich als Herr eines Anwesens wiederfand. Zuerst war das ein schlichtes Haus, das er jedoch in sich trug, dort, wie es die Kirchenväter keusch ausdrückten, als sie über die Jungfrau und das Kind sprachen, in *seinem Busen*, während es freilich woanders war, an einer Stelle des Körpers, die es nicht gibt, an einem, so ich es wage, nicht räumlichen Ort. Gleichzeitig in und um sich her. Sein Geburtshaus ist niemals gebaut worden, es war nicht dieses, doch ein anderes von ihm bewohntes, worin er als alter Mann umherging, aus dem er durch ein offenes Fenster das Meer sah, und im Meer, ziemlich weit weg, die Insel Zypern. Und eine Art Wahnsinn ließ ihn diese Worte murmeln, die er niemals sagte: »Und von hier aus werde ich ohne Gefahr am hellichten Tag an einer Seeschlacht teilnehmen.«

Diese Schlacht fand statt, allerdings später und als all dieser Hokuspokus verflogen war: Haus, Fenster, Garten, Meer, die Küsten von Zypern; es war der türkisch-hellenische Krieg.

Gott, der aus Nichts Himmel und Erde geschaffen hatte, gelang ein weiteres Wunder. Der Heiligen Elisabeth, Kö-

nigin von Ungarn, durch ihre Stellung als Herrscherin dazu gezwungen, sich im Prunk eines königlichen Hofes zu bewegen, machte Gott das Geschenk einer nur für sie allein, in ihrer Größe, nach ihren Maßen angelegten unsichtbaren Mönchszelle, unsichtbar für die Augen ihres Ehemannes, die der Kurtisanen, Minister, Damen des Gefolges, eine letztendlich persönliche und geheime Zelle, die ihren Standort veränderte, wann immer die Person der königlichen Heiligen sich bewegte, deren innere Mauern lediglich vier Augen sehen konnten, die beiden der Königin, die beiden Gottes, und die vier ergaben ein einziges. Dieser Zyklop mußte sein einziges Lid senken. Der einsame Dämon, der meinen Geist verheert, hat mir das Haus an einem paradiesischen Ort gebaut, fernes, doch sichtbares und blaues Meer, ihre Seeschlacht erwartende Insel, blühender und Früchte tragender Obstgarten, Stille. Durchsichtige und drollige Lage. Ich blieb dabei, den tatsächlichen Besitz zurückzuweisen, doch mußte ich denjenigen abbauen, der in mir war, wo er seine Flure, seine Zimmer, seine Spiegel, seine Möbel ausbreitete. Das war nicht alles, denn rings um das Haus lag jener Obstgarten, Pflaumen an den Pflaumenbäumen, und ich konnte sie mir nicht in den Mund stecken, da das alles seit langem in mir war. Ich war in Gefahr, konnte an verdorbenem Magen sterben und ohne zu essen die Kerne verschlucken, während dieses falschen Hungerstreiks vielleicht sogar zunehmen. Ich erwartete die Seeschlacht, die vor meinen Augen stattfinden würde, deren Gewalt solcherart wäre, daß ich in den ersten Sekunden bezaubert und vernichtet sein würde. Wo also befand sich *diese Wüste ohne Wasser in einer Wüste ohne Wasser*, von welcher der Sufi-Dichter spricht?
Diese Situation machte mich lachen und mein wahnsinniges Gelächter machte mich lachen. Es ging mir besser.

Sein Haus und seine Möbel in sich zu tragen war ziemlich erniedrigend für einen Mann, der eine Nacht lang in seiner eigenen inneren Morgenröte erstrahlte.
Dieses überaus bescheidene Wunder, jenes des Mannes der leuchtete, Glühwürmchen in den Proportionen eines menschlichen Körpers, dessen Helligkeit aber auch so kurz war wie die eines Leuchtkäfers, ließ mich – denn ich war mit der Macht der Reflexion begabt – über das Wunder der schwebenden Apfelsine nachdenken, die ein Nylonfaden in die Logik ohne Geheimnis zurückbrachte, und glaubte zu erraten, daß der Augenblick nahte, in dem sich, was diese unerklärliche Glühbirne und diese Schwangerschaft mit Haus, Obstgarten, Himmel und Meer anging, eine rationale Erklärung finden würde.
Denn die Erniedrigung beriet mich über *mein* Haus, *meine* Möbel, *mein* Licht, *mein* Inneres. Wollte diese letzte Redewendung das Innere meines Hauses zum Ausdruck bringen oder diesen unverläßlichen, vagen und im übrigen zur Verwischung eines absoluten Nichts dort hingestellten Ort: *mein Innenleben*, manchmal mit derselben Präzision: *mein geheimer Garten* genannt?
Dieses Haus in meinem Inneren machte aus mir weniger als eine Schnecke, die sich tatsächlich unter einer echten Schale, außerhalb ihrer selbst, beherbergt. Wenn ich weniger als eine Schnecke bin, die, für sich allein, beide zu ihrer Fortpflanzung notwendigen Geschlechter besitzt, wieviele habe ich?
Da ich mich in der Türkei befand, da ich meinen Immobilienbesitz, der in mir lag, bewegen konnte, da ich nicht weit von Ephesos war, wo Jungfrau Maria, Mutter und Achtzigjährige, in einem von Engeln in den Himmel getragenen Häuschen gewohnt hatte, getragen, tot in ihrem Haus aus behauenem Stein, was hatte ich zu befürchten?

»Du hast nichts Vergleichbares kennengelernt, sagte ich eines Tages zu Ferraj, dem ich von meinem Wunder erzählt hatte, das für mich so erstaunlich war, wie das Mi'raj für Mohammed.«

»Im Monat Juni, am 26. Juni 1970, auf der ersten Stufe der Rolltreppe des Flughafens von Kuwait, habe ich mich sehr hoch erhoben, ohne ein Bein, geschweige denn einen Fuß zu bewegen.«

»Du bist nicht in den Himmel aufgestiegen.«

»Um dorthin zu gelangen, startet man nicht von Kuwait aus.«

Noch in der Türkei wurde ich heimgesucht. Seit langem hatte ich auf solche Weise Krieg gegen mich selbst und den Gefallen am Besitz geführt, die Dinge auf die bloßen Kleidungsstücke zu reduzieren, die ich am Leibe trug, und zwar je auf ein einziges Stück, Bleistifte und Papier waren demnach zerbrochen, zerrissen, weggeworfen, das Universum der Dinge entdeckte die Leere, in welche sie stürzten. Sie kündigten sich mit einem enormen Lärm von Schmortöpfen an, denn Haus und Garten drangen nicht mit schlüsselfertiger Küche in mich, sondern Kasserolle für Kasserolle, Wasserhahn für Wasserhahn, und, wie es die kalmückische, hethitische und türkische Tradition erfordert, verstopft. Als ich dem Dämon geopfert wurde; das heißt einem jungen Araber ein Haus zu bauen, hörten die zweifellos verführten und beschwichtigten Dinge auf, mich zu martern. Von Antakya ging ich nach Aleppo, von Aleppo nach Damaskus, dann nach Deraa und Amman. Schließlich Ajloun.

Die Episode mit dem Haus in mir, auf meinem inneren Grund und Boden, wurde womöglich durch Mahjoubs Vorschlag ausgelöst, dem ich das Haus in Salt im Sonnenschein zeigte.
»Schauen Sie da, auf dem Felsen, wie schön es ist.«
»Wenn Sie wollen, vermietet die PLO es Ihnen für sechs Monate.«
Augenblicklich wurde es grau und schmutzig.

Die sehr vage Erscheinung des türkischen Hauses in der Sonne hatte in mir zuerst eine rasante Mühe der Aneignung ausgelöst. Ich wurde ungefähr in dem Moment zu seinem Herren, in dem ich es erblickte und mir die Anordnung der Zimmer dämmerte; auch konnte ich sie nach meinem Geschmack möblieren; den Garten anlegen, in dem ich von Wein und weißen und blauen Winden umrankte Lauben errichten würde. Schließlich, und vor allem, sah ich mich von einem Raum zum nächsten wandeln oder, das Meer betrachtend, in einem Sessel sitzen, hoffend auf die Seeschlacht, die auf sich warten ließ, deren Besitzer ich ebenfalls sein würde, da sie zum Dekor gehörte – unverbaubare Aussicht – Nebengelaß des Hauses. Die in den Wanderdünen geborenen Fedajin hatten nichts derart Friedliches gesehen. Doch befand sich dieser Friede, den allein die Reichen kennen, nunmehr in ihrem Besitz. Außerordentlich schnell, fast auf die Sekunde, mußten sie ihn in voller Kenntnis darüber genießen, daß dieser Friede sowohl Vorrecht wie auch Ausfluß des Feindes war, und sie ihn aus eben diesem Grund bekämpfen mußten. Zusätzlich aber, ihn auskostend, um ihn zu kennen, die Schwächen studieren, um sie besser angreifen zu können. Wie die Reichen machten sie es sich auf den Ottomanen und in

den Second-Empire-Sesseln bequem, und wie diese wußten sie, daß dieser Luxus und der Friede ewig waren, außer Revolutionäre bemächtigen sich, trotz der Soldaten und Polizisten, der Häuser (mit wunderbaren Aussichten, die es gestatten, eine Seeschlacht und ihre im beruhigten Meer treibenden Toten oder die Mühen der schlecht bezahlten Sklaven auf den Feldern zu überblicken, die aber, ungeachtet dessen, dermaßen ästhetische Müdigkeiten und Erschöpfungszustände entwickeln, daß sie noch die an der Balustrade des Hauses lehnenden Gäste versöhnen, wo für einige Sekunden die Fedajin, in den Sesseln oder den Teppichen wühlend, Herren dieser Orte waren, um mitsamt den Genüssen, von den Revolutionären, die sie selbst waren, wieder daraus verjagt zu werden.
Wie freilich konnte ich mich, da ich noch in der Türkei war, Tarsus so nahe befinden und abreisen, ohne die Stadt gesehen zu haben? Ich hoffte nicht allzusehr, eine Familie zu finden, die sich Saulowitsch oder Levy Bensaul nannte. Obwohl sich dort ein altes jüdisches Viertel befand, sah ich nur die Steinquader von Saint-Denis-sur-Seine. Ich schilderte meine Enttäuschung dem jungen Türken, meinem Begleiter auf dieser Reise.
»Kleopatra ist trotzdem hergekommen«, sagte er auf Deutsch zu mir.
»Wann?«
»Vor zwei Jahren. Sie haben *Antonius und Kleopatra* mit Liz Taylor gedreht.«
In Antakya waren sämtliche Hotels belegt. Im letzten, das ich fand, dem teuersten, setzte ich mich, einen türkischen Kaffee erwartend, in die Halle. Neben mir versuchte ein Araber in Dschelaba verschiedene Sprachen: Englisch, Spanisch, Griechisch, Türkisch … Ich antwortete in einem ausgesprochen schlechten Englisch, daß ich keine

einzige davon beherrschte, und er, sich an den Geschäftsführer wendend, teilte diesem auf Arabisch mit, daß ich ein nur meine Sprache sprechender Franzose war.
»Wenn die Unterhaltung nicht zu schwierig ist, kann ich Arabisch verstehen und mich verständlich machen.«
Wir befanden uns im Willayet von Antakya in jenem sehr nahe dem heutigen Syrien gelegenen Teil der Türkei, in dem man sowohl türkisch als auch arabisch spricht. Der Saudi war ein Getreide- und Rosinen-Händler. Er eröffnete mir, daß sein Zimmer zwei Betten besaß, von denen er nur eines belegte. Wenn ich wollte, könnte ich in dem anderen schlafen. Da mein Gepäck sehr bescheiden war, bot ich an, mein Zimmer für zwei Tage im voraus zu bezahlen. Der Saudi schien verärgert. Er war erfreut, mit einem Franzosen zu plaudern, der es vermochte, ein paar Worte auf Arabisch einzuflechten. Er lud mich nach Riad ein.
»Was aber haben Sie in Antakya verloren?«
Meine Frage ließ ihn zuerst auflachen, doch antwortete er mir:
»Wenn Sie nach Algerien fahren, geschieht das, um eine ehemalige französische Kolonie wiederzusehen? Als Kind habe ich ein wenig Türkisch gelernt, als das Osmanische Reich besetzte, was man heute das Saudische Königreich nennt. Doch trifft es sich, daß ich zu meinem Stamm gehörende arabische Cousins und Altvettern habe. Ich bin glücklich, sie wiederzusehen.«
»Sind sie ausgewandert?«
Er lachte noch lauter.
»Oh nein, doch gehören wir zu einem Stamm, der in fünf aufgeteilt wurde. Er lebte nomadisierend, wie wir alle es taten. Eine große Anzahl blieb in Arabien, einige in Transjordanien – Jordanien gab es noch nicht – ein dritter Teil hat im Irak ausharren müssen, ein vierter in Syrien, und

ein paar meiner Verwandten ließen sich im Senjak von Alexandrette nieder. Und der Senjak fiel 1937 an die Türkei zurück. Als Besitzer ausgedehnter Kirschplantagen lernten meine Verwandten, um sie zu behalten, türkisch.«
Bis auf die Grotte erinnere ich mich, was den Bischofssitz von Saint-Pierre angeht, an nichts Bemerkenswertes in Antakya. Die meiste Zeit verbrachte ich mit dem saudischen Geschäftsmann. Eines Morgens informierte er mich mit vorgetäuschter Traurigkeit über den, wie er sagte, eisigen Empfang Nixons durch Zhou Enlai. Er erfuhr davon durch einen seiner Verwandten, der ihn aus Riad anrief. Ich befand mich, kaum angezogen, in seinem Zimmer, als ihm das Gespräch durchgestellt wurde, welches er mit ebensoviel Gleichmut entgegennahm wie eine Bestellung von Nüssen. Im Grunde schenkte er ihm keinerlei Beachtung.
»Selbst wenn die Sowjetunion den Platz Chinas einnimmt, haben die Palästinenser längst begriffen, daß die Supermächte sich ihrer bedienen, ein Geschenk ohne Wert, eine Kette aus Zuchtperlen, die man einem Großeinkauf gratis hinzufügt, dessen Ersteigerung Jahre gedauert hat.«
In seiner schon herausgeputzten Art, seinem Faltenwurf über den Schläfen und der Stirn, seinen Schwierigkeiten, sich von seinem Gebetsteppich zu erheben, sah ich in ihm einen Mann von sechzig Jahren und sagte mir, daß er über ausreichende Erfahrungen verfügte, um zu wissen, was politische Zugeständnisse waren.
»Wie alt sind Sie?«
»Siebenunddreißig Jahre«, antwortete er mir.
Ich wage nicht, seine Visitenkarte zu zerreißen, in die sein erhabener und vergoldeter Name zweimal, in Arabisch und in Englisch, eingeprägt ist.
Später, in Beirut, wurde mir der Empfang Nixons und Kissingers durch Abu Omar berichtet.

In all dem Pomp, selbst seine Abwesenheiten, weitaus ornamentierter als im Prunk des Abendlandes, zeigen noch zuviel Erhabenheit, nutzen sich diese Strände des Schweigens so sehr ab, daß sie die Leere erkennen lassen, für die Palästinenser zog Abu Omar die politische und verhältnismäßige Übersetzung vor.
»Wir sind hinter ›Maos Gedanken‹ gekommen. Ich habe sie lange Zeit über für ein Feuerwerk gehalten, das irgendetwas verbarg, und heute weiß ich es.«
»Und das wäre?«
»Die Negation der UdSSR. Schließlich vor allem dieses. Des weiteren?«
Die Kenntnis dieser Einzelheiten: das tatsächliche Alleingelassensein durch Peking, seine Ablösung durch Moskau, verursachte mir keinerlei Beunruhigung, im Gegenteil, ich entdeckte in mir, daß sich dort seit langem ein derartiges Debakel abspielte, so daß ich die Gewißheit eines Schiffbruchs, und zwar in einem Wasser, welches schwarz war, auf diesen Augenblick datierte. Alles schien sich mir damals unter Wasser zu ereignen, unter den Wellen. Genauso hoffnungslos wie ein ins Meer gefallener Mensch, der überhaupt nicht schwimmen kann, befand die palästinensische Revolution sich zwischen zwei Strömungen, das sinnlose Herumgefuchtel, das Abu Omar vielleicht unternahm, es ertränkte sich lediglich selbst. Wie Moskau verstehen sich auch Peking und Washington darauf, den Schatten dahinfahren zu lassen. Das rote Spanien wurde fallengelassen, das revoltierende Griechenland ebenfalls. Alles, was darauf folgte, würde demnach weniger einen Aufstand als einen Untergang beschreiben, wenngleich die Hoffnung auf einen leuchtenden Ausgang unzerstörbar bleibt.

Um 1970, 71, Anfang 72, waren die Fedajin, die sich weiterhin unter dem Banne Nassers befanden, welchen sein Tod nicht vollständig aufgebraucht hatte, noch sicher, in und auf der arabischen Welt, sogar auf der Grundlage des Koran zu agieren, sobald man ihn interpretierte (in den Reihen des Widerstandes befanden sich ein paar Moslembrüder, die anderen beobachteten ihn höchstwahrscheinlich von außen). Die Palästinenser zweifelten nicht daran, daß die gesamte Welt angesichts von soviel Extravaganz verwirrt sein würde. Dem Kampf der Fedajin, die ihr Territorium wiederhaben wollten, anfänglich wohlgesonnen, kehrte sich ein bedeutender Teil der Welt gegen sie, selbst als Begin seine Gebiete Judäa und Samaria (genauso formulierten es die Journalisten, Diplomaten und Begin) einen *integralen Bestandteil* von Erez Israel nannte.
Das Entführen von Flugzeugen begründete ihren Ruhm und ihre Rückschläge. Ich war in Beirut, als die Gefolgsleute von George Habache drei Flugzeuge zwangen, in der Wüste von Zarka zu landen. Ich sehe die aufgelösten Gesichter von drei Verantwortlichen der F.P.L.P. (Habache), die unter Schock gestanden hatten, wieder vor mir, strahlend, als ich ihnen mitteilte, daß die Übernahme der drei Flugzeuge, die nun, ordentlich, eines nach dem anderen, reglos in die Wüste hingestreckt lagen, unter der stechenden Sonne, die Bewunderung der Jugend Europas geerntet hatte. Auf jeden Fall, dachte ich, der mit Comics aufgewachsenen Jugend.
Die Fedajin auf den Stützpunkten, die nicht mit den Lagern rings um Amman, im Zentrum, verstreut über ganz Jordanien zu verwechseln sind, die Stützpunkte überwachten den Ghor, die Schlucht, die Steilhänge des Jordan, Israel, die gesamte Umgebung von Ajloun und selbst ganz Jordanien. Alle Welt träumte von großen Umwälzun-

gen innerhalb der arabischen Nationen, niemand wußte, daß die Palästinenser von Jordanien nach Syrien, von Syrien in den Libanon, über Zypern und Griechenland nach Tunis, in den Yemen, den Sudan, nach Algerien gehen würden. Niemand wußte, daß eine schwere Niedergeschlagenheit sie zu verschlingen drohte, sie richteten sich wieder auf, sich so vielleicht wiederzufinden.
Es ist weiterhin Abu Omar, der zu mir spricht:
»Seit Mehmed Ali in Ägypten blieb die arabische Welt, was Sie von Paris aus überblicken, ebenso ungebeugt wie jenseits von Erstarrung. Mehmed Ali erhob sich gegen das osmanische Reich und gegen die Engländer. Der Aufstand der Drusen im Jahr 1925, den euer General Gouraud in Syrien niederzwang; der Algerienkrieg; die marokkanischen Revolten; die tunesische, die Franzosen und Italiener, welche sich die berühmte Regenkarte teilten, abdampfen ließ; im Jahr 1958 General Kassem gegen die Engländer und Irak Petroleum; Nasser und selbst Gaddafi haben das Königreich der Senussi nicht unbeschadet gelassen. Unsere gesamte Welt hat sich geschüttelt, diese Flöhe loszuwerden, aber kein Krieg, keine Aktion hat das Ausmaß der palästinensischen Revolution erreicht.«

»Zuviel Reichtum tötet, mehr noch denjenigen, welcher ihn nicht errungen hat. Vermischung von Augen in Windenblau, Kastanienbraun, blaßblauem Grau, Hellgrün, Flaschengrün; schwarze Johannisbeere, Sammelsurium von Akzenten, Schliche in Form von Begrüßungen, aus der arabischen Sprache abgeleitete Dialekte haben dem abendländischen Universum die Energie aufgezwungen, die sie unter ihrem Sand bewahrt. Die Population, Kopulationen bis zur Verstopfung der Meerengen heraufbeschwörend, das Unglück, eine in Gold gefaßte Misere zu sein, der Aufstieg des Arabismus, bis hin zur Arabität, bis zum unbewaffneten, doch unter Heidenlärm hinausposaunten Panarabismus, um die Palästinenser selbst schließlich zu vergessen, sie vor allem, es sei denn, sie bieten sich in einer leuchtenden Staubwolke aus Ruhm, noch dazu aus Gold, über der arabischen Welt, dem Erdöl, den Emiren schwebend dar, welche sie salben und rechtfertigen. Wäre der Ruhm, also der Tod, der Palästinenser eine Staubwolke aus Kupfer über ihren Köpfen, glaubst du, die Emire würden ihnen eine Kopeke schenken?«

Was ich hier, im April 1984, mitschrieb, ist von Rachid, der vor der Tür des Hotels Salaheddine in Amman auf seinem Holzstuhl saß. Zuviel Reichtum tötet, vor allem denjenigen, welcher ihn nicht errungen hat, der Satz machte sich über die Emire lustig, welche die wahren Eroberer des Erdöls *ertragen*. Er zielte auch auf die elenden Araber ab, deren Gehirn davon austrocknet, daß sie sich diesen Reichtum, aus dem sich ihre ganze Misere herleitet, ausmalen. Da ich über das Beispiel der armen Bevölkerung Mauretaniens verfügte, wollte ich von den Palästinensern wissen, ob es hier, in den Flüchtlingslagern, womöglich versteckt aber zäh, Prostitution gab. So gut wie nicht verabredet, fielen die Antworten einstimmig aus. Sie überraschen mich noch immer.

»Nein. Nicht in den Lagern in Jordanien. Im Libanon, vor den Massakern, das ist gut möglich. Ich glaube nicht, daß es in Beirut mehrere oder auch nur ein einziges Netzwerk gab. Das wäre zu schnell gepeilt gewesen. Es gab, allerdings außerhalb der Lager, vereinzelte Fälle.«

»Das ist erstaunlich.«

»Nein. Die Palästinenserinnen sind nicht wegen ihrer Schönheit renommiert. Die Palästinenser hingegen, ja.«

Richtete diese Überlegung sich nur an mich?

»Hätte es den weißen damals nicht gegeben, das Wort Terror wäre in Ihrer französischen Sprache noch immer nicht allzu bösartig. Jack the Ripper in London und Bonnot in Paris verbreiteten ihren Schrecken auf eine ziemlich liebenswürdige Weise, das Wort Terrorist hingegen reckt seine metallischen Zähne, seinen Unterkiefer, seine rote Fresse des Monsters. Die Schiiten, sagen die Zeitungen an diesem Morgen, haben diesen unmenschlichen Unterkiefer, den Israel mit Peitschenhieben des Gift tragenden Schwanzes zerstören muß, des Schwanzes seiner Armee, die sich vor dem Libanon rettete. Die Jagd auf Israel zu eröffnen zeigt weder, daß man Gegner oder Feind ist, sondern Terrorist, das Wort bedeutet demnach, daß Terrorismus ausnahmslos Tod verbreitet und dort zerbrochen werden muß, wo man seiner gewahr wird. Das bewundernswerte Israel trug den Krieg sogar ins Herz des Wortschatzes, um sich, für den Anfang – provisorisch im Golan – das Wort Holocaust und das Wort Völkermord einzuverleiben, Anfang und Ende eines Kapitels, das wir kennenlernen würden. Der Einmarsch im Libanon machte aus Israel weder den Eindringling noch das Raubtier; weder die Zerstörung Beiruts noch die Massaker waren Akte von Terroristen, die, aufgerüstet durch Amerika, während dreier Monate Tag und Nacht tonnenweise Bomben über eine Hauptstadt mit zwei Millionen Einwohnern ausschütteten, sondern die eines erzürnten Herren, der in der Lage ist, einen störrischen Nachbarn überaus hart zu bestrafen. Die Wörter sind in diesem Sinne furchtbar, als es sich in Israel um einen Ehrfurcht gebietenden Zeichenverdreher handelt. Die Verurteilung schreitet der Hinrichtung nicht notwendigerweise voraus, indem diese hier allerdings zuerst stattfand, würde sie sich nach und nach durch die Verurteilung gerechtfertigt finden. Indem es einen Schiiten und einen Palästinenser tötete, gab Israel vor, das Universum von zwei Arten des Terrorismus gereinigt zu haben.«

Verärgert über das, was sie die Gegenschläge durch Israel auf sich ziehende Anmaßung der Palästinenser nannten, begrüßten die Schiiten im Süd-Libanon die israelischen Panzersoldaten mit Güssen von weißem Duftreis, Dragées, Rosenstöcken, Jasminblüten; heute, am 24. Februar 1985, sind es die Schiiten, welche die Ablösung der ein bißchen müde gewordenen und niedergeschlagenen Palästinenser übernehmen, indem sie die Soldaten Israels bis an die Grenze treiben.

Vielleicht erinnern Sie sich an Abu Gamal, den Syrer, den ausgesprochen getreuen Muslim, der mich unter dem Zeltdach in Ajloun zu umarmen kam, es jedoch ablehnte, die Formel »*Ich respektiere dich weil du nicht an Gott glaubst*« auszusprechen, heute weiß ich, daß er recht hatte. Durch selbstverständlich nicht als Kriegslisten gedachte taktische Schliche, aber selbst durch dieses völlig begründete Vorher, Anlaß genug, sich auf den Islam zu beziehen, nicht um einen Verbündeten im alten Glauben zu haben, ihn aber in der Treue zum Alten Gesetz der Erde wiederzufinden, die das Gesetz während vieler Jahrhunderte trug und dachte. In den Jahrhunderten so weit zurückzugehen entsprach dem Hinabsteigen in sich selbst, in eine wahnsinnige Tiefe, bis in den Tod, die Kraft zu kämpfen darin auszumachen.
Anschließend ... Doch warum sollte es ein gedachtes Anschließend geben? Es war Zeit zu kämpfen.
Mehrere Vergleiche überschlagen sich vor meinen Augen, und ich weiß nicht, warum ich diesen hier auswähle, den ich ein letztes Mal beschreiben will: der Dampf aus einem

Waschkessel schlägt sich auf einer Glasscheibe nieder, und nach und nach ziehen sich die solcherart sich bildenden Wrasen zurück und hinterlassen die Scheibe durchsichtig, die Landschaft ist ganz plötzlich sichtbar, und das Zimmer verlängert sich womöglich bis ins Unendliche. Ein weiteres Bild: die Hand und der Schwamm wischen auf der schwarzen Tafel hin und her, um die Kreideschrift auszulöschen. Hier halte ich inne. Die Abschiede derjenigen Fedajin, die aufbrechen, von denen, die später aufbrechen werden, scheinen denselben Nutzen zu haben; zuerst umarmen sich die einen und die anderen. Diejenigen, die zurückbleiben, stehen reglos auf dem Pfad, die für den Abstieg zum Jordan bestimmten Fedajin gehen lächelnd rückwärts, die einen wie die anderen schwenken zum Zeichen des Adieu, das heißt der Auslöschung, die Hände vor ihrem Gesicht. Wie die Schrift auf der Tafel, wie der Dunst auf der Glasscheibe erlöschen die Gesichter der einen und der anderen, und die von sämtlichen Tränen gereinigte Landschaft ist sich selbst zurückgegeben. Die geopferten Fedajin sind die unerschütterlichsten gewesen. Überdrüssig, mit der Hand das kindische Zeichen »Bye-bye« zu vollführen, haben sie ihren Kameraden entschieden den Rücken gekehrt.
Es gab, glaube ich, bei Abu Gamal keine kriegerische Besorgnis in seinem Zögern, mir mit ja oder nein, schließlich jedoch mit nein zu antworten, vielleicht aber die aufkommende Vorahnung, daß er nur gewinnen würde, indem er auf nichts von seinem Glauben verzichtete, im Gegenteil, indem er in seinem tiefsten Inneren und den Jahrhunderten, die dieser schon durchlaufen hatte, danach suchte. Bewundernswerter Umweg über Gott selbst, das heißt, sich allein.

Verfinstern ist ein weitreichendes Wort. Außer der Sonne, die viel sichtbarer ist, wenn der Mond sie verfinstert, kehrt ein jedes Ereignis, Mensch, Konstellation, verfinstert durch andere oder etwas anderes, regeneriert zurück, das Verschwinden, so kurz es auch war, hat sein Werk, das in der Reinigung, der Aufpolierung besteht, getan. Vietnam verfinsterte Japan, das Europa, Amerika, alles verfinstert hatte. Nicht alles verfinsterte irgendetwas. Die Übel des Verbs verfinstern, lassen das alte chinesische, indische, arabische, iranische, japanische Bild des die Sonne verschlingenden Drachen aufscheinen, jener, die der Mond verfinstert. Und bis hinein in die Redensart mich verfinstern, in der sich das Beben erhebt, das Hin und Her zwischen der Bedeutung *entkommen* und *mich hinter dem Glanz eines anderen verstecken*. Eine fixe Idee wird dieses Verb niemals zum Stillstand bringen, das sich ohne Unterbrechung aus dem Staub macht. Den Osten verlassend werden wir die Aufstände und die Großsprechereien der ohne Unterlaß von dem was kommt verfinsterten Jugend sehen, die sich in einem Augenblick der Geschichte verfinsterte, um unbekannt und neu wieder aufzutauchen. Die Zengakuren in Japan, die Roten Garden in China, die studentischen Revolten in Berkeley, die Schwarzen Panther im Jahr 1966, der Mai 1968 in Paris, die Palästinenser; diese lebensprallen Ringe um die Erde waren das Gegenteil jener anderen, anderen Parallelen folgenden Weltumgürtungen: den Hingekauertheiten und der Linie der tellurischen Faltungen. Vielleicht macht das Bild des Drachens als Sonnenfresser das herrschende Gesetz der Sterne klar, die Gravitation. Kaum hat man die Zeit daran zu denken, daß das Gefängnis hohl ist, wenn man so will voll von Löchern, von Wabenzellen, und in jedem erfindet sich ein Mensch einen Takt und einen Rhythmus, die denen der Sterne entgehen. In der Mitte jeder Alveole ein Gesang, der aus einer einzigen Note oder nicht besteht, ein Schrei. Die Gefängnisse sind hohl. Schelmisches, ein wenig ängstliches Verb, gestattet sich verfinstern allem, der den anderen verfinsternde Stern zu sein.

Auch die Lüge vervielfacht sich und hallt im Unendlichen wider, hinter einer Lüge versteckt oder glaubt sich ein Lügner zu verstecken, er verstellt und verfinstert sich hinter einer neuen Lüge, er taucht ein in die Unendlichkeit der Flucht, und wenn der Imam verborgen bliebe, wer, wovon befürchtend, daß man es sah, war er?

»Du verbirgst deine Zugehörigkeit zum alauitischen Glauben und Ritus, du verhehlst ihn aus Furcht, daß man darin entdeckt, worin du ein noch anderer bist, nämlich kein Alauite, vielleicht jedoch der wahre, oder vielleicht der Jude?«

Am 14. September 1982 verließen die französischen, amerikanischen, italienischen Schiffe Beirut gegen elf Uhr vormittags. Im Blau des Wassers und des Himmels sah ich sie, ihre Staatsbürger an Bord, fliehen. Sie waren die Abschreckungsmacht, die zehn Tage zuvor, trotz der Anwesenheit der Israelis, die Evakuierung Arafats und eines Teils der Fedajin ermöglicht hatte.

Die Franzosen überwachten den Hafen von Beirut, um die Einschiffung der Palästinenser zu sichern, die sich als seltsame Zeremonie ereignete, mit seltsam will ich sagen, daß es sich bei der Einschiffung um ein wirkliches Begräbnis, zumindest um mehr als einen Mann und seine Männer handelte, dessen zu Staub zerfallenes Symbol diese Grablegung mit einem schallenden Lied verdiente, doch überwachten die französischen Soldaten auch die israelischen, die falangistischen Patrouillen, sie entminten die Durchfahrt vom Museum her, der einzigen Gasse, welche das An-

branden von Merkeba-Panzern von Ost-Beirut nach West-Beirut gestattete. Nun aber, einige Tage später, von elf Uhr vormittags bis gegen dreizehn Uhr, legten die französischen, italienischen, amerikanischen Schiffe samt ihrer Soldaten wieder ab.
»Warum verschwinden sie dermaßen schnell?«
Auf der Terrasse von Madame Shahids Wohnung, uns gegenseitig den Feldstecher reichend und natürlich unseren Augen nicht trauend, stellten wir einander sämtliche Fragen. Mit den Flottenverbänden entfernte sich die Abschreckung am Dienstag, den 14. September, weit von den libanesischen Küsten, und noch am selben Tag, um halb fünf, verfinsterte die Ermordung Bechir Gemayels in Ost-Beirut die Abfahrt der Schiffe; um elf Uhr abends drangen israelische Panzereinheiten und Infanteristen in West-Beirut ein, auf diese Weise die Ermordung Bechirs zu verfinstern; am nächsten Tag, Mittwoch, wurden die Lager von Sabra, Chatila, Bourj Brajneh drei Nächte lang bombardiert, sowie ihre zivilen Einwohner gefoltert und massakriert, eine dermaßen gewalttätige Sonnenfinsternis, daß sie Israels Image durcheinanderbrachte. Wir erwarten, daß das erste Ereignis wiedererscheinen würde – allerdings deutlicher –, der Verrat der Zivilbevölkerungen durch Frankreich, dessen Soldaten sich verfinsterten, seit sie die Durchfahrt vom Museum in Ost-Beirut her entmint hatten.

Man muß an diesen Gestaden zwischen zweitausend und dreitausend veranschlagen, die palästinensischen und libanesischen Toten, einige Syrer, einige mit Libanesen verheiratete Jüdinnen, die in den Lagern von Sabra, Chatila, Bourj Brajneh ermordet wurden.
Als Tote mit weit aufgerissenen Augen erfuhren sie den

Schrecken, sämtliche geschaffenen Dinge, Menschen, Stühle, Sterne, Sonnen, Falangisten erzittern, sie in sich zusammenzucken, sich vernebeln zu sehen, wissend, daß sie tatsächlich verschwinden würden, da diejenigen, die sie für ihre Opfer hielten, sie ins Verschwinden abschoben. Die Todgeweihten sahen, fühlten, wußten, daß ihr Tod der Tod der Welt war. Das *Nach mir die Sintflut* erwies sich als eine Absurdität, da das *nach mir* nichts als der Tod der Schöpfung war. Der Tod ist, so gesehen, das Phänomen, welches die Welt zerstört. Vor den Lidern, die es ablehnen sich zu senken, verliert die Welt nach und nach ihren hellen Schein, sie vernebelt, löst sich auf, verschwindet schließlich, stirbt vor dem Auge, das so hartnäckig ist, eine Welt zu fixieren, die ins Nichts zurücksinkt. Was heißt das? Die weit geöffnete Pupille unterscheidet nach wie vor den Glanz des Messers und des Bajonetts, den Lichtblitz, der sich nähert, und dieser Glanz mildert sich überaus langsam, verwischt, verschwindet, Messer, Hand, Ärmel, Uniform, Blick, Lachen, das Gesicht des Falangisten hat aufgehört zu sein.
Als die Leichenträger mit ihren Seilen den Sarg absenkten, zuerst vertikal, dann liegend, brach über mir, das Adieu der Kameraden skandierend, der Chor los: »Avec le souffle, avec le sang...« 1973 schmetterten die Stimmen wie Trompeten. Ich hatte ähnlichen Begräbnissen beigewohnt, aber heute, sobald ich das Wort Palästinenser höre, warnt mich ein leichter Schauder, und ich kann ihn nicht anders zur Sprache bringen, als über das Bild eines schattenförmigen Grabes zu reden, das sich, mit höchster Spannung, zu Füßen des Kämpfers bereithielt. Dieses mentale Bild steht hier demnach allein für den Leser, denn nur durch seine Hilfe kann ich mitteilen, welcher Natur das leichenhafte Frösteln war, das von dem Wortlaut der Sil-

ben Palästi… herrührte. Der Fedajin, der auf dem Weg zum Jordan war, ging ein letztes Stück Greyerzer Käse verzehrend.

Ein stilvoller Schreibtisch, ein Lampenschirm über vier künstlichen Kerzen, ein paar Blatt Papier auf der Schreibfläche, dahinter ein Kamin aus Marmor, eine Pendeluhr mit Säulchen, ein Spiegel, der bis zur Decke des Murat-Salons reichen kann: so etwas genügt den Franzosen. Auch der Führer dieses Volkes sagt was weiß ich.
Den bürgerlichen Begriffen den Vortritt zu lassen, die Adligen wissen es, ist eine ziemlich gewöhnliche Nettigkeit. So nobel wie bourgeois verlöschen die Wörter vor den vulgären Ungereimtheiten leicht. In der Tiefe der Nacht aber, der Mulde des Bettes, entspinnt sich zwischen zwei Liebhabern inmitten der Laken eine Sprache fast ohne Wörter, indem sie mit ihnen ihr Gegenteil treibt. Zwei oder öfters drei, doch schleicht sich hier ein wenig Scharlatanerie ein. Die nächtliche Sprache zwischen zwei Verliebten, wo immer man sie antrifft, erschafft eine Nacht: in ihr sind sie geborgen; dort sind sie unter Tausend oder Hunderttausenden, und die Feuchtigkeit ihres Wiedersehens hat vielleicht nur die Nasen erwischt. Nicht daß sie neue Wörter erfinden, sie sind abgebrüht genug, unter den Augen der Opfer folgendes zu tun, den Sachen, den Dingen, den Bildern, ihren geschlechtlichen Merkmalen, und was wäre zwei Liebenden kein geschlechtliches Merkmal? geben sie einen von uns unverstandenen, da anderweitig erhellten Sinn. Hundert oder zweihundert Fedajin zusammen bleiben höflich. Ob Sieger oder Besiegte, sie sind eine Truppe. Die Menge macht mit einem Augenaufschlag, schneller

als ein Zwinkern, aus zwei Fedajin zwei Liebende. Ihr eiliges und dennoch unsichtbares Zusammentreffen, ihre Art, miteinander zu reden, macht aus ihnen unter unseren Augen einen einzigen. Glauben Sie nicht, ich spreche in dem Moment, da ich mich von ihm entferne, nicht mehr von Begehren, Liebende hier bedeutet das Gegenteil desselben Wortes zwei Absätze weiter oben. BI und BII zusammen zu sehen (es handelt sich um zwei Fedajin, die ohne allzu große Sorgen die Grenzen von hier nach drüben wechseln, Sunnite der eine, Schiite der andere, einer wie der andere Palästinenser) heißt zwei ernste und keusche Liebende zu hören und zu sehen. Jedes ihrer Worte verweist sie auf Sprengstoffe, Silos, auf Auslöser für Fernsteuerungen, auf durch Geldwährungen bezeichnete Personen: Sterling A, Gulden E, Écu X, Mark P, das Ganze allein ihnen bekannt, wirklich nur ihnen. Keusch auf jeden Fall, aber dermaßen miteinander Verschworene, daß das Lachen des einen die Leere des anderen, der traurig ist, sogleich ausfüllt.
Bei ihnen erkundigte ich mich über Amal.
»Du hast recht, erklärte mir B II, nicht nur Amal und eine Reihe von Schiiten betrachten die Religion entsprechend einer zunehmend fundamentalistischen Ordensregel – von einer Schiitin vorgetragen ist der Koran, vor allem was die rechtswirksamen Suren anbelangt, von einer unerträglichen Strenge, wenn einem die Brüste von Liz Taylor nicht mehr aus dem Sinn gehen –, wir hingegen bedienen uns der Gewehre, Bomben, des Plastiksprengstoffs, der Sicherung und zielen, entweder im Stehen, auf den Knien oder liegend, genauso wie ein Christ zielt.«
B I sagte mir, allerdings ziemlich laut, ins Ohr:
»Sämtliche Schiiten dienen dem Mossad.«
B II brach in Gelächter aus:

»Das stimmt. Aber der Mossad, dem der Schiite dient, welcher ich bin, ist sehr stark, da die Ratschläge, die ich ihm erteile, von dem Sunniten stammen, der du bist.«
»Wir schnauzen uns die ganze Zeit über so an, und niemand denkt sich etwas dabei. Er und ich, wir werden erst im Tod vereint sein.«
So redeten, als ich Kind war, die Schauspieler, die im Kino die Jungs von der Fremdenlegion darstellten.

Der Flughafen von Beirut war offen, ich würde nicht nach Aden gehen. Meine letzte theoretische Reise sollte so verlaufen: Paris, Kairo, Damaskus, Beirut, Amman, Aden, Paris; meine tatsächliche Route war Paris, Rabat, Amman, Beirut, Athen, das Ruhrgebiet, Paris.
Als ich Hamza anrief, war es zuerst die Sanftheit seiner Stimme, die mich überraschte, und darin eine tatsächliche Hoffnungslosigkeit.
»Wirst du eines Tages in dein Land zurückkehren?«
»Welches Land?«
»Jordanien.«
»Das ist nicht mein Land. Jean, ich bin hinüber. Ich habe graue Haare an den Schläfen. Und sehr oft tun mir meine Verletzungen weh.«
»Sie sind alt …«
»Nein, Jean. Jedesmal wenn sie zurückkommen, ist es der Schmerz und die Überraschung des ersten Mals, im Gefängnis von Amman.«
»Und dein Sohn?«
»Ja, Jean.«
»Wird er in sein Land zurückkehren?«
»Ja, Jean.«
Und seine Stimme war noch belegter von Hoffnungslosigkeit.

»Welches Land?«
Durch seine Antwort huschte zum ersten Mal Fröhlichkeit.
»Palästina.«
Dieses letzte Wort beruhigte mich. Unser gesamtes Gespräch wurde, recht und schlecht, auf Arabisch geführt, und es war auf Arabisch, daß Hamza dieses letzte Wort »Flastin« betonte, wobei er in der Elision des »i« beinahe zu einer Art slanghafter Vertrautheit zurückfand: »F'lastin«.

Ist die Liebe etwas anderes, als das, was Sie erweckt und erstarren läßt? Beunruhigt? Was ist aus ihr geworden? Was ist aus dieser, was ist aus jenen geworden? Die Frage stellt sich in dem Augenblick so, als ob sie sich ihn ausgesucht hat: mal eine große Müdigkeit, in der man nicht mehr die Kraft hat zu denken, die Träumerei einen fortträgt; mal einen Moment des Vergnügens. Und jene, welche Arten des Elends erlitten sie? So war, was mich seit langem und dermaßen stark beschäftigte, bereits die Suche nach dem, was es erfüllte: ein paar Flecken auf einem schmalen und mißtrauischen Gesicht, ein paar graue Haare, einige Reste von Henna auf einer verwelkten Haut.

War Israel im Kaftan, Haarwickel am Kragen, eine Mauer, gegen die palästinensische Wellen schlugen, um sich zu schlagen? Wenn dieses Buch nichts weiter als eine Spiegel-Erinnerung für mich allein war, welche die Rückkehr meiner Umrisse unter ein paar andere gestattete, in eine Zeit, nicht diejenige, die sie wollen, aber die ich gewähre? Vielleicht bedurfte ich dieser Erzählung in der Vergangen-

heit, um den mir zuteil gewordenen Ort und die Zeit in den geduckten Schatten in meiner Erinnerung zu verstehen und daß ich, dank der Durchreise infolge des Schreibens, durch Vorstöße und Rückzüge, Willentlichkeit und Launen, Habsucht, Selbstaufgabe, die Gesamtheit des Kampfes ein wenig besser sehe, denn ich habe, selten und nur einen Teil der Mechanik, niemals hingegen das Zifferblatt wahrgenommen. Ich verstehe nicht besser. Ich sehe etwas anderes, das aber sicherlich nicht mittels direkt aus den Ereignissen stammender Wörter übertragen wurde. Sie haben stattgefunden, es geschieht ohne Gefährlichkeit, einen wenn nicht gottlosen, so doch ein wenig lässigen Ton anzuschlagen. Ich hinterlasse bereits verschwommene Spuren auf dem Wasser, welche die Kämpfer sich aus Marmor wünschen. Das Buch, das zu schreiben ich Mitte 1983 beschloß, wiegt weniger als die verstohlene Röte des sich in Sicherheit bringenden Fedajin in Ajloun. Was versteht man, wenn man sich in seinem Auge befindet, vom Taifun, was versteht man, wenn man auf dem Wasser die Daunen eines Kopfkissens und einzig und allein das sieht?
Niemand am Rand der Grube wußte, daß meine Schuhe Wasser gezogen hatten und daß ich den Friedhof bronchitisch verlassen würde.
Der metaphysische Kampf, unmöglich es zu ignorieren, setzt sich fort zwischen der jüdischen Moral und den Werten – dieses letzte Wort auch in seiner monetären Bedeutung hingenommen, da es wahr ist, daß einige Palästinenser reich geworden sind – und den Werten der Fatah oder den übrigen Bestandteilen der PLO, in der die Überzeugtesten das Bargeld regelrecht riechen; zwischen den jüdischen Werten, sagte ich, und den lebendigen Aufständen.
Diesen Band abschließend ist es also jetzt, daß ich über eine der nachdrücklichsten Erscheinungen, die ich von

Oberleutnant Mubarak in mir trage, Rechenschaft ablegen will. Noch in Salt, diesmal an einem Abend, widerfuhr mir die Überraschung, die Welt zweigeteilt zu erleben. Sie tauchte, und zwar in dem Moment, da man sie in zwei Hälften schneidet, in der Gestalt einer Person vor mir auf, dieser Moment, der einen kurz anmutet, wenn die Schneide des Messers gut geschliffen ist, war diesmal lang, denn Oberleutnant Mubarak lief in der untergehenden Sonne vor mir her; somit war er das Messer, genauer gesagt der Griff an dem die Welt zweiteilenden Messer; seine Linke das Licht, da er sich von Süden nach Norden bewegte, das andere seine Rechte. Vom Himmel, die Sonne war hinter den jordanischen Bergen gesunken, beschienen die roten und rosafarbenen Schimmer, noch sichtbare Spuren des Untergangs, das linke Profil des Oberleutnants, Gesicht und Körper, während das rechte bereits im Schatten lag, und es kam mir so vor, als verdüsterte diese sich fortsetzende Schattenlinie die Landschaften – also die Wüste – des Ostens. Der vor mir hergehende, die Finsternis vom Licht scheidende Oberleutnant war die in unsere Epoche ragende Projektion jenes Papstes, der glaubte, das die Welt in zwei Hälften schneidende Messer zu sein, die erste in Portugal, in Spanien die andere. Mubarak, auch war er schwarz im Gesicht und, wie man annehmen mußte, über seine gesamte Muskeln und Knorpel bedeckende Haut, wurde, als die Nacht hereinbrach, zu einer mehr erzengelhaften als menschlichen Figur. Sein Hinken verlor sich, als er den Weg hinaufstieg, fast vollständig.

Glaubt man, daß die Tapferkeit die Berechtigung eines Lagers ausmacht? Näher heranrückend wachsen der puren Freude des Geistes, der den Körper in Gefahr weiß, mannigfaltige Gründe hinzu: die Rivalität einer Bande von Kerlen in blühender Jugend, der ebenso kitzlige Patriotismus, wie eine verliebte Eifersucht es sein kann, das Erbe der von den Ahnen her überkommenen Stammesfehden, ein kaum verschleierter Geschmack an Plünderungen und selbst an Massakern, fürchterlich und derart umfassend, daß der Plünderer bereits vor seiner Tat in Lebensgefahr schwebt, daß der Folterknecht die Hölle und das Fest, von denen das eine oder andere auch für ihn stattfindet, in Kauf nimmt, es wäre demnach unberechtigt, Israel den Taumel der Tapferkeit, der Plünderung und der Folter zu verweigern.

Da das Wort Erinnerung in den Titel dieses Buches eingeschrieben ist, muß man das Spiel der Memoirenliteratur mit Heiterkeit ertragen und ein paar Fakten wieder an die Oberfläche heben. Im Alter von achtzehn Jahren war ich in Damaskus, kurz nach dem Aufstand der Drusen. Wenn die Stadt verwüstet war, so durch die französische Armee, und ich wunderte mich nicht darüber, da diese Armee, der ich seit einigen Wochen angehörte, sie kontrollierte, umschloß, ihr allerdings ihre Exotik ließ, diese vielleicht sogar aufwertete, denn ich sah zum ersten Mal in meinem Leben eine von jungen Soldaten eingenommene Stadt. Exotik, Freiheit, Armee prägten Damaskus. Freiheit, denn ich hatte vor sehr kurzer Zeit eine strenge Erziehungsanstalt verlassen, in der ich annähernd vier Jahre zugebracht hatte. Die Disziplin vor Ort war hart – trotz des Namens, der uns bezeichnete, da sich das Wort hier an Sieger heftet, und ohne in Damaskus ein Oberst zu sein, war ich, vielleicht ohne es zu wissen, der Janitschar des Oberst. Wie üblich, ich besaß keinerlei Ahnung vom Maurerhandwerk, hatte man mich zum Bau eines kleinen Forts aus bewehrtem Zement abkommandiert. Die Fundamente auf einem Damaskus beherrschenden, also bedrohenden Hügel waren, als ich ankam, bereits ausgehoben. Die tunesischen Einzelschützen wußten sich nicht besser zu behelfen als ich selber, doch in den Augen eines weit entfernten, eines unsichtbaren Hauptmannes schuldete ich es Frankreich, den Verantwortlichen für das Fort und die erfolgreiche Arbeit der Soldaten zu geben, die samt und sonders älter waren als ich. Wie auch immer, daß sie mir gehorchten, lag weniger an mir, als *sicherlich an einer gewissen Idee von Frankreich*. Wenn man von Beirut mit dem Zug kommt, kurz bevor man die Stadt Damaskus erreicht, wo der Prophet, so sagt man zumindest, innehielt.

»Ich gehe nicht nach Damaskus, denn man gelangt nicht zweimal ins Paradies« –, kanalisiert durch die Römer, bewässerte der Fluß Barada das Paradies auf vier, mitunter fünf unterschiedlichen Niveaus, rechts die Aprikosenbäume, sah ich durch das linke Tor einen Hügel am Beginn der Wüste und auf ihm den Anfang eines Baues, den die französischen Offiziere Fort Andréa nannten. Zwei weitere Arme des Barada, höher als die drei rechts gelegenen, bildeten eine Art Doppelkreis in zwei Etagen auf diesem Hügel, knapp vor der Einfahrt nach Damaskus. Grüne Häuser auf Pfählen, wie man sie in Dörfern findet, die in Pfahlbauweise errichtet sind, und am Ufer der unterschiedlichen Flußarme junge, Gläser mit Raki servierende Tscherkessen.

Wenn ich aus dem Zentrum von Damaskus zurückkehrte, von der Moschee der Umajjaden oder dem Souk Hamidieh, durchquerte ich das Kurdenviertel. Die tunesischen Soldaten in Fort Andréa führten im Pionierwesen dieselben Arbeiten aus wie ich: wir hatten von Zement zerfressene Oberhaut, und selbst die darunter gelegene Schicht war etwas in Mitleidenschaft gezogen. Das Fort sollte in seiner Mitte eine sechseckige, auf ein Stück Meer gerichtete Geschützkanzel beherbergen, eine Kanone, deren Kaliber ich vergaß. Indem Fort Andréa wuchs, machte meine Ausbildung zum Maurer Fortschritte. In den kleinen Moscheen, während und nach unseren Kartenspielen, war mir der General Gouraud, verantwortlich für die Ruinen der Stadt und das, was man den *wiedergefundenen Frieden* nannte, so beschrieben worden, wie wir es heutzutage mit General Sharon tun. Die Kanzel nahm Form an, und es kommt mir heute so vor, als ob sie, von der ersten Verschalung an, die Vermählung mit einem Küstengeschütz erwartete. Dieser Ungeduld, dieser Hochzeit gegenüber ziemlich gleichgültig, verbrachte ich meine Nächte damit, Karten zu spielen und ein wenig orientalisches Arabisch zu lernen. Heute verstehe ich meine Rolle in diesen nächtlichen Spielen. Wie später bei Mahjoub in Ajloun war das Kartenspielen durch die französische Armee untersagt, die Syrer mußten sich also verstecken, man gestattete mir, am Spiel teilzunehmen; nur über meinen Sold verfügend, hätte ich allerdings bei keiner großen, um Geld, das sichtbar neben dem Teppich lag, gespielten Partie mithalten können. Gegen zwei oder drei Uhr morgens säuberte jeder Spieler seinen Platz von Pistazienschalen. Ich erreichte das Fort spät, besser gesagt im Morgengrauen. Der Lebemann, der in der Morgendämmerung, sterbend vor Müdigkeit, aus einem Casino zurückkehrt, war in Damaskus im Jahr 1929, elf Monate lang ich. Vorausgesetzt, daß eine durch den Kerzenschein neugierig gewordene französische Patrouille in der Nähe der syrischen Spieler aufkreuzte, die einen ebensolchen Ruf wie die Griechen hatten, konnte die Anwesenheit eines französischen Soldaten die Gefahr womöglich vertreiben.

Der Hauptmann des Bautrupps kam, die ihrer Verschalung entledigte Geschützkanzel zu besichtigen, und so wie Gott sein Werk befand er sie für gut. Er spendierte mir das Viertel eines Viertels Rum aus einer an seinem Gurt hängenden Feldflasche. Der Alkohol war von der Sonne und der verschwitzten Hüfte des Offiziers der Pioniere aufgeheizt. Er trank seinen Schluck, ließ ein bißchen Rum und Speichel über seine himmelblaue Offiziersuniform laufen, er schob sein dreifach mit Gold umrahmtes Käppi zurück, steckte den Korken auf die Feldflasche, stotterte etwas gewiß Warmherziges, das ich in etwa so übersetzen mußte: »Feine Arbeit, verdienen Großes Ordensband oder Verdienstkreuz mit Palmen.«
Noch immer sind es diese Palmen, die das Geheimnis des Verdienstkreuzes hüten. Er besaß die Güte und Schicklichkeit, mir zu eröffnen, daß die Marineinfanteristen das Küstengeschütz in einer Woche heraufbringen würden. Und anläßlich dieser Hochzeitsfeierlichkeiten alle auf die Brücke, Schuhe, Waffen und Füße gut gewichst. Dieser Tag kam. Man teilte uns mit, daß die Maultiere den Hügel erklommen, auf ihren Rücken oder über ihren Flanken die Lafette mit, was die tunesischen Pioniere neugieriger machte als mich, der Seele der Kanone. Der als erster erschienene Hauptmann sagte es uns:
»Die Seele der Kanone ist unterwegs.«
Sogar auf die Rücken und Flanken von Mauleseln geschnallt blieb das Marinegeschütz nobel, und wir waren lediglich Pioniere, waren wir also, sobald die Dinge für die Artillerie schlecht standen, ihre Laufgräben aushebend, etwas anderes als Handlanger:
»Präsentiert ... Gewehr!«
Der Bombarde über fast achthundert Jahre angepaßt, präsentierten wir unsere Lebel-Flinten. So erreichte die Ka-

none, Rohr und Seele demontiert, auf zwei Maultierrükken, zwischen zwei Reihen friedlicher, aber bewaffneter Soldaten hindurch, das Fort. Ich glaube, den Schauder von Vergnügen im Beton der sie erwartenden Kanzel noch zu erahnen. Die Kanone war ein wenig verdreht. Niemand wußte, was sich im Hirn eines Marineoffiziers auf dem Land abspielt, noch wie es sich darin abspielt, wir wissen noch immer nicht, warum der Schiffsoberleutnant mir für die vollendete Arbeit gratulierte. Wenn ich meine Rechte nicht gebraucht hätte, den Kolben des Gewehrs, das ich präsentierte, zu stützen, hätte er mir einen Druck mit seiner weiß überzogenen Hand verabreicht. Die andere war ungeschützt, und ihr weißer Handschuh baumelte zwischen den Fingern. Ich vernahm:
»Um Oberst Andréa zu ehren, einen auf dem Feld der Ehre gefallenen französischen Oberst, um eure gelungene Arbeit zu ehren, die Arbeit des jungen französischen Pioniers, sowie die Arbeit seiner braven Eingeborenen, werden wir, mein Kapitän, einen Kanonenschuß, allerdings nur einen einzigen, abfeuern.«
Gibt es Bücher oder ein einziges Buch, nur eine Seite, über das nächtliche Entstehen von Spinnennetzen, so wie es sich in der Dunkelheit vollzieht? Ich bin keineswegs sicher, ob Beobachter sich im Dunkel verborgen haben, um besser zu sehen, wie die Spinnen ihre Netze weben. Oder vielmehr doch. Es gibt ein Süditalien und Sizilien beschreibendes Buch, welches Ariane oder Ariadne, gehängt ans Ende eines Fadens der Jungfrau, in Erinnerung ruft. Wer aber hat das Glück, mittags, in der prallen Sonne Syriens, zu beobachten, wie ein Speichelfaden zu dieser Gardinenspitze wird, wie das Spinnennetz ein Kontinent wird, und vor allem, vor allem, an welcher Stelle dieser ununterbrochene Faden in die Welt kam?

Der Vorschlag des Marineoffiziers war nicht spontan. Ein vorbereiteter Einfall, die Maultiere der Infanteristen hatten eine Kiste Granaten mitgebracht.
Das einzige Wort, das uns aus dem Häuschen bringen konnte: Granate. Na bitte! Ganz dicht bei uns? So nahe war also der Krieg, die Ehre mit der Hand zu pflücken?
»Schützen, einen Einzelschuß.«
Wir wurden ein bißchen ernüchtert, denn er fügte sehr schlicht, sogar gewöhnlich, so wie leicht sonntäglich angezogen hinzu:
»Blindschuß, selbstverständlich.«
Am Ende, nach dem Wort *verständlich*, wurde der Nachdruck ein wenig von einem breiten, freudigen Lachen überdeckt. Diese Seefahrer sind Kinder.
»Blindschuß.«
Was mit einem eher wattigen Knall, aber unter Pulvergeruch ausgeführt wurde. Ich öffnete die Augen wieder. Sehr langsam, beinahe unmerklich, wie um mich zu schonen, damit ich schließlich meinen Augen nicht traute, erschien ein Spinnennetz. Sanft breiteten sich Risse auf der Kanzel aus, ich glaube sie fröstelte und war sicher, daß sie zerbrach, zu Schutt zerfiel, das edle Küstengeschütz, das auf diesem Sandhügel ganz natürlich die Bewegung wiederfand, die es aufgrund der außer Rand und Band geratenen See auf seinem Torpedoboot gehabt hatte, schaukelte; etwas von dieser Schaukelbewegung, welche die Tiroler Schaffner im Kurven der Züge noch an den Tag legen, und nur dieser Umstand erinnert daran, daß Österreich über einen Hafen, Triest, und Meere, sämtliche Meere verfügt hatte.
Die Kanone versank im bewehrten Beton. Das Militärkrankenhaus, das die Syrer ein wenig umgebaut haben, ich sah es dieser Tage wieder, war ein ruhiger Ort. Die

Ärzte heilten mich von der meiner Schande gebührenden Gelbsucht. Man brachte mich mit dem Gewinn eines Monats Erholung, aber abgebrochener Militärkarriere nach Frankreich zurück. Zu keiner Zeit nach meinem Tod würde man mich auf einem Bronzepferd sitzend zur Statue erheben, würde ich oder mein bronzenes Abbild sich im Dunkel vor dem Licht des Mondes abheben. Während dieser winzige, groteske, aber monumentale Schiffbruch mich darauf einstimmte, ein Freund der Palästinenser zu werden. Ich erkläre mich demnächst.

Allein der palästinensische Tatbestand hat mich dieses Buch schreiben lassen, weshalb aber habe ich mich derart ausdauernd an die verrückt erscheinende Logik dieses Krieges geheftet, nur in ihr finde ich wieder, was mir kostbar ist, will sagen das eine oder andere meiner Gefängnisse, etwas Moos, ein paar Heuhalme, vielleicht einen Betondeckel oder eine Gehwegplatte aus Granit anhebende Feldblumen oder, doch wäre das der größte Luxus, den ich mir gestatte, zwei oder drei Heckenrosen von einem stacheligen und trockenen Strauch.

So fest das Gefängnis sein mochte, die Granitblöcke, zusammengehalten vom stärksten Zement und dazu noch von Klammern aus geschmiedetem Eisen, die unerwarteten Risse, hervorgerufen von Regenwasser, ein Regenguß, ein einziger Sonnenstrahl, ein Grashalm schon hatten den Block aus Granit gelockert, das Gute, ich will sagen das in Schutt gelegte Gefängnis, war vollendet.

PALÄSTINA WIRD SIEGEN ist weit entfernt von *Israel wird leben*, etwa von der Distanz, die einen Säbelhieb von einer Knospe entfernt, und dieser Glücksfall, der lediglich rhetorisch ist, bereitet mir ebensoviel Angst wie eine militärische Niederlage.

Frankreich, wo ich mich zwischen dem sechsten und achten Lebensjahr als Fremder fühlte, selbst wenn die öffentliche Fürsorge tat, was in den Krankenhäusern der Welt für die Krebskranken Sitte ist, Frankreich lebte um mich her. Es glaubte, mich zu sich zu zählen, als ich sogar in Frankreich selbst unendlich weit von ihm entfernt war. Es kreiste so um mich her wie sein Reich um den Erdball, rosa gefärbt in den Atlanten und, da sie rosa waren, Kolonien in Übersee genannt, wohin ich die Weltreise ohne Paß, dafür in Holzschuhen, unternehmen konnte. Das irrsinnig überhebliche und nur durch das der Inder beunruhigte Reich, dieses Frankreich, wurde beinahe ohne Schwertstreich – dieser letzte überlebende feudale Ausdruck drängt sich hier auf – von ein paar Bataillonen schöner und blonder Krieger eingenommen. War das zuviel an Schönheit, an Blondheit, an Jugend, vor denen Frankreich sich niederwarf. Auf den Bauch. Ich war da. Schließlich rettete es sich, eingeschüchtert, vor meinen Augen, die folgendes sahen: ein Volk aus Rücken, aus Rücken, die davonrennen, gefangen zwischen zu vielen Sonnen: der des Juni, des Südens, dem deutschen Stern. Kann man glauben, wohin diese Herde aus Rücken und Sonnen davonlief? In Richtung Sonne. In diesem verwüsteten Tempel erschienen Moose, Flechten, mitunter die Güte und noch viel seltsamere Dinge, eine Art beinahe glücklicher, elementarer und ohne soziale Klassen auskommender Verwirrung. Ich hielt mich weit davon entfernt. In meinem Stolz, den ich von den einstigen Herren der Welt besaß, sah ich diese Verwandlung mit Jubel, zugleich jedoch mit der überaus versteckten Traurigkeit, aus ihr vertrieben zu sein. Es ereigneten sich dieselben Szenen: eine Dame, Schmuck an den Fingern, an den Handgelenken, den Ohren, um den Hals, übernahm die Pflege zweier armer und bösartiger Kinder; im selben Waggon zweiter Klasse sitzend, kümmerte sich ein Herr, dekoriert mit mehreren Orden, den Kopf von einem Hut der Marke Eden bedeckt, voller Rücksicht um einen armen, todmüden, verletzten und schmutzigen Greis; eine junge Frau mit grün lackierten Fingernägeln half einer vier Pappkoffer hinter sich herziehenden Bettlerin und löste ohne jede Ungeduld noch das geringste Geschick Knoten für Knoten, die Strippen, um aus einem Koffer schließlich graue, gestopfte Strümpfe hervorzuziehen, aber wie dieses schwierige Volk auf seine Sprache achtet, in der: Berber Barbar bedeutet, Haschischraucher Mörder, Andalusier Vandale, Apache Gauner, Engländer, Marrokaner Dreckskerl, Wetsche Boche, Bruder* Kakerlake. Stolz auf ihre Kolonien, waren die stolzen Franzosen ihre eigenen Fremdarbeiter geworden. Sie hatten denselben grauen Alltag und, für kurze Augenblicke, sogar dieselbe Anmut. Moos, Flechte, Gras, ein paar wilde Rosen, dazu in der Lage, die roten Granitplatten der Fußwege anzuheben, waren das Bild des palästinensischen Volkes, das mehr oder weniger überall aus den Rissen kam ... Denn wenn ich erklären müßte, warum ich mit den Fedajin gegangen bin, so stoße ich auf diesen ultimativen Grund: durch Spiel. Der Zufall half mir ungemein. Ich glaube, ich war für die Welt bereits tot. Und sehr langsam, wie die Schwindsucht, starb ich endgültig, um es elegant zu machen.

Die Inkubationszeiten einer Viruserkrankung sind mitunter so lang, vielgestaltig und in weiter Ferne liegend, daß es schier unmöglich ist, den Vorgang, nicht den des Ausbruchs, sondern den der Ansteckung mit Genauigkeit zu

* Anm. d. Übers.: frz. *frère* steht hier für Algerier.

bestimmen, den Augenblick der ganz leichten histologischen oder anderweitigen Verschiebung; wie die Anfänge einer Revolution haben die des Reichtums einer Familie, ihres dynastischen Schicksals sich infolge winzigster Richtungsänderungen verloren, und so kann ich die Anfänge dieses Buches nicht datieren. Nach Chatila? Es bedurfte des ersten Novembers 1954, damit Frankreich 1962 begriff, daß es in einem kleinen Wasserkurort kapitulieren mußte. In den Zeitungen sprach man von 1920 bis 1964 (Gründung von Al Fatah) nicht eben viel über die Palästinenser, Europa und Amerika fürchteten, zur Kenntnis nehmen zu müssen, daß Palästina sich bereits schlug.

Das Wort Exotik vermag es, mich auf eine Fährte zu setzen, welche nicht die richtige sein wird, die Exotik, dieses Erstaunen, wenn man die Horizontlinie überschritten hat, die ununterbrochen entflieht, endlich zu sehen. Hinter ihr, obwohl es bis auf die wechselnde Linie des Horizonts niemals ein Dahinter gibt, befindet sich gewiß das Ausland. Diese ausgedehnten Reisen samt der eben dort angetroffenen Vertrautheit mit dem, was mir diese stets überschrittene Linie verbarg, kommt aus der Wirkung einer lange währenden Vertrautheit des Reisens, fast einer Dringlichkeit, so daß ich glaubte, sie, nicht allein Frankreich, aber den Westen, indem ich dieses Buch schrieb, unterscheiden zu können, sie allerdings im Nebeldunst zu unterscheiden. Sie erschienen mir weit entfernt, haben für mich eine dermaßen hohe Exotik angenommen, daß ich nach Frankreich fuhr, wie ein Franzose nach Birma fährt. Die Niederschrift begann ungefähr im Oktober 1983. Und ich wurde in Frankreich zum Ausländer.

Zwischen diesem 12. Juni und dem 8. September 1982 wurde Beirut von israelischen Flugzeugen bombardiert, und von der Stadt, was trotz der Luftangriffe von ihr noch stand,

machten die Falangisten nieder, blieben Staub aufwirbelnde Ruinen. Eine Stadt in Schutt und Asche ist ein seltenes Schauspiel: ich sah Köln, Hamburg, Berlin und Beirut. Was blieb von Sabra, Chatila, Bourj Brajneh? Die Hauptstraße von Chatila durchstreifte ich wie im Bocksprung über die Toten, welche die Straßen verstopften. Hindernissprünge auf meiner Laufbahn. Der Geruch der Verwesung stand dermaßen dicht, daß er beinahe ebenso sichtbar und undurchdringlich wie eine Stadtmauer war. Im September 1984 erkannte ich nichts wieder. Diese Hauptstraße war viel enger als dereinst. Die Autos schoben sich langsam und beschwerlich auf der Chaussee vorwärts. Der Lärm der Hupen, der Motoren, der Schreie ließen mich an die Stille eines Leichenhauses und eines Friedhofs zurückdenken und ich machte mich der Gotteslästerung schuldig: ich vermißte diese Stille. Die mobilen, mit Obst und Gemüse beladenen Stände waren von einer aufgebrachten Kundschaft umringt. Sie war palästinensisch, genauso buntscheckig wie die Auslagen.
»Israels Luft wird immer stickiger«, hatte der Rabbiner Kahane geschrieben, die israelischen Araber damit bezichtigend, die Luft des hebräischen Staates zu vergiften oder zu verderben. Die Dringlichkeit zu leben, zu wachsen, in höchster Geschwindigkeit zu verbrauchen, um von der Welt vertilgt zu sein, nachdem man sie verschlungen hat, das ist es, was ich zwei Jahre nach den Massakern auf der Hauptstraße von Chatila verspürte.

Wer Amman nicht kennt, erlebt, vor allem abends, vom Flughafen kommend, den großen Charme Jordaniens; deshalb werde ich das Ensemble der Farben, die in den Reisebüros so viel Vergnügen bereiten, der Einbildungskraft des einzelnen Lesers überlassen; häufig von Bäumen um-

standen, schimmerten, wo sie nicht natürlich waren, durch Bohrungen in steinige Schluchten getriebene Wasserstellen, und sogleich rankten sich auch die Lianen um die rostigen Geländer alter artesischer Brunnen. Vierzehn Jahre nach meinem ersten Aufenthalt erkannte ich nichts mehr wieder, doch begriff ich auf Anhieb, daß der Zauber der Hügel, der ferneren und dunkleren Berge, der kleinen Täler, Gärten, Villen die bemalte Gaze waren, welche das Grauen der palästinensischen Lager verschleierte.
Kennern des Mutes der Fedajin, ihrer Unbeirrbarkeit in taktischer Erfindung, stünde es gut zu Gesicht, solche Spezialisten zu Rate zu ziehen, die sich mit Haut und Haar den Besonderheiten des Kriegshandwerks verschrieben haben: Bayard, Crillon, Turenne, Napoleon, Foch bei uns und, wie man unter den Theaterleuten sagt, Lyautey.
Was mich angeht, so habe ich sie in Tapferkeit und Mut in vollstem Wohlbefinden erlebt, allerdings, und das bewirkte sowohl meine Desillusionierung als auch mein Entzükken ihnen gegenüber, fürchteten sie es weder zu töten noch getötet zu werden; das Böse zu tun, indem sie es vorbildlich ausführten, und das Weh hinzunehmen. Sie waren aufmerksam für Kriegslisten, doch kam es mir schon bald so vor, als ob sie den Tod, sicherlich für eine Ewigkeit, die bis zu ihrem Sieg dauern würde, verschenkten. Als Sieger hätten sie den Israelis die Gebiete ohne Triumph und ohne Niedertracht anbieten können, lehnten es aber ab, endgültig aus ihnen vertrieben zu sein. Und noch dazu schmachvollerweise, denn sie taten es im Namen einer im Kodex der Angreifer festgeschriebenen Moral.
Was mir am verwirrendsten, mitunter sogar irreführend vorkam, war der Widerspruch, den sie sich selbst auferlegten: ganz und gar Krieger, versehen mit allem, was einen kämpfen läßt: dem Haß auf den Feind, den gemeinen

Attributen, mit denen man ihn überhäuft, dem männlichen Vergnügen am Kampf Mann gegen Mann, der Gewißheit, die Standarte seines Clans hochzuhalten, schließlich all diesem Geflecht, welches sich von Körper zu Körper ausbreitete, so nahe beieinander, daß der Dolch die letzte Waffe blieb, und wie konnte es, nachdem der Kampf vorbei war, geschehen, daß kein einziger Toter, Freund oder Feind, sich erhob und sich das Gesicht waschen ging?
Die Fedajin erlebte ich, ich sehe sie noch jetzt auf diese Weise, in die Lage versetzt, über die israelischen Gefallenen in Zorn zu geraten, die aus dem Todsein nicht erwachen wollten, den Juden, unfähig zu begreifen, daß der Tod im höchsten Falle eine Nacht lang dauern durfte, da ansonsten die Gefahr bestand, die Kämpfer in Mörder zu verwandeln.
»Einen Mann zu töten ist kein Grund dafür, daß er endgültig tot bleibt. Und die Grausamkeit der Beduinen-Soldaten, jenen, deren Tanz eines Tages so schön war, sie hat er niemals vollständig verstanden. Nicht einmal, was dem Fremden in die Augen sprang: die Eleganz des Mangels. Allein durch seine, sogar regungslose, Anwesenheit brachte ein beduinischer Soldat die wunderbare Anordnung ärmlicher, in den Müllhaufen von Amman zusammengesuchter Möbel durcheinander.«
Falls die Beobachtung Abu Omars richtig war, nach der zwanzig Jahre ausgereicht hatten, bei den Beduinen und den Tscherkessen ein nationales Gefühl der Zugehörigkeit zum jordanischen Königreich zu begründen – da dieses Königreich nun einmal erst im Jahr 1959 und infolge so offensichtlicher Kunstgriffe entstanden war, verwunderte ich mich über diese neuartige Sichtweise der Beduinen.
Erinnern wir uns daran, daß dieses Land aus dem entstanden war, was man früher Transjordanien nannte, welches

Emir Abdallah, dem Großvater Husseins und seinerseits Sohn des Emirs von Hedjaz durch England überlassen wurde. Dieses Königreich (von Jordanien), mit einer hauptsächlich palästinensischen Bevölkerung, die sich als aus Palästina, woher sie auch kam, eingewandert proklamierte, mit den Jordaniern der Städte – Amman, Zarka, Irbid, Salt – den kaum wahrnehmbaren Beduinen und schließlich den Tscherkessen, so daß man nur an eine vorrangig den Engländern und anschließend amerikanischen Interessen dienende Kolonisierung denken konnte, erschien mir recht mißlungen. Als bis auf die Uferzonen des Jordan unfruchtbares Land mit miserabler und dennoch geologisch untersuchter Bodenbeschaffenheit, schien es nur gegründet worden zu sein, folgende Funktion zu erfüllen, als Sperrlinie nämlich zwischen Syrien, Israel auf der einen Seite und dem Saudischen Königreich im Süden zu dienen. Da die Jordanier sich allerdings in Jordanien zu Hause fühlten, galt ihnen der Versuch der Palästinenser, die Macht zu übernehmen, nicht nur durch deren übertriebene Geldforderungen, sondern durch den Staatsstreich selbst, als ein Sakrileg. Nur der direkte Nachkomme des Propheten war legitimer König. In dem Planquadrat, das die Abkommen in der Botschaft Tunesiens in Amman den Fedajin eine Zeitlang zuerkannten, führten sich die Palästinenser aus den Lagern und die Soldaten der Stützpunkte wie Besatzer auf. In dem Teil von Ajloun, in dem ich wohnte, sah ich die Beleidigung der Bauern, welche außerstande waren, den Haß, der in ihre Augen stieg, zu verhehlen.
Die Palästinenser begingen einen weiteren Fehler, der darin bestand, gewisse Beamte mit Feindseligkeit zu empfangen, wohl eher Funktionäre ohne Bedeutung, freilich junge Beamte aus den Reihen des Zolls oder der Polizei,

der Wachmannschaften oder der Krankenhäuser, die, wenn auch nur leicht, mit den Fedajin sympathisierten. Von den ländlichen Bevölkerungen der Ufer des Jordan abgeschnitten standen die Palästinenser von Juli 1971 an allein in einer feindlichen Umgebung.

»Ich glaube, daß er durch die Beduinen zum Gefangenen gemacht und gefoltert wurde. Ich werde mich weiter erkundigen.«
Mit gedämpfter Stimme hatte er auf Arabisch hinzugefügt, zweifellos in der Annahme, von mir nicht verstanden zu werden:
»Hamza, aus Irbid, ich glaube er ist tot.«
Es war Hani el-Hassan, der mir das sagte ...
Auch die Lager hatten sich verändert. Leinwand und getrocknete Erde waren durch jenen Sturzbach von Beton ersetzt, der sich von Brasilia in die Lager ergießt, von La Paz in die Lager, von Osaka in die Lager, von Neu-Delhi in die Lager, nachdem er Indien bedeckt hat, aus dem die Larven schlüpfen. Wie die Moose zuerst, krochen Flechten, dieser Anfang von Leben, aus den Rissen eines stehengebliebenen Mauerrests, aus dem kaum sichtbaren Spalt zwischen zwei Gehwegplatten aus Kalkstein, Gräser, Kinder in der Obhut der Männer, die Risse in den Frauen hatten gekeimt. Hier wurde alles aus Betonrissen geboren. Dorthin trugen sie, was ich durch Husseins Beduinen, die Piloten Dajans und die Vorsichtsmaßnahmen der Weltbank oder World Bank für immer ausgerissen geglaubt hatte: das Licht der Zähne und der Augen, in all seinem

Flackern. Werde ich mich daran gewöhnen müssen, auch daß die Wirklichkeit erfindungsreicher ist als meine Alpträume und meine Erinnerungen?

Wie entsteht eine Reise? Welchen Vorwand gestattet man sich? Genauso wenig wie ich nach Amman ging, um in Frankreich Klarheit über die Brutalität Husseins zu schaffen, unternahm ich meine Ortsveränderungen im Juni 1984, um die Lage der Fedajin, zersplittert zwischen Algier und Aden, zu veranschaulichen. Der Fixpunkt, diese Art Polarstern von dem ich mich führen ließ, war stets Hamza, seine Mutter, Hamzas Verschwinden, seine Folterungen, sein fast gewisser Tod; dann jedoch sein Grab aufzufinden und das mögliche Überleben seiner Mutter, dann jedoch ihr Alter? Dieser Fixpunkt hieß womöglich Liebe, doch was für eine Art Liebe zu einem Jungen und einer Alten, die ich alles in allem und ein für allemal vierundzwanzig Stunden lang erleben durfte, hatte über vierzehn Jahre in mir gekeimt, sich ausgewachsen, sich gedehnt. Hatte sich, da sie noch immer Strahlung aussandte, ihre radioaktive Kraft über Jahrtausende gebildet? In vierzehn Jahren, in denen meine Reisen mich in mehr als sechzehn Länder geführt haben, so daß ich unter jedwedem Himmel war, ermaß ich die Erdoberfläche, welche diese Strahlung kontaminiert hatte.
Ich wußte, daß Ajloun verschwunden war. Indem ich voraussetzte, daß man dort weder etwas Neues gebaut, keinen Baum gefällt, keine Axt noch irgendeine Hüfte gebrochen hätte, würde mir vor Ort nichts mehr auch nur das Geringste sagen. Der einstmals blonde Weizen war grün, war zur Wiese geworden, anstelle der Ziegen gab es Kühe. In meinem Dösen tauchte gerade einmal eine winzige Hoffnung auf: bis in die Umgebung von Deraa fahren und vor dem

Überschreiten der syrischen Grenze nach links auf diese Straße abbiegen, die Jerash durchquert und nach Irbid führt, wo ich ohne Neugier zu erregen frühstücken würde, jedermann unbekannt, sicher darin, nichts von dem, was ich in meiner Erinnerung festhielt oder festzuhalten glaubte, wiederzuerkennen.

»Falls Sie die Lager besuchen wollen, bedürfen Sie einer Genehmigung des Informationsministers. Und Sie verfügen bereits darüber, ich habe mit ihm telefoniert.«

Diese Eröffnung stürzte mit dem Geräusch einer Schaufel voll Erde in meine Fahrt. Im Jahr 1972 hatte Daoud mir geraten, nach Jordanien zu gehen, dort Petra zu besuchen, freilich um mir klarzumachen, daß die beiden Bevölkerungen, jordanische und palästinensische, noch immer Feinde waren.

»Wir bemühen uns um Annäherungen zwischen ihnen, mehr oder minder überall.«

So diskret meine Reise auch verlaufen war, der Informationsdienst behielt meinen Paß zu lange ein, ehe mir der Besuch von Petra erlaubt wurde; in Beirut aber, in der jordanischen Botschaft, hatte man mir das Visum innerhalb weniger Minuten erteilt. Voller Stolz hatte ich es dem Empfangschef des Hotels, einem Palästinenser, gezeigt.

»Sie haben es viel zu schnell bekommen. Ich an Ihrer Stelle würde nicht fahren.«

Ich fuhr los. Vier Tage später wurde ich gebeten – schwaches Wort – Jordanien zu verlassen und an die syrische Grenze zurückgebracht. Vierzehn Jahre später war ich wieder da. Der Direktor der Weltbank und seine Frau erwarteten mich am Flughafen. Sie waren aus Rabat gewarnt worden, wo man meine Verhaftung bei der Ankunft in Amman befürchtete.

»Jean und ich gehen allein nach Irbid. Falls wir nicht in

die Lager eingelassen oder verhaftet werden, benachrichtigen Sie den Minister.«

Wir, also Nidal, eine ihrer palästinensischen Freundinnen und ich, brachen nach Irbid auf. Man muß wissen, daß dieser Name der einer blonden und sehr schönen libanesischen, arabisch und französisch sprechenden Frau ist. Dieser weibliche Vorname kann ebenfalls der eines Mannes sein, Abu Nidal ist, wie ich vermute, ein Mann.

Ich habe viel von Hamza geredet, von seiner Zeit im Gefängnis, seinen mutmaßlichen Folterungen, der Wüste von Zarka, seinem wahrscheinlichen Tod, wie der Verantwortliche der PLO es auf Arabisch erklärte. Ich habe seinen möglichen Aufenthalt in Deutschland ins Spiel gebracht, möglich weil ich, trotz des Briefes von Daoud, nicht verstand, wie, und vor allem warum, Hamza nach Deutschland gehen konnte. Oder für wen?

Der palästinensische Widerstand entsprach niemals einer Einheit, sondern einer Vielzahl. Man mußte sich einem einzigen anschließen, des Weiteren so tun, als ob man in jedem Zweig *gleichermaßen* dazugehörte; zuvor allerdings in den seiner Wahl eintreten und sich an Ort und Stelle behaupten. Meine fiel auf Fatah.

Fatah ist eine populäre Organisation geblieben, doch in ihrer zur Kommandozentrale gewordenen Mitte bleibt der bürokratische Widerstand, vielleicht nicht gerade Komplize, doch Gefangener dieser anderen Résistance: dem Geschäfte machenden Gesindel.

Von Namur bis Lüttich, von Lüttich bis Brüssel, bis zum Ärmelkanal ist die Fernverkehrsstraße hervorragend; die Autobahn, welche den Golf von Akaba mit der Syrischen Grenze verbindet, ähnelt ihr. Zwei Stunden von Amman nach Irbid, und rechts und links der Straße nichts als bewundernswert bestellte Felder. Auf dem Grunde eines

Tals sah ich das Lager von Baqa, wo ich lange geblieben war, und erlebte die große Überraschung, es in einer Vertiefung auszumachen, da es in meiner Erinnerung mehrere Hänge eines ziemlich massiven Hügels einnahm. In der Landschaft, da ich es von weitem erblickte, erschien es mir wie ein Schmuckstück. Und noch dazu in einem Auto mit Klimaanlage rasend: alles in allem das, was uns ganz gleich welches Elend in großem Zauber erleben läßt, mit dem man sich selber nicht abmüht. Aus dem Wagen heraus zweifelte ich bei dieser Geschwindigkeit nicht daran, daß es sich bei den grünen Moosen um Kaktusspaliere und auf sie gehäufte Abfälle handelte: alte Haarbürsten, Zahnbürsten, Haare, verbrannte Bohnen. Die römischen Ruinen von Jerash waren ebenfalls noch immer unmenschlich, hochmütig in dem Wissen, daß Latinisten aus Ulm kamen, ihre zweitausendjährigen Inschriften zu entziffern. Unser Fahrzeug wurde von niemandem gestoppt, und fast beiläufig fanden wir uns, in Irbid, mitten im palästinensischen Lager wieder, das sich kaum vom Zentrum Irbids unterschied, außer daß die Häuser niedriger waren, lediglich ein Parterre, eine Etage aufwiesen, und selbst die Straßen, die in einer beinahe ästhetisch zu nennenden Abstufung hinabführten, waren genauso sauber, wenn auch ärmlicher. Die Vorstadt von Irbid schien mir aus wohlhabenden, von Gärten umwogten Häusern zu bestehen. Sämtliche Türen im Lager öffneten sich direkt zur Straße. Um nach einer Auskunft zu fragen, ging Nidal in das erste Haus, an dem wir vorbeigekommen waren, den Wagen einzuparken. Bevor sie uns in die gesuchte Richtung wies, lud eine Frau uns ein, hereinzukommen und Tee zu trinken. Sie lächelte: »Wir sind aus Nazareth«, war ihr zweiter Satz. Dieses Mißtrauen, vor dem mich jedermann in Amman und in anderen arabischen Ländern zu warnen versucht hatte, existierte nicht. Die Palästinenser verbargen ihre Herkunft nicht. Der Greis, der mich unvermittelt ansprach, stets mit diesem Lächeln, versicherte mir, daß wir uns tatsächlich im Lager befanden und die Häuser um uns herum allesamt palästinensisch waren. Kein Mensch beklagte sich über das Exil, den Krieg, weder über die Geldnöte noch die mangelnden Arbeitsmöglichkeiten. Das Haus, in das wir eingetreten waren, beherbergte eine ziemlich komplexe Familie: ein noch junges Familienoberhaupt, Soldat in der jordanischen Armee, einen sehr jungen Schwiegersohn, Soldat in der jordanischen Armee, drei Frauen und eine große Anzahl Kinder. Ich erteile diese Auskünfte, damit man weiß, daß die Besucher von ihrem Eintritt an durch diejenigen, die sie aufnahmen, darüber in Kenntnis gesetzt waren; auch darin bestand eine Einladung: wer seid ihr? Wir sagten es, ohne etwas zurückzuhalten oder zu beschönigen. Die Anwesenheit eines auf dem Teppich sitzenden und auf die Kissen gestützten Franzosen störte niemand. Es erschien ihnen natürlich, daß Nidal sämtliche ihrer Bemerkungen ins Französische und meine auf Arabisch übersetzte. Ich entdeckte darin alles spontane Vertrauen der Palästinenser wieder. Bei der Erklärung, die ich vorbereite, habe ich mich nie für palästinensisch gehalten, jedoch war ich: zu Hause. Nicht in Amman. Im Mittleren Osten und außerhalb hatte man mir von Lagern, vollgestopft mit Polizisten, Spionen erzählt, ich hatte mich durchtriebenen Gesichtern gegenüber gesehen, die sehr lange, aber aus kurzen Sätzen bestehende, inquisitorische Fragen stellten, es ablehnten, über sich selber zu sprechen.

»Die Leute sind überaus verschwiegen. Wenn man sie ausfragt, wollen sie nichts sagen. Wenn sie es tun, dann nur um besser zu sehen, wann du lügst.«

Nun, sie mochten es, über sich zu reden, ihre Lage offen zu schildern. Alle Unruhe war aus mir verschwunden, so sie überhaupt aufgekommen war, all das Mißtrauen hingegen, das die Ankündigung meiner Reise auslöste – darunter sogar Repräsentanten der PLO im Westen, die aber, wie ich bemerke, sehr weit vom Volk entfernt leben – verwirrte zu keiner Stunde, trotz einiger Bilder, die ebenso schnell zerplatzten wie sie aufkamen, diesen Frieden in mir, der hinsichtlich der Palästinenser wie ein Bett aus Vertrauen war. Die Europäer, versteht sich, aber auch andere Araber, hatten mich belogen. Ich fühlte mich hier wohl. Es bedurfte nur wenig, bis die beiden Männer dieser Familie, die beiden jüngsten, mir von den Zeiten erzählten, in denen sie Fedajin waren. Ich lachte, so wie sie lachten und erwartete die, den heißen Tee ablösenden, von den Frauen aufgetragenen kalten Getränke, so wie sie sie erwarteten.
Das Haus, und vor allem das Zimmer, in dem wir alle auf dem Teppich saßen, kam mir sehr sauber vor, doch glaubte ich, im Lächeln und den freimütigen Worten, im Jahr 1984, Anzeichen von Kapitulation zu erkennen. Sie fand sich genau in dem, was danach trachtete, sie zu verbergen, das heißt in einer hinterhältigen Vertauschung, die darum rang, sich als Verbesserung auszugeben; sie war ein Unglück mehr. Die kleine Straße, wie auch diejenigen, die wir anschließend sahen, war betoniert, in ihrer Mitte floß mitunter ein Rinnsal klaren oder benutzten Wassers. Die Häuser waren nicht neu, aber durch einen solideren Putz aus Beton oder reinem Zement verstärkt; das gesamte Viertel schien in einer Art Ewigkeit eingefroren, in der nichts mehr verwitterte, da alles von diesem Elend erfaßt war: dem angehaltenen, freilich tadellos zementierten Zerfall. Insgesamt ein umklammertes, in Beton vollendetes Verwittern. In dem Zimmer gab es, anstelle des Besens,

einen Staubsauger. Der Ventilator drehte seine Flügel, ohne die Kinder zu belustigen, die Coca-Cola war eisgekühlt und kam aus einem im Zimmer sichtbar aufgestellten Kühlschrank. Er brummte. Das Leben verging weniger in diesem Komfort als in der Resignation darüber, ihn inzwischen zu kennen. Alles, was ich sah, war sauber, ärmlich und folgte dieser asketischen Eleganz, so geschmackvoll waren die paar billigen, oftmals im Haushaltwarengeschäft gekauften Möbel eingeräumt. Ein weißer Plastikeimer konnte, durch den Platz, an dem er stand, ein Kunstwerk sein. Man gestatte mir diesen Allgemeinplatz: dieses Zimmer lächelte wie ein palästinensisches Gesicht, allerdings mit Traurigkeit.
Ich hatte den Eindruck, daß der Kampf nur einen in seiner Mitte schwebenden Augenblick durchmachte. Diese Familie hier, aus ungefähr zehn Personen bestehend, hatte innegehalten, um Atem zu schöpfen. Besser, als die Misere von 1970 es geschildert hatte, bestätigte es diese scheinbare Endgültigkeit:
»Um das Leben erträglicher zu machen, müssen wir uns in dieses Provisorium von ewigem Aussehen zurückziehen.«
Auch schien sich niemand darüber zu wundern, daß wir nur wenige Minuten blieben. Wir waren bei einem lakonischen Volk, bei dem das Wesentliche im Stehen gesagt wird. Man nennt diese lebhaften und schnellen wie auch lässigen Zwischenmahlzeiten, die im Orient den ausgesprochen langwierigen Essen vorausgehen *Mezzé*. Ein paar Minuten mit dieser palästinensischen Familie aus Irbid waren ein Mezzé. Kein Mensch schien von einem, meiner Beschreibung ähnelnden, Hamza zu wissen. Der junge Schwiegersohn, der Soldat, der schweigsam war, erhob sich bei unserem Fortgehen, um uns die Hand zu geben und lächelte zum ersten Mal. Ich litt unter dem Eindruck,

daß er uns die ganze Zeit über mit Mißtrauen beobachtet hatte, als aber eine meiner Gesten, auf dem Teppich, meine Erschöpfung des Greises anzeigte, er war der einzige, der das bemerkte, schob er mir auch schon ein Kissen unter meinen müden Arm. Auf der Straße, im Sonnenschein, geschah es, daß der Name Hamzas unseren Mündern entfuhr. Es war fast Mittag, Nidal ging in ein Gemüsegeschäft. Sie trug eine Sonnenbrille, um so vor ihrer Berühmtheit geschützt zu sein. Nidal fragte, wer im Viertel Hamza hieß, dessen Mutter Witwe war.
»Er ist da, bei sich zu Hause, mit seiner Frau. Seine Mutter war Witwe, doch hat sie sich wiederverheiratet.«
Ich gab keinerlei Kommentar ab, diese Antwort allein bestätigte mir, daß dieser Hamza nicht derjenige war, den ich suchte.
»Das ist ein Falscher«, sagte ich mir, »also gibt es wahre und falsche Hamzas. Einer *ist* auf jeden Fall der Wahre. Alle anderen sind falsch.« Wenn ich diese Überlegung anstellte, so nur, weil das Bild einer wiederverheirateten Witwe nicht mit der Vorstellung übereinstimmte, welche mir der erste und letzte Gruß der Mutter, noch die wenigen Stunden meines Besuchs bei ihr und ihrem Sohn eingegeben hatte. Wenn man so einen Sohn hatte, verheiratete man sich nicht wieder. Das war mein erster Eindruck, daraufhin dieser hier, trivial, doch Zweifel ausdrückend und in Trauer versetzend: »Als damals Fünfzigjährige und Alleinstehende hat diese Frau sich wiederverheiraten können, um dem Unglück ihres Landes und dem, durch die Folterungen und den Tod Hamzas hervorgerufenen, Leid zu entkommen. Dennoch war sie das eigentliche Oberhaupt der Familie, hat ein palästinensisches Familienoberhaupt das Bedürfnis nach dem Trost durch einen zweiten Ehemann?«
»Kannst du uns zu dem Haus führen?«

»Sicher, es ist nebenan, ich weiß, daß Hamza zu Hause ist.«
Und so stürzte diese ideale Festung, in der das Abendland und die Araber, selbst ängstlich, hochmütig, furchtsam, stumm, die Palästinenser festhielten, vor meinen Augen zusammen. Mit demselben Wohlbefinden, mit dem ein Lebensmittelhändler aus dem Puy-de-Dôme auf das Haus des Zahnarztes gleich neben seinem weist, führte der Blumenkohlverkäufer uns ganz selbstverständlich in eine benachbarte Staße. Vor der eisernen Tür, welche ich nicht wiedererkannte, denn Hamzas Tür war in meiner Erinnerung aus Holz und weiß angestrichen, hielt er an. Hier, zwischen diesem Türchen aus Eisen und dem Haus, bewiesen ein paar über den Zaun ragende Äste von Bäumen, daß es einen kleinen Garten, keinen Hof gab. Denn ich vertraute meiner Erinnerung, mehr noch dem Fortbestehen der Dinge, die diese Erinnerung hervorgerufen hatten, was sich so formulieren läßt: »Da meine Erinnerung mir treu bleibt, tut es auch die Welt.«
Der Händler pochte mehrmals hintereinander an die Tür.
»Wer ist da?«
»Ich.«
Dieser Abtausch zweier unterschiedlicher Stimmen kam mir vor wie ein Code oder ein Witz. Wie war es möglich, daß er hier war und mit vibrierender Stimme derart einfach, derart ruhig antwortete. Man hatte sie demnach verändert? Und warum? Wie?
Was ich berichte, und was einer Leichtigkeit der Lektüre geweiht ist oder geweiht zu sein vorgibt, war in Wirklichkeit anders: in mir griffen rasende Eindrücke ineinander, erzeugten eine Art Brausen von Zeit und selbst des Ortes, einer Art zementierter Stufe und Eisentür, an dem wir, Nidal, der Händler und ich, uns befanden. Elende literari-

sche Prozedur! Wenn ich schreibe, *ich dachte, daß*, dachte ich im Gegenteil nichts, viel eher ließ ein Fluß von Gedanken den einen über den nächsten gleiten, von denen jeder einzelne ausreichend durchscheinend oder durchsichtig war, zwischen jedem von ihnen Verbindungen erkennen zu lassen. So jagten sich, allerdings scheinbar gleichzeitig, eher als Gedanken, folgende Bilder: »Und wenn das eine Falle war? Der Gemüsehändler ein Denunziant? Die Eisentür ist abgeschlossen, von innen? Mein Flugzeug nach Sanaa? Hat Nidal mich in einen Hinterhalt gelockt?« Ein Schock, der freilich durch alles ging, was mich zusammenhält, rief mich zur Ordnung. Durch diesen zu einem Organ gewordenen *Schock* wurde ich gewarnt, langsam kehrte also die Überlegung in mein Gehirn zurück, so als käme sie aus meinen Fußsohlen. Ein gutaussehender junger Mann mit buschigem, rabenschwarzen Haar, zwei oder drei Tage alten Bartstoppeln, ohne Schnurrbart, stand wie unausgeschlafen in der angelehnten Tür. Er schien verwundert, reichte uns aber die Hand. Nidal fragte ihn nach seinem Namen.

»Hamza.«

Ich sah ihn an, er war schön genug, um Hamza selbst oder seine Vertretung zu sein, oder die Kopie, oder der Ersatzmann Hamzas; *ich war sicher*, daß dieser junge Mann nicht mein Freund eines Tages, beherbergt von seiner Mutter, sein konnte, und doch war dieser hier, trotz der Ruppigkeit seines Erscheinens und der Unordnung seiner Kleider, anziehend. Wenn *der andere* Hamza in seinem Grab lag, würde dieser hier ihn nach zwei Tagen des Bedauerns und des Leids in meiner Zuneigung ersetzen. Er stand aufrecht in der Türöffnung. Was wollte man von ihm?

Kein einziges Bild stellte sich mir anders dar als jenes des oder der zu einem Auftrag auf israelischem Territorium aufbrechenden Fedajin, doch läßt sich mein Gefühl in diesem Augenblick als: »*eine unverhoffte Grube, deren Ausmaße von menschlicher Größe sein würden, bewegte sich in derselben Zeit wie diese, allerdings hinter ihnen, wie ein sie zu empfangen bereiter Schatten*« übersetzen, und noch heute verspüre ich stets eine nur mit der Bezeichnung Palästinenser ausreichend vergleichbare Traurigkeit, so daß diese Grube augenblicklich da ist, sobald ich dieses Wort vernehme, genauer gesagt ist meine Verwirrung mit jener vergleichbar, die ich stets vor einem frisch ausgehobenen Grab habe, und womöglich ist es das, was die plötzlich feierlich aufgerichteten Verantwortlichen beim Eintritt eines Märtyrers dunkel empfinden?

»Wie ein Schatten« habe ich geschrieben, jedoch ein tiefer Schatten, ein rechteckiger Schatten, erlangt durch das Ausheben von Erde und Felsbrocken mit Schaufeln und Hacken. Dank dieses Bildes glaube ich, eine der Singularitäten der Palästinenser zu entdecken und vor mir festzuhalten. Alle Menschen sind sterblich, die aufscheinende Idiotie dieser Formulierung schockiert mich kaum, aber daß sie es sind, wagen nur wenige zur Kenntnis zu nehmen, und selten sind diejenigen, die sich mit diesem Wissen schmücken. Die Fedajin hatten nicht diese in Europa häufig anzutreffende Gewohnheit, eine bereits gedrehte Zigarette mit dem linken oder rechten Ohr gegen die Schädelwandung eingeklemmt zu halten, doch alle wußten sie zu lächeln, die Zigarette schräg auf den Lippen und das Lächeln schief; es kommt mir so vor, als sähe ich in der rechteckigen Form, die ihnen wie ein Schatten folgte, das äquivalente Zeichen des schelmischen Augenzwinkerns. Die weiße Welt schreitet ohne Schatten voran. Und von diesem jungen Palästinenser sah ich zuerst die rechtekkige Grube hinter ihm; aber ich wußte, daß die Verantwortlichen, indem sie sich erhoben, aufgehört hatten, die Trauer zu tragen.

»Erkennst du ihn wieder?« fragte Nidal mich auf Französisch.

Ich hatte damals Angst, nein zu sagen, damit dieser Hamza sich nicht in einen Stoffteddybären verwandelt, der, weil meinem Geschmack nicht entsprechend, in ein staubiges Regal zurückgelegt wird.

»Ich bin also ein Hamza zweiter Klasse«, hätte er denken müssen.

»Frag ihn nach seinem Alter.«

»Dreißig.«

»Das ist zu jung. Hamza muß fünfunddreißig sein.«

Wir wendeten sicherlich die Methoden eines Baumwollpflanzers auf der Suche nach einem entlaufenen Sklaven an, oder sogar, ich jedenfalls, das eigentümliche Benehmen eines Roßhändlers, dem man sein Pferd gestohlen hat, von dem er weder das Fell noch das Gebiß wiedererkennt. Er ist sich nicht einmal seines Namens sicher. Welche Besorgnis ließ diesen Hamza die Nase runzeln? Nidal erklärte ihm, wen wir im palästinensischen Lager suchten.

»Sie befinden sich im palästinensischen Lager.«

Dann, mit einem Schlag erwachend, erblickte er Nidal und fand sie schön.

»In diesem Viertel«, sagte er, »gab es drei Hamza: mich, einen Märtyrer (einen Toten) und einen weiteren Hamza, etwas älter als ich« – und darin bestand der zweite Schock – »der in Deutschland arbeitet. Das Haus seiner Mutter liegt in der Straße nebenan.«

»Was denkst du?« fragte Nidal mich. – Und zu dem, den ich in dieser Erzählung künftig Hamza II nennen werde: »Führ' uns.«

Um die Anwesenheit eines Franzosen zu rechtfertigen er-

klärte Nidal ihm, daß ich vor vierzehn Jahren für eine Nacht bei dieser Frau und ihrem Sohn untergebracht war. Auf der Durchfahrt nach Irbid wolle ich sie wiedersehen, falls sie am Leben war. Mein Alter und meine sichtbare Erschöpfung zeigten an, daß ich kein jordanischer Beamter war, vor dem man sich in acht nehmen mußte.
»Falls Sie von Hamza und seiner Mutter reden, sie ist lebendig. Und sogar, Sie werden sie sehen, sehr lebendig.«
Es war, als hätte er, freilich bewundernd, gesagt: zu lebendig!
Gemeinsam mit uns ging er die abschüssige Straße in offensichtlichem Vertrauen hinunter, doch rief unser flüchtiger Besuch, Nidals libanesischer Akzent, mein Französisch, unser Gebahren im Allgemeinen das Aufkommen von Neugier in ihm wach, vielleicht schon nahe an der Nervosität, und ich befürchtete, daß ein offizieller Lagerverantwortlicher Erklärungen von uns verlangen würde. Köpfe, sogar Körper drehten sich um, als wir vorbeiliefen. Ich verspürte ein wenig Unruhe, denn warum hatte dieser junge Mann sich derart schnell entschieden? Er führte uns möglicherweise zum politischen Verantwortlichen des Lagers.
Die Unruhe, der ich einen Satz widme, war in diesem Moment, in Irbid, beinahe ornamental, denn ich war *sicher*, daß es sich bei ihm um einen Freund handelte. Um gewissermaßen nicht an die Decke zu springen, hängte ich mir Sohlen aus unechtem Blei unter, die meine Leichtigkeit behinderten.
Es kam dort zu keinem Auflauf. Trotzdem würde unsere Gruppe (ich ertappe mich dabei, wenig von dieser zweiten, etwas gedämpfteren Person gesprochen zu haben, deren Anwesenheit das gegenseitige Vertrauen später erläuterte), diese beiden jungen, dem Lager fremden Frauen,

dieser Franzose, geführt von einem jungen ungekämmten Mann, der offensichtlich zur Mittagszeit im Sprung aus dem Bett gepflückt worden war, ungewöhnlich erscheinen. Der kaum abfallenden Straße folgend spürte ich, ich wußte in dem Augenblick nicht was, in eine vertraute Welt eingedrungen zu sein. Ein Freund hielt mich an der Hand. Sicher, ich erkannte niemand wieder, wen hatte ich im Jahr 1970 gesehen? Doch kein Gesicht war mir fremd. Kein Haus war unumwunden wiedererkannt, und als ich einem von ihnen gegenüberstand, einem ziemlich neuen mit drei Stufen und ohne den kleinen, Hamzas Haus vorgelagerten Hof, war ich sicher, mich vor demjenigen zu befinden, von dem ich vierzehn Jahre lang wachend geträumt hatte.
Während des Hinabsteigens dieser Straße ergab es sich, mit dem Winkel meiner Schuhsohlen, der Abschüssigkeit des Bodens, daß mir, nicht unvermittelt, jedoch nach und nach, in rechtem Licht und mit Geduld, alles klar wurde. Die Blinden, wenn sie an einen Ort zurückkehren, an dem sie nur ein einziges Mal weilten, womöglich durch ihr Auftreten auf den Boden, ebenso wie durch Zeichen, die von den Sohlen aufwärts ihren gesamten Körper durchlaufen, der sich wieder in einem bereits betretenen Raum weiß, sind sich dessen bewußt. Hamza II wies auf das Haus:
»Das dort ist Hamzas. Seine Mutter ist da und ich glaube, daß Sie sie besuchen können.«
Als ich eine *vertraute Welt … ich wußte, daß ich in ihr war* schrieb, hätte ich mich täuschen können, doch hatte ich mich nicht getäuscht. Das Empfinden, oder eher der Warnruf in mir, dieser ebenso ausdrückliche Hinweis wie diese Wörter: *hier befindet sich Hamzas Haus und seine Mutter ist da*, setzten sich durch die Erzählung von meiner Begegnung mit Hamza und seiner Mutter fort, die ich weiter oben gegeben habe, alles war gewiß. Es war dieses Haus, und

trotz der Veränderung war es da. Schlimmstenfalls konnte es sich bei diesem um das eine oder andere von zwei Häusern handeln, die es flankierten, nicht jedoch das gegenüberliegende, weil sich das Haus Hamzas, wenn ich die Straße hinabging, linker Hand befinden mußte. Ein weiterer, deutlich andersartiger Hinweis kam von außerhalb. Aus Deutschland. Durch Daouds Brief, angereichert durch den Ausruf Hamzas II, wußte ich, daß Hamza in Deutschland arbeitete oder gearbeitet hatte, und ich kann noch immer nicht sagen, worin dieses palästinensische Haus im Lager von Irbid dermaßen deutsch war. Was ich hier aufschreibe, habe ich nicht aus Überlegung gewonnen, aber mit einem Mal erfahren, so wie man die Unreife eines Apfels erkennt, noch ehe man ihn pflückt, wenn man das Grün sieht und sogar bevor man es gesehen hat. Das Haus war keinesfalls aus Elementen errichtet, die aus dem Schwarzwald kamen, dazwischen aber, eher noch zwischen seiner Ansicht und dem Klang des Wortes Deutschland, erahnte ich die Übereinstimmung, die tiefer ging, als ich es zu formulieren verstand; ich ahnte sie von der Art, wie sie sich mittlerweile auftut, wenn man von folgenden redet: Deutschland und Großmufti von Jerusalem. Die Eingangstür stand offen, Nidal ging als erste, ich erklomm die drei Stufen. Schon wandte Nidal sich an eine zerbrechliche ältere Frau mit hervorscheinendem weißen, auf der Mitte in zwei gleichmäßige Partien unterteiltem, auf dem Hinterkopf zusammengezogenen Haar, unter dem Kopftuch einen zweifellos dünnen Knoten zu formen. Hier nun, was mich durchzuckte:

Wenn das Hamzas Mutter ist, so ist sie längst im Reich der Schatten. Ihr eine etwas genauere Frage stellend, deren Tragweite sie verprellte, würde sie sich unter meinen Augen auflösen, hätte ich Hamzas selige Mutter vor mir.

Ich streckte ihr vorsichtig die Hand entgegen, sie berührte sie wie eine Katze sich die Pfote leckt. Dann sagte sie:
»Setzen Sie sich.«
Ihre Handbewegung deutete auf ein Zimmer, einen kleinen Salon, in dem anstelle der Teppiche Decken und Kissen eine etwas intime und bequeme Ecke schufen. Mit der Wendigkeit, die arabische Frauen aller Länder bis ins hohe Alter behalten, hockte sie sich vor unsere Gruppe, selbst auf dem Bodenbrettern blieb der Oberkörper sehr gerade, vertikal in dem Maße, wie ihre Beine sich unter ihr falteten. Nidal sagte:
»Erkennst du diesen Franzosen wieder?«
»Meine Augen sind in schlechtem Zustand.«
»Er ist hier hergekommen, zu dir, mit Hamza, im Jahr 1970.«
»Hatte er einen Fotoapparat?«
»Ich hatte nie in meinem Leben einen Apparat«, sagte ich. Ihr Gesicht blieb starr. Es war verdammt gut möglich, daß sie mich vergessen hatte. Die Palästinenser hatten die Brutalität der Beduinen-Soldaten hinter sich, die Besorgtheit, als Hamza im Straflager von Zarka war. Ich selber war nicht sicher, ob sie es tatsächlich war.
Nach und nach jedoch wiederholte die Anordnung der Zimmer des neuen Hauses den Grundriß des alten. Der Salon, in dem wir miteinander sprachen, war das Zimmer der Mutter, dasselbe, in dem sie mich morgens empfangen hatte, mir Tee zu bereiten, den selbst zu trinken sie ablehnte. Die Toiletten, uns gegenüber, hinter einer Tür, wo ich gelernt hatte, mich der Wasserflasche zu bedienen, waren verschlossen und geweißt. Ebenfalls niedergehockt, endlich erwacht, betrachtete Hamza II dieses seltsame Aufeinandertreffen wie ein ehrfurchtsvolles Kind. Unsere Beobachtungen gaben sich spitzfindig, die arme Frau aus

der Reserve zu locken, und jeder von uns dachte: »Es geschieht zu ihrem Wohl.«

Während jeder von Nidal auf Arabisch wiederholten Frage und der Antwort der alten Frau, der Übersetzung auf Französisch, hatte ich die Zeit, mich wieder zu mir selbst zurückzubringen, neue Angriffswinkel auszumachen, nach weiteren Einzelheiten des einstigen Hauses zu suchen und sie hier wiederzufinden, sie zu deuten. Die Frau hielt ihr Gesicht auf der Höhe des meinen, es war sehr weiß, beinahe wie ihr Haar, in dem ich zahlreiche rosa Flächen bemerkte, abgeschuppte Kopfhaut und ein paar Krümel Henna, wie man sie am Morgen der Hochzeit in die Haare und die Handflächen der Verlobten reibt. Sie sagte mit sehr leiser Stimme:

»Ich entsinne mich, daß mein Sohn eines Tages, in der Zeit des Ramadan, mit einem Ausländer ankam. Vielleicht einem Franzosen. Ich weiß nicht mehr.«

»Wie heißt dein Sohn?«

»Hamza.«

»In welchem Jahr war das?«

»Das ist lange her. Zu lange. Ich weiß das Jahr nicht.«

»Du entsinnst dich des Monats, Ramadan, aber nicht des Jahres?«

»Ja, Ramadan.«

»Dann kannst du dich an folgendes erinnern: Hamza, dein Sohn, stellte dir einen Franzosen vor, und du hattest ein Gewehr über der Schulter ...«

»Nein, nein ich hatte nie ein Gewehr.«

Ich redete zu ihr, wir alle redeten eher mit Besonnenheit zu ihr als mit echter Sanftmut, so müssen Polizisten und Untersuchungsrichter, trotz der Verärgerung, allmählich vorgehen, durch Kleinigkeiten, beruhigen, vorstoßen wie auf Filz, und ich glaube, wir würden es einen Moment spä-

ter ebenso gemacht haben. Wir, Nidal, ihre Freundin und ich, waren drei perfekte Polypen geworden. Ich kostete das Vergnügen der Finte aus, und ich glaube jetzt, daß die Großinquisitoren von einst, die Polizisten, die Untersuchungsgerichtshöfe das Taktgefühl von Vogelfängern haben. Aus ihrer Reaktion wurde ersichtlich, daß die Polizeibehörden sie beschuldigt hatten, bewaffnet zu sein.
»Keine Waffen, einverstanden. Dein Sohn hat dir einen Franzosen vorgestellt. Er hat dir gesagt, daß dieser Franzose Christ war, daß er aber nicht an Gott glaubte.«
Hamza II zerbarst vor Lachen:
»Hamza glaubte auch kaum an Gott.«
»Und du hast zu deinem Sohn gesagt: wenn er nicht an Gott glaubt, werde ich ihm zu essen geben müssen.«
»Oh, er aß sehr wenig. Eine Sardine ...«
»Zwei. Zwei Sardinen, zwei Tomaten und ein kleines Omelette. Es war nicht viel.«
Alle lachten, außer ihr. Nidal, auf Arabisch:
»Aber diese Dame gibt exakt das Porträt von Jean wieder. Seit einer Woche ist er im Haus, in Amman, und er ißt nichts.«
»Hamza, dein Sohn, hat mich auf sein Zimmer gebracht. Er hat mir ein Loch gezeigt, am Kopfende seines Bettes, um uns zu verstecken, dich, deine Tochter und mich, für den Fall, daß die Beduinen-Soldaten zu nahe waren ...«
Bei dem Wort *Loch* stockte Nidal in ihrer Übersetzung. War das ihr Beruf als Schauspielerin, ihre Fähigkeit, den dramatischen Höhepunkt zu greifen, sie hielt inne, doch setzte ihr Schweigen sich durch einen Orgelpunkt fort, tatsächlich, der erste Teil des Satzes vibrierte, wie ausgesetzt, und es schien mir, daß es sich vor allem darin erwies, daß ein sehr feiner Faden nicht mehr zerreißen durfte. Nidal fuhr mit *am Kopfende seines Bettes* bis *zu nahe waren*

fort. Am Ende des vollständig übertragenen Satzes erhob sich die Mutter und reichte mir die Hand.
»Komm, das Loch ist noch da, ich werde es dir zeigen.«
Es war unnötig zu übersetzen. Mich bei der Hand führend und ohne die anderen einzuladen, uns zu folgen, was sie normalerweise höchstwahrscheinlich nicht gewagt hätte, doch war ihre Überschwenglichkeit sichtbar, geleitete sie mich, nur mich, ins Nachbarzimmer. Ich sah eine quadratische Falltür, welche sie anhob. Alarmiert vom Klatsch der Straße traten zwei junge Leute ein, als ich mich noch in Hamzas ehemaligem Zimmer befand, über diese Öffnung dieses selben Verstecks gebeugt, das ich seit vierzehn Jahren kannte und das in mir das Symbol des Vertrauens der Palästinenser war, ich will sagen, das von Khaleb Abu Khaleb, von Hamza, seiner Schwester und seiner Mutter. Mich umblickend richtete ich mich wieder auf und sagte auf Arabisch:
»Das war Hamzas Zimmer.«
»Ja«, sagte seine Mutter auf Arabisch.
Zum ersten Mal lächelte sie mich ein wenig an.
Die beiden jungen Leute verschlossen die Falltür wieder, so daß sie mit dem Parkett des Zimmers verschmolz. Die Halbwüchsigen waren Enkel der Mutter und Vettern von Hamza. Sie hatten gefürchtet, daß wir schlechte Neuigkeiten aus Deutschland brachten.
Der Satz Hamzas II, »Hamza glaubte auch nicht sehr an Gott«, fiel mir wieder ein. Ich dachte augenblicklich, daß er, was diese Überzeugung anging, mit seiner Mutter diskutiert haben mußte; war sie in ihrem muslimischen Glauben erschüttert worden? Die Ungläubigkeit ihres Sohnes, den benachbarten Palästinensern sicherlich bekannt, hervorgerufen womöglich durch den Umgang mit Khaleb Abu Khaleb, wurde durch die Mutter letztendlich akzep-

tiert. Mit Resignation, ich weiß es nicht. Daß die Mutter ihm in Hinblick auf mich, im Ramadan, diese Antwort, also muß ich ihm zu essen geben, erteilt hatte, wies auf ihre Kenntnis der Gewohnheiten der Roumis hin, die während des heiligen Monats aßen. Sie hatte diese, auf den ersten Blick herrliche Antwort von freier Intelligenz gewagt, während sie das logische Resultat des etwas ungenierten Verhaltens eines zwanzigjährigen Sohnes war, der gleichzeitig mit der Revolte einen den islamischen Sitten gegenüber unachtsamen Atheismus an den Tag legte. Auf jeden Fall war von den ersten Worten an, die seitens der Mutter an mich gerichtet wurden, diese alte Entgegnung von einst weniger skandalös, als ich es zuerst geglaubt hatte, geglaubt und als ein typisch palästinenisches, großherziges Verständnis gefeiert. Sie hörte auf, das Symbol der Toleranz zu sein, jene unverhoffte oder allmähliche Entdeckung in einem Kampf, der in praktischer Intelligenz mündet. In meinem Denken sank sie deshalb nicht, ich verstand den Weg besser, der sie zu dieser Antwort von verblüffender Einfachheit geführt hatte. Sie war weiterhin Palästinenserin, doch hätte sie die liebevolle und christliche Mutter eines Sohnes sein können, der seinen Glauben mit der Pubertät verliert, womöglich den Verstand, und der am Heiligen Karfreitag Fleisch zu essen wünscht.

»Er arbeitet in Deutschland.«

Sie sprach mit lauter Stimme, bald Nidal, bald der jungen Palästinenserin zugewandt, die uns begleitete, doch richteten sich von diesem Augenblick an alle ihre Wörter an mich. »In Deutschland«, sagte sie noch einmal – als würde sie ihn, die Entfernung wachrufend, die uns von ihm trennte, nach wie vor beschützen, scheinbar sagend, er ist zu weit weg, als daß man ihm Böses tun kann. Sie beschützte ihn durch Zauberei.

»Du redest zuviel.«
Der Einwand wurde von dem jüngeren ihrer Enkel vorgebracht, dem gewitzteren, so schien mir.
»Das aber wirst du nicht vergessen haben, als es Nacht wurde, Hamza war in den Kampf gezogen, der Kanonendonner ziemlich nahe, bist du leise in das Zimmer eingetreten, in dem ich schlief, und du hast mir auf einem Tablett eine Tasse Kaffee mit einem Glas Wasser gebracht.«
»Ich habe dem Franzosen ein Glas Tee gebracht.«
»Nein, es war eine Tasse türkischen Kaffees. Gab es oder gab es kein Glas Wasser?«
»Ja.«
»Zu türkischem Kaffee serviert man ein Glas Wasser, nicht zum Tee.«
»Du redest zuviel«, sagte der junge Enkel noch einmal.
Das nächtliche und altmodische Gedenken dieser beiden Alten, in dem er wahrscheinlich eine uneingestandene Verschworenheit bemerkte, genierte seine Jugend und auch seine Achtung vor Hamza. Die Augen der Mutter wurden glänzender, und in dem Körper und dem Gesicht, auf dem Weg ins endgültige Verschwinden, wußte ich mich einer Festigkeit gegenüber, die sich in jeder Sekunde bekräftigte und mich mit Respekt behandeln wollte, wir tauschten keine Niedlichkeiten aus. Ich hielt daran fest, in meiner Entdeckung voranzukommen, sie forderte das Vergessen über das Gewesene.
»Man gibt einer Person, die schlafen soll, keinen Kaffee.«
»Du wolltest, daß ich wach bleibe.«
»Die Beduinen rückten näher.«
»Du redest zuviel.«
Henna ist jenes Produkt, das die arabischen Verlobten in großen Mengen verbrauchen, auch die Jungvermählten. Es entfärbt sich auf der Haut weitaus schneller als im Haar.

Wie ich schon sagte, waren die Haare von Hamzas Mutter weiß und schütter. Meine Augen konnten sich nicht von ihnen losreißen. Sogar wenn ich den Kopf in Nidals Richtung drehte, blieben sie präsent. Dieser Kopf war in mir. Die kleinen, noch unter dem Haarschopf sichtbaren Schuppen aus rosafarbener Haut waren mit Henna bedeckt, welches nicht mehr verblaßte, junge Verheiratete und alte Tote. Ich hatte das alles längst bemerkt, dort aber hängte ich mich daran, wie man sich eher an eine Niederlage hängt als an einen Sieg. Der Sieg von Karameh, der Palästinenser über Israel, ist nicht vergessen, fasziniert aber weitaus weniger als die Niederlage von Deir Yassin, von der jedes Detail mikroskopiert und in die Erinnerung aufgenommen ist, jede neu entdeckte Einzelheit, und derjenige, der diese Einzelheiten unter dem Mikroskop betrachtet, ist weniger von der Tatsache bewegt, geschlagen worden zu sein, als durch die Entdeckung der Unerbittlichkeit, durch die Entdeckung des oder der ersten Anzeichen von Verfall. Die Niederlage ist Wort für Wort wieder durchlebt, denn sie ist überstanden, der Sieg dagegen geschenkt, ohne mögliches Wiederkäuen. Vor diesem Kopf der absurden, schnell verworfenen Ideen vergegenwärtigte sich:
»Falls Doktor Bogomoletz ...?«
»Eine neue Haarwäsche auf der Basis von Ei und Honig oder Gelée Royale ...?«
»Eine Thalassotherapie ...?«
Je mehr ich die Falten um ihren Mund und jene auf ihrer Stirn betrachtete, desto weniger erkannte ich die Frau wieder, die ich gekannt hatte, heiter und stark, so daß ich, je mehr Zeichen meines Herkommens, unseres Zusammentreffens sie mir gab, mittlerweile um so mehr daran zweifelte, daß dieses vor vierzehn Jahren stattgefunden hatte.

Zweifeln kann nicht das Wort sein. Das wahre, das aufrichtigere wäre vielleicht der Satz, den man ausspricht, wenn der Zweifel zugunsten des Erstaunens verlorengegangen ist: »Das ist nicht möglich!«
Ein Stück Seife, das nach einem langen Bad, in dem es ausgiebig benutzt wurde, die Hälfte seines Umfangs verloren hat, die Hälfte seiner Substanz, könnte sich, erstaunt über seine neuen Ausmaße, zu dieser Klage aufschwingen: »Das ist nicht möglich!«
Früher war meine Erinnerung fest und von dem Bild dieser Frau gezeichnet, stark genug, ein Gewehr zu tragen, es zu laden, zu zielen und abzudrücken. Noch hatten ihre Lippen weder diese Schmalheit noch diese Verblaßtheit, die ihnen inzwischen die gleiche bleiche Tönung verlieh wie die Spuren von Henna auf ihren Schuppen. Ich hatte dem Zusammenbruch nicht beigewohnt, ich ermaß ihn. Hamzas Mutter war so dürftig, so flach geworden, daß sie, was sich in Jordanien bemerken ließ, wie alle war, zweidimensionale Figuren. Unter ihrem verschossenen Kleid sah ich das Mannequin aus flachem Karton, ausgestellt in den Konfektionsschaufenstern in Amman, das versuchte einem Kaftan Leben einzuhauchen, der, so aufgehängt, starb, ohne die Zunge herauszustrecken: erstaunlich; die Mutter von Hamza war flach wie die Krone Husseins aus Zink über den Plätzen und Straßen; flach wie der erste tote Fedajin, überfahren von einem Panzer; noch dazu flach wie die leere Uniform auf dem Sarg eines toten Soldaten; flach wie das Plakat ...; sie war so flach wie ein Gerstenfladen; flach wie ein flacher Teller.
Aber daß sie sich so alter Einzelheiten so gut entsann, sie hatte lachend mit ihrem Sohn darüber sprechen müssen.
In diesem Fall warum?
In welchem Ton?

»Er arbeitet in Deutschland. Er ist an eine Deutsche verheiratet.«
»Du redest zuviel.«
Ihr Enkel, und vielleicht das ganze Lager, sich ihrer und ihrer Delirien zu entledigen, hielt sie für altersblöde. Sie mißtrauisch gegen sich selbst zu machen, bedeutete, sie in den Käfig des Alters zurückzuwerfen. Sie erhob sich, überdrüssig. Sie mußte genug von alten Erinnerungen und dem zänkischen Enkel voller Argwohn haben, es sei denn er wollte in Gegenwart der Achtzigjährigen*, als die sie erschien, den Mann herauskehren. Hamza II betrachtete unentwegt Nidal. Fand er sie schön, weil sie schön war? Oder berühmt? Und dann sprach sie noch ein so gutes Arabisch mit einem libanesischen Akzent, Arabisch und auf einen Schlag eine unbekannte Sprache, eine höchstwahrscheinlich barbarische Sprache, Französisch. Wie viele andere Frauen glaubte sie, jedes Mal, wenn sie sprach, zu denken. Zum ersten Mal sagte Nidals Freundin ein paar Worte auf Arabisch. Hamza II schien erstaunt. Sie und er hatten der gleichen Organisation angehört, und mehr noch, demselben Netzwerk, in denselben Operationen gegen denselben Gegner. Einer wie der andere waren sie älter geworden, hatten das Aussehen gewechselt, den Namen, die Lebensart, hier fanden sie sich wieder. Vor uns, den nun Erstaunten, riefen sie sich, sie und er, bei ihren Kampfnamen und förderten zahlreiche Operationen zutage. Sie waren nicht länger zwei neue Freunde, sondern einstige Kameraden. Indem sie sich, um sich miteinander zu verständigen, anderer Wörter bedienten, wurde die Verdichtung von Zeit in

* Ich habe es hingenommen »erschien« zu schreiben, sie war achtzigjährig, denn die in Schmerz verbrachte Zeit nagt schneller und schneller an einem. Als Fünzigjährige vor vierzehn Jahren, schien sie nicht achtzig zu sein, sie war es.

diesem Zimmer spürbar. Die Mutter kehrte zurück, während der Enkel, der zu oft »du redest zuviel« wiederholt hatte, aufgestanden war, sie zu holen. Aber sie war da. Ihre rechte Hand war zur Faust geschlossen, in der linken hielt sie einen geöffneten Briefumschlag, den sie mir entgegenstreckte. Ich sagte:
»Hamza!«
Indem ich auf das Foto wies, auf dem er ungefähr zwanzig Jahre alt gewesen war. Nidal betrachtete es. Ihre Freundin und Hamza II betrachteten es.
»Er lachte stets«, sagte Hamza II.
Was empfand er in diesem Moment? Er trug einen Namen, welcher derjenige des fernen Helden war und den zu sehen man sich von so weither bemüht hatte, doch war er dieser Held nicht, diese Nummer II entfernte ihn sogar unendlich weit von ihm, viel weiter, als es eine vollkommene Anonymität bewirkt hätte. Er zweifelte nicht länger an meiner, vor so langer Zeit, in diesem Haus verbrachten Nacht. Eine noch viel strengere Stimme ließ sich vernehmen, jene des Enkels: »Aber in welcher Sprache konntet ihr reden, euch verstehen?«
Ich war einigermaßen sicher, daß auch er den Augenblick näherrücken sah, in dem er anerkennen müßte, daß ich hierher gekommen war, als er selbst kaum das Licht der Welt erblickt hatte. Seine kleinlichen Ermahnungen gegenüber seiner Großmutter hatten zu nichts genützt, er war kein großer Polizist, zumindest wenn diese letzte Fangfrage …
Alle vergaßen das Foto von Hamza, schauten mich an und waren erwartungsvoll. Ich nahm einen entspannten Ton an:
»Hamza, das ist was er mir sagte« – Nidal übersetzte dies –, »hatte für seine militärische Ausbildung fast zehn Monate

in Algerien verbracht, in Algier. Er hatte ein paar Wörter Französisch und ein bißchen maghrebinisches Arabisch gelernt. Damit ist gesagt, in welcher Sprache wir uns verständigten.«

»Er war für acht Monate dort«, sagte seine Mutter.

»Zehn Monate.«

»Ich kann mich nicht mehr entsinnen, es ist so weit weg.« Sie wartete, daß Nidal ihre Antwort übersetzte. Sie fügte hinzu: »Ich kann dir seine Adresse nicht geben, ich habe sie nicht.«

Ihr rechter Arm streckte sich mir fast wie von selbst entgegen, ihre Faust öffnete sich. Auf dem Stück Zeitung, das ich entgegennahm, standen sogenannte arabische Ziffern, derer sich jedoch die ganze Welt bedient. Ohne ein Lächeln, ohne jeglichen Ausdruck auf ihrem Gesicht, weder Niederlage noch Sieg, erklärte sie Nidal:

»Das ist Hamzas Telefonnummer. Ihr könnt ihn heute abend anrufen. Am Öffentlichen.«

Mein Flugticket nach Aden war gebucht, ich würde dort nicht hingehen. Aden, Sanaa, die beiden Jemen waren zu weit weg, diese Reise wäre mir wie der endloseste Schwanz vorgekommen. Am Abend meiner Rückkehr nach Amman wählte ich am Telefon die Nummer einer deutschen Stadt und diejenige Hamzas. In Deutschland nahm man ab.

»Hamza?«

»Ja (auf Arabisch): Nam.«

Auch wenn ich seine Stimme nicht vergessen hatte, überraschte mich ihre Sanftheit, und einmal mehr schoß folgende Vorstellung dicht an mir vorüber: »Nicht die Gerechtigkeit dieses Umstands hat mich berührt, sondern seine Genauigkeit.« Er verwunderte sich nicht über meine Reise nach Irbid. Hamza war nicht tot, wie man Gefahr gelaufen war, mich glauben zu machen. Wir sagten ein

paar Wörter auf Arabisch und auf Deutsch, das er, wie mir schien, sehr gut sprach. Er diktierte mir seine genaue Anschrift.
Das Schlimmste aber war der Tod, allein unter der Folter, das Schlimmste also war, tatsächlich, nicht immer sicher; oder wäre das Schlimmste gar eingetreten, *weil Hamza nicht tot war*?
Mehrere Hypothesen waren ins Auge zu fassen, sie lagen vor. Fürchterliche.
Doch kehren wir in das Haus in Irbid zurück.
Etwas mußte die Mutter durcheinandergebracht haben, denn sie hatte mir den einzigen Zettel ausgehändigt, auf dem die Telefonnummer Hamzas notiert war. Es handelte sich um ein Stück Papier, auf dem die Finger viele Spuren hinterlassen hatten; wenn ich es an mich nähme, würden wir den Faden zerschneiden, der sie mit ihrem Sohn verband. Ich machte sie darauf aufmerksam, doch erwies sie sich erneut als zu abgestumpft, als daß ihre Verwirrtheit ihr länger auffiel; mir schien, dieses Geschenk gewagt zu haben, hatte sie vollständig ausgeblasen. Ich übertrug die Nummer in Nidals Notizbuch und gab der Mutter das Stück schmutzigen Papiers zurück.
Ich muß auf diesen Abstieg in der geneigten Straße zurückkommen, wo es mir so vorkam, als würde ich in eine vertraute Welt eintreten. Während so langer Zeit hatte ich dieser Straße nachgesonnen, der weißen Tür des Höfchens, und in meinem Andenken fiel sie nicht ab, sie war eben. So hatte ich sie dem palästinensischen Geschäftsführer des Hotels Abu Bakr, noch immer in Irbid, allerdings nah am Zollamt, im Jahr 1972 beschrieben. Er hatte mir abgeraten, hierher zurückzukehren.
»Ich möchte Neuigkeiten über Hamza und über seine Mutter.«

»Du hast genug Probleme gehabt, um die Grenze zu überqueren. Die Polizei wollte nichts von dir wissen. In diesem Augenblick glaubt sie dich in Amman oder zumindest auf der Straße, die dort hinführt. Wenn man dich im palästinensischen Lager von Irbid findet, wird man dich nach Syrien bringen, das war es dann für dich, aber beim Eintreten in ein Haus, das von der jordanischen Armee beobachtet wird, bringst du bereits als Fedajin verdächtigte Personen in Gefahr, du bringst die Fedajin in Gefahr, die das Risiko auf sich genommen haben, dich durchzuschleusen, und du bringst mich in Gefahr, da ich der Polizei versprochen habe, dich bis zu deiner Abfahrt nach Amman zu beaufsichtigen.«

Ich näherte mich dem Haus also nicht, jedoch beschrieb ich es dem Fedajin aus dem Hotel, der mir versicherte, zu versuchen, etwas herauszubekommen. Er bekam nichts heraus. Oder er vergaß es. Zu viele Palästinenser waren kreuzkrumm und lahm.

»Er ist lange im Lager von Zarka gewesen. Er ist verletzt, gefoltert worden. An den Waden und an den Knien.«

Ein Teil des Briefes von Daoud war demnach wahr.

Plötzlich laut lachend bedeutete mir die vollkommen zahnlose Mutter:

»Der Franzose hat uns zum Lachen gebracht, Hamza bot ihm seinen Kamm an, und er gab uns zu verstehen, daß er sich jeden Morgen mit einem feuchten Taschentuch kämmte.«

»Das ist in der Tat eine idiotische Antwort, die nur von mir sein kann.«

In welchem Augenblick sann ich folgendem nach? ich weiß nicht mehr: »Wenn sie sich allerdings mit dermaßener Zuverlässigkeit an diesen Satz erinnert, muß sie ebenfalls wissen, daß ich keinen Fotoapparat bei mir hatte. Das Porträt, das ich gesehen hatte, zeigt Hamza mit zwanzig Jahren, nicht mit zweiundzwanzig. Sie weiß, daß ich Hamza nicht fotografieren konnte, bevor ich zu ihr kam.«

»Wer hat dieses Foto gemacht?«

»Das ist Khaleb Abu Khaleb.«

Ich war damals sicher, daß es sich bei der Erwähnung des Fotoapparats um einen Lockvogel handelte. Durch ihn müßte ich in die Falle tappen, der Lügner wäre somit entlarvt, und man sagte ihm kein Wort. Die Lüge hat mitunter Vorteile, einen Zauber, mit dem zu spielen mir noch immer gefällt, vielleicht sogar an dieser Stelle, beim Schreiben dieses Buches; damals, in Irbid, hätte sie mich zugrunde gerichtet. Ein Zögern, ein einziges, hätte die Mutter zweifeln gemacht. So ergab es sich, daß ich dieses kleine blasse Gesicht besser sah, entfärbt, als sei es mit Salmiaklauge gewaschen worden, gezeichnet von den braunen Flecken der Alten, von Obstflecken, und Rückständen von Henna, dieses schmale, zugleich enge und weite Antlitz, war ganz und gar Argwohn, Verschlagenheit, Furcht und Herausforderung in einem. Indem ich mich ihres damals so vertrauensvollen Empfangs mit aller Schärfe entsann, ermaß ich die, von 1970 bis 1984, vergangene Zeit, die eine Zeit der Leiden und Abstumpfungen gewesen war, die jene schöne Intelligenz in ihr Gegenteil verkehrt hatte, den besorgten Verdacht. Würde sie, vom Elend glattgehobelt, aber nicht erloschen, die Zeit vor sich haben, diejenige wiederzufinden, die sie war?

Aber war es schließlich ein Debakel, wozu sie geworden war? Nervenentzündungen mußten sie plagen, öfters kratzte sie sich an der Hüfte. Aber noch einmal, warum hatte ich, diese Straße hinabsteigend, das Gefühl, daß mir der Ort vertraut war? Ich riskiere eine Erklärung. Ich hatte, im

Jahr 1970, diesen halben Tag und diese ganze Nacht in einer großen, ich will sagen, für jene, die mich sahen, unsichtbaren inneren Erregung verbracht, und der Ort hatte sich mir einprägen müssen. So, wie wenn man heutzutage auf dem Los der Rubbellotterie einen weiß gelassenen Teil abreibt, die Höhe der Gewinnsumme unter der Schutzschicht hervortauchen kann, tauchten der Ort, die Straße nicht vor meinen Augen auf, die keine Einzelheiten wiedererkannten, aber in den Konfigurationen, die ich während meines Aufenthaltes selbst gar nicht bemerkt, die das Lager von Irbid bewahrt hatte. Die Straße vierzehn Jahre später hinabgehend, wußte ich, sie vierzehn Jahre früher hinaufgegangen zu sein. Und alles, was ich hier schreibe, kommt mir falsch vor. Im folgenden vielleicht genauer:
Im Jahr 1970, im Dezember glaube ich, nachdem ich den Tee im Zimmer der Mutter, die das Abendessen vorbereitete, getrunken hatte, trat ich hinaus. Das Glück meines Schlafes, Hamzas Rückkehr, müde, aber nicht verwundet, der noch nicht ausgelöste zweite Alarm, ich ging die Straße hinauf. An einem Brunnen sagte ich einer alten Frau Guten Tag, die Wasser in einen Eimer schöpfte. Ich weiß nicht mehr, was sie mir antwortete, nachdem sie aber in ihrem Haus verschwunden war, kam ein ziemlich junger Mann, noch im Schlafanzug, heraus, näherte sich mir, antwortete auf meinen Gruß und verlangte meine Papiere. Mit einiger Verwirrung suchte ich in meiner Tasche und reichte ihm den Passierschein, den Arafat mir ausgestellt hatte. Dieser äußerst unbedeutende Vorfall, anderswo unbedeutend, machte mich, nach der Herzlichkeit in Hamzas Haus, bereits mißtrauisch gegen die Bevölkerung, die längst auf der Hut war. Im Jahr 1984 an diesen Ort zurückgekehrt, erkannte ich vor allen Dingen das Brunneneck wieder. Ich bin nicht sicher, ob es daran lag, aber alles wurde damals

für mich klarer. Das Bild dieses Brunnenecks war die ganze Zeit über da; jedes Mal, in vierzehn Jahren, wenn ich Hamza nachsann, war dieser Brunnen in dem gegenwärtig, was man vom Kino her Überbelichtung nennt, und die Spuren der Beleidigungen, oder dessen, was uns beleidigte oder weh tat, kehren schneller zurück als die Spuren der Liebenswürdigkeit. Es geschieht selten, daß die Beleidigungen willentlich ins Gedächtnis zurückgerufen werden, wir rücken sie im Gegenteil in weite Ferne. Sobald die glücklichen Momente erinnert werden, sind die Spuren einer selbst vorübergehenden, selbst eingebildeten Misere zur Stelle, nörgelnde und im Allgemeinen festgehakte Wiederholungen. Nicht jedes Brunneneck wiederholte mir den alten Schmerz, doch jeder Abruf von Glück brachte mich an den Brunnen. Nun, es war noch da, in Irbid, ich sah es. Es war immer dort, an der Gabelung zweier Straßen, jener die von der Fernstraße in Hamzas Straße führte. Heute, dieses niederschreibend, wundere ich mich darüber, nicht, wie ich es beim Anblick von Hamzas Foto tat, ausgerufen zu haben: »Das Eck! Der Brunnen!«

Beinahe unisono sagten wir:
Ich: Am nächsten Morgen bin ich nach Damaskus gefahren.
Sie: Als Hamza zurückkam, nachdem er den Franzosen fortgebracht hatte, sagte er mir, daß er ihn begleitet hatte, um nach Damaskus zu fahren.
Sie entschied, sich auf Arabisch direkt an mich zu adressieren, was Nidal mir sehr leise übersetzte.
»Du siehst, was wir sind. Wir sind in Spanien, in Holland, in Frankreich, in London (Leila Khaleb), in Schweden, in Norwegen, in Thailand, in Deutschland, in Österreich gewesen.«

Während ich ihre Wörter Spagnia, Landia, Francia, Guilterra, Teland, Magnia hörte, sah ich präzise das Volkssymbol jedes durch die Mutter genannten Landes. Hatte sie sich, diese Namen im Radio hörend, über den geographischen Raum informiert, in dem die Fedajin operierten, oder dachte sie, ihr Sohn lege Bomben?
Die Stierrennen, die Grachten von Amsterdam, der Eiffelturm, die Themse, der Schnee (*telj* auf Arabisch, *telj*, was sie mit Entzücken wiederholte), das Polareis, Goldener Buddha, Franco, Hitler, die Walzer ... Sie hatte von ihrem Haus aus die Welt erobert, dort ließ sie Hamza umherziehen und evozierte, ähnlich Napoleon auf seiner Insel, für ein Las Casas in ihrem Maßstab diese eroberte und verlorene Welt. Sie fuhr fort:
»In Italien, in Marokko, in Portugal, und wo sind wir jetzt? In Düsseldorf. Japaner sind gekommen, von Tokyo her, in Tel Aviv (was sie, wie die Araber es häufig tun, Tel Abib aussprach) an unserer Stelle Israelis zu töten.«
»Hat Hamza dir einen Farbfernseher gekauft?«
»Er ist klein und ich habe wunde Augen. Ich höre ihn, sehe aber selten. Außer gestern, trotz des Dunstes in meinen Augen, um Hussein den Schlächter für den Alten betend knien zu sehen.«
»Welchen Alten?«
»Abdallah, sein Großvater, war beim Verlassen einer Moschee in Jerusalem getötet worden. Hörst du mir zu, Franzose? Man betet noch lange nach seinem Tod, um Gottes Mitleid zu erregen, und daß er ihn dennoch schütze.«
Als ich aus dem Haus trat, wußte ich, die Poesie der 70er Jahre bei den Fedajin gekannt zu haben: ein vollständiges Vertrauen, in dem ihre Vorsicht wachte. Ich hatte, als ich die warme Luft des Draußen auf meinem Gesicht spürte, Angst. Alles in diesem Haus, so schien mir, war geträumt

gewesen. Ich hatte Angst um die Mutter, um ihre beiden Enkel, um Hamza II und um Hamza selbst. Unser Eindringen in das Lager, unser Kommen und Gehen, konnte nicht unbemerkt geblieben sein.
»Das Auftauchen eines so alten Mannes, der aus dem Norden kommt, an diesem vergessenen Ort, das Märchen, dieser Alten erzählt, die dermaßen glücklich darüber ist, die von dem Fremden ausgespannte Falle vermieden zu haben, der erzählt, hier vor vierzehn Jahren beherbergt worden zu sein, an seiner Rechten eine schöne junge Frau, blond, offensichtlich nordisch, die ein überaus schönes Arabisch mit dem Akzent des Libanon spricht«, sagte mir Nidal.
Hatte ich Angst? Eine sehr feine Lasur aus Furcht bedeckte mich tatsächlich. Von all dem Mißtrauen, von dem man mir in Beirut, in Rabat, in Amman erzählt hatte, war nichts übrig. Das Bild, doch wo in mir fand sich diese Matrize? ein wenig Moos hatte in dem Riß einer Gehwegplatte aus Granit oder Beton gekeimt. Ein paar Sporen, Wurzeln eines jungen Feigenbaumes hoben, sacht oder zäh, die Platten an und zerbrachen sie; dieses Bild stand mir gegenüber, nicht in Deutlichkeit, doch mit derselben Unschärfe, in der mir einst, in Gedanken, das Brunneneck erschien.
Diesmal von den Enkeln und von Hamza II begleitet, der uns lachend, vielleicht sogar ein wenig prahlerisch eingestand, ein Fedajin gewesen zu sein, durchquerten wir noch einmal das beinahe leere Camp, da alle zu Mittag aßen. Einige junge Palästinenser grüßten Hamza II, der mit einem sorglosen Lächeln, dem des echten Hamza von vor vierzehn Jahren antwortete, vom Lächeln Hamzas I sprechend sage ich dann allerdings, mit dem Lächeln II.
An Nidals Wagen angekommen ließ Hamza II meine ausgestreckte Hand sehr offenkundig außer acht, er faßte

mich bei den Schultern und umarmte mich zwiefach. Die lächelnden Enkel unternahmen, vielleicht mit etwas mehr Herzlichkeit, dieselbe Geste. Sie preßten die Hand Nidals und ihrer Freundin.

Von wo aus hatten soviel Trockenheit und Mißtrauen auf die Mutter übergreifen können? Die Trockenheit war dunkel wie ein ausgetrockneter Bach empfunden, an welcher trockenen Quelle hatte er seinen Lauf begonnen? Die Metapher taugte nichts. Kein Bild vermochte es besser, geschweige denn so treffend zu verdeutlichen, wie die Wörter »trocken« und »Trockenheit«. Es gibt in ihnen eine Abwesenheit von allem, was an Lauf, an eine Flüssigkeit in Bewegung, ein fließendes, von einer bestimmten Stelle ausgehendes Wasser denken läßt, um eine Peripherie zu berieseln; im Gegenteil, alles in ihnen, wie auch in der Mutter, ist fest, unbeweglich, um nicht zu sagen trocken. Ihr Blick leuchtete niemals, der Schimmer hatte glauben machen, daß eine Bewegung tief in ihr das Auge erhellt hatte. Von einer Lampe hätte gleich welche Göre gesagt, sie hat keinen Saft mehr, die Wörter trocken und Trockenheit jedoch rufen Dürre hervor, unergiebigen Boden. Das Verschießen von Vokabeln, die Auswahl, der Gebrauch und der Verschleiß, den ich betrieben habe, vielleicht hätten sie die Schwäche aufgezeigt, die ich mir nicht einzugestehen wagte: wie sind diese vierzehn Jahre vergangen, die aus einer so schönen und üppigen Frau dasjenige werden ließen, was, vor unseren Augen, zu nichts als List und Mißtrauen geworden war. Nur List und ..., denn das Angebot des Zettels mit Hamzas Telefonnummer schien mir vor allem das Ergebnis eines Zuviel an Müdigkeiten gewesen zu sein. Auf den Plural dieses Wortes kommt es an. Einst fröhlich in der Verteidigung mit dem Gewehr sowie in ihrem Stolz auf den Sohn; heute versiegt.

Die Hundsrose war die Blume der Romantiker und vielleicht ihr Symbol, es liegt fast in der Ordnung der natürlichen Dinge, daß ich in der Blumenkrone die Frucht bevorzuge; die rosafarbene Heckenrose ergibt eine Frucht von munterem, warmen Rot, genannt Hagebutte*; diesen Namen trägt sie, weil ihr ein wenig kautschukartiges Gehäuse flaumige Kerne beinhaltet: ich esse zwei oder drei, schon juckt mir das Arschloch. Sobald sie abfallen, geben die Blütenblätter der wilden Rose die vorerst sehr kleine, aber deutlich sichtbare Frucht frei, denn sie hat das Rot eines verliebten Hundepimmels, wie wenn Knirps seine Hündin sucht. Fünf Blütenblätter lösen sich eins nach dem anderen, ungefähr eines pro Tag, von der Wildrose und fallen hernieder: zurück bleibt ein dorniger Strauch. Da die Kirche sich langsam vor mir entkleidet hat, mir beibrachte, daß es nicht aus dem Jordan, sondern aus dem Wasserhahn stammte, was zum modrigen Wasser der Taufbecken geworden war; die Geburt Jesu nicht aus dem Jahr I datierte; die Hostie ohne höllisches Wunder von einem unsauberen Gebiß geknabbert werden konnte; und so weiter. Und somit von der Mutter. Ihr Sohn war nicht tot. Er war nicht einzig. Er hatte selbst einen Sohn. Was ich für einen Erinnerungsfehler gehalten hatte, war eine List, ein Rückstand von List. Hamza hatte zwei Brüder, älter als er; unwissend hierüber wußte ich nichts von der Zärtlichkeit, welche den beiden Erstgeborenen entgegengebracht worden war, ihrer Zärtlichkeit für Hamza möglicherweise gleich. Woher bezog Hamza seine Ungläubigkeit?
»Hamza selbst glaubte nicht sehr an Gott«, hatte Hamza II gesagt.
Warum nicht von seinen Brüdern? Kraft der Meditation

* Anm. d. Übers.: frz. *gratte-cul*, was wörtl. etwa Arschkratzer bedeutet.

blieb von der Mutter nicht mehr viel übrig: ein bißchen hennagefleckter Schorf, ein Bündel Knochen, ein fahles Gesicht, welches das Geschlecht einer Frau behauptete, ein graues Leibchen, das Dornengestrüpp der Heckenrose ohne Blütenblätter und die entgoldete Kirche.
Der Ansturm auf das Gold hat in jeder Sekunde stattgefunden. Das entdeckte ich in der Kirche eines kleinen französischen Dorfes. Die Leuchter waren aus Gold, aus altem Gold, denn man sah braune Rostflecken auf ihnen. Heilige, da kultische Objekte aus einem den Metaphern derart nützlichen Metall. Ein Maurer aus dem Dorf machte sich über mich lustig, die Kerzenständer waren vergoldet, ich lernte in diesem Jahr den Unterschied zwischen Gold, Golddoublé, Blattgold, vergoldetem Silber, massivem Gold, aber der Geistliche spottete seinerseits über den Maurer, indem er zugab, daß die Leuchter aus mit einer hauchdünnen Schicht roten Kupfers überzogenem Blech bestanden. Dieser Abstieg in die Hölle des Goldes, in die Knappheit Gottes, ließ mich zuerst vorsichtig, später blasiert werden. Renaissance, Louis XIII, Louis XIV, Régence, Louis XV, Louis XVI, Empire, Louis-Philippe, Second-Empire, all diese Möbel, ausgeführt in Karachi, waren aus Holz, aus Silber, aus Perlmutt, aber von oben bis unten völlig vergoldet. Es war das Appartement des Botschafters, der die UNO in Beirut repräsentierte. Er hatte sie, innen und außen, aus seiner Heimat kommen lassen, aus dem pakistanischen Palast, wie ich vermute bereits vergoldet und an den Goldener Tempel genannten Tempel der Sikh gemahnend. In Beirut wohnte er in der elften Etage des Hauses, ich war in der achten. Er lud mich auf einen Kaffee ein, und ich war über dieses so häßliche Gold auf den Möbeln und die Einladung erstaunt. Goldene Möbel und diese Nacht, warum mich darüber wundern, ich kam aus Kara-

chi zurück, völlig überfüllt mit Bussen, wo alles es anzustarren scheint, von Eisendrähten zusammengehalten, Busse und Dreiräder mit zurückgeschlagenem Verdeck, Golddoublé oder vergoldete Blätter, Silberpapier aus Aluminium, in dem das Grün vorherrscht, in dem das Rot vorherrscht, in dem das Gelb vorherrscht, jede Farbe die anderen übersteigt und auf allen das Gold liegt. Diese goldenen Möbel in Beirut, so glücklich darüber, sich mir in der elften Etage zu zeigen, blickten aufs Meer!
Auch wenn er den Einschlag einer Bombe fürchtet, wie sämtliche Einwohner Beiruts ihn fürchten, ist seine Vertraulichkeit groß. Ein Botschafter der UNO sollte mich niemals einladen.
Eine ziemlich schöne Palästinenserin lebte mit ihm. Die Einladung kam von ihr, da sie mich in der arabischen Buchhandlung in Paris gesehen und nun Angst hatte, ich würde mich ihres Gesichts nicht entsinnen. Des Arabischen vollkommen ohnmächtig, sprach der Pakistani nur englisch und französisch. Sie war die erste und womöglich die einzige palästinensische Hure, die ich gesehen habe.
»Nein, General Sharon habe ich nicht erblickt. Vielleicht war er im Umfeld der Familie, ich bin nicht näher herangetreten. Ihm die Hand zu drücken gehört nicht zu meinem Amt«, sagte er mir.

Im September 1984 kehrte ich nach Chatila zurück, das Haus, in das man mich führte, war zerstört, wieder aufgebaut, renoviert worden. Die Frauen brachten mir Tee. Ich kannte vier von ihnen, die Hausherrin, ihre Mutter, ihre beiden jungen Töchter. Bis auf den zehnjährigen Jungen waren sie im Jahr 1982 alle verwundet gewesen.

»Die Kugeln und das Krachen der Bomben sind noch in uns.«
Ich lernte durch sie, daß die Schande der Frauen weniger darin bestand, verwundet worden zu sein, als in ihrem Körper israelische Splitter zu tragen, durch die sie sich somit von verkrüppelten Geburten bedroht fühlten; mehr als verwundet, hoffnungslos vergewaltigt.
»Die Splitter nehmen ihren Weg. Sie leben ihr Leben in unserem Fleisch und, was schlimmer ist, mit ihm.«
Ein bißchen Grundausstattung, zwei Sessel von sonstwoher, zwei Sofas derselben Herkunft, ein flacher Tisch, an den Wänden die Fotos der Vermißten oder deren naiv gezeichnete und gemalte Porträts, war das Haus in seiner Nacktheit nicht nur sauber, alles dort war mit einer Raffinesse angeordnet, einer Eleganz, vor der man eifersüchtig werden muß, denn im Ergebnis der Massaker, der Trümmer, vermittelte es, möbliert mit Scherben, die Sicherheit und den Frieden des Herzens; Hamza, die Palästinenser im allgemeinen, schienen mir diesen Frieden mit sich zu führen, aus dem ich ersah, was von der Anmut im Klang der Stimmen, den Manieren, der Haltung noch übrig war, die ihnen das Erbe eines sehr alten, vergessenen Volksadels verlieh. Ich sah viele derselben Häuser, derselben Familien in Sabra, in Chatila in Schutt und Asche, in den Flüchtlingslagern Jordaniens. Schlichtheit, palästinensische Eleganz, Norwegens Seen.

Im Jahr 1972, zwei Tage vor meinem Hinauswurf aus Amman und aus Jordanien, nahm ich dennoch an einer Darbietung teil, welche mir, wenn ich sie zu schildern wüßte, eine sarkastische Seite erlauben würde. Nach meiner Ankunft im Hotel Jordan hatte ich also Zeit gehabt, nach Petra und wieder zurück zu fahren, ich wartete lange auf

die Rückkehr des Palästinensers, den ich kontaktiert hatte. Ich hatte den Salon des Hotels für mich allein, da außer mir alle zu zwei Cocktails im Untergeschoß eingeladen waren, wohin ich nie ging. Das Sonderbare des Vorfalls und des Ortes begann hier, mit zwei Aushängen am Anfang einer, in zwei ausladende, wahrscheinlich illuminierte und goldene Keller hinabführenden Doppeltreppe, der eine also in englischer und vietnamesischer Sprache abgefaßt: Nationalfeiertag Süd-Vietnams; der andere in Englisch und Arabisch, in seinen erschlaffenden Lettern nahe am Persischen: Nationalfeiertag des Emirats von Abu Dhabi; ein kalligraphierter Aushang zu Ehren eines Landes, das in ein paar Monaten aufhören würde zu existieren, sowie eines anderen, das für mich, der ich nie dort war, eine von wenigen Brunnen unterbrochene Sandwüste war. Von der Ecke des schwarzen Kanapees aus, in der ich ermattet lehnte, mein Blick war unablässig auf den monumentalen Eingang der Halle gerichtet, von woher ich die Rückkehr des Palästinensers erwartete, sah ich den beinahe simultanen Beginn beider Feste.
Zwei einander scheinbar ignorierende Botschafter (ich bedauerte die beiden Kleider, das vietnamesische mit einem vergoldeten Himmel und das weiß bestickte des Arabers) erwarteten die Gäste, um ihnen vor dem Abstieg über den doppelten roten Teppich auf der Doppeltreppe die Hand zu drücken, und es war nicht zu übersehen, daß diese mit Medaillen und Bändern überhäuften Gäste, ähnlich den Flüssigkeiten in kommunizierenden Röhren, von einem Fest zum anderen wechseln würden, aus der goldenen arabischen Kaverne in die goldbraune vietnamesische, zwischen der Eingangstür zur Halle und der zwiefachen Treppe der Doppelkaverne aber ereignete sich eine nicht vorhergesehene, die beiden Botschafter der beiden feiern-

den Länder daran hindernde Zeremonie, die Halle zu durchqueren. Die Botschaftssekretäre in vielfarbiger Uniform mit ihren Frauen in Seide, die Konsuln mit ihren Frauen in Spitze, die Unverheirateten in Jackett oder Gesellschaftsanzug mit ihrem linkischen Gehabe, sämtliche Diplomaten, die zu den beiden Festen erschienen waren, wurden von sechs Polizisten, die jeweils nur ein Paar auf einmal eintreten ließen, durchsucht. Der Botschafter Italiens, beide Arme vorgestreckt, so als ob er gewollt hätte, daß man ihn unter den Achseln kitzelt, präsentierte sich als erster an der Tür. Ein jordanischer Polizist tastete ihn vom Kragen bis zu den Socken ab; es kam der Botschafter Spaniens, an den der Polizist keinerlei Hand anlegte, lediglich vorgab, ihn abzustauben, eine Huldigung an die francistische Regierung, die es ablehnte, den Staat Israel anzuerkennen; sodann der Botschafter Japans, durchsucht; der Botschafter der Elfenbeinküste und Gattin, trotz ihres Boubou-Kleides, durchsucht; der Botschafter Hollands, durchsucht; der Botschafter Brasiliens, durchsucht; weitere, Unmengen weiterer Botschafter, durchsucht; und zwar die am höchsten Dekorierten, flimmernd von Krawatten, von Medaillen; die Polizisten sprachen kein Wort. Auf meinem Kanapee sitzend, ließ ich die Tür nicht aus den Augen, nur um die stummen, dem von einer Polizeikontrolle, welche schon einige Zeit andauerte, von oben bis unten leibesvisitierten diplomatischen Corps bezeugten Huldigungen der beiden Botschafter, des Süd-Vietnamesen und des Dünen-Arabers, nicht zu versäumen. Dennoch fiel Überdruß auf mein Spektakel, er rührte nicht von den nach wie vor ungenierten, flinken Bewegungen der Diplomaten noch von ihren Damen her, sie und diese traten mit der allergrößten Natürlichkeit ein, so als ob es sich von selbst geziemte, sich einzig zur Zerstreuung eines unsichtbaren Franzosen am Ende des Salons, zwischen den Beinen, an den Unterarmen, fast an den Fußsohlen durchkneten zu lassen; die Erschöpfung machte sich in den Gesten der athletisch oberlippenbärtigen, freilich von unablässigem Bücken und sich wieder Aufrichten ermüdeten Polizisten bemerkbar, um Schuhsohlen, Beine, Taschen und Schultern abzutasten. Mit fast unsichtbarem Einverständnis, formten sich aus diesen sechs Abtastern drei Gruppen zu je zwei: einer blieb aufrecht stehen, der eine agierte vor dem Botschafter, der andere hinter ihm. Ihrem Treiben frei überlassen, kamen die Polizisten von sich aus darauf, das Stachanow-System zu erfinden. Wenn man will, daß das Eiweiß durch, vor allem aber vorzeigbar sein soll, ist es unverzichtbar, die Schale über einer bereits sehr heißen, gebutterten Pfanne zu zerschlagen, das schnell gerinnende Weiß verliert seine Transparenz und seine Klebrigkeit, um eine Art weißen Emails zu bilden, dessen Konturen von einer leichten schwarzen Litze bordiert sind, so muß es serviert werden. Ist das Ei frisch, ist das Weiß in den meisten Fällen von einer Farbe zwischen sogenanntem gebrochenem Weiß und Elfenbein. Es liegt nicht an ihm allein, daß es seine fast cremige Weichheit erhält, sondern an der Nachbarschaft zu einem anderen Email von grüner Färbung, mitunter rot, meist grün. Das Email wirkt, wie das Eiweiß in der Pfanne, ohne bis zur Aufgedunsenheit zu gehen, jedoch leicht aufgeblasen. Und es ist ein derart weißes Email, welches das grüne Email des vom Botschafter Spaniens getragenen Kreuzes Karls II. umschließt. Ich sah ebenfalls, allerdings etwas später, im August 1972, das strengere Weiß auf dem Kreuz des Ritters der Ehrenlegion, zur Schau gestellt auf der Brust des Botschafters von Frankreich in Amman. Der Militärattaché hatte sich die Medaille der Résistance auf seinen Brustkorb geheftet. Mir fiel auf, daß die Zartheit der Emaillierungen, welcher Farbe sie auch waren, zwei Details entsprang. Zuerst einmal der leichten Ausbauchung des Emails, die zu den Einfassungen hin abflachte, dann von einem sehr feinen, fast nicht wahrnehmbaren Geflecht aus Haarrissen, wahrscheinlich vom Brennen herrührend, das ein Herausplatzen bewirkte, welches bei einem Ordensstern, untersuchte man es mit der Lupe, eine Kostbarkeit und ein Geheimnis gewann, das man bei Chardin und Vermeer mit bloßem Auge entdeckt. In meinem Kopf zählte ich mit, so gut ich konnte, die Länder des Ostens lehnten es ab, Süd-Vietnam anzuerkennen, riesige Hände jedoch glitten über den Botschafter von Marokko; den Botschafter der BRD; den Botschafter Schwedens. Der päpstliche Nuntius wurde ausgespart, weniger vielleicht auf Grund seines Brustkreuzes, als durch die verblüffende Wirkung dieses schwarzen Bartes auf karminrotem Moiré; der Nuntius hatte noch nicht einmal den Anspruch auf die, dem Botschafter Spaniens zugestandene, vorgetäuschte Entstaubung. Ich nehme an, das ewige Frankreich vertretend, erschien der Botschafter Frankreichs. Seine Exzellenz, die Ehrenlegion um den Hals, nahm den Kniefall des Polizisten hin, die Aufwärtsbewegung der beiden kräftigen Hände entlang seiner Waden, seiner Oberschenkel, die Übernahme des Polizisten des eigentlich geheiligten Rückens, die Botschafterin hingegen, an ihre Handtasche gehängt, wartete in einem langen Kleid, daß der Gatte von oben bis unten durchleuchtet und als für die beiden Cocktails ungefährlich eingeschätzt wurde. In Galauniform, medaillenbehängter als eine neapolitanische Basilika, erschien der Herr Militärattaché Frankreichs in der Tür, wo er während dieser durch Turenne unsterblich gewordenen Sekunde zögerte: »Du zitterst Gerippe, aber wenn du wüß-

test, wohin ich dich führe ...«, und wie der Marschall lenkte er sein Zittern in die Schlacht, er ließ sich vor meinen Augen befummeln. Der Botschafter von Pakistan; der Botschafter Tunesiens. Da sämtliche Botschafterinnen in Spitzen, Smaragden oder Rubinen gekommen waren, erstaunten mich diese Anstalten nicht besonders, woher aber beschafften sich die Ehemänner die Medaillen, die so viele Brüste schmückten, und jede Brust gewölbter als die Stirn Victor Hugos, als ob die Bestimmung des Botschafters folgende war: sich mit einer Brust auszustatten, auf der Medaillen, Ordenssterne prangen?
Ich begann mich sogar zu fragen, ob die Brust mit der ersten Medaille nicht anfing, den Umfang anzunehmen, der es erlaubte, dieser dreiste Musterkoffer, eine Art Vorgebirge auf Kosten der Beine und des Kopfes, die einen schmächtiger und schmächtiger, der andere schwer, aber leer, zu werden. Der Brustumfang: Aufgeblasenheit?
Diese Zeremonie, von der ich sagen würde, daß sie die Rückseite einer riesigen Medaille ohne Vorderseite war, man wird nie erfahren, welcher geleisteten Dienste gedenkend, kam zum Erliegen, vielleicht um wieder Atem zu holen. Die Durchsuchung endete, sämtliche Diplomaten stiegen hinab in die am Mittelpunkt der Erde reservierten Salons, um daraus für ihr jeweiliges Gegenteil wieder herauszuschnellen, eine Art Frieden legte sich sogar über mich: zwei Polizisten kneteten sich das Rückgrat, entspannten sich gegenseitig, massierten sich mit jener Wonne, mit der, das habe ich gelesen, die Frauen von 1900 ihre Korsetts aufschnürten. Über die Eingangshalle, über die Polizisten begann sich ein Nebel zu breiten, ein Dampf türkischen Bades. Sie streckten sich, öffneten den Mund zum Gähnen, aus den Kellern aber kehrten, nicht die ersten, sondern die letzten Diplomaten zurück, ihre Bot-

schafterinnen, ihre Militär- oder Kulturattachés, oder vielmehr Kultur- und Militär-, denn die treffende Formulierung genoß hier Vorrang, der Grévisse vor dem Militärkodex, und schon brachten sich zwei Polizisten für eine weitere Durchsuchung in Positur. Die Hüften waren erlahmt. Die Hände müde, auch die Fäuste, aber bereit wieder fieberhaft zu werden, um noch einmal in den Schuhen zu suchen, die Hosenbeine hinaufzufahren. In den Augen des Botschafters von Frankreich machte ich dieselbe Entmutigung, die Niedertracht aus, die ich im Gefängnis oftmals verspürte, wenn die Wächter mich filzten: der Botschafter war nackt. Seine stolzere Frau deutete auf ihren Gatten, seine Attachés und sagte mit einer trockenen Stimme auf Englisch:

»Genug Spielerei für diese Nacht. Ich wurde bereits durchsucht.«

Erleichtert richteten die Bullen sich wieder auf.

Sie alle, Würdenträger und Polizisten, betrachtend, wußte ich, daß nichts die Schönheit der orientalischen Polizei übertreffen konnte, gegeben durch oftmals äußerst jugendliche Gesten, den Befehl, sich zu neigen, die Hintern zu berühren, die Arme der großen Männer Europas und der Welt seitlich anzuheben. Die Unerschütterlichkeit Talleyrands und sein unmerkliches Lächeln erfüllten ihren Zweck.

Die Botschafterehepaare kamen aus den beiden erleuchteten und vergoldeten Kavernen herauf; sie gingen stolz an den Polizisten mit todmüder, jedoch wieder gespannter Wirbelsäule vorüber, um annähernd aufrecht in ihre Autos zu steigen. Diesmal erkannten sie die Krümmung des vertrauten Rückens unter Glücksgefühlen wieder: diese Chauffeursjacke war englisch, dieser Waffenrock belgisch, deutsch, französisch. Alle und jeder stiegen mit dem Ge-

wicht von Leuten in ihre Wagen ein, die eine Schleppe aus Duft hinter sich lassen, welche allein die Sachlichkeit der Maske anzweifeln kann.
Zeremonie, in der Tat, das Fest ...

Wenn mir ein ehemaliger Kämpfer zum tausendsten Mal von der Schlacht in den Argonnen erzählte, indem Victor Hugo in *Quatre-vingt-treize* die bretonischen Wälder heraufbeschwört, würde er mich verärgern, ohne mich daran zu hindern, wieder und wieder zu schreiben, daß die in den von Salt bis nach Irbid an den Ufern des Jordan sich erstreckenden Wäldern von Ajloun vergangenen Tage und Nächte ein Fest waren, wenn die Definition dieses Wortes folgende ist: das Feuer, zusammen zu sein, welches uns trotz der Gesetze, die uns in Dereliktion wähnten, die Wangen heizt; oder noch eine weitere: sich der Gemeinschaft entziehen, um erneut auf einen Ort zu stoßen, an dem wir Komplizen gegen sie wiederfinden. Der Überschwang auf diesem Fest wird vielleicht erreicht werden, wenn tausend oder hundert oder fünfzig oder zwanzig oder zwei Flammen genau die Zeit andauern, die das entzündete Streichholz dazu braucht, sich für die Vergöttlichung zu verzehren, und während derer der einzige Gesang das theatralische Knistern des sich Windens des geschwärzten Streichholzes wäre, welches erlischt. Dieses letzte Bild läßt daran denken, daß das Fest sich mit der Totenwache verwechselt; tatsächlich besteht jedes Fest aus Jubel und Hoffnungslosigkeit. Nehmen wir den Tod eines Juden in Frankreich unter der deutschen Besatzung an: man begräbt ihn auf einem Friedhof auf dem Lande, und aus sieben verschiedenen Richtungen, mit sieben schwarzen

Kästen in der Hand, kommen sieben der schlechtesten jüdischen Solisten. Dieses um das Grab herum verteilte klandestine Septett spielt, schlecht, aber großartig, eine Arie von Offenbach und zieht, jeder in seine Richtung, von dannen, ohne ein Wort miteinander gewechselt zu haben. Für den Gott Jesajas, der nur ein Hauch auf einem Grashalm ist, war das eine Festnacht. Das Haar und das weiße Gesicht der Mutter betrachtend, falls darin nicht die besonders leichte oder äußerst subtile Unruhe der Moukabarat gelegen hatte, war diese anspielungsreiche Unruhe für die Entfaltung des Mysteriums unverzichtbar, überhaupt war sie es, die der seltsamen Begegnung gestattete, ein Fest zu sein.

Es versteht sich, daß die Wörter Nächte, Wälder, Septett, Jubel, Dereliktion, Hoffnungslosigkeit an sich Wörter sind, derer ich mich bedienen muß, um die Unruhen vom Bois de Boulogne in Paris am frühen Morgen wiederzugeben, wo und als die Transvestiten, nachdem sie ihre Mysterien gefeiert hatten, wieder aufbrachen und ihre Abrechnung machten, indem sie die Banknoten im Tau glätteten. Doch jede mehr oder weniger gut gemeinte Organisation wird unheimlich – nicht düster, aber unheimlich – wie die Aufstellung von Lautsprechern in der Fabrik, damit die Fließbandarbeit, indem sie sich unter Melodien erleichtert, gesteigert wird. Die Fabrikbesitzer geben vor, daß Musik sogar für das Eierlegen von Hähnen gut sei. Jegliche Feier eines Geheimnisses ist gefährlich; hat sie, obwohl verboten, stattgefunden, wird sie zum Fest.

Mein Freund, der Palästinenser, tauchte nicht wieder auf. Da es Nacht geworden war, entschied ich, zu ihm zu gehen, wobei ich die Straße, in der das noch geöffnete Geschäft seines Vaters lag, beinahe instinktiv wiederfand. »Ich

werde dich zu ihm fahren«, sagte der Vater auf Arabisch zu mir. Meine Gegenwart schien den alten Mann, der mich anlächelte, nicht zu stören.
Der Sohn lag im Bett, umsorgt von seinen beiden Frauen. Sein Körper war fast blau von Schlägen, welche er durch die Polizei erhalten hatte, die wissen wollte, warum ich in Amman sei.
»Reisen Sie schleunigst ab. Verlassen Sie das Königreich.«
»Morgen.«
»Fahren Sie diese Nacht.«
Das Fest der zwei Kavernen war vorüber. Ich habe vergessen mitzuteilen, daß ein paar Minuten nach dem Weggang der nachtschwärmenden Diplomaten, die von einem Polizisten überwachten Kehrer unter dem Teppich mehrere Dekorationsteile gefunden hatten, die mit geschliffenem, Edelsteine imitierendem Kristall geschmückt waren. Keines davon hatte irgendeinen besonderen Wert, aber die Polizeikommissare konnten ihre Gören damit belustigen, erzählte mir der Liftboy, der die Pflicht hatte, mich zu überwachen und meinen Koffer zu durchsuchen.
Es ereigneten sich dort, im Garten des Hotels Jordan, in dieser Nacht keine Explosionen, die Chauffeure näherten sich dem Vorplatz unter nationalen Kennzeichen. Anstelle des Zimmers und des Bettes, mit einer so wirkungsvollen Umsicht wie in einer Rüstung aus Sperrholz, schlief ich im Bad auf einer Decke. Ohne weiteren Schaden zu nehmen, aber ziemlich befriedigt über mein Bild des Diplomatischen Corps, verließ ich Jordanien am nächsten Morgen im Taxi. Zwischen Syrien und Jordanien war die Grenze geschlossen, um mich dort hindurchzulassen, öffnete man sie.
»Is finish for you.«

Vierzehn Jahre später kehrte ich, ganz ohne Aufsehen, trotzdem zurück.

»Sie, intelligent? Sicher. Der Abstand der Palästinenser zu anderen arabischen Völkern hat ihre Niederlage zur Ursache. Verjagt von ihren Feuern, aus ihren Gärten, ihren Porreebeeten, Rosen und Kohlrabis, Schafen, haben die Israelis jene Dämonen aus ihnen gemacht, die sich prügeln, den Tod in Kauf nehmen, indem sie ihn verschenken, und zwar mit dem Ziel, nicht allein das kühne Volk zu zerschlagen, das sie hinausgeworfen hat, sondern mit ihm alle Völker. Die Fedajin haben der ganzen Welt den Krieg erklärt. Sie haben sich den schönen Namen Revolutionäre gegeben ...«

»Das Wort mißfällt Ihnen?«

»Sie wissen gut, daß es nicht so ist. Aber in Algerien haben wir die algerische Revolution gemacht.«

»Eure Stützpunkte waren in Marokko und in Tunesien.«

»Sie waren überall in der arabischen Welt, ebenso in China und in der UdSSR. Sie hätten dieselben haben können.«

»Sie wissen gut, daß es nicht so ist. Die arabische Welt hat weder eure Befreiung noch eure Ideen je gefürchtet. Die Palästinenser machen der arabischen Welt Angst, den großen wie den kleinen Monarchen.«

»Das ist, was sie Ihnen gesagt haben. Es ist im übrigen, was sie Leuten wie Ihnen gegenüber darstellen. Muslimen erzählen sie etwas anderes. Die Israelis haben sie verweiblicht. Wenn er nur eines schließt, dann weil der Islam nur mit einem Auge schläft. Erwachend verhärtet er sich. Sehen Sie den Aufstieg der Moslembrüder.«

Er kannte die ganze Arroganz der Moslembrüder! Im Jahr 1972 war der algerische Offizier, der mich nur allzu oft besuchen kam, dennoch unfähig, die Ankunft Khomeinis

vorauszuahnen. Die Sunniten erschienen als die Stärkeren, vor ihnen sprechen und verhalten sich die Schiiten noch immer schüchtern.
»Wenn sie siegen, führen sie einen heiligen Krieg, und Sie werden nicht mehr hier sein. Die Brüder werden Sie nicht tolerieren. Oder tot, oder konvertiert.«
»Ich werde mich konvertieren, aber sorgen Sie sich nicht zu sehr um mich. Und was werden sie mit Ihnen anstellen?«
»Wenn ich nach Algerien gehe, kann ich nicht einmal meinem Sohn, der sechzehn Jahre alt ist, sagen, daß ich nicht an Gott glaube.«
»Würde er Sie töten?«
»Er würde mich nicht verstehen. Er würde nicht die Polizei benachrichtigen, aber die Klapsmühle.«
Dieser Offizier hat bei Palästinensern und Algeriern einen berühmten Namen, und trotzdem ist er tot. Warum ist er mich besuchen gekommen, zwei, drei Wörter mit mir auszutauschen? Ich habe ihn, bis auf ein letztes Mal in Beirut, nicht wiedergesehen.
»Sie sollten nicht hierbleiben. Die Zerstörung bereitet sich vor. Die Bomben, die Granaten werden alles zermalmen, indem sie alles miteinander vermischen: Männer, Frauen, Kinder, Schafe, Pferde, Schrott, *sie* werden daraus einen mehr islamischen als palästinensischen Brei machen.«
Ich notierte das hier im September 1972. Er starb vor mir, sein Auto ging durch eine Bombe hoch. Israelische?

Etwa im September 1972 geschah es, daß eine gewisse Schwere im Süd-Libanon bereits spürbar wurde. Sie färbte die Bewegungen der Fedajin und vielleicht ihre Gedanken bleiern, als die Freude daran, sich zu schlagen und zu zer-

stören, verlorenging. Das Dicke war eingetreten, wie immer, wenn die Chefs und ihre Untergebenen *ernsthaft nachdenken*, das heißt, wenn sie der nichtsdestotrotz eigenartigen Zuversicht, daß ein Gott ihren Boden der Nachkommenschaft eines Landstreichers versprach, ihre eigenen Sicherheiten entgegenstellten. Das Studium der geringsten Truppenbewegung war notwendig, aber bedrükkend. Hielten sich die Verantwortlichen, wenn sie nach Peking, nach Moskau, nach Genf reisten, für frei, dorthin zu gehen? Für frei, wieder zurückzukehren? Dort von Gleich zu Gleich zu reden? Die großen Reiche seufzten etwas lauter, und in der PLO herrschte das größte Durcheinander. Die vorletzte Bemerkung des algerischen Offiziers war ungefähr folgende:
»Die Stille kehrt in den Mittleren Osten zurück, wenn die Palästinenser aufhören, irrsinnig intelligent und Paladine des Himmels zu sein, wenn sie dieselben Ambitionen verfolgen wie der übrige damit gut beratene Planet: ihre Bedürfnisse nach ihren Mitteln verwalten, anstatt töten und sterben zu gehen.«
Bei meiner Rückkehr nach Salt im Jahr 1984 sah ich die Häuser mit romanischer Vorhalle wieder, den vollständig gewölbten, von den vier kleinen Marmorsäulen der Tür gestützten Bogen, von weither gekommen, jedoch geleitet von meinem Verlangen nach einem bewohnbaren Gebäude und einem Garten mit Blick auf das Meer und Zypern in der Ferne, stellte sich eine Nostalgie in mir ein, und ich weiß nicht, ob ihr Ursprung eine Sehnsucht aus dem Schneckenhaus oder die Freude daran war, meinen Geist im Roman schwimmen zu lassen wie einen Körper auf dem Meer; diese letzte Vorstellung war nobler als die andere und weniger wahr. Statt um die etwa gleiche Zeit, freilich vierzehn Jahre früher, einzutreffen, zu der Doktor Mah-

joub, der meinen Ausruf, »wie schön es ist«, vernommen hatte, nämlich morgens, als ich das kleine Haus in Salt, beschienen von der aufgehenden Sonne erblickte, mir vorschlug: »Die PLO vermietet es Ihnen für sechs Monate.« Mein Abscheu vor demselben hatte das Haus sogleich unbewohnbar werden lassen, und doch entsprachen alle, die ich in Salt sah, auf jeden Fall glaubte ich das, mit einer solchen Treue der Architektur und dem Grundriß einer kleinen byzantinischen Altstadt, daß ich wünschte, bis zu meinem Tod dort zu bleiben, das heißt, zwei oder drei Stunden lang allein dort zu verweilen, nicht aber länger; diesmal, im Jahr 1984, erhellte die Sonne das Haus nicht auf der Vorderseite, dafür von hinten, denn es war fünf Uhr abends, das heißt, daß der romanische Bogen im Schatten lag, und alles, was sich dem mittelalterlichen Weichbild der Stadt noch hinzufügte, mir gestattete, dort zu übernachten, da der Schatten und das Alter sich genähert hatten, bedurfte ich eines Obdachs. Ein Paar von Seeleuten schlug mir eines vor, das mich in die Leere des Raumes und der Zeit eingeschlossen hätte. Was das Haus in der Türkei, den Garten, die Aussicht über das Meer und die Küsten Zyperns angeht, bedauerte ich die Seeschlacht, die ich von meinem Fenster aus zu sehen gewünscht hätte, sowie die Ertrunkenen auf den ruhig gewordenen Wassern.

Als ich im September 1971 wiederkam, um in der Umgebung von Ajloun herumzustreifen, blieb ich angesichts des Zusammenbrechens des palästinensischen Widerstands vorerst unempfindlich, und wenn ich versuchte, Gründe dafür auszumachen, fände ich nur folgendes: Revue passieren lassend, was ich von den Fedajin zu wissen glaubte, dachte ich, daß der Widerstand, samt dem ganzen unter den Kämpfern ausgestreuten Katechismus, den Be-

fehl erteilte, eher defensiv als aggressiv zu sein. Der Akt des Tötens war in erhebliche Ferne gerückt, eingehüllt in ein so umfassendes Ritual, war es nicht mehr nur die Jagd auf Rebhühner, zu der man eines Jagdscheins, des Kaufs einer Flinte, eines Karabiners, Patronen, der Wahl des richtigen Schrots bedurfte, all jene Zeremonien, deren Ziel mir in der Verringerung der Dichte des Mordes zu bestehen schien, die Versammlungen der Männer, das weidmännische Vokabular, die Betriebsamkeit der Frauen rings um die Feuerstellen, rechtzeitig vor der Rückkehr der Jäger, die Jagdlieder: aus der Entfernung, beim Drükken auf den Abzug, bedeutete die Geste des Tötens nicht mehr, Leben zu vernichten, sondern eine mondäne Verpflichtung zu erfüllen. Die Palästinenser schienen mir den direkten, vielleicht abscheulichen, aber, wenn das Leben auf dem Spiel steht, notwendigen Bezug zum Tod des Opfers verloren zu haben. Dieser Abscheu vor dem Mord im brutalen Krieg kam mir vor wie die Verlängerung des Vergessens und vielleicht der Abscheu vor den überkommenen, in der Wüste geborenen, tatsächlich keuschen Tänzen, deren Erotik über zwei- oder dreitausend Jahre in den Dünen derart ausgeformt war, daß ich in Baqa glaubte, die Soldaten des Nebukadnezar tanzen zu sehen. Doch waren es Beduinen-Soldaten, welche die Kraft des Tanzes und der Jagd noch kannten.
Unsere tagtägliche Nahrung kam in Weißblechdosen aus Argentinien, sie nannte sich Corned-Beef. Unsere kriminellste Handlung bestand darin, den Büchsenöffner zu nehmen, um das in La Plata ermordete Rind herauszuschälen. Die Beduinen, das bewiesen ihre Tänze, hatten nach wie vor einen direkten Kontakt mit dem gegebenen Tod. Das zu jagende Tier wurde zum Feind. Wer es nicht zu fangen vermochte, den fraß das Tier, war es auch eine

Wachtel. Der Palästinenser war der Feind. Den Feind zu töten ist leicht. Die Beduinen wurden von den Palästinensern zu keiner Stunde als Feinde betrachtet.

Es ist mir unmöglich, in diesem Buch den Lastwagen auszulassen, der uns in Ajloun über acht Monate Fladenbrote und Konserven brachte. Ausgehend von Baqa-Camp, von Stützpunkt zu Stützpunkt fahrend, kam er zuerst nach Ajloun, erleichterte sich um unsere Zuteilung, brach zu einer weiteren Basis auf. Wie ihn beschreiben? Ihn aus welchem Winkel betrachten? Das genaueste Observatorium sind sicher die Augen der Kinder des jordanischen Dorfes. Sie sahen ihn von oben, also voll bis zum Rand mit Fladen. Sie selber hatten Hunger. Die Familien ebenfalls, und unser Laster mit dem Nachschub fuhr unter ihren Nasen vorüber, furchte die Wege, sättigte die Fedajin, niemals jedoch diese Kinder mit Augen so groß wie die Bäuche. Höchstwahrscheinlich mußten die Blicke und Gesten der Beduinen durch die Komplexität, die Unruhe der Palästinenser verfälscht werden, die, ihnen so ähnlich wie Brüder, das Vorrücken einer, dank der früher tödlichen, heute skandalöserweise durchquerten Wüste, lange Zeit über auf Entfernung gehaltenen Welt repräsentierten.
Dieser Anflug von Erklärung ist vielleicht akzeptabel, doch ergriff mitunter die rote Raserei des Mordens, wenigstens im Vorüberschweben, manchen unter den Fedajin. Diese Überlegung wird an anderer Stelle wieder aufgenommen. Die Niederlage der Palästinenser von Salt bis Irbid, entweder durch Mord, durch Fluchten, Einkerkerungen, Folterlager, zeigte mir an, daß dieses leichte Leben der Fedajin vom Flug des Todes herrührte, der die ganze Zeit über

ihnen schwebte. Hassenswerte rhetorische Figur, die dennoch aussagt, daß jeder Kämpfer diese Leichtigkeit des Seins besaß, denn er wußte sich von der Zukunft abgeschnitten. Mahjoub hatte mir erklärt: »Um ein echter Kämpfer zu sein, denke ich niemals über das nach, was ich übermorgen tun werde.« Ein sicher aus dem Glaubensbekenntnis des vollkommenen Märtyrers herausgelöster Satz. Die Ziele der Revolution waren dermaßen entrückt, daß allein Augenblicke es verdienten, durchlebt zu werden.
Ich sagte mir folgendes, oder vielmehr etwas Vergleichbares, und ich wußte, daß es mich nicht heilen würde: die Fedajin, die meine Freunde geworden waren, von einer freilich nie forcierten Freundschaft, waren Tote, Verwundete, Gefangene, auf der Flucht, zusammengezogen für andere Kämpfe in anderen Ländern. Die Bäume, Rotbuchen, Weißbuchen, ein paar Pappeln, waren darüber nicht beunruhigt. Sie schwiegen. Ihr Tropismus hatte in keiner Weise nachgelassen. Ich machte mich auf, fast auf Zehenspitzen, so wie man sich aus einem Zimmer davonstiehlt, in dem das Bett selbst eingeschlafen ist.

Die Wörter *Unerbittlichkeit der Fedajin* wurden mitunter ausgesprochen, es handelte sich vor allem um Gewalt gegen die Dinge, jedoch um keinerlei Grausamkeit.
Das Vergnügen an der Lächerlichkeit beim Umstürzen von Möbeln, das ein Wohlbefinden symbolisierte, welches mich hinriß: so zum Beispiel nachts, zwischen Ajloun und Irbid, auf einer Art unfruchtbarem, steinigen Grundstück, unter dem alleinigen Licht des Mondes; ich fand mich inmitten einer Konklave von Voltaire-Lehnstühlen aus Samt wieder. Der komplette Stützpunkt der Fedajin besetzte also, im März 1971, die seltenen Villen, die der König für seine

Minister hatte bauen lassen. In ein paar Stunden waren die Villen der roten Lehnstühle entleert und ihrer dreißig oder fünfunddreißig samtbezogene Sessel zum Halbkreis auf die umgepflügte Erde gestellt. Ihnen gegenüber waren uns zwei ähnliche Lehnstühle zugedacht, der eine für den Fedajin-Dolmetscher, der andere für mich. Ich glaube, der Jordan befand sich etwas weniger als einen Kilometer von uns entfernt. Die Palästinenser erwarteten eine Konferenz, aber das freie Zirkulieren von Gedanken, unser Lächeln, das Lachen, die Histörchen fügten sich spontan aneinander.

Im Folgenden eine Liste winziger Objekte, die ausgetauscht wurden: Feuerzeuge, so groß wie ein Apfelkern, Transistorradios, Streichholzschachteln, mechanische Rasierapparate, Päckchen mit Gillette-Klingen, falsche Koranausgaben in Kupfer, breit wie der Nagel eines großen Zehs, jedoch hohl, die, graviert auf Arabisch, den Namen Gottes enthielten, Kugelschreiber, Bleistifte, Automaten-Paßbilder, Taschenspiegel, zusammenklappbare Scheren, kurz, was eine Streichholzschachtel in einer Wohnungseinrichtung von Liliputanern ausfüllt, insgesamt unbenutzbarer, als wäre es lediglich aufgezählt worden, so wie ich es getan habe, was, wie ich glaube, die Zusammenfassung eines Katalogs für Waffen und Räder eines Kinder-Saint-Étienne ergibt. In der Tat, alle hatten sich meinetwegen von einem Streichholz getrennt.

Es wird Zeit, mich ernsthaft zu befragen: Griechenland, von 1950 bis 55, machte mich zärtlich; Japan, im Jahr 1967, raffiniert; Anfang 1970 liebte ich die Schwarzen Panther; von Ende 70 bis Ende 72 mehr als alles und alle

die Fedajin. Was ereignete sich? Standen Griechen, Japaner, Panther, Palästinenser damals unter einem günstigen Stern? Lag das an meinem leicht erregbaren Erstaunen? Sind sie noch immer diejenigen, derer ich mich, an sie denkend, entsinne? Es war dermaßen schön, daß ich mich frage, ob all diese Perioden meines Lebens nicht geträumt wurden.
Wenn eine Zeichnung zu viele Fehler aufweist, radiert der Maler sie aus, und die zwei oder drei Wischer mit dem Gummi hinterlassen das Canson-Papier tadellos weiß; Frankreich und Europa sind also ausradiert, dieses Weiß vor mir, das Frankreich und Europa einst enthielt, wurde zu einem Raum der Freiheit, auf dem sich, freilich mit Retuschen, die mir tiefgreifend erscheinen, jenes Palästina einschrieb, das ich erlebte. Wie Algerien, wie andere Länder, die Revolution in der arabischen Welt vergessend, träumte es lediglich von einem Territorium, auf dem ein zweiundzwanzigster Staat gegründet werden sollte, und mit ihm das, was man von einem neu Hinzugekommenen erwartet: die Ordnung, das Gesetz. Holte dieser so lange außerhalb des Gesetzes stehende Aufstand nur deshalb Luft, am Ende zu einem Gesetz zu werden, dessen Himmel Europa wäre? Ich habe versucht mitzuteilen was aus ihm wurde; Europa aber, für mich mit *Terra incognita* übersetzt, wurde dabei ausradiert.
Vielleicht waren die Massaker von Chatila im September 1982 nicht bedeutsam; sie hatten stattgefunden; ich war bestürzt; ich habe davon gesprochen, aber da der Akt des Schreibens später einsetzte, die Inkubationszeit, der Augenblick oder die Augenblicke, in denen eine Zelle, eine einzige, aus ihrem gewohnten Stoffwechsel ausbrach, die erste Masche einer Spitze oder einer Krebserkrankung wiebelte, von der kein Mensch vermutet, was oder ob sie

überhaupt etwas ergeben wird, entschied ich, dieses Buch zu schreiben. Der Entschluß wurde um so anspruchsvoller, als einige politische Gefangene mich dazu drängten, meine Reisen abzukürzen, meine Aufenthalte in Frankreich zu verringern. Alles, was nicht zu diesem Buch gehörte, rückte in weite Ferne, bis hin zur Unsichtbarkeit. Das palästinensische Volk, meine Suche nach Hamza, seiner Mutter, meine Reisen im Orient, besonders in Jordanien, schließlich mein Buch; und Frankreich, Europa, der ganze Westen existierten nicht mehr. Der Besuch, den ich bestimmten Gegenden Afrikas machte, mein Aufenthalt in Ajloun, löste mich von diesem Europa wie von den Europäern, die bereits nur noch wenige zählten. Ich war von Mitte 1983 an frei genug, damit anzufangen, meine Erinnerungen zu Papier zu bringen, die wie eine Reportage gelesen werden sollten.

Nach der Angabe seines Namens, seines Alters sind die ersten Wörter des Zeugen ungefähr diese: »Ich schwöre, die ganze Wahrheit zu sagen…« Noch vor seiner Niederschrift hatte ich mir geschworen, in diesem Buch die Wahrheit zu sagen, das vollzog sich nicht anhand einer Zeremonie, aber jedesmal, wenn ein Palästinenser mich darum bat, entweder den Anfang oder andere Passagen daraus in der einen oder anderen Zeitschrift zu veröffentlichen, tat ich mein Möglichstes, mich davor zu bewahren. Juristisch betrachtet ist der Zeuge weder der Mensch, der sich gegen den Vorsitz auflehnt, noch derjenige, welcher ihm nützt. Nach französischem Recht hat er geschworen *die Wahrheit zu sagen*, nicht *sie den Richtern zu sagen*. Der Zeuge schwört dem Publikum, vor dem Gericht und seinen Beisitzern. Der Zeuge ist allein. Er redet. Die Staatsbeamten hören zu und schweigen. Er antwortet nicht allein auf die gestellte Frage *wie*, sondern um darzustellen *warum dieses Wie*, er erhellt *das Wie*, er erhellt es mit einem Licht, das man hin und wieder als artistisch abtut. Die Richter waren niemals an den Orten, an denen sich die Taten vollziehen, über die sie befinden werden, der Zeuge ist unverzichtbar, doch weiß er, daß die Authentizität einer Beschreibung keinem Menschen etwas sagt, auch dem Gerichtshof nicht, solange er die Schatten und die Lichter daselbst nicht hinzufügt, die er als einziger zu unterscheiden vermochte. Die Richter können ihn zum Kronzeugen erklären, er ist es.

Wozu dieser dem Äußeren nach mittelalterliche, beinahe karolingische Schwur im Zuschauerraum? Vielleicht weil er den Zeugen mit Einsamkeit umgibt, diese Einsamkeit ihm die Leichtigkeit vermittelt, aus der heraus er die Wahrheit sagen kann, da sich im Zuschauerraum möglicherweise drei oder vier Personen finden, die es verstehen, einen Zeugen anzuhören.

Eine durch und ganz für sich existierende Realität befindet sich sicherlich außerhalb meiner selbst. Die palästinensische Revolution lebt, wird allein durch sich selbst leben. Eine palästinensische Familie, substantiell aus der Mutter und dem Sohn bestehend, die unter den ersten Personen waren, mit denen ich in Irbid zusammentraf, habe ich anderswo gefunden. Vielleicht in mir. Das Paar Mutter-Sohn findet sich auch in Frankreich, und wer weiß wo noch. Habe ich dieses Paar mit einem Licht bestrahlt, welches mir eigen war, aus ihnen keine Fremden zu machen, die ich observierte, sondern ein aus mir hervorgehendes Paar, das meine Fähigkeit zur Träumerei auf zwei Palästinenser heften würde, den Sohn und seine Mutter, schon ein bißchen auf der Abtrift, während einer Schlacht in Jordanien?

Alles, was ich gesagt, geschrieben habe, hat stattgefunden, aber warum ist es allein dieses Paar, das mir von der palästinensischen Revolution *an Tiefe* bleibt?
Ich habe getan, was ich konnte, zu verstehen, warum diese Revolution anderen wenig ähnelt, und auf gewisse Weise habe ich es verstanden, was mir aber bleibt, wird dieses kleine Haus in Irbid sein, in dem ich eine Nacht schlief, und vierzehn Jahre, in denen ich versucht war, zu wissen, ob diese Nacht stattgefunden hat. Diese letzte Seite meines Buches ist durchsichtig.

»MIT DEM AUGENBLICK, IN DEM DAS PALÄSTINENSISCHE VOLK SEINEN EIGENEN STAAT HABEN WIRD, WERDE ICH NICHT MEHR AN SEINER SEITE STEHEN.«

Jean Genets nachgelassenes Werk
Un captif amoureux – Ein verliebter Gefangener
Opus Magnum von einer Brisanz und Bedeutung
weit über seine Zeit hinaus

Marcel Marin

I

Eine Hymne, ein Aufschrei, ein Abgesang. Zersplitternd in Hunderte Bilder. Verstummend schon im ersten Atemzug und doch alle Schmerzgrenzen überwindend. Nachhallend bis weit in die Gefilde des nurmehr schwer Erträglichen.
Genet, der literarisch Verstummte, öffentlich Abgetauchte, physisch Todgeweihte, bäumt sich noch einmal auf, tritt an die Rampe, flüstert, singt, beschreibt, beschwört, was ihn seit Jahren, Jahrzehnten, umtreibt und nicht zur Ruhe kommen lässt. Hinterlässt ein Vermächtnis, das alles aufnimmt, was thematisch in seinen Werken, biographisch in seinem Mythos, politisch in seiner Person geschaffen, stilisiert, zur Schau getragen worden war. Führt es zusammen in einem beispiellosen politischen, poetischen und provokativen Mosaik. Über weite Strecken schwelgend in Larmoyanz, changierend zwischen Pseudoromantik und Trivialität. Selbst dann aber noch sezierend mit einer selte-

nen – sich selbst nicht ausnehmenden – Ironie und einem gnadenlos genauen Blick. Urteilend. Klagend. Anklagend. Mit der Schärfe dessen, der kaum je vor etwas zurückgeschreckt war und nun endgültig nichts mehr zu befürchten hat. Ein letztes Mal – indes mit einer Tiefe und Vielschichtigkeit wie nie zuvor – gelingt Genet ein großes Pamphlet und eine furiose Irritation.

II

Zeit seines literarischen Schaffens gab Genet den Outlaw und Anarchist, den großen, freien, unabhängigen Akteur. Ließ er sich feiern als das lebende Extemporé, das aus den dunklen Gassen dieses Welttheaters tritt, für kurze, unvergessliche Momente in die Bühnenmitte springt und die scheinbare Ordnung allen normativen Geschehens sprengt. In Wahrheit war er einsam, starb er im Schatten und als Schatten eines Mythos, der ihm vor allem durch Jean-Paul Sartre und dessen monumentales Werk *Saint Genet – Comédien et Martyr*, dieser populistischen Mixtur aus Selbststilisierung, Psychoanalyse und Mystizismus, aufgezwungen worden war.
Ein Mythos, der ihn erdrückte, den er hasste und den er fortan doch benutzte als Fundament für nahezu alles, was er schuf als Literat und was er tat als öffentliche Person.
Jean Genet – der Virtuose einer endlos variierten Rolle. Einer Rolle, die er liebte und genoss. Das gewiss. Und doch Zeit seines Lebens der Gefangene eines Spiels, dessen häufig theatralische, doch oft genug auch wenig mehr als tragische Fäden er nur bedingt und wenn, nur phasenweise in den eigenen Händen hielt.
Die plakativsten Auftritte dürften jene gewesen sein, die

man von außen als Verbrüderung mit Unterdrückten sehen sollte – und die man doch nicht abschließend einzuordnen verstand.

III

Die Nähe Genets zum palästinensischen Volk und dessen Kampf um Dasein, Heimat, Freiheit ist vielfach beschrieben, ergründet, gedeutet worden. Zu ergänzen bleibt wenig. Zu präzisieren einiges. Einige wenige biographische Kapitel und Zäsuren in Gestalt von denkbar unterschiedlichen Erlebnissen und Begegnungen mit revolutionären Gruppen, Kämpfern, Theorien, Mythen erscheinen wesentlich dafür. Nicht allein und isoliert, aber dennoch in einem herausragenden Sinn.

1969 lernt Genet den Repräsentanten der Palästinensischen Befreiungsorganisation (PLO) in Paris, Mahmoud El Hamchari, kennen. Aus nächtelangen Diskussionen entsteht eine Freundschaft, die das Augenmerk des Schriftstellers schärft, ihn nachhaltig politisiert, emotionalisiert, ideologisiert. Die Welt scheint endgültig einteilbar in Entrechtete und ihre Richter, Unterdrückte und Unterdrücker, Kämpfer für die Freiheit und Mörder aller Gerechtigkeit.

*

Im Frühjahr 1970 tritt Genet als Unterstützer der militanten Schwarzen-Bewegung Black Panther in den Vereinigten Staaten auf. Nimmt an Pressekonferenzen in New York teil, hält den Sommer über Vorträge an namhaften Univer-

sitäten in New Haven, Connecticut und Cambridge. Und eine flammende Rede zum 1. Mai. Die Schwarzen Amerikas seien die Juden Frankreichs: Vereint im Schicksal der Opfer, der Schuldigen für alles und nichts, der Sündenböcke einer ganzen Gesellschaft. Mithin die lebende Projektionsfläche für einen Rassismus gegen den Reden nicht half. »Es ist besser, wirkliche Aktionen von anscheinend geringer Reichweite durchzuführen, als theatralische und nutzlose Demonstrationen.« Der Literat als Agitateur. Sein Interesse an einer differenzierten Auseinandersetzung indes scheint nicht sehr ausgeprägt. Im Herbst des Jahres gibt Genet einige Interviews, die eher Aufschluss geben über seine Lust an Zuspitzung und einer bis ins Groteske gesteigerten Provokation. Über einen bemerkenswerten Unernst in ernstester Angelegenheit. Über eine Koketterie und eine, ja doch: Naivität, die ihresgleichen sucht.
Alles in allem: Ein Gebahren, das ein Bild vom Dichter an der Seite der Revolutionäre aufbaut und das in Wahrheit die Frage nach dessen politischer Glaubwürdigkeit, ja – nach seiner Zurechnungsfähigkeit aufwerfen muss. Was war der Impuls für seine Distanzierung mitten aus der Unterstützung heraus? War ihm bewusst, auf welch fatale Weise sein vermeintlich politisches Engagement ihm entglitt und zum reinen Agitprop geriet?

Fasziniert, enttäuscht, erregt kehrt Genet nach Frankreich zurück. Wirft von Paris aus den Vertretern der Black Panther vor, Schauspieler ihrer eigenen Revolution geworden zu sein. Sah er, wenn er dergleichen äußerte, die Parallelen zu sich selbst?

*

Noch im selben Herbst, 1970, bricht Genet zu einer neuen Reise auf, begleitet El Hamchari nach Beirut, lässt sich auf eine abenteuerliche Tour nach Jordanien ein, trifft im November Yassir Arafat. Zwei Wochen will er anfangs bleiben. Sieben Monate werden es schließlich sein. Wenig später wird er wiederkommen und erneut für mehrere Monate bleiben. Genet entdeckt eine neue Welt. Und einen neuen Kampf – den der Fedajin. Aus dem Arabischen übersetzt heißt dieses Wort: »Die, die sich opfern«.

Es ist die Zeit nach dem »Schwarzen September«, dem kurzen, aber blutigen Bürgerkrieg zwischen aufständischen Palästinensern, angeführt von Yassir Arafat, und den Truppen des jordanischen Königs Hussein. Arafat und die Seinen fühlten sich, nicht zu Unrecht, von extremistischen Jordaniern in den Lagern bedroht, in die sie gedrängt worden waren, nachdem die Israelis sie 1967 aus dem Gaza-Streifen, aus Ost-Jerusalem und aus dem West-Jordan-Land vertrieben hatten. Hussein hatte ein Volk – und Teile des Militärs – im Nacken, von denen die eine Hälfte mit den Palästinensern sympathisierte, die andere um Identität und Heimat fürchtete. Hussein entschied sich und schickte sein Militär nach Amman. Bombardierte, zerstörte seine eigene Hauptstadt. Hinterließ dreitausend tote Palästinenser, fünfzehntausend Verwundete und Tausende von Flüchtlingen.

Der Ende September zwischen Hussein und Arafat geschlossene Friedensvertrag war die Tinte nicht wert. Das war spätestens klar, als aus Kairo die Nachricht vom Tod des ägyptischen Präsidenten Nasser kam. Arafat soll in Tränen ausgebrochen sein.

Glaubt man den Legenden, so ließ der Führer der Palästinenser den Schriftsteller aus Frankreich zu sich kommen. Abgeholt mit dem Wagen, empfangen im Keller eines provisorischen Quartiers soll Genet von Arafat den Pass erhalten haben, der ihm unbeschränkten Zutritt zu allen von der PLO kontrollierten Gebieten ermöglichte, und die Einladung, »Gast des palästinensischen Volkes zu sein, bis die Sonne der Freiheit wieder über uns strahlt«. Und Arafat soll Genet gebeten haben, ein Buch über die palästinensische Revolution zu schreiben. Ob er je gelesen, was Genet hinterlassen hat, ist nicht bekannt.

*

Mitte der Siebziger Jahre stellt Genet sich hinter die Schlüsselfiguren der Roten Armee Fraktion (RAF), lernt er durch Freunde den in Frankreich untergetauchten Anwalt einiger der deutschen Terroristen, Klaus Croissant, kennen und lässt sich überreden, das Vorwort zu schreiben für eine geplante französische Ausgabe der Schriften von Andreas Baader und Ulrike Meinhof. In gekürzter Fassung und unter dem Titel »Violence et brutalité« erscheint der Text am 2. September 1977 auf der Titelseite von *Le Monde*. Eine unverhohlene Verteidigung von Gewaltanwendung im Dienste der Revolution. Deutlicher oder naiver – wer will das beurteilen? – hätte ein Pamphlet und der Zeitpunkt seiner Veröffentlichung nicht ausfallen können. In Deutschland wird man die betreffenden Monate dieses Jahres später als »Deutscher Herbst« bezeichnen. Am 20. Juli war Jürgen Ponto, Chef der Dresdner Bank, getötet worden. Ein Mord, organisiert von seiner eigenen Patentochter. Am 5. September 1977, drei Tage also nach Erscheinen von Genets Aufsatz in *Le Monde*, wird der Präsident der Deutschen Arbeitgeberverbände, Hanns-Martin Schleyer entführt, drei Polizisten und sein Fahrer sofort ermordet, sechs Wochen später auch er selbst. – War

Genet sich wirklich bewusst, was er tat? Inhaltlich, so steht zu befürchten: Ja. Bezüglich des Zeitpunkts der Publikation und der weiteren Umstände, in die diese fiel, erscheinen Zweifel angebracht. So luzide mitunter seine Gedanken waren, so zielsicher er die wunden Stellen der Gesellschaft traf, so eingeschränkt war zuweilen der Radius seiner Sicht. Das, nicht zuletzt, macht die Person und das Werk von Jean Genet bis heute so brisant und ambivalent.

*

Im September 1982, zehn Jahre nach seinem ersten – und bis dahin auch letzten – Aufenthalt bei den Palästinensern fährt Genet erneut in den Libanon. Eingeladen, ja gedrängt dazu hat ihn Leila Chahid, seinerzeit Vorsitzende der Palästinensischen Studentenschaft, später die erste Frau im Exekutiv-Komitee der PLO und international anerkannte Verhandlungspartnerin.

Die Lage vor Ort ist prekär. Das Volk der Libanesischen Republik hat soeben einen neuen Präsidenten gewählt: Beschir Gemayel, einen rechtsgerichteten Christen. Drei Monate lang hat die israelische Armee West-Beirut belagert und schließlich die in der Stadt verschanzten, palästinensischen Freischärler gezwungen, sich zu ergeben und das Land unbewaffnet in Richtung Tunesien, Algerien und den Jemen zu verlassen.

In den Lagern zurück bleiben Frauen, Kinder, alte Männer. Eine Truppe, bestehend aus amerikanischen, französischen und italienischen Soldaten soll ihnen Schutz gewähren.

Am 14. September wird der neu gewählte, libanesische Präsident ermordet. Einen Tag später rücken israelische Truppen unter Verletzung sämtlicher Absprachen in Beirut ein, vertreiben oder töten letzte in der Stadt verbliebene Freischärler, ziehen einen Belagerungsring um die Lager Sabra und Chatila und erlassen eine Ausgangssperre für alle verbliebenen Bewohner und Besucher von Beirut, darunter Genet und Leila Chahid. Am Abend und die Nacht hindurch tauchen Leuchtfeuer die Lager Sabra und Chatila in gleißendes Licht. Schüsse sind zu hören. Wie sich später herausstellen wird, sind christliche Phalangisten in die Lager eingedrungen – ›Vergeltung‹ übend für ihren ermordeten Präsidenten, nachdem ihnen der israelische General und spätere Ministerpräsident und »Friedensheld« Ariel Scharon freies Geleit zugesichert hatte. Nicht ein einziger Mensch in den Lagern wird überleben. Die Zahl der Toten wird niemals exakt beziffert werden können. Tausend waren es mindestens, womöglich ein Vielfaches davon. Den Tod brachten die Phalangisten zusammen mit Soldaten der libanesischen Armee. Für ausreichend Licht sorgten die israelischen Truppen außerhalb. Jean Genet wird einer der ersten sein, der die Erlaubnis erhält, die beiden Lager unmittelbar nach dem Massaker zu besuchen. In den Häusern und den Gassen liegen die Toten. Kinder, Frauen, Alte. Bestialisch ermordet und im Tod noch aufs Grauenvollste geschändet. Was er sieht, ist selbst für Genet zu viel. Zwei Tage lang schließt er sich anschließend ein, reist wenig später über Damaskus zurück nach Paris und schreibt einen Essay, der womöglich zum Besten gehört, was Genet jemals geschrieben hat, ganz zweifelsohne aber zu den bestürzendsten, bewegendsten, journalistisch wie literarisch epochalen Texten jenes Jahrzehnts gehört: *Quatre heures à Chatila – Vier Stunden in Chatila*.

V

Ein Jahr später, 1983, beginnt Genet mit der Niederschrift zu *Un captif amoureux – Ein verliebter Gefangener*.
Er weiß um seine Krankheit. Er weiß um die begrenzte Zeit, die ihm bleibt. Knapp zweieinhalb Jahre werden es schließlich noch gewesen sein, als er in der Nacht vom 14. auf den 15. April 1986 stirbt. Die Arbeit am *Verliebten Gefangenen* war das einzige, wofür er am Ende die Schmerzmittel noch abgesetzt hat. Wachen Sinnes wollte er sein Vermächtnis beenden. Und war doch unsicher bis zuletzt, ob das Manuskript veröffentlicht werden sollte, ob es tatsächlich imstande sein würde, zu reflektieren, worum es ging, worum es ihm ging: »Wozu ein Buch über diese Revolution? Sie gleicht einem Begräbnis, dessen Trauerzug ich mich hin und wieder angeschlossen habe.«

VI

Wenn es ein Leitmotiv dieses Lebens und Schaffens gab, dann war es die Grenzüberschreitung in jedem Sinn. Aus der Sicht von Genet war das nur folgerichtig und konsequent. Wem einmal die Freiheit genommen worden war, der würde kämpfen um sie um jeden Preis. Nicht alles erklärt sich damit, aber vieles. In jedem Fall die Verve, mit der er sich für die Black Panther ebenso einsetzte, wie er sich für die Terroristen der Roten Armee Fraktion verheizen ließ. Im Falle der Palästinenser lag der Blickwinkel von Anfang an anders und festigte sich Jahr um Jahr, Begegnung für Begegnung, Erlebnis für Erlebnis. Weshalb?
Weil, im Sinne Genets, die Palästinenser beides vor Augen hatten: Ihr Woher und ihr Wohin. Weil sie wussten, warum

sie aufstanden, wogegen sie kämpften, wofür sie starben, für wen, für was, warum sie beteten. Weil sie erinnerten, wer sie die Rituale, die Gebete und die Achtung vor beidem gelehrt hatte. Weil ihr Kampf politisch war, ihr Entschluss dazu aber kulturelle Wurzeln hatte – und behielt. Wurzeln, derer sie sich täglich neu versicherten, die sie kultivierten, tradierten, lebten, während die Black Panther und die RAF-Terroristen sie einerseits hochstilisierten, andererseits ausradierten.

Das schönste, wichtigste, immer wiederkehrende Bild in Genets *Ein verliebter Gefangener* ist nicht umsonst das Bild der jungen Fedajin, die sich aufmachen, um sich am Jordan zu waschen, bevor sie in den Kampf ziehen und die dabei die Lieder singen, die eine Freiheit preisen, die sie nie besaßen, einen Gott, der ihnen alles gab und eine Mutter, die ihnen alles bedeutet.

Die Palästinenser hatten, so sah es Genet, bei allem Verlust ihres Landes und ihrer Lebenswelt, eine Idee von Freiheit, die sich verband mit einem Bewusstsein und Unterbewusstsein um das, was man gemeinhin Heimat nennt. In dieser Heimat, und nur in ihr, war die Freiheit, lebte die Freiheit, für die sie kämpften: »Die Palästinenser erfanden Lieder, die gleichsam vergessen waren. Lieder, die sie aus jenem tiefen Inneren hervorholten, wo sie sich verborgen hielten, bevor sie ihnen über die Lippen kamen.«

Die Black Panther und die RAF-Terroristen hingegen hatten keine Lieder, kämpften nicht für eine Idee, rangen allenfalls um eine Utopie. Mit Heimat verbanden sie nichts, eine Mutter kannten sie nicht, zu einem Gott beteten sie nicht. Ihre Dialektik war hohl, ihr Ritual war leer, ihr Dasein ohne Wurzeln, ihr Kampf ohne Ziel: »Black is beautiful – Mit ihrem Wirken, ihren Gesten, ihren Phrasen ha-

ben die Panther wenig mehr bewiesen, als dass ein Neger ein Neger bleibt.«
Trotz aller Faszination und tiefen Sympathie – Genets Resumée blieb ungetrübt: Rebellionen, Revolutionen, auch die palästinensische, waren seit je und blieben für immer vor allem der einen Gefahr ausgesetzt: Ihren Ursprung zu vergessen, ihr Ziel zu verkennen, das Ritual über die Handlung zu erheben.

In der Erkenntnis hierum liegt ein Grund für Genets Ambivalenz. Für die erstrebte Nähe bei zugleich empfundener Distanz. Für die Wärme in der Beschreibung der Bilder und die gleichzeitig kalt, nüchtern, blitzartig dazwischen fahrende Ratio.

VII

Die Aufnahme des Buches war wie zu erwarten. Hymnische Lobpreisungen, unsichere Annäherungen, banale Verrisse. Indes, wie so oft: Verständnis und Verstehen lagen teils weit voneinander entfernt. Was nicht zuletzt an einer – zumindest passagenweise – unglücklichen Übersetzung gelegen haben mag.
Das ist jetzt korrigiert. Die vorliegende Übertragung lebt zum einen durch ihr Gespür für einen poetischen, dabei nie affektierten Duktus, spiegelt zum anderen sensibel all die vielen und tiefen Brüche wieder, die dieses Werk charakterisieren. – Was aber macht dieses Konglomerat aus Bildern und Assoziationen, Skizzen und Invektiven, Gesängen und Tiraden, Politischem, Privatem, Punktgenauem, Selbstvergessenem zu einem großen literarischen Werk? Womöglich eben dies: Die geistige Kraft, ja: Luzidität und

die poetische Sicherheit für eine Form, die alle Brüche, Ebenen und Widersprüche zusammenführt und zusammenhält.

VIII

Die These mag verwegen klingen und liegt doch umso näher, je weiter man den Spuren folgt. Das Werk, an dem Genet zuletzt gearbeitet hat, gleicht dem Steinbruch für eine zweite Ilias.

Im Kampf um Palästina, wie Genet ihn zeichnet, spiegelt sich gleichsam der Kampf um Troja wider, wie man ihn aus Homers Versen kennt.

Troja und Palästina – Orte göttlicher Vorsehung, Kampfstätten unvereinbarer Kulturen. Das Epos Homers – ein zersplitterter Spiegel voll unerklärbarer Gegensätze, scheinbar unmotivierter Verse, haltlos mäandrierender Passagen, schroffer Brüche, einfühlsamer Schilderungen, unvermittelter Dialoge, weit ausholender Erklärungen, abrupt einbrechender, alles vermeintlich Abgeschlossene doch wieder aufreißender Kommentare und Reflexionen.

Genets »Palästinensische Erinnerungen« – ein kaum zu bezwingendes Konvolut. Reportageähnliche Berichte, aphoristische Notizen, tagebuchartige Reflexionen, elegische Betrachtungen, hasserfüllte Tiraden und (homo-)erotisch inspirierte Portraits, historische, politische, philosophische, poetische Exkurse, abrupt einbrechende, alles vermeintlich Abgeschlossene doch wieder aufreißende, jeden Halt und alle angedeutete Sicherheit wieder einreißende Kommentare.

Reflexionen, Paradoxien, Irritationen, Provokationen. Aneinandergereiht ohne erkennbares Bestreben um dramaturgisch aufgebautes, lineares Erzählen. Ohne erkennbares Bestreben um eine Einheit schaffende Struktur. Einzig dem Lauf der Gedanken verpflichtet durchstreifen die Werke Raum und Zeit. Mäander ihrer Welt. Visionäre weit darüber hinaus.

Sieht man ab von der offenen Form, begnügt man sich mit dem Charakter eines Prosagedichts, betrachtet man die einzelnen Abschnitte als das, was sie ihrem Ton zufolge vor allem sind: Gesänge – so finden sich die Parallelen bereits – sogar? – in der Form.
Sensibilisiert dafür, offenbaren sich motivische, ästhetische, symbolische, Anklänge zu hauf.
Wie der blinde Epiker der griechischen Antike bemüht auch Genet sich um einen Kontrast zur kriegerischen Welt, entdeckt er, beschreibt er, besingt er buchstäblich inmitten der Ruinen sein homerisches Arkadien.
Das ist dann keine Vision und doch von einer Reinheit und Schönheit, die jenseits von allem Wirklichen zu liegen scheint: Das Bild der Kartenspieler am Abend vor dem Zelt. Die Wechselgesänge der jungen Fedajin. Ihre Lust am Tanz, die spontan sich bis zur Ekstase auslebt – hier zum Belcanto eines Freundes, dort zu plärrender Rockmusik aus irgendeinem Autoradio.
Und wie auf dem Schild, den Achill in der Ilias von Hephaistos geschmiedet bekommt – und dessen Beschreibung bekanntlich breiten Raum einnimmt – wird dieser friedliche Teil auch bei Genet vervollkommnet durch gleichnishafte Naturbetrachtungen, Alltagsszenen aus dem Leben der Bauern, Hirten, Frauen, Mütter, friedvolle Welten auf einem Werkzeug für den Krieg.
Auf Hephaistos' Schild wird alles Geschehen von einem Sternenhimmel überwölbt und vom Weltstrom Oceanos

umflossen. Womöglich nicht ganz von ungefähr finden sich allenthalben vergleichbare Bilder bei Genet – Homer und sein Werk waren ihm außergewöhnlich präsent: »Der Ruhm der Helden verdankt nur wenig der Größe der Eroberungen, aber alles Gelingen der ihnen gewidmeten Werke: Der ›Ilias‹ mehr als Agamemnons Kriegskunst; den chaldäischen Stelen mehr als den Armeen Ninivees ...«

IX

Was bleibt ist – mit dieser Neuübersetzung und Neuauflage – der Beleg eines epochalen Werks. Eines Werks, das verdient, gelesen, reflektiert, bewahrt zu werden. Jenseits und unabhängig von allen Vorbehalten und Klischees.
Wer heute einen Blick auf die Entwicklung der palästinensischen Freiheitsbemühungen, israelischen Abschottungen, arabischen Verknotungen, amerikanischen Unzuverlässigkeiten, europäischen Feigheiten wirft, der erkennt die erschreckende Aktualität.
Arafat ist tot. Scharon bald auch. Der Friede mag beschworen werden, jedes zerschossene, zerfetzte Leben zeigt die wahre Entfernung zu ihm. Homers Arkadien bleibt eine Utopie. Am Nächsten kommt dem Widerspruch zwischen beidem: Genet.

X

»... und die von allen Tränen gereinigte Landschaft bekommt ihr vorheriges Gesicht zurück.«

EDITORISCHER BERICHT

Es ist paradox. Bei den ersten fünf großen Prosaarbeiten Genets, *Notre-Dame-des-Fleurs*, *Miracle de la Rose*, *Pompes funèbres*, *Journal du Voleur*, *Querelle de Brest*, oblag es dem Editor, die um die Mitte des XX. Jahrhunderts vorgenommenen Streichungen, Kürzungen und Auslassungen, entsprechend den Originalausgaben, wieder einzufügen, den eigentlichen Textcorpus wiederherzustellen, während dies bei UN CAPTIF AMOUREUX / EIN VERLIEBTER GEFANGENER entfällt, weil – freilich drei Jahrzehnte später –, Genet seinen Verleger Gallimard darauf eingeschworen hatte und es zur Bedingung für die Veröffentlichung machen konnte, seinen Text manuskriptgetreu zu drucken. Was so auch geschah.

*

Abgesehen von Artikeln für Zeitungen und Zeitschriften, Interviews und seltenen Reden, wie MAY DAY SPEECH (1970) hatte Genet nach QUERELLE nahezu dreißig Jahre lang geschwiegen, nichts mehr veröffentlicht und noch 1982 geäußert, »Ich habe nichts mehr zu sagen«.

*

Im Gegensatz zu den frühen Büchern, von denen Genet pauschal behauptete, sie seien im Gefängnis geschrieben (im Interview mit Rüdiger Wischenbart, 1983) und er habe kaum noch Erinnerungen an diese, sind wir über die Entstehung von UN CAPTIF AMOUREUX ziemlich genau unterrichtet.

Wir wissen auch, daß Genet etwa 1981 für einen TV-Film ein Script geschrieben hatte mit dem Titel »Le langage de la muraille« (452 Seiten); der Film wurde nie gemacht. Einen Koffer mit Notizen aus den letzten zehn Jahren vergaß er bei Freunden, den Thévenins, mit denen er sich verkracht hatte; eine Rückgabe lehnte er ab und war nun frei.

*

Frei für seine letzte Arbeit.
Es sind vorwiegend drei Faktoren, die den Schweigsamen zu der großen Anstrengung seines letzten Buches zu bewegen vermochten.

I. CHATILA
Seine palästinensische Freundin Leila Chahid Barrada hatte ihn im September 1982 nach Beirut eingeladen. Einen Tag nach der Ermordung des Präsidenten Gemayel fand in dem Palästinenserlager Chatila ein entsetzliches Massaker statt, dem – lediglich Schätzungen waren möglich – zwischen 1500 und 5000 Menschen zum Opfer fielen. Genet konnte unmittelbar nach diesen Ausmordungen die Stätte besichtigen und verfasste darüber für die REVUE D'ETUDES PALESTINIENNES einen Bericht seiner Eindrücke und Erlebnisse, unter dem Titel QUATRE HEURES À CHATILA; erschienen am 1. Januar 1983 (No. 6 Hiver 1983, S. 3-19). Die deutsche Ausgabe erschien ebenfalls 1983, Merlin Verlag, Übersetzung Klaus Völker. Es sei angemerkt, daß Genet diesen Text für derart wichtig und bedeutsam hielt, wie der Verleger erzählt, daß er auf ein Honorar verzichtete.
Aber selbst dieser Text, von dem es in L'ENNEMI DÉCLARÉ treffend heißt »peut-être considéré comme le texte politique et littéraire le plus marquant ... c'est peut-être

par ce qu'il échappe aussi bien à l'instance littéraire que politique«, weist gegenüber dem Erstdruck im Manuskript Korrekturen und Auslassungen sowie Änderungen auf, wie wir sie von früheren Arbeiten kennen.

II. HAMZA

Und dann war da Hamza, jener Junge aus Irbid, den er vor 14 Jahren für wenige Stunden bei seinem ersten Aufenthalt in Jordanien kennengelernt hatte, den er liebte und dessen Mutter ihm ans Herz wuchs.
So plante er, sein Buch als eine Suche nach dem verlorenen Hamza anzulegen.

*

III. TOD

Ganz offensichtlich hatte ihn die Fixierung seiner Eindrücke der vier Stunden in Chatila irgendwie »belebt«, ganz im Widerspruch zu der Tatsache, daß er sehr krank war und wußte, daß ihm nicht mehr viel Lebenszeit blieb. 1976 war bei Genet ein Kehlkopfkrebs diagnostiziert worden, der anfangs auf eine Kobalt-Therapie relativ gut ansprach, dann aber Anfang der 80er Jahre erneut aufflammte und auf Genets Wunsch nicht neuerlich chemotherapeutisch behandelt werden sollte. Vorwiegend deswegen, weil er eine Beeinträchtigung seiner mentalen Situation befürchtete.

*

Diese drei Komponenten: CHATILA – HAMZA – TOD müssen als die initialen Beweggründe für UN CAPTIF AMOUREUX angesehen werden. Es entstanden im Laufe weniger Jahre 500 Seiten hochartifizieller Prosa mit lyrischen Aufschwüngen, insistierenden Thesen, resignati-

ven Einsichten und müden Erschlaffungen sowie versagender Liebe und tapferem Durchhalten.
Souvenirs I und *Souvenirs II* sind die einzigen Kapitelhinweise; und wie schon in QUERELLE erwähnt Genet, daß ein zweiter Band folgen werde. Das Manuskript war im September 1985 fertig, ging an Gallimard und im Februar 1986 begann er mit den Korrekturen, die ihn buchstäblich bis zuletzt an sein Leben fesselten.
Als man ihn am 15. April 1986 morgens in dem kleinen Hotel Jack's niedergestürzt tot auffand, hatte er an den letzten Fahnen noch gearbeitet.

*

Das Buch erschien am 7. Mai 1986 – sechs Wochen nach Genets Tod.
Die Aufnahme durch die Kritik reichte von begeistert bis enttäuscht und ablehnend; es war wie immer. Und wiederholte sich nach der ersten deutschen Übersetzung 1988.
Auf keiner Bestsellerliste der Welt ist CAPTIF AMOUREUX, Genets »testamentarische Bombe«, wie *Nouvelle Observateur* schrieb, je aufgetaucht.

*

Wir legen für unsere Werkausgabe eine aus mancherlei Gründen erforderlich gewordene Neuübersetzung vor.

Friedrich Flemming

Titel des französischen Originals: UN CAPTIF AMOUREUX

Vollständige Neuübersetzung von Ulrich Zieger, bei zeitweiliger Mitarbeit von Kristin Schulz. Mit einem Nachwort von Marcel Marin und einem Editorischen Bericht von Friedrich Flemming.

Ouvrage publié avec le concours du Ministère français chargé de la culture – Centre national du livre.

Dieses Werk wurde veröffentlicht mit Unterstützung des Französischen Kulturministeriums – Centre national du livre.

Satz: Merlin Verlag
Druck: Druckerei Carstens, Schneverdingen
Einband: Buchbinderei Schirmer, Erfurt
Entwurf des Vorsatzpapiers: Martin Bronsema

1. Auflage, Gifkendorf 2006
im 49. Jahr des Merlin Verlages
ISBN 3 - 87536 - 253 - 5